Félix SORDET

1870-71

ou

UNE PAGE D'HISTOIRE

Ceci est un livre de bonne foi.

MONTAIGNE.

CAMPAGNE DE 1870. — NÉGOCIATIONS DIPLOMATIQUES.
OPÉRATIONS MILITAIRES. — GOUVERNEMENT DU 4 SEPTEMBRE ;
ADMINISTRATION ; GUERRE A OUTRANCE. — DICTATURE DE GAMBETTA.
GARIBALDI. — TRAITÉ DE PAIX. — LA COMMUNE. — SITUATION POLITIQUE
DE LA FRANCE. — DES DIFFÉRENTES FORMES DE GOUVERNEMENT.
QUEL EST LE GOUVERNEMENT QUI CONVIENT LE MIEUX AU
TEMPÉRAMENT ET AUX MOEURS DE LA FRANCE ?

CHALON-SUR-SAÔNE,
Imprimerie SORDET-MONTALAN.
1873

1870-71

OU

UNE PAGE D'HISTOIRE

Félix SORDET

1870-71

ou

UNE PAGE D'HISTOIRE

ADMINISTRATION ET GUERRE

Campagne de 1870. — Gouvernement du 4 Septembre.

La Commune.

Ceci est un livre de bonne foi.
Montaigne.

CHALON-SUR-SAÔNE,
Imprimerie SORDET-MONTALAN.
1873

Enfin, nous avons consacré quelques lignes à l'événement important, survenu récemment ; nous voulons parler de la mort de l'Empereur.

Dissiper l'erreur, combattre le mensonge, flétrir le faux patriotisme, la basse intrigue et l'ambition sans pudeur, telle est la pensée qui a inspiré ce livre. Pour la réaliser, nous avons exposé les faits, produit des témoignages et invoqué l'opinion d'hommes, dont l'appréciation a une valeur incontestable. Aussi, cet ouvrage est-il, en quelque sorte, un travail de compilation plutôt qu'une œuvre originale.

Nous avons recherché et voulu produire la vérité qui a été si étrangement dénaturée.

Nous espérons que nos efforts n'auront pas été vains.

Quoi qu'il en soit, en présentant ce livre au public, nous pouvons lui dire, la main sur la conscience : *Ceci est un livre de bonne foi.*

Félix SORDET,
Réd^r en chef du *Courrier de Saône-et-Loire.*

6 février 1873.

PREMIÈRE PARTIE

PREMIÈRE PARTIE

CAMPAGNE DE 1870

> Je ne doute pas qu'une bonne part de la responsabilité de nos désastres n'incombe à ceux qui ont fait, en 1868, avorter notre réforme militaire.
>
> Gal CHANZY.

Quelle fut la cause de la guerre ?

Quel en est le véritable auteur ?

A qui doit incomber la responsabilité des conséquences désastreuses qu'elle a eues pour la France ?

Telles sont les questions que nous nous proposons de traiter et que nous abordons, sans parti pris, mû par l'unique désir de rechercher la vérité et de la faire connaître.

La Campagne de 1870 comprend, ont le sait, deux phases bien distinctes :

La première :

DE LA DÉCLARATION DE GUERRE A LA CAPITULATION DE SEDAN ;

La seconde :

DE LA CAPITULATION DE SEDAN A LA SIGNATURE DES PRÉLIMINAIRES DE PAIX ;

Cette dernière phase embrasse la période de la *guerre à outrance,* qui fut l'œuvre des hommes du 4 septembre. Si cette guerre eût tourné à notre avantage, ces hommes en auraient revendiqué et recueilli le bénéfice ; il est donc juste qu'ils en portent le fardeau.

La première phase s'est accomplie sous l'Empire. L'Empire a-t-il provoqué ou subi la guerre ? Tel est le point capital, celui qui s'impose à notre attention et que nous devons tout d'abord examiner.

LE PLÉBISCITE

I

On a prétendu que la guerre avait été le fruit du plébiscite et qu'elle avait été déclarée dans un intérêt dynastique.

Rien de plus faux ni de plus invraisemblable.

Beaucoup de gens, cependant, ont prêté et prêtent encore l'oreille à cette imputation mensongère !

Il sera facile, croyons-nous, de les tirer d'erreur.

Non, la guerre n'est pas née du plébiscite.

Le plébiscite, raffermissant le pouvoir en consolidant la dynastie napoléonienne, venait de faire à l'Empire une situation qui assurait ses destinées.

Et cette situation, Napoléon III aurait éprouvé le besoin de la compromettre : à l'intérieur, en imposant le lourd fardeau d'une guerre à ceux qui venaient de lui témoigner leur sympathie ; — à l'extérieur, en courant les chances d'un conflit avec la plus nombreuse armée de l'Europe !

Cela ne pouvait être. Cela n'est pas.

Le bon sens, — lisons-nous dans l'ouvrage publié par M. Giraudeau, sur la *Campagne de 1870,* — le bon sens nous dit que Napoléon III n'avait aucun avantage à entreprendre la guerre. En cas de succès, que pouvait-il y gagner ?... Son trône était tellement consolidé que rien n'en pouvait sensiblement raffermir les bases. En cas de revers, au contraire, le bénéfice du plébiscite disparaissait, le trône était menacé.

Ainsi, l'Empereur *ne devait point* désirer la guerre. Nous établirons plus loin qu'il *ne l'a pas* désirée, mais qu'elle lui a été *imposée.*

Se souvient-on, d'ailleurs, dans quelles circonstances eut lieu le plébiscite ?

II

Le 2 janvier 1870, l'Empire faisait une évolution libérale : le ministère Ollivier était constitué et le régime parlementaire reprenait place dans nos institutions.

Cette évolution s'appela : Transformation de l'Empire autoritaire en Empire libéral.

Généralement, elle fut accueillie avec faveur ; l'opinion publique semblait la réclamer.

Cependant, quelques esprits ne virent pas sans défiance le retour du régime parlementaire, ce régime qu'un journal définissait hier « l'honneur des peuples libres, le ressort du progrès, le moteur de la vie publique, le contrepoids du pouvoir, le frein des partis, » et que Proudhon appelle tout bonnement *le gouvernement de la blague*. Cette défiance se reflétait dans un article que publiait, peu de temps après, la feuille que nous dirigeons et dans lequel on lisait :

... Le système constitutionnel et parlementaire n'a pas été jusqu'ici le préservatif absolu contre tous les orages et contre toutes les révolutions...

Est-ce que 1789, 1830 n'ont pas déjà inauguré le règne du pouvoir constitutionnel et du gouvernement de la nation par elle-même? Est-ce que 1793 et 1848 n'ont point tout remis en question?

L'évolution libre et spontanée qui vient de s'opérer aujourd'hui, par l'initiative d'un pouvoir réparateur, sera-t-elle plus heureuse, plus féconde et plus durable que ses devancières?

Nous le désirons vivement, bien que nous n'ayons pas une confiance tout-à-fait absolue dans la panacée d'un régime qui nous plaît, mais que nous avons vu tomber plusieurs fois.

Dans une brochure que nous avons sous les yeux, un publiciste s'attache à démontrer que cette forme de gouvernement a été la cause première des maux qui accablent la France. Peut-être n'a-t-il pas tort? Ce qu'il y a de certain, c'est que, à partir de ce jour, se renfermant dans son rôle de souverain constitutionnel, souverain qui *règne* mais ne *gouverne pas*, l'Empereur laissa à d'autres le soin de diriger les affaires de l'Etat. On sait ce qu'il est advenu. « L'Empereur, » dit la brochure dont nous venons de parler, « ayant, pour son malheur et pour le nôtre, rétabli le gouvernement parlementaire, en a scrupuleusement observé toutes les conditions.

A partir du 2 janvier, son sceptre n'a plus été qu'un roseau fragile, et le souverain de la France est devenu un soliveau. »

Mais, comme nous l'avons dit plus haut, l'opinion publique semblait réclamer cette évolution. De toutes parts s'élevaient des voix pour demander le *gouvernement du pays par le pays.* L'Empereur donna satisfaction au vœu de l'opinion publique.

Croit-on que l'opposition va désarmer, ou, tout au moins, prendre une attitude moins hostile ?

— Nullement.

C'est en vain que le gouvernement arbore un programme franchement libéral et que, pour le réaliser, il fait appel à tous les concours et à tous les dévouements, l'opposition continue ses attaques, et, dans les libertés nouvelles, le parti révolutionnaire ne voit qu'une facilité de plus pour s'organiser et s'étendre. Pour saper le pouvoir, il met plus que jamais en usage ses moyens habituels : le dénigrement systématique, l'outrage, la calomnie. Ce que souhaitait ce parti, ce n'était donc pas une évolution de l'Empire ; c'était son renversement. Depuis, les faits ne l'ont que trop prouvé.

Reportons nos regards en arrière et voyons ce qui s'est passé à cette époque.

Des réunions publiques se tinrent à Paris, et là, chaque soir, les théories les plus subversives étaient exposées par des hommes qui devaient prendre une part active au mouvement du 4 septembre, et, plus tard, introniser la Commune, de sinistre et sanglante mémoire. On y prêchait la désobéissance aux lois et le mépris de l'autorité. On faisait appel à la révolte et l'on professait l'assassinat. A ce spectacle, un journal du temps s'écriait avec indignation : « Quel rôle odieux joue parmi nous la secte révolutionnaire ! Elle soulève l'ouvrier contre son patron, elle irrite le soldat contre ses chefs, elle sème la discorde et la division... » En un mot, on excitait les plus détestables passions : on demandait la *liquidation sociale.* Des manifestations séditieuses avaient lieu et, le 8 février, le *Peuple Français* s'exprimait en ces termes :

Tandis que les Chambres discutent les grands intérêts du pays et que les ministres cherchent à administrer avec intelligence, quatre ou cinq mille individus abusent du droit de réunion si libéralement concédé, se livrent aux débordements les plus anarchiques, aux diatribes les plus calomnieuses, s'excitent, s'exaltent, se promettent de renverser l'Empire et menacent de bouleverser la société.

Et quand se produisaient ces appels ?... Lorsque l'Empereur

abandonnait son pouvoir pour se restreindre au rôle modeste de chef constitutionnel !

N'a-t-on pas eu raison de dire, en ce moment, que l'opposition se donnait pour mission, non d'édifier, mais de démolir ?

Pendant ce temps, les grèves se multipliaient. On n'a pas perdu le souvenir de celle qui éclata au Creusot et des funestes effets qu'elle faillit avoir. Inutile d'insister sur ces faits ; ils sont encore présents à toutes les mémoires. Ces grèves, encouragées par l'esprit révolutionnaire, étaient fomentées par l'*Internationale*. Quand, dans la suite, on apprit que le chef de cette société était l'ancien secrétaire du comte de Bismark, on soupçonna, avec quelque raison peut-être, que la Prusse, préparée de longue main à la guerre, avait voulu préluder à l'action en semant parmi nous la discorde et la division, pour affaiblir nos forces et nous créer des embarras. Les grévistes furent-ils à leur insu les complices de l'étranger ? Ce qu'il y a de certain, c'est que les fauteurs des troubles qui eurent lieu à Paris vers le milieu du mois d'août, servirent les projets de l'ennemi en contrecarrant les efforts du gouvernement.

Mais revenons au sujet qui nous occupe, c'est-à-dire à l'agitation qui s'était produite au lendemain des réformes libérales.

Nous avons rappelé : et les excitations détestables qui se donnaient libre carrière dans les réunions publiques ; et les manifestations séditieuses qu'il fallait réprimer ; et les grèves qui paralysaient le travail et troublaient la paix sociale.

Que faisait la presse révolutionnaire ? Elle encourageait ces fâcheuses dispositions et chaque matin elle sonnait le glas funèbre de l'Empire.

« L'Empire est aux abois ! L'Empire se meurt ! L'Empire est mort. » Tel était son refrain quotidien.

Et l'Empire laissait dire et laissait faire. C'était une faute. Mais il était patient parce qu'il était fort. *Patiens quia fortis*.

C'est dans ces conjonctures que l'Empereur décréta l'*Appel au Peuple* ou Plébiscite.

Quand une crise suprême est devenue inévitable, — disait alors la *France*, — le seul parti sage à prendre est de la subir, sans chercher à rien se dissimuler de sa gravité et de son étendue. Cette pensée est celle qui a dicté à l'Empereur et au ministère la résolution de recourir à un plébiscite. Cette résolution est dans la logique de la situation.

III

Le plébiscite devait être pour le gouvernement un principe de force ou un arrêt de mort.

L'opposition prit elle-même le soin de poser ainsi la question : Empire ou République. Et, chose extraordinaire ! les hommes qui dépeignaient le gouvernement comme ayant perdu la confiance du pays, loin d'applaudir à l'*Appel au Peuple*, qui allait fournir au pays l'occasion de répudier ce gouvernement, s'indignèrent, se fâchèrent et protestèrent. Cela se comprend. Ils reconnaissaient le peu de fondement de leurs allégations et savaient que le plébiscite allait couper court à leurs petites manœuvres en attestant, d'une part, la vitalité de cet Empire qu'ils proclamaient mort ou moribond, et en montrant de l'autre, qu'ils n'étaient qu'une infime minorité, voulant agiter le pays pour renverser le pouvoir et s'en emparer. Evidemment, ces hommes auraient tenu un langage tout autre, s'ils avaient pu supposer que l'urne ne recevrait que des bulletins hostiles à l'Empire. N'auraient-ils pas répété à satiété : Le plébiscite est la vraie, la seule façon de consulter la Nation ? Etrange inconséquence ! Quoi ! voilà des gens qui veulent que toute autorité procède de la Volonté nationale, et, lorsque dans un moment de crise et de transformation, le Chef du pouvoir en appelle à cette volonté, ils poussent des vociférations et crient au despotisme ! Ne semble-t-il pas que cette inconséquence doive justifier le reproche adressé à ces hommes : que, chez eux, les principes sont subordonnés aux calculs ?

Le pays allait se prononcer.

Dans sa proclamation au Peuple français, l'Empereur disait :

« Des changements successifs ont altéré les bases plébiscitaires... Il devient indispensable que le nouveau pacte constitutionnel soit approuvé par le peuple, comme l'ont été jadis les Constitutions de la République et de l'Empire... Français, en apportant au scrutin un vote affirmatif, vous conjurerez les *menaces de la révolution*, vous asseoirez sur une base solide l'ordre et la liberté, et vous rendrez plus facile la transmission de la couronne à mon fils. »

Le plébiscite se résumait donc en ceci : fortifier le pouvoir et la liberté ; contenir la révolution et assurer la transmission de la couronne.

On sait quelle fut la réponse du pays : d'un côté, *sept millions* de OUI ; de l'autre, *quinze cent mille* NON.

Le résultat était complet, écrasant, décisif.

L'opposition parut abattue et déconcertée.

IV

Il y a quelques jours, les lignes suivantes, écrites par un publiciste, plus homme d'ordre qu'ami de l'Empire, nous tombaient sous les yeux :

Ce n'est pas spécialement par amour pour l'Empire — y était-il dit, — que nous avons voté le plébiscite... Nous avons voté le plébiscite par crainte de tomber entre les mains de ceux qui nous gouvernent depuis le 4 septembre. La vérité a voulu que le plébiscite ne servît à rien et nous n'avons pu éviter les gens de la Défense nationale. Rien de ce qui s'est passé en France depuis le 4 septembre ne doit faire regretter aux Français d'avoir voté le plébiscite, car depuis le 4 septembre, les défauts du gouvernement impérial se sont, les uns après les autres, effacés de la mémoire des Français pour céder la place au souvenir de ses nombreux avantages. Au moins jusqu'en 1869, nous avons joui de l'ordre, de la sécurité. Lorsque, de concessions en concessions, Napoléon III, croyant qu'il avait assez fait pour que les partis ne fussent plus dangereux, donna en 1870, les libertés *nécessaires* et rétablit le gouvernement parlementaire, la première idée des parlementaires fut de se servir de ces libertés pour renverser l'Empire. Bientôt, il n'y eut plus de constitution, plus de pouvoir constituant, plus de Corps législatif; l'Empire était dans la situation où se trouvait la monarchie à la fin de 1790. Napoléon III fit appel au peuple, et le peuple lui répondit: « Je t'aime mieux que tes ennemis, parce que tu es l'ordre et l'autorité et que tes ennemis sont le désordre. » Le lendemain du plébiscite, il fallait donner en sécurité à la Nation ce qu'elle avait donné en confiance. Les événements se précipitèrent... La guerre n'est pas sortie du plébiscite; elle est sortie du mouvement des nationalités...

Le vote plébiscitaire signifiait certainement : *Maintien de l'Empire*. Mais il signifiait surtout : *Amour de l'Ordre*. Il était un gage de sympathie nationale pour l'Empire, et un gage de repos et de sécurité pour le pays.

L'Empereur a-t-il détourné ce vote de sa signification ? En d'autres termes, le plébiscite est-il devenu entre ses mains une arme de guerre ?

Nullement.

L'Empereur avait tout à perdre à la guerre et fort peu à y gagner.

D'ailleurs, est-ce le plébiscite qui a suscité la candidature du prince Léopold de Hohenzollern, candidature que l'opposition regarda d'abord comme une *offense à la dignité de la France, une entreprise contre ses intérêts*? L'Empereur essaya, mais en vain, de résoudre, par les voies pacifiques, le différend que cette candidature souleva et qu'elle ne pouvait manquer de soulever. La Prusse voulait la guerre; elle nous contraignit à la faire.

« *Une intrigue ourdie entre deux ennemis implacables de la France, M. de Bismark et le général Prim,* » telle fut, dit un écrivain, la cause ou le prétexte de la Campagne de 1870.

Le plébiscite n'a donc pas amené la guerre et les *sept millions* de citoyens qui ont jeté un OUI dans l'urne, n'ont ni à regretter ni à déplorer leur vote.

Sept millions de OUI !

On nous demandera peut-être ce que sont devenus au 4 septembre ces témoignages de confiance et d'attachement !...

Qu'on demande plutôt ce qu'était devenue la France !..

Serrée entre la Révolution et les Prussiens, ayant une égale terreur de ce double ennemi, il ne lui restait à prendre que le parti de la résignation et du silence, c'est ce qu'elle fit.

Les hommes d'ordre, — dit M. Caro, dans son livre : *Les Jours d'épreuve,* — les hommes d'ordre se soumirent ; il n'y avait pas lieu de discuter devant le péril suprême de la Nation, et c'est l'honneur du parti conservateur de n'avoir pas même protesté, de peur de diviser les dernières forces de la patrie.

Du reste, les hommes qui avaient escaladé le pouvoir, à la faveur de nos désastres, s'intitulaient : « Gouvernement de la Défense nationale. »

L'ennemi foulait le sol de la Patrie. Il n'y avait et ne pouvait y avoir qu'un cri : « Sus aux Prussiens ! » qu'une pensée et qu'un désir : « Sauvons la France ! »

Mais revenons aux causes de la guerre.

LA CANDIDATURE HOHENZOLLERN

I

L'opposition se tenait coi. Le désaveu solennel que venait de lui infliger le plébiscite ou *Voix du Peuple*, la réduisait au silence et devait la condamner à l'inaction. Notre horizon politique s'était rasséréné. A l'agitation soulevée et perfidement entretenue par les partis hostiles, allaient succéder le calme et la stabilité indispensables à la marche des affaires, et le Gouvernement pourrait enfin reprendre sa mission protectrice et continuer son œuvre libérale.

Telle était la perspective qui s'offrait à tous les esprits quand surgit la candidature Hohenzollern.

Cette candidature était une provocation, un acte déloyal, une menace et un danger pour notre indépendance et notre sécurité.

Une provocation et un acte déloyal! Parce que, une première fois, en 1869, elle avait apparu et que le gouvernement prussien avait juré qu'elle n'avait et n'aurait jamais un caractère sérieux. Ce fait est attesté par une circulaire de M. de Gramont qui rapporte que « le comte de Bismark avait déclaré que nous ne devions nullement nous inquiéter d'une combinaison que lui-même jugeait irréalisable. »

Une menace et un danger! Parce que « la France, enlacée sur toutes les frontières par la Prusse ou par les nations soumises à son influence, se trouverait réduite à l'isolement » et placée dans une « situation à beaucoup d'égards plus grave qu'au lendemain des traités de 1815. » Qui tenait ce langage? Etait-ce un journal officieux? Non. C'était un des organes de l'opposition, le *Siècle* du 6 juillet!... Cela, d'ailleurs, était tellement évident que la presse et l'opinion se montrèrent en quelque sorte unanimes à repousser une telle prétention. Et parmi les journaux, les plus ardents ne furent pas ceux qui défendaient mais ceux qui combattaient le gouvernement.

En veut-on la preuve ? On connaît l'opinion du *Siècle*. Voici en quels termes s'exprimait le *Temps* :

> De toutes les conditions imaginables, ce serait la plus désagréable et la plus gênante pour le gouvernement français et *la plus réellement inquiétante pour la situation européenne de la France...* Si un prince prussien était placé sur le trône de l'Espagne, ce n'est pas jusqu'à Henri IV seulement, c'est jusqu'à François Ier que nous nous trouverions ramenés en arrière. Qu'était-ce, en effet, que l'Empire de Charles-Quint, si ce n'est l'Allemagne, l'Italie et l'Espagne enlaçant la France et l'isolant ? Et qui ne sent que l'avènement d'un prince prussien *équivaudrait à cet état de choses, avec cette différence plutôt désavantageuse* que le principal poids de la puissance rivale se trouverait au Nord, du côté où notre frontière est le plus exposée, au lieu de se trouver au Midi ?

Le *Rappel* disait :

> Les Hohenzollern en sont venus à ce point d'audace qu'ils osent méditer ce monstrueux projet de domination universelle qu'ont vainement rêvé Charles-Quint, Louis XIV et Napoléon. Il ne leur suffit plus d'avoir conquis l'Allemagne, ils aspirent à dominer l'Europe ! Ce sera pour notre époque une éternelle humiliation que ce projet ait été, *nous ne dirons pas entrepris, mais seulement conçu.* — F.-V. Hugo.

Le cri de réprobation fut général, unanime.

Le gouvernement entama des négociations, et, un instant même, il conçut l'espoir que la situation se dénouerait pacifiquement. Vain espoir ! La Prusse voulait la guerre ; elle s'y était préparée de longue main, et, croyant l'heure propice venue, elle n'abandonnerait un prétexte que pour en soulever un autre. C'est ce qui résulte de la dépêche que l'ambassadeur d'Angleterre, lord Loftus, adressait le 13 juillet au comte Granville, dépêche qui, depuis, a été livrée à la publicité.

Le 13 juillet, le *Constitutionnel*, organe du cabinet, annonçait que la *paix* pouvait être regardée comme *assurée*. Ce même jour, lord Loftus écrivait à son gouvernement :

> J'ai eu aujourd'hui une entrevue avec le comte de Bismark, et je l'ai félicité de l'apparente solution de la crise imminente, par la renonciation spontanée du prince Hohenzollern.
> Son excellence a paru douter quelque peu que cette solution mît fin au différend avec la France.
> Après ce qui vient de se passer, a-t-elle dit, nous devons demander quelque assurance, quelque garantie que nous ne serons pas exposés à une attaque soudaine, il faut que nous sachions que cette difficulté espagnole une fois écartée, il ne reste pas *d'autres* DESSEINS SECRETS *qui puissent éclater sur nous comme un coup de tonnerre.*

Lord Loftus ajoutait que le comte de Bismark lui avait déclaré que « si le gouvernement français *ne retirait ou n'expliquait d'une manière satisfaisante* le menaçant langage tenu par M. le duc de Gramont, le gouvernement prussien *serait obligé de demander des éclaircissements à la France.* » Le plénipotentiaire anglais terminait en disant :

Votre Seigneurie peut voir par les observations du comte de Bismark que, si quelque conseil opportun, quelque main amie n'intervient pas pour apaiser l'irritation qui existe entre les deux gouvernements, la brèche, *au lieu d'être fermée par la solution de la difficulté espagnole*, NE FERA PROBABLEMENT QUE S'ÉLARGIR.

La guerre ! C'était le but et le désir de la Prusse. Bons procédés et tolérance, rien ne pourrait conjurer le fléau. Et, d'ailleurs, cette puissance commençait à prendre vis-à-vis de la France, le rôle qu'elle avait joué en 1866 vis-à-vis de l'Autriche, en l'accusant comme cette dernière, de nourrir contre elle de *secrets desseins* !...

De *secrets desseins* ! il n'y a que la Prusse qui en avait, la Prusse, qui, de longue date, préparait la revanche d'Iéna, ainsi que M. Gambetta l'a proclamé à Saint-Quentin, quand il a dit :

... Elle (la France) s'est trouvée en face d'une agression préméditée depuis cinquante ans, savamment conduite, admirablement menée, où les hommes d'Etat les plus habiles, les militaires les plus instruits, s'étaient donné la main pour constituer une mécanique de destruction...

Depuis Sadowa, les idées de revanche s'étaient accrues de nouvelles idées de convoitise ; la Prusse nourrissait des projets auxquels la France pouvait seule mettre obstacle. « Ces projets sont aujourd'hui patents, » dit une brochure qui a paru sous ce titre : *Ils en ont menti*, et dans laquelle on lit :

Depuis longtemps la Prusse travaillait à ranger sous son joug toutes les populations germaniques.

Pour cela il fallait d'abord réduire l'Autriche à l'impuissance ; c'est ce qu'elle a fait à Sadowa.

Puis, comme elle aspirait à devenir une grande puissance maritime, non-seulement dans la mer du Nord, mais aussi dans la Méditerranée, elle avait besoin, d'un côté, des duchés de l'Elbe, qu'elle a pris au Danemark ; d'un autre, de ports dans les Pays-Bas, qu'elle saura bien se procurer en s'emparant de la Hollande, qu'elle couve déjà des yeux, et même du fameux port d'Anvers, si elle le juge nécessaire.

Il lui faut ensuite, sur l'Adriatique, Trieste, qui appartient au Tyrol allemand et qu'elle compte bientôt revendiquer avec toute la partie de l'ancien territoire germanique qui reste encore à l'empire d'Autriche.

Qui pouvait s'opposer à toutes ces convoitises?

L'Autriche était trop faible, l'Angleterre trop égoïste...

La seule puissance qu'elle eût à craindre, c'était la France : voilà pourquoi elle a voulu l'accabler à tout prix.

Dans le passé, la France avait vaincu la Prusse ; dans le présent, elle opposait une digue à ses envahissements.

Il fallait châtier la France ; il fallait briser la digue.

II

Sadowa, en plaçant les états secondaires de l'Allemagne sous la domination de la Prusse, avait accru les forces de cette puissance, et, celle-ci, sans désemparer, se mit en mesure de porter à la France le coup décisif qu'elle méditait depuis longtemps.

Dans le courant de cette même année 1866, le Gouvernement français proposa un désarmement simultané.

M. de Bismark refusa.

Ce refus était l'indice des dispositions belliqueuses dont la Prusse était animée.

L'Empereur ne s'y méprit pas, et dès ce moment, il songea à organiser la défense. Comment en fut-il empêché? C'est ce que personne n'ignore aujourd'hui, quand on songe à l'attitude que prit l'opposition. Celle-ci combattit les plans du maréchal Niel, souleva contre eux l'opinion publique et les fit échouer moralement et matériellement, ainsi que nous l'établirons par les débats qui eurent lieu au Corps législatif et par les articles que publièrent les feuilles hostiles. Aussi, le lendemain de Sedan, un officier, dans une lettre reproduite par le *Pays*, adressait aux députés et aux journalistes de l'opposition ces reproches malheureusement trop fondés :

C'est vous, — leur disait cet officier, — c'est vous qui avez préparé nos revers. Vous avez diminué l'armée, affaibli son moral. Vous avez dit en pleine Chambre au gouvernement qu'il voulait faire de la France une *vaste caserne*. Vous lui avez reproché d'arracher des bras à l'agriculture. Vous nous avez insultés dans vos journaux en nous appelant des *traîneurs de sabre*, des *porteurs de plumets*. Vous nous avez appelés enfin des *rogneurs de budget*, etc. etc.

Que de larmes et de sang vous aurez fait verser!

Vous dites maintenant : Pourquoi n'a-t-on pas instruit la garde mobile ? Et chaque fois que le maréchal Niel a voulu former cette institution patriotique, vous lui avez opposé des obstacles par vos porte-voix Jules Favre, Jules Simon, Pelletan, Gambetta et Compagnie ! Raspail, allant plus loin encore, a demandé le *renvoi de tous les soldats dans leurs familles.*
Aujourd'hui, voyez les suites fatales de votre haine imprévoyante !!!

Que de vérités dans ces quelques lignes ! Que de justice dans ces reproches !

On se souvient encore de cette phrase que, dans un sentiment de douleur patriotique, le maréchal Niel adressa, en 1868, aux députés qui réduisaient les crédits qu'il réclamait pour l'armement :

« *Puissiez-vous, Messieurs, n'avoir pas à vous repentir, d'ici à trois ou quatre ans, de votre imprévoyance !* »

Ces paroles prophétiques ne devaient, hélas ! que trop se réaliser ! Mais n'anticipons pas.

La Prusse a décidé la guerre ; elle s'y prépare. Tandis qu'elle accumule ses ressources et prend ses dispositions, elle envoie en France tout une légion d'espions. Voici, à ce sujet, ce que nous lisons dans le livre de M. Giraudeau, que déjà nous avons eu occasion de citer :

Un immense réseau d'espionnage nous entoure ; une armée d'éclaireurs secrets nous envahit, s'insinue dans nos foyers sous mille prétextes, sous mille déguisements, pour y remplir cette mission qui, en Prusse, n'avilit pas ! M. de Moltke lui-même, le crayon à la main, parcourt la Lorraine, comme en 1865 il avait parcouru la Bohême, rédigeant son plan de campagne sur les lieux.
Puis, de tous les renseignements ainsi obtenus, un livre est composé qui s'intitule : *Considérations sur les défenses naturelles et artificielles de la France en cas d'une invasion allemande,* que l'état-major prussien fait publier et distribuer à tous les officiers comme un *Vade mecum* de l'envahisseur ; indiquant avec une précision mathématique la largeur des moindres collines, notant les bourgs, les hameaux, les châteaux, les fermes, les ponts, les ruisseaux, les haies, les fossés, les ressources ou les obstacles que le moindre coin de terre peut offrir à l'attaque ou à la résistance.
Quand tout a été étudié dans l'ombre et le silence, on commence à moins s'observer. On ne fait plus trop mystère des projets et des espérances. Pendant l'automne de 1868, lord Albemarle chasse avec le général de Blumenthal, aux environs de Norfolk, et lui exprime le désir d'aller voir manœuvrer les troupes prussiennes : « Ne prenez pas cette peine, lui répond M. de Blumenthal, nous donnerons bientôt une revue pour vous au Champ de Mars. » Vers la même époque, le ministre de la maison du roi, M. Schleinitzy, dit à Mᵐᵉ de Pourtalès : « Avant dix-huit mois, votre Alsace sera à la Prusse ; » et M. de Moltke, à un

habitant du grand-duché de Bade : « Quand nous serons en mesure de disposer de l'Alsace, et cela ne saurait tarder, en la réunissant au grand-duché, nous formerons une superbe province. » Pendant que les généraux et les hommes d'Etat parlent ainsi, on surexcite les soldats en leur jouant une marche nouvelle et déjà populaire : *L'entrée à Paris...*

En présence de tous ces faits, n'est-on pas obligé de convenir que la question Hohenzollern était un piége tendu pour nous attirer devant les canons prussiens chargés jusqu'à la gueule ?

C'était plus qu'un piége, c'était un défi. On évite un piége, mais on relève toujours un défi, surtout quand il s'adresse à une nation qui s'appelle la France. Honneur oblige !

III

C'est le 4 juillet 1870 que l'on apprit inopinément la candidature Hohenzollern. La presse et l'opinion publique s'en émurent.

M. About, adversaire déclaré du cabinet, écrivait dans le *Soir* :

Quoi ! on permettrait à la Prusse d'installer un Proconsul d'Espagne ! Mais nous sommes 38 millions de prisonniers si la nouvelle n'est pas fausse ! Il faut absolument qu'elle soit fausse. Elle le sera si l'on veut, *mais le gouvernement français est-il encore capable de vouloir?*

Et M. Pessard (qui n'est point le type du courtisan !) disait dans le *Gaulois* :

S'il a plu à l'*Empire autoritaire* d'accepter Sadowa et de *se consoler de l'affaire du Luxembourg*, la France, *rendue en partie à elle-même*, ne saurait supporter qu'on la brave et qu'on la provoque impunément... La guerre ! personne ne la hait plus que la *France libérale* éprise de droit et de justice. Personne plus et mieux que la *démocratie libérale* ne sent quel danger une guerre heureuse peut faire courir à la liberté. Personne mieux que nous autres ne frémit à la pensée des maux qu'un échec pourrait attirer sur nous. Mais s'il faut choisir une fois encore, entre la patrie amoindrie, réduite, et la guerre, *nous n'hésitons pas!...* Nous espérons que le gouvernement français ne pourrait, *sans trahison vis-à-vis de la France*, supporter un jour de plus les agissements prussiens. On pourrait pardonner au cabinet *d'avoir manqué à ses promesses*, *ravivé nos colères*, on ne lui pardonnerait pas de n'avoir pas su être français.

Au Corps législatif, une interpellation fut adressée au gouvernement. Cette interpellation partit, non de la droite, mais du centre gauche. Ce fut M. Cochery qui la déposa. Elle provoqua la déclaration suivante :

CORPS LÉGISLATIF

Séance du 6 juillet.

M. DE GRAMONT, ministre des affaires étrangères : Je vais répondre à l'interpellation de M. Cochery. Il est vrai que le général Prim a offert au prince de Hohenzollern la couronne d'Espagne et que celui-ci l'a acceptée; mais le peuple espagnol ne s'est pas prononcé et nous ne connaissons pas les détails d'une négociation qui nous a été cachée (mouvement). Nous avons toujours été sympathiques à l'Espagne. Nous n'avons jamais pris parti pour aucun prétendant, mais nous avons gardé la neutralité. Nous persisterons dans notre conduite; mais notre respect pour les droits d'un peuple voisin ne peut pas faire que nous laissions une puissance étrangère essayer de relever le trône de Charles-Quint, détruire à notre détriment l'équilibre actuel des forces de l'Europe (applaudissements frénétiques) et mettre en péril les intérêts et l'honneur de la France (applaudissements et bravos répétés). Cette éventualité ne se réalisera pas. Nous comptons sur la sagesse du peuple allemand et sur l'amitié du peuple espagnol. S'il en était autrement, forts de votre appui et de celui de la nation, nous saurions remplir notre devoir sans hésitation et sans faiblesse (applaudissements et bravos).

La séance reste suspendue pendant quelques minutes.

M. CRÉMIEUX... Les paroles qu'on vient d'entendre sont de telle nature qu'une protestation est indispensable (réclamations). Le gouvernement est dans l'incertitude de savoir s'il veut la paix ou la guerre.

M. OLLIVIER, garde des sceaux : Le gouvernement veut la paix (mouvement). Il la désire avec passion (très-bien), mais avec honneur (applaudissements). Il est convaincu que la déclaration faite amènera la consolidation de la paix, parce que chaque fois que l'Europe est persuadée que la France est ferme dans la défense de ses intérêts et de ses droits légitimes, elle en tient compte. Le gouvernement ne veut pas la guerre; il ne la fera pas sans consulter la Chambre et sans avoir son assentiment. Si la Chambre, sans distinction de parti, et si le pays sont unanimes, le gouvernement est convaincu que la paix sera maintenue.

M. BARTHÉLEMY-ST-HILAIRE demande en quelle qualité le maréchal Prim a fait sa demande?

M. le MINISTRE répond que s'il a demandé le renvoi, c'est précisément parce qu'il ne connaissait pas suffisamment cette situation.

M. ARAGO prend la parole pour appuyer M. Barthélemy St-Hilaire. Malgré les réclamations de la gauche, on passe à la discussion du budget.

Comment cet incident fut-il apprécié? Nous citerons ici, non les feuilles dites officieuses, mais les organes qui, chaque matin, critiquaient ou blâmaient le gouvernement.

Le *Soir* disait :

MM. Crémieux et Arago se sont trompés dans la séance d'hier sur le rôle réservé à l'opposition dans le Corps législatif... Il est inique et anti-national d'entraver l'action du gouvernement lorsqu'il semble décidé à tenir d'une main ferme le drapeau qui lui a été confié. Dans les attaques de cette nature, l'opposition aura peu d'écho sur notre sol. Ce sont des maladresses qui compromettent son recrutement et préparent les plébiscites impériaux de l'avenir.

Et quelques lignes plus loin :

... Sauf deux ou trois « citoyens du monde » (entre autres M. Crémieux) tout le monde est pour le cabinet. *Dans la gauche même on dit aujourd'hui comme hier que les deux ministres ont tenu le seul langage qui fût honorable en un pareil moment.* Les gens raisonnables sont convaincus que si la guerre peut être évitée, elle le sera par l'énergie du gouvernement français. *La moindre hésitation perdrait tout...*

Le *Journal de Paris* :

... Si M. de Gramont n'avait pas parlé, on aurait pu croire, à la fin, que toute la politique de la France était dans la résignation et dans l'effacement.

Le *Correspondant* :

... Nous sommes de ceux qui applaudissent à la ferme attitude adoptée par le gouvernement. Depuis trop longtemps *notre complaisance était au service des agrandissements d'autrui.* Nous sommes soulagés de nous sentir enfin redevenus français...

L'*Opinion nationale* :

... M. de Bismark passe toutes les bornes ; s'il veut conserver la paix, qu'il recule. Quant à nous, nous ne le pouvons plus...
La situation de la France, atteinte déjà, déjà diminuée par plus d'un échec, était hier menacée. Subir et se taire, c'était abdiquer... Il y a des moments où l'audace et le courage sont le comble de la prudence. Pour ma part, je crois qu'hier nous en étions là.

Quant aux feuilles radicales, ainsi que le constate le livre de M. Giraudeau, « elles attisent le feu tout en voulant l'étouffer et prêchent contre la guerre avec les arguments les plus propres à la faire éclater. Elles déclarent même sans détours que les injures faites au gouvernement français ne sauraient atteindre la France. Le peuple ne se lèvera pas. Il attendra, pour se venger, qu'il ait d'autres institutions. Sous les drapeaux de la République, il se battrait avec énergie ; il ne se battra pas sous les aigles. »

Voici, en effet, ce qu'on lisait dans le *Réveil* :

... Parions que le Hohenzollern est un beau matin installé en Espagne, sans plus de tambours ni de trompettes que son cousin n'en a employé pour prendre possession de la Roumanie.
Deux bien jolis succès, çà et le Saint-Gothard !
Mais vous êtes investis, mes braves gens !

La Prusse à Forbach, la Prusse derrière le Rhin, à Kehl, la Prusse derrière les Alpes, derrière les Pyrénées.

Ceux qui aiment la Prusse peuvent se régaler, on en a mis partout...

Les éclats de rire rouleront à droite, à gauche, au nord, au midi, à la frontière luxembourgeoise, derrière Wissembourg, sur le Rhin, sur les Alpes, sur les Pyrénées, partout.

Si c'est cela la revanche de Sadowa, eh bien, elle est complète...

Ah! nous le savons, vienne un revers, on fera appel à ce bon, à ce brave peuple, qui a toujours fait son devoir: on fera de belles proclamations. Mais le peuple... vous répondra:

Je ne vous connais pas!

Le peuple, lui, n'a rien à craindre.

Le jour où il a la puissance entre les mains, il n'a pas plus besoin des finasseries diplomatiques que du déploiement des gros bataillons pour faire respecter la chose publique.

Il a fait voir aux fameux tacticiens de l'école de Frédéric comment, avec des soldats improvisés, on battait les armées régulières.

Mais quand il trouve ces élans irrésistibles, *ce n'est jamais pour sauver les dynasties qui croulent, c'est pour faire respecter sa république à lui.*

Le même journal disait encore :

Nous pensons que, *comme son intérêt personnel pourrait en souffrir*, le chef de l'Etat *n'engagera pas facilement une guerre* contre l'Europe entière, unie contre nous dans un même sentiment, grâce aux habiletés de la politique bonapartiste, *et qu'il n'hésitera pas, comme après Sadowa, comme après l'affaire de Luxembourg*, à désavouer les trop belliqueuses déclarations de son ministre. Peu importe au ministère une humiliation de plus ou de moins; et notre diplomatie, partout dupée depuis dix ans, n'aura que peu à perdre à cet échec.

Quelques jours plus tard, M. Delescluze y traçait les lignes suivantes :

Nous savons aussi bien que personne que, fidèle aux traditions envahissantes de sa race, énivrée de ces faciles victoires de 1866, la maison de Hohenzollern aspire à fonder sa grandeur sur l'anéantissement de la liberté européenne, et qu'elle ne poursuit pas d'autre but en soumettant d'abord l'Allemagne entière à son hégémonie. *Aussi vienne le jour où, ne relevant alors que d'elle-même, la France aurait à se défendre de ses attaques, et l'on verra si la Démocratie n'est pas la première au combat. Jusques-là son unique, son impérieux devoir est de conjurer des conflits* préparés par les rois et dont l'issue, quelle qu'elle soit, ne peut être que défavorable à la liberté, puisque la victoire, où qu'elle se portât, ne servirait que le militarisme monarchique.

Une seule chose préoccupe la presse radicale, ce n'est ni l'honneur ni la sécurité de la France, c'est ce qu'elle appelle l'avènement de la *démocratie* et ce que nous appellerons, nous, la satisfaction des appétits et des ambitions de ce parti. La France, elle est, hélas!

tombée entre les mains de cette prétendue démocratie, et l'on sait ce qu'elle est devenue !!!

Pendant ce temps, le gouvernement recherchait les moyens d'aplanir le différend, et faisait, dans ce but, des démarches auprès du cabinet anglais, ainsi que l'atteste la dépêche suivante que, dès le 8 juillet, lord Lyons adressait au comte Granville :

... Le duc de Gramont m'a promis d'appeler sur ce point l'attention particulière du gouvernement de S. M. Le prince de Hohenzollern pourrait, de son propre mouvement, abandonner la prétention à la couronne d'Espagne... Une renonciation volontaire du prince serait, selon M. de Gramont, une solution très-heureuse d'une question difficile et compliquée. Il prie le gouvernement de S. M. d'user de toute son influence pour y arriver. (Dépêche n° 15).

Peu de jours après, on vit poindre une lueur de paix. Ce fut une lueur décevante ! La Prusse parut faire des concessions ; au fond, c'était une nouvelle fourberie, en attendant un nouvel affront.

COUP-D'ŒIL RÉTROSPECTIF

I

SADOWA

On a vu plus haut que l'opposition jetait Sadowa à la face du gouvernement comme une honte et une humiliation.

Certainement, la neutralité qu'observa notre gouvernement dans la guerre courte et décisive qui, en 1866, éclata entre la Prusse et l'Autriche, fut une faute; mais appartient-il à l'opposition de la lui reprocher? Nullement. N'est-ce pas, en effet, l'opposition qui, dans le *Journal des Débats*, dans le *Siècle*, dans l'*Opinion* et dans le *Temps*, soutint la politique de M. de Bismark en 1866? Il est vrai que, le lendemain de Sadowa, elle blâma l'inaction du gouvernement et que, depuis, elle n'a cessé de la blâmer, ce qui faisait dire récemment à l'*Univers:*

... Qui donc a applaudi au triomphe et à l'agrandissement de la Prusse en 1866? Qui a toujours préconisé systématiquement la paix au détriment des intérêts du pays? Qui?... N'est-ce pas le *Siècle* et son parti? Ne sont-ce pas ses patrons, ses amis, ses clients? On les pourrait tous nommer.

On sait quel fut le prétexte de la guerre de 1866. La Prusse souleva un droit de co-possession sur les Duchés de l'Elbe, et rendit passibles des peines les plus sévères les habitants de ces Duchés qui soutiendraient la cause du duc d'Augustenbourg. La mesure étant applicable au Holstein, où flottait le drapeau de l'Autriche et sur l'administration duquel les commandants prussiens ne pouvaient avoir aucune action, le cabinet de Vienne y vit une provocation, un véritable acte d'hostilité, et prit ses dispositions pour maintenir ses droits. Elle arma donc. La Prusse en fit autant et déclara que les armements de l'Autriche étaient pour elle un danger et une menace.

Des notes diplomatiques furent échangées.

Dans une circulaire adressée à ses agents auprès des Etats secondaires d'Allemagne, le gouvernement prussien mit ces derniers en demeure d'avoir à se prononcer pour la Prusse ou pour l'Autriche.

Les griefs relevés par la Prusse résultaient de ce que l'Autriche avait manqué aux conventions du traité de Gastein par sa tendance à livrer le Holstein au duc d'Augustenbourg, et compromis par ses armements la sûreté de la Prusse.

La circulaire prenait texte de ce double grief pour établir que l'organisation actuelle de la Confédération, suffisante, lorsque les deux grandes puissances étaient d'accord, ne pouvait l'être lorsque des complications venaient à surgir, — ce qui était le cas présent, — et qu'il y avait lieu de la modifier.

> La Prusse, disait M. de Bismarck, a d'autant plus besoin de cette réforme que ses intérêts sont déjà, à cause de sa situation géographique, identiques à ceux de l'Allemagne et que la destinée de la Prusse entraîne la destinée de l'Allemagne.

Après avoir analysé la circulaire du gouvernement prussien, nous disions, le 5 avril 1866, dans le *Courrier*:

> Ce que veut M. de Bismark, c'est non-seulement revendiquer l'annexion des Duchés, mais changer l'assiette de la Confédération germanique, ou, en d'autres termes, *réaliser l'unité de l'Allemagne avec la résurrection de l'empire germanique au profit du roi Guillaume.*

Il n'était pas difficile de prévoir ces tendances; aussi, ne nous attribuons-nous aucun mérite de les avoir signalées.

La circulaire se terminait par un appel direct au concours des Etats secondaires en laissant entrevoir que le gouvernement prussien ne s'inspirerait que de ses propres intérêts.

D'un autre côté, l'Autriche faisait remettre à M. de Bismark une note qui contenait des assurances non-seulement pacifiques, mais encore affectueuses à l'adresse du roi de Prusse. En même temps, à des représentations amicales, venues du gouvernement anglais, elle répondait dans le sens que voici:

> Le cabinet de Vienne déclare que l'Autriche ne veut pas accepter un pouce de terre dans les Duchés, tandis que la Prusse, au contraire, poursuit l'annexion de ce pays. L'Autriche soutiendra les droits des habitants des Duchés, en même temps que son propre honneur: car elle s'est engagée de la manière la plus catégorique à appuyer les droits des populations du Sleswig-Holstein. Elle n'a pas l'intention d'imposer sa volonté aux Duchés, mais elle est d'avis que les Duchés soient réunis sous un souverain indépendant. Toutefois, si cela ne devait pas avoir lieu, elle n'interviendrait pas. Ce qu'elle veut, c'est que la volonté populaire soit prise en considération, et que les droits de la majorité de la Diète soient reconnus. Enfin, le cabinet de Vienne pense que les troupes

prussiennes et autrichiennes devraient être retirées simultanément du Sleswig-Holstein, dont les populations choisiraient, au moyen du suffrage universel, le gouvernement qui leur conviendrait. L'Autriche accepterait le résultat du scrutin lors même qu'il serait favorable à la Prusse.

Ce projet ne fut point accepté par M. de Bismark. D'autres propositions échouèrent également. Evidemment la Prusse voulait la guerre.

Tout-à-coup, le bruit se répandit qu'une alliance éventuelle venait d'être conclue entre le cabinet de Berlin et celui de Florence. L'Italie revendiqua la Vénétie; le parlement vota des subsides pour la défense de l'Etat, et l'Autriche se vit dans la nécessité de diriger des troupes vers le Mincio.

L'armée autrichienne devait, par conséquent, avoir à lutter au nord avec la Prusse et au sud avec l'Italie.

Sur ces entrefaites, la France provoqua la réunion d'une conférence. L'Angleterre et la Russie donnèrent leur adhésion à ce projet. Les puissances quasi-belligérantes y souscrivirent même. Mais des déclarations échangées le 1er juin, à la Diète de Francfort, entre les représentants de l'Autriche et de la Prusse, envenimèrent le différend, et, le 9 juin, les troupes prussiennes entrèrent dans le Holstein. Les troupes autrichiennes se retirèrent.

La guerre n'est pas encore déclarée, mais les hostilités commencent.

Le 12 juin, le Corps législatif recevait communication d'une lettre de l'Empereur à M. le Ministre des affaires étrangères, lettre dans laquelle il était dit :

« ... Nous ne pourrions songer à l'extension de nos frontières que si la carte de l'Europe venait à être modifiée au profit exclusif d'une grande puissance, et si les provinces limitrophes demandaient, par des vœux librement exprimés, leur annexion à la France.

« En dehors de ces circonstances, je crois plus digne de notre pays, de préférer, à des acquisitions de territoire, le précieux avantage de vivre en bonne intelligence avec nos voisins, en respectant leur indépendance et leur nationalité.

. . . .

« Restons donc dans une *neutralité attentive*, et, forts de notre désintéressement, animés du désir sincère de voir les peuples de l'Europe oublier leurs querelles et s'unir dans un but de civilisation, de liberté et de progrès, demeurons confiants dans notre droit et calmes dans notre force. »

Une *neutralité attentive*, tel était le parti que le gouvernement avait adopté et auquel l'opinion publique se ralliait volontiers. C'était, disait-on, une querelle d'Allemands qui devait se vider entre Allemands.

On a prétendu que la Prusse avait promis à la France de lui rendre ses frontières du Rhin en échange de sa neutralité, et que, le lendemain de Sadowa, elle avait refusé de s'exécuter, sous prétexte qu'elle ne pouvait permettre qu'on consultât les populations, au moment où elle s'annexait elle-même des Etats par droit de conquête. L'Empereur avait déclaré que la France n'accepterait aucune annexion qui ne serait approuvée par le suffrage universel. L'Empereur était resté fidèle à son principe et l'annexion n'avait pas eu lieu.

En reproduisant cette rumeur, qui eut cours vers la fin de 1866, nous la donnons pour ce qu'elle peut valoir, sans nous en porter garant, car nous n'avons trouvé nulle part rien qui pût lui servir de base.

Ce qu'il y a de certain, c'est qu'on ne pouvait supposer que la Prusse remporterait une victoire aussi décisive, aussi rapide, « victoire comme n'en ont pas vu les annales de nos temps, » dit M. Julian Klaczko, dans l'ouvrage qu'il a publié sur Sadowa.

Bref, le 18 juin, la Prusse et l'Italie déclarèrent officiellement la guerre à l'Autriche. Celle-ci triompha sur le Mincio, mais au nord, elle subit d'abord quelques échecs, puis, le 3 juillet, elle fut complètement battue à Sadowa.

Le lendemain, 4 juillet, le *Journal Officiel* de l'Empire français publiait la note suivante, dont il est inutile de faire ressortir l'importance :

« Après avoir sauvegardé l'honneur de ses armes en Italie, l'Empereur d'Autriche, accédant aux idées émises par l'Empereur Napoléon, cède la Vénétie à l'Empereur des Français et accepte sa médiation pour amener la paix entre les belligérants.

« L'Empereur Napoléon s'est empressé de répondre à cet appel et s'est immédiatement adressé aux rois de Prusse et d'Italie pour amener un armistice. »

L'Empereur remit la Vénétie à l'Italie. L'armistice fut accordé et la paix conclue.

L'intervention de Napoléon III avait arrêté la marche de la Prusse sur Vienne; elle avait en même temps sauvé les Etats du Sud. Malheureusement, à nos portes, venait de se constituer un grand Etat qui, redoutant la France et lui portant une haine séculaire, chercherait tôt ou tard à lui faire pièce.

L'opposition, qui s'était montrée complaisante à la Prusse, s'empressa de signaler au public la gravité de Sadowa, et, à chaque occasion, elle rappelait ce souvenir comme une défaite et un affaiblissement.

Ce jeu téméraire, l'opposition le continua jusqu'à la dernière heure.

Au mois de juillet 1870, elle s'y livrait avec ardeur, ce qui fit dire à M. Guéroult:

A force de parler à chaque instant de l'humiliation de la politique française, à force de nous montrer à la tribune, dans les journaux, dans les livres, dans les réunions publiques, la France descendue au rang de puissance secondaire, on en est venu à exaspérer gravement une portion considérable du pays qui veut à tout prix « une revanche » de Sadowa.

Telles étaient les dispositions dans lesquelles se trouvait l'opinion publique, quand le conflit soulevé par la candidature Hohenzollern sembla s'apaiser.

II

ORGANISATION MILITAIRE.

La bataille de Sadowa, en réunissant à la Prusse les Etats de l'Allemagne du Nord, mettait à la disposition de notre dangereux ennemi des forces militaires s'élevant à plus d'un million d'hommes.

L'Empereur comprit la situation nouvelle et la nécessité d'y remédier par l'augmentation de notre effectif et la transformation de notre armement. Sans plus tarder il réunit une commission pour arrêter avec lui le projet d'une nouvelle organisation de notre armée, et, le 12 décembre 1866, le *Moniteur* annonçait que la commission avait achevé son œuvre.

Ce projet créait une force de 1200 mille hommes, dont les deux tiers, c'est-à-dire 800,000, formeraient l'armée active et la réserve, et l'autre tiers, 400,000 hommes, serait composé de gardes mobiles.

D'après la nouvelle organisation militaire, on devait appeler tous les ans, sur la classe qui est approximativement de 326,000 hommes, 160,000 hommes, c'est-à-dire la totalité du contingent. Cette totalité du contingent se divisait en *armée active* comprenant 80,000 hommes, et en *réserve* comprenant également 80,000 hommes qu'on divisait en deux bans. Ces deux classes devaient l'une et l'autre donner six ans de service sous les drapeaux. Puis on formait une *garde nationale mobile*, dont la durée était de trois ans. Au moyen de cette combinaison, on obtenait 1,232,000 soldats.

Une note insérée au *Moniteur* caractérisait ainsi la portée du projet de loi :

> Le projet de réorganisation militaire, disait le journal officiel, donne à la France 1,200,000 soldats exercés et n'augmente que faiblement les charges du budget. Il discipline la nation entière, en l'organisant bien plus dans une pensée de défense que dans une pensée d'agression. Il relève l'esprit militaire sans nuire aux vocations libérales. Il *consacre* enfin *ce grand principe d'égalité que tous doivent le service au pays* en temps de guerre et n'abandonne plus à une seule partie du peuple le devoir sacré de défendre la patrie.

Le nouveau système avait un caractère démocratique. Il consacrait, en effet, ce grand principe d'égalité que *tout citoyen doit être soldat*. Il remédiait, en outre, à notre infériorité numérique. Il était la sauvegarde de notre honneur, la sûreté de nos frontières ; il devait être le gage certain de la victoire, et, par conséquent, le salut de la France.

Eh bien ! ce projet est attaqué par l'opposition et celle-ci en fait une arme de guerre contre l'Empire.

M. Jules Favre s'écrie :

> Quoi ! La France entière, au lieu d'être un atelier, ne sera plus qu'une *vaste caserne !...* Qu'on ne fasse pas cette nouvelle folie.

M. Jules Simon :

> ... La loi qu'on propose est surtout mauvaise, parce qu'elle constituera une aggravation de la toute-puissance de l'Empereur... Ce qui importe, ce n'est pas le nombre des soldats, c'est la cause qu'ils ont à défendre. Si les Autrichiens ont été battus à Sadowa, c'est qu'ils ne tenaient pas à vaincre pour la maison de Habsbourg contre la patrie allemande. Oui, Messieurs, il n'y a qu'une cause qui rende une armée invincible, c'est la liberté.

M. Magnin :

> Les armées permanentes, en théorie, sont jugées et condamnées. L'avenir appartient à la démocratie armée...

M. Picard et les autres membres de la gauche présentent un amendement pour *supprimer entièrement l'armée* et la remplacer par la *garde nationale*.

La garde nationale, sur laquelle l'opposition fondait alors de si belles espérances, le gouvernement, dont M. Picard a, depuis, fait partie, en a proposé le désarmement comme première mesure de salut public! Que faut-il penser de la perspicacité de ces hommes d'Etat?

L'amendement de M. Picard est défendu par M. Jules Simon qui, toutefois, ne se dissimule pas qu'une pareille armée n'aura pas l'esprit militaire.

... Il manque pourtant, dit-il, quelque chose à notre armée ainsi conçue, c'est *l'esprit militaire*... C'est en effet une armée de citoyens, *non de soldats*... Au lieu d'une armée imbue de l'esprit militaire, nous voulons une armée de citoyens qui soit invincible chez elle et HORS D'ÉTAT de porter la guerre au dehors. Elle fera disparaître l'excessive discipline qui tue le citoyen dans le soldat : dire à un homme que son premier devoir est d'obéir immédiatement, sans réflexion, à ses chefs (je ne blâme rien, je constate!), cela résulte du principe des armées permanentes, c'est là ce qu'on nomme l'esprit militaire. Le militarisme est la plaie de l'époque... Il n'y a pas d'armée sans esprit militaire, me dit-on. *Alors nous voulons* UNE ARMÉE QUI N'EN SOIT PAS UNE...

Ce qui s'est passé sous le régime de la Défense nationale a dû satisfaire M. Jules Simon.

M. Jules Favre ajoute :

Pourquoi tous ces préparatifs?.. Soyez-en sûrs, nos véritables alliés, ce sont les *idées*, c'est la *justice*, c'est la *sagesse*.

M. de Bismark le lui a bien fait voir!

M. Garnier-Pagès :

Il n'y a qu'une bonne organisation militaire : la levée en masse.

M. de Janzé :

Il faut désarmer... Qu'on nous ramène aux contingents de 60,000 hommes. Maintenant, si la guerre éclate, *deux ou trois mois avant l'ouverture des hostilités, vous demanderez des soldats à la Chambre, et alors on vous en donnera deux millions s'il le faut.*

M. Thiers ne veut pas plus de la garde mobile que de la garde nationale; l'armée active doit être notre *palladium*.

Je vous le demande, dit-il, à quoi vous servirait donc cette admirable armée active, qui nous coûte quatre à cinq cents millions par an? Vous supposez donc qu'elle sera battue dès le premier choc, et que la France sera immédiatement découverte?... ON VOUS PRÉSENTAIT L'AUTRE JOUR DES CHIFFRES DE 1200, DE 1300,

DE 1,500,000 HOMMES COMME ÉTANT CEUX QUE LES DIFFÉRENTES PUISSANCES PEUVENT METTRE SOUS LES ARMES... EH BIEN! CES CHIFFRES-LA SONT PARFAITEMENT CHIMÉRIQUES... LA PRUSSE, SELON M. LE MINISTRE D'ETAT, NOUS PRÉSENTERAIT 1,300,000 HOMMES. MAIS, JE LE DEMANDE, OU A-T-ON VU CES FORCES FORMIDABLES? *La Prusse, combien d'hommes a-t-elle portés en Bohême, en 1866? 500,000 environ...* C'est que, Messieurs, il ne faut pas se fier A CETTE FANTASMAGORIE DE CHIFFRES... CE SONT LA DES FABLES QUI N'ONT JAMAIS EU AUCUNE ESPÈCE DE RÉALITÉ. *(Approbation autour de l'orateur.)* Donc, qu'on se rassure, notre armée suffira pour arrêter l'ennemi. Derrière elle, le pays aura le temps de respirer et d'organiser tranquillement ses réserves. EST-CE QUE VOUS N'AUREZ PAS TOUJOURS DEUX OU TROIS MOIS, C'EST-A-DIRE PLUS QU'IL NE VOUS EN FAUDRA pour organiser la garde nationale mobile et utiliser ainsi le zèle des populations? D'ailleurs, les volontaires afflueront. Vous vous défiez beaucoup trop de votre pays... J'ai acquis quelques connaissances de ces matières; croyez-moi, ne faites pas la garde mobile et consacrez à l'armée les vingt-cinq ou trente millions qu'elle vous coûterait.

M. Rouher réplique :

M. Thiers traite de fantasmagorie nos calculs. Ils sont pourtant exacts. La Prusse, en certains cas, pourra disposer de 1,300,000 hommes.

Depuis, les événements ne l'ont que trop prouvé !

On se rappelle les efforts impuissants que fit le maréchal Niel. Qu'il nous suffise de rappeler les paroles suivantes qu'il prononça :

On vous demande d'armer la nation sans l'organiser. La vraie levée en masse sérieuse, pratique, — c'est le système prussien. Quant à la levée d'hommes sans éducation militaire, c'est un monstrueux préjugé. Appeler de gros contingents en cas de guerre est une autre illusion! Avec la rapidité qu'ont acquise les opérations militaires, avant que les gros contingents fussent prêts à entrer en campagne, la guerre serait déjà finie... On a contesté les indications que nous avions fournies sur l'armée prussienne, les chiffres que nous avions produits; nous devons les maintenir. Ils sont « de la plus rigoureuse exactitude... » Pour combattre ces masses, les volontaires afflueraient? Hélas! ce sont là des tableaux poétiques, moi, je demande du positif.

Enfin, la loi fut votée par 200 voix contre 60 et promulguée le 4 février 1868. Mais comment sortit-elle de cette longue discussion? Elle en sortit mutilée, et, chose plus grave! complètement discréditée. « Comment, » — disait le maréchal Niel à l'opposition, — « comment voulez-vous que le pays suporte cette charge nouvelle si vous lui persuadez à l'avance qu'elle est excessive et inutile? » Les craintes du maréchal n'étaient que trop fondées. L'institution de la garde mobile fut mal accueillie, et même, dans quelques localités, l'inscription sur les contrôles amena des troubles regrettables et compromettants.

Le gouvernement avait présenté un projet de loi en vertu duquel tous les jeunes gens devaient être soldats. La Chambre se réserva le droit de déterminer chaque année le chiffre du contingent qui, d'après les prévisions, devait être de 100 à 110,000 hommes, et, en cas de guerre, ne pas dépasser 120,000 hommes. Bref, la loi nouvelle fixait la durée du service dans *l'armée* à cinq ans sous les drapeaux et à quatre ans dans la *réserve*. Avec la portion de chaque classe, non comprise dans le contingent annuel, elle formait une *garde nationale mobile* où la durée du service était de cinq ans, et dont faisaient seulement partie les hommes de 21 à 26 ans. La *réserve* et la *garde nationale mobile* ne pouvaient être appelées à l'activité qu'en vertu d'une loi spéciale et en temps de guerre. Enfin, l'exonération était abolie, le remplacement rétabli, et les hommes de la réserve autorisés à se marier après une année de service, c'est-à-dire trois ans avant leur libération. La législation nouvelle mettait à la disposition de la France une armée active de 500,000 hommes et une armée défensive (garde mobile) de 540,000 hommes, soit 1,040,000 hommes.

C'était une force respectable ; l'opposition s'attacha à la rendre inerte.

Le maréchal Niel insistait pour que la garde mobile pût être exercée au tir du fusil et du canon, ainsi qu'aux différentes manœuvres. Dans ce but, il avait demandé le droit de la réunir de temps à autre, d'abord au chef-lieu de canton, puis au chef-lieu d'arrondissement ou de département. Les efforts du maréchal Niel échouèrent devant le mauvais vouloir de la commission législative, stimulée par le tiers-parti, qui, lui-même, subissait l'ascendant de la gauche. Qu'on se souvienne de cette déclaration, faite par M. Gressier, rapporteur :

... Que le pays se rassure : la Commission a pris soin de ses intérêts. Elle a remporté un sérieux succès ; grâce à elle, l'institution de la garde mobile ne sera pas ce qu'on en voulait faire. Les mobiles ne logeront pas chez l'habitant, n'iront pas au camp d'instruction. Ils apprendront l'exercice chez eux. On les dégrossira, la seule chose qui soit utile, nécessaire. *On aura ainsi en fait une garde nationale mobile sur le papier.*

Une garde nationale mobile sur le papier !!! Comme on aura plus tard à s'en repentir !..

Le maréchal Lebœuf, devenu le successeur du maréchal Niel, retraçait au commencement de 1870, cette situation fâcheuse dans les termes que voici :

Je dois la vérité à la Chambre, et je la dirai tout entière.
Lorsqu'il s'est agi de la garde mobile, deux systèmes étaient en présence.

Dans le premier système, les gardes nationaux devaient être réunis tous les ans pendant 15 à 20 jours consécutifs, soit dans une place, soit dans un camp où ils auraient été soumis à la discipline militaire et auraient reçu ainsi une instruction sérieuse.

La garde mobile eût été une espèce de landwehr. *Le projet qui était celui du maréchal Niel n'a pas prévalu et la Chambre a préféré le second système qui n'autorise que quinze réunions par an, à des jours différents et sous la réserve expresse que les jeunes gens ne découcheraient pas.*

Dans ce dernier système, il n'y a pas d'instruction sérieuse possible.

« L'opposition, » dit M. Amédée Achard dans une publication récente : *Souvenirs personnels*, « l'opposition, toujours taquine et qui oubliait volontiers la patrie pour combattre le gouvernement qui la représentait, n'a-t-elle point de reproches à se faire quand elle mettait un acharnement si passionné à détruire dans son germe le système du maréchal Niel ? Combien n'ai-je pas vu de républicains — et je ne parle pas même des irréconciliables — qui se réjouissaient parce que la loi sur la garde mobile restait inappliquée et presque inapplicable ! Comme ils péroraient contre l'armée et contre la discipline ! Des phrases leur tenaient lieu de démonstrations, et quand ils avaient proclamé dans leurs feuilles les théories creuses de la fraternité universelle, ils croyaient tout sauvé ! Combien encore qui auraient voulu qu'on licenciât les régiments et renversât les forteresses ! »

Dans le cours de la discussion de la loi sur le recrutement de l'armée, au mois de juin 1872, le général de Chanzy a non-seulement rendu hommage au maréchal Niel, mais il a encore blâmé *l'opposition d'alors* et fait cette déclaration loyale :

JE NE DOUTE PAS QU'UNE BONNE PART DE LA RESPONSABILITÉ DE NOS DÉSASTRES N'INCOMBE A CEUX QUI ONT FAIT, EN 1868, AVORTER NOTRE RÉFORME MILITAIRE.

En énervant dans son germe et en entravant dans son application la loi nouvelle sur l'armée, l'opposition commit plus qu'une faute ; car, elle ne manqua pas seulement de prévoyance, elle manqua encore de patriotisme. Que de regrets ne devrait-elle pas avoir aujourd'hui, si, toutefois, elle est susceptible d'avoir des regrets ! Et cependant !... Mais poursuivons notre sujet. Il nous reste à parler de l'armement.

III

ARMEMENTS

La loi sur la garde nationale mobile a été mutilée, et, par suite, affaiblie dans son principe et amoindrie dans ses conséquences. L'opposition veut encore qu'elle reste à l'état de lettre morte, de telle sorte que l'on ait, comme l'a dit M. Gressier, une garde nationale mobile *sur le papier*, c'est-à-dire une garde nationale *illusoire*. Et, triste aveu à faire ! la majorité elle-même se laissera entraîner dans cette voie funeste.

En présence des menaces de l'opposition, et par crainte de s'aliéner leurs électeurs, ces pauvres députés, dit une brochure, avaient perdu tout sentiment des dangers qu'ils faisaient courir ainsi au pays. Le gouvernement avait beau leur montrer l'abîme où ils conduisaient la France et leur crier : Gare ! ils se bouchaient les yeux pour ne pas voir et les oreilles pour ne point entendre.

L'opposition se composait de deux groupes très-distincts : *la gauche* et *le tiers-parti*.

La *gauche* ne voulait ni armée permanente, ni garde mobile. A une armée régulière elle entendait substituer la nation armée, c'est-à-dire une garde nationale ordinaire ; par dessus tout, elle prisait la théorie des levées en masse.

Substituer le soldat-citoyen au soldat de métier ! c'est une illusion que la gauche doit avoir perdue. Une triste expérience nous a montré, en effet, que le patriotisme le plus ardent, le dévouement le plus absolu, le courage le plus héroïque ne peuvent suppléer à l'habitude des armes.

Les levées en masses ! Autre illusion qui se sera dissipée ! Les temps sont passés où l'on chassait l'ennemi avec des bataillons de volontaires pieds nus et armés au hasard. On ne se bat plus avec le cœur, mais avec le savoir. Le métier des armes, comme tout autre métier, exige un long apprentissage et des connaissances qui ne s'acquièrent pas en un seul jour.

Le *tiers-parti* voulait le maintien du *statu quo* : ni augmentation, ni réduction ; c'est-à-dire qu'il nous laissait dans cet état d'infériorité qui nous mettait à la merci de l'étranger. Car, — on l'a vu depuis, —

si l'instruction militaire est une des conditions de succès, le chiffre des troupes que l'on oppose à l'ennemi décide souvent de la victoire. Est-ce que la Prusse ne nous a pas écrasés par le nombre?

Il était dit que l'opposition, d'une part, et, de l'autre, la majorité, qui ne voulait pas ouvrir les yeux à la lumière, refuseraient au gouvernement le concours nécessaire pour opérer des réformes urgentes.

Après la mort du maréchal Niel, en 1870, M. de Kératry proposa la suppression de la garde mobile. Sa proposition fut rejetée. Néanmoins, loin d'accorder au gouvernement les ressources dont il a besoin pour la mise en vigueur du nouveau système militaire, le Corps législatif lui reprendra chaque année par la loi des finances, tout ce qu'il pourra lui reprendre.

En 1867, la gauche demande de réduire à 340,000 hommes l'effectif de l'armée.

En 1868, elle recommence ses attaques, et, à propos de la loi du recrutement, M. Picard fait entendre ces paroles:

On vous dit qu'il nous faut 800,000 hommes! Depuis quand, Messieurs, parle-t-on, en France, ce langage? Depuis quand vient-on dire publiquement dans une Assemblée française, *non-seulement que nous avons des précautions d'une nécessité absolue à prendre pour la défense de nos frontières*, CE QUI EST, PEUT-ÊTRE, PRÉVOIR LE DANGER DE BIEN LOIN, *mais en même temps que, pour conserver à notre pays son autonomie il nous faut une force de 800,000 hommes!..* Rien ne justifie les armements exagérés qui écrasent le pays.

C'est dans cette même séance que, répondant aux attaques dont la garde mobile était l'objet, M. le maréchal Niel laissa échapper ces mots tristement prophétiques, que nous avons rapportés plus haut:

J'AI LA CONVICTION QUE, DANS QUATRE OU CINQ ANS, VOUS AUREZ LE PLUS GRAND REGRET D'AVOIR ATTAQUÉ CETTE INSTITUTION.

Le gouvernement demandait:

1° 144 millions pour fabriquer 1,200,000 chassepots et transformer 350,000 fusils anciens. La Chambre ne lui en accorde que 91!

2° 16 millions pour augmenter et perfectionner notre artillerie. La Chambre lui alloue seulement 2 millions et demi!

3° 110 millions pour compléter nos fortifications. La Chambre réduit ce chiffre à 36 millions!

M. Garnier-Pagès, énumérant avec douleur les sommes demandées, ajoutait:

Avec quoi couvrirez-vous tout cela? Et à quoi cela vous servira-t-il? Qu'est-ce que la force matérielle? *Ah! si vous vouliez, au contraire, employer la force morale! Quelle puissance dans le peuple et dans la liberté!* Le budget de la guerre vous mène à la banqueroute. *C'est la plaie, c'est le chancre qui nous dévore !...*

Que la France serait heureuse aujourd'hui d'avoir dépensé vingt fois le montant de ces sommes ! A ce prix, elle aurait gagné *dix milliards* et deux provinces, sans compter la victoire et l'honneur qui ont bien aussi leur prix.

A la louange de M. Thiers, disons qu'il blâma vivement les réductions.

Voici, dit-il, comment votre Commission s'est débarrassée des travaux de la guerre : on demandait cent quarante-quatre millions pour la transformation des fusils : elle en a accordé quatre-vingt-onze, ET ELLE A DIT : VOUS FEREZ 1,200,000 FUSILS CETTE FOIS. Mais, est-ce que, dans la situation de l'Europe, vous entendez réduire l'armement de la France à 1,200,000 fusils ? POUR L'ARTILLERIE, LA COMMISSION SE DÉBARRASSE DE TREIZE MILLIONS et accorde DEUX MILLIONS CINQ CENT MILLE FRANCS. Eh bien ! Je dis qu'il faut transformer notre artillerie le plus tôt possible... Pour les fortifications, la Commission accorde trente-six millions. C'est se livrer à une *illusion désastreuse* de croire qu'avec trente-six millions on parviendra à mettre nos places fortes dans l'état où elles doivent être... *Quand on a demandé cent dix millions*, ON A DEMANDÉ L'INDISPENSABLE UNIQUEMENT.

M. Jules Favre prit la parole à son tour et s'exprima ainsi :

Qu'est-ce que je lis dans les documents officiels !... Il faut que la France soit armée comme ses voisins ; sa sécurité est attachée à ce qu'elle soit embastionnée, cuirassée, qu'elle ait dans ses magasins des monceaux de poudre et de mitraille, sans cela elle est exposée à périr. *J'avoue que ma conscience proteste contre de semblables propositions.* Vous dites qu'il est nécessaire que nous conservions ces fortifications dont nous entourons la moindre de nos bourgades dès qu'elle touche à la frontière ; qu'il nous faut cette ceinture de villes fortifiées. Tout cela, permettez-moi de vous le dire, *c'est de l'ancienne politique, c'est de la politique de haine, ce n'est pas de la politique d'expansion et d'abandon...*

« La politique *d'abandon*, celle qui a livré la France à l'ennemi, — a dit un publiciste, — n'a commencé que sous le gouvernement de la prétendue Défense nationale. »

Non contente des réductions opérées, la Commission invita le ministre de la guerre à envoyer en congé sept à huit mille hommes de plus pour économiser 3 ou 4 millions.

Le maréchal Niel :

Ce qu'on me demande est impossible... Je vous ai expliqué tout-à-l'heure que, pour équilibrer mon budget, il me fallait déjà envoyer en congé 80 ou 90,000 hommes. Eh bien ! Messieurs, en renvoyer 7,500 de plus dans les mêmes conditions, c'est impossible... Vous compromettez tout le système. Mon système, c'est d'avoir une armée toujours disponible...

Vous êtes frappés de la transformation de l'armement. Mais dans ce moment, IL Y A UNE TRANSFORMATION PLUS IMPORTANTE ENCORE QUE LA TRANSFORMATION DE L'ARMEMENT, C'EST LE PASSAGE DU PIED DE PAIX AU PIED DE GUERRE. COMMENT SE FAIT-IL QUE CELUI QUI A L'HONNEUR DE PARLER DEVANT VOUS, et qui n'a d'autre espoir que celui d'arriver à l'organisation la plus économique, SOIT MIS DANS L'IMPOSSIBILITÉ D'ATTEINDRE LE BUT QU'IL SE PROPOSE ? OUI, MESSIEURS, VOUS ME RENDEZ LA TACHE IMPOSSIBLE...

La Commission insista et l'Assemblée vota la réduction.

Cela ne suffit pas à la Commission ; elle veut encore que le ministre enlève à l'artillerie 3 mille chevaux de plus pour les placer chez les cultivateurs.

Le maréchal Niel, — d'une voix triste, avec une attitude de profond découragement, dit le compte-rendu de la séance, — présenta les considérations suivantes :

... Je ne pourrais pas soutenir longtemps le rôle qui consisterait à venir vous dire à chaque instant : *ce que vous faites pour l'armée est insuffisant,* car j'exposerais le pays à douter de ses forces militaires au milieu de la situation actuelle de l'Europe...

On me force à donner des chiffres ! Nous avons moins d'artillerie que toutes les autres puissances de l'Europe. Nous avons deux pièces par 100 hommes, partout ailleurs on compte 3 pièces par 100 hommes. *Il y a des inconvénients à entrer dans tous ces détails, je ne le dissimule pas, et je répugne à dévoiler ainsi notre situation à chaque instant et sur chaque point ; mais je remplirai ma mission jusqu'au bout.* Eh bien ! au moment actuel, il serait souverainement imprudent de descendre au-dessous d'une artillerie pour servir 240,000 hommes. Je vous en supplie, Messieurs, laissez-moi mes chevaux d'attelage et surtout ne me forcez pas à avouer en public mon insuffisance. Les autres cabinets suivent attentivement ces débats. C'EST LA QUE SE DÉCLARE LA GUERRE. *Et si l'on s'aperçoit que toutes les solutions sont prises contre le ministre de la guerre, il y a de grands inconvénients... Je dis que vraiment les choses publiques de l'armée ne peuvent être conduites de cette façon...*

Supplications vaines ! La Chambre ne tint pas compte des observations du maréchal Niel.

Enfin, M. Busson-Billault insista, au nom de la Commission, pour une réduction de *cent mille* francs, qu'on devait obtenir en supprimant quatre escadrons dans les régiments de grosse cavalerie.

En 1869, M. Pelletan demanda pourquoi on armait les pompiers. Quelle crainte pouvait donc inspirer au futur membre du gouvernement du 4 septembre l'armement d'un corps si utile et si dévoué au bien public ?... A une interpellation de M. Jules Favre, touchant la garde mobile, le maréchal Niel répondit :

Pour ce qui concerne la garde mobile, vous avez vu au budget que L'ORGANISATION TOTALE DE CETTE GARDE COUTERA QUATORZE MILLIONS, JE NE PUIS

DONC PAS L'ORGANISER EN TOTALITÉ. Mais la garde nationale mobile sera organisée successivement par corps d'armée, en commençant par les 1er, 2me et 3me corps. J'espère qu'avec ces cinq millions, auxquels je pourrai faire quelques additions, si je parviens à réaliser quelques économies sur d'autres points, j'arriverai à l'organisation de la garde mobile, dans ces trois corps d'armée... Ces trois corps d'armée seront, pour ainsi dire, le type de la garde mobile, qui se complètera ensuite AU FUR ET A MESURE QUE LE BUDGET LE PERMETTRA.

Nous voici arrivés à l'année fatale. 1870 a sonné!.. Le maréchal Niel est mort à la peine. Le maréchal Lebœuf l'a remplacé au ministère de la guerre. Celui-ci, après avoir étudié la question de la garde mobile, estime que l'organisation complète de ce corps exigera une somme supérieure à celle que son prédécesseur a indiquée. Ce n'est pas quatorze millions, mais *trente-cinq* ou *quarante*, qui seraient nécessaires. La Chambre n'en a encore voulu donner que *cinq*. Jamais elle n'accordera les ressources suffisantes. Il faut donc renoncer à l'organisation primitive et en chercher une autre. Dans la séance du 30 juin 1870, M. le maréchal Lebœuf s'exprime en ces termes :

Je n'indiquerai le système adopté par le gouvernement, pour la garde mobile, que quand le Corps législatif aura fixé le chiffre qu'il entend affecter à cette destination.

Les événements, qui survinrent peu à près, ne permirent pas de donner suite à ce projet. La garde mobile fut appelée à l'activité. Il fallut l'organiser, l'équiper, l'instruire. On était pris à l'improviste. Les prédictions du maréchal Niel allaient se réaliser!

Dans cette session, qui devait se clore par le vote des subsides que réclamaient les nécessités de la guerre, et peu de jours avant le commencement des hostilités, M. de Kératry, comme nous l'avons dit plus haut, vient encore réclamer la suppression de la garde mobile et demander que le contingent annuel soit réduit à 80,000 hommes.

Pour la seconde fois, M. Thiers combat la réduction demandée par la gauche, et adjure ses amis de ne point énerver la puissance militaire de la France.

M. Jules Favre ne veut pas qu'une nation s'organise, en pleine paix, pour une grande guerre; c'est là, dit-il, une *coupable folie*, une mesure funeste aux finances du pays, à sa *grandeur*, à sa *moralité*, à sa *prospérité*! Puis il ajoute :

Que craint-on d'ailleurs? Est-ce que les 40 millions d'allemands songent à nous attaquer? Pourquoi promener constamment devant la Chambre, ce vain fantôme d'une *chimère* qui n'aboutit à rien et ruine le pays.

Depuis, on aurait pu demander à M. Jules Favre s'il croyait encore que cette armée n'était qu'une chimère, le jour où il a signé la honteuse capitulation de Paris !...

Comprend-on maintenant la cause de nos revers? Cette cause, ne doit on pas l'attribuer aux hommes qui s'acharnaient à diminuer les ressources militaires de la France, sous prétexte d'économie, mais en réalité, par haine contre l'Empire, dont ils cherchaient à précipiter la chute? Est-ce que l'*Electeur libre*, organe de M. Ernest Picard, n'a pas dit: « *La conquête de nos libertés vaut bien deux provinces.* » Et M. Vitet n'a-t-il pas écrit dans la *Revue des Deux Mondes* du 1er janvier 1871 :

<small>Malgré les désastres sans nom que nous a valus l'année 1870, puisqu'elle a *renversé l'Empire*, cette année n'a pas été tout-à-fait stérile. Nos malédictions doivent donc se mêler de quelque gratitude, et enfin, tout compte fait, nous la *bénirons*.</small>

Bénir l'année 1870, une année qui a fait couler tant de larmes et de sang... une année qui a donné à l'étranger l'Alsace et la Lorraine !.. On ne sait comment qualifier un pareil langage. Il est vrai que cette année a amené le triomphe de ces hommes. Leur patriotisme n'irait-il pas au-delà des calculs étroits d'une politique égoïste ?..

Dans le cours des débats, auxquels a donné lieu la discussion de la loi sur la garde mobile, M. Jules Simon a fait cette déclaration qu'enregistrera l'histoire :

<small>... J'espère qu'on nous rendra la justice de dire que toutes les fois qu'il a été question d'organiser ce qu'on appelle la paix armée, ON NOUS A TROUVÉS EN TRAVERS DE TOUTES LES MESURES PROPOSÉES POUR ARRIVER AU BUT CONTRAIRE A NOS DÉSIRS, A TOUTES NOS ASPIRATIONS, A TOUS NOS PRINCIPES.</small>

Oui, justice vous sera rendue, M. Simon. Elle sera rendue à vous et à l'opposition. Il est des faits que le pays ne peut oublier, car ils laissent derrière eux des ruines et des traces de sang ineffaçables!..

NÉGOCIATIONS DIPLOMATIQUES

La candidature Hohenzollern, désavouée en 1869 et ressuscitée en 1870, au mépris de la parole donnée, était, comme nous l'avons dit, une intrigue ourdie contre la France, dont elle compromettait la sécurité. Aussi, provoqua-t-elle une grande irritation, et, le 6 juillet, en réponse à une interpellation de M. Cochery, député du centre gauche, M. de Gramont, confirmant l'exactitude des bruits qui avaient ému le pays, déclara que, pour écarter l'éventualité d'un conflit, le gouvernement comptait « sur la sagesse du peuple allemand et sur l'amitié du peuple espagnol. » Dans la même séance, M. Emile Ollivier fit cette déclaration : « Le gouvernement désire la paix, il la désire avec passion, mais avec honneur... » Des efforts furent tentés auprès des puissances étrangères pour obtenir leurs bons offices, et, le 12 juillet, on apprenait le désistement spontané du prince Léopold. On put croire un moment l'incident vidé. L'erreur fût de courte durée, car on s'aperçut bientôt que ce désistement n'était qu'une mystification. Il avait été notifié par le père du prince à l'ambassadeur d'Espagne qui, de son côté, l'avait transmis à M. le duc de Gramont. Mais le roi de Prusse, chef de famille, y était resté étranger, et, par conséquent, rien ne prouvait que la candidature était définitivement retirée. « C'est *de la réponse officielle* de la Prusse que tout dépend » disait le *Français*. Il nous fallait, en effet, des garanties ; il fallait ne plus nous exposer à être une troisième fois victimes du procédé déloyal de 1869. Aussi, l'article publié le 13 juillet par le *Constitutionnel* trouva-t-il peu d'écho. Ce journal passait pour recevoir les confidences et les inspirations du cabinet Gramont-Ollivier. On y lisait :

Le prince de Hohenzollern ne règnera pas en Espagne.
Nous n'en demandions pas davantage, et c'est avec orgueil que nous accueillons cette solution pacifique.
Une grande victoire qui ne coûte pas une larme, pas une goutte de sang !

Ce langage n'obtint point l'assentiment de la presse ; et, à l'exception des feuilles ministérielles et de deux ou trois autres qui, par leur attitude ultra-débonnaire, avaient perdu tout crédit sur le public, les journaux se livrèrent à de vives réclamations. Qu'on en juge par les extraits suivants :

La *Presse* :

Cette victoire « qui ne coûte ni une larme, ni une goutte de sang, » dont parle le *Constitutionnel*, cette victoire serait pour nous *la pire des humiliations et le dernier des périls*...
Aucune faute ne serait plus lourde ni plus redoutable que de nous contenter aujourd'hui de satisfactions dérisoires. Il ne suffit pas qu'un colonel prussien renonce à quelque ambition ridicule. Il faut que la Prusse, par un pacte de son gouvernement, reconnaisse les principes du droit public ; qu'elle les proclame et qu'elle fasse entrevoir ainsi la réparation de toutes les violences sur lesquelles elle a cherché, depuis quatre ans, à fonder sa grandeur.

L'*Opinion nationale* :

... On nous dit aujourd'hui que nous avons la paix. Quelle paix ? Qu'avons nous obtenu de la Prusse ? Quel désaveu du passé ? Quelles garanties pour l'avenir ? Rien. Le candidat prussien lui-même reste dans la coulisse ; c'est son papa qui vient nous annoncer son désistement.

L'*Union* :

... Notre pays a regardé en face cette œuvre de 1866 dont il paraissait avoir détourné les yeux, et qui se dresse comme une domination menaçante. Il a senti qu'il existe de l'autre côté du Rhin quelque chose qu'il faut abattre, et l'on se disait dans un premier accès de fièvre héroïque : faisons aujourd'hui ce qu'il faudra faire un jour ou l'autre pour ne pas encourir une déchéance immédiate. Voilà pourquoi la satisfaction que nous donne le prince Antoine ne répond pas à la grandeur des griefs ni à l'excitation des âmes.

Le *National* :

C'est une paix *sinistre* que celle dont on nous parle depuis vingt-quatre heures.
Non ! le pays ne se laissera pas leurrer.
Il veut la paix, mais il veut une paix solide et assurée.
Il ne veut plus d'une paix armée et ruineuse telle que celle que lui impose l'ambition prussienne.

Le *Monde* :

La renonciation du prince de Hohenzollern, est-elle une solution ? Nous ne le croyons pas... Voilà pourquoi nous sommes en droit de *demander au gouvernement* de ne pas cette fois se contenter de promesses, d'espérances, mais *d'exiger des gages*.

La *Gazette de France* :

La France entière pensait que le gouvernement, ayant résolu de prendre sa revanche de Sadowa, croyait le moment venu d'engager une partie sérieuse contre la Prusse; on prenait le différend hispano-prussien pour **un prétexte**, car il en faut toujours un, et l'on croyait à une guerre prompte, *énergique et réparatrice.*

Mais il faut rendre cette justice à M. le comte de Bismark; toutes les nouvelles arrivées depuis trois jours affirmaient que le ministre prussien n'a pas douté un seul instant de la paix. Il a jugé du premier coup nos hommes d'Etat à l'œuvre; on sait ce qu'on peut attendre d'eux, en dépit des apparences.

Le *Siècle :*

... Nous qui avons souhaité ardemment le maintien de la paix, nous ne pouvons que nous réjouir de voir s'éloigner les perspectives de guerre.

Mais notre satisfaction, disons-le toutefois, n'est pas sans mélange...

Qui nous répond que dans trois mois, dans six mois, la question du Nord-Sleswig, la question des rapports entre l'Allemagne du Nord ne nous condamneront pas aux mêmes alarmes?

Et quelques lignes plus loin :

Nous croyons que la guerre ne résoudrait rien ; mais répétons-le, ceux-là du moins sont dans la logique qui se plaignent de voir le gouvernement menacer de tirer l'épée pour un motif futile, et la rengainer ensuite sans avoir obtenu satisfaction pour les griefs sérieux.

Au Sénat, comme au Corps législatif, la renonciation spontanée du prince de Hohenzollern fut regardée comme une satisfaction illusoire. « Les sénateurs ne sont pas moins belliqueux que les députés, dit l'*Univers;* M. Bonjean ne parle pas autrement que M. P. David. Cette rencontre des Chambres et des *divers partis* dans les Chambres a son importance. » On demandait des gages ; on exigeait des garanties.

Quant à l'opinion publique, elle est vivement surexcitée. Elle songe à 1815, et, comme de nouvelles humiliations, lui apparaissent Sadowa, la question du St-Gothard et l'affaire du Luxembourg, que l'opposition, pour faire brèche au gouvernement, dont elle accusait l'inaction et qui avait eu le tort de prêter l'oreille à ses conseils, que l'opposition, disons-nous, lui avaient représentés comme une atteinte à l'honneur et à la dignité de la France.

Grâce à l'exagération des partis, dit M. Giraudeau, la bataille de Sadowa était devenue pour nous un second Waterloo. Depuis quatre ans, dans la presse comme à la tribune, on faisait rougir notre front par ce souvenir sans cesse évoqué... Comment pouvait-on penser que le peuple français supporterait patiemment de telles excitations, qu'il prendrait humblement son parti d'un souvenir humiliant sans cesse rajeuni, et qu'un jour ou l'autre il ne tenterait pas de l'effacer? Autant vaudrait, après avoir agacé le taureau pendant des heures, s'étonner qu'il bondisse..

Et le taureau bondissait! Qu'on se souvienne, en effet, des manifestations qui eurent lieu sur divers points, et à Paris notamment, quand, par son attitude, la Prusse eût montré qu'elle jetait un défi à la France!...

J'invoque l'impartial souvenir de tous ceux qui se trouvaient alors à Paris, dit l'écrivain que nous avons cité plus haut; qu'ils s'arrachent au présent, se recueillent une minute et se reportent par la pensée vers la semaine qui précéda la déclaration de guerre; qu'ils se rappellent ce qu'ils ont alors vu de leurs yeux, entendu de leurs oreilles, dans la rue, dans les salons, dans les cercles, les cafés, les théâtres; et les boulevards, orageux comme un soir de révolution, et la *Marseillaise* partout impérieusement réclamée, frénétiquement accueillie, et cette cantatrice de l'Opéra, arrêtée par la foule et forcée de la chanter debout sur sa voiture; et les tables des cafés transformées en tribunes, et les soldats portés en triomphe, et M. Paul de Cassagnac, acclamé par le public, recevant une adresse des étudiants, et tout surpris de sa popularité...

Ailleurs, nous lisons:

L'opinion publique ne voulait plus entendre parler de paix. Les cris de guerre se produisaient partout avec une intensité et un ensemble formidables. Le ministre Ollivier, qui passait pour partisan de la paix, est poursuivi, insulté jusque devant son hôtel; le *Constitutionnel* est déchiré, foulé aux pieds; l'Empereur, dans sa voiture, est entouré sur les boulevards d'une foule enthousiaste qui l'accompagne en criant: *La guerre! La guerre!*

Cet élan national frappait les étrangers, même les plus flegmatiques. L'ambassadeur d'Angleterre écrivait à son gouvernement:

L'excitation du public et l'irritation de l'armée sont telles qu'il devient douteux que le gouvernement français puisse résister au cri poussé pour la guerre. On sent qu'il sera obligé d'apaiser l'impatience de la nation en déclarant formellement son intention de tirer vengeance de la conduite de la Prusse.

Malgré la pression de l'opinion publique, le gouvernement fit de nouvelles démarches pacifiques et demanda au roi Guillaume de vouloir bien déclarer qu'il n'autoriserait pas à l'avenir le renouvellement de la candidature du prince de Hohenzollern. Le roi refusa et, le 15 juillet, M. Emile Ollivier, devant le Corps législatif, et M. le duc de Gramont, devant le Sénat, donnaient lecture d'une déclaration rendant compte des efforts qui avaient été tentés. Nous croyons devoir en reproduire ici les passages les plus importants. Le gouvernement disait:

. . . .
. . . .

Notre demande était modérée; les termes dans lesquels nous l'exprimions ne l'étaient pas moins. « Dites bien au roi, écrivions-nous au comte de Benedetti, le 12 juillet à minuit, dites-bien au roi que nous n'avons aucune arrière-pensée, que nous ne cherchons pas un prétexte de guerre, et que nous ne demandons qu'à résoudre honorablement une difficulté que nous n'avons pas créée nous-mêmes. »

Le roi consentit à approuver la renonciation du prince Léopold, mais il *refusa* de déclarer qu'il n'autoriserait plus à l'avenir le renouvellement de cette candidature.

« J'ai demandé au roi, nous écrivait M. Benedetti, le 13 juillet à minuit, de vouloir bien me permettre de vous annoncer en son nom que si le prince Hohenzollern revenait à son projet, Sa Majesté interposerait son autorité et y mettrait obstacle. Le roi a *absolument refusé* de m'autoriser à vous transmettre une semblable déclaration. (*Mouvement.*) J'ai vivement insisté, mais sans réussir à modifier les dispositions de Sa Majesté.

« Le roi a terminé notre entretien en me disant qu'il ne pouvait ni ne *voulait* prendre un pareil engagement, et qu'il devait, pour cette éventualité comme pour toute autre, *se réserver la faculté de consulter les circonstances.* »

Quoique ce refus nous parût injustifiable, notre désir de conserver à l'Europe les bienfaits de la paix était tel que nous ne rompîmes pas les négociations, et que, malgré votre impatience légitime, craignant qu'une discussion ne les entravât, nous vous avons demandé d'ajourner nos explications jusqu'à aujourd'hui.

Aussi, notre surprise a-t-elle été profonde lorsque, hier, nous avons appris que le roi de Prusse avait notifié par un aide-de-camp à notre ambassadeur qu'il ne le recevrait plus (*profond mouvement d'indignation*) et que, pour donner à ce refus un caractère non équivoque, son gouvernement l'avait communiqué officiellement aux cabinets de l'Europe.

Nous apprenions en même temps que M. le baron Werther avait reçu l'ordre de prendre un congé et que des armements s'opéraient en Prusse.

Dans ces circonstances, tenter davantage pour la conciliation eût été un oubli de dignité et une imprudence. Nous n'avons rien négligé pour éviter une guerre nous allons nous préparer à soutenir celle qu'on nous offre, en laissant à chacun la part de responsabilité qui lui revient.

Dès hier, nous avons appelé nos réserves, et, avec votre concours, nous allons prendre immédiatement les mesures nécessaires pour sauvegarder les intérêts, la sécurité et l'honneur de la France.

La France pouvait-elle tolérer cette façon d'agir ? La question est soumise aux Chambres. Mais — avons-nous besoin de le dire ? — dès ce moment, la guerre était inévitable.

DÉCLARATION DE GUERRE

I

Après avoir donné lecture, au Sénat et au Corps législatif, de la déclaration rendant compte des efforts tentés pour résoudre diplomatiquement le conflit, le gouvernement déposa un projet de loi relatif à l'ouverture de crédits supplémentaires au budget de la guerre et de la marine, et un autre projet de loi concernant l'appel à l'activité de la garde mobile. Car, c'est aux Chambres qu'il appartenait de décider si la France était outragée et menacée, en un mot, si elle devait tirer l'épée. Que les subsides soient refusés et la déclaration de guerre ne peut avoir lieu. Nous n'avons pas à examiner ce qui serait advenu dans cette hypothèse. Le ministère se serait retiré. Mais l'opinion publique, qu'aurait-elle fait? Dans l'état de surexcitation où elle se trouvait, il est facile de prévoir à quels débordements elle se serait laissée aller. Une révolte, la guerre civile! telle aurait été la conséquence d'un vote négatif. Et l'Europe, qu'eût-elle pensé de cette France, autrefois si jalouse de son honneur, si grande, si puissante, si respectée, et qui, aujourd'hui, baissait pavillon devant les arrogances et les provocations de la Prusse?.... Nous avions été la terreur de l'Europe; nous en devenions la risée!.. Mais là n'est pas la question.

La demande des subsides de guerre est présentée. Nous sommes au 15 juillet. Séance tenante, la discussion s'engage au Corps législatif. Nous allons en reproduire ou en rappeler ici les principaux incidents :

M. THIERS... Sans aucun doute, la Prusse s'est mise gravement dans son tort, très gravement. Depuis longtemps, en effet, elle nous disait qu'elle ne s'occupait que des affaires de l'Allemagne, de la destinée de la patrie allemande, et nous l'avons trouvée tout-à-coup, sur les Pyrénées, préparant une candidature que la France devait ou pouvait regarder comme une offense à sa dignité et une entreprise contre ses intérêts. *! Très bien ! très bien ! au centre et à droite.*)

Vous vous êtes adressés à l'Europe, et l'Europe avec un pressentiment qui l'honore elle-même, a voulu qu'il nous fût fait droit sur le point essentiel ; la candidature du prince de Hohenzollern a été retirée.

Au centre et à droite. Mais non ! mais non !

A gauche. Très bien ! parlez !

Bref, M. Thiers pense que c'est une question de susceptibilité qui amène la guerre. La France devrait attendre, pour agir, que la Prusse étendît la main sur l'Allemagne. L'occasion est mal choisie pour réparer les événements de 1866.

S. Exc. M. EMILE OLIVIER, garde des sceaux : ... Nous le déclarons ici solennellement : aucun des membres du ministère n'a cherché une occasion de faire la guerre. Nous n'avons pas délibéré pour savoir si le moment était opportun ou inopportun pour assaillir la Prusse : nous ne voulions assaillir ni l'Allemagne, ni la Prusse : nous nous sommes trouvés en présence d'un affront que nous ne pouvions pas supporter, en présence d'une menace qui, si nous l'avions laissée se réaliser, nous eût fait descendre au dernier rang des Etats. (*Très bien ! très bien ! C'est vrai!*) Nous avons relevé l'affront et nous avons pris nos précautions contre la menace. (*Très bien ! Très bien ! — Bravos et applaudissements.*)

Dans la négociation, nous avons été au début, décisifs et rapides, parce que si nous avions perdu une minute, nous nous fussions trouvés en présence d'un fait accompli, et, qu'étant obligés de faire la guerre, nous eussions eu à nos pieds le boulet qu'on voulait y mettre, l'Espagne prussienne.

Ce premier moment passé, nous avons été modérés, patients, conciliants, équitables. Si on nous avait accordé une satisfaction réelle, nous eussions accueilli cette satisfaction avec joie; mais cette satisfaction nous a été refusée.

Le roi de Prusse, il faut que l'histoire ne l'oublie pas, a constamment refusé d'intervenir pour amener ou faciliter la renonciation du prince de Hohenzollern. Quand elle a été obtenue, il a affecté de s'y considérer comme étranger ; et quand, enfin, voulant obtenir des assurances pour l'avenir, nous lui avons dit dans les formes les plus respectueuses : « Déclarez-nous que cette renonciation est définitive, » comment s'est conduit le roi de Prusse ?

Il nous a refusé.

Est-ce nous qui nous sommes montrés susceptibles ! Est-ce nous qui nous sommes emportés, en face d'une réponse négative ? Non, non.

Nous sommes venus ici, et, malgré les impatiences du dedans et les impatiences du dehors, et quoiqu'on commençât à dire que nous étions le ministère de la lâcheté et de la honte, nous avons continué à négocier, et l'honorable M. Thiers a tort de l'oublier ; au milieu de ces négociations, nous avons appris que dans toute l'Europe, les représentants prussiens annonçaient et faisaient annoncer dans les journaux, que le roi de Prusse avait envoyé un aide-de camp à notre ambassadeur pour lui déclarer qu'il refusait de le recevoir. (*Bravos et applaudissements au centre et à droite. — Interruption à gauche.*)

L'honorable M. Thiers a appelé ce sentiment de la susceptibilité. Je n'ai pas reconnu dans cette expression la justesse ordinaire de son langage. Ce n'est pas de la susceptibilité qu'il fallait dire, c'est de l'honneur, et en France la sauvegarde de l'honneur est le premier des intérêts. (*Vive approbation au centre et à droite. — Rumeurs à gauche.*)

Cette nouvelle du refus de recevoir notre ambassadeur n'a pas été dite à l'oreille des ministres ; on l'a répandue dans l'Allemagne entière, les journaux officieux l'ont reproduite dans des suppléments. Les ministres prussiens partout l'ont annoncée à leurs collégues; c'est le bruit de l'Europe. En même temps, le baron de Werther recevait un congé. Dans la nuit du 13 au 14, les mesures militaires commençaient en Prusse. Est-ce que nous devions supporter tout cela? Est-ce que, à de tels actes, nous devions répondre par l'abstention et le silence? Je ne comprends pas ainsi le devoir d'un gouvernement. (*Très-bien! Très-bien!*)

M. LE BARON DE BENOIST. Vous auriez dû commencer plus tôt!

M. LE GARDE DES SCEAUX. Et, messieurs, il s'est passé un mouvement qui explique cette propagation d'une nouvelle blessante pour la France. Le roi de Prusse a trop de bon sens pour ne pas comprendre que la demande de la France tendant à empêcher un prince prussien de monter sur le trône d'Espagne, était pleinement justifiée. Seulement il était troublé et retenu par la crainte de froisser le sentiment de son entourage militaire... et son langage a toujours été le même : « Je ne veux pas intervenir ; je ne veux pas insister auprès du prince de Hohenzollern. Qu'il renonce s'il veut, je ne m'y opposerai pas, je ne l'engagerai pas à le faire. »

Quand cette renonciation du prince Hohenzollern a été connue en Prusse, elle a occasionné un mouvement très-vif de mécontentement dans le parti féodal; et c'est pour conjurer et apaiser ce mouvement de mécontentement qu'au lieu de terminer heureusement une négociation dont rien, de notre part, ne gênait l'issue heureuse, on a eu recours à ce coup de théâtre que, pour notre part, nous n'acceptons pas.

Un membre à droite. Et vous avez raison !

M. LE GARDE DES SCEAUX. Oui, de ce jour commence pour les ministres, mes collègues et pour moi, une grande responsabilité (*Oui, à gauche!*)

Nous l'acceptons le *cœur léger*... (*Vives protestations à gauche.*)

M. BAUDOIN. Dites attristé.

M. ESQUIROS. Et vous avez le cœur léger, léger ! et le sang des nations va couler !

M. LE GARDE DES SCEAUX. Oui, d'un *cœur léger*, et n'équivoquez pas sur cette parole, et ne croyez pas que je veuille dire avec joie : je vous ai dit moi-même mon chagrin d'être condamné à la guerre, je veux dire d'un cœur que le remords n'alourdit pas, d'un cœur confiant, parce que la guerre que nous ferons, nous la subirons, parce que nous avons fait tout ce qu'il était humainement et honorablement possible de tenter pour l'éviter et enfin parce que notre cause est juste et qu'elle est confiée à l'armée française.

. . . .

Il y a quelques semaines, comme l'Europe était paisible et heureuse, partout la tranquillité et la confiance ! L'esprit le plus chagrin n'aurait pu découvrir nulle part une cause raisonnable de conflit; aucun de nous qui ne fût assuré pour l'Europe d'une longue paix ! Qui donc tout-à-coup a fait surgir au milieu de cette situation paisible une difficulté grosse de tempêtes?

Est-ce nous qui avons préparé des éléments de trouble ? Est-ce nous qui avons méconnu un des droits de cette grande et noble Allemagne dont nous ne sommes pas les ennemis ? Est-ce nous qui avons réveillé des souvenirs que nous voudrions ensevelir à jamais dans le passé ? Est-ce nous qui avons eu la coupable fantaisie d'approcher la flamme d'un foyer de poudre et puis de nous étonner qu'une explosion ait lieu? Est-ce nous qui avons quelque chose à nous reprocher?

Est-ce la décision de notre premier acte qu'on veut incriminer? Mais savez-vous à quel danger nous eussions été exposés si nous ne l'avions pas accompli résolument? Avant que nous ayons pu saisir les fils ténébreux de ces arrangements cachés, nous nous serions trouvés en face d'un vote des Cortès d'Espagne, et du roi prussien inauguré; aux difficultés diplomatiques que nous avions déjà, se serait ajoutée l'explosion du sentiment national blessé chez un peuple fier. (C'est cela! Très bien! Très bien! Très bien!)

Est-ce l'excès de nos demandes qu'on attaque? Peut-on en concevoir de plus modérées?

Si l'on avait tenu autant que nous à conserver de bonnes relations, était-il donc bien difficile, après les jours d'attente inquiète, de nous donner l'assurance que nous n'avions pas à craindre un changement de volonté? Est-ce enfin la rupture après l'affront reçu dans la personne de l'ambassadeur, que vous trouvez blâmable! Ici je ne raisonne plus, je sens et j'affirme. Aucun ministère, aucun gouvernement n'aurait pu maintenir la paix en acceptant la situation qu'on voulait nous imposer. (*Très bien!*)

Déclarer l'incident clos n'eût conduit à rien; les affaires seraient restées languissantes; le malaise des esprits se serait accru, et chaque jour notre état matériel et moral se serait empiré. (*Interruptions à gauche.*)

Nous avons soumis à la Chambre tous les éléments de la question; ne pouvant plus rien ajouter, il ne nous reste qu'à attendre sa décision...

Je me suis laissé entraîner à ces explications inutiles pour la majorité de cette assemblée... (*Oui! oui!*) mais il importe aux yeux du pays et de l'histoire d'établir la justice et la force de notre cause. *(Très-bien! très-bien! — Mouvement prolongé. — Applaudissements.)*

M. Gambetta demande communication des négociations avec la Prusse.

M. LE GARDE DES SCEAUX. Nous n'avons reçu que des dépêches confidentielles que les usages diplomatiques ne nous permettent pas de communiquer... Ces dépêches émanent de deux de nos agents dont je ne puis citer les noms, car, le lendemain, ils seraient obligés de quitter les cours auprès desquelles ils sont accrédités. Ces dépêches, d'ailleurs, ont été reproduites dans notre exposé... La Chambre doit savoir qu'aucun de ceux qui sont assis sur les bancs ministériels n'a jamais affirmé sciemment un fait qui ne fût pas vrai. *(Oui! oui! très-bien!)*

M. Jules Favre prétend que le ministère a cherché la guerre et qu'il la fait sans motif avouable. « S'il y avait, dit-il, une insulte faite à la Chambre, la guerre serait indispensable, mais il n'y a rien de pareil. » Il termine en proposant un ordre du jour tendant à ce que les dépêches soient communiquées.

M. LE COMTE DE KÉRATRY. Je regrette absolument de me séparer de tous mes amis politiques sur la question qui est soumise à la Chambre, mais je crois devoir le dire hautement. (*Très-bien!*)

La question se borne à ceci : la France a-t-elle subi un outrage? Oui ou non?
Quelques voix. C'est évident.

M. LE COMTE DE KÉRATRY. Eh bien! je mets en fait qu'après la déclaration du cabinet, à laquelle j'ai applaudi tout le premier, qui a été faite ici, le 6 juillet, vous n'avez obtenu aucune satisfaction de la Prusse (*Très bien! très-bien!*)

M. GLAIS-BIZOIN. Et le retrait de la candidature!

M. LE COMTE DE KÉRATRY. Comment la candidature a-t-elle été conçue, par qui a-t-elle été préparée?

Elle a été préparée par la Prusse, conçue par elle, par M. de Bismark et par le roi qui n'ont voulu donner aucune dénégation, aucune satisfaction. (*Marques d'adhésion au centre et à droite*).

J'entends regretter constamment, depuis quatre ans, le fait de Sadowa. Eh bien, en ce moment, la France a, non pas un prétexte, mais une occasion décisive; M. Thiers dit qu'il faut attendre une occasion favorable, eh bien! moi je prétends qu'il n'y a pas seulement une occasion favorable, mais qu'il y a motif absolu de faire la guerre. (*Très-bien! Très-bien!*)

Pourquoi la Prusse a-t-elle conçu cette candidature? Uniquement dans l'intention de pouvoir à un moment donné, jeter les Allemands de l'autre côté des Pyrénées lorsqu'elle aurait déjà jeté les Allemands sur le Rhin. Il n'y a pas plus de trois semaines, on riait à mes paroles quand je disais : Mais on passe du quadrilatère italien au quadrilatère prussien ; le traité de Prague est violé. Eh bien, cette situation humiliante, qui est la vôtre depuis 1866, voulez-vous l'accepter lorsque vous avez non-seulement le prétexte, mais encore le motif le plus concluant dans un acte d'agression commis contre la France? Je vais vous le prouver. Si vous ne voulez pas parler du traité de Prague, n'en parlons pas, parce qu'il ne faut pas appeler l'Allemagne sur le terrain allemand. (*Assentiment*). Vous avez le droit de dire aux Allemands : Agissez chez vous comme vous l'entendrez, mais *extra muros* je vous le défends. Y a-t-il un acte plus blessant que celui qui consistait à vouloir, en dehors de notre diplomatie, contre notre pays, mettre un prince prussien sur le trône d'Espagne? Voilà une question qui n'est nullement allemande, et c'est parce que M. de Bismarck sent fort bien que le terrain est mauvais qu'il ne nous a pas déclaré la guerre il y a huit jours, mais si vous retardez comme l'honorable M. Thiers le demande pour donner le temps de la réflexion, vous laissez aux canons prussiens le temps de se charger. (*Vive approbation en face et à droite de la tribune.*)

Plusieurs membres. Vous êtes dans le vrai. — Voilà du bon sens.

M. GLAIS-BIZOIN. Ce sont vos déclarations qui les chargent.

M. LE COMTE DE KÉRATRY. L'honorable M. Thiers est venu dire : Il est important d'avoir à côté de soi des témoins qui vous soient favorables. Si la France avait écouté ce langage, que serait-il arrivé en face de la coalition? Au lieu de se battre, elle aurait succombé honteusement. Mieux vaut avoir une guerre comme celle que vous allez avoir, que de demeurer sur le pied de paix armée, comme nous y sommes forcés depuis 1866. (*Très-bien! très-bien!*)

La guerre se présente aujourd'hui; il y a, non pas un prétexte, mais un motif pour la faire. Quand la Convention, en 1793, appelait les citoyens aux armes, elle ne discutait pas si longtemps ; elle décidait que le vote aurait lieu dans les bureaux. Je demande que la Chambre fasse de même et qu'elle passe à l'ordre du jour sur la proposition qui vient d'être faite. (*Nombreuses marques d'approbation. Bravo! bravo! — Applaudissements.*)

La proposition de M. Jules Favre est mise aux voix et rejetée par 159 voix contre 84.

La séance est suspendue; la Chambre se réunit dans ses bureaux pour nommer la Commission chargée d'examiner les projets de loi présentés par le Gouvernement. A 8 heures du soir, la séance est reprise. Après avoir affirmé à la Chambre que le cabinet a mis sous les yeux de la Commission *toutes* les pièces qui pouvaient l'éclairer, M. de Talhouët, rapporteur, conclut ainsi :

... Le sentiment profond produit par l'examen de ces documents, est que la France ne *pouvait tolérer l'injure* faite à la nation, et que notre diplomatie a rempli son devoir.

En conséquence votre commission est *unanime* pour vous engager à voter les projets de loi que vous propose le Gouvernement.....

M. de Kératry, qui faisait partie de la commission, appuie les paroles de M. de Talhouët, et M. Guyot-Montpayroux, également de la gauche, parle dans le même sens :

Je pense, dit-il, que la Prusse a oublié ce qu'était la France d'Iéna, et qu'il faut le lui rappeler. En parlant ainsi, je réponds au sentiment de ceux qui m'ont envoyé dans cette enceinte : je traduis l'opinion de *l'immense majorité du pays*.

M. Gambetta n'en persiste pas moins à demander communication de la dépêche.

M. LE DUC D'ALBUFÉRA. — La commission l'a lue.
Plusieurs voix à gauche. — Lisez-la !
M. LE DUC D'ALBUFÉRA. — Nous affirmons l'avoir lue. Si vous ne nous croyez pas, nommez d'autres commissaires.
MM. MAGNIN ET GLAIS-BIZOIN. — Il nous faut la dépêche !

MM. de Talhouët, de Kératry et tous les autres membres de la commission sont encore forcés d'affirmer sur l'honneur qu'ils ont lu la dépêche. M. le marquis de Talhouët ajoute :

Nous avons lu les dépêches de *quatre ou cinq de nos représentants dans les différentes cours de l'Europe*, qui reproduisent ce document presque exactement dans les mêmes termes.

On vote enfin : 247 députés accordent les subsides ; 10 les refusent.

Le lendemain, le Sénat, d'une voix unanime, ratifiait le vote du Corps législatif.

Le 17 juillet, nos armements entraient en pleine activité, et, le 19, la guerre était déclarée.

D'un bout de la France à l'autre retentissait un cri d'enthousiasme.

II

Le Sénat et le Corps législatif ont voté les subsides de guerre. Des députations portent à St-Cloud l'expression de la volonté nationale.

Dans son discours, le président du Sénat rappelle les griefs de la France contre la Prusse, dont les insolences ont rendu la guerre inévitable.

L'Empereur répond qu'il a été heureux d'apprendre avec quel vif enthousiasme le Sénat a accueilli la communication du Gouvernement, et il ajoute :

« *Nous commençons une* LUTTE SÉRIEUSE ; *la France a besoin du* CONCOURS DE TOUS SES ENFANTS. »

Le président du Corps législatif, après avoir renouvelé à l'Empereur l'assurance du dévouement de l'Assemblée, s'exprime en ces termes :

S'il est vrai que le véritable auteur de la guerre ne soit pas *celui qui la déclare*, mais *celui qui la rend nécessaire*, il n'y aura qu'une voix dans le monde pour en faire retomber la responsabilité sur la Prusse, qui a cru pouvoir *conspirer contre notre sécurité et porter atteinte à notre honneur.*

Le véritable auteur de la guerre n'est pas celui qui la déclare, mais celui qui la rend nécessaire !

Ceci est incontestable.

Le promoteur d'un duel est-il celui qui insulte, ou celui qui, ayant subi une injure, est dans la nécessité d'en demander réparation par la voie des armes ?

La réponse ne saurait être douteuse.

Dans le duel, qui va s'engager entre la France et la Prusse, de quel côté est venue l'injure ? Qui a manqué à la parole donnée ? Qui menace notre indépendance et notre sécurité ? Qui a éconduit notre ambassadeur ?

Qui ?

La Prusse.

La Prusse a donc rendu la guerre nécessaire, et, par conséquent, elle en est le véritable auteur, comme le promoteur d'un duel est non pas celui qui le propose, mais celui qui l'a provoqué par ses procédés.

A l'allocution du président du Corps législatif, l'Empereur répond :

« *Nous avons fait* TOUT CE QUI DÉPENDAIT DE NOUS *pour éviter la guerre, et je puis dire que c'est la nation tout entière qui, dans son* IRRÉSISTIBLE ÉLAN, A DICTÉ NOTRE RÉSOLUTION. »

De tous côtés éclatent des manifestations belliqueuses. MM. Thiers, Jules Favre, Gambetta et Glais-Bizoin, qui avaient parlé pour la paix, se voient traités de mauvais patriotes et de Prussiens de l'intérieur. Les journaux qui, d'habitude, étaient sympathiques à l'opposition, blâment eux-mêmes l'attitude des DIX.

Le *Soir* s'exprime ainsi :

Dix hommes qui prétendent personnifier la France libérale, dix députés choisis par des électeurs français pour défendre les intérêts de la patrie, n'ont pas craint, au lendemain d'une insulte flagrante, en face d'une guerre fatale, à la veille d'une action décisive pour l'honneur français, de refuser péremptoirement les subsides qui doivent aider nos soldats à venger l'affront que nous avons reçu.

Que leurs noms soient connus !

Ce sont MM. Arago, Desseaux, Esquiros, Jules Favre, Gagneur, Garnier-Pagès, Glais-Bizoin, Grévy, Ordinaire, Pelletan.

En agissant ainsi, ils n'ont pas servi la cause démocratique, ils l'ont trahie.

Ils n'ont point adopté les traditions de leur parti, ils les ont répudiées.

Ils n'ont point écouté leur conscience, mais leur orgueil.

Et ailleurs :

Ce qui n'a pas de nom, c'est la conduite de M. Thiers, de ce même M. Thiers qui souffle le vent depuis quatre années et qui s'étonne aujourd'hui de récolter la tempête ; de ce même M. Thiers qui a tant crié contre Sadowa, et qui se fâche aujourd'hui d'un effort national qui a pour but de le réparer ; de ce même M. Thiers qui s'indigne parce qu'on fait en ce moment ce qu'il a toujours conseillé de faire.

L'*Opinion Nationale* :

La gauche, il faut bien le dire, quelque regret que j'en aie, la gauche *s'est oubliée*. Avant le sentiment national, avant la prudence qui lui commandait de ne point affaiblir l'élan français ; avant le sentiment de patriotique réserve qui s'imposait à tous, elle a fait passer ses rancunes, ses appréhensions... Quant à M. Thiers, mieux eût valu pour sa mémoire que sa carrière se fût terminée avant cette journée.

Le *Monde* :

M. Thiers a eu le déplorable courage de se faire l'avocat de S. M. Guillaume 1ᵉʳ.

M. Thiers considère décidément que la France a été trop exigeante. Il a l'audace de le dire.

Comme Paris, la province acclame la guerre. Dans les villes les plus intéressées à la paix : Lyon, Marseille, Bordeaux, Le Hâvre, Lille, St-Etienne, la population se montre animée des sentiments les plus patriotiques. A Nantes, à Toulouse, le peuple a failli briser les presses de deux journaux qui avaient osé blâmer la déclaration de guerre. Le spectacle qu'offre la France est celui d'une grande nation se levant pour venger son honneur et défendre sa sécurité !

Quelques rares journaux, et, çà et là, quelques personnalités remuantes blâment les décisions des Chambres et les agissements du gouvernement. Mais ignore-t-on quel secret dessein les fait agir ?

Ils ne redoutaient pas la défaite, dit M. Giraudeau, ils redoutaient la victoire. Ils ne voyaient pas le prestige de la France entamé : hélas ! nul n'y songeait alors ! ils voyaient le prestige de l'Empire accru.

Qu'on nous permette, à ce sujet, de rappeler un souvenir personnel. Deux de nos concitoyens, jouissant l'un et l'autre d'une certaine notabilité, discutaient sur la guerre. L'un cherchait à convaincre l'autre que, le drapeau de la France étant engagé, il ne devait y avoir ni récriminations ni défection, mais entente complète entre tous les citoyens, et, pour triompher de son obstination, il lui fit cette simple question :

Je suppose, dit-il, que les Prussiens marchent sur notre ville, qu'ils soient à quelques kilomètres seulement, ne prendriez-vous pas votre fusil et ne viendriez-vous pas avec moi pour les repousser ?

— Non, répondit l'autre, bon patriote pourtant, — non, car ce serait combattre pour l'Empire !...

L'esprit de parti peut-il donc égarer les hommes au point de leur faire oublier leurs devoirs envers la Patrie ?.. car, il s'agissait de la Patrie et non de l'Empire. On l'a bien vu depuis !.. D'ailleurs, le pays était envahi et l'étranger foulait notre sol !...

Ces tristes sentiments étaient propagés, et, de la bouche de jeunes gens appelés à porter les armes, on a pu entendre ces paroles énervantes : « Nous nous battrions pour notre pays, nous ne voulons pas nous battre pour un homme. »

Etrange raisonnement ! Ceux qui tenaient ce langage ont peut-être compris aujourd'hui combien il était déraisonnable et anti-patriotique...

Est-ce ainsi que raisonnèrent, sous la République, légitimistes, orléanistes et bonapartistes ? Une seule pensée les animait : la défense du pays. Avant d'être les hommes d'un parti, ils étaient les hommes de la France...

Un journal étranger, la *Gazetta d'Italia*, constatait, il y a quelques jours, ce fait monstrueux :

> ... Jusqu'à la catastrophe de Sedan, lisons-nous dans cette feuille, les républicains de Paris attendaient avec anxiété les nouvelles du théâtre de la guerre, tremblant d'apprendre quelque grande victoire de l'Empereur, alors que toutes leurs espérances reposaient sur sa défaite, et avec raison, comme ne l'a que trop prouvé l'événement.

Que disaient, d'ailleurs, certains journaux tels que le *Réveil* et le *Rappel*?

Le *Réveil* :

> Les Prussiens sont battus, le chassepot l'emporte. Savez-vous ce qui arrivera? Enivré de son triomphe, le gouvernement personnel redeviendra plus exigeant que jamais, et la liberté, à peine entrevue dans un lointain douteux, sera pour dix ans peut-être refoulée dans les limbes dont il ne faudra pas moins qu'un miracle pour la faire sortir.

Le *Rappel* :

> Si l'armée française est victorieuse, nous sommes dans la main de Napoléon III, — si elle était vaincue, nous serions, — et ce serait assez humiliant, — dans les mains du roi Guillaume.

Ces journaux, organes du parti radical, n'ont qu'une préoccupation et qu'une crainte : l'accroissement du pouvoir de l'Empereur. L'honneur et la sécurité du pays ! Ils n'y songent pas. Que leur importe? Leurs aspirations ne vont pas au-delà du triomphe de leur parti, et à ce triomphe, ils sont prêts à sacrifier la France !

Combien était mieux inspiré et plus patriote M. E. Nus ! Ce dernier écrivait dans l'*Opinion nationale* :

> A travers ses péripéties douloureuses, ses convulsions et ses crises, dans ses plus grandes phases d'abaissement, la France a toujours gardé ce sentiment de justice, cet instinct de solidarité qui sera la sève du monde à venir.
> La France se bat pour une idée ; la France se bat pour les autres : la France se bat pour le droit et pour l'équité. Qu'elle se batte donc une fois de plus, puisque l'épée décide encore !
> Et nous, républicains, démocrates, socialistes, citoyens *de la patrie idéale*, rentrons dans la patrie réelle et soutenons-la dans sa lutte, sans nous inquiéter des hommes ni des choses qui nous divisent. Trêve, pour le moment, à nos disputes intestines.
> Il s'agit de savoir qui l'emportera dans le monde moderne de l'idée prussienne ou de l'idée française. Cette guerre est plus qu'une guerre, pensons à tout cela !

D'un autre côté, on lisait dans le *Soir*, sous la signature de M. About:

> Les ennemis d'un gouvernement, quel qu'il soit, peuvent toujours le blâmer, quoi qu'il fasse. S'il évite des querelles, on l'accuse d'humilier la nation; s'il va en guerre, on lui reproche de verser le sang des soldats. En revanche, les officieux trouvent moyen d'applaudir indifféremment la paix et la guerre. *Comment savoir la vérité? Qui doit-on croire en ces matières où la moindre erreur de jugement peut causer des maux irréparables? Le gros bon sens du peuple est encore le meilleur conseiller, et c'est l'opinion la plus vulgaire qui est la vraie.*
>
> Le paysan, l'ouvrier, le marchand ont cent raisons pour une d'aimer la paix, mais lorsqu'ils sentent que l'intérêt général est en danger, ils ne se dépensent pas en pleurnicheries humanitaires, ils n'épiloguent pas sur les prétextes, ils ne demandent pas si le gouvernement a besoin de se faire une popularité; ils disent tout simplement: va pour la guerre! Faisons-la bonne, puisqu'il n'y a pas moyen de l'éviter, et plaise à Dieu que celle-ci soit la dernière!

Enfin, l'*Univers* résumait ainsi la situation:

> ... En rapprochant le langage impérial des manifestations qui éclatent de tous côtés, l'Europe verra que la guerre où nous entrons n'est pour la France ni l'œuvre d'un parti, ni une aventure imposée par le souverain. La nation s'y donne tout entière et de plein cœur. Les objections et *les criailleries de quelques députés*, les plaintes hypocrites *de deux ou trois journaux* n'empêcheront pas cette vérité D'ÊTRE RECONNUE.

Le 26 juillet, la régence était conférée à l'Impératrice. Le 28, l'Empereur arrivait à Metz, où il établissait son quartier-général. Le 2 août commençaient les hostilités. Les enfants de la France s'élançaient à la frontière pleins d'une noble ardeur. S'il n'eût fallu, pour vaincre, que le bon droit et le courage, la victoire aurait été certaine, et, aujourd'hui, la Patrie ne serait pas en deuil.

LA GUERRE

L'Empereur voulait-il la guerre, et ne la voulant pas, pouvait-il l'empêcher ?

Nous avons montré précédemment que l'Empereur ne pouvait être porté à courir les hasards d'une guerre dont l'issue était incertaine et qui, heureuse, lui donnait une gloire dont il n'avait pas besoin, et malheureuse, devait ébranler, sinon abattre, son pouvoir et sa dynastie que venait de consolider le vote plébiscitaire. Aussi, est-il avéré aujourd'hui qu'il n'a tiré l'épée de la France qu'après y avoir été contraint et forcé.

Des documents qui paraissent irréfragables, puisqu'ils résultent des ministres eux-mêmes, constatent, dit M. Amédée Achard, que jusqu'au dernier conseil, l'Empereur et deux de ses ministres opinèrent seuls pour la paix.

D'ailleurs, les réponses de l'Empereur aux députations du Sénat et du Corps législatif ne respiraient point une ardeur belliqueuse ; elles trahissaient au contraire de sombres préoccupations. Ces préoccupations se reflétaient encore dans sa proclamation à l'armée, quand il disait :

« Vous allez combattre une des meilleures armées de l'Europe. La guerre sera longue et pénible. »

Si l'Empereur avait désiré la guerre, il se serait abandonné à l'enthousiasme et aurait tenu un tout autre langage. La réalisation d'un désir longtemps contenu, la satisfaction, en un mot, se révèle et s'affirme d'une tout autre façon. Aussi, réponses et proclamation de l'Empereur causèrent-elles un étonnement général.

Du reste, des faits et des documents attestent que l'Empereur ne voulait pas la guerre.

Dans son livre : *La vérité sur la campagne de 1870*, M. Giraudeau s'exprime ainsi :

M. Thiers croyait le cabinet dominé par la volonté impériale. Aussi, pendant que la redoutable question de la guerre ou de la paix s'agitait, il disait volontiers : *L'Empereur est opposé à la guerre, je le sais, nous ne l'aurons donc pas.*

D'un autre côté, nous puisons dans la brochure : *Ils en ont menti*, les renseignements suivants :

Dans les *papiers secrets* de la famille impériale, on a trouvé des lettres du maréchal Lebœuf qui prouvent clairement que l'Empereur ne voulait pas la guerre en 1870. On y a également trouvé une note écrite par l'Empereur, dans laquelle il démontre qu'en présence des forces de la Prusse, la lutte était *impossible*.
Ces pièces, le gouvernement du 4 septembre s'est bien gardé de les publier ; elles auraient détruit l'odieux système de calomnies dont il s'est servi pour abuser la France.

Toutefois, un des confidents de la commission investie du glorieux mandat de crocheter les secrétaires de l'Empereur et de vider ses portefeuilles, n'a pas su garder le secret, et, dans les premiers jours d'octobre 1870, il écrivait à l'*Indépendance belge* :

On a trouvé des lettres du maréchal Lebœuf prouvant que l'Empereur avait de la répugnance pour la guerre.

Ce qui établit, du reste, que l'Empereur ne méditait point la guerre, c'est qu'il n'avait conclu aucune alliance. Voici, à ce propos, les réflexions auxquelles se livre l'auteur de la brochure dont nous venons de parler :

Jusqu'à ses derniers revers, Napoléon III passait, à juste titre, pour le plus habile souverain de l'Europe... Jamais il n'avait entrepris une guerre sans s'être assuré le concours de quelque puissance qui en diminuait le péril en le partageant.
Dans la campagne de Crimée, nous avions pour alliées l'Angleterre et l'Italie; dans celle d'Italie, nous marchions avec le Piémont ; au début de l'expédition du Mexique, nous étions avec l'Angleterre et l'Espagne ; en Chine, les Anglais étaient encore à nos côtés, et les Espagnols en Cochinchine.
Comment supposer que l'Empereur aurait entrepris la guerre la plus formidable sans s'être ménagé aucune alliance, surtout quand il savait que l'Autriche, pour se venger, n'eût pas demandé mieux que de joindre ses forces aux nôtres?
Si donc l'Empereur n'avait pas d'alliés au commencement de cette guerre, c'est qu'alors il ne la voulait et ne pouvait pas même la prévoir.

L'Empereur ne recherchait donc pas la guerre ; il la subissait comme on subit une nécessité.

La guerre, dit M. Giraudeau, fut moralement déclarée, non par la volonté du ministère, mais par la volonté du pays.

Et M. Giraudeau rappelle les articles de journaux et les manifestations qui se produisirent tant à Paris qu'en province.

Dans son livre : *Un ministère de la guerre de vingt-quatre jours*, le général de Palikao s'exprime ainsi :

Le gouvernement, qui n'était pas suffisamment préparé, a été entraîné dans cette guerre par le sentiment public.

Même après le 4 septembre, un journal, qui n'est point bonapartiste, a fait la déclaration suivante :

Ce n'est pas l'empereur Napoléon III qui, de son chef, a déclaré la guerre actuelle : c'est nous qui lui avons FORCÉ LA MAIN, nous ne nous cachons pas et nous ne regrettons pas l'ardeur de ce premier mouvement, quelle que soit l'horreur des désastres et l'imminence du danger. Oui, nous sommes les ennemis du roi Guillaume, chef du parti féodal en Europe et représentant obstiné du droit divin : nous sommes les ennemis des hobereaux qui composent la tête de son armée.
Nous leur avons déclaré la guerre parce qu'ils étaient depuis dix années en guerre avec nous, parce qu'ils avaient préparé leur invasion de longue main, parce que leurs espions fourmillaient sous nos pieds, dans le sous-sol de la France. (*La rédaction du* Soir.)

Enfin, le lendemain de la déclaration de guerre, l'Empereur disait à des Anglais :

« Mon gouvernement voulait la paix ; mais la France lui a *glissé des mains.* »

On a prétendu que l'Empereur aurait dû réagir contre l'opinion publique. Mais l'opinion publique est comme le torrent ; elle emporte et brise tout ce qui essaie de lutter contre elle.

Se figure-t-on, — dit M. Giraudeau, — se figure-t-on l'Empereur en face du cabinet unanime, en face de la presse et de la Chambre à peu près unanimes, en face d'une agitation populaire que des témoins peu suspects déclarent « irrésistible », se figure-t-on l'Empereur étendant la main et arrêtant le flot impétueux !
Entendez-vous d'ici les clameurs, les huées, les sifflets, les éclats de rire qui eussent accueilli l'objection impériale ?...
Je m'adresse à tous les gens de bon sens et de bonne foi, et je leur dis : EÛT-IL PU LE FAIRE ?...

Non.
D'un bout de la France à l'autre se serait élevé un cri de réprobation contre le souverain ; on l'aurait accusé de se montrer peu soucieux de l'honneur du pays ; on lui aurait reproché d'avoir laissé abaisser notre drapeau qu'il avait mission de tenir haut et ferme. Qu'on se rappelle l'affaire Pritchard. Cette affaire, pourtant, n'avait qu'un médiocre intérêt. Elle est devenue le thème d'attaques qui, en le déconsidérant dans l'opinion publique, ont largement contribué à

la chute du régime que l'on appelait *la paix à tout prix*. Ainsi, Louis-Philippe est tombé pour n'avoir point fait la guerre, et Napoléon III, pour l'avoir engagée sur l'injonction du pays !..

> Le devoir du gouvernement, dit M. Amédé Achard, était de risquer une bataille dans Paris plutôt que d'exposer la France presque désarmée à une bataille sur le Rhin.

Une bataille dans Paris! L'Empereur l'aurait peut-être gagnée. Mais le pays, qui se regardait comme atteint dans son honneur par les procédés de la Prusse, le pays aurait maudit le souverain. Une révolution était donc imminente, inévitable, et il valait mieux pour Napoléon III que sa couronne tombât dans le Rhin que sur le pavé ensanglanté de Paris. Dernièrement, on rapportait le fragment suivant d'un dialogue entre communards saisi au coin d'un des boulevards de la capitale :

> — Tiens, disait l'un d'eux à son interlocuteur, il faut bien le reconnaître, ce Badinguet avait du bon ; il a mieux aimé faire la guerre à la Prusse que de mitrailler le peuple.

N'y a-t-il pas dans ces mots toute une révélation?

Le sentiment national s'était manifesté ; il ne restait plus à l'Empereur qu'à y conformer sa conduite. N'avait-il pas dit à ses ministres le 2 janvier : « *Faites-moi connaître la volonté du pays et j'y obéirai ; je n'ai plus désormais d'autre rôle...* » Le pays avait parlé ; l'Empereur obéissait, non toutefois sans laisser percer une certaine tristesse. Qu'on nous permette, à ce sujet, de reproduire ici les passages d'un opuscule qui a paru sous ce titre: *Des causes qui ont amené la capitulation de Sedan.* On y lit :

> ... Au milieu du contentement que devait faire éprouver à l'Empereur l'enthousiasme éclatant partout sur ses pas, on remarquait dans ses traits une expression de tristesse lorsqu'il entendait les plus exaltés crier : *A Berlin ! à Berlin !...*
>
> L'Empereur savait que la Prusse pouvait mettre sur pied 1,100,000 hommes, et qu'elle était en mesure d'en amener 550,000 sur le champ de bataille, tandis que nous n'en avions que 330,000 environ à mettre en ligne !...

Le maréchal Lebœuf avait déclaré au Sénat que nous étions *prêts, absolument prêts*. L'Empereur, paraît-il, ayant fait part de ses doutes au maréchal, celui-ci, ajoute-t-on, lui avait répondu : « Sire, nous sommes prêts, mais à la condition d'entrer immédiatement en campagne pour ne pas donner à l'ennemi le temps de réunir ses forces. » Cette opinion pouvait avoir quelque apparence de fondement, mais déjà la Prusse nous avait devancés. La guerre avait été décidée le 15 juillet, et déclarée le 20. Dès le 16, ses troupes se mettaient en mouvement, et, le 2 août, elles étaient massées à notre frontière. Comme on l'a dit, la Prusse nous saisissait en « flagrant délit de formation. »

... Si la Prusse, dit M. Giraudeau, s'est trouvée prête avant nous, c'est parce que bien longtemps avant nous elle put préparer mystérieusement son entrée en campagne ; parce que résolue à la guerre, la situation exceptionnelle de son gouvernement lui avait permis d'armer sans bruit. Alors que notre ministre de la guerre n'eût pu prendre une mesure sans être obligé d'en faire la confidence à la tribune, le roi généralissime pouvait agir sans que le public en fût averti. L'ordre de mobilisation arrivant, tout se trouvait prêt.

L'Empereur partit. « Confiant dans des armées qui avaient remporté de si glorieux succès en Crimée et en Italie, il n'était pas loin de penser qu'avec leur irrésistible élan, elles pourraient suppléer à bien des insuffisances. » C'est ce que nous lisons dans l'opuscule que nous avons cité plus haut. Mais ce qui paraît certain, c'est que l'Empereur croyait à une première victoire qui favoriserait un soulèvement en Danemark, amènerait peut-être une défection d'une partie des États du Sud, violemment annexés, ou tout au moins, faciliterait des négociations et des arrangements honorables. Ses illusions ne furent pas de longue durée.

OPÉRATIONS MILITAIRES

SAARBRUCK — WISSEMBOURG — REISCHOFFEN
FORBACH

I

Le premier coup de canon fut tiré le 2 août à Saarbrück. C'était le prélude des opérations militaires. Avant d'apprécier ce fait d'armes, d'abord exagéré, puis amoindri, et qui, simple reconnaissance ou coup de main hardi, fut couronné de succès, parlons du projet que l'Empereur avait conçu et que nous trouvons exposé dans les renseignements publiés par un officier de l'état-major général sous ce titre : *Des causes qui ont amené la capitulation de Sedan.*

On sait quelle était l'infériorité numérique de nos forces. La Prusse disposait d'une armée dont l'effectif était de 600,000 hommes et pouvait être porté rapidement à 1,200,000 hommes. La France, au contraire, ne pouvait mettre en ligne que 450,000 hommes !

Pour compenser cette infériorité numérique, — disent les renseignements dont nous venons de parler, — il fallait, par un mouvement rapide, passer le Rhin, séparer l'Allemagne du sud de la confédération du nord, et par l'éclat d'un premier succès, attirer dans notre alliance l'Autriche et l'Italie.

Si l'on parvenait à empêcher les armées de l'Allemagne du sud de se joindre à celles du nord, l'effectif de l'armée prussienne se trouvait réduit de 200,000 hommes, et la disproportion entre le nombre des combattants diminuait. Si l'Autriche et l'Italie faisaient cause commune avec la France, la supériorité du nombre se déplaçait à notre avantage.

Le plan de campagne de l'Empereur, qu'il ne confia, à Paris, qu'aux maréchaux de Mac-Mahon et Le Bœuf, consistait à réunir 150,000 hommes à Metz, 100,000 à Strasbourg, et 50,000 au camp de Châlons.

La concentration des deux premières armées sur la Sarre, l'autre sur le Rhin, ne dévoilait pas ses projets, car l'ennemi était dans l'incertitude de savoir si l'attaque se porterait contre les provinces rhénanes ou contre le grand duché de Bade.

Dès que ces troupes auraient été concentrées sur les points indiqués, l'Empereur comptait réunir l'armée de Metz à celle de Strasbourg, et, à la tête de 250,000 hommes, passer le Rhin à Maxau, laissant à droite la forteresse de Rastadt et à gauche celle de Germersheim. Arrivé de l'autre côté du Rhin, il forçait les États du sud à observer la neutralité et se portait ensuite à la rencontre des Prussiens. Pendant que ce mouvement se serait opéré, les 50,000 hommes assemblés au camp de Châlons, sous les ordres du maréchal Canrobert, devaient se diriger sur Metz pour y protéger les derrières de l'armée et surveiller la frontière nord-est. En même temps notre flotte croisant dans la Baltique aurait retenu et immobilisé dans le nord de la Prusse une partie des forces ennemies pour la défense des côtes menacées d'un débarquement.

Le plan n'avait de chance de réussite que si on gagnait l'ennemi de vitesse. Il fallait, dans ce but, rassembler en peu de jours, sur les points déterminés, non-seulement le nombre d'hommes voulu, mais les accessoires essentiels, tels que ponts et chaloupes canonnières, pour protéger le passage du Rhin, enfin l'approvisionnement de biscuits indispensable pour nourrir une armée qui marche réunie.

L'Empereur se flattait de pouvoir obtenir ce résultat, et là fut son erreur, comme l'illusion de tout le monde fut de croire qu'au moyen des chemins de fer, la concentration de tant d'hommes, de chevaux et de matériel pourrait se faire avec l'ordre et la précision indispensables, lorsque tout n'a pas été réglé longtemps d'avance par une administration vigilante.

Les retards tinrent en grande partie aux vices de notre organisation militaire telle qu'elle existe depuis cinquante ans et qui se révélèrent dès les premiers moments.

Au lieu d'avoir, comme en Prusse, des corps d'armée toujours organisés, se recrutant dans la province et possédant sur les lieux leur matériel avec tous les accessoires, en France, les troupes appelées à composer une armée se trouvent dispersées sur le territoire, tandis que le matériel est amassé dans quelques villes, au fond des magasins où tout s'encombre.

Les vices de cette organisation eurent de fatales conséquences. Dans son *Histoire de la Campagne de 1870*, M. Domenech, attaché aux ambulances de la presse, mentionne le fait suivant qui suffira pour en donner une idée :

Lorsqu'on appela la réserve, dit-il, les hommes qui en faisaient partie durent, pour aller rejoindre leur corps, suivre les itinéraires les plus fantastiques. Ainsi, ceux qui étaient à Strasbourg et dont les régiments se trouvaient en Alsace, au lieu d'être rassemblés immédiatement au dépôt de Strasbourg, furent envoyés à leurs dépôts respectifs, peut-être dans le midi de la France ou même en Algérie, et obligés ensuite de retourner en Alsace pour être incorporés dans leurs régiments. On conçoit tout ce qu'une pareille organisation dut apporter de retard et de désordre en temps de guerre.

Ceux qui s'étaient opposés au projet de réorganisation militaire présenté par le maréchal Niel ont pu, dès ce jour, s'apercevoir de la faute qu'ils avaient commise et que le pays devait chèrement expier.

C'est là, il faut le reconnaître, une des causes qui firent échouer le projet de l'Empereur. En effet, quand, le 28 juillet, il prit le commandement de l'armée de Metz, celle-ci ne comptait que 100,000 hommes au lieu de 150,000. L'armée de Strasbourg n'était que de 40,000 hommes au lieu de 100,000. Quant au corps du maréchal Canrobert, il avait encore une division à Paris et une autre à Soissons. De telle sorte que, à notre entrée en campagne, nous avions, suivant les uns, 250,000 hommes, suivant d'autres, 175,000 hommes seulement.

Ces forces, réparties sur nos frontières du nord et de l'est, étaient divisées en sept corps d'armée commandés savoir : 1er corps, maréchal Mac-Mahon ; 2e corps, général Frossard ; 3e corps, maréchal Bazaine ; 4e corps, général Ladmirault ; 5e corps, général de Failly ; 6e corps, maréchal Canrobert ; 7e corps, général Félix Douay. La garde impériale était sous le commandement du général Bourbaki. L'Empereur était généralissime et le général Le Bœuf, major-général.

Les forces prussiennes, que l'on évaluait à 550,000 hommes, étaient divisées en trois armées qui se formaient : la première à Clobentz, sous le commandement du prince Frédéric-Charles ; la deuxième à Mayence, sous celui du prince royal ; la troisième à Trèves, sous les ordres du général Steinmetz. Ces armées, munies d'une artillerie nombreuse et formidable, pouvaient être, au besoin, appuyées par un corps de réserve, fort de 70,000 hommes et placé sous le commandement du général Vogel de Falkenstein.

La Prusse avait pour elle le nombre, et, quoi qu'on en dise, la victoire suit de préférence les gros bataillons, surtout lorsqu'ils sont aguerris et disciplinés.

Aux défauts de notre régime militaire, que l'Empereur avait essayé vainèment de modifier, vinrent s'ajouter d'autres obstacles, résultant de la mauvaise organisation, jusqu'alors non aperçue ou non démontrée, des divers services administratifs.

Des plaintes s'élevèrent de tous côtés contre l'intendance. On accusait son incurie ou son imprévoyance. Approvisionnements, matériel, munitions, équipement faisaient défaut ou n'étaient pas distribués régulièrement. Le 10 août, un général écrivait au ministre de la guerre :

Depuis mon arrivée à Strasbourg, — il y a environ douze jours, — je n'ai jamais vu un jour de distributions régulières pour les hommes ou pour les chevaux. Depuis le 7, on manque de tout...

Je ne puis affirmer que l'organisation de l'intendance soit mauvaise, que son esprit soit vicieux, que le contrôle du commandant sur l'administration ne soit pas efficace ; mais ce que j'affirme, c'est que ce corps est absolument insuffisant pour les besoins d'une armée en campagne.

M. Domenech fait peser sur l'intendance une grave responsabilité. Nous lisons dans l'ouvrage qu'il a publié et que nous avons mentionné plus haut :

> L'intendance doit largement assumer la moitié de la responsabilité de nos désastres... La routine et l'autorisation du ministre, nécessaire pour les choses les plus futiles, ont enlevé à nos chefs de corps la prévoyance et l'activité qui, parfois, suppléent au défaut d'organisation.

Le général de Palikao, sans prendre fait et cause pour l'intendance, croit que les fautes « partent de plus haut. »

> J'affirme, dit-il, qu'à Lyon, par exemple, longtemps avant la guerre, l'intendance avait prévenu que rien n'existait dans les magasins. Sous prétexte d'*économie*, aucune suite ne fut donnée aux demandes de l'intendant. *Suum cuique tribuere !*

L'*économie !* voilà le grand cheval de bataille de l'opposition. C'est par économie que l'on réclamait l'abandon du système des armées permanentes ! C'est par économie que l'on demandait la diminution du contingent annuel ! C'est par économie que l'on conduisait la France à la ruine et au déshonneur ! Quels malheurs et quelle honte nous auraient épargnés des dépenses faites à propos ! Car, dans les dépenses, il faut voir, non les sacrifices qu'elles imposent, mais les profits qu'elles donnent.

Une telle situation était de nature à faire naître de sérieuses inquiétudes. Néanmoins, il fallait y faire face. On espérait, d'ailleurs, avoir encore le temps de s'organiser. L'Empereur donna des ordres précis pour qu'on activât l'arrivée des régiments qui manquaient ; mais, pour ne pas dégarnir l'Algérie, Paris et Lyon, *on lui obéit lentement*, disent les renseignements publiés par un officier de l'état-major général. En effet, la révolution fermentait et paraissait disposée à profiter des embarras du gouvernement pour s'emparer du pouvoir et, tandis qu'il fallait combattre pour l'honneur et la sécurité de la France, il fallait en même temps contenir, à l'intérieur, les menées souterraines d'un parti qui, depuis, nous a montré qu'il tenait plus au triomphe de sa propre cause qu'au salut du pays. Ah ! — on ne saurait trop le répéter, — dans cette rude campagne, les révolutionnaires ont été souvent les auxiliaires de l'étranger. Que la malédiction publique retombe sur eux !

Le 2 août, l'Empereur, voulant sonder le terrain, fit une reconnaissance sur Saarbrück, et le soir même, le *Journal officiel* publiait le récit suivant :

> Aujourd'hui, 2 août, à 11 heures du matin, les troupes françaises ont eu un sérieux engagement avec les troupes prussiennes.

Notre armée a pris l'offensive, franchi la frontière et envahi le territoire de la Prusse.

Malgré la force de la position ennemie, quelques-uns de nos bataillons ont suffi pour enlever les hauteurs qui dominent Saarbrück, et notre artillerie n'a pas tardé à chasser l'ennemi de la ville. L'élan de nos troupes a été si grand que nos pertes ont été légères.

L'engagement, commencé à onze heures, était terminé à une heure.

L'Empereur assistait aux opérations, et le Prince Impérial, qui l'accompagnait partout, a reçu, sur le premier champ de bataille de la campagne, le baptême du feu !...

A quatre heures, l'Empereur et le Prince Impérial étaient rentrés à Metz.

De son côté, le *Moniteur* rendit compte de l'affaire d'après une correspondance particulière qui se terminait ainsi :

... L'ennemi comptait 6 à 7000 hommes à couvert dans les bois et derrière des batteries fixes. C'est un magnifique succès moral pour nous.

L'action avait été dirigée par le général Frossard. Les troupes du général Bataille y prirent une part glorieuse et le général lui-même y fit preuve d'une rare bravoure et d'un grand sang-froid. Une correspondance dit en parlant de lui, qu'il « nageait dans le feu comme une vraie salamandre. » Pour la première fois, les mitrailleuses avaient fonctionné, et les résultats qu'elles avaient donnés étaient de nature à exciter la confiance.

L'ennemi avait abandonné Saarbrück, ville ouverte de 10,000 âmes, où nos projectiles avaient allumé des incendies. D'un autre côté, nos troupes ne crurent pas devoir l'occuper et campèrent sur les hauteurs environnantes.

Ce début fut salué comme le présage de prochains succès. Mais, hélas ! cette journée devait avoir de tristes lendemains. Wissembourg, Reischoffen et Forbach vinrent nous apprendre que, aujourd'hui, pour gagner des batailles, il ne suffit pas d'être intrépide ; il faut avant tout disposer de formidables engins de guerre et de forces écrasantes. La victoire ne devait plus être le prix du courage !

La reconnaissance sur Saarbrück avait dévoilé à l'Empereur les dispositions de l'ennemi, et prévoyant que celui-ci attaquerait le 1er corps, il expédia, dans la nuit du 3, la dépêche suivante au maréchal de Mac-Mahon :

« Vous serez attaqué aujourd'hui ou demain. »

Le 4 août, en effet, la division du général Abel Douay fut attaquée à Wissembourg. Le 6, le maréchal de Mac-Mahon à Reischoffen, et le général Frossard à Forbach, subirent un choc terrible. Nos troupes combattirent vaillamment. Mais, un contre cinq ou contre dix, que pouvaient faire nos soldats?... Il fallut céder devant le nombre.

A Wissembourg, nous étions 8,000 contre 45,000 ; à Reischoffen, 33,000 contre 140,000 ; à Forbach, 20 à 25,000 contre 100,000 !

Le vainqueur n'avait pas à s'enorgueillir du succès. Mais quelque glorieuse que fût pour nous la défaite, elle n'en fut pas moins un malheur, car elle ouvrit aux armées allemandes l'Alsace et la Lorraine.

Nos troupes marchaient à des distances trop grandes pour se donner facilement la main. Il en résulta qu'elles ne purent se porter secours en temps utile, et qu'elles durent succomber sous des forces non-seulement dix fois supérieures, mais encore pourvues d'une artillerie qui, hors de la portée de nos canons, nous accablait sous une grêle de projectiles.

Cette guerre-ci, — dit Georges Sand dans son ouvrage : *Journal d'un voyageur*, — cette guerre-ci est un échange de projectiles plus ou moins nombreux, ayant plus ou moins de portée, qui paralyse la valeur individuelle, rend nulles la conscience et la volonté du soldat. Plus de héros, tout est mitraille. Ne demandez pas où sera la gloire des armes, dites où sera leur force, ni qui a le plus de courage : il s'agit bien de cela ! demandez qui a le plus de boulets.

Nous lisons encore dans le livre de M. Domenech :

Tant que l'artillerie ennemie était en jeu nous avions le dessous ; mais dès que l'infanterie prussienne tentait une marche en avant, nous reprenions le dessus et nos fantassins repoussaient leurs bataillons avec une grande facilité.

En un mot, ce qui paralysait l'action de nos soldats, c'était une pluie de projectiles venant de si loin qu'on ne pouvait ni l'éviter ni la prévoir.

Nous subissions un accident terrible. La Prusse avait à sa disposition des moyens de destruction dont nous étions dépourvus et qui mettaient la force matérielle au-dessus de la force morale !

Dans cette guerre de nouveau genre, la *furia francese*, qui avait enfanté tant de prodiges, était frappée d'impuissance. L'élan était presque toujours inefficace et quelquefois funeste. L'attaque à la baïonnette devenait impossible ! Condamnés en quelque sorte à une inertie énervante, nos soldats n'en firent pas moins des prouesses.

Le combat de Wissembourg, dit un publiciste, est un des plus glorieux faits d'armes de nos fastes militaires. Quelques régiments arrêtent une armée ! Mais c'est un exploit dont les Grecs et les Romains auraient tiré vanité et orgueil pendant des siècles!

Le télégramme adressé au roi de Prusse, après le combat de Wissembourg, se bornait à dire : « Victoire sanglante et déplorable. »

On sait que, dans ce combat, où l'ennemi, dit-on, laissa 8,000 des siens, les turcos, par deux fois, s'emparèrent de huit canons qui, deux fois, leur furent repris. Mais à quel prix ! S'ils furent presque anéantis, les Prussiens, de leur côté, eurent un régiment de hussards à moitié détruit.

Il y a peu de temps, M. Albert Duruy adressait de Wissembourg à la *Liberté* le récit d'une visite qu'il avait faite au champ de bataille. On y lisait :

Je me suis fait conduire à l'endroit où le général Douay fut frappé, comme il donne un ordre, d'un éclat d'obus qui lui ouvrit le ventre. J'ai visité la ferme de Guibert dont les murs sont encore tout abimés par les balles. C'est là que le 74e de ligne soutint pendant deux heures tout l'effort de l'armée prussienne pour nous tourner à droite, pendant que le 1er tirailleurs barrait la route à gauche aux Bavarois. J'ai revu toutes ces choses et je suis resté confondu... Quand on racontera plus tard, chiffres en mains, que deux régiments, le 74e de ligne et le 1er de tirailleurs, et un bataillon du 50e soutenus par deux batteries, ont tenu tête six heures durant, sur un espace de 4 kilomètres, à tout un corps d'armée bavarois et à une division prussienne ; quand nos enfants liront cela, quand avec le temps la perspective qui grandit les hommes se sera faite, le combat de Wissembourg sera considéré comme l'un des plus beaux faits d'armes qui soit à l'honneur des armées françaises.

La division du général Abel Douay avait succombé. Parmi les morts, trop nombreux, hélas ! se trouvait le général !... Ceux que les balles avaient épargnés battirent en retraite ; les autres, faits prisonniers, furent conduits sur la terre étrangère... Quelques jours après, on écrivait de Rastadt :

200 hommes de la division Douay, faits prisonniers au combat de Wissembourg, viennent d'arriver. Ils défilent la tête haute ; on voit que ces braves soldats n'ont rien à se reprocher, et ils regardent avec rage et douleur ces uniformes prussiens qui couvrent en ce moment l'Allemagne entière.

Le général de Bittenfeld, ayant à ses côtés trois officiers d'état-major et un colonel, les suivait d'un regard sec. Tout-à-coup les rangs s'écartèrent : le prince de Prusse arriva, se découvrit respectueusement et se tournant vers M. de Bittenfeld :

— Saluez le courage, Messieurs, dit-il, je n'ai de ma vie rien vu d'aussi brave que ces soldats que la fortune a trahis !

Ainsi, le prince royal de Prusse lui-même rendait hommage à la bravoure de nos soldats !.. Tout commentaire serait superflu.

Voici maintenant comment est racontée la bataille de Reischoffen (*):

Le maréchal, pour recueillir les débris de la division Douay, si fatalement surprise à Wissembourg, remontait le Haguenau vers le nord-est, lorsqu'il s'est trouvé entre Niederbronn et Pundershoven, en présence de l'ennemi, qui cherchait à inonder la vallée du Rhin de ses troupes, laissant à l'armée du prince Frédéric-Charles le soin de repousser de Saarbrück le corps du général Frossard pour envahir la France plus à l'ouest.

Mac-Mahon ne pouvant plus interdire l'accès de la vallée à l'ennemi, voulait recueillir et rallier sa deuxième division et chercher à couvrir les Vosges et Saverne. Il remonta de Haguenau vers Wissembourg, et son corps d'armée, qu'il devait croire prêt à être soutenu par ceux des généraux de Failly et Ladmirault, se trouva tout-à-coup aux prises avec toutes les forces du prince royal en avant de la route de Bitche à Haguenau à 10 kilomètres du Rhin, à 4 de la forêt de Haguenau.

Le champ de bataille se trouve donc resserré à l'Est par la forêt, à l'Ouest par les derniers chaînons des Vosges. Mac-Mahon engage vigoureusement l'action. La cavalerie essaie de tourner l'aile gauche des Prussiens : on s'avance jusqu'à Freischwiller, mais les faibles divisions du duc de Magenta, malgré un courage héroïque, ne purent, comme à Wissembourg, que faire à l'ennemi un mal peut-être plus grand que celui qu'elles éprouvèrent.

Il fallut enfin céder à une supériorité numérique écrasante. Où nous avions un bataillon, les Prussiens en avaient dix. Où nous avions seize escadrons, ils en avaient soixante, et leur artillerie était dans le même rapport avec la nôtre.

D'un autre côté, M. Amédée Achard a publié le récit suivant :

Trente trois mille hommes se trouvaient en présence de cent vingt mille pourvus d'une énorme artillerie...

Une pluie de fer et de plomb, les obus, les biscaïens explosibles, les balles tombent sur nos fantassins, dont les rangs se brisent, mais qui ne reculent pas...

Il y avait déjà plusieurs heures que la lutte durait sans que les positions occupées par le maréchal fussent entamées, lorsque dans l'après-midi, vers les cinq heures, un troisième corps d'armée, fort cette fois de soixante-quatorze mille hommes, et conduit par le prince Frédéric-Charles, arrive, et, passant en arrière d'Eberbach abandonné, cherche à déborder les divisions décimées du maréchal, et à lui couper sa ligne de retraite sur Haguenau et Saverne.

Le 1er corps était pris entre trois feux.

Il fallait un effort héroïque pour sauver ce qui restait des régiments engagés depuis le matin. Le maréchal se décida à céder le champ de bataille couvert de morts et où le nombre a triomphé; mais pour qu'il puisse ramener les débris de ses divisions moins nombreuses alors que des brigades, il lance contre l'avant-garde ennemie un régiment de cuirassiers qui doit en rompre la marche écrasante.

(') La bataille de Reischoffen est désignée aussi sous les noms de bataille de Wœrth ou de Freschwiller.

Ces hommes de fer savent qu'ils vont à la mort. C'était la première fois qu'ils donnaient. On n'avait point vu les cavaliers de leur arme sur aucun champ de bataille depuis Waterloo ; mais ils se souviennent de ce qu'ont fait leurs pères, et du premier coup ils renouvellent les charges légendaires du chemin creux d'Honain.

Malgré les batteries, malgré les mitrailleuses, malgré le pêle-mêle des hommes et des chevaux qui tombent, les cuirassiers arrivent sur le front des régiments prussiens, les rompent, les écrasent, passent toujours, et l'avant-garde, ébranlée dans son épaisseur, recule.

Mais d'autres bataillons plus nombreux apportent le secours de leur poids aux Prussiens qui ne marchent plus, et ce qui restait de nos cuirassiers disparaît dans un tourbillon d'ennemis.

Combien sont revenus de ces héroïques soldats ? On n'ose pas le demander !

Le 1er corps avait eu sa route ouverte pendant une heure ; il lui fallait une heure encore pour achever sa retraite. Le maréchal avait sous sa main un régiment de chasseurs. Il s'agit du salut d'une armée ; il fait un signe. Le régiment part, et les prouesses qu'avaient faites les cuirassiers, les chasseurs les recommencent.

A leur tour, ils font une trouée effroyable, et quand l'armée prussienne reprend sa marche offensive, l'armée française était sauvée !

Mais les chasseurs étaient morts !!!

Il a fallu que les aides de camp et les officiers d'ordonnance prissent le maréchal Mac-Mahon de force pour l'arracher au champ de bataille. Son armée à demi-broyée, à l'abri de la poursuite, il voulait, lui aussi, se faire tuer.

Un détail terrible : au plus fort de la bataille, le maréchal expédie une dépêche au général de Failly pour lui prescrire d'envoyer deux divisions à *Lambach*, pour prendre l'armée prussienne à dos. C'était alors une victoire.

Le télégraphe écrit de *Hansbach*, qui est dans une direction tout opposée, et les divisions du général de Failly ne trouvent personne sur le terrain où elles couraient pleines d'ardeur.

La fatalité même était contre nous !

A Forbach, comme à Wissembourg et à Reischoffen, nos soldats montrèrent une bravoure vraiment merveilleuse.

Le corps du général Frossard, échelonné entre Saarbrück et Forbach, sur les hauteurs du Spicheren, fut attaqué vers onze heures du matin. L'action s'engagea dans un bois épais à la faveur duquel l'ennemi avait pu s'avancer. Le 76e et le 77e de ligne et un bataillon de chasseurs à pied furent envoyés pour les déloger. Abrités dans les bois, les Prussiens dirigeaient sur les assaillants un feu meurtrier et avaient fort peu à souffrir de notre attaque. L'artillerie essaya de venir en aide à l'infanterie en nettoyant la lisière du bois ; mais nos artilleurs se trouvant à découvert furent rudement éprouvés par le feu de l'ennemi qui disposait de nombreuses batteries. Vers 4 heures, une charge magnifique de la division Bataille refoula les troupes allemandes. A 5 heures, nous étions maîtres de toutes les positions. En ce moment, de nouvelles troupes sortent des bois ; on ne voit que des masses noires. La lutte reprend ; les pertes sont grandes. Celles des Prussiens sont énormes. Voici ce qu'en dit un témoin :

> Ce que l'ennemi perdit d'hommes est effrayant ; car, ce n'était plus comme au début de l'action, où, protégé par des arbres ou des fourrés épais, il tirait à couvert sur nos soldats. Pour prendre les hauteurs, il fallait monter à l'assaut. Tant que ses bataillons se ruèrent sur les nôtres, ils trouvèrent devant eux un mur de fer et de feu. Mais les obus et les boulets pleuvaient dans nos rangs. D'ailleurs, l'armée étant menacée d'être tournée par l'arrivée de 40,000 Prussiens nouveaux, le général, par un mouvement habile, se dégagea et revint prendre position devant Forbach. A huit heures, les obus et la mitraille atteignaient cette ville. A neuf heures commençait la retraite.

Ce qui restait du corps du général Frossard se replia sur Metz. Quant aux troupes du maréchal de Mac-Mahon, une partie se rendit à Strasbourg, et 18,000 hommes environ se retirèrent au camp de Châlons, où une nouvelle armée devait être formée.

Les troupes allemandes avaient à leur tête : à Wissembourg et à Reischoffen, le prince royal de Prusse ; à Forbach, le prince Frédéric-Charles et le général Steinmetz.

Comme on l'a dit depuis : « Nous avions perdu la première manche de cette terrible partie qui se jouait d'abord entre deux armées, et qui devait finir par se jouer entre deux peuples. »

II

MESURES DE SALUT

Il y eut en France un sentiment général de surprise et de consternation à la nouvelle des échecs que nos troupes venaient d'éprouver à Wissembourg, à Reischoffen et à Forbach.

Que d'illusions perdues ! Que d'espérances évanouies !

Les succès, que l'on escomptait par avance et qui devaient nous conduire à Berlin, se changeaient en revers ! On avait cru que la victoire ne pouvait déserter nos drapeaux. Bien amère fut la déception ! Les courages n'étaient pas abattus, mais la tristesse et l'inquiétude régnaient dans les esprits.

Au triple point de vue de l'effet moral, de la défense du territoire et de l'aide qui pouvait nous venir du dehors, cette première défaite eut les résultats les plus funestes. Les Etats sur le concours desquels on pouvait compter, furent enchaînés à la fortune de la Prusse ou condamnés à l'inaction. Nous étions seuls contre vingt peuples ligués contre nous. Car, dans cette lutte inégale et disproportionnée, il y avait, contre nous, Prussiens, Badois, Bavarois, Saxons, Mecklembourgeois, Hessois... l'Allemagne presque tout entière !... La France, cependant, pouvait encore espérer.

Le malheur d'une défaite où, suivant les expressions d'un écrivain, « le courage avait été trahi par l'inégalité monstrueuse des armes et du nombre », ne pouvait lui ôter tout espoir.

L'Impératrice-régente adressa la proclamation suivante au peuple français :

« Français,

« Le début de la guerre ne nous est pas favorable ; nous
» avons subi un échec. Soyons fermes dans ce revers et
» hâtons-nous de le réparer.

« Qu'il n'y ait parmi nous qu'un seul parti, celui de la
» France ; qu'un seul drapeau, celui de l'honneur national.

« Je viens au milieu de vous. Fidèle à ma mission et à
» mon devoir, vous me verrez la première au danger pour
» défendre le drapeau de la France.

« J'adjure tous les bons citoyens de maintenir l'ordre. Le
» troubler serait conspirer avec nos ennemis.

« Fait au Palais des Tuileries, le 7 août 1870, onze heures du matin.

« *L'Impératrice-régente*,

« Eugénie. »

L'Impératrice-régente faisait appel à l'union. L'union, n'était-ce pas la première condition du succès ? Mais hélas ! il devait se trouver des hommes qui, plaçant leurs visées ambitieuses au-dessus des intérêts de la patrie, sèmeraient parmi nous le trouble et la discorde ! L'histoire leur demandera un compte sévère, et déjà, pour quelques-uns d'entre eux, l'heure de la justice est venue !

L'Impératrice n'avait qu'une pensée : le salut de la France. Parlant, dans son livre, des conseils tenus sous la présidence de la Régente, le général de Palikao dit :

... C'est ici le lieu de rendre hommage au caractère élevé et aux nobles sentiments de l'Impératrice-régente, qui se préoccupait plus des malheurs de la France que des dangers qui menaçaient sa dynastie. *Sauvez la France et ne vous préoccupez pas de nous:* telles étaient habituellement ses recommandations aux membres du conseil !

Dans le procès qui a été intenté au *Figaro* par le général Trochu, un des témoins, M. Chabaud-Latour, qui n'est point compté parmi les bonapartistes, a fait la déclaration suivante :

Dans la nuit fatale du 7 au 8 août, après les désastre de Forbach et de Reischoffen, je fus appelé chez l'Impératrice avec les ministres; elle tint le langage, le plus noble et le plus digne. Voici ses paroles : *Il ne s'agit pas de sauver l'Empire, il s'agit de sauver la France.* Je suis heureux de lui rendre ici ce public hommage.

Un autre témoin, M. Magne, rappelant la séance du conseil dans laquelle le général Trochu annonça que les chefs de bataillon de la garde nationale lui avaient paru fâcheusement impressionnés par la lutte, ajoute :

L'Impératrice se redressa alors comme un ressort : « Si les Prussiens arrivent, dit-elle, je monterai moi-même sur les remparts et montrerai comment une femme sait se conduire lorsqu'il s'agit du salut du pays. »

Plus récemment, devant la commission d'enquête du 4 septembre, M. Henri Chevreau, ex-ministre de l'intérieur, a fait ces révélations :

... L'Impératrice nous donnait constamment l'exemple d'un désintéressement absolu. Dans toute circonstance un peu grave, à chaque conseil :

« Ne vous occupez pas de moi, disait-elle, ne vous occupez que de la France ! »

Quand il s'est agi de renforcer l'armée du maréchal Mac-Mahon, on fit remarquer à l'Impératrice que les 22,000 hommes commandés par le général Vinoy constituaient la garde de Paris; que s'ils partaient, la capitale pouvait d'un moment à l'autre être à la merci d'un mouvement démagogique. Messieurs, je me rappelle les paroles de l'Impératrice, et je puis les rappeler presque textuellement :

« Encore une fois, dit-elle, ne pensez ni à moi ni à la dynastie,
» pensez à l'armée, pensez à la France ; je ne veux pas qu'on discute
» une pareille question ; de quels remords ne nous chargerions-nous
» pas devant nos consciences et devant l'histoire, si nous disions un
» jour que la présence de ces 22,000 hommes aurait pu changer une
» défaite en victoire et que nous les avons immobilisés dans Paris
» pour notre défense personnelle ? Ne perdons pas une minute, que
» le général Vinoy parte aujourd'hui même. »

Et voilà comment les hommes du 4 septembre ne trouvèrent devant eux ni brave général ni son corps d'armée.

Enfin, le 4 septembre, c'est encore la France seule qui remplit la pensée de l'Impératrice. Dans le récit de cette journée, publié par le *Figaro* le 24 novembre 1871, et attribué à un chapelain de la cour, on lit :

Lorsque les membres du conseil privé et M. Rouher, qui était présent, demandèrent quelles précautions avaient été prises en vue des mouvements populaires, l'Impératrice répondit : « Ne pensons à sauvegarder la dynastie qu'après avoir pensé au salut de la France. »

Vers midi et demi, les députés du tiers-parti, sous la conduite de M. Daru, firent leur apparition aux Tuileries... L'abdication ! tel était le mot que M. Daru et ses amis s'étaient chargé de faire entendre à la régente. Il fut répondu très catégoriquement que les ministres étaient au gouvernement pour préparer les mesures utiles à la France ; que s'ils jugeaient l'abdication nécessaire, l'abdication serait signée.

Après le départ des députés du tiers-parti, l'Impératrice parlait en termes entrecoupés de ce qui venait de se passer.

— Ils veulent l'abdication !... Oh ! cela n'est rien si la France est sauvée.... Mais ne vont-ils pas affaiblir la résistance ?... Ce que je leur ai demandé, c'est de me conserver l'autorité nominale afin d'empêcher la désorganisation du pays, au moment où l'étranger envahit notre territoire... Après, on fera de nous tout ce que l'on voudra; maintenant on n'a pas le loisir de faire des changements politiques, il ne faut songer qu'aux mesures militaires... Je leur ai dit: « Soyez sûrs que je ne gênerai en rien la défense du pays. J'aiderai, au contraire, les hommes qui auront la confiance de la nation. Puis, je me mettrai à la tête des sociétés de secours aux blessés, je visiterai les hôpitaux, je donnerai l'exemple du dévouement, j'irai aux avant-postes. »

Plus tard, au moment où Metz était sur le point de capituler, le 26 octobre, l'Impératrice expédiait une dépêche à Tours pour signaler le danger :

La reddition de Metz, écrivait-elle, n'est plus qu'une affaire d'heures. Les vivres manquent complètement. Hâtez-vous de conclure l'armistice. *Mon patriotisme est prêt à tout pour en favoriser la conclusion.*

Et M Gambetta, par un sentiment qui l'honore, chargeait notre représentant à Londres de porter ses remerciements à l'Impératrice.

La France ! telle a toujours été l'unique préoccupation de l'Impératrice ; elle n'hésita jamais à lui sacrifier ses intérêts les plus proches, ceux de la dynastie impériale. Aussi, le 17 juin 1871, dans une lettre qu'elle écrivait à la princesse Anna Murat, pouvait-elle dire :

« Il est un honneur que je ne me laisserai pas enlever, celui de n'avoir eu qu'une pensée, le salut du pays, et d'avoir, *en toute circonstance*, subordonné à sa cause toutes les questions dynastiques... — EUGÉNIE. »

La situation était critique ; il fallait aviser aux mesures de salut public.

Les Chambres étaient convoquées et se réunissaient le 9 août. Le lendemain, le cabinet du 2 janvier se retirait et faisait place à un nouveau ministère constitué sous la présidence du général Cousin-Montauban, comte de Palikao. Deux décrets appelaient : dans la garde nationale, tous les citoyens valides de 30 à 40 ans ; sous les drapeaux, les citoyens non mariés ou veufs de 25 à 35 ans, ayant satisfait à la loi du recrutement et ne faisant pas partie de la garde mobile. Tout le contingent valide de 1870 était également appelé. Des corps de francs-tireurs se formaient, et le général Changarnier, mettant son épée au service de la France, partait pour Metz où il était accueilli par l'Empereur avec un patriotique empressement. L'Empereur acceptait la démission du maréchal Lebœuf, major-général, et, résignant lui-même ses fonctions de généralissime, nommait le maréchal Bazaine général en chef de l'armée de Metz. Quant au maréchal de Mac-Mahon, il reformait au camp de Châlons une seconde armée d'un effectif assez élevé. Enfin, le général Trochu était successivement nommé commandant en chef du 12ᵉ corps d'armée puis gouverneur de Paris. A ce propos, qu'on nous permette de détacher les passages suivants d'une lettre écrite par le général Pajol, aide-de-camp de l'Empereur, et que publiait le *Moniteur* du 22 juillet 1871 :

L'Empereur avait quitté l'armée de Metz après en avoir confié le commandement au maréchal Bazaine; il se dirigea par Verdun sur Châlons, où il devait trouver réunis les débris du 1.ᵉʳ corps (Mac-Mahon), le 5ᵉ (de Failly), le 7ᵉ (Douai), et le 12ᵉ, nouvellement formé, sous le commandement du général Trochu. Nous rencontrâmes à Suippes ce dernier qui venait de se mettre à la tête de ses troupes ; il monta dans le wagon de l'Empereur, prit avec effusion les mains de Sa Majesté, et lui exprima dans les termes les plus chaleureux les sentiments d'un attachement profond et d'un dévouement très expansif. Je relate ce fait sans malice et non pour l'opposer à ce qui s'est passé depuis, mais uniquement pour vous montrer qu'à cette époque nous étions tous autorisés à faire fond sur la sincérité du général.

Le lendemain de notre arrivée un conseil de guerre eut lieu. Le général Trochu en a raconté depuis les détails à la tribune de l'Assemblée nationale, mais rien alors ne transpira sur ce qui avait été arrêté. Seulement nous apprîmes que le commandant du 12ᵉ corps cédait son commandement au général Lebrun et partait immédiatement avec le titre de gouverneur de Paris, emmenant avec lui — et sur sa demande expresse — les dix-huit bataillons de la garde mobile de la Seine. Nous fîmes la réflexion que ces jeunes troupes auraient été un appoint considérable dans l'armée, déjà faible, tandis qu'ils ne pouvaient et ne devaient être dans Paris qu'une cause de désordre. Ils avaient déjà, vous le savez, donné au camp de Châlons, des preuves d'une indiscipline qu'ils n'auraient sûrement pas manifestée devant les Prussiens.

L'Empereur, dès ce jour, avait abandonné la direction suprême des armées. Celle de Metz obéissait au maréchal Bazaine, celle de Châlons au maréchal Mac-Mahon ; quant à l'Empereur, il suivait ce dernier qui, par suite d'ordres précis, émanés du ministre de la guerre, devait marcher au secours du maréchal Bazaine.

Le général de Palikao, traduisant la pénible impression que lui causa le retour à Paris des mobiles de la Seine, s'exprime ainsi :

Je dois avouer, dit-il, que le retour si prompt et si peu prévu de ces bataillons fit naître dans mon esprit un sentiment fâcheux, car ils étaient un des éléments constitutifs du 12ᵉ corps d'armée à Châlons.

Chacun sait la bravoure des enfants de Paris devant l'ennemi, et personne n'ignore les dangers que leur présence à Paris devait faire naître ; de telle sorte qu'au lieu de dix-huit bataillons qui, dans un cas donné, pouvaient opérer des prodiges et décider le sort d'une bataille, le général ramenait à sa suite une phalange de révolutionnaires appelés encore à compliquer notre situation.

En effet, quelques-uns de ces bataillons appartenaient aux plus mauvais quartiers de la capitale.

C'était autant de moins contre l'ennemi, autant de plus contre l'ordre. Depuis, l'expérience en a été durement faite sous les yeux du général Trochu lui-même.

D'un autre côté, le livre du général de Palikao contient la déclaration suivante qu'il importe de reproduire :

... Je dois dire que nous avons longtemps trouvé, sinon une entière approbation, au moins une grande déférence dans toutes les parties de la Chambre. Cette attitude bienveillante diminua sensiblement de la part de l'opposition, et devint même agressive quand elle crut avoir trouvé des appuis dans l'armée.

Le général fait-il ici allusion aux espérances que la nomination du général Trochu était de nature à donner à l'opposition ? Il est permis de le supposer. Ce qui est certain, c'est que cette nomination et celle du maréchal Bazaine durent être fort agréables à l'opposition. En effet, M. Jules Favre avait déclaré au Corps législatif que l'impéritie du commandant supérieur avait seule causé les premiers désastres, qu'il fallait « placer le maréchal Bazaine à la tête de l'armée, et prier l'Empereur de revenir à Paris. » Et l'Empereur s'était effacé. Quant au général Trochu, personne n'ignore la confiance que lui accordait l'extrême gauche. Le général Trochu ne s'était-il pas dit sacrifié par l'Empire? D'autre part, ne l'avait-on pas représenté comme une *victime* de la tyrannie, comme un de ces hommes de fer « qui avaient résisté pendant 12 ans au bonapartisme, défendu de toutes manières nos droits, nos libertés ? » Singulière victime ! Qu'on en juge par l'avancement qu'il avait obtenu. En 1852, lieutenant-colonel d'état-major, à 37 ans ; — en 1853, colonel d'état-major ; — en 1854, général de brigade, à 39 ans ; — en 1859, général de division, à 44 ans ; — en 1861, grand-officier de la Légion d'Honneur ! « De tels états de service, dit M. Giraudeau, constituent un martyre assez doux. »

L'histoire a déjà commencé pour le général Trochu. Pour être juste, elle devra se montrer sévère. Comme militaire, le général a manqué d'initiative et d'énergie ; comme homme politique, il semble n'avoir obéi qu'aux calculs de son ambition qui lui firent oublier ses devoirs et ses serments.

L'activité déployée par le ministère Palikao, la formation et la concentration de nouvelles armées, firent briller quelques lueurs d'espoir. Nous allions de nouveau tenter la fortune des armes. Devait-elle encore nous être contraire ?

III

AGISSEMENTS RÉVOLUTIONNAIRES

Tandis que s'exécutaient les mesures de salut, prescrites par le gouvernement, et que, de leur côté, les généraux prenaient de nouvelles dispositions, les armées allemandes, servies par un espionnage savamment organisé, éclairées dans leur marche par les reconnaissances hardies des uhlans, profitant elles mêmes, avec une adresse merveilleuse, des voies rapides, des bois, de la nuit et des notions que, de longue main, elles s'étaient procurées sur le pays et ses habitants, les armées allemandes s'avançaient en opérant de fortes réquisitions. Coup sur coup, on apprenait : la prise de Nancy, l'occupation de Pont-à-Mousson, de Château-Salins, de St Mihiel, de l'embranchement de Frouard, et, enfin, l'investissement de Bitche, Phalsbourg, Strasbourg et Toul.

En ce moment d'angoisses, où troubler l'ordre, c'était conspirer avec nos ennemis, des tentatives insurrectionnelles se produisirent à la Villette et à Lyon aux cris de : *Vive la République ! A bas l'Empire !* Ah ! la main de la Révolution, on la retrouve toujours dans nos malheurs comme dans nos désastres ! Et ceux qui, en cette triste occurrence, provoquaient à la guerre civile, ne doivent-ils pas être considérés comme les complices de l'étranger?..

Quelques jours avant, les journaux donnaient la nouvelle suivante, venue de l'armée du Rhin :

Un espion, officier prussien, ayant été arrêté, on a saisi sur lui la dépêche suivante :
« Courage ! Paris se soulève, l'armée française sera prise entre deux feux ! »
L'espion a été immédiatement envoyé au quartier général.

N'était-ce point tout une révélation et une révélation accablante?...

C'était le 14 août qu'eut lieu à la Vilette la tentative insurrectionnelle dont nous venons de parler. Le *Journal officiel* en rendit compte en ces termes :

Dans ces trois derniers jours, l'autorité a saisi sur la voie publique et au domicile d'un individu qui a été arrêté, des revolvers d'un fort calibre avec un approvisionnement de cartouches et de poignards d'une dimension et d'une forme qui les rendent très dangereux.

L'avant dernière nuit, dans une maison isolée et voisine des fortifications, il a été procédé à une perquisition qui a amené la découverte de listes d'affiliés, de brassards et de drapeaux rouges, de divers signes de ralliement...

Dans l'après-midi du dimanche 14 août, vers quatre heures, une bande de soixante à quatre-vingts individus, tous armés de revolvers et de poignards exactement conformes au modèle de ceux qui avaient été précédemment saisis, ont attaqué le poste de la caserne des pompiers qui est sise boulevard de la Villette.

Ils ont assailli les hommes de garde à coups de poignards et de revolvers ; le factionnaire a reçu un coup de poignard dans la poitrine, un autre pompier a été très grièvement blessé de trois balles, et quatre fusils du poste ont été enlevés.

Les sergents de ville du 19e arrondissement accourus aussitôt ont également essuyé une décharge; l'un d'eux est tombé mort ; trois autres ont été grièvement blessés; les médecins désespèrent de la vie de deux d'entre eux. Une petite fille de cinq ans a reçu dans le ventre une balle de revolver qui l'a tuée.

Les sergents de ville conduits par leurs officiers de paix et sous la direction du commissaire de police, ont immédiatement arrêté le principal meneur et quatre de ses complices.

La population leur a donné le concours le plus empressé ; elle a procédé elle-même à d'autres arrestations. Les fusils enlevés aux pompiers ont été repris ; on a également relevé des armes abandonnées par les insurgés, et le rappel ayant été spontanément battu dans le quartier, il s'est aussitôt réuni bon nombre de gardes nationaux qui ont, avec le concours de la population, puissamment contribué au rétablissement de l'ordre...

A six heures un quart, d'autres individus se sont rués de nouveau sur le factionnaire du même poste; deux ont été arrêtés par les gardes nationaux et entraînés par eux dans la caserne. Ils étaient porteurs de couteaux-poignards ouverts.

Il importe de dire ici que parmi les émeutiers figurait le nommé Eudes. Ce haut fait d'armes devait le mettre en évidence et le désigner, quelques mois plus tard, aux plus hautes fonctions militaires.

La veille, Lyon avait été également le théâtre de tentatives séditieuses, et, dans le récit que le *Salut Public* en donnait, il était dit :

> Une tentative d'émeute, œuvre de quelques misérables insensés, s'est manifestée ce matin à la Croix-Rousse.
>
> Elle a été promptement réprimée.
>
> Les principaux fauteurs sont au pouvoir de l'autorité.
>
> Vers neuf heures, au moment où l'on venait de placarder l'affiche appelant la garde mobile au camp de Sathonay pour lundi prochain, un individu est monté sur le piédestal de la Croix, sur la grande place de la Croix-Rousse et a proféré les cris de : *Vive la République ! A bas l'Empire !*...
>
> Puis, il a déployé un papier et lu une proclamation par laquelle il appelait le peuple aux armes pour renverser le gouvernement et adjurait les patriotes de résister à l'appel de la garde mobile.
>
> L'auteur de cette manifestation était le sieur Joseph Lentillon, notaire à Thurins (Rhône). A cet appel une masse de cent à cent cinquante individus environ qui vraisemblablement avaient le mot, s'étaient groupés autour de la croix et répondaient à la proclamation du citoyen Lentillon par les cris de : *Vive la République ! A bas l'Empire !*...
>
> Un grand nombre des individus qui composaient le gros des perturbateurs massé autour de Lentillon ont été reconnus par le commissaire et les agents qui ont retrouvé en eux des figures de clubistes qui leur sont familières.
>
> Un sergent de ville a eu le corps traversé ; un autre a reçu une grave blessure dans le dos...

De regrettables scènes de désordre eurent lieu à St-Etienne où l'on essaya de briser les portes d'un atelier de fabrication d'armes de luxe, et à Marseille, où les perturbateurs s'emparèrent de l'hôtel-de-ville, et en furent délogés par la police, aidée de courageux citoyens.

C'est par de tels exploits que la démagogie préludait au coup de main du 4 septembre et favorisait les projets de l'ennemi !

On se souvient que, pour assurer l'ordre, le gouvernement, à la suite de l'affaire de la Villette, crut devoir appeler à Paris cent mille pompiers des départements, dont, quelques jours plus tard, la présence fut regardée comme inutile. N'est-ce pas ici le lieu de citer les paroles suivantes du général de Palikao ?

> .... Mes honorables collègues et moi pouvions nous supposer que, l'ennemi aux portes de la capitale, il se trouverait des hommes capables de lui faciliter par une révolution coupable la perte complète de la France.
>
> Ils se sont cependant trouvés, ces hommes, dont quelques-uns ont déjà expié les fautes de leur fatale ambition, en attendant que la postérité imprime sur tous leurs noms le sceau de la réprobation !

Hélas! il était peu éloigné le jour où la révolution devait triompher ; où l'Assemblée serait dispersée, Paris livré à tous les désordres, à tous les gaspillages, et la province, courbée sous le despotisme de tyranneaux incapables, tandis que le prussien ravagerait le sol et soumettrait la grande cité aux horreurs de la famine et du bombardement!.. Puis à la guerre étrangère succèdera la guerre civile. Dans le désarroi des jours funestes, comme l'a dit un écrivain, les révolutionnaires s'armeront de toutes pièces, ils auront la force, l'organisation militaire, des fusils et des canons qu'ils braqueront contre la société. La Colonne s'écroulera ; l'incendie dévorera nos monuments ; les ruisseaux rouleront le sang des victimes...

Détournons les yeux de ce lugubre spectacle! Revenons au présent.

Pendant que la révolution fermentait dans les bas-fonds, au Corps législatif l'opposition foudroyait le ministère de propositions radicales.

Ainsi, dès le 9 août, M. Jules Favre et ses amis proposaient à la Chambre de s'emparer de l'autorité exécutive. Peu de jours après, ils imposaient aux ministres l'armement de ces pillards et de ces incendiaires, qui viennent de dévaster Paris et qui, quelques semaines plus tard, le 31 octobre, devaient punir M. Jules Favre de sa proposition sans l'éclairer ni le convertir, puisque, six mois après, il laissait à leur disposition ces armes qu'ils devaient encore tourner contre la société.

Voici d'ailleurs le tableau que fait de la Chambre l'auteur de *Sedan, ses causes, ses suites :*

Ce fut, dit-il, un lamentable spectacle de voir, en quelques jours, disparaître le prestige ancien et général du pouvoir, et déborder l'audace d'une opposition devenue clairement factieuse. Des outrages étaient prodigués du haut de la tribune à l'Empereur qui était devant l'ennemi. Des motions se succédaient, proposant à la Chambre de changer la constitution, sanctionnée par le peuple. Les salles d'attente du Corps législatif étaient envahies par des gens qui insultaient les députés, et les tribunes publiques intervenaient dans les discussions par des applaudissement ou des huées.

Ainsi, le ministère avait en face de lui, non pas l'opposition, mais la révolution se disposant à profiter de nos revers pour s'emparer du pouvoir.

Nous lisons encore dans les renseignements publiés par un officier de l'état-major général :

Ce fut, comme toujours dans les malheurs publics, l'opposition qui vit grandir son influence et qui paralysa le patriotisme de la majorité et la marche du gouvernement.

Depuis cette époque, les ministres semblèrent craindre de prononcer le nom de l'Empereur, et celui-ci, qui avait quitté l'armée et ne s'était dessaisi du commandement que pour prendre en main les rênes de l'Etat, se vit bientôt dans l'impossibilité de remplir le rôle qui lui appartenait.

Il parait, en effet, que l'Empereur devait revenir à Paris, concentrer les pouvoirs dans ses mains, dissoudre le Corps législatif, fermer les clubs, soumettre au besoin par les armes les éléments turbulents de la capitale et procéder à l'armement de la ville à l'aide de forces exclusivement militaires, à l'abri des influences séditieuses. Mais il en fut dissuadé par le gouvernement de la régence qui lui montra le mauvais effet que produirait son retour. Celui-ci, en effet, dénaturé dans sa véritable signification, n'aurait-il pas été représenté comme une désertion? On rapporte que, depuis, l'Empereur a déclaré que l'idée d'être accusé d'avoir versé le sang pour maintenir sa dynastie avait été le motif qui avait le plus influé sur sa détermination.

Ce que réclamait avant tout la situation, c'était l'esprit d'union, de cohésion intime. Et c'est précisément le contraire qui avait lieu. Aussi, combien sont fondées les considérations suivantes que nous trouvons exposées dans un journal anglais, le *Standard* :

> Quelle a été l'attitude de l'opposition à la nouvelle des désastres de Wissembourg et de Wœrth ? Le danger était imminent en ce moment; s'il était encore possible de vaincre, ne fallait-il pas tout d'abord faire taire toutes ses antipathies? N'était-ce pas une condition indispensable à tout succès que de maintenir l'unité du pays en face de l'ennemi vainqueur? L'unité ne devait-elle pas être alors aux yeux de tout patriote, l'unique drapeau de la France ? Toute chance de salut ne disparaissait-elle pas, au contraire, du moment que l'on semait la défiance et la discorde entre l'Empereur et le peuple? Lorsque l'on a pu faire supposer à l'armée que ses défaites étaient dues à l'incapacité de ses chefs, tout devait crouler à la fois : la discipline, la confiance, et, avec elles, toute chance de victoire...
>
> Que serait-il arrivé si les députés, après les premières défaites, s'étaient résolument groupés autour du chef de l'Etat, et l'avaient soutenu, en face du danger de plus en plus imminent, avec toute l'énergie et la virilité du patriotisme contre ceux d'entre eux qui l'injuriaient et réclamaient sa déchéance? Pensez-vous que s'il en eût été ainsi, le monde eût été témoin de la catastrophe de Sedan ? Les défaillances des uns, les audaces des autres, avaient créé cette situation terrible pour l'Empereur, qu'il ne pouvait rentrer dans sa capitale ni organiser une armée pour couvrir Paris. L'opposition avait amené cette alternative singulière pour l'Empereur : Devant lui, l'ennemi; derrière lui, le spectre de la Révolution. Personne ne savait plus où résidait l'autorité.

Et c'est ainsi que la discorde, semée par des intrigants, des ambitieux, des rêveurs et des gens malintentionnés, préparait à la France un sombre avenir.

IV

BORNY — GRAVELOTTE — SAINT-PRIVAT

Le maréchal de Mac-Mahon reconstituait son armée au camp de Châlons. En même temps, le gouvernement notifiait aux puissances le blocus des ports de la mer du Nord et de la Baltique par l'escadre de l'amiral Fourrichon. C'était le 12 août. Le retard apporté au départ de notre flotte fut encore un des mécomptes de cette triste campagne ; elle ne partit qu'après bien des lenteurs, sans emporter de troupes. Les velléités révolutionnaires, qui s'étaient manifestées à Paris, avaient obligé le gouvernement à appeler auprès de lui les troupes que l'on avait réunies à Cherbourg, et c'est à cette cause, peut-être, qu'il faut attribuer le mécompte dont nous venons de parler. Quoi qu'il en soit, la flotte dut borner son action à quelques démonstrations et à d'assez riches captures, mais elle ne put seconder les efforts de l'armée de terre par une diversion, sur laquelle, cependant, on croyait pouvoir compter. Quant aux troupes laissées à Metz, elles voyaient se resserrer autour d'elles le cercle de fer qui, quelques jours plus tard, devait les enfermer.

« Plusieurs généraux, » disent les renseignements publiés par un officier de l'état-major général, « plusieurs généraux conjurèrent l'Empereur de quitter l'armée, lui faisant observer qu'il pouvait arriver que la communication avec Paris fût coupée, et qu'alors, bloqué dans Metz, séparé du reste de la France, le chef de l'Etat serait mis dans l'impossibilité de conduire les affaires du pays, de leur donner une direction utile, et que des agitations révolutionnaires pourraient résulter de cette situation.

« Ces considérations avaient une incontestable valeur ; elles n'échappèrent pas à l'Empereur qui, cependant, ne voulait quitter l'armée que lorsqu'elle aurait repassé la rive gauche de la Moselle » pour être ensuite dirigée sur Verdun, conformément aux instructions du grand conseil de guerre, qui s'était tenu le 10 août à Panges.

Ce mouvement avait un double avantage : d'une part, on coupait la route de Paris aux armées allemandes ; de l'autre, on trouvait dans la forteresse de Verdun des approvisionnements considérables.

Le mauvais temps, l'encombrement des bagages en retardèrent la prompte exécution. Il n'eut lieu que le 14. Ce même jour, l'Empereur, ne prévoyant pas une attaque, se décida à précéder l'armée et partit pour Châlons.

Nos troupes passaient la Moselle sur deux ponts de bois, et déjà la moitié en avait effectué le passage quand les Prussiens, remarquant un mouvement dans nos lignes, attaquèrent, vers 4 heures, l'arrière-garde du corps de Ladmirault. L'action s'engagea à Borny, à quatre kilomètres de Metz. M. de St-Germain en rend ainsi compte dans son histoire de *La guerre de sept mois* :

Vers quatre heures, l'armée de Steinmetz attaqua en force l'arrière-garde du corps Ladmirault à Borny. L'artillerie du 4e corps, et notamment les mitrailleuses, ouvrit un feu nourri sur une colonne d'infanterie prussienne qui, débouchant de la route de Bouzonville, attaquait vivement la colonne de Bellecourt. L'artillerie prussienne se mit en ligne sur la route, et, vers sept heures, l'ennemi occupait la position importante du bois de Mey. Le bois fut trois fois pris et repris. Pendant ce temps, le général Pradier, à la droite, et le général Courtot de Cissey, à la gauche, dégageaient nos ailes menacées. A la nuit, les Prussiens repoussés de toutes parts se retirèrent sous le feu du fort de Queuleu, dont les projectiles les poursuivirent longtemps. Les troupes françaises, cette fois victorieuses, couchèrent sur le champ de bataille, et le lendemain effectuèrent sans obstacle le passage de la Moselle.

D'un autre côté, nous trouvons dans une correspondance les détails que voici :

Les troupes s'arrêtèrent dans leur marche. Les soldats du général Ladmirault, qui déjà partaient par la ravine de la Vallière, se retournèrent et marchèrent sur les Prussiens. En un instant, la canonnade s'étendit ainsi de la Vallière à Grigy par Borny, sur une longueur de près de deux lieues. Jamais les Prussiens n'avaient supporté une telle attaque.

La canonnade dura de quatre heures à cinq. Elle s'interrompit une heure, pour laisser l'infanterie et les mitrailleuses faire leur office, puis elle reprit de 6 heures à 8 heures 35 minutes, ne s'arrêtant que lorsque l'ennemi eut complètement abandonné ses positions. C'était une victoire, et c'est bien certainement le plus glorieux fait d'armes de la campagne. L'ennemi laissait huit mille morts sur le champ de bataille, et nous en avions à peine perdu mille.

Le général Picard, commandant une des divisions de la garde impériale, disait, le lendemain, que jamais il n'avait rien vu d'aussi terrible que le champ de bataille de Borny. On y voyait des rangés d'hommes couchés dans l'ordre qu'ils occupaient. On retrouvait les vivants sous les morts !... C'était l'ouvrage des mitrailleuses françaises. Avouons, du reste, que, de leur côté, les canons d'acier des Prussiens nous avaient fait beaucoup de mal.

Nous avions enfin remporté une victoire. Ce succès était suivi d'un autre succès ; puis,... le courage allait encore succomber sous le nombre et sous la force matérielle !

Le 15, la lutte recommençait du côté de Montigny ; elle cessait vers midi, après une nouvelle retraite des Prussiens qui éprouvèrent de nouvelles pertes.

Le 16, l'ennemi voulut prendre une revanche, et, dans la matinée, il parvint à tromper notre vigilance, mais non à profiter des avantages que devait lui assurer une surprise.

Les Prussiens, dit un officier de l'Etat-major général, cachaient si bien leur mouvement derrière le formidable rideau de cavalerie qu'ils déployaient devant eux dans toutes les directions, que malgré les plus persévérantes recherches, on ne sut jamais réellement où était le gros de leurs troupes, et par conséquent où devait se produire l'effort le plus considérable.

Nous avions devant nous le prince Frédéric-Charles et le général Steinmetz, disposant de forces évaluées à 120,000 hommes, tandis que celles du maréchal Bazaine ne s'élevaient pas au-delà de 80,000.

Cette bataille a pris le nom de Gravelotte ou de Vionville. M. Domenech l'expose ainsi dans son *Histoire de la Campagne de 1870* :

Vers dix heures, la bataille s'engagea sérieusement et dura jusqu'à la nuit ; bataille de géants, horrible boucherie, la plus sanglante de toute la campagne. En dehors de la surprise du début, cette bataille fut admirablement menée ; généraux, officiers et soldats rivalisèrent de bravoure. Les corps Decaen, Ladmirault, Frossard, Canrobert et la garde impériale firent un massacre énorme des masses ennemies qui les écrasaient par le nombre.

On lit dans *La guerre de sept mois* :

La journée débuta par une surprise... La division Bataille, fortement engagée, se trouva un moment sans artillerie. Le général Bataille eut deux chevaux tués sous lui avant de recevoir la balle qui le blessa au ventre. Malgré cette blessure, il ne quitta le champ de bataille que lorsqu'il fut assuré que sa division avait évité d'être tournée et qu'elle avait refoulé l'ennemi. Notre aile gauche, un moment compromise, ne tarda pas à faire reculer les Prussiens, et le corps de Canrobert soutint admirablement le feu d'une artillerie formidable. Vers le soir, l'ennemi se mettait en pleine retraite, en répondant par des obus aux volées des mitrailleuses qui accompagnaient sa marche.

Voici maintenant la dépêche qui fut adressée au ministre de l'intérieur par le maréchal Bazaine :

Quartier-général, 16 août.

Le maréchal commandant en chef à ministre de l'Intérieur.

Ce matin, vers neuf heures, les corps d'armée commandés par le prince Frédéric-Charles ont dirigé une attaque très vive sur la droite de notre position. La division de cavalerie du général Forton et le 2ᵉ corps d'armée commandé par le général Frossard, ont fait bonne contenance. Les corps échelonnés à droite et à gauche de Rézonville sont venus successivement prendre part à l'action, qui a duré jusqu'à la nuit tombante.

L'ennemi avait déployé des forces considérables, et a essayé à plusieurs reprises des retours offensifs qui ont été vigoureusement repoussés ; à la fin de la journée, un nouveau corps d'armée a cherché à déborder notre gauche. Nous avons partout maintenu nos positions et infligé à l'ennemi des pertes considérables. Les nôtres sont sérieuses.

Le général Bataille a été blessé. Au plus fort de l'action, un régiment de uhlans a chargé l'état-major du maréchal. Vingt hommes de l'escorte ont été mis hors de combat. Le capitaine qui la commandait a été tué.

A huit heures du soir l'ennemi était refoulé sur toute la ligne.

On estime à 120,000 hommes le chiffre des troupes engagées.

Nous avons eu devant nous le prince Frédéric-Charles et le général Steinmetz.

Ainsi, nous avions obtenu un avantage réel, avantage chèrement payé, et dont le fruit devait être perdu le surlendemain, 18, à la bataille de Saint-Privat... C'est à cette bataille que se rattache le récit légendaire des carrières de Jaumont, où, disait-on, trois corps de l'armée prussienne avaient été jetés. On a su, depuis, que ce récit n'était qu'une fable dont l'auteur est resté inconnu. A ce sujet, on lit dans le livre de M. de St-Germain :

Il se trouva dans les journaux de soi-disant témoins oculaires pour décrire les horreurs des abîmes de Jaumont. Voici ce que les rapports les plus dignes de foi permettent de considérer comme absolument conforme à la vérité :

Des hauteurs de Verneville, l'artillerie prussienne commença, un peu après midi, à foudroyer les lignes françaises en avant d'Amanvillers. Notre infanterie soutint admirablement ce choc, et un régiment d'infanterie, chargeant une batterie saxonne, parvint, malgré la cavalerie qui vint la défendre, à emmener deux pièces de canon.

Le fort de Saint-Quentin se trouvait à portée pour aider à l'effort de nos troupes. Tout marchait à souhait jusqu'à quatre heures et nous avions un avantage incontestable ; mais à ce moment, l'artillerie du 6e corps (Canrobert) déclara qu'elle manquait de munitions. Une panique se déclara alors dans les réserves de ce corps ; les voitures s'enfuirent au galop et dans la plus horrible confusion sur la route de Metz. Quelques fuyards tombèrent dans les carrières d'Amanvillers, qui servirent au 6e corps à se reformer. Ce fut là, à notre connaissance, le seul rôle des carrières dans cette journée. Pas un Prussien n'y fut précipité. La lutte dura plus d'une heure encore. Il fallut enfin se replier devant l'artillerie ennemie. Sept escadrons de cavalerie, commandés par le général de Barrail, protégèrent la retraite avec l'aide de deux batteries d'artillerie de réserve que l'on fit avancer. Le centre et la droite moins éprouvés, gardèrent leurs positions et ne rentrèrent sous Metz que le lendemain.

Cette journée nous fut funeste.

Immédiatement après notre retraite, les troupes allemandes se mirent en devoir d'isoler Metz.

Bazaine était cerné !

Au camp de Châlons et dans les conseils du gouvernement s'élaborait un nouveau plan de campagne. L'armée du maréchal de Mac-Mahon devait-elle se replier sur Paris pour y attendre l'ennemi et lui livrer une bataille décisive ; ou bien, se porter au secours de Bazaine, le dégager, faire jonction avec lui, et, par ce mouvement, tourner les forces ennemies et les prendre entre deux feux ? Le premier plan était celui du maréchal de Mac-Mahon, de l'Empereur et du général Trochu. Le second était celui du général de Palikao. C'est ce dernier qui fut imposé.

V

PLANS DE CAMPAGNE. — ROLE EFFACÉ DE L'EMPEREUR QUI N'EST PLUS QU'UN SOLDAT

L'Empereur arriva le 16 août au camp de Châlons et y tint immédiatement un conseil de guerre auquel assistèrent le maréchal de Mac-Mahon et les généraux Trochu, Schmitz et Berthaut. Dans ce conseil il fut décidé : que le général Trochu serait nommé au commandement de l'armée de Paris; que les troupes réunies à Châlons seraient dirigées vers la capitale sous les ordres du duc de Magenta ; que la garde nationale mobile se rendrait au camp de St-Maur, à Vincennes, et que l'Empereur rentrerait à Paris pour y reprendre les rênes de l'Etat.

Informé de cette détermination, le gouvernement de la Régence la combattit et présenta à l'Empereur des objections qu'un officier de l'état-major général résume ainsi :

Paris, disait-on, est en parfait état de défense; la garnison est nombreuse ; l'armée de Châlons doit être employée à débloquer Metz ; la garde nationale mobile serait un danger pour la tranquillité de la capitale ; le caractère du général Trochu n'inspire aucune confiance ; enfin, le retour de l'Empereur à Paris serait très mal interprété par l'opinion publique.

La dépêche suivante fut même adressée à l'Empereur :

Guerre à S. M. l'Empereur. — Camp de Châlons.

Paris, 17 août 1870, 10 h. 25 m. soir.

L'Impératrice me communique la lettre par laquelle l'Empereur annonce qu'il veut ramener l'armée de Châlons sur Paris. Je supplie l'Empereur de renoncer à cette idée qui paraîtrait l'abandon de l'armée de Metz, qui ne peut faire en ce moment sa jonction à Verdun. L'armée de Châlons sera avant trois jours de 85,000 hommes, sans compter le corps de Douay qui rejoindra dans trois jours, et qui est de 18,000 hommes. Ne peut-on pas faire une puissante diversion sur les corps prussiens, déjà épuisés par plusieurs combats ? L'Impératrice partage mon opinion.

Le gouvernement, toutefois, sans accepter ni rejeter complètement les décisions prises au camp de Châlons, insista sur l'opportunité de secourir le maréchal Bazaine.

Deux plans donc, comme nous l'avons dit plus haut, étaient en présence : celui de l'Empereur et du maréchal de Mac-Mahon ; et celui du ministère Palikao.

D'après le premier, l'armée de Châlons devait être ramenée sous Paris pour y être réorganisée, y refaire son moral et y attendre l'ennemi, dont la moitié des forces serait retenue en Lorraine par l'armée du Rhin, tandis que, l'Empereur rentrait dans la capitale, et, concentrant les pouvoirs dans ses mains, reprenait la direction des affaires.

Le plan du cabinet Palikao consistait, au contraire, à maintenir la lutte en Lorraine et à envoyer l'armée de Châlons au secours du maréchal Bazaine.

Dans un travail auquel nous avons déjà fait de nombreux emprunts, et que nous aurons encore l'occasion de citer plusieurs fois: *Des causes qui ont amené la capitulation de Sedan*, il est dit:

Le duc de Magenta fit connaître au ministre de la guerre qu'il croyait que la marche vers Metz serait de la plus haute imprudence et signala tous les périls que présentait une semblable opération.
En effet, à cette époque, les armées prussiennes occupaient les deux côtés d'un triangle dont nous devions parcourir le troisième. Le prince Frédéric-Charles bloquait Metz avec 210,000 hommes. Le prince royal de Saxe occupait avec 100,000 hommes le pays qui s'étend de la frontière belge à Verdun et reliait sa gauche à l'armée du prince royal de Prusse, qui, à la tête de 150,000 hommes, avait établi son quartier général à Bar-le-Duc.
Il déclara donc qu'il ne voulait pas exposer des troupes encore imparfaitement organisées à faire, devant un ennemi très supérieur, une marche de flancs extrêmement périlleuse, et annonça qu'il allait se diriger sur Reims, d'où il pourrait se porter soit sur Soissons, soit sur Paris. «C'est seulement sous les murs de la capitale, disait-il, que mon armée, reposée et reconstituée, pourra offrir à l'ennemi une résistance sérieuse. » En conséquence, l'armée fut dirigée sur Reims le 21, et prit position en arrière de cette ville.

A Paris, on ne voulait point abandonner Bazaine, sa belle armée et tout l'est de la France. Débloquer Metz, disait-on, c'était écraser le prince Frédéric-Charles entre la Meuse et la Shiers ; c'était placer le prince royal de Prusse entre Paris et nos 240,000 hommes des armées de Metz et de Châlons réunies ; c'était, en outre, donner satisfaction à l'opinion publique surexcitée par nos défaites.

Voici, du reste, en quels termes le général de Palikao fait ressortir les avantages et les résultats que devait avoir la mise à exécution de ce dernier plan :

... N'était-il pas évident que la grande faute commise au début de la campagne de 1870 avait surtout consisté dans l'éparpillement des troupes françaises opposées aux masses allemandes?

Il fallait donc adopter un système contraire, et puisque l'armée française avait à combattre une armée trois fois plus nombreuse qu'elle ne l'était elle-même, il était rationnel de chercher à réunir sur un même point une masse compacte qui pût lutter isolément et sans désavantage du nombre contre chaque armée ennemie.

Il n'y a pour atteindre ce but qu'un moyen, celui de la réunion des armées de Châlons et de Metz ; pour y parvenir il fallait tromper l'ennemi par des marches rapides, et c'est ce qui aurait eu lieu dans le cas qui nous concerne.

Le prince royal de Prusse, trompé par une dépêche télégraphique concertée avec le maréchal de Mac-Mahon, avait continué de marcher sur Vitry-le-Français, où il était encore le 26 au matin, c'est-à-dire à vingt cinq lieues de Verdun.

Quelque diligence que pût faire ce prince, il était impossible qu'il pût se trouver le 27 et même le 28 de l'autre côté de la Meuse à hauteur de Verdun.

Il y avait trois grandes journées de marche, si l'on ajoute aux 96 kilomètres qui séparent ces deux villes à vol d'oiseau les difficultés du terrain à travers ou en contournant les monts de la Meuse.

La bataille, qui était inévitable le 26 au plus tard, ne pouvait donc avoir lieu qu'entre l'armée de 120,000 hommes du maréchal de Mac-Mahon, en supposant qu'elle eût perdu 15,000 hommes pendant la marche, et l'armée du prince de Saxe, dont le chiffre maximum était de 70,000 hommes ; l'action devait se passer entre Verdun et Etain, dans la direction de Briey.

Ici deux hypothèses se présentent :

Si l'armée prussienne, devant Metz, tentait de venir appuyer celle du prince de Saxe, elle attirait derrière elle l'armée de Bazaine, qui, dans les journées des 14, 16 et 18 août, avait soutenu seule les efforts des armées réunies des Prussiens et des Saxons, et avait maintenu ses positions.

La position de ces deux armées allemandes entre deux armées françaises devenait alors très critique, et un échec subi par les premières, sans ligne de retraite assurée, changeait totalement la face des choses.

Si, au contraire, l'armée du prince Frédéric-Charles continuait à observer l'armée de Metz, l'armée saxonne essuyait très-probablement une défaite qui la rejetait sur celle de Metz, et celle-ci était obligée de se retirer ; la jonction était faite.

En exposant les détails de la marche sur Metz, tels que je les avais soumis au conseil des ministres, loin de moi la pensée de contrôler l'opération tentée d'une autre manière par le maréchal de Mac-Mahon.

Je crois au contraire qu'elle pouvait réussir complètement par les défilés du Nord, et je suis confirmé dans cette opinion par le dire d'un colonel saxon qui, le 6 septembre, à Sedan même, faisait à une personne de mes amis l'aveu que l'armée saxonne s'était crue un moment tournée.

J'étonnerai bien des critiques en disant que le prince de Saxe a parlé dans le même sens à un général français des plus honorables, de qui je tiens directement le fait.

Il ne m'appartient pas de rechercher les causes qui ont pu contribuer à la ruine d'un plan conçu et exécuté par un maréchal de France que l'armée, dont il possède à juste titre l'estime tout entière, considère comme un véritable Bayard, sans peur et sans reproche.

Faut-il attribuer le désastre de Sedan à la fatalité qui a mis le maréchal de Mac-Mahon hors d'état de commander son armée dès le commencement de la bataille du 1er septembre, fatalité qui n'a cessé de peser sur nos armées pendant cette triste année de 1870 et qui a continué en 1871 ?

Plus loin, nous lisons dans le même ouvrage :

Au nombre des éléments de succès à la guerre, il faut de l'audace et de la rapidité de l'exécution ; les armées allemandes nous en ont donné l'exemple.

Imbu de ce principe, j'ai voulu le mettre en pratique au moment même de l'organisation de l'armée de Châlons. J'avais formé un 14e corps d'armée, sous les ordres d'un général capable d'exécuter un coup de main hardi, du brave général Renault, tué depuis à la bataille de Champigny.

Ce corps, de 30,000 hommes, devait être transporté par les voies rapides à Belfort, où j'avais, sous la condition du plus grand secret, déjà réuni une partie des troupes, et où j'avais envoyé un officier d'ordonnance pour me tenir au courant de la situation.

Le général Renault, le général Appert, son chef d'état-major général, et M. l'intendant Blondeau, chargé de l'organisation des transports de la guerre, étaient seuls dans la confidence de mon projet de lancer ces 30,000 hommes sur le duché de Bade pour y jeter l'épouvante et opérer une diversion sur ce point ; ce corps se serait ensuite replié sur le camp de Belfort.

Ce projet fut considéré comme une *aventure*, comme si la guerre elle-même n'était pas une succession d'aventures plus ou moins bien combinées ; il n'y fut donc pas donné suite.

Que l'on se rappelle cependant l'effet produit, de l'autre côté du Rhin, par les 300 volontaires qui le traversèrent à cette époque et le repassèrent presque immédiatement !

Toute l'Allemagne retentit du bruit que les Français avaient passé le Rhin et marchaient sur Berlin (*). La terreur régnait dans tout le duché de Bade.

Ce bruit tomba bientôt quand on connut le petit nombre d'envahisseurs du territoire allemand ; mais il n'eût pas eu pareil sort s'il eût été fondé sur la présence d'une armée de 30,000 hommes.

On ne peut se dissimuler que le plan du ministère Palikao était

---

(*) Dans les derniers jours du mois d'août, un corps franc d'un faible effectif numérique pénétra sur le territoire badois, et y causa une panique telle que les populations s'enfuyaient épouvantées. Des troupes furent mandées, puis expédiées en toute hâte, et ce corps franc, trop peu nombreux pour s'avancer dans le pays et opposer une résistance, dut regagner le territoire français.

savamment combiné. Nous croyons même savoir, d'après un entretien qu'un des généraux prussiens les plus distingués aurait eu avec un de nos compatriotes, dont il était devenu, par droit de conquête, l'hôte forcé pendant deux longues semaines, nous croyons savoir, disons-nous, que ce plan avait inspiré de vives inquiétudes au général de Moltke. En effet, il était de nature à changer complètement la face des choses. Si nous étions vainqueurs, l'armée allemande était coupée, cernée, mise dans une situation critique; si, au contraire, nous étions vaincus, notre défaite pouvait être irréparable. Ce plan était donc habile, mais il était hardi et téméraire.

Par contre, celui du maréchal de Mac-Mahon ne laissait rien au hasard. Un échec n'était plus qu'un accident de guerre, car nous trouvions sous les murs de Paris un abri sûr et solide. Croit-on d'ailleurs que l'ancienne armée aurait permis à l'ennemi d'investir la capitale?.. Dans tous les cas, elle ne l'aurait pas laissé, pendant deux mois, s'installer tranquillement dans des retranchements qu'il devait rendre inexpugnables.

Pour le succès du plan du ministère Palikao, dit un publiciste, il fallait : une armée bien exercée, bien reposée, énergiquement constituée ; une organisation prévoyante et active du service des vivres.

Or, d'un côté, l'armée de Châlons était fatiguée par les marches, démoralisée par la défaite, en partie dépourvue d'instruction militaire ; d'un autre côté, un service défectueux des vivres et des bagages va tout compromettre, en ralentissant la marche des troupes.

Voici, d'ailleurs, quelle était la composition de cette armée: 1er corps, général Ducrot; 5e corps, général de Failly; 7e corps, général Douay; 12e corps, général Lebrun. Effectif : 100,000 hommes environ.

Le 1er corps, de beaucoup meilleur, était formé en majeure partie de ces héroïques régiments d'Afrique que le nombre seul avait pu écraser à Frœschwiller. Profondément impressionnés par une défaite inattendue, fatigués par des marches pénibles, affaiblis par des souffrances matérielles et morales, ces soldats avaient besoin de repos et de temps pour reprendre leur solidité et leur élan.

Le 5e, désorganisé par une retraite pénible et précipitée de Bitche au camp de Châlons, par Neufchâteau, avait perdu, sans combattre, une partie de son matériel et presque tous ses bagages. Son état de lassitude et son attitude morne ne pouvaient faire présager aucun succès.

Le 7e corps, formé à Belfort, d'où il venait d'être ramené en traversant Paris, n'avait éprouvé ni la défaite ni les souffrances des deux autres, mais son organisation à peine terminée et sa longue marche rétrograde n'avaient pu lui donner la cohésion et la confiance nécessaires.

Enfin, le 12º corps, créé la veille, n'avait de solide que quatre régiments neufs et quatre régiments de marine, formant sa 1re et sa 3º division. La 2º se composait de 4 régiments de marche incomplets, et dont la plupart des hommes n'avaient jamais tiré un coup de fusil.

Homme de devoir avant tout, le maréchal de **Mac-Mahon** obéit et, le 19 août, il écrivait :

Au ministre de la guerre :

Veuillez dire au conseil des ministres qu'il peut compter sur moi et que je ferai tout pour rejoindre Bazaine.

Et au maréchal Bazaine :

Si, comme je le crois, vous êtes forcé de battre en retraite très prochainement, je ne sais, à la distance où je me trouve, comment vous venir en aide sans découvrir Paris ! Si vous en jugez autrement, faites-le moi connaître.

Le maréchal, on le sait, croyait toujours à la nécessité de se replier sur Paris. Du reste, on a vu plus haut qu'il avait annoncé qu'il allait se diriger sur Reims, « d'où il pourrait se porter soit sur Soissons, soit sur Paris. »

L'Empereur, qui s'était dépouillé de son commandement, ne voulut pas contrecarrer le gouvernement de la Régence, et, comme il l'a dit lui-même, depuis ce jour jusqu'au dernier, il ne fut plus *qu'un soldat* dans l'armée. C'est ce qu'il résulte de la proclamation suivante qu'il adressa à l'armée le 31 août 1870, c'est-à-dire le lendemain de l'affaire de Beaumont et la veille de la bataille de Sedan :

« Soldats,

« Les débuts de la guerre n'ayant pas été heureux, j'ai
« voulu, en faisant abstraction de toute préoccupation
« personnelle, donner le commandement des armées aux
» maréchaux que désignait plus particulièrement l'opinion
« publique.

« Jusqu'ici le succès n'a pas couronné vos efforts ; néan-
« moins j'apprends que l'armée du maréchal Bazaine s'est
« refaite sous les murs de Metz, et celle du maréchal Mac-
« Mahon n'a été que très légèrement entamée hier ; il n'y a
« donc pas lieu de vous décourager. Nous avons empêché

« jusqu'ici l'ennemi de pénétrer dans la capitale, et la
« France entière se lève pour repousser ses envahisseurs.

« Dans ces graves circonstances, l'Impératrice me représ-
« sentant dignement à Paris, *j'ai préféré le rôle de soldat*
« *à celui de souverain*. Rien ne me coûtera pour sauver
« notre patrie ; elle renferme encore, Dieu merci ! des
« hommes de cœur, et s'il y a des lâches, la loi militaire et
« le mépris public en feront justice.

« Soldats, soyez dignes de votre ancienne réputation ;
« Dieu n'abandonnera pas notre pays, pourvu que chacun
« fasse son devoir !

« Fait au quartier général de Sedan, le 31 août 1870.

« NAPOLÉON. »

Cette abnégation est attestée en outre par le général de Palikao qui déclare que « l'Empereur ne dirigeait pas l'armée, » par le général Ducrot, qui exerça pendant quelque temps le commandement en chef, et qui affirme que « l'Empereur n'a voulu en rien influencer les décisions des généraux et sortir en aucune façon de son rôle de spectateur ; » et enfin par le maréchal de Mac-Mahon qui, dans le procès intenté au *Figaro*, a expliqué le 18 mars, devant le jury de la Seine et dans les termes que voici, le rôle modeste auquel Napoléon III s'était résigné :

M⁰ LACHAUD. — L'Empereur exerçait-il encore, le 17 août, un commandement militaire ?

M. LE MARÉCHAL DE MAC-MAHON. — Non ; lorsqu'il m'a nommé au commandement de l'armée de Châlons, je suis allé trouver l'Empereur et je lui ai demandé quels rapports devaient exister entre lui, souverain, et le commandant en chef de cette armée. Il m'a répondu par des considérations que je n'ai pas à faire connaître, qu'il était décidé à faire abstraction de sa personnalité, qu'il me remettait le commandement de cette armée et que j'étais complètement libre de faire ce que j'entendrais. Il ne s'est pas du tout occupé des mouvements que j'ai ordonnés. Au contraire même, dans plusieurs cas, il voulait me faire faire l'inverse de ce que j'ai fait.

Ainsi, comme on l'a fait observer depuis, « l'Empereur, dépouillé de son commandement militaire, comme il l'avait été de son autorité politique, était une sorte de général en chef constitutionnel, marchant à la tête de l'armée sans la commander, et assistant aux opérations sans les diriger. »

Quel tableau digne de Shakespeare, — dit à ce propos un de nos publicistes les plus éminents, M. J.-J. Weiss, — quel tableau digne de Shakespeare que celui de ce souverain qui, après avoir été par deux fois, en 1856 et en 1859, l'arbitre des destinées de l'Europe, placé tout à coup sous la tutelle plutôt que sous la protection de son plus illustre lieutenant, moins encore soldat que prisonnier dans sa propre armée, témoin impuissant de marches qu'il déconseille, victime d'une politique qu'il n'a pas délibérée et de plans qu'on lui impose, est entraîné d'étape en étape, à travers l'invasion de son pays, vers de suprêmes désastres qu'il lui est défendu de conjurer ! Sa soumission à son ministère depuis le 9 août, celle de son ministère au Corps législatif et du Corps législatif à l'opposition de gauche, laquelle, en deux ou trois occasions particulièrement critiques des deux derniers mois de l'Empire, s'est laissé dominer elle-même on rougit de dire par qui, tout cela ne saurait être peint en termes trop saisissants. L'histoire n'offre pas un autre exemple d'un fondateur de dynastie, qui, sous la pression d'une opinion publique, aveugle contre elle-même, se soit abstenu avec un détachement aussi complet des événements où se décidait l'avenir de sa race.

Et telle était la situation faite à l'Empereur que, en cas de succès, le général en chef devait en avoir le mérite, et que, en cas de revers, il devait, au contraire, lui seul, en porter tout le poids !

Quelques écrivains blâment l'Empereur d'avoir fait le sacrifice de sa personne et de son autorité.

Quoique n'ayant absolument rien dirigé, dit l'auteur de *Sedan, ses causes et ses suites*, l'opinion publique a rendu l'Empereur responsable de tout. Ce verdict ne contient pas au fond toute la mesure d'inconséquence et d'injustice dont il semble empreint au premier abord.

Pour l'immense majorité de la nation, pour les sept millions et demi de citoyens qui l'avaient acclamé encore une fois trois mois avant la guerre, l'Empereur était le dépositaire réel et légal des pouvoirs publics ; on ne l'avait pas fait à peu près tout, pour qu'il ne fût à peu près rien ; et quelque réelle et grande que l'on supposât l'autorité constitutionnelle des ministres, les mœurs nouvelles, nées du suffrage universel, n'allaient pas jusqu'à concevoir et supporter l'idée d'un souverain marchant désarmé à la suite de ses propres généraux. Portant l'épée de Solférino, on voulait qu'il en portât aussi la couronne.

Il est responsable, non point de ce qu'il a fait, mais de ce qu'il n'a pas fait ; il est responsable de cet effacement qui le mit hors d'état d'accomplir les choses qu'il approuvait et d'empêcher celles qu'il désavouait...

A notre avis, ces reproches ne supportent pas un long examen. L'Empereur, devenu souverain constitutionnel, l'Empereur, dont l'autorité avait été affaiblie par les attaques de l'opposition, ne pouvait *imposer* sa volonté. Soutenir le contraire nous semble impossible.

Enfin, le camp de Châlons est levé. Suivons maintenant, dans sa marche périlleuse, cette armée qui, retardée par le mauvais temps, par de fausses dépêches et divers autres incidents, ne pourra gagner Metz et sera acculée dans Sedan, où elle subira l'épouvantable alternative d'être entièrement massacrée, ou de mettre bas les armes.

VI

MARCHES ET CONTRE-MARCHES

Ce fut le 21 août que l'armée se mit en marche. Du camp de Châlons le quartier-général fut transporté à Courcelles, près de Reims.

Les espions, dit M. Domenech, fourmillaient au campement de l'armée. Dans l'après-midi du 22, au moment où l'on faisait la distribution de la soupe, deux de ces honorables émissaires de M. de Bismark, voyant un général, pensèrent que c'était le maréchal Mac-Mahon, et lui tirèrent deux coups de revolver. Une balle se perdit en l'air, et l'autre alla frapper à la tempe un soldat du 52e de ligne. La Prusse, paraît-il, voulait faire assassiner le maréchal pour se débarrasser de lui ; du reste, les moyens employés par les Prussiens pour nous vaincre et nous réduire, ont toujours été marqués du sceau d'une dignité et d'une loyauté semblables.

Le 23, l'armée partit de Reims pour se diriger vers Metz. Mais, arrivé à Betheniville, le maréchal dut incliner à gauche, sur Rethel, pour se procurer des vivres. Ce n'était que le premier pas, et déjà les troupes étaient retardées dans leur marche. Il est bon que l'on sache que, au départ de Reims, des actes de pillage avaient été commis par les traînards et les déserteurs qui suivaient l'armée. Ajoutez à cela le mauvais temps qui rendait les chemins presque impraticables et mettait le soldat à une rude épreuve. Décidément, le destin nous était contraire ! Six jours durant on marcha dans la boue sous une pluie battante.

On arriva le 24 à Rethel et l'on dut y rester jusqu'au 26 pour y compléter les approvisionnements. C'était 24 heures perdues ! 24 heures dans un moment où le succès dépendait de la rapidité des mouvements, c'était en quelque sorte le gage de la victoire qui nous échappait !

En apprenant le mouvement de Mac-Mahon, l'armée du prince de Prusse, qui était parvenue à Vitry le-François, et celle du prince de Saxe, qui s'était avancée jusqu'à Clermont-en-Arragone, rétrogradèrent immédiatement en remontant vers le nord.

De Rethel, l'armée se dirigea sur Tourteron. Le 27, elle était au Chesne-Populeux.

Jusqu'ici, le Prince Impérial avait accompagné son Père et avait, par conséquent, suivi les mouvements de l'armée. En présence des dangers exceptionnels qui nous menaçaient, le maréchal insista pour que le Prince fût éloigné du théâtre de la guerre. L'Empereur fit partir son fils de Rethel pour Mézières, d'où il se rendit en Belgique après la capitulation de Sedan.

Au Chesne, le maréchal constata la présence de l'ennemi. En cet endroit, l'armée du prince de Saxe avait fait sa jonction avec celle du prince royal de Prusse, et leurs avant-gardes étaient déjà aux prises avec les corps des généraux de Failly et Douay. Le maréchal voyant l'ennemi le gagner de vitesse, résolut de reprendre la direction de l'ouest, et informa le gouvernement de sa détermination par la dépêche suivante :

Le Chesne, 17 août 1870, 8 h. 30 m. soir.

Les première et deuxième armées, plus de 200,000 hommes, bloquent Metz, principalement sur la rive gauche ; une force évaluée 50,000 hommes serait établie sur la rive droite de la Meuse pour gêner ma marche sur Metz. Des renseignements annoncent que l'armée du prince royal de Prusse se dirige aujourd'hui sur les Ardennes avec 50,000 hommes ; elle serait déjà à Ardeuil. Je suis au Chesne avec un peu plus de 100,000 hommes. Depuis le 9, je n'ai eu aucune nouvelle de Bazaine ; si je me porte à sa rencontre, je serai attaqué de front par une partie des 1re et 2e armées, qui, à la faveur des bois, peuvent dérober une force supérieure à la mienne, en même temps attaqué par l'armée du prince royal de Prusse me coupant toute ligne de retraite. Je me rapproche demain de Mézières, d'où je continuerai ma retraite, selon les événements, vers l'ouest.

En même temps qu'il expédiait cette dépêche, le maréchal donnait des ordres pour que l'armée reprît sa marche vers l'ouest. Mais le ministre, lui annonçant que Vinoy se dirigeait sur Reims, l'invita à se porter au secours de Bazaine et à s'en tenir au plan arrêté. Voici du reste le texte du télégramme qu'il lui expédia :

Paris, 27 août 1870, 11 h. soir.

Si vous abandonnez Bazaine, la révolution est dans Paris, et vous serez attaqué vous-même par toutes les forces ennemies. Contre le dehors, Paris se gardera. Les fortifications sont terminées. Il me paraît urgent que vous puissiez parvenir rapidement jusqu'à Bazaine. Ce n'est pas le prince royal de Prusse qui est à Châlons, mais un des princes frères du roi de Prusse, avec une avant-garde et des forces considérables de cavalerie. Je vous ai télégraphié ce matin deux renseignements qui indiquent que le prince royal de Prusse, sentant le danger auquel votre marche tournante expose et son armée et l'armée qui bloque Bazaine, aurait changé de direction et marcherait vers le nord. Vous avez au moins trente-six heures d'avance sur lui, peut-être quarante-huit heures. Vous n'aurez devant vous qu'une partie des forces qui bloquent Metz, et qui, vous voyant vous retirer de Châlons à Reims, s'étaient étendues vers l'Argonne. Votre mouvement sur Reims les avait trompées, comme le prince royal de Prusse. Ici, tout le monde a senti la nécessité de dégager Bazaine, et l'anxiété avec laquelle on vous suit est extrême.

Le maréchal obéit et reprit la direction de Metz.

Obligé de poursuivre son mouvement vers le nord-ouest, il atteignit Stonne le 28. Son intention était d'arriver à Stenay et de là à Montmédy; mais, apprenant que l'ennemi occupait la première de ces deux villes, il établit son quartier-général à Raucourt, afin de passer la Meuse à Mouzon.

Nous lisons dans les renseignements publiés par un officier de l'état-major général :

Tandis que, dans la matinée du 30 août, une partie de l'armée opérait le passage de la Meuse, déjà exécuté la veille au soir par le général Lebrun, les corps de Failly et de Douay, restés sur la rive gauche, en venaient aux prises vers Beaumont avec l'avant-garde de la grande armée prussienne. Le corps de Failly, vivement poussé par les troupes qui l'attaquaient, fit bonne contenance pendant plusieurs heures, mais il finit par être rejeté en désordre vers Mouzon. La brigade envoyée pour le soutenir fut entraînée dans la retraite. De son côté, le général Douay, arrivant à Remilly, dut traverser le passage étroit de la Meuse qui présentait les plus grandes difficultés ; le désordre se mit aussi dans ses troupes. Enfin, le corps du général Ducrot atteignit Carignan après une marche longue et pénible.

Pour la troisième fois, le maréchal de Mac-Mahon fut contraint de renoncer au projet d'aller au secours du maréchal Bazaine, et, dans la nuit du 30, les évènements de la journée lui ayant démontré l'impossibilité d'atteindre Montmédy, il donna l'ordre de se retirer sur Sedan...

L'Empereur, qui, le 30 au soir, se trouvait avec le corps du général Ducrot à Carignan où devait être le quartier général, reçut dans la soirée même la nouvelle du mouvement de retraite, et le conseil de la part du maréchal de Mac-Mahon de prendre le chemin de fer pour se rendre à Sedan. Rien n'était plus facile à l'Empereur de pousser jusqu'à Mézières, et de mettre ainsi sa personne à l'abri. On lui en fit la proposition ; il la repoussa, ne voulant pas se séparer de l'armée, et étant déterminé à partager son sort quel qu'il fût.

Nous trouvons dans l'*Histoire de la campagne de 1870*, écrite par M. Domenech, quelques détails sur les engagements qui eurent lieu le 29 et le 30. Et d'abord, constatons avec tristesse que le général de Failly se laissa surprendre à Beaumont. Ce général, auquel on reprochait certains actes de négligence ou d'impéritie, avait été remplacé, le 21 août, par le général de Wimpfen, mais il avait dû conserver son commandement jusqu'à l'arrivée de son successeur. Or, celui-ci, qui venait de la province d'Oran, ne put se trouver à son poste que pour assister, le 1er septembre, à la bataille de Sedan et y prendre une part qui, généralement, est regardée comme funeste. Le

30 août, le général de Failly était donc encore à la tête du 5ᵉ corps d'armée. Voici, maintenant, ce que nous lisons dans le livre de M. Domenech :

A trois heures de l'après-midi, — 29 août, — j'assistai à l'affaire de Belval-Bois-des-Dames, pendant laquelle le corps de Failly, surpris par les Prussiens, essuyait quelques pertes insignifiantes. Quoique cette rencontre ne fût pas sérieuse, elle indiquait néanmoins au commandant du 5ᵉ corps que, les allemands étant sur ses talons, il devait mieux se garder. . . . .
. . . .
Harassé par une longue marche dans la boue et des pluies incessantes, le corps de Failly arriva sous Beaumont dans la nuit du 29 au 30, après le combat de Belval-Bois-des-Dames. Les troupes furent campées au bas de la ville, dans un espace très restreint, entassées pour ainsi dire les unes sur les autres, dominées de tous côtés par un cercle de collines qui ne furent pas occupées, même par des sentinelles. .... Le lendemain matin, les soldats, par ordre supérieur ou sans ordre, je ne sais, se mirent à nettoyer leurs armes, d'autres allumèrent les feux pour la soupe.

Ici, M. Domenech rapporte que, vers dix heures et demie, tandis qu'il déjeunait chez M. Boquillon, maire, le général fut informé par un fermier que les Prussiens s'avançaient et qu'ils n'étaient plus qu'à trois quarts d'heure du village. Le général ne tint pas compte de ces renseignements ; il dut cruellement s'en repentir. Car, reprenant son récit, M. Domenech ajoute :

A midi moins cinq minutes, les Prussiens arrivèrent, dans la journée du 30, sur les hauteurs de Beaumont. En voyant nos soldats, la plupart en manche de chemise, aller à droite, à gauche, ne se souciant pas plus de l'ennemi que s'il n'existait pas, les Prussiens les prirent d'abord pour des paysans rassemblés à propos d'une foire ; mais, en s'approchant davantage, ils virent le camp, les fusils en faisceaux et les batteries reluire au soleil. Alors, ils firent pleuvoir sur ces malheureux, désarmés, une grêle d'obus qui éclataient au milieu de ces masses humaines et les foudroyaient impunément. Les bataillons trop serrés dans leur campement, ne pouvaient se déployer en ordre de bataille ; ils recevaient la mort sans pouvoir la donner et se retirèrent précipitamment vers Mouzon.
En passant sur les collines boisées de Beaumont, nos troupes virent les broussailles frémir et s'agiter comme au passage d'un troupeau de bêtes fauves ; des coups de sifflet résonnaient dans les taillis, comme lorsque le chasseur appelle ses chiens. C'était encore la mort qui planait dans les airs, qui planait dans les bois. Tout à coup, de nouveaux coups de feu retentissent sous le feuillage ; ils annoncent le carnage ; ils annoncent la tempête ; la voix imposante du canon excite l'ennemi caché qui se découvre enfin, noircit de ses multitudes l'herbe des vallons et vomit des torrents de feu, de fer, de plomb sur nos soldats qui tombent pour la patrie et meurent en criant : « Vive la France ! »
Tandis que le corps de Failly, maltraité de la sorte, arrivait à Mouzon, celui du général Douay se dirigeait sur Remilly, route de Sedan ; quant au corps du

général Lebrun, il suspendit sa marche en avant et protégea du feu de ses batteries la retraite de nos troupes...

La bataille continuait malgré l'obscurité, elle continuait à la lueur d'un incendie allumé par des obus prussiens, près du pont. Six ou sept fois, un capitaine d'artillerie, dont le nom m'échappe, commandant une batterie de mitrailleuses qu'il pointait lui-même, balaya le pont envahi par l'ennemi ; six ou sept fois les Prussiens revinrent à la charge et furent massacrés. C'est la bravoure de cet officier qui empêcha l'ennemi d'entrer ce soir à Mouzon et permit à nos troupes d'évacuer la ville sans être inquiétées.

Si le général de Failly, au lieu de se laisser surprendre d'une manière aussi coupable, avait occupé les hauteurs de Beaumont, comme il le devait, s'il avait avant midi, envoyé des courriers à Mouzon, annoncer le voisinage de l'ennemi et demander des secours, on aurait certainement battu l'armée saxonne et celle du prince royal de Prusse que nous avions devant nous.

Quoi qu'il en soit, l'armée se replia, et, pour masquer sa retraite, elle laissa quelques hommes à Mouzon chargés de défendre le pont.

Pendant la nuit du 30 au 31 août, le maréchal Mac-Mahon donna l'ordre de se retirer sur Sedan.

Après avoir marché toute la nuit, l'armée arriva autour de Sedan le 31 août, à sept heures du matin... Le lendemain de graves événements s'accomplissaient.

VII

BATAILLE DE SEDAN

La ville de Sedan est bâtie sur la rive droite de la Meuse, resserrée entre son château-fort et les bords de la rivière, elle occupe une bande de terre très-étroite, dominée par les fortifications et les hauteurs de la Garenne.

En face, sur la rive gauche, s'étend une longue chaîne de collines, jadis peu dangereuses pour la place, mais qui, depuis l'emploi des batteries à grande portée, en rendent la défense impossible ; celui qui les occupe, doit être en peu de temps, maître de la ville. Elles étaient au pouvoir des Prussiens dans la journée du 31 août.

En remontant la rivière, à une lieue de Sedan, se trouve le village de Bazeilles, et c'est dans la plaine qui s'étend entre la Meuse, ce village et Sedan qu'allait se livrer cette funeste bataille.

Du bois de la Garenne, qui touche la ville au nord, jusqu'à la frontière belge, éloignée de deux à trois lieues, le terrain est fort élevé, et à mi-chemin, se trouve le calvaire d'Illy, point culminant où le général Ducrot pensait qu'on aurait dû concentrer tous nos moyens de résistance.

Il s'y était fortement installé lorsque, dans la soirée du 31, il reçut l'ordre de se rapprocher de Bazeilles, où les zouaves, les chasseurs à pied et l'infanterie de marine s'étaient retranchés, après avoir, pendant vingt heures, arrêté les Prussiens au gué de Demazy.

A cinq heures du matin, par un brouillard épais, la bataille commence acharnée sur ce point; à six heures le maréchal Mac-Mahon est blessé et remet au général Ducrot le commandement en chef.

Au même instant, le général reçoit du maire de Villers-Cernay, village de l'extrême frontière, l'avis que des masses d'infanterie prussienne, profitant des chemins vicinaux si bien entretenus dans ces contrées industrielles, se dirigeaient sur Givonne et Illy pour tourner l'armée française et la séparer de la Belgique.

Jugeant qu'il n'y a pas une minute à perdre pour s'assurer de la forte position d'Illy, il donne l'ordre au général Lebrun de battre en retraite par son aile droite. Nos généraux et nos soldats qui, depuis le matin, luttaient, non sans succès, contre l'ennemi, se décident difficilement à faire ce mouvement, dont ils ne comprennent pas l'importance.

Il est à peine commencé que le général de Wimpfen, arrivé la veille d'Afrique, où il venait de remporter de brillants succès, fait signifier au général Ducrot que, en vertu d'un ordre que le ministre de la guerre lui a remis à son passage à Paris, c'est lui qui doit, en cas d'empêchement du maréchal, prendre le commandement.

Ducrot le lui cède et lui explique ses intentions.

Mais, totalement étranger au pays, le nouveau général en chef ne lui prête qu'une oreille distraite. Imbu des idées du ministre Palikao, qui veut qu'on aille dégager Bazaine, il songe à marcher en avant et donne l'ordre aux régiments qui venaient de quitter les bords de la rivière d'aller reprendre leurs positions.

Ces ordres et contre-ordres exaspèrent nos soldats. Ils sont massés, sans abri, au milieu de la vaste plaine qui s'étend sur la rive droite, de Bazeilles à Sedan, et les canons prussiens, placés sur les collines qui, pendant plus d'une lieue, de Remilly à la Marfée, dominent la rivière, dirigent sur nos troupes des feux plongeants et convergents, auxquels ne peut répondre notre artillerie, d'une trop faible portée. C'est une grêle de projectiles, un océan de feu, dans lequel disparaissent des files entières.

A Bazeilles, nos troupes d'élite, aidées par les héroïques habitants de cet infortuné village, opposent aux Bavarois une résistance désespérée. Enfin, elles cèdent au nombre et se replient en bon ordre sur Daigny et la Moncelle. L'ennemi les suit de près. Tout-à-coup, les nôtres font un retour offensif, acculent les Allemands dans le parc de Montvillers et démasquent une batterie de mitrailleuses qui, en quelques minutes, couche sur le flanc sept à huit mille Bavarois.

Mais d'autres divisions prussiennes s'avancent et il faut battre en retraite. Instinctivement, chaque corps cherche à se rapprocher de la ville et à se mettre à l'abri sous le canon de la place.

Vers 2 heures, le général de Wimpfen, voyant la bataille perdue, fait un appel suprême aux troupes qu'il a sous la main et tente sur Balan un effort désespéré... Toujours préoccupé des plans du ministre qui lui a donné l'ordre d'opérer sa jonction avec Bazaine, il veut faire une percée dans la direction de Metz... C'était tenter l'impossible, puisque les 30 lieues qui séparent les deux armées sont littéralement couvertes de Prussiens et de Saxons.

Redevenu général divisionnaire, Ducrot avait songé à sauver ses troupes et s'était dirigé vers le plateau d'Illy.

Mais, malgré ses ordres formels, cette position a été mal gardée, et la seule batterie de quatre qu'on y ait amenée a été démontée. Les Prussiens, venus de Carignan par Villers-Cernay, sont maîtres de Givonne, de la Chapelle et des routes qui conduisent en Belgique.

Un seul espoir lui reste, c'est de passer par St-Menges et Vrignes-au-Bois pour gagner Mézières. La Meuse le sépare de l'ennemi, elle protégera sa marche ; mais la fatalité, qui semble nous poursuivre depuis l'ouverture de la campagne, en a décidé autrement.

Le Prince royal, qui marchait sur Paris avec son armée, apprenant la tentative de Mac-Mahon, s'est mis à sa poursuite et à celle de Vinoy qui, avec un corps de 30,000 hommes, cherche à rejoindre le maréchal. Ces troupes ont doublé les étapes, et, après avoir surpris de Failly à Beaumont, le 30, prenant la corde de l'arc que décrit la rivière, elles se sont dirigées sur Mézières. Le 1er septembre, à onze heures du matin, elles arrivent à Donchery, petite ville située sur la Meuse à une lieue de Sedan dans la direction de Mézières, s'emparent du pont qui n'a pas été coupé et occupent la gare du chemin de fer. Les convois de vivres et de munitions, envoyés à nos troupes, sont obligés de rebrousser chemin, les Prussiens s'avancent jusqu'à la frontière belge et, faisant par le flanc droit, achèvent d'enfermer l'armée française dans un cercle de fer.

C'est en vain que le général Ducrot essaie de le briser. En vain il fait ouvrir le feu de ses batteries ; en vain, mettant lui-même l'épée à la main, il essaie de lancer les quelques bataillons qui lui restent sur les masses allemandes; tout est inutile. Alors, et comme ressource suprême, il fait charger sa cavalerie, composée de quelques escadrons de hussards et de chasseurs d'Afrique, débris des divisions Margueritte et Salignac-Fénelon. Entraînés par le général de Gallifet, qui les commande, ces braves cavaliers fournissent trois charges aussi héroïques, et hélas ! aussi infructueuses que celle de Reischoffen... Il faut céder et se retirer sur la place.

En rentrant à Sedan, le général Ducrot voit le drapeau blanc arboré sur les remparts... On traitait de la capitulation de la ville et de l'armée.

Avant de poursuivre, disons bien vite que toute résistance était impossible.

Nous avons sous les yeux une lettre écrite le 11 septembre 1870 à un de nos amis par son neveu qui habite Sedan. Cette lettre fait des horreurs de cette journée un récit saisissant. Voici comment elle se termine :

> L'après-midi, 60,000 Prussiens passaient la Meuse à Donchery et débordés par le nombre, nous étions cernés à 5 heures du soir. L'armée, n'obéissant plus à la voix de ses chefs, fit sa rentrée en ville, et, entassés chez nous comme des harengs dans une tonne, sans vivres et sans munitions, il n'y avait plus qu'à livrer 60,000 prisonniers ou 60,000 cadavres !

Si quelque chose pouvait consoler d'une aussi épouvantable catastrophe, c'est le chiffre des pertes de l'ennemi.

Les trois journées de Beaumont, Mouzon, Bazeilles et Sedan, 30, 31 août et 1ᵉʳ septembre, leur ont coûté plus de 30,000 hommes!

Pendant ce temps, que se passait-il à Metz ?.. A ce sujet, nous lisons dans le livre de M. Domenech :

> On se souvient qu'après la bataille du 18 août, le prince Frédéric-Charles et le général Steinmetz, ayant opéré leur jonction, notre armée de la Moselle, sous les ordres du maréchal Bazaine, se trouva définitivement bloquée sous les murs de Metz. Le 26 août, le maréchal parut tenter un effort pour dégager son armée, mais le déplorable effet du temps et l'état affreux des routes empêchèrent ce mouvement. Le 31, de très grand matin, le passage de la Moselle s'effectua sans trop de difficulté. Le village de Vanny fut enlevé à la baïonnette, et le 6ᵉ corps (maréchal Canrobert) se dirigea sur Charley et Maroy, afin d'occuper l'emplacement où s'était installé un vaste camp ennemi. Le 4ᵉ corps, (général Ladmirault) placé au centre, en face du fort Saint-Julien, appuya vigoureusement ce mouvement, occupa le village de Villers-L'Orme et se dirigea sur Sainte-Barbe, point fortifié par les Prussiens, et que le 3ᵉ corps (maréchal Lebœuf) devait attaquer par la droite.
>
> Le 2ᵉ corps restait en position en face de la porte des Allemands afin de parer

au péril qui pouvait résulter d'un mouvement tournant opéré par les troupes prussiennes. Le 3e corps, que le maréchal Lebœuf commandait depuis le 14 août, jour où le général Decaen reçut la blessure dont il est mort, enleva d'une façon admirable les bourgs de Noisseville et de Servigny, que les Allemands avaient pourvus de tranchées et de redoutes en terre. Un élan superbe animait toutes nos troupes, et, vers huit heures, lorsque la nuit éteignit les feux, les troupes françaises avaient considérablement avancé, sauf sur la gauche, où le maréchal Canrobert et le 6e corps n'étaient pas parvenus à couper les communications prussiennes sur la rive droite de la Moselle. Les Prussiens ont avoué, depuis, qu'une marche de nuit aurait certainement permis aux Français de franchir la ligne de circonvallation et d'aller donner la main, dès le lendemain soir, aux avant-postes de l'armée de Sedan.

Malheureusement, le maréchal Bazaine ordonna le repos pendant cette nuit du 31 au 1er, et alla lui-même coucher avec tout son état-major, au village de Saint-Julien sans prendre de suffisantes précautions pour conserver, pendant les heures suivantes, ses rapides conquêtes de la journée. A une heure du matin, les Prussiens attaquaient nos avant-postes peu vigilants, — comme de coutume — et regagnaient en trois heures tout le terrain perdu. Servigny et Noisseville retombaient en leur possession et ils plaçaient, en avant des bois de Charly, deux batteries qui réduisirent le 6e corps à abandonner, dès les dix heures du matin, le village de Vany et les terrains avoisinants.

Le maréchal Bazaine ordonna la retraite sur toute la ligne à midi, et retourna dans la maison qu'il occupait près du ban Saint-Martin. Depuis cette époque, le maréchal ne fit aucune tentative sérieuse pour franchir les lignes prussiennes...

Revenons à l'armée du maréchal de Mac-Mahon. Après quatorze heures d'une lutte héroïque, après avoir vu tomber 20 généraux, 2,000 officiers et 15,000 sous-officiers et soldats, cette armée avait été, de toutes parts, refoulée dans Sedan, où, cernée par 250,000 hommes et décimée par une formidable artillerie, il ne lui restait qu'à capituler ou à subir un massacre *inutile* en y exposant avec elle toute une population affolée.

La résistance, — dit l'auteur de *Sedan, ses causes et ses suites*, — la résistance était inutile au point de vue militaire : elle eût été atroce au point de vue du bon sens et de l'humanité. Si dans certains cas, une armée doit être sacrifiée pour le salut du pays, 80,000 hommes ne peuvent, dans aucun cas, être égorgés pour rien.

On capitula !!!

CAPITULATION DE SEDAN

I

La situation de l'armée dans Sedan était telle que toute résistance devenait impossible.

Ce fait ne saurait être mis en doute ; il est attesté même par le récit que le gouvernement de la Défense nationale fit publier le 8 septembre dans le *Journal officiel*, récit où, cependant, tout est combiné pour prêter à l'Empereur un rôle odieux. Néanmoins, il y est dit : « *A quatre heures, la résistance était devenue impossible.* »

IMPOSSIBLE ! entendez-vous.

Et l'on viendra maintenant qualifier de lâcheté et de trahison la capitulation de Sedan, comme si c'était une lâcheté et une trahison que de ne pas faire l'impossible ?

La capitulation était donc inévitable. Elle eut lieu.

On sait déjà par quelles circonstances douloureuses elle nous fut imposée. Il importe néanmoins de revenir sur cet acte, afin de rétablir complètement la vérité qui, sur ce point comme sur tant d'autres, a été impudemment dénaturée.

Avant, qu'on nous permette de dire ce que fut la conduite de l'Empereur dans cette journée.

Les renseignements que l'on va lire sont extraits de documents qui méritent toute créance, et parmi lesquels nous devons citer le récit d'un officier de l'état-major et la lettre adressée par M. le général Pajol à un de ses amis. Cette lettre, publiée le 22 juillet 1871 par le *Moniteur*, se termine ainsi : « Ne voulant dire que la vérité, je n'ai dit que ce que j'ai vu. » Cela posé, abordons notre sujet.

L'action s'engagea du côté de Bazeilles, vers cinq heures du matin. Le maréchal fit prévenir l'Empereur, qui monta à cheval et accourut immédiatement sur le champ de bataille.

Entre Balan et Bazeilles, Napoléon III rencontra le maréchal qu'on emportait grièvement blessé d'un éclat d'obus à la hanche ; quelques paroles furent échangées entre eux.

L'Empereur arriva sous les feux de l'ennemi un peu en avant du village de Balan où il trouva l'infanterie de marine qui, aux prises avec la garde royale prussienne et un corps bavarois, faisait des prodiges de valeur et conservait ses positions.

L'Empereur s'arrêta au milieu de cette troupe.

Voyant que les obus et les balles pleuvaient de tous les côtés à la fois, il ordonna au groupe d'officiers qui l'accompagnait de rester auprès d'un bataillon de chasseurs à pied, qui, abrité derrière un mur, attendait le moment d'entrer en ligne.

Délivré de son escorte, qui attirait trop l'attention de l'ennemi placé fort près, et voulant voir par lui-même les positions, l'Empereur s'avança plus en avant, accompagné du général Pajol, son aide-de-camp, du capitaine d'Hendecourt, son officier d'ordonnance, de M. Davilliers, son premier écuyer, et du docteur Corvisart, son médecin. Puis, il se dirigea sur un point culminant où étaient les batteries du commandant St-Aulaire et y demeura pendant près d'une heure au milieu d'une grêle de projectiles ennemis.

Le maréchal, blessé à 6 heures du matin, avait fait appeler le général Ducrot pour lui remettre le commandement. Celui-ci, pour ne pas s'exposer au danger d'un mouvement tournant et conserver en même temps la seule ligne de retraite qui nous restât, la route de Mézières, prit de nouvelles dispositions dont l'excellent effet ne tarda pas à se dessiner.

Sur ces entrefaites, le général de Wimpfen vint réclamer le commandement en chef, en vertu d'une lettre de service signée du ministre de la guerre. Le général Ducrot remit aussitôt la direction du combat au général Wimpfen, en lui expliquant les dispositions qu'il avait prescrites et les motifs qui l'avaient guidé; mais celui-ci n'en tint pas compte.

Peu de temps après, l'infanterie de marine qui se battait héroïquement à Bazeilles, reçut l'ordre de se retirer.

Etonné de ce mouvement, qu'il ne comprenait pas, l'Empereur envoya le capitaine d'Hendecourt en demander la raison. Le capitaine ne revint pas ; il avait été emporté par un obus ou par un boulet!

L'Empereur, dit le général Pajol, désirant gagner les hauteurs plus éloignées qui semblaient être la clé de la position, fit rappeler son état-major, et nous descendîmes dans le fond de Givonne où nous rencontrâmes le général Goze et sa division. Un officier de chasseurs à pied, dont je regrette de ne pas savoir le nom, s'approcha de Sa Majesté et lui dit :

« Sire, je suis du pays, je le connais parfaitement; si on laisse tourner le bois « de la Garenne, l'armée sera entourée et se trouvera dans une position des plus « critiques. »

Sa Majesté allait envoyer un officier de son état-major porter au général en chef ces renseignements importants et qui justifiaient bien les craintes du général Ducrot, lorsque, dans le chemin creux qui conduit à Givonne, il rencontra le général de Wimpfen auquel il rapporta les paroles de l'officier de chasseurs.

« Que Votre Majesté ne s'inquiète pas ; dans deux heures, je les aurai jetés « dans la Meuse ! »

Telle fut la réponse textuelle faite à l'Empereur par le général de Wimpfen.

Mais bientôt la scène s'assombrit, et toute confiance dans le succès dut disparaître.

Citons encore le passage suivant de la lettre du général Pajol :

Le terrain occupé par l'Empereur et son état-major était labouré, à chaque instant, par les obus venant de toutes les directions. Des troupes se concentraient déjà dans les ravins qui entourent la ville, et les chemins qui y aboutissent étaient encombrés de voitures du train et d'artillerie, de régiments de cavalerie ; tout ce monde espérait se placer en dehors des atteintes du feu et, au contraire, le plus grand nombre tombait sous ses ravages.

Le changement opéré dans les ordres donnés le matin portait ses fruits. A une heure un effondrement se produisit entre le 1er et le 5e corps, les généraux essayèrent de rétablir l'ordre de bataille en se portant en avant ; tout fut inutile ; les troupes se rabattirent sur Sedan dans un tel désordre, que le commandant du 12e corps envoya l'ordre de fermer, sur le champ, les portes de la ville. Précaution inutile, car les soldats montaient sur les remparts avec des cordes et des échelles qui leur étaient tendues de l'intérieur.

Mais reprenons ici notre récit :

Continuant son mouvement circulaire autour de Sedan, l'Empereur se porta de Givonne sur les hauteurs à gauche des bois de la Garenne. Il voulait pousser encore plus avant, lorsque les lignes d'infanterie, qui descendaient en se retirant vers la place, l'en empêchèrent. Les projectiles pleuvaient toujours autour de lui. Un obus vint tomber près du général de Courson, un autre près du capitaine Trecesson, officiers attachés à l'Empereur. Leurs chevaux se cabrèrent, et tous deux, en tombant, furent assez grièvement blessés.

Napoléon III était depuis les cinq heures sur le champ de bataille, ayant parcouru le demi-cercle des hauteurs qui enveloppent Sedan du sud au nord, entre Balan et les bois de la Garenne, lorsque, voyant qu'aucune direction ne semblait présider aux différents mouvements des troupes, et ne pouvant se dissimuler la mauvaise tournure que prenaient les affaires, il résolut de retourner en ville, pour aller conférer avec le maréchal Mac-Mahon sur les mesures à prendre.

Au moment où il traversait le pont établi sur la Meuse, dont le cours divise la ville en deux, un obus éclata devant la tête de son cheval. Napoléon continua sa route sans s'émouvoir. Le prince de la Moskowa, qui était à ses côtés, tomba sous son cheval qui s'était abattu par la force de l'explosion.

sur le pont, dit le général Pajol, un obus éclata à deux pas de l'Empereur et tua deux chevaux à côté de lui ; il est extraordinaire qu'il n'ait pas été tué là !

Après s'être entretenu avec le maréchal, l'Empereur revint à la sous-préfecture où il s'était établi la veille ; mais il ordonna que les chevaux fussent tenus prêts, voulant revenir promptement sur le champ de bataille. Malheureusement, les actes successifs du drame se déroulaient avec une effrayante rapidité ; et il y avait à peine une demi-heure que l'Empereur était rentré en ville que les rues s'encombraient d'hommes, de chevaux, de voitures obstruant tous les passages et toutes les issues.

Impatienté d'une immobilité que les circonstances rendaient douloureuse et fébrile, l'Empereur envoya plusieurs officiers pour explorer les points par lesquels il serait possible de sortir et de rejoindre l'armée. Quoiqu'à pied et se faufilant entre les chevaux et les voitures, ces officiers ne parvinrent, à grand'peine, les uns, que jusqu'à la citadelle, les autres, que jusqu'à la place de Turenne.

Vers trois heures et demie, le général de Wimpfen envoya un officier proposer à l'Empereur de se placer au milieu d'une colonne qui essaierait de se faire jour à travers l'ennemi vers Carignan. L'Empereur, qui avait reconnu l'impossibilité de sortir à cheval de la ville, fit répondre qu'il ne pouvait aller rejoindre le général, que, d'ailleurs, il n'entendait pas, pour sauver sa personne, sacrifier la vie d'un grand nombre de soldats, et qu'il était décidé à partager le sort de l'armée.

La proposition du général de Wimpfen, comme l'événement l'a prouvé, n'avait aucune chance de réussite. Celui-ci voulut faire une tentative désespérée, mais il ne put pas rassembler plus de 2,000 hommes ; après s'être avancé de trois cents pas, il reconnut lui-même l'impossibilité de poursuivre et fut forcé de rentrer dans la place.

C'est alors que les commandants des corps d'armée vinrent annoncer à l'Empereur que leurs troupes, après avoir supporté pendant près de douze heures un combat inégal, exténuées de fatigue et de faim, ne pouvaient plus apporter une résistance sérieuse.

En effet, les soldats pressés contre les murs, jetés dans les fossés, étaient décimés par l'artillerie ; la place elle-même, encombrée de débris de tous les corps, était bombardée de tous les côtés.

Les projectiles mettaient le feu dans les maisons et venaient frapper les blessés qu'on y avait recueillis. La grande caserne, convertie en hôpital et sur le toit de laquelle flottait le drapeau à croix rouge, n'était pas épargnée, et hommes et chevaux, entassés dans la cour, étaient continuellement atteints. Parmi les officiers et les soldats, plusieurs trouvèrent la mort dans les rues balayées par les batteries ennemies, entre autres deux généraux.

L'Empereur essaya alors de faire parvenir au général de Wimpfen le conseil de demander un armistice, car chaque moment de retard augmentait le nombre des victimes. Ne recevant aucune nouvelle du général, à la vue de tant de sang versé inutilement, dans cette position désespérée, il fit arborer le drapeau blanc sur la citadelle.

Dans le même temps, le roi de Prusse dépêchait un officier à Sedan pour demander qu'on rendît la place. L'Empereur, dessaisi du commandement de l'armée, en référa au général de Wimpfen. Celui-ci, envisageant toute la gravité des circonstances, et ne voulant prendre sur lui la capitulation, envoya sa démission qui ne fut pas acceptée.

Dans l'espoir que le vainqueur serait moins exigeant envers la France et l'armée, l'Empereur n'hésita pas à se déclarer prisonnier, et, par un de ses officiers, il adressa au roi la réponse suivante :

« Monsieur mon frère,

« N'ayant pu mourir au milieu de mes troupes, il ne me
« reste qu'à remettre mon épée entre les mains de Votre
« Majesté.

« Je suis de Votre Majesté,
   « Le bon frère,
      « NAPOLÉON. »

Le roi répondit :

« Monsieur mon frère,

« En regrettant les circonstances dans lesquelles nous
« nous rencontrons, j'accepte l'épée de Votre Majesté, et je
« la prie de bien vouloir nommer un de vos officiers muni
« de vos pleins pouvoirs pour traiter de la capitulation de
« l'armée, qui s'est si bravement battue sous vos ordres. De
« mon côté, j'ai désigné le général de Moltke à cet effet.

« Je suis de Votre Majesté,
   « Le bon frère,
      « GUILLAUME.

« Devant Sedan, le 1ᵉʳ septembre 1870. »

Le général de Wimpfen se rendit au quartier-général prussien afin d'y discuter les termes de la capitulation.

En faisant arborer le drapeau parlementaire, l'Empereur prenait seulement l'initiative d'une suspension d'armes, pour épargner le sang des soldats et des habitants de Sedan qui était inutilement versé.

Ce qui le prouve, c'est que, dans le cours des négociations, le général de Wimpfen manifesta l'intention de reprendre les hostilités, ainsi que l'établit une note du capitaine d'Orcet, du 4° cuirassiers, qui assistait à la séance, note que contient le livre du général Ducrot, et dans laquelle on lit :

Le général de WIMPFEN. — Je désirerais connaître les conditions de capitulation que S. M. le roi de Prusse est dans l'intention de nous accorder.

Le général de MOLTKE. — Elles sont bien simples : L'armée tout entière est prisonnière, avec armes et bagages ; on laissera aux officiers leurs armes comme un témoignage d'estime pour leur courage, mais ils seront prisonniers de guerre comme la troupe.

Le général de WIMPFEN. — ... Si vous ne pouvez m'accorder de meilleures conditions, je ne puis accepter celles que vous voulez m'imposer. *Je ferai appel à mon armée*, à son honneur, et je parviendrai à *faire une trouée, ou je me défendrai dans Sedan.*

Le général de MOLTKE. — ... Quant à tenter une sortie, cela vous est aussi impossible que de vous défendre dans Sedan... Il ne vous reste actuellement pas plus de 80,000 hommes. Ce n'est pas dans de pareilles conditions que vous pourrez percer nos lignes, car sachez que j'ai autour de vous actuellement encore 240,000 hommes et 500 bouches à feu dont 300 sont déjà en position pour tirer sur Sedan. Les 200 autres y seront demain au point du jour. Si vous voulez vous en assurer, je puis faire conduire un de vos officiers dans les différentes positions qu'occupent mes troupes, et il pourra témoigner de l'exactitude de ce que je dis. Quant à vous défendre dans Sedan, cela vous est tout aussi impossible ; vous n'avez pas pour quatre heures de vivres et vous n'avez plus de munitions.

Le général de WIMPFEN. — Je crois qu'il est de votre intérêt, même au point de vue politique, de nous accorder la capitulation honorable à laquelle a droit l'armée que j'ai l'honneur de commander. Vous allez faire la paix, et sans doute vous désirez la faire bientôt : plus que tout autre, la nation française est généreuse et chevaleresque, et par conséquent sensible à la générosité qu'on lui témoigne, et reconnaissante des égards qu'on a pour elle. Si vous nous accordez des conditions qui puissent flatter l'amour-propre de l'armée, le pays en sera également flatté, cela diminuera aux yeux de la nation l'amertume de la défaite, et une paix conclue sous de pareils auspices aura chance d'être durable, car vos procédés généreux auront ouvert la porte à un retour vers des sentiments réciproquement amicaux, tels qu'ils doivent exister entre deux grandes nations voisines, et tels que vous devez les désirer...

M. DE BISMARK. — Votre argumentation, général, paraît au premier abord sérieuse, mais elle n'est au fond que spécieuse et ne peut soutenir la discussion. Il faut croire en général fort peu à la reconnaissance, et en particulier nullement à celle d'un peuple ; on peut croire à la reconnaissance d'un souverain ; à la rigueur, à celle de sa famille ; on peut même en quelques circonstances, y ajouter une foi entière, mais je le répète, il n'y a rien à attendre de la reconnaissance d'une nation. Si le peuple français était un peuple comme les autres, si, comme le nôtre, il avait le culte et le respect de ses institutions, s'il avait un souverain établi sur le trône d'une façon stable, nous pourrions croire à la gratitude de l'Empereur et à celle de son fils, et attacher un prix à cette gratitude, mais en France, depuis quatre-vingts ans, les gouvernements ont été si peu durables, si multipliés, ils ont changé avec une rapidité si étrange et si en dehors de toute prévision, que l'on ne peut compter sur rien de votre pays, et que fonder des espérances sur l'amitié d'un souverain français serait, de la part d'une nation voisine, un acte de démence, *ce serait vouloir bâtir en air*.

Et, d'ailleurs, ce serait folie de s'imaginer que la France pourrait nous pardonner nos succès ; vous êtes un peuple irritable, envieux et orgueilleux à l'excès….

Le général DE WIMPFEN. — Votre Excellence se trompe dans le jugement qu'elle porte sur la nation française : vous en êtes resté à ce qu'elle était en 1815, et vous la jugez d'après les vers de quelques poètes ou les écrits de quelques journaux. Aujourd'hui les Français sont bien différents : grâce à la prospérité de l'Empire, tous les esprits sont tournés à la spéculation, aux affaires, aux arts ; chacun cherche à augmenter la somme de son bien-être et de ses jouissances, et songe bien plus à ses intérêts particuliers qu'à la gloire. On est tout prêt à proclamer en France la fraternité des peuples. Voyez l'Angleterre ! Cette haine séculaire qui divisait la France et l'Angleterre, qu'est-elle devenue ! Les Anglais ne sont-ils pas aujourd'hui nos meilleurs amis ? Il en sera de même pour l'Allemagne si vous vous montrez généreux, si des rigueurs intempestives ne viennent pas ranimer des passions éteintes….

M. de BISMARK. — Je vous arrête ici, général ; mais la France n'est pas changée, c'est elle qui a voulu la guerre, et c'est pour flatter cette manie populaire de la gloire, dans un intérêt dynastique, que l'Empereur Napoléon III est venu nous provoquer ; nous savons bien que la partie raisonnable et saine de la France ne poussait pas à la guerre ; néanmoins elle en a accueilli l'idée volontiers ; nous savons bien que ce n'était pas l'armée non plus qui nous était le plus hostile ; mais la partie de la France qui poussait à la guerre, c'est celle qui fait et défait les gouvernements. Chez vous c'est la populace, ce sont aussi les journalistes (et il appuie sur ce mot), ce sont ceux-là que nous voulons punir ; il faut pour cela que nous allions à Paris. Qui sait ce qui va se passer ? Peut-être se formera-t-il chez vous un de ces gouvernements qui ne respectent rien, qui fait des lois à sa guise, qui ne reconnaîtra pas la capitulation que vous aurez signée pour l'armée, qui forcera peut-être les officiers à violer les promesses qu'ils nous auraient faites, car on voudra, sans doute, se défendre à tout prix. Nous savons bien qu'en France on forme vite des soldats ; mais de jeunes soldats ne valent pas des soldats aguerris, et d'ailleurs, ce qu'on n'improvise pas, c'est un corps d'officiers, ce sont même les sous-officiers. Nous voulons la paix, mais une paix durable, et dans les conditions que je vous ai déjà dites ; pour cela, il faut que nous mettions la France dans l'impossibilité de nous résister. Le sort des batailles nous a livré les meilleurs soldats, les meilleurs officiers de l'armée française ; les mettre gratuitement en liberté pour nous exposer à les voir de nouveau marcher contre nous serait folie ; ce serait prolonger la guerre, et l'intérêt de nos peuples s'y oppose...

Le général DE WIMPFEN. — Eh bien, il m'est également impossible à moi de signer une telle capitulation ; nous recommencerons la bataille.

Le général DE MOLTKE. — La trêve expire demain à quatre heures du matin. A quatre heures précises, j'ouvrirai le feu....

Le général DE WIMPFEN. — ... Pourtant, vous devez bien comprendre que je ne puis prendre seul une telle décision ; il faut que je consulte mes collègues ; je ne sais où les trouver tous à cette heure dans Sedan. Il est donc indispensable que vous m'accordiez une prolongation de trêve.

M. de Bismark s'étant penché vers M. de Moltke et lui ayant murmuré quelques mots à l'oreille, celui-ci dit au général de Wimpfen qu'il consentait à lui accorder jusqu'à neuf heures mais que ce serait la dernière limite.

La conférence est terminée ou à peu près.

Ainsi, l'acte par lequel l'Empereur avait fait arborer le drapeau parlementaire avait eu pour but unique : *une suspension d'armes.*

Cet acte, l'Empereur en a hautement revendiqué la responsabilité dans une lettre récemment adressée aux généraux commandant les corps d'armée à Sedan, à propos du rapport de la commission d'enquête qui a infligé un blâme au général de Wimpfen comme ayant « fait preuve de conceptions trop peu plausibles ou trop peu » justifiées pour ne pas avoir une grande partie de responsabilité des » funestes événements qui amenèrent la capitulation. » Cette lettre est ainsi conçue :

« *A MM. les généraux commandants des corps d'armée*
« *à Sedan.*

« Général, responsable devant le pays, par les constitu-
« tions de l'Empire, je n'accepte de jugement que celui que
« prononcerait la nation régulièrement consultée. Aussi
« n'ai-je point à apprécier le rapport de la commission
« d'enquête sur la capitulation de Sedan ; je me borne à
« rappeler aux principaux témoins de cette catastrophe la
« position critique dans laquelle nous nous trouvions.

« L'armée, commandée par le duc de Magenta, a
« noblement fait son devoir, elle a lutté héroïquement
« contre un ennemi deux fois plus nombreux ; lorsqu'elle
« fut repoussée contre les murs de la ville et dans la ville
« elle-même, 14,000 morts et blessés couvraient le champ

« de bataille sur lequel je l'ai vue combattre. La position
« était désespérée.

« L'honneur de l'armée se trouvant sauvegardé par la
« bravoure qu'elle avait déployée, j'exerçai alors mon droit
« de Souverain en donnant l'ordre d'arborer le drapeau
« parlementaire, et je revendique hautement la responsabilité
« de cet acte. L'immolation de 60,000 hommes ne pouvait
« sauver la France, le sublime dévouement des chefs et
« des soldats eût été un sacrifice inutile.

« Nous avons donc obéi à une cruelle, mais inexorable
« nécessité ; elle a brisé mon cœur, mais laissé ma conscience
« tranquille.

« Croyez, général, à tous mes sentiments.

« NAPOLÉON.

« Camden Place, 12 mai 1872. »

Est-il besoin de justifier l'acte de l'Empereur ? Cet acte lui était imposé et par la raison et par l'humanité.

En effet, chaque heure de retard coûtait des milliers d'hommes.

Les Prussiens, dit un écrivain, entouraient Sedan de 230,000 hommes ; ils avaient braqué, sur les hauteurs qui dominent cette petite place, 500 pièces de canon, avec lesquelles, ils pouvaient, sans danger, foudroyer les 75,000 français qui s'y trouvaient acculés.

Le correspondant de l'*Opinion nationale* écrivait à ce journal :

Nos soldats s'entassaient dans les rues, sur les places, tellement serrés que, si on eût jeté une pierre en l'air, elle ne serait pas retombée à terre.

D'après le correspondant du *Times*, nos troupes auraient été « réduites en marmelade de chair humaine dont l'horreur aurait été sans exemple dans l'histoire. »

Enfin, nous lisons dans *La vérité sur la campagne de 1870* :

Le conseil municipal, au nom de la population, implorait la cessation du feu.

C'est dans ces circonstances que l'Empereur ordonna de hisser sur la citadelle le drapeau blanc pour suspendre le massacre et donner le temps aux chefs de l'armée de délibérer sur le parti qui restait à prendre.

D'un autre côté, en écrivant au roi de Prusse, l'Empereur n'avait disposé que de sa personne ainsi que cela résulte de la note du capitaine d'Orcet, dans laquelle on lit encore :

. . . .

Le général Castelneau prenant la parole dit d'une voix hésitante : « L'Empereur
« m'a chargé de faire remarquer à S. M. le roi de Prusse, qu'il lui avait envoyé
« son épée sans condition et s'était *personnellement* rendu absolument à sa
« merci, mais qu'il n'avait agi ainsi que dans l'espérance que le roi serait tou-
« ché d'un si complet abandon, qu'il saurait l'apprécier, et qu'en cette considé-
« ration il voudra bien accorder à l'armée française une capitulation plus
« honorable et telle qu'elle y a droit par son courage. »
« Mais, — demanda M. de Bismark, — quelle est l'épée qu'a rendue l'Empe-
« reur Napoléon III ? *Est-ce l'épée de la France* ou *son épée à lui ?* Si c'est celle
« de la France, les conditions peuvent être singulièrement modifiées et votre
« message aurait un caractère des plus graves. »
« C'est seulement l'*épée de l'Empereur*, » reprit le général Castelneau.
En ce cas, reprit en hâte et presqu'avec joie le général de Moltke, cela ne change rien aux conditions.

On a reproché à l'Empereur de n'avoir pas fait une trouée dans les rangs de l'ennemi. Cette tentative était impraticable ; nous le démontrerons plus loin.

Au retour de son entrevue avec MM. de Moltke et de Bismark, le général de Wimpfen réunit, sous sa présidence, un conseil de guerre composé de trente officiers généraux.

A l'UNANIMITÉ MOINS DEUX VOIX, ce conseil reconnut que la capitulation était inévitable. Le général se rendit au quartier-général allemand, discuta la capitulation et la signa en personne le 2 septembre à 10 heures du matin.

Par sa décision, le conseil de guerre n'avait fait que se rendre au vœu général.

Devant la certitude d'une ruine absolue, irrémédiable, dit le correspondant du *Temps*, le vœu général était qu'on se rendit.

Dans sa proclamation, le général de Wimpfen s'exprimait ainsi :

Reprendre les armes, c'eût été sacrifier, en pure perte, de braves soldats susceptibles de rendre encore dans l'avenir de bons et brillants services à la patrie.

Ce sont eux, en effet, qui, quelques mois plus tard, ont sauvé Paris et la France des horreurs de la Commune !

II

Sedan, a dit le maréchal de Mac-Mahon, a été « un grand *malheur*, mais non un *déshonneur*. »

Notre armée, en effet, y a vaillamment combattu, tant qu'elle n'a pas été réduite à l'impuissance par des forces quatre fois supérieures en nombre. Quant à l'Empereur, donnant à tous l'exemple du plus ferme courage et cherchant à se faire tuer pour ne pas survivre à notre défaite, peut-on dire qu'il n'a pas été digne de son rang et de son nom?

On a prétendu que Napoléon III aurait dû se frayer un passage à travers l'ennemi. Ce passage, le général de Wimpfen a essayé de se l'ouvrir, et déjà l'on a vu qu'il avait échoué dans cette tentative.

Les trouées à la baïonnette, dit M. Giraudeau, ne sont plus, ne peuvent plus être qu'un souvenir historique. Oui, jadis une colonne, même un régiment bien résolus, en laissant le quart, la moitié des leurs, avaient quelque chance de traverser des masses ennemies ; jadis on faisait taire une batterie en se précipitant dessus à l'arme blanche. Alors, les canons avaient une portée de 600 mètres et l'on pouvait franchir cet espace au pas de course : mais aujourd'hui les boulets arrivent le plus souvent de 3 ou 4,000 mètres. Les batteries qui les lancent sont si loin qu'on ne peut les apercevoir. Arriver jusqu'à elles est impossible. Le régiment qui le tenterait serait anéanti avant d'avoir fait la moitié de la course. Et quand les boulets le respecteraient, ses forces mêmes le trahiraient avant le but. Nos soldats le savaient bien. Aussi ne répondirent-ils point à l'appel désespéré de leurs officiers. Le général de Wimpfen essaya lui-même d'entraîner quelques régiments, sinon pour passer avec eux, du moins pour tomber à leur tête. Il ne put réunir que 2,000 hommes ; il les mena jusqu'au village de Balan; malgré son exemple, malgré ses instances, il ne parvint pas à le leur faire dépasser.

Voici, du reste, en quels termes le général de Wimpfen s'exprime dans son rapport sur la bataille de Sedan, en date du 5 septembre :

Je rentrai en ville pour appeler à moi toutes les troupes qui s'y trouvaient accumulées ; mais, soit fatigue provenant d'une lutte de douze heures sans prendre de nourriture, soit instructions mal comprises, soit ignorance des suites dangereuses que pouvait avoir leur agglomération dans une ville impropre à la défense, peu d'hommes répondirent à mon appel ; et c'est avec 2,000 soldats seulement, auxquels se joignirent quelques gardes mobiles et un certain nombre de courageux habitants de la ville de Sedan, que je chassai l'ennemi du village de Balan.

Ce fut le dernier effort de la lutte, l'effectif de ces hommes étant trop peu considérable pour tenter la seule retraite qui fût possible, eu égard à la disposition des forces ennemies.

Et dans une lettre au journal *La Province* :

Je n'ai eu pour ces hommes, que je conjurais de retourner au combat, aucune parole malveillante; ILS ÉTAIENT EXCUSABLES; ils avaient eu 20 généraux tués ou blessés, en même temps que 2,000 officiers et 15,000 soldats de tous grades. Ils avaient combattu depuis quatre heures et demie du matin 65,000 contre 220,000 !

L'auteur des *Causes de nos désastres*, animé envers l'Empereur d'un esprit d'hostilité poussé jusqu'à l'invective, tient le langage que voici :

TENTER DE S'OUVRIR UN PASSAGE, avec les éléments décomposés de notre armée, N'ÉTAIT AUTRE CHOSE QU'UNE GLORIEUSE FOLIE.

Cette *glorieuse folie*, l'Empereur n'avait pas même les moyens matériels de l'accepter.

Rentré du champ de bataille vers onze heures, pour venir conférer avec le maréchal blessé, il lui avait été impossible de sortir de nouveau de la ville à cheval, pour se rendre encore, comme il le voulait, sur le théâtre de la lutte. L'officier qui était venu lui proposer de se placer au milieu de la colonne, ne put pas même rejoindre le général de Wimpfen, car il y avait un tel encombrement d'hommes, de chevaux et de canons, qu'il était impossible de sortir de Sedan. Mais l'Empereur eût-il pu se mettre en route qu'il ne l'aurait pas voulu.

Il fit répondre au général de Wimpfen que, pour sauver sa personne, il n'entendait pas sacrifier la vie d'un grand nombre de soldats. Ce refus était dicté par un sentiment d'humanité et d'abnégation qui n'a pas besoin d'être commenté. Qu'il suffise seulement de songer aux imprécations qui se seraient élevées contre l'Empereur si, dans une situation aussi désespérée, il eût essayé de sacrifier à son propre salut quelques milliers d'hommes ?

On ne fait pas massacrer inutilement 60,000 Français. On ne commande pas de sang-froid un pareil acte de férocité. Si l'Empereur eût commis cet acte, qu'aurait-on dit ? Comment ! il n'a pas reculé devant un pareil massacre ! Il a préféré à la précieuse existence de nos soldats le soin de son misérable honneur ! Il n'a pas voulu qu'on pût dire qu'un Napoléon avait rendu son épée ! Que sur lui retombe le sang de nos enfants et de nos frères inutilement égorgés !.. Et l'on aurait eu raison ! car il n'est pas permis de faire tuer 60,000 hommes pour soi seul et pour son honneur.

L'Empereur ne pouvait ni ne devait essayer de pratiquer une trouée.

Metz et Paris, — Paris surtout, — ont laissé loin derrière eux Sedan. Et cependant, on ne cherche à flétrir que Sedan ! C'est que l'esprit de parti qui ne respecte ni la vérité ni la justice, a besoin, pour assouvir sa haine et favoriser ses projets ambitieux, de recourir à ces moyens honteux qu'on appelle : l'injure et la calomnie. La France ne s'y laissera pas prendre et l'histoire les jugera sévèrement.

Nous venons de voir, dit un écrivain, ce que fut Sedan au dernier acte de la bataille : une armée épuisée, dont toutes les positions avaient été prises, dont les lignes avaient été forcées, se trouvait acculée, entassée, en désordre, comme étranglée.

Et cette trouée, cette fameuse trouée que tant de plumitifs héroïques reprochent à l'armée de Sedan de n'avoir pas faite, les défenseurs de Paris l'ont ils faite, eux ? Ont-ils forcé sur un seul point cette ligne, si faible dans son développement de vingt lieues ?

Qu'était Sedan ? Placé au fond d'un entonnoir, sous le feu de cinq cent pièces de canon, il pouvait être détruit en deux heures.

Qu'était-ce que Paris ? Nous n'énumérerons pas ses immenses ressources ; nous ne rappellerons point sa vaste circonférence qui paraissait nécessiter, pour être investie, un million d'hommes ; nous ne rappellerons point que sa population vaillante et stoïque était prête à tous les dévouements et à toutes les audaces ; constatons seulement que Paris avait au plus bas compte SIX CENT MILLE baïonnettes.

Eh bien, cette ville puissante, protégée par vingt-cinq forts, par deux grands cours d'eau, par une ceinture de hauteurs redoutables, armée de SIX CENT MILLE baïonnettes, a été, dès le premier jour, tenue étroitement captive par une armée qui, pendant un mois, n'a pas compté DEUX CENT MILLE hommes. Les assiégés étaient relativement aux assiégeants dans la proportion sans exemple de 3 à 1. A Sedan, au contraire, les assiégés étaient dans la proportion de 1 à 4.

Que l'on dise maintenant où fut la honte ?

Revenons à notre sujet.

L'Empereur ne pouvait donc faire autre chose que ce qu'il a fait. Mais les hommes, qui assirent sur les désastres de Sedan leur avide usurpation, avaient besoin d'égarer l'opinion publique, et, de tous les bas-fonds de leurs partis et de leurs journaux, il s'éleva contre l'Empereur une immense accusation de lâcheté ! L'auteur de *Sedan, ses causes et ses suites*, relève cette petite infamie dans les termes que voici :

Le parti qui usurpa le pouvoir le 4 septembre poussa l'outrage contre l'Empereur jusqu'à l'aveuglement le plus manifeste, car il osa l'accuser d'avoir montré de la lâcheté à Sedan. Ce parti oubliait qu'il venait de trembler devant l'Empereur pendant dix-huit années, et qu'il avait suffi à Napoléon III pendant les plus vives émotions de Paris, de montrer, sans escorte, sur les boulevards, son attitude calme et son visage impassible pour faire rentrer ces insulteurs dans leurs repaires.

Etrange contradiction, dont la haine seule est capable ! L'Empereur, qu'on a appelé *le Fuyard de Sedan*, était cette même et énergique nature, à laquelle on a reproché Strasbourg, Boulogne et le 2 décembre ; le même qu'on avait entendu railler la maladresse de Pianori, et qu'on avait vu applaudir à l'Opéra, avant d'avoir essuyé les taches de sang dont l'avaient couvert les bombes d'Orsini ; le même, enfin, qui s'était montré calme et résolu sur le pont de Magenta et au pied de la tour de Solférino.

D'un autre côté, nous lisons dans la *Vérité sur la Campagne de 1870* par M. Giraudeau :

> Traître et lâche ! un Bonaparte !
> Qui le dit ?
> Qui lance cette accusation, la plus terrible, la plus effroyable qu'on puisse jeter à la tête d'un homme ?
> Sont-ce ceux qui étaient au feu ?
> Non.
> Ce sont des écrivains qui, de loin, du fond de leur cabinet de travail, tranquillement assis sur leur fauteuil de cuir, ont laissé tomber de leur plume cette note d'infamie !
> Ce sont les membres du gouvernement nouveau ; même ceux dont une grande jeunesse ne saurait justifier l'intempérance de langage.

Ah ! ils sont bien venus les hommes du 4 septembre à appeler l'Empereur « le lâche de Sedan ! »

> Ces hommes, dit un publiciste, se proclamèrent gouvernement de la défense nationale, ajoutant, avec un lyrisme d'expression qu'on ne saurait trop admirer, que leur plus chère ambition était de se faire tuer pour la sainte cause à laquelle il leur était permis de se dévouer. Aujourd'hui, on cherche en vain le jour où ils coururent le danger de recevoir la moindre égratignure. Le citoyen Jules Favre ne sut que pleurer ; le généralissime Gambetta, qui dirigeait les opérations du coin de feu, — et l'on sait comment il les dirigeait, — le généralissime Gambetta se sauve d'Orléans quand il apprend qu'on s'y bat... On peut se souvenir du Paris agité, tumultueux de 1869, alors que Rochefort, Flourens et Mégy étaient dans toute leur gloire. Des symptômes de désordre se produisirent dans les quartiers populaires. L'Empereur, en calèche découverte, sans escorte, traversa ces quartiers et rassura Paris. Au 18 mars, que fait le gouvernement ? Il fuit éperdu devant l'émeute ! Que l'on fasse ce simple rapprochement et que l'on conclue maintenant !

Le 29 mai 1872, M. le général du Temple disait en pleine séance de l'Assemblée :

> ... Il paraît que la plupart des partisans de la guerre à outrance, au lieu de se

précipiter sur l'ennemi, s'étaient précipités sur les administrations et les magistratures, sans doute afin d'activer autant que possible le départ de tous les gens valides pour l'armée.

Seulement, au lieu de faire comme on faisait autrefois, — la révolution a tout changé, — au lieu de se mettre à la tête pour les entraîner, ils se mettaient derrière pour les pousser. C'est un peu comme pour le gouvernement de Tours, quant il s'est sauvé à Bordeaux : pas un membre n'est resté derrière pour faire face à l'ennemi.

Je crois que ces messieurs ont voulu rompre avec ces traditions ridicules de la monarchie qui consistaient même pour les princes, même pour les rois, à marcher à l'ennemi à la tête des troupes...

Quand j'étais dans les plaines de Marchenoir, à la tête d'une brigade de l'armée de la Loire, l'honorable M. Gambetta vint au quartier général de la division Saint-Laurent-des-Bois. De là aux avants-postes où on tirait toute la journée, il n'y avait pas plus d'une demi-heure de chemin. Pour M. Gambetta, qui volait du nord au sud et de l'est à l'ouest, ce n'était rien : pourtant, il n'a pas jugé à propos de payer de sa personne, pas plus là qu'ailleurs...

On cherche mais en vain, sur quel champ de bataille a pu paraître un membre du prétendu gouvernement de la Défense nationale. Sauf M. Trochu, on n'en trouve aucun.

Si jamais accusation devait épargner Napoléon III, c'est incontestablement celle de manquer de courage.

A Sedan, l'Empereur eut trois officiers de son escorte blessés et un quatrième tué. On a vu d'ailleurs que, loin de fuir le péril, il l'affrontait avec calme. C'est un témoignage que lui rendent ceux qui ont assisté à la bataille, même les étrangers et ses ennemis. Un de ces derniers, officier supérieur blessé à Sedan, écrivait à un de ses amis une lettre qui fut reproduite par quelques journaux, lettre dans laquelle on lisait :

Je n'aime guère l'Empereur, mais j'aime encore moins la calomnie. Comme général, je le crois incapable ; comme homme, il s'est bien montré, et *s'il n'a pas été tué, ce n'est pas l'envie qui lui en a manqué* ; la sottise a été de se faire pincer près de Sedan : une fois-là, la terrible capitulation était inévitable. On était serré comme des harengs ; une épingle ne serait pas tombée à terre et les obus et les boulets tombaient là-dedans comme la grêle : jugez de l'horreur ; résister était impossible, le simple bon sens était la capitulation : ON CRIE APRÈS MAINTENANT, MAIS ALORS TOUT LE MONDE LA VOULAIT, ET CEUX QUI N'ONT PAS VOULU LA SIGNER ÉTAIENT RAVIS D'EN PROFITER. J'en parle à mon aise, puisque j'étais blessé dès le matin et pris avec dix de mes hommes comme vous savez.

Nos chefs ont été des maladroits, des *pas de chance* ; nos soldats des fous et des indisciplinés : mais personne n'a été lâche ; je le dis très haut pour l'honneur de la France ; vous savez mes opinions, mais on ne sert pas une bonne cause en mentant : Sedan est une faute, un grand malheur; une honte, jamais ! dites-le partout et à tous.

L'histoire des deux cents voitures de l'Empereur qui nous retardaient est une fable absurde.

M. Jannerod, correspondant du *Temps*, qui est devenu, sous la République, préfet, puis général, rapporte le fait suivant :

En passant devant notre café, un obus avait éclaté à deux pas de son cheval ; pas un muscle de ce masque étrange n'avait bougé et quelques acclamations aussitôt réprimées par un geste de sa main, l'avaient encore accueilli.

On lit dans le *Standard* :

L'opposition a déclaré que la capitulation de Sedan avait été un acte de lâcheté de l'Empereur, et ce mensonge, accepté sans examen, fut une des bases de la République nouvelle ; cependant, personne ne l'ignore aujourd'hui, le courage froid de l'Empereur ne l'a pas abandonné dans cette terrible journée, où croulait toute sa puissance. Pendant plusieurs heures il s'est exposé au feu le plus violent, s'offrant ainsi à la mort. Il n'a pas voulu le suicide, soit ; c'est le refuge facile des orgueilleux et des égoïstes ; mais quand il a dit: *Je n'ai pas pu me faire tuer à la tête de mes soldats...*, il a dit simplement une chose vraie.

Oui, l'Empereur cherchait la mort.

L'Empereur, — dit le correspondant du *Times*, — a fait preuve du plus grand courage; il a en vain cherché la mort. Un obus est venu tomber sous les pieds de son cheval.

Le correspondant du *Temps* écrivait à ce journal :

L'Empereur a voulu mourir, LE FAIT EST MAINTENANT AVÉRÉ ; la mort a passé près de lui comme près de Ney, aux Quatre-Bras.

Enfin, les journaux belges ont publié la dépêche suivante :

Berlin, 8 septembre.

Le *Steatzanzeiger* (journal officiel) dit que, suivant une source sûre et d'après des témoignages oculaires, dans la bataille de Sedan, l'Empereur Napoléon s'est exposé à un tel point que son intention de se faire tuer était évidente.

Voici maintenant ce que nous lisons dans le livre de M. Giraudeau :

La mort passait près de lui, l'effleurait, refusait de le frapper. En vain, il allait froidement, sans attelage, sans mise en scène, se placer sur son chemin. Pendant cinq heures les boulets, les obus tombèrent devant lui, à sa droite, à sa gauche. Un aide-de-camp, un officier d'ordonnance, furent atteints à ses côtés. Lui, ne put l'être !

Ainsi, sous les murs de Metz a-t-on vu le maréchal Lebœuf allant se placer successivement sur tous les points foudroyés par les projectiles, montrant sa grande taille et son uniforme chamarré, comme un défi à l'habileté des pointeurs prussiens, sans jamais pouvoir être touché.

C'est que la volonté ne suffisait pas. Croire que sur nos champs de bataille, comme sur ceux d'autrefois, quand on cherche la mort on la trouve aussitôt, et qu'on se jette sur un boulet aussi facilement que sur une baïonnette. — c'est encore un préjugé légendaire. Non. Là même il eût fallu du bonheur, et l'Empereur n'en avait plus !

Enfin, dans les premiers jours de juin 1872, le *Times*, publiant un article sur Sedan, s'exprimait ainsi :

... Le sang-froid et l'impassibilité dont l'Empereur a toujours fait preuve dans la société et dans les conseils, ne l'abandonnèrent pas une seconde sur le champ de bataille.

Un officier français, un contempteur de l'Empire, grand admirateur du 4 Septembre, faisait à un officier anglais, quelques jours après la bataille, l'éloge non suspect de l'imperturbable sang-froid de l'Empereur pendant cette fatale journée.

Cet officier faisait partie de l'état-major du général Ducrot et à l'aide d'une longue vue observait la route par laquelle son général devait revenir d'un point éloigné du champ du carnage.

Tout à coup, il aperçut un groupe nombreux de cavaliers et d'officiers d'état-major, au-devant desquels était l'Empereur. Les obus pleuvaient comme grêle, et comme l'officier se découvrait, un de ces projectiles éclata aux pieds du cheval du souverain, qui, sans paraître s'en inquiéter, leva la main et indiqua avec le plus grand calme, comme il eût fait au camp de Châlons, la direction par laquelle devait revenir Ducrot.

Deux minutes après, ce même officier était grièvement blessé, et déclara que jamais il n'oublierait l'impression profonde que lui avait faite cette physionomie calme, impassible comme le destin, de l'homme que l'on accuse si sottement de couardise et de ramollissement.

- Il n'y a pas de pays, où l'appréciation *vraie* d'un évènement militaire soit plus difficile qu'en France, car l'élément politique s'y mêle à toute controverse, et les plus incroyables déclarations, les plus vagues allégations y sont reçues et acceptées comme des faits et des arguments sans réplique.

Analysez froidement, sans passion, sans parti pris, le désastre de Sedan, et vous aboutirez à cette évidence mathématique que : à partir du moment où le général Wimpfen prit le commandement de l'armée française, tout ce qui est arrivé était fatal.

Le 2 septembre, dans la matinée, l'Empereur partit de Sedan pour prendre le chemin de la captivité. Au château de Bellevue il eut une entrevue avec le roi de Prusse, qui lui donna pour résidence le château de Wilhelmshœhe, près de Cassel. L'Empereur, accompagné de sa suite, s'y rendit en traversant la Belgique.

Nos malheurs étaient grands, ils pouvaient être limités, sinon réparés.

En ôtant à la France ses alliés, en désorganisant le pays, en créant un pouvoir sans mandat, l'insurrection du 4 septembre a tout compromis. Ce qui justifie ces paroles d'un publiciste :

L'ambition d'une poignée de bavards, non moins impuissants que criminels, coûte à la France dix milliards et deux de ses plus belles provinces. Elle lui a valu des humiliations sans nom, des impôts écrasants, les sanglantes horreurs de la Commune et cette désorganisation morale, cet abaissement des caractères qui mettent le comble à nos malheurs.

Le 4 septembre, en effet, fut pour la France le commencement d'une ère de désastres. Nous y reviendrons.

Pour clore ce chapitre, il nous reste à parler de la belle retraite par laquelle le général Vinoy ramena sous Paris ses forces intactes et tout son matériel.

Une partie du 13e corps, commandé par le général Vinoy, se trouvait le 31 août à Mézières. A la nouvelle de la catastrophe de Sedan, qu'il apprit par des fuyards, le général jugeant imprudent de se renfermer dans la ville, résolut d'opérer sa retraite, et, après neuf jours de marche, trompant l'ennemi par son activité et son habileté, lui échappant par des marches rapides et continues, il arriva à Paris et servit de pivot à l'organisation de la défense. Le général obtint ce résultat avec des troupes jeunes et encore peu disciplinées, résultat qui, de nouveau, mit en relief ses qualités militaires.

Avant d'aller plus loin, résumons-nous, et, dans un tableau récapitulatif, apprécions les événements qui se sont accomplis.

RECAPITULATION

Au début de ce livre, nous nous sommes posé les questions suivantes :
Quelle fut la cause de la guerre ?
Quel en est le véritable auteur ?
Les faits et les témoignages nous ont répondu :
La cause de la guerre, c'est l'ambition de la Prusse, dissimulée derrière la candidature Hohenzollern.
L'auteur, c'est la Prusse, car « le véritable auteur de la guerre n'est pas celui qui la déclare, mais celui qui la rend nécessaire. »
L'Empereur n'a pas provoqué la guerre ; il l'a subie.
En 1863, la Prusse prenait deux provinces au Danemark. En 1866, sans motif avouable, elle s'emparait du royaume de Hanôvre, de l'Electorat de Hesse, du grand-duché de Nasseau, de la ville ci-devant libre de Francfort. En 1869, elle mettait 1,200,000 hommes sous les armes et faisait remplacer ses canons par le nouveau canon à tir rapide. « A cette époque, rapporte M. Domenech, les officiers supérieurs allemands ne se cachaient pas pour affirmer et parier avec les attachés militaires aux légations étrangères que *ces canons seraient essayés en France avant l'été de 1870*. Dès le mois de décembre 1869, un financier prussien déclarait même que la *guerre aurait lieu vers la fin du mois de juin suivant.*

M. Francis Wey, dans sa *Chronique du Siége de Paris*, rapporte le fait suivant qui date de notre Exposition universelle, c'est-à-dire de 1867. On se souvient que le roi de Prusse, ayant été invité par l'Empereur, vint visiter l'Exposition, et qu'on lui fit, ainsi qu'à son état-major, les honneurs de la cité.

L'état-major prussien, dit M. F. Wey, contemplait des hauteurs du Trocadéro, l'exposition du champ de Mars et le spectacle magnifique de Paris avec ses campanilles et ses dômes enluminés par le soleil couchant. Ces messieurs ignoraient qu'un de nos savants, M. H. W...., aujourd'hui très remarqué à la

Chambre, faisait partie du groupe. Quand chacun eut admiré à haute voix le bel aspect de la ville, un des officiers s'écria, avec une sensiblerie que nous devions apprendre à connaître : *Et dire que bientôt nous serons forcés de bombarder tout cela !*

On redit ce propos dès le lendemain à un ministre, qui se garda d'en attrister l'Empereur.

Un écrivain de mérite, M. Caro, bien que républicain et adversaire de l'Empire, dans le livre qu'il a publié récemment sous ce titre : *Les Jours d'épreuve*, fait, lui aussi, retomber sur l'Allemagne la responsabilité de la guerre.

Cette guerre, écrit-il, elle a été préméditée avec la plus patiente obstination, étudiée d'avance dans tous ses détails avec une prévision infaillible, préparée avec toutes les ressources de la science. C'est quelque chose comme un guet-à-pens gigantesque soumis aux lois infaillibles du calcul... Guerre implacable non-seulement en vue de la conquête, mais contre une race, résultant de jalousies séculaires, passionnée par des revendications d'un prétendu droit à la suprématie germanique ! C'est la *teutomanie* en un mot.

Au lendemain de Sadowa, la Prusse augmentait son effectif militaire, perfectionnait son armement, et, en même temps, organisait chez nous un vaste système d'espionnage.

L'Empereur, entrevoyant le danger d'une conflagration, proposa un désarmement simultané.

Sa proposition demeura vaine.

Que fit-il alors ?

Il se mit en mesure de parer aux éventualités en améliorant notre armement et en procédant à la réorganisation de notre armée.

Que devinrent ses efforts ?

Ils furent paralysés par la Chambre qui, en cette occurrence, ne suivit que trop l'opposition dans la voie où celle-ci cherchait à l'entraîner.

Bref, non-seulement le gouvernement de l'Empereur ne put instituer la garde mobile, mais il fut encore obligé d'opérer des réductions.

Écoutons encore M. Caro :

La gauche, dit-il, jetait toujours aux ministres comme la plus cruelle injure, le nom de Sadowa, et en même temps elle fermait à la France toute chance de légitime revanche en essayant de désorganiser son système militaire par des économies dangereuses. Elle s'effrayait patriotiquement de l'agrandissement immodéré de la Prusse — et systématiquement elle poussait au désarmement du pays. Le maréchal Niel, le seul ministre de la guerre qui ait eu quelque prévoyance et quelque souci de l'avenir, vit sa grande pensée, l'institution de la garde mobile, sortir de la discussion des Chambres mutilée et inapplicable.

N'est-ce pas un fait avéré qu'un des articles du programme, tenu en réserve par les grands augures de la politique de l'avenir, c'était la suppression des armées permanentes.

Aux doléances du maréchal Niel et aux sollicitations de M. Rouher montrant à l'horizon, comme une menace permanente, les douze cent mille soldats que l'Allemagne pouvait jeter d'un coup sur notre frontière, M. Thiers répondait que ces chiffres étaient parfaitement chimériques, des fables, une fantasmagorie, et que la France, en cas de guerre, aurait toujours deux ou trois mois pour s'organiser!!! En 1870, il est vrai, M. Thiers combattit les réductions demandées par la gauche et adjura ses amis de ne point énerver la puissance militaire de la France. Mais il était trop tard. La garde mobile, qui pouvait être le salut du pays, avait été tellement discréditée qu'elle n'existait que sur le papier. Il y a un reproche dont ne se lavera jamais l'opposition, c'est d'avoir oublié la France pour ne songer qu'à faire pièce à l'Empire.

La Prusse avait conçu le projet de faire la guerre à la France.

Les causes du conflit, dit M. F. Wey, procédaient de la nécessité où s'était mise la Prusse après Sadowa, d'entraîner dans l'élan d'une nationalité compacte les Etats qu'elle venait d'asservir.

Sadowa, nous l'avons dit, fut une des fautes du gouvernement. Il convient d'ajouter que diverses considérations lui imposèrent une neutralité regrettable. Dans tous les cas, il resta dans la voie que lui traçait l'opposition. Qu'on se souvienne du langage que tenaient alors le *Temps*, l'*Avenir national*, le *Siècle*. Plus tard, ces journaux représentèrent Sadowa comme une honte, tant il est vrai que, pour satisfaire à leur besoin de dénigrement systématique, ces feuilles n'hésitaient pas à tomber dans les contradictions les plus choquantes. Avant Sadowa, le *Siècle* avait écrit :

Il y a des gens qui prétendent que l'agrandissement de la Prusse est un danger pour nous : réactionnaires, cléricaux, tous ces ennemis de l'Italie s'entendent pour promener devant nos yeux le fantôme de l'invasion allemande, comme s'il y avait un péril sérieux dans la réunion de 28 millions d'Allemands.

Après Sadowa, les organes radicaux montraient la France affaiblie et humiliée par cet événement pour lequel, cependant, ils avaient réclamé la neutralité du gouvernement. C'était une grave inconséquence. Qu'importe! Est-ce que l'opposition quand même se préoccupe de la logique ? Peut-on même lui demander un peu de bonne foi ?

Nous avons indiqué plus haut les raisons qui devaient engager la Prusse à entrer en lutte. L'Autriche et la Prusse étaient deux puissances rivales. La première protégeait les souverains ; la seconde semblait favoriser les sujets. A ce propos nous lisons dans l'ouvrage de M. Domenech :

En étudiant sérieusement leur histoire moderne, les Allemands se seraient aperçus que la politique de la Prusse n'était pas plus allemande que celle de l'Autriche et qu'elle n'était qu'une politique égoïste d'envahissement ; elle ne paraissait favoriser les peuples des petits Etats que pour mieux les absorber ensuite, comme l'araignée ne prend les mouches qu'après avoir tissé sa toile autour de son nid. Lorsque le peuple de la Hesse ducale, mécontent de la constitution que lui donnait le grand duc, se jeta dans les bras de la Prusse, il se prit comme une mouche dans la toile de l'araignée. Le grand-duc, de son côté, craignant l'annexion de son duché à la Prusse se jeta dans les bras de l'Autriche qui prit fait et cause pour lui.

A cette époque, la Prusse n'était pas de force à lutter avec l'Autriche ; l'organisation de son armée datait de 1814, elle comprenait environ 500,000 hommes, mais dont le quart seulement appartenait à l'armée permanente payée par l'Etat. Pendant les campagnes de 1848 et de 1849, dans le Schleswig et le grand duché de Bade, on s'était aperçu à Berlin qu'une guerre avec une grande puissance était alors impossible. Obligée de rengaîner ses idées de suprématie et d'abandonner son rôle de protectrice des petits Etats allemands, la Prusse dut subir, en 1850, la convention d'Olmutz, pour éviter chez elle une invasion autrichienne. La Confédération allemande, d'après cette convention, fut rétablie dans la forme qu'elle avait en 1815, c'est-à-dire en faveur de l'Autriche, qui en eut la présidence.

Humiliée, sacrifiée, la Prusse vit alors que deux grandes puissances rivales ne pouvaient vivre côte à côte en Allemagne; il fallait que l'une ou l'autre fût soumise à la loi du plus fort. Battre, humilier l'Autriche était donc une première nécessité qui s'imposait à l'ambition de la Prusse...

En 1860, le roi Guillaume avait créé l'organisation militaire actuelle, en appliquant sévèrement les principes qui avaient régi l'organisation de 1814. Tous les hommes valides furent obligés de servir le pays pendant douze ans. Trois ans après, la Prusse commença à battre politiquement l'Autriche par la guerre du Danemarck ; ensuite, par la bataille de Sadowa, elle mit fin à la prépondérance de sa rivale en Allemagne. La Confédération fut brisée. Après la guerre de 1866, le nouvel empire allemand était ressuscité de fait, en faveur de la Prusse, mais il restait à le proclamer, et à combler le vide du trésor mis à sec par six années de préparatifs. Une guerre contre la France obtenait ce double résultat.

Depuis 1866, les journaux subventionnés ou favorables à la politique de Berlin prêchèrent une vraie croisade en faveur de l'unité allemande. « L'Unité allemande » tel était le drapeau derrière lequel M. de Bismark tissait la toile d'araignée, dans laquelle devait tomber, pour ne plus se relever, les hobereaux de la Bavière, de la Saxe, du Wurtemberg, en un mot, tous les Allemands...

La France devint dès lors le but d'attaques quotidiennes ; elle fut désignée comme le seul obstacle qui s'opposait à cette unité ; ses projets de conquêtes, vrais ou faux, furent exploités avec tant de persistance et d'habileté, que le patriotisme en Allemagne fut surexcité jusqu'à ses dernières limites, et devint synonyme de haine aux Français.

Quand l'opinion publique fut élevée à ce diapason, la question des alliés devenaît facile à résoudre. Un peu par patriotisme, un peu par force, toute l'Allemagne devait se ranger sous l'étendard de la Prusse... M. de Bismark laissa croire à ses alliés que la guerre de 1870 n'avait pour but que l'unité allemande. Le mot *Empire* ne fut prononcé que lorsque les alliés, écrasés à Sedan, à Coulmiers et sous Paris, n'étaient plus en force pour abandonner la Prusse à elle-même.

Et ailleurs :

Après la bataille de Sedan, qui me mit en relation avec plusieurs officiers prussiens, j'ai pu me convaincre que M. de Bismark avait si bien joué son jeu, qu'en Allemagne, personne ne croyait à la résurrection de l'Empire ; les alliés ne voyaient que l'unité allemande, les Prussiens le protectorat, et quand je leur disais qu'ils se battaient pour l'Empire et le trésor de Berlin, ils me regardaient comme un halluciné.

La France était un obstacle aux visées ambitieuses de la Prusse et peut-être à d'autres projets que l'avenir tient en réserve. La France offrait en outre à la Prusse des ressources pour combler les vides de son trésor épuisé. Il fallait donc déclarer la guerre à la France. Le moment, d'ailleurs, était bien choisi. Grâce aux manœuvres d'une opposition, plus préoccupée du triomphe de sa propre cause que des intérêts du pays, la France se trouvait au dépourvu. D'un autre côté, la Prusse savait qu'elle pouvait compter sur la neutralité des puissances, à l'exception de celle de la Russie. Elle obtint cette dernière, dit M. Domenech, en promettant « *de ne point exiger de nous une cession de territoire et une indemnité de guerre dépassant 800 millions.* » Le 4 septembre empêcha la Russie d'exiger l'exécution de cet engagement ; car le 4 septembre venait d'enfanter un gouvernement, dont le czar ne pouvait se porter garant et que les puissances regardaient comme un danger et une menace pour le repos de l'Europe. Ce fut là un des premiers bienfaits de l'œuvre de MM. Jules Favre et consorts !...

Comme on vient de le voir, la Prusse se trouvait dans les meilleures conditions pour engager la lutte. Elle la suscita en provoquant la candidature du prince de Hohenzollern au trône d'Espagne.

Cette candidature, dont l'avènement mettait en péril l'indépendance et la sécurité de la France, s'était produite deux ans plus tôt, mais, sur l'intervention du gouvernement français, elle avait été retirée, et la Prusse qui, alors, n'était pas prête, avait déclaré que cette éventualité ne se présenterait plus.

En faisant surgir de nouveau cette candidature, la Prusse manquait à la parole donnée. C'était un défi, une provocation. Elle savait que la France ne pouvait accepter ni l'un ni l'autre. Aussi, on se souvient de l'effet que produisit cette nouvelle. Au Corps législatif, une demande d'interpellation fut présentée, non par un membre de la majorité, mais par un membre de l'opposition. Ce fut donc l'opposition qui releva le gant.

On se rappelle les discussions qui eurent lieu et les négociations qui furent entamées. Un instant on crut que la guerre allait être conjurée. Aussitôt les organes de l'opposition raillèrent le gouvernement. Quand elle nous fut imposée, ils le raillèrent encore ou plutôt l'attaquèrent vivement, justifiant ainsi ces paroles de M. de Girardin : « Ce qu'ils veulent évidemment, c'est ce que le gouvernement ne veut pas, et voilà, en vérité, le seul criterium. »

La guerre ! elle était inévitable. En effet, quand le conflit parut évité, l'ambassadeur d'Angleterre, dans un entretien qu'il eut avec M. de Bismark, reçut de celui-ci la déclaration suivante : « Mais il nous reste encore à exiger de la France certaines garanties. » C'est-à-dire que l'on voulait nous imposer des conditions, que l'honneur national ne nous permettrait pas de subir avant d'avoir tenté le sort des armes. Aussi, quand notre ambassadeur voulut faire une dernière démarche, fut-il grossièrement éconduit. C'était trop. La coupe débordait.

Ah ! la Prusse n'eût pas agi de la sorte, si la France avait eu à sa disposition des forces imposantes. Ces forces, le Gouvernement avait essayé de les constituer par la réorganisation de l'armée et la création de la garde mobile. Mais l'opposition avait paralysé ses efforts, et, aujourd'hui, la France se trouvait à la merci de l'étranger !

Il ne faut donc pas hésiter à le dire : C'est l'opposition qui est responsable des malheurs de la France.

L'Empereur ne voulait pas la guerre. C'est là une vérité que nous avons démontrée plus haut et qui ne saurait être sérieusement contestée. Depuis que nous avons écrit les lignes auxquelles nous faisons allusion, il s'est produit devant la Commission d'enquête du 4 septembre, un témoignage que nous devons faire connaître. C'est celui de M. Piétri, ancien préfet de police, qui, le 20 juin 1872, a comparu devant la Commission, et a fait la déclaration suivante :

M. LE PRÉSIDENT. — Pourriez-vous nous renseigner :

1º Sur l'état de l'opinion publique au commencement de l'*incident* Hohenzollern ;

2º Sur les mesures prises pour parer aux éventualités qui pouvaient se produire pendant la guerre.

M. PIÉTRI. — Je suis prêt à satisfaire au double désir de la Commission ; toutefois, je dois tout d'abord exposer que, tenu par devoir à certaine discrétion, je ne pourrai pas tout dire ; mais ce que je dirai sera l'expression pure de de la vérité !

Après cette restriction, j'entre dans tous les faits ; je vais prendre les choses à leur début, c'est à dire faire connaître les dispositions d'esprit du souverain et du pays, lors de l'incident Hohenzollern.

Je constate, messieurs, que si l'Empereur et son gouvernement étaient désireux du maintien de la paix, le sentiment public, lui, se jetait violemment et entraînait le gouvernement dans une tout autre voie.

On a prétendu que le pays ne s'était pas si soudainement manifesté pour la guerre, et des hommes — *belliqueux à ce moment* — ont pu, après nos revers, contester la spontanéité du mouvement : mais la collectivité de la presse tout entière de Paris et le compte rendu des débats du Corps législatif sont des témoignages que personne ne peut contester.

Nos documents personnels viennent, d'ailleurs, à l'appui de ces témoignages.

Ainsi, à cette époque, la population croyant que M. Emile Ollivier inclinait vers un arrangement amiable, l'a insulté, et nous avons dû intervenir pour le protéger et pour protéger l'hôtel du garde des sceaux.

Il a fallu également protéger la maison de M. Thiers et nous y avons parfaitement réussi ; protéger l'ambassade de Prusse, ainsi que des négociants et des banquiers allemands ou suposés tels à cause de leurs noms.

Les mouvements tumultueux ne se bornaient pas aux lieux publics ni à la rue ; mais à l'Opéra, où le public est peu accessible, par nature, aux entraînements populaires, il s'est cependant emporté, un soir, jusqu'à demander, exiger que Faure chantât le *Rhin allemand* ; et, sur le refus de cet artiste, des trépignements, des clameurs, des menaces éclatèrent non-seulement aux combles de la salle, mais jusque dans les première loges ; et il fallut que Faure vînt sur la scène, sinon chanter, du moins déclamer le *Rhin allemand*.

Voilà la constatation du mouvement d'entraînement public, voilà donc la spontanéité du sentiment national.

Un ou deux MEMBRES de la Commission, soutenus d'ailleurs par l'expression d'une approbation plus générale, demandèrent *si ce sentiment était si spontané que cela.....*

M. PIÉTRI répondit qu'il n'ignorait pas que certaines personnes certains organes même de la presse, avaient accusé, après coup, la police d'avoir fomenté ce mouvement ; mais qu'il ne croyait pas avoir à défendre la population de Paris du mouvement national qui la poussait à répondre par de telles manifestations à la provocation de la Prusse.

L'Empereur se laissa entraîner à la guerre par ce grand courant, qui se manifesta non-seulement à Paris, mais encore en province, ainsi que le prouvent les renseignements que nous avons donnés précédemment.

Pouvait-il faire autrement ? Non. L'opinion publique qui, impatient de venger un affront, le poussait à cette guerre fatale, l'opinion publique l'aurait accusé de manquer de patriotisme. Et si Louis-Philippe est tombé sous l'accusation d'avoir pratiqué la *paix à tout prix*, il aurait été, lui, perdu et discrédité, comme n'ayant pas su défendre l'honneur national.

Un seul espoir restait : celui de devancer l'armée allemande et de l'attaquer avant qu'elle eût pu réunir ses gros contingents. Cet espoir fut déçu. C'est au contraire les Prussiens qui nous surprirent en voie de formation.

De revers en revers nous fûmes conduits à la catastrophe de Sedan. Nos soldats furent écrasés par le nombre et vaincus par la science, c'est-à-dire par une artillerie formidable qui les frappait à des distances que ne pouvaient atteindre nos projectiles. Mais, dans les engagements corps à corps, que l'ennemi, du reste, avait soin d'éviter, l'avantage leur restait constamment.

Parlerons-nous encore des agissements révolutionnaires qui vinrent paralyser les efforts de l'attaque et de la défense? On ne peut les avoir oubliés.

Enfin, avons-nous besoin de rappeler ce qui s'est passé à Sedan ? Nos soldats s'y battirent vaillamment tant qu'ils purent se défendre. Quant à l'Empereur, il s'y comporta dignement et courageusement. « Dépouillé de son commandement militaire comme il avait été dépouillé de son autorité politique, » il n'avait point approuvé le plan que devait mettre à exécution l'armée de Châlons, il s'y était soumis comme soldat. N'avait-il pas dit : « Je ne suis ici qu'un soldat. »

La passion politique, l'esprit de haine et de dénigrement systématique, ont essayé de dénaturer et de travestir la conduite de l'Empereur. Le mensonge ne parviendra pas à étouffer la vérité. D'ailleurs, comme on l'a dit, depuis le lion de la fable, qui expire sous les coups de pied de l'âne, jusqu'à Napoléon III, tous les pouvoirs tombés ont eu le même sort ; tous ont été en butte à l'injure et à la calomnie.

ACCUSATIONS ET GRIEFS

I

DILAPIDATIONS

Le 4 mai 1872, à l'Assemblée nationale, M. le duc d'Audiffret-Pasquier, au nom de la commission chargée de réviser les marchés conclus depuis la déclaration de la guerre, est venu fulminer un réquisitoire contre l'Empire, et, omettant de spécifier les dates, a fait peser sur ce dernier des accusations qui doivent retomber sur le Gouvernement du 4 septembre.

En deux mots, M. d'Audiffret-Pasquier reprochait à l'Empire :

1° D'avoir passé des marchés d'armes exorbitants avec des fournisseurs tarés ;

2° De n'avoir pas eu dans ses arsenaux, lors de l'entrée en campagne, le matériel payé par les deniers des contribuables.

Ces reproches étaient graves. Heureusement, ils n'étaient pas fondés, et, dans la séance du 21 mai, M. Rouher en a fait justice.

Une distinction à établir entre les marchés : c'est que les uns regardent l'Empire, et les autres le gouvernement du 4 septembre.

Les premiers se sont élevés à 823,000 fr.; les seconds à 48 millions.

Les marchés conclus sous l'Empire, et dont deux à peine ont reçu un commencement d'exécution, contenaient une clause résolutoire, subordonnée à un délai maximum de 15 jours pour la livraison. D'un autre côté, l'administration avait imposé des conditions qui, par leur nature, devaient prévenir les abus et les fraudes.

Clauses et conditions ont été méconnues et délaissées par les hommes du 4 septembre.

Entrons dans l'examen des faits.

Trois marchés ont été particulièrement incriminés par M. d'Audiffret-Pasquier : 1° le marché Chollet ; 2° le marché Hedley ; 3° le marché Larivière.

M. Chollet avait été recommandé au général de Palikao par MM. Crémieux et Picard. Il devait livrer, le 6 ou le 11 septembre 1870 au plus tard, les armes vendues par lui, et n'en a fait la remise que trois mois et demi après le terme convenu. Bien plus, il a obtenu du Gouvernement de la Défense nationale cinq autres marchés, plus considérables et plus avantageux pour lui, marchés qui, au dire de la commission, lui ont procuré un bénéfice illicite de 2,935,698 fr.

Le marché Hedley fut signé le 30 août. Le délai, expirant le 15 septembre, fut successivement prorogé jusqu'au 5 octobre. Il paraît que l'on ne fut difficile ni pour les fusils ni pour les cartouches, et que même, il aurait manqué à la livraison, payée pourtant, plus de 500 fusils et 5 à 600,000 cartouches. A qui ces connivences sont-elles imputables ? sinon à ceux qui conduisaient avec une telle incurie les affaires de la France et qui, au premier marché Hedley, si mal exécuté par leur fait, en ont ajouté d'autres plus onéreux.

Quant au marché Larivière, sa première origine remonte au 26 octobre, c'est-à-dire six semaines après le renversement de l'Empire.

Ainsi, non-seulement le gouvernement du 4 septembre a confirmé ces marchés, bien que les conditions essentielles n'en eussent pas été observées, mais encore il a prolongé les délais de livraison, et même n'a pas pris soin que celle-ci fût intégralement et fidèlement exécutée.

Les marchés étaient onéreux !

Pourquoi, au lieu de les résilier, comme ils en avaient la faculté, les hommes du 4 septembre les ont-ils laissés s'aggraver ? D'ailleurs, qu'on se reporte aux jours où ils furent conclus. L'heure était critique ; il fallait des armes ; on en demandait coûte que coûte. Le ministre avait-il le temps et la possibilité de soumettre les fournitures à toutes les lenteurs de l'adjudication et de passer les fournisseurs au crible ?

Mais, dira-t-on, quand vous avez vu que vous étiez dupés, que les fournisseurs ne livraient pas dans le délai convenu, et qu'ils tripotaient de leur mieux avec l'argent de l'Etat, il fallait les chasser et les livrer aux tribunaux.

A qui la faute si l'on n'a pas sévi ? A qui appartenait le pouvoir quand les abus et les fraudes ont été démontrées ? Est-ce l'Empire qui a reçu toutes ces livraisons honteuses faites pendant la guerre et même après l'armistice ? Est-ce l'Empire qui a donné des semelles de carton aux mobilisés ? Est-ce l'Empire qui a laissé pourrir des millions de cartouches dans les souterrains de Blaye ? Non. L'auteur ou le complaisant de tous ces abus, ce n'est pas l'Empire, c'est le 4 septembre. L'administration impériale, pressée par le temps, pressée par ses ennemis les plus implacables, a conclu, sous l'aiguillon de la nécessité, des marchés qui peuvent être regardés comme imprudents et onéreux. Quand elle a traité, elle ne connaissait pas les fournisseurs; si elle les eût connus, elle les eût répudiés ou punis. Le 4 septembre les a connus, et il les a gardés !

Passons maintenant aux arsenaux.

Etaient-ils vides, ou du moins, n'étaient-ils pas en rapport avec les sommes affectées à leur approvisionnement ?

M. d'Audiffret-Pasquier a prétendu que, au début de la guerre, nous ne possédions que 2,000 canons.

Cette allégation était dénuée de fondement.

Nous avions 21,000 canons !

M. Rouher l'a établi, pièces en main. Les documents officiels produits par M. le général Susanne dans une brochure intitulée : *L'artillerie avant et après la guerre*, le démontrent d'une façon péremptoire. Enfin, M. Thiers, lui-même, l'a reconnu à l'Assemblée nationale, dans la séance du 8 juin 1872.

D'après le travail auquel s'est livré M. le général Susanne, il existait au 1er juillet 1870 :

1° ARTILLERIE

Bouches à feu rayées de bataille.	3,987
Canons et obusiers de réserve	5,379
Pièces de siéges, places et côtes, obusiers et mortiers, 12,336 (dont 4,407 canons rayés) ci.	12,336
Total,	21,702

2° ARMEMENT PARTICULIER DES TROUPES

Fusils et Carabines

Fusils chassepot	1,007,555
Fusils ou carabines à tabatière	342,115
Armes à percussion rayées	1,673,734
Armes à percussion lisse	315,667
Total,	3,339,071

Pistolets

Pistolets.	251,649

Cartouches

Cartouches.	287,215,135

Nous avons dit que M. Thiers lui-même avait réduit à néant cette fable ridicule, d'après laquelle l'Empire avait entrepris la guerre avec *deux mille canons*. Voici comment il s'est exprimé :

Sauf le fusil, le reste du matériel n'était pas suffisant. On vous a dit, et cela est vrai, qu'il y avait 21,000 bouches à feu. Je ne l'ai pas contesté. Il y avait 12,000 bouches à feu de position de siège, 9,000 bouches à feu de campagne ; toutes ces pièces existaient, car, sauf ce que l'ennemi nous a pris, tout cela est encore dans nos arsenaux ; mais dans ces 9,000 bouches à feu de campagne, il y en avait 5,000 qu'on ne pouvait mettre en ligne : c'était des bouches à feu à âme lisse ; il n'y avait que 4,000 bouches à feu rayées qu'on pouvait mettre en ligne.

Mais ces 4,000 bouches à feu qu'on pouvait mettre en ligne étaient-elles servies ? C'est la question. Savez-vous combien le personnel qu'on avait pu réunir pouvait servir de bouches à feu ? 930 ; c'est-à-dire ce qui pouvait suffire, dans la proportion actuelle généralement adoptée, à une armée de 250,000 hommes.

Ainsi, ce qui faisait défaut, c'était moins le matériel que les cadres réduits par la parcimonie de l'opposition. Car, on n'a pas oublié l'obstacle que rencontra l'Empereur lorsqu'il voulut armer la France et la tenir prête contre son puissant et menaçant voisin. Ce mauvais vouloir s'est montré jusque dans les dernières heures qui ont précédé la lutte affreuse, où nous devions perdre deux provinces. Oui, la veille encore de cette guerre fatale, la majorité du Corps législatif, subissant l'influence malsaine de l'opposition, avait le courage de chicaner sur le contingent annuel et de le rogner de dix mille hommes. Dans cette même séance du 8 juin 1872, M. Thiers a fait sur ce point une déclaration qu'il importe de reproduire et dont voici la teneur :

Le maréchal Lebœuf me demanda de contribuer à défendre le contingent que demandait le gouvernement. La commission du budget l'avait réduit de 100,000 à 90,000 hommes : on parlait de le réduire à 80,000. Je promis mon concours que, d'ailleurs, j'aurais donné sans qu'on me le demandât.

Très à l'improviste, avant d'avoir pris au ministère de la guerre les renseignements nécessaires, n'ayant que ceux du budget, — car tout civil que je suis, j'ai la prétention, à la lecture du budget seulement, de savoir si l'on est prêt ou si on ne l'est pas, — je dus soutenir la discussion sur le contingent. Je me jetai tout de suite dans la mêlée, ne suivant que mon sentiment personnel et *regrettant de me séparer de mes amis de l'opposition*, mais n'hésitant pas à le faire dans l'intérêt du pays, qu'il fallait éclairer.

J'ai alors montré très positivement et avec grand détail, que rien n'était prêt en France et je me suis écrié, faisant allusion à un propos alors très répandu : « La paix armée ! » — Gardez-vous de tenir un pareille langage, c'est la paix désarmée !

M. le maréchal Lebœuf, de sa place, donna son assentiment à mes paroles ; et j'ajoutai que, loin d'être sur un pied de guerre, nous n'étions même pas sur un pied de paix raisonnable.

Nous n'étions pas prêts pour la guerre ! Les événements ne l'ont que trop prouvé.

Mais la guerre était inévitable ; elle était fatale. Et si nous n'étions pas prêts, à qui la faute ? sinon à ceux qui avaient neutralisé les efforts de l'Empereur.

Non-seulement l'Empire n'a pas gaspillé ou détourné de leur destination les fonds mis à sa disposition pour l'entretien et le développement de l'artillerie, mais, à l'aide de chiffres, M. le général Suzanne établit encore que notre matériel était plus complet et plus perfectionné que ne le comportaient les insuffisantes allocations portées au budget pour ce service. Voici ce qu'il dit à ce sujet :

Malgré la dérisoire allocation de 420,000 fr. annuellement accordée par le budget pour la transformation de l'artillerie de campagne lisse en artillerie de campagne rayée, allocation à peine suffisante pour remplacer les canons, les affûts et les voitures usés et les munitions consommées dans les exercices des troupes, l'artillerie trouvait moyen en faisant flèche de tout bois, d'augmenter chaque année son matériel rayé, aux dépens de l'ancien matériel lisse, qui lui-même constituait en attendant une réserve respectable pour les troupes de seconde ligne.

Et maintenant, que reste-t-il des imputations de M. le duc d'Audiffret-Pasquier ?

Les abus, a dit un journal, se sont produits après la chute de l'Empire ; ils pèsent donc sur le gouvernement qui les a facilités...

Deux marchés, imposés par les circonstances, avaient été conclus sous la réserve de délais rigoureusement fixés. Les hommes du 4 septembre ont dénaturé ces marchés : ils en ont abandonné les clauses favorables.

L'administration, celle de l'Empire, a été étrangère à ces manœuvres ; elle est innocente de ces dilapidations et c'est elle que l'on est venu accuser !

M. le duc d'Audiffret avait dénoncé des centaines de coupables. Qui a-t-on arrêté ? Qui a-t-on poursuivi ? Des fonctionnaires et des agents de l'Empire ! Non. On a arrêté et poursuivi des favoris et des clients de MM. les préfets du 4 septembre. D'autres prévaricateurs, appartenant à cette époque, auront peut-être à rendre compte de dilapidations éhontées. La justice saura faire son devoir.

II

LE FAVORITISME

Un autre reproche que l'on a adressé à l'Empereur, est celui d'avoir confié le commandement des corps d'armée à des hommes incapables, à des généraux d'antichambre.

<small>Un général d'antichambre, dit M. Giraudeau, est un général qui n'a pas vu le feu, qui n'a pas gagné ses galons à coup d'épée, mais à coup d'encensoir, qui n'a pas fait sa carrière en combattant l'ennemi, mais en flattant le souverain.</small>

Sont-ils des généraux d'antichambre les Mac-Mahon, les Canrobert, les Bourbaki?

Est-il un général d'antichambre le maréchal Lebœuf, dont tout le monde vantait le mérite, dont on trouvait l'éloge dans la bouche de M. Thiers comme sous la plume du général Changarnier, et à qui sa qualité de général d'artillerie semblait donner pour la future campagne une compétence particulière?

Est-il un général d'antichambre le général Lebrun, un de ces rares généraux qui, par leurs connaissances approfondies, leurs longues études, était en état de lutter avec les officiers de l'état-major prussien?

Est-il un général d'antichambre, le maréchal Bazaine qui, sur la demande de M. Jules Favre, fut investi du commandement en chef?

Est-il un général d'antichambre, le général Trochu, en qui l'opposition mettait son espoir et ses complaisances?

Et les Vinoy, et les Ducrot, et les Jurien de la Gravière, sont-ils des généraux d'antichambre?

L'Empereur avait donc placé à la tête de l'armée nos hommes de guerre les plus éminents, ceux qui avaient montré, à la fois, le plus de courage et de talent dans les guerres précédentes : en Afrique, en Crimée, en Italie. Sans doute, il avait eu la main malheureuse dans le choix du général de Failly. Et, cependant, ce général, qui avait conquis ses grades devant l'ennemi, comptait de brillants services. D'ailleurs, il avait été remplacé dans son commandement dès le 21 août ; la fatalité voulut que son successeur n'arrivât que le 31 août, après la surprise de Beaumont.

Et maintenant où sont les officiers de mérite qui ont été oubliés ou sacrifiés au favoritisme? Quels sont les héros qu'a enfantés le 4 septembre, les talents qu'il a fait surgir, les génies méconnus qu'il a produits?... Nous avons vu des médecins, des apothicaires, des avocats, des journalistes transformés en généraux. On a eu pour ministre de la guerre un vieil avocat juif auquel a succédé un jeune avocat borgne ! On sait où ces gens là nous ont conduits.

Est-ce, d'ailleurs, à l'incapacité des généraux de l'Empire qu'il faut attribuer cette suite presque non interrompue de revers que nous avons éprouvés? Non. Nous avons subi un accident terrible, et rien de plus. C'est l'opinion que Georges Sand a exprimée quand elle a dit :

> En même temps que la science, appliquée à l'industrie, nous donnait tant de découvertes merveilleuses et fécondes, elle accomplissait fatalement le cercle de son activité, elle trouvait des moyens de destruction dont nous n'avons pu nous pourvoir à temps, et qui ont mis à un moment donné la force matérielle au-dessus de la force morale. Nous subissons un accident terrible, ce n'est rien de plus.

La campagne de 1870 ne devait ressembler à aucune de celles qui l'ont précédée. Pour vaincre, il ne suffisait pas d'être brave ; il fallait surtout et avant tout avoir à sa disposition des forces immenses et des engins de guerre formidables. Ces avantages, la Prusse les possédait, tandis que nous en étions dépourvus. Aussi a-t-on pu dire avec raison que nos soldats ont été écrasés plutôt que battus.

Nos soldats ! Un parti, qui est l'opprobre de la France, leur jette à la face l'épithète injurieuse de *capitulards !*

Capitulards ! les héros de Wissembourg, de Reischoffen et de Gravelotte.

Capitulards ! les combattants de Sedan, luttant quatre contre un, et ne cessant la lutte que lorsque la défense est devenue impossible.

Capitulards ! les défenseurs de Metz, opposant à l'ennemi une digue infranchissable jusqu'au jour où, manquant de vivres et de munitions, on les force à prendre le chemin de la captivité.

Combien sont vraies les appréciations de M. Jules Richard, disant naguère dans une feuille parisienne :

> L'a-t-on assez calomnié, ce malheureux soldat, dans ces derniers temps ! En temps de paix, les journaux démocratiques, oubliant que, d'après nos constitutions militaires, le soldat était généralement un enfant du peuple, l'ont appelé successivement : Fainéant ! assassin ! prétorien ! En temps de guerre, ils lui ont dit qu'il était un lâche ; après la guerre, pour le récompenser de ses luttes, de ses malheurs, ils lui ont décerné le titre de capitulard. Et, cependant, partout le soldat s'est bien conduit, il a été héroïque et s'il n'a pas toujours été heureux, la faute en est aux dieux, comme disaient les anciens...

Je ne sais ce que constatera sur le soldat allemand, en dehors de la discipline, le livre d'or prussien; mais je doute que jamais on dise en Prusse, de la campagne des frontières du Rhin, comme on a dit de notre campagne d'Italie: « c'est la campagne des soldats! » La campagne des frontières du Rhin a été la campagne de Moltke; c'est à lui qu'en revient toute la gloire s'il n'en a pas tout l'honneur.

De l'héroïsme du soldat allemand rien n'a encore transpiré, si ce n'est la hardiesse aventureuse des uhlans et l'habileté technique des artilleurs. Mais dans les diverses actions de force où l'armée allemande a été engagée, on ne cite rien qui vaille la charge des cuirassiers de Reischoffen, la charge des chasseurs d'Afrique au cimetière d'Illy, la défense de l'infanterie de marine à Bazeilles et la conduite de l'infanterie autour de Metz. Vingt fois ils ont arraché à leurs adversaires des témoignages d'admiration et il n'y a que des Français capables de les calomnier!

Je ne veux faire ici ni de la forfanterie, ni du chauvinisme, mais je ne crois pas que M. de Moltke dédaigne les adversaires avec lesquels il s'est mesuré. Les ossuaires de l'armée allemande sont d'ailleurs là pour prouver que ses victoires ont été chèrement achetées et que toutes les fois que nos fantassins et nos cavaliers ont pu éviter l'artillerie prussienne, les fantassins et les cavaliers allemands n'ont pas eu à s'en féliciter.

Du reste, à la tribune, il s'est élevé des voix éloquentes et patriotiques pour venger ces illustres calomniés. Le 7 juin, M. le général Ducrot s'écriait:

L'honneur militaire, le dévouement, le patriotisme n'ont jamais abandonné l'armée...

Etaient-ils dégénérés ces 4,600 hommes qui, à Wissembourg, résistaient à deux corps d'armée allemands et qui se retiraient au nombre de 2,000 devant l'ennemi qui n'osait pas les poursuivre?

Etaient-ils dégénérés ces hommes de fer qui à Reischoffen ne se retiraient qu'après avoir vu écraser presque tout leur corps?

Etaient-ils donc dégénérés ces soldats qui, sous les murs de Paris, ont fait preuve de tant de dévouement et de patriotisme?

Je me rappelle encore la résignation de ces pauvres enfants devant la mort; je les vois encore se soulever sur le passage de leur général pour l'acclamer, tourner leurs regards vers le ciel sans jamais laisser sortir de leur bouche une imprécation, jamais une plainte contre cette société qu'ils défendaient.

Cette résignation, où la trouvèrent-ils? Dans leurs sentiments religieux.

C'étaient les premières leçons d'une mère chrétienne qui se réveillaient au moment suprême.

Cette conduite de notre armée a été notre force dans nos plus rudes épreuves, comme elle est aujourd'hui ma consolation et mon espérance.

Et le lendemain, M. Thiers faisait entendre ces paroles:

Dans les plus beaux jours de notre histoire, il ne s'est rien fait de plus grand que les combats de Reischoffen, ceux qui avaient précédé et ceux qui ont suivi; on s'est battu un contre trois.

Un publiciste éminent attribue tous les malheurs de la France à la restauration du Parlementarisme.

Tous les malheurs de la France, dit-il, datent de 1860, de la restauration du parlementarisme.

Si l'Empereur avait été le maître, il n'aurait pas fait la guerre, et s'il l'eût entreprise, il aurait été prêt.

Lorsqu'on fit la guerre à la Russie en 1854, lorsqu'on fit la guerre d'Italie en 1859, personne après le succès ne songea à rendre l'Empereur personnellement responsable des victoires que nous remportions sur les Russes et les Autrichiens; personne n'appela Napoléon III :

L'HOMME DE SOLFÉRINO !!!

Jules Favre, dont les papiers (affaire Laluyé) n'ont pas été publiés sous l'Empire par ordre de l'Empereur; Trochu, qui fut le même jour gouverneur de Paris pour l'Empire et président d'un gouvernement d'émeutiers, disent cependant:

L'HOMME DE SEDAN !!!

Eh bien ! Oui ! l'homme de Sedan ! j'accepte le mot. Répétez tant que vous voudrez : « C'est un lâche ! » mais donnez des preuves... Non, ce n'est point un lâche l'homme qui a donné sa couronne pour épargner la vie à 80,000 hommes qui ne pouvaient plus rien, ni pour la gloire, ni pour la patrie. Non, ce n'est point un lâche, l'homme qui devant les boulets de Solférino et de Sedan resta impassible dans la victoire comme dans la défaite.

J'accepte l'HOMME DE SEDAN !!! c'est un mot, comme serait l'HOMME DE SOLFÉRINO !!! pas plus juste, mais aussi redoutable, car de la responsabilité des victoires naît la responsabilité des défaites. Et si nous disons : « on était prêt à Solférino ! » on peut nous répondre : « C'est vrai ? mais on n'était pas prêt à Sedan ! »

C'est vrai ! oui ! c'est vrai ! mais en 1859 nous vivions sous la Constitution de 1852 ; en 1870, nous vivions sous la Constitution de MM. les cinq, de MM. les 45, de MM. les 105 ou les 118. On avait dégradé l'édifice, l'Empire n'était plus l'Empire ; c'était le parlementarisme...

Le *tort* ou *le crime* de l'Empire, je ne le vois ni dans les causes de la défaite, ni dans la déclaration de guerre.

Le *tort* ou le *crime* de l'Empire, c'est d'avoir manqué à son principe autoritaire et démocratique, en donnant dans les erreurs du parlementarisme qui a rendu la guerre inévitable en 1870.

Supposez le maréchal Niel libre de faire exécuter le projet initial de l'Empereur, distribué au Sénat, au Corps Législatif et au Conseil d'Etat en 1866, et nous avions une armée plus compacte et plus mobile.

Supposez le droit d'interpellation réglementée, et M. Cochery ne lançait pas la France dans une guerre fatale.

Le jour où l'Empereur a cru que les parlementaires et les discuteurs lui pardonneraient le deux Décembre, il a été la victime vouée et promise aux Dieux infernaux.

Lecteur, qu'en pensez-vous ?

III

LE COUP D'ÉTAT

Le coup d'Etat est le grand cheval de bataille des ennemis de l'Empire ; ils l'appellent le crime du 2 décembre.

Ne nous payons pas de mots ; allons au fond des choses.

Le *Coup d'Etat* est l'acte par lequel un gouvernement modifie ou détruit, de son autorité privée, tout ou partie des lois constitutives d'un pays.

La *Révolution* est un changement de gouvernement opéré violemment.

Coup d'Etat ou *Révolution*, c'est tout un, en ce sens que, de part et d'autre, il y a violation de la loi ou rupture du pacte fondamental.

Dans l'un et l'autre cas, quel sera le juge qui absoudra ou qui condamnera ?

La Nation.

La Nation, en effet, est souveraine. — Ceci est inscrit en tête de nos lois. — Si elle est souveraine, tout acte, modifiant soit les constitutions, soit la forme gouvernementale elle-même, doit lui être déféré. Et tout gouvernement qui s'établit en dehors de sa volonté ou de son acquiescement, l'un ou l'autre exprimé par le vote, est un gouvernement dont l'existence constitue une usurpation, un crime.

Sans remonter au-delà de 1848, voyons ce qui s'est passé depuis cette époque.

Que fut le 24 février ? Un coup de main, une violation de la loi.

Que fut le 4 septembre ? Un coup de main, une violation de la loi, avec cette aggravation que, pour l'accomplir, on profita de la présence de l'étranger.

Où est la ratification du peuple ?

Nulle part !

C'est ainsi que des hommes qui proclamaient sans cesse la suprématie de la volonté nationale, l'ont foulée aux pieds ou confisquée à leur profit.

— 147 —

Que fut le 2 décembre 1851 ? Un coup de force, une violation de la loi !

Il serait plus juste de dire : Une suspension de la loi.

Que fit celui qui, plus tard, devait être Napoléon III?

Imposa-t-il un gouvernement?

Non.

Pour terminer les luttes des partis et conjurer les dangers qui menaçaient la France, il *fit appel au peuple*, ou, comme il l'a dit lui-même, il sortit « de la légalité pour rentrer dans le droit. »

Les hommes de février et de septembre peuvent dire, eux aussi: « Nous sommes sortis de la légalité pour rentrer dans le droit. » Mais quand sont-ils revenus à la légalité ? Ont-ils appelé la Nation à se prononcer et sur leur acte et sur son propre sort? Non. Renégats de la souveraineté nationale, que viennent-ils encore parler de crime et de violation de la loi !

Le coup d'Etat du 2 décembre fut donc, dans des conjonctures difficiles, un appel au peuple, et pas autre chose.

Qu'on se souvienne des proclamations que lança le prince-président. On y lisait :

« Français,

« La situation actuelle ne peut durer plus longtemps.
» Chaque jour qui s'écoule aggrave les dangers du pays.
» L'Assemblée qui devait être le plus ferme appui de l'ordre
» est devenue un foyer de complots... Je l'ai dissoute, et je
» rends le peuple entier juge entre elle et moi...

« Je fais donc un appel loyal à la nation tout entière, et
» je vous dis : Si vous voulez continuer cet état de malaise
» qui nous dégrade et compromet notre avenir, choisissez
» un autre à ma place, car je ne veux plus d'un pouvoir qui
» est impuissant à faire le bien, me rend responsable d'actes
» que je ne puis empêcher, et m'enchaîne au gouvernail
» quand je vois le vaisseau courir vers l'abîme.

« Si, au contraire, vous avez encore confiance en moi,
» donnez-moi les moyens d'accomplir la grande mission que
» je tiens de vous...

« *Si je n'obtiens pas la majorité de vos suffrages, alors*

» *je provoquerai la réunion d'une nouvelle Assemblée et*
» *je lui remettrai le mandat que j'ai reçu de vous.* »

« Soldats,

« ... Je fais un loyal appel au peuple et à l'armée, et je
» lui dis : Ou donnez-moi les moyens d'assurer votre pros-
» périté, ou choisissez un autre à ma place...

« Votez donc librement, comme citoyens, mais comme
» soldats n'oubliez pas que l'obéissance passive aux ordres
» du chef du gouvernement est le devoir rigoureux de
» l'armée...

« Restez inébranlables dans les règles de la discipline et
» de l'honneur ; aidez, par votre attitude imposante, le
» peuple à manifester sa volonté dans le calme et la réflexion ;
» soyez prêts à réprimer toute tentative contre le libre
» exercice de la souveraineté du peuple... »

Et le 6 décembre, après la répression de quelques désastres qui s'étaient produits :

« Français,

« Les troubles sont apaisés ; quelle que soit la décision
» du peuple, la société est sauvée. La première partie
» de ma tâche est accomplie ; l'appel à la nation, pour
» terminer les luttes des partis, ne faisait, je le savais,
» courir aucun risque sérieux à la tranquillité publique.

« Pourquoi le peuple se serait-il soulevé contre moi ? Si
» je ne possède plus votre confiance, si vos idées sont
» changées, il n'est pas besoin de faire couler du sang
» précieux ; il suffit de déposer dans l'urne un vote
» contraire. *Je respecterai toujours l'arrêt du peuple.* »

Au milieu de difficultés qui entraînaient la France à sa perte et que, seule, la nation était à même de résoudre, le Prince-Président faisait appel à la Nation. Celle-ci restait libre ; elle pouvait ratifier ou répudier. On ne lui imposait pas un gouvernement. On lui remettait tous les pouvoirs. Quelle différence entre cette façon d'agir et celle des hommes de février et de septembre ! L'un vient se soumettre au jugement du peuple, arbitre souverain ; les autres méconnaissent cette grande autorité et ne prennent pour guide que leurs fantaisies, ou plutôt, que leurs calculs politiques.

Le coup d'Etat devait avoir pour but la révision de la Constitution. Que demandait la Nation ? La révision de la Constitution.

En effet, deux millions de citoyens, 446 députés, la plupart des conseils d'arrondissement et 80 conseils généraux sur 85, réclamaient cette mesure de salut public.

Disons mieux, tout le monde attendait le coup d'Etat, et chaque parti songeait à le faire à son profit. On en était arrivé à ce point que l'on pouvait dire, comme le général Bonaparte à la séance du 18 brumaire :

> La Constitution, elle est invoquée par toutes les fractions, et, tour-à-tour méprisée par elles ; elle ne peut être pour nous un moyen de salut, elle n'obtient plus le respect de personne... et, aujourd'hui encore, c'est en son nom que l'on conspire.

Quelle était donc la situation de la France et l'attitude des partis ?

L'année 1851 commençait. Le pays languissait ; tous les esprits étaient assiégés par les appréhensions que faisait naître la terrible échéance de 1852, ou élection simultanée du pouvoir législatif et du pouvoir exécutif, sorte d'interrègne dont la Révolution entendait profiter pour mettre ses projets à exécution. Chacun regardait l'horizon avec une véritable angoisse, car, de temps à autre, un éclair venait, en le sillonnant, jeter la plus vive lumière sur l'ensemble d'une situation pleine de périls. Ceux qui, à cette époque, avaient âge d'homme, n'ont pas perdu le souvenir de la perturbation sociale et politique dont la France offrait l'exemple. Donoso Cortès, ambassadeur d'Espagne, écrivait à la date du 1er avril 1851 :

> La situation de la France est déplorable.... L'industrie s'arrête, le commerce est suspendu, les transactions s'interrompent, l'argent se cache, les ateliers se ferment... Nul homme éminent ne croit possible qu'une telle situation se prolonge jusqu'au terme constitutionnel : on ne peut même concevoir qu'une société industrieuse et civilisée demeure une année entière dans cette transe mortelle.

Le présent était sombre, et l'avenir plus sombre encore. 1852, en effet, était le terme que la démagogie assignait à ses désirs et à ses espérances. Quels désirs et quelles espérances ! Son langage ne contenait que des menaces ; les projets les plus radicaux s'élaboraient dans ses conciliabules, et, sans doute, en prévision d'un prochain triomphe, des députés montagnards s'étaient rendus à Londres pour y conférer avec ceux de leurs collègues réfugiés dans cette capitale.

« De toutes parts, dit un historien, on voyait poindre des espérances et des projets incendiaires. »

Pendant que le socialisme se levait menaçant sur tous les points de l'horizon, les partis dynastiques se coalisaient contre le Prince-Président.

Dans les premiers jours de janvier, des membres influents de ces partis avaient mis en question l'arrestation du Prince. Le Prince en fut informé par M. Molé, dont la prudence et la loyauté se révoltèrent contre les conséquences d'une pareille éventualité.

Le général Changarnier avait acquis une position immense ; il élevait pouvoir contre pouvoir. Afin de conserver ses prérogatives constitutionnelles, le Prince révoqua le général Changarnier.

Frappés au cœur par cette révocation, les partis ne rêvèrent que représailles, et la lutte devint plus vive.

Nous ne suivrons point cette lutte dans ses phases diverses ; nous en signalerons seulement les principaux épisodes.

En vue des dangers qui menaçaient la France, un vaste pétitionnement s'était organisé pour demander la révision de la Constitution, et notamment l'abrogation de l'art. 45, qui s'opposait à la réélection du président ; et, le 1er juin 1851, à l'occasion de l'inauguration du chemin de fer de Dijon, le Prince prononçait, sous les voûtes du vieux palais des ducs de Bourgogne, un discours dont il importe de reproduire le passage suivant :

« Je profite, disait-il, de ce banquet comme d'une tribune
» pour ouvrir à mes concitoyens le fond de mon cœur. Une
» nouvelle phase de notre vie politique commence. D'un
» bout de la France à l'autre des pétitions se signent pour
» demander la révision de la Constitution. J'attends avec
» confiance les manifestations du pays et les décisions de
» l'Assemblée, qui ne seront inspirées sans doute que par la
» seule pensée du bien public... Quels que soient les devoirs
» que le pays m'impose, il me trouvera décidé à suivre sa
» volonté. »

Les pétitions révisionnistes avaient réuni près de deux millions de signatures. 232 députés tinrent à s'y associer en les présentant à l'Assemblée. La discussion s'ouvrit le 14 juillet; elle occupa six séances. Le scrutin donna les résultats suivants :

Votants, 724; — majorité légale, 543
Pour la révision .   446
Contre.   278

La majorité *légale* étant, d'après la Constitution, des *trois quarts des voix*, c'est-à-dire de 543, la *révision ne fut pas adoptée*.

Cet insuccès *constitutionnel* n'arrêta nullement le mouvement révisionniste. 80 conseils généraux sur 85 émirent un vœu dans ce sens ; 3 s'abstinrent, et 2 seulement prirent une décision contraire.

Le 4 novembre, le Président, adressant à l'Assemblée son Message annuel, mettait au jour les projets de la démagogie et réclamait en même temps l'abrogation de la loi du 31 mai. Cette loi, émanée de l'initiative parlementaire, avait restreint le suffrage universel en lui enlevant trois millions d'électeurs. Le Message s'exprimait ainsi :

« Rétablir le suffrage universel, c'est enlever à la guerre
» civile son drapeau, à l'opposition son dernier argument.
» Ce sera fournir à la France la possibilité de se donner des
» institutions qui assurent son repos, ce sera rendre aux
» pouvoirs à venir cette force morale qui n'existe qu'autant
» qu'elle repose sur un principe consacré et sur une autorité
» incontestable. »

Quant aux menées démagogiques, le Message les signalait en ces termes :

« ... Une vaste conspiration démagogique s'organise en
» France et en Europe. Les sociétés secrètes cherchent à
» étendre leurs ramifications jusque dans les moindres
» communes ; tout ce que les partis renferment d'insensé,
» de violent, d'incorrigible, sans être d'accord ni sur les
» hommes ni sur les choses, s'est donné rendez-vous en 1852,
» non pour bâtir, mais pour renverser.

« Votre patriotisme et votre courage, à l'aide desquels je
» m'efforcerai toujours de marcher, épargneront, je n'en
» doute pas, à la France, les périls dont elle est menacée ;

» mais pour les conjurer, envisageons-les sans crainte
» comme sans exagération, et tout en étant convaincu que,
» grâce à la force de l'administration, au zèle éclairé de la
» magistrature, au dévouement de l'armée, la France ne
» saurait périr, réunissons tous nos efforts, afin d'enlever
» au génie du mal jusqu'à l'espoir d'une réussite momen-
» tanée. »

La proposition relative au retrait de la loi du 31 mai excita au plus haut point le mécontentement de l'Assemblée. Celle-ci la rejeta et riposta par la célèbre proposition des questeurs, ainsi nommée parce que MM. Baze, Le Flô et Panat, questeurs, s'étaient chargés de la présenter. Cette dernière proposition ne tendait à rien moins qu'à enlever au Prince-Président le droit de direction de la force publique ; en d'autres termes, c'était sa propre déchéance.

Le but de cette proposition — dit M. de Beaumont-Vassy, dans une brochure intitulée : *La Préface du 2 Décembre,* publiée en 1853, — le but de cette proposition n'était un mystère pour personne. On n'ignorait pas quel était le plan des partis ligués ensemble et qui conjuraient la perte de Louis-Napoléon dans le cas, alors probable, d'un vote favorable à leurs espérances. L'arrestation immédiate du prince, la mise en accusation des ministres eussent été les conséquences certaines de ce vote. Louis-Napoléon le savait bien. Aussi, est-ce à dater des jours qui précédèrent cette discussion si importante que le prince prit toutes ses mesures pour la réalisation du coup d'Etat exécuté un peu plus tard avec tant d'activité et d'énergie.

Vint ensuite le projet de loi sur la responsabilité des dépositaires de l'autorité publique, projet qui, entre autres des dispositions, contenait celles-ci :

Le président pourra être accusé s'il se rend coupable de provocation à l'abrogation de l'art. 45 de la Constitution.
Lorsque le président de la République est *accusé*, il cesse ses fonctions.

La proposition des questeurs fut discutée le 17 novembre. Elle souleva une véritable tempête. Le général de St-Arnaud, ministre de la guerre, en demanda le rejet pour les motifs que voici :

Le droit qu'on demande pour le président de l'Assemblée, dit-il, ce droit de réquisition directe, illimitée, absolue sur l'armée entière, ne serait pas seulement la violation du grand principe de la séparation des pouvoirs, ce serait aussi la destruction de toute discipline militaire.
La condition essentielle de cette discipline, c'est l'unité du commandement. Or, le projet donne un nouveau chef à l'armée : le président de l'Assemblée Législative.

Maintenant supposez une insurrection, des ordres contradictoires, puisqu'ils pourraient émaner de deux chefs différents, que devient l'armée, sa force, son action? Là où ne règne plus le principe de l'unité dans le commandement, il n'y a plus d'armée.

Au nom du salut du pays, nous vous demandons de ne point prendre le projet en considération.

Des explications avaient été échangées de part et d'autre, et le sort de la proposition semblait compromis, quand le général Bedeau vint passionner le débat en posant la question suivante:

Est-il vrai que le décret du 11 mai 1848 (*) affiché dans les casernes ait été retiré par ordre du pouvoir exécutif.

Le ministre de la guerre répondit:

Oui, le décret du 11 mai, tombé en désuétude, n'était plus affiché que dans un petit nombre de casernes; je n'ai pas voulu laisser aux soldats un prétexte de doute et d'hésitation, je l'ai fait enlever là où il existait encore.

Cette déclaration fut suivie d'un tumulte inexprimable.

Les représentants, dit un historien, quittent leurs bancs, on entend de toute part se croiser les menaces et les interpellations bruyantes.

— Je demande la mise en accusation du ministre, dit M. Charras.

— Je demande l'arrestation immédiate de tous les ministres, pendant qu'ils sont dans la salle, dit M. Baze, appuyé d'un groupe de députés de la droite.

En ce moment on voit le général Changarnier dire un mot à l'oreille du commissaire de police de l'Assemblée, pendant que les représentants royalistes parcourent les bancs des montagnards en les exhortant à s'unir à eux pour un vote qui doit amener le coup d'État parlementaire préparé d'avance.

Que faire! demandent plusieurs représentants dévoués au Président.

Faites ce que vous voudrez et laissez-les faire ce qu'ils pourront, répond avec fermeté M. de Thorigny, ministre de l'intérieur, *nous sommes prêts à tout*.

Ces paroles consolident les déterminations chancelantes, et, pendant que le scrutin s'ouvre au milieu d'une des plus épouvantables confusions parlementaires, le ministre de la guerre quitte la salle ainsi que le général Magnan commandant l'armée de Paris, qui assistait à la séance dans une tribune, et que la coalition se préparait à faire arrêter avec les ministres.

(*) Le décret du 11 mai donnait au président de l'Assemblée le droit de requérir directement la force armée, officiers, commandants et fonctionnaires qui étaient tenus d'obtempérer immédiatement à ses réquisitions.

« L'Assemblée nationale constituante, fait observer un écrivain, était pouvoir *unique*, pouvoir *souverain* de l'époque. Le président de l'Assemblée constituante, agissant au nom de cette Assemblée souveraine, ne pouvait donc pas trouver d'autorité rivale contre les ordres émanés de lui; il n'y avait pas à redouter de divergence ou d'incertitude dans les réquisitions qui pouvaient être faites à la force publique. L'unité nécessaire à la force du commandement était maintenue. Mais sous l'empire de la Constitution qui avait créé un pouvoir *exécutif* en face du pouvoir *législatif* et qui avait donné au premier le droit de direction absolue de la force publique, il ne pouvait en être ainsi sans une choquante anomalie. »

On fait trop de bruit dans cette maison, dit gaiement le général St-Arnaud à un député qui s'étonnait de le voir sortir au moment du vote: *Je vais chercher la garde.*

Les deux généraux après avoir donné les ordres nécessaires à l'état-major des Tuileries, se rendent à l'Elysée accompagnés de M. de Maupas, préfet de police. M. de Morny les y avait précédés, et on arrête les dernières mesures à prendre pour toutes les éventualités

Le vote de la proposition des questeurs eût été le signal des violences parlementaires et le président acceptait résolument la guerre qu'on lui déclarait; une lutte terrible allait commencer à l'instant même.

Enfin, au milieu de l'émotion fiévreuse de l'Assemblée et de l'attente anxieuse du public, le résultat du scrutin se proclame à 3 heures du soir.

Votants, 703; — majorité absolue, 355.

Pour 300
Contre. . . . 408

La proposition des questeurs est rejetée!

Ce résultat rompit les plans de la ligue et annula de part et d'autre tous les préparatifs qu'avait nécessités la prévision contraire.

Dans le courant de ce même mois de novembre, Donoso Cortès écrivait encore :

La France est livrée à l'impulsion la plus violente, la plus capricieuse, la plus absurde, la plus aveugle, la plus folle de toutes, à l'impulsion de ces coalitions éphémères que la passion seule a formées et que la passion seule domine. Le pouvoir, la religion, l'ordre, la famille, la propriété, la vie, tout est mis à la loterie que fait tirer la France...

Ces tiraillements et ces luttes menaient la France à une catastrophe. Qu'il vînt de l'Assemblée ou du Président, un coup d'Etat était imminent, nécessaire... nécessaire en face de l'échéance de 1852 qui allait, pendant quelque temps, laisser le pays sans gouvernement. La révision de la Constitution était la planche de salut qui s'était offerte; on l'avait rejetée.

On comprenait, d'ailleurs, que, par un coup d'Etat seul on pouvait sortir d'une pareille situation. Aussi, chaque parti se mettait-il en mesure de le tenter à son profit, ainsi que l'attestent des témoignages irrécusables.

En effet, dans les papiers qui furent saisis le 2 décembre, on trouva, dit-on, toutes préparées, les lois organiques du gouvernement nouveau que l'on songeait à établir, après avoir envoyé le Président à Vincennes, et, en même temps, la liste de la répartition des portefeuilles et des emplois lucratifs à partager, après la victoire, entre ceux qui se flattaient de l'avoir préparée.

D'un autre côté, les radicaux méditaient un de ces audacieux coups de main qui leur avaient quelquefois réussi. Qu'on se rappelle l'exclamation que poussa, au moment de son arrestation, Lagrange, le fougueux montagnard : *Le coup est hardi*, dit-il, *mais c'est bien joué. Nous voulions le f... dedans, mais c'est lui qui nous y f...!* Ces mots, que l'histoire doit enregistrer, quelque grossiers qu'ils puissent être, résument toute la situation.

M. de Beaumont-Vassy rapporte dans la brochure, que nous avons citée plus haut, que, le 2 décembre, ayant rencontré M. de la Rochejacquelein, celui-ci lui dit en souriant :

Eh bien, le président nous met à la porte ; il y a longtemps que je prévoyais ce résultat. Il a été plus fin et plus fort qu'eux tous, et puis il fait appel au peuple ; c'était le seul remède dans la situation ; il y a longtemps que je l'ai dit pour la première fois. On n'a pas voulu me croire ; tout se passe cependant comme je l'avais prévu ; quant à moi, je me trouve bien à mon aise dans cette question ; j'ai toujours demandé l'appel au peuple. J'attendrai tranquillement le résultat de l'épreuve, car je suis, avant tout, conséquent avec moi-même.

Dans l'impasse où la France se trouvait acculée, en présence des conspirations qui s'élaboraient, le seul remède à la situation était dans l'appel au peuple. Il fallait que le pays se prononçât entre le Président et l'Assemblée, car le pays, en imposant sa volonté, pouvait seul rétablir l'ordre et conjurer les complots. C'est dans ce but que le prince Louis-Napoléon décréta la dissolution de l'Assemblée et se présenta devant la Nation, lui demandant de juger entre les partis et lui.

Le coup d'Etat ne fut donc pas un changement de gouvernement imposé par la violence ; ce fut un appel au peuple.

Quelques individualités essayèrent d'organiser la guerre civile. Pourquoi faire couler le sang, quand on a dans la main cette arme qui soumet tout à sa puissance, cette arme terrible qui s'appelle : Bulletin de vote ? Puis, quand le scrutin a rendu son arrêt, tout le monde ne doit-il pas s'incliner ?

On sait quel fut cet arrêt ! 7,473,431 voix ratifièrent l'acte du 2 décembre.

Si, le 2 décembre 1851, le prince Louis-Napoléon commit un crime, on peut donc dire qu'il eut pour complice la France, la France qui, maîtresse de ses destinées, a le droit de « lier et délier. »

« On n'est pas criminel, a dit un historien, quand on musèle une bête fauve aux applaudissements de tout une nation. » La bête fauve que venait de museler le 2 décembre, c'était la discorde ; c'était la guerre civile ; c'était l'anarchie !

Que l'on n'essaie point d'attribuer les suffrages qu'obtint le Prince-

Président à l'ascendant qu'exerce tout pouvoir établi. Rien ne peut faire dévier un courant national. Un grand peuple ne se laisse ni intimider ni séduire ; il suit sa voie et brise tous les obstacles qui s'opposent à sa marche. 1848 nous en offre un exemple frappant. A cette époque, le général Cavaignac tenait le pouvoir. Il se porta candidat à la présidence avec tout le prestige officiel. La vaste armée de tous les hommes, qui dépendent du gouvernement, soutint sa candidature avec un ensemble parfait et avec un zèle actif. Malgré tant de moyens et tant de chances de réussite, le général Cavaignac fut évincé, et ce fut le nom du prince Louis-Napoléon qui sortit de l'urne à une écrasante majorité.

En 1851, comme en 1848, le peuple obéit à ses instincts et à ses sympathies. Il répudia les partis, pour accorder sa confiance à celui que, plus tard, il devait sacrer Empereur, et que, dès à présent, il entendait investir du suprême pouvoir.

Une ère nouvelle s'ouvrit pour la France, ère de grandeur et de prospérité qu'est venue interrompre la guerre fatale de 1870, guerre dans laquelle Napoléon III se trouva jeté, sans avoir pu, par suite des efforts de l'opposition, réunir les ressources et les forces qu'il avait vainement tenté d'organiser.

Naguère, un des écrivains les plus distingués de la presse française, M. Saint-Genest, s'adressant aux hommes qui outragent l'Empire, plaçait ces paroles dans la bouche de l'exilé de Chislehurst :

« Je vous ai pris au lendemain des Journées de Juin, alors que
» vous rouliez épouvantés... Je vous ai donné vingt années d'ordre e
» de prospérité. La veille de mon arrivée, vous vous égorgiez dans les
» rues ; le lendemain de mon départ, l'incendie dévorait votre
» capitale... Si j'ai violé une Assemblée, ça été pour vous donner
» l'ordre : tandis que vous l'avez violée à la faveur des armées
» étrangères pour jeter la France dans le chaos... »

Hommes du 4 septembre, qu'avez-vous à répondre ?

IV

EXPÉDITIONS & CAMPAGNES.

Outre la guerre de 1870, dont nous venons d'exposer les causes et de retracer les premières phases, il y eut sous l'Empire : 1° la guerre de Crimée ; 2° la guerre d'Italie ; 3° les expéditions de Chine et de Cochinchine ; 4° l'expédition du Mexique.

La *guerre de Crimée* fut entreprise, de concert avec l'Angleterre, pour résister aux empiètements de la Russie qui, ayant envahi la Turquie, menaçait Constantinople, dont la possession devait lui assurer la suprématie dans la Méditerranée. Voici, du reste, en quels termes Napoléon III s'exprimait au sujet de cette guerre, le 2 mars 1854, dans son discours d'ouverture de la session législative :

« ... L'Europe, préoccupée de luttes intestines depuis
« quarante ans, rassurée d'ailleurs par la modération
« de l'Empereur Alexandre en 1815, comme par celle
« de son successeur jusqu'à ce jour, semblait méconnaître
« le danger dont pouvait la menacer la puissance colossale
« qui, par ses envahissements successifs, embrasse le
« Nord et le Midi, qui possède presque exclusivement
« deux mers intérieures, d'où il est facile à ses armées
« et à ses flottes de s'élancer sur notre civilisation. Il
« à suffi d'une prétention mal fondée à Constantinople
« pour réveiller l'Europe endormie.

« Nous avons vu, en effet, en Orient, au milieu
« d'une paix profonde, un souverain exiger tout-à-coup,
« de son voisin plus faible, des avantages nouveaux, et,
« parce qu'il ne les obtenait pas, envahir deux de ses
« provinces. Seul, ce fait devait mettre les armes aux
« mains de ceux que l'iniquité révolte. Mais nous avions
« aussi d'autres raisons pour appuyer la Turquie. La
« France a autant et peut-être plus d'intérêt que l'An-
« gleterre à ce que l'influence de la Russie ne s'étende
« pas indéfiniment sur Constantinople; c'est régner sur
« la Méditerranée, et personne de vous, Messieurs,
« je le pense, ne dira que l'Angleterre seule a de
« grands intérêts dans cette mer, qui baigne trois cents
« lieues de nos côtes. D'ailleurs, cette politique ne date
« pas d'hier: depuis des siècles, tout gouvernement
« national en France l'a soutenue; je ne la déserterai pas.

« Qu'on ne vienne donc plus nous dire : qu'allez-vous
« faire à Constantinople ? Nous y allons avec l'Angleterre
« défendre la liberté des mers et notre juste influence
« dans la Méditerranée... Nous y allons avec tous ceux
« qui veulent le triomphe du bon droit, de la justice
« et de la civilisation. »

Cette guerre fut glorieuse pour nos armes. Elle grandit la France ; elle la replaça à la tête de l'Europe, et lui rendit ainsi et son prestige et le rang qu'elle avait occupé aux jours de sa grandeur et de sa puissance. 1815 était effacé.

Les *expéditions de Chine et de Cochinchine* ouvrirent à notre commerce les ports principaux de ces contrées lointaines, dotèrent la France d'une riche colonie et assurèrent la sécurité de nos missionnaires, messagers de paix et de civilisation. Au double point de vue de l'honneur et de l'intérêt national, ces résultats n'étaient point à dédaigner. Ajoutons qu'ils furent brillamment conquis.

L'*expédition du Mexique* eut une issue malheureuse. Aussi, est-elle devenue le thème inépuisable de récriminations. Mérite-t-elle les reproches dont elle est l'objet ?... Examinons.

Les Etats-Unis, rompant avec la doctrine de Monroë : *l'Amérique aux Américains*, cherchaient à intervenir dans les affaires de l'ancien continent. Au lendemain de la guerre de Crimée, ils s'étaient alliés à la Russie, s'étaient montrés menaçants à Constantinople, avaient même demandé et presque obtenu que le sultan leur vendît la Régence de Tripoli, afin d'avoir, dans la Méditerranée, un établissement assez important pour justifier la présence d'une flotte qui leur permît de peser sur toutes les nations riveraines du grand lac européen.

Les trois puissances les plus intéressées, l'Angleterre, l'Espagne et la France, s'émurent de ces prétentions et songèrent au moyen d'y parer.

Depuis leur émancipation jusqu'à cette époque, les colonies espagnoles avaient été en butte à de perpétuelles révolutions. Pour se procurer de l'argent, chaque parti qui parvenait à saisir le pouvoir, ne manquait jamais de frapper d'un lourd impôt les résidents étrangers, bien heureux quand il ne pillait pas leurs magasins ou ne confisquait pas leurs propriétés.

Le Mexique, surtout, avait usé et abusé de ces moyens violents. Plusieurs fois déjà, la France avait dû intervenir en faveur de ses nationaux, si nombreux dans cette partie du Nouveau-Monde. On se rappelle la prise de St-Jean-d'Ulloa par le prince de Joinville ; après cette glorieuse expédition, le gouvernement mexicain s'empressa de traiter : il accorda les indemnités réclamées et donna en gage le produit des douanes de son port principal : la *Vera Crux*.

Mais, bientôt pressé par le besoin d'argent, le président Juarez fit établir une douane intérieure où le Mexique percevait une seconde fois les droits, si élevés déjà, que les marchandises avaient acquittés au débarquement.

Le commerce dut changer ses habitudes ; les navires furent dirigés sur d'autres ports ; le trafic de la *Vera-Crux* fut anéanti et le gage qui garantissait l'indemnité, due à nos compatriotes dépouillés, disparut entièrement.

L'Angleterre et l'Espagne avaient des griefs de même nature ; il fut décidé que l'on agirait de commun contre le Mexique, où, sous le protectorat des puissances intervenantes, s'établirait un gouvernement allié qui opposerait une digue aux envahissements des Etats-Unis. L'occasion paraissait favorable. Les Etats-Unis étaient divisés par la guerre de sécession. L'expédition du Mexique fut donc résolue.

La France devait fournir une flotte et des troupes ; l'Espagne devait envoyer de Cuba une armée de six mille hommes ; l'Angleterre ne fournissait que ses vaisseaux.

Le commandement du corps espagnol était confié au général Prim, officier brillant et aventureux, dont l'ambition démesurée devait être si funeste à la France !

Six semaines avant l'époque fixée pour le rendez-vous, il embarque ses troupes, descend près de la Vera-Crux, et s'avance à quelques lieues dans l'intérieur des terres.

Prim aspirait à devenir vice roi ou même empereur du Mexique; il avait noué des intrigues jusque dans le cabinet du président Juarez. Il croyait voir les conjurés venir à sa rencontre, et tout terminer avant l'arrivée des alliés. Il s'était abusé et, lorsque débarquèrent les troupes françaises, il venait, reconnaissant son impuissance, de signer avec les Mexicains un traité honteux que la France ne voulut pas accepter.

Prim se rembarqua ; l'Angleterre refusa d'aller plus loin. Mais l'honneur de la France était engagé ; l'Empereur voulut le maintenir intact et l'expédition eut son cours.

A 3,000 lieues de la mère-patrie, sous un climat inhospitalier, une poignée d'hommes engagea une lutte inégale contre les forces mexicaines. Nous ne rappellerons pas les prodiges de valeur qui furent accomplis. Puebla fut pris d'assaut ; Mexico se rendit ; la France était victorieuse !

Chose triste à dire ! c'est que dans les rangs mexicains on trouva des Français, et, dans les mains de l'ennemi, les discours des Favre et des Picard, attaquant le gouvernement avec rage ! Patrie, gloire, n'êtes vous que de vains mots pour certaines gens ? Ces gens là, on les connaît. Dernièrement, ne proclamaient-ils pas que, perdre deux provinces, ce n'était pas trop pour obtenir le gouvernement de leur préférence ?.. Qu'ils soient maudits, ceux qui, à des calculs de parti, sacrifient l'honneur ou l'intérêt du pays !

La guerre terminée, la couronne mexicaine fut offerte à l'infortuné Maximilien. Le suffrage de ses futurs sujets la lui conféra. On sait le triste sort qu'il subit au départ de nos troupes. Ce souvenir remplit le cœur d'amertume.

Si l'honneur militaire avait été sauvegardé, le but de l'expédition n'était point atteint. Pour la première fois, Napoléon III avait échoué dans une entreprise importante. Les ennemis de l'Empire s'en réjouirent et en firent le sujet de déclamations qui, pour la plupart du temps, étaient aussi injustes qu'elles étaient violentes.

L'expédition n'avait point réussi. C'était son principal tort. Mais qui, ici-bas, ne se trompe pas ? *Errare humanum est.*

Un autre grief, relevé contre l'Empire, par le parti religieux notamment, c'est la *guerre d'Italie.*

Hâtons-nous de dire que cette guerre eut des conséquences diamétralement opposées aux vues de l'Empereur, et cela, par le fait de ceux dont il prenait en main la cause et qui étaient plus intéressés à ce que ses projets devinssent une réalité. Certainement, Napoléon III désirait affranchir l'Italie du joug étranger, mais il entendait établir une *fédération* et non constituer un *grand royaume.*

L'Autriche venait de toucher à l'Italie, et déjà elle était en marche sur Turin. Bientôt, maîtresse de la Péninsule, elle allait s'installer à nos frontières et créer pour nous un dangereux voisinage. La France dut intervenir pour notre sécurité et pour la défense de l'équilibre européen. Elle aurait méconnu ses droits et ses devoirs si elle eût agi autrement. M. Thiers lui-même a dit autrefois :

> Je voudrais que ma voix eût une force qu'elle n'a pas, pour dire aux Italiens : Il faut que l'Italie sache que la France lui souhaite d'être *indépendante*, libre et heureuse. Nous ne devons pas souffrir qu'on vienne étouffer la liberté avec des baïonnettes... Je le répète, l'Italie est sacrée ; la France ne doit point souffrir qu'on y touche.

La guerre était allumée. Qui doit en assumer la responsabilité? Est-ce la France ou l'Autriche ?... Rappelons les faits.

A la réception du 1ᵉʳ janvier 1859, l'Empereur ayant fait allusion aux difficultés qui s'étaient élevées entre l'Autriche et la France, des bruits de guerre se répandirent, et, pour y mettre un terme, le gouvernement fit insérer au *Moniteur* du 7 mars une note pacifique dont voici quelques passages :

« L'Empereur n'a rien à cacher, rien à désavouer,
« l'intérêt français seul inspire sa politique... En face des
« inquiétudes, mal fondées, nous aimons à le croire, qui
« ont ému les esprits en Piémont, l'Empereur a promis au
« roi de Sardaigne *de le défendre contre tout acte agressif*
« *de l'Autriche*... Il n'a promis rien de plus et l'on sait
« qu'il tiendra parole. »

L'Europe, néanmoins, s'émut, et l'un des personnages les plus éminents de la Grande-Bretagne, lord Cowley, se rendit à Saint-Pétersbourg, à Vienne et à Berlin, porteur de propositions qui avaient pour objet principal : la réunion du congrès au sein duquel serait provoqué un désarmement général.

La France, la Russie, la Prusse et le Piémont donnèrent leur assentiment. L'Autriche le refusa et même elle exigea que le Piémont désarmât d'abord sans aucune réciprocité de sa part.

Devant une prétention aussi exorbitante, le Congrès devait échouer ; il échoua.

On était alors aux premiers jours d'avril. Le 22, l'Angleterre formula de nouvelles propositions. Le *Moniteur* les publiait annonçant que la France, la Prusse et la Russie acceptaient... Nouveau refus de l'Autriche !

Le 25, le général Benedeck envoya son *ultimatum* à Victor-Emmanuel, lui faisant connaître qu'il serait attaqué si, dans le délai de trois jours, il n'avait pas désarmé. Le roi de Piémont ne pouvait se soumettre à une pareille injonction ; il refusa, et, le 27, les armées autrichiennes, passant le Tessin, s'emparèrent de Novarre et de Verceil, puis elles se disposaient à marcher sur Turin, quand l'arrivée des troupes françaises vint modérer leur ardeur.

C'est donc l'Autriche qui a voulu la guerre, et c'est la France qui a dû tirer l'épée pour secourir un allié et défendre sa propre cause.

L'Empereur s'était mis à la tête des troupes. Magenta et Solférino furent les derniers épisodes de cette brillante campagne, qui ne compta que des victoires et pas un échec !

Maître de la situation, Napoléon III proposa au vaincu, qui accepta, les conditions de paix les plus honorables, conditions stipulées dans le traité de Villafranca, et qui avaient pour base, savoir :

1° L'Italie organisée en fédération sous la présidence du Pape ;

2° Le Piémont agrandi de la Lombardie ;

3° Le roi de Naples maintenu sur son trône ;

4° Le grand-duc de Toscane formant, avec les autres princes du centre de l'Italie, un point d'appui pour le maintien de la suprématie romaine, une barrière entre le nord et le midi.

La cour de Rome refusa de se prêter à un arrangement si digne et si avantageux. Elle y mit pour condition que l'armée française ferait rentrer sous sa loi Bologne et les Romagnes, qui avaient déclaré rompu le pacte qui les unissait au Saint-Siège !... C'était vouloir l'impossible. En Toscane, les esprits enflammés par l'idée de l'unité italienne, sacrifièrent à cette perspective le gouvernement si doux, si paternel de leur archiduc. La révolution envahit le royaume de Naples. Chacun, en un mot, parut prendre à tâche de ruiner l'œuvre de Napoléon III.

Et maintenant, qui a fait les affaires de la Révolution, sinon ceux qui ont repoussé les offres de la France ? En quoi Napoléon III est-il coupable ? Peut-on l'accuser d'avoir voulu amoindrir le Saint-Siège, quand il a exigé que le Pape fût le président de la Confédération italienne. Lui seul, d'ailleurs, a, jusqu'au dernier moment, protégé le chef de la catholicité. Cela est si vrai que, depuis la chute de l'Empire, Pie IX, prisonnier au Vatican, appelle vainement l'Europe à son secours.

Ainsi, l'unité italienne s'est formée en dépit des exhortations de la France, et l'on a trouvé commode d'imputer à Napoléon III un état de choses qu'il s'est efforcé de combattre et de prévenir. Mieux éclairés, les esprits reviendront à une appréciation plus saine et plus juste.

Quant à la France, elle sortit de cette guerre, forte et puissante. Non-seulement son territoire s'accrut de trois nouveaux départements, mais son influence s'étendit au point qu'elle devint en quelque sorte l'arbitre de l'Europe. On l'avait vue en Crimée ; on venait de la voir en Italie ; les nations l'écoutaient et la respectaient. C'était le temps de sa grandeur et de sa prospérité. Elle n'était pas encore tombée aux mains des hommes du 4 septembre qui, paralysant les efforts du gouvernement, devaient la mettre à la merci de l'étranger, puis s'en emparer et la conduire à sa perte, après lui avoir infligé toutes les hontes et toutes les misères.

V

GOUVERNEMENT INTÉRIEUR

La fortune publique a pris, sous l'Empire, un accroissement considérable. Activant le travail, favorisant l'agriculture et donnant à l'industrie et au commerce l'ordre et la sécurité, sans lesquels ne peuvent se développer ces deux branches importantes de la prospérité nationale, Napoléon III, — comme on l'a dit, — « avait mis de l'or dans toutes les poches et dans toutes les mains. » Aussi, les ressources qu'il avait amoncelées au sein du pays, étaient telles que celui-ci, sans faire naufrage, a pu subir le terrible contre-coup d'une révolution et d'une guerre désastreuse.

En 1848, la France n'avait point à faire face aux exigences que réclame une lutte engagée avec l'étranger. Et cependant, la banqueroute fut imminente !...

L'Empire avait donc créé une situation si prospère qu'elle devait nous mettre à même de surmonter des obstacles, qui pouvaient paraître insurmontables.

L'auteur de la brochure : *Ils en ont menti*, dresse à ce propos le bilan que voici :

Pendant les dix-huit ans de règne de Napoléon III, les revenus annuels de notre agriculture se sont accrus de plus de *deux milliards*, et la valeur du sol de plus de *vingt milliards*.

C'est aussi par milliards qu'il faut compter l'augmentation du nombre et la plus-value des autres propriétés immobilières : maisons, usines, constructions de toutes sortes. Dans la seule ville de Paris, les habitations particulières, qui n'étaient estimées qu'à *cinq milliards* en 1852, dépassaient *huit milliards* au commencement de 1870.

Et Lyon, et Marseille, et Bordeaux, et Lille, et Rouen, et toutes les autres villes grandes et petites, que n'ont-elles pas gagné en étendue, en salubrité, en embellissements, à ce règne si prodigieusement fécond?

L'industrie et le commerce ont prospéré plus rapidement et plus largement encore. Pendant ces dix-huit ans, leurs produits et leurs échanges se sont élevés de *quatre à dix milliards*, et les valeurs mobilières : titres de rentes, actions, obligations diverses, se sont accrues de *quinze milliards*.

Nos chemins de fer comptaient, en 1870, *douze mille* kilomètres de plus qu'en 1851.

Nos canaux, nos routes, nos chemins de grande, de moyenne et de petite vicinalité, ont suivi la même progression. Le service des postes s'est étendu aux plus petites localités, et le réseau des lignes télégraphiques couvrait la France entière.

Ainsi, l'Empire a décuplé la richesse publique.

Il assurait l'ordre, car, avec lui, on n'a point vu renaître ces émeutes qui, sous le règne précédent, avaient tant de fois inquiété le pays et mis en danger la sécurité publique. Aujourd'hui, plus que jamais, on comprend les avantages d'un régime qui offre de pareilles garanties.

En développant la prospérité et en assurant l'ordre, l'Empire avait-il anéanti toutes nos libertés?

Comparons.

Etait-on plus libre sous le régime du citoyen Gambetta, dont tous les actes sont marqués au coin du despotisme?

Est-on plus libre aujourd'hui?... Certaines feuilles démocratiques ont eu la franchise d'avouer que sous l'Empire on agissait avec moins de sans-façon.

L'Empire a donné toute l'extension possible aux libertés, réputées nécessaires autrefois, et même on lui reproche de leur avoir fait une trop large part. C'est ce qui résulte d'une lettre adressée à M. Jules Favre, en mai 1871, par un haut personnage, lettre dans laquelle on lisait :

... Je me demande si, parmi les fautes de l'Empire, la plus grande n'est pas d'avoir toléré vos tentatives criminelles à l'intérieur.

Combien de gens pensent comme l'auteur de cette lettre !

D'autre part, qui, plus que Napoléon III, se montra plein de sollicitude pour les classes laborieuses? Il multiplia, encouragea et soutint les sociétés de secours et de retraite, qui rendent tant de services aux véritables ouvriers ; il créa des orphelinats ou des asiles pour la vieillesse et les invalides du travail. Ces mesures, qui témoignent des sentiments les plus généreux et les plus philanthropiques, furent critiquées par quelques partisans des anciens régimes, et, dans certain monde, il était de bon ton d'appeler l'Empereur le *Démocrate couronné*, le *socialiste* ! Les classes laborieuses, que l'on peut égarer un instant mais chez qui la notion du juste finit toujours par l'emporter, les classes laborieuses se rappelleront un jour les efforts constants que fit Napoléon III pour améliorer leur sort.

VI

LA CORRUPTION

Un des thêmes favoris des adversaires de l'Empire, est la prétendue *corruption* engendrée par le régime impérial.

Sans examiner la valeur du reproche ni l'autorité morale de ceux qui le font, il ne faut pas remonter bien haut dans notre histoire pour trouver une licence de mœurs semblable, sinon plus grande encore.

Que dirons-nous de la Société de la Régence, de Louis XV et même de Louis XVI, qui donnait cependant, on ne peut le nier, l'exemple de toutes les vertus domestiques ?

Si nous arrivons à l'austère république de 93, c'est bien autre chose. L'impudique déesse Raison et les *athéniennes* qui se promenaient à peu près nues, sous leurs robes de gaze, imitation indécente et grotesque de la *tunique de verre* (toga vitrea) des courtisanes de la Grèce antique, étaient-elles des exemples de vertu et de pudeur ?

Et les soupers de Barras ? Etait-ce donc une école de mœurs dont les enseignements devaient régénérer la société corrompue du XVIII° siècle ?

Sous le premier Empire, les préoccupations constantes de la guerre étrangère, mirent un frein momentané à la licence des époques passées ; mais la Restauration, avec la paix et le calme intérieur, eut bien vite ramené cette corruption mondaine qui, des hautes classes, s'était répandue parmi le peuple et la bourgeoisie. Tout le monde sait par cœur les études immortelles de Balzac sur les débordements de la société qui précéda 1830.

Et nous-mêmes, n'avons nous pas été témoins des dernières années du règne de Louis-Philippe ? La société de 1846 valait-elle mieux que celle de nos jours ? Nous ne le croyons pas.

Si le luxe, si le désir de la toilette ont pris une extension exagérée dans ces derniers temps, à quoi faut-il l'attribuer, si ce n'est à la prospérité intérieure, au bien-être et au développement de toutes les branches du commerce et de l'industrie ?

Le bien-être croissant, l'élévation de la fortune privée amenèrent forcément un besoin de luxe plus grand dans toutes les classes de la société. C'est là une loi fatale qui est la conséquence du progrès matériel de la civilisation, et à laquelle aucune nation ne saurait échapper.

Il n'est pas de loi humaine qui puisse entraver la marche progressive du luxe et de la dépravation qu'il traîne avec lui.

Prenons l'histoire de toutes les civilisations, chez tous les peuples, nous verrons que l'apogée de la civilisation et du bien-être matériel a toujours entraîné une licence excessive.

Le siècle de Périclès, le siècle d'Auguste ont conduit sans peine les Grecs et les Romains à la corruption asiatique des grands jours de la civilisation assyrienne et persane.

L'histoire est là pour le dire, et les documents archéologiques nous parlent assez haut de mœurs honteuses et raffinées dans les vestiges de Pompéï et d'Herculanum.

Devions-nous donc échapper à la loi commune ! Et croyez-vous que le gouvernement du 4 septembre a réformé quelque chose ?

Voyez les boulevards de Paris, à l'heure actuelle. Le baptême de feu et de sang de ces deux dernières années a-t-il chassé les prostituées des cafés et des trottoirs depuis la Madeleine jusqu'au faubourg Montmartre ?

Et qu'on n'aille pas nous objecter les mœurs de l'Angleterre, de l'Amérique.

Il n'y a là pourtant aucun souverain qui puisse donner un exemple fatal.

A Londres, le luxe est effréné, la prostitution est libre d'une manière absolue ; et les *Turkish-divans* laissent un peu loin nos cafés du boulevard.

Parlerons-nous de New-York et de Genève ?

C'est inutile : tous ceux qui ont vu ces villes diront que l'immoralité et la corruption y règnent avec une désinvolture superbe.

Est-ce donc aussi la faute des gouvernements de ces pays ? Pas plus que le luxe parisien n'était celle de Napoléon III et ne sera celle de ses successeurs.

Nous le répétons, c'est la loi fatale de toutes les civilisations, et nul effort humain ne peut y soustraire un peuple.

Le remède à ce mal social, où est-il?

Dans la religion et dans l'enseignement.

Est-ce que l'Empereur n'entourait pas la religion de respect et de vénération? — On lui reprochait même de trop faire pour elle. — Est-ce qu'il n'activait pas sans relâche le développement de l'enseignement public?

Si *corrompre* un peuple c'est *l'enrichir* — a dit un publiciste, — jamais il n'y eut de plus grand corrupteur que Napoléon III.

Par contre, si *moraliser* un pays, c'est *l'appauvrir*, il est impossible de trouver un gouvernement plus moral que celui du 4 septembre, excepté celui de la Commune, qui en était du reste, la conséquence logique.

Pendant les neuf mois qu'ont duré ces deux gouvernements modèles, la ruine, la misère, la désolation de la France sont arrivées au comble...

Ne confondons pas l'aisance, le luxe même avec la corruption...

L'Empereur ne se bornait pas à dire aux Français, comme leur disait M. Guizot sous Louis-Philippe : *Enrichissez-vous*; il les enrichissait en ouvrant devant eux toutes les voies de la fortune.

Est-ce sa faute si quelques-uns en abusaient?

Constatons enfin avec la statistique, que les crimes, depuis 1851 jusqu'à la fin de l'Empire, ont diminué de 39 % et les délits de 20 %.

Que l'on consulte aujourd'hui la statistique, ce thermomètre de la moralité publique, et l'on verra ce qu'elle répondra !

VII

LA CUPIDITÉ IMPÉRIALE

Dans un entretien que l'Empereur eut le 5 novembre 1870 avec le correspondant du *New-York Herald*, journal américain, entretien qui a été reproduit par le *Daily Telegraph*, Napoléon III, parlant des calomnies auxquelles il était en butte, se serait exprimé en ces termes :

L'Empereur : Je sais que l'Amérique est une franche et généreuse nation, et je ne puis croire que jamais elle approuve les calomnies que l'on débite contre moi. Avez-vous lu celle que l'*Indépendance belge* et autres journaux ont publiée, et dans laquelle je suis accusé de m'être approprié des fonds publics? Je puis vous assurer que, sous mon gouvernement, un tel abus était de la plus grande impossibilité. Pas un franc ne se dépensait sans le contrôle de l'administration. Je ne me suis pas cru obligé de condescendre à contredire ces ignobles calomnies. Cependant, j'en ai démenti quelques-unes afin d'avoir l'occasion de prouver que la plus grande partie de ma liste civile a été dépensée, par moi, au profit des institutions publiques du pays. Peut-être avez-vous lu les constatations qui ont été publiées par mon ordre, et signées par Thelin, mon trésorier, pour contredire les assertions sans fondement d'un certain M. Pol.

LE CORRESPONDANT : Je les ai lues, Sire. De telles récriminations, en Amérique, ne sont pas considérées comme dignes de l'attention des personnes respectables.

L'EMPEREUR : J'ai quelques propriétés en Italie qui m'ont été laissées par mon père ; ma femme a un petit douaire, des diamants, et c'est tout.

Ainsi, l'Empereur a été représenté comme un homme cupide, opérant des prélèvements sur sa liste civile, et même comme ayant dérobé des milliards à la France !!! Il semblait qu'une aussi basse calomnie ne pouvait atteindre le souverain, dont le cœur généreux se révélait chaque jour par des actes si divers et si multipliés. Il est vrai que cette accusation n'a jamais été formulée officiellement. Louis-Philippe n'aurait pu en dire autant. On lit, en effet, dans la proclamation que les hommes du 24 février 1848 lancèrent le 13 mars de cette même année :

« La chute si rapide de l'ex-roi Louis-Philippe, *chassé de France
« par le mépris public*, est un grand enseignement... Il était le
« plus *riche* des monarques. Fier de son habileté, il s'appuyait sur
« une Chambre docile et sur une armée formidable... Il est allé
« pleurer à l'étranger la perte de sa couronne et *jouir de tous les
« millions qu'il a enlevés à la France*... Il s'est constamment
« appliqué à *tromper* la nation pour lui arracher *ses écus*...
« Accroître son pouvoir *personnel* et sa fortune, tel a été le but
« constant de ses efforts. Pour y parvenir, il a employé mille
« moyens fallacieux ; il a consacré une partie de ses trésors à
« corrompre... Il avait des fonctionnaires *serviles*... La nation
« était *abaissée* au dehors, *opprimée* au dedans.

« Après Louis-Philippe, qui a cherché à nous *escamoter* nos
« libertés et *notre argent*, l'expérience est faite. »

Quoi qu'il en soit, la calomnie s'est attachée à l'Empereur.

La calomnie ! elle a été l'arme des hommes du 4 septembre et de leurs acolytes. Cette arme se brise dans leurs mains ; le jour se fait sur leurs actes, et leurs actes se résument par ces mots : incapacité, désordre, gaspillage, frénésie, mensonge et despotisme.

En admettant que l'Empereur eût réalisé des économies sur sa liste civile, qui pourrait lui en faire un reproche ? Blâmerait-on l'officier public ou le magistrat qui, pendant la durée de son administration, aurait fait des épargnes ? Nullement.

Précisons.

L'Empereur a-t-il, à son profit, opéré des prélèvements sur sa liste civile ?

Non.

Dans une brochure intitulée : *Les mystères de la cassette impériale*, M. André Raibaud, s'appuyant sur des documents authentiques, s'est livré au travail suivant, qu'il importe de placer sous les yeux du lecteur :

La liste civile, dit-il, se composait de deux parties bien distinctes.

La première et de beaucoup la plus considérable était moins affectée au service personnel du souverain qu'à de véritables services d'Etat. Elle répondait à des nécessités permanentes. En brisant le trône, on n'a pas fait disparaître les dépenses d'intérêt public, auxquelles elle était chargée de pourvoir.

Ce qui prouve, pour le dire en passant, qu'on trompe le public en lui faisant croire que la suppression de la liste civile allège le budget d'une somme de trente millions !

On ne pourrait rien retrancher, par exemple, du chapitre premier, ainsi composé :

I. Personnel des palais impériaux et dépense de régie.	2,201,000
II. Mobilier de la Couronne	1,386,000
III. Palais, Bâtiments et Jardins (Travaux d'entretiens et grosses réparations)	2,059,000
IV. Forêts et domaine	1,152,000
V. Eaux de Versailles, de Marly et de St-Cloud	488,000
VI. Musées impériaux	725,000
VII Manufactures impériales, Gobelins, Beauvais et Sèvres.	945,000
VIII. Bibliothèque des Palais.	150,000
IX. Etablissements agricoles créés par l'Empereur	950,000

On ne pourrait, sans s'exposer à de cruelles injustices, supprimer le chapitre III (*Dons de munificence*,) c'est-à-dire :

Service des dons et secours	1,200,000
Pensions accordées par l'Empereur.	600,000
Subventions pour porter au chiffre de 600 fr. la pension des sous-officiers et soldats amputés à la suite de blessures reçues à la guerre, etc., etc.	750,000

Cette première partie de la liste civile avait un budget fixe. Elle était administrée par le Ministère de la Maison de l'Empereur selon les règles ordinaires de la comptabilité publique et soumise au contrôle d'une commission composée du premier président de la Cour des comptes, de deux conseillers d'Etat, deux conseillers maîtres et cinq auditeurs. Ce n'était pas de ce côté, on le comprend, que Napoléon III eût pu faire des économies.

La seconde partie, sous le nom de Cassette particulière, constituait le domaine propre de l'Empereur. Elle était administrée par un agent qui relevait directement du souverain : le trésorier de la Cassette.

La dotation annuelle était de 5,400,000 fr.

5,400,000 fr. perçus pendant dix-sept ans et sept mois (nous comptons du 1er janvier 1853, puisque l'Empire date du mois de décembre 1852) font 95 millions de francs.

M. Raibaud établit ici, par les comptes que les agents du gouvernement actuel ont dans leurs mains, que l'Empereur a dépensé

93,987,300 francs. Voici quelques-unes des destinations qui ont été données à cette somme :

CASSETTE PARTICULIÈRE DE L'EMPEREUR.

Pensions accordées à d'anciens militaires, à d'anciens fonctionnaires, à des familles malheureuses	7,912,500
Frais d'éducation de jeunes orphelins placés par la liste civile dans des établissements d'instruction	703,300
Subvention annuelle de 15,000 fr à l'hospice de Versailles	263,700
Allocation annuelle de 12,000 fr. à la Société de la charité maternelle	211,000
Allocation annuelle de 150,000 fr. pour incendies, grêles, etc, etc.,	2,637,500
Cautionnements accordés à d'anciens militaires entrés par suite de blessures dans l'administration des finances.	200,000
Don à la banque des sociétés coopératives de Paris.	500,000
Don à la banque des sociétés coopératives de Lyon.	300,000
Don, déposé à la caisse des dépôts et consignations, pour la société de secours mutuels des anciens militaires	500,000
Création, sur le boulevard Mazas et avenue Rapp, de maisons ouvrières, à bon marché	500,000
Don à la société ouvrière de Paris de 42 maisons	280,000
Don à la société ouvrière de la ville de Lille.	100,000
Création de maisons ouvrières à Bayonne.	30,000
Don à la ville d'Orléans d'une maison de convalescence	90,000
Allocation pour la création de 12 lits à l'hôpital des Incurables.	150,000
Subvention annuelle de 20,000 fr. à la société du Prince Impérial pendant dix ans.	200,000
Desséchement des marais d'Orx (Landes)	2,500,000
Allocation aux trappistes pour le desséchement des Dombes (Ain).	430,000
Allocation aux trappistes de la Dordogne et de l'Allier.	100,000
Ensemencement des dunes de la commune d'Augle (B^{ses}-Pyréneés).	80,000
Construction des fermes du camp de Châlons et cheptel.	3,000,000
Achat de la ferme de Boukandoura et défrichements (Algérie).	350,000
Reconstruction de la terre de la Châtaigneraie près St-Cloud	800,000
Fertilisation des landes de Bretagne, création d'un hospice, d'une maison d'école à Korner Houet	300,000
Allocation pour les chemins vicinaux des Basses-Pyrénées	200,000
Don de charrues à vapeur au gouvernement de l'Algérie.	80,000
Subvention pour la construction des églises de Plombières, Biarritz, Rueil, St-Leu, Suippes, Rambouillet, Saint-Sauveur, etc.	3,200,000
Allocations pour maisons d'école dans beaucoup de communes.	1,200,600
Don de médailles en or et de bannières pour les concours régionaux, prix pour tir au fusil et à la carabine, les compagnies d'archers et de pompiers	879,100
Dons à divers industriels et prêts à des commerçants, à des sociétés telles que sociétés de touage, ateliers de physique, industrie des châles.	8,500,000
Subvention pour venir au secours de personnes ne pouvant faire face à leurs engagements.	2,700,000
Allocation à l'Impératrice pour des œuvres de bienfaisance.	9,950,000

Encouragements aux sciences et aux inventeurs.	5,275,000
Subvention pour des œuvres littéraires, publications diverses	2,200,000
Gratifications aux sociétés de secours mutuels et aux bureaux de bienfaisance.	3,516,000
Gratifications aux soldats blessés, attendant pendant plusieurs mois la liquidation de leurs pensions.	700,000
Voyages en Algérie et gratifications aux Arabes.	900,000
Achats et dépenses aux expositions 1855 et 1867.	600,000
Dons de munificence à des familles malheureuses, dots pour des mariages, cadeaux pour des baptêmes.	4,000,000
Création de fourneaux économiques dans Paris et dans d'autres villes.	200,000
Don à la Société fondée par le marquis d'Audiffret pour la diffusion des bons livres.	50,000

Etc., etc., etc.

Il est sans doute aisé de déclamer contre les millions de la liste civile. Il le serait moins de prouver qu'en les rayant du budget, la France ait jamais réalisé une économie...

Mais nous nous laissons aller à démontrer les avantages de la monarchie sur la république. Tel n'était pas le but de ce travail. Nous voulions simplement établir (et nous l'avons fait) qu'après dix-sept ans de règne l'Empereur pouvait avoir en réserve quarante, soixante, quatre-vingts millions, fruits d'économies fort avouables, — mais il ne les a pas, parce qu'il les a donnés.

Nous souhaitons à tous les régimes d'offrir le même exemple !

Récapitulons.

La liste civile de l'Empereur était de 25 millions par an, plus 2 millions de produits des forêts de la couronne, soit 27 millions.

Celles de Louis XVI et de Napoléon Ier étaient également de 25 millions.

Celles de Louis XVIII et de Charles X, avec les dotations des membres de la famille royale, dépassaient 30 millions.

Celles du Czar et du Sultan s'élèvent chacune à plus de 40 millions.

Sur les 27 millions que recevait Napoléon III, 21,600,000 fr. étaient absorbés par des dépenses obligatoires. Restait, à sa disposition personnelle, 5,400,000 fr.

Quel usage en a-t-il fait? On vient de le voir. Ses revenus ont été consacrés à encourager l'agriculture, l'industrie, les sciences, les arts; à secourir le malheur et l'indigence ; à créer et à soutenir toutes les œuvres de bienfaisance publique.

L'Empereur n'a donc pas thésaurisé. Il serait plus juste de dire que l'argent provenant de la liste civile retombait en pluie d'or sur le pays.

VIII

LES HONTES DE L'EMPIRE

Des écrivains, faisant preuve d'une mauvaise foi insigne, résument leur appréciation sur les actes du gouvernement de Napoléon III par ces mots : *Les hontes de l'Empire.*

Où est la justification de cette appellation injurieuse ? Où sont les hontes de l'Empire ?

Il y a eu des fautes, — qui n'en commet pas ? — des mécomptes, qui n'en a pas éprouvé ? — des nécessités, — qui n'en a pas subi ?

Des hontes ? Jamais.

L'Empire a relevé, en Europe et dans les contrées les plus lointaines, la gloire de notre drapeau et le prestige de notre puissance.

Est-il besoin de rappeler Inkermann, Sébastopol, Magenta, Solférino, la Chine, le Japon et la Cochinchine ? Le Mexique, il est vrai, fut un déboire, mais, si l'expédition n'a pas eu le résultat poursuivi, l'honneur est resté sauf et Puebla peut encore être inscrit parmi les victoires de l'armée française.

La France était respectée au dehors et son souverain était en quelque sorte l'arbitre des destinées de l'Europe. Bismark lui-même, avant la campagne qui s'est terminée à Sadowa, ne vint-il pas le consulter à Biarritz ? Qui arrêta la marche de l'armée prussienne victorieuse ? A qui l'Autriche remit-elle la Vénétie ? Et les souverains eux-mêmes, tous ou presque tous, ne rendirent-ils pas visite à Napoléon III ? Sous quel règne, sauf celui de Napoléon Ier, vit-on chose pareille ?

Voilà quelle était, à l'étranger, la situation de la France et de l'Empereur ! Fut-elle jamais plus belle ?

A l'intérieur, toutes les forces vives de la nation ont été mises en jeu et ont créé une prospérité dont le souvenir ne s'effacera point.

Des hontes ! Il y en a eu sous le régime enfanté par le 4 septembre. Nous aurons à en parler dans le cours de cet ouvrage. Mais, dès à présent, on peut se demander ce que ce régime nous a donné de *gloire,* de *liberté* et de *prospérité.*

Plus d'une année, — écrivait M. Clément Duvernois au mois d'octobre 1871, — plus d'une année s'est écoulée depuis la chute de l'Empire. Pendant cette année, les diffamateurs, les calomniateurs et les adversaires ont eu libre carrière, et les partisans du régime impérial ont été condamnés au silence. Comment donc se fait-il qu'après un an l'idée impériale soit la seule idée monarchique redoutée par les républicains ? Quel meilleur certificat de vitalité l'idée napoléonienne pouvait-elle recevoir ?...

Après avoir comparé ce qu'il a et ce qu'il avait, le pays ne voit pas distinctement qu'il ait gagné au change.

Les conservateurs qui, chaque matin, s'attendent à une émeute quelque part, se rappellent le temps où l'on avait perdu jusqu'au souvenir des barricades.

L'armée qui, après avoir obéi à M. Gambetta, obéit à M. Thiers, se souvient qu'à aucune époque, elle n'a été plus considérée que sous l'Empire.

Le clergé, qui a eu des mécontentements, parfois exagérés, parfois légitimes, se rappelle que l'Empire, tout en défendant la société civile, honorait la religion, et il constate avec tristesse que le gouvernement actuel fait un peu moins pour le Saint-Père que celui auquel on reprochait sa tiédeur.

Le commerçant dresse mélancoliquement son inventaire, et il le compare à l'inventaire précédent.

Le paysan se rappelle la prospérité dont il a joui : les routes sillonnent le pays en tous sens ; les chemins de fer se multiplient ; les chemins vicinaux sont largement dotés.

L'ouvrier, égaré un moment, se reporte à sa vie d'ordre et de travail.

Chacun faisant ainsi un double compte, celui de l'année courante et celui de l'autre année, la grande conspiration bonapartiste va son chemin. On trouve qu'à tout prendre, la tyrannie était assez douce, et que le gaspillage ne ruinait pas le pays.

Aucun gouvernement n'a plus fait pour le peuple ; aucun, en même temps, n'a donné une pareille sécurité aux intérêts. Peu à peu, chacun le reconnaît et l'on assiste à l'inévitable réaction de la justice et du bon sens contre la passion et la calomnie.

Oui, l'œuvre de justice s'accomplit. Le temps des basses calomnies est passé ; la vérité reprend ses droits.

DEUXIÈME PARTIE

DEUXIÈME PARTIE

~~~

LE 4 SEPTEMBRE

> Un parti, et ce sera son éternel déshonneur dans l'histoire, profitait des calamités publiques pour se hisser au pouvoir. En face d'une bataille perdue qui anéantissait la dernière armée dont la France pût disposer, il organisait la révolution. Il y avait un gouvernement, c'est-à-dire une force et un point d'appui ; il se préparait à le jeter par terre pour y substituer le désordre et plus tard la dictature.
>
> AMÉDÉE ACHARD.

I

La nouvelle des tristes événements, qui venaient de s'accomplir à Sedan, se répandit, dans la soirée du 3 septembre, à Paris, où elle fut apportée par une dépêche d'origine belge. La nuit suivante, elle fut officiellement confirmée. Le lendemain, la France entière la connaissait. La consternation fut générale ; tous les cœurs étaient oppressés. On mesurait l'étendue de nos malheurs ; on en pressentait de nouveaux. La Révolution était là, menaçante, s'agitant au milieu de nos désastres, se disposant à en profiter pour s'emparer du pouvoir. La Révolution allait compromettre le salut et l'avenir de la France !..

En apprenant la catastrophe de Sedan, plusieurs députés se rendirent à la Présidence et provoquèrent une réunion du Corps législatif. La Chambre fut convoquée pour minuit. De son côté, le conseil des ministres s'assembla chez l'Impératrice-Régente et arrêta les termes de la proclamation, par laquelle devait être porté à la connaissance du pays ce revers effroyable et inattendu. Cette proclamation faisait appel à l'union et donnait l'assurance que le gouvernement, d'accord avec les pouvoirs publics, prenait toutes les mesures que comportait la gravité des événements.

Le conseil des ministres n'apprit pas, sans manifester quelque surprise et un certain mécontentement, la convocation du Corps législatif. Le général de Palikao dit, à ce sujet, dans l'ouvrage qu'il a publié :

> ... Nous avions considéré la convocation de MM. les députés à l'heure de minuit comme une manœuvre de la gauche radicale pour surprendre le vote de déchéance de l'Empire.
> Nous fûmes confirmés dans cette pensée en voyant des rassemblements assez nombreux entourer le Corps législatif, malgré l'heure avancée de la nuit : et certainement ceux qui les composaient n'étaient pas là avec des intentions pacifiques.

Un des promoteurs de la convocation, M. Ernest Dréolle, proteste contre cette interprétation. Dans sa pensée, il s'agissait de proposer à la Chambre et de faire adopter par elle un projet ayant pour but de constituer un Conseil de gouvernement, composé de cinq membres pris dans le Corps législatif, nommant les ministres, et présidé lui-même par l'Impératrice en sa qualité de Régente. Voici, du reste, en quels termes il exposa à M. Schneider l'objet de sa démarche :

> ... Le Corps législatif étant le second pouvoir issu du suffrage universel, il est devenu le premier depuis la captivité de l'Empereur ; il doit couvrir la Régence, fatalement affaiblie par cette catastrophe ! Il nous appartient donc, et c'est notre devoir de composer un Conseil de gouvernement, et d'en confier la direction à une capacité militaire. Plus tôt nous agirons, et plus sûrement nous déjouerons les projets que doivent former, à l'heure qu'il est, les partis révolutionnaires.

Dans son livre : *La Journée du 4 septembre*, M. Dréolle nous révèle le plan qu'il avait conçu et communiqué à ses amis. Ce plan consistait à former le Conseil de gouvernement, en prenant : à la Gauche, MM. Picard et Gambetta ; au Centre gauche, M. Thiers ; au Centre droit et à la droite, deux autres membres. Le général de Palikao devait être nommé lieutenant-général chargé de la direction des forces du pays, et, pour achever l'œuvre de conciliation, il proposait de mettre le général Trochu au ministère de la guerre.

Des ouvertures furent faites au général de Palikao, qui déclara « qu'il ne s'emparerait pas du pouvoir sans le consentement de l'Impératrice ; qu'il s'en tenait, quant à présent, aux délibérations prises dans la soirée par le Conseil des ministres, et qu'il regrettait la réunion de la Chambre, décidée en dehors du gouvernement. »

Et M. Dréolle ajoute :

La résistance du général était assurément très loyale, mais était-elle de circonstance ? J'essayai encore de lui démontrer en quelques mots qu'il ne s'agissait pas d'un coup d'Etat contre la Régence, et que c'était d'accord avec l'Impératrice, que nous croyions possible d'agir et de prévenir des désordres qui nous semblaient imminents.

— Non ! fit le comte de Palikao.

Et il nous quitta.

Cependant, le gouvernement lui-même présenta le lendemain, 4 septembre, un projet analogue. Mais il était trop tard !

Il est regrettable que la séance de nuit n'ait pas été mise à profit pour constituer le Conseil du gouvernement et prendre de suite les mesures que réclamaient les circonstances. De cette façon, on établissait un pouvoir énergique et populaire, qui neutralisait les efforts de la Révolution, et qui, investi d'un mandat régulier, pouvait s'aboucher avec les puissances, continuer ou terminer la guerre. Au lieu de cela, qu'avons-nous eu ? Un gouvernement qui n'avait aucun caractère légal, que la Prusse regardait comme un composé d'aventuriers, avec lesquels elle ne voulait point traiter. Car, pour traiter, elle exigeait une représentation nationale, c'est-à-dire des hommes qui, élus par le pays, pouvaient seuls en être les mandataires. La représentation nationale ayant été brutalement dispersée, il fallait en reformer une autre. Comment ? En réunissant le peuple dans ses comices. Mais les hommes du 4 septembre, qui savaient que le pays les répudiait, ne se souciaient point de le convoquer. De là, continuation de la guerre. Ce qui a fait dire, non sans quelque apparence de raison, que ces hommes, pour prolonger leur puissance, avaient prolongé la lutte !...

Revenons à la séance du Corps législatif.

Il était onze heures du soir. Les députés se rendaient au Palais Bourbon. Les boulevards étaient parcourus par une population anxieuse, agitée ; des rassemblements se formaient sur la place de la Concorde ; une foule immense stationnait devant le Palais.

Un groupe de curieux, — dit M. Dréolle, — s'était formé vis-à-vis le grand escalier. Nous nous en approchâmes, plusieurs collègues et moi, pour entendre ce qui se disait. Le groupe était paisible ; il y avait des femmes et quelques enfants. On nous aperçut et on nous questionna :

— Vous êtes des députés ? dirent plusieurs voix.

— Oui.

— Est-ce vrai tout ce qu'on dit de Sedan ?
— Oui.
— Eh bien, que va-t-on faire ?
— La Chambre tient séance cette nuit, et l'on prévoit la constitution d'un Conseil de gouvernement par la Chambre d'accord avec la Régence.
— Ah ! tant mieux !
Et le groupe visiblement satisfait, se dissipa de lui-même, dès que nous nous éloignâmes.

Pas un cri hostile, pas un murmure.

Dans les groupes voisins, autour desquels circulaient des agents de police, même attitude, même calme. C'était la douleur nationale, qui s'annonçait, mais non l'insurrection.

A l'intérieur du Palais, l'agitation était plus grande.

Beaucoup de conversations particulières, quelques-unes très vives... On se montrait les membres de la Gauche allant et venant. Il était certain que ceux-ci préparaient quelques résolutions. On les interrogeait à leur passage ; ils ne répondaient pas ou seulement d'une manière évasive.

Bref, on entra en séance à une heure du matin.

Un silence morne régnait dans la salle.

Le président annonça qu'il avait cru devoir convoquer l'Assemblée, sur l'invitation d'un certain nombre de députés et par suite de la gravité des circonstances. Puis il donna la parole au général comte de Palikao.

S. Exc M. LE COMTE DE PALIKAO, *ministre de la guerre*. Messieurs les députés, j'ai la douloureuse mission de vous annoncer ce que mes paroles de ce matin avaient pu vous faire pressentir, ce que j'espérais encore n'être qu'une nouvelle officieuse, et qui, malheureusement, est devenue une nouvelle officielle.

L'armée, après d'héroïques efforts, a été refoulée dans Sedan ; elle a été environnée par une force tellement supérieure qu'une résistance était impossible. L'armée a capitulé et l'Empereur a été fait prisonnier.

Voilà la triste nouvelle que j'avais à vous donner.

En présence de ces événements si graves et si importants, il ne nous serait pas possible, à nous ministres, d'entamer ici une discussion relative aux conséquences sérieuses qu'ils doivent entraîner.

Par conséquent, nous demandons que la discussion soit remise à demain.

M. le Président allait consulter la Chambre, quand M. Jules Favre déposa la proposition suivante :

ART. 1er Louis Napoléon Bonaparte et sa dynastie sont déclarés déchus des pouvoirs que leur a conférés la Constitution.

ART. 2. Il sera nommé par le Corps législatif une commission de gouvernement qui sera investie de tous les pouvoirs du Gouvernement et qui a pour mission expresse de *résister à outrance* à l'invasion et de chasser l'ennemi du territoire.

ART. 3. M. le général Trochu est maintenu dans ses fonctions de gouverneur de la ville de Paris.

Signé : Jules Favre, Crémieux, Barthélemy-Saint-Hilaire, Desseaux, Garnier-Pagès, Larrieu, Gagneur, Steenackers, Magnin, Dorian, Ordinaire, Emmanuel Arago, Jules Simon, Eugène Pelletan, Wilson, Ernest Picard, Gambetta, le comte de Kératry, Guyot-Montpayroux, Tachard, Le Cesne, Rampon, Girault, Marion, Léopold Javal, Jules Ferry, Paul Bethmont.

M. Pinard, ancien ministre, se leva et protesta en ces termes contre une pareille motion :

M. PINARD : Nous pouvons prendre des mesures provisoires ; nous ne pouvons pas, non, nous ne pouvons pas prononcer la déchéance.

Non-seulement, la motion de M. Jules Favre était contraire à toute légalité constitutionnelle, mais, comme on l'a dit, « il y avait lâcheté de déclarer *déchu* le soldat que la Prusse venait de vaincre. C'était donner aux armes prussiennes une seconde victoire. » A ce sujet, nous lisons dans une brochure intitulée : *Le 4 Septembre* :

A la nouvelle du désastre, tous les esprits et tous les cœurs auraient dû ne former qu'un même esprit et un même cœur. L'unité nationale menacée devait absorber en face de l'ennemi tous les dissentiments politiques…
Mais au lieu d'obéir à l'instinct vital de l'unité, nous avons écouté l'esprit de mort et de division.
L'occasion est bonne pour abattre l'Empire. La besogne est commencée ; terminons bien vite l'ouvrage de la Prusse. Elle s'est donné la plus grande peine ; lui refuserions-nous notre petite collaboration ? Nous achèverons le vaincu de la Prusse.
Hommes de parti, je vous reconnais bien à ce trait digne de vous. Je reconnais votre générosité. Je reconnais aussi votre intelligence…

La motion de déchéance fut mal accueillie par l'Assemblée
On décida qu'on se réunirait à midi et la séance fut levée.
Il était une heure et demie du matin.
Plusieurs députés regrettèrent que l'on n'eût pris aucune décision. En effet, comme le dit M. Dréolle, « il était souverainement regrettable de laisser la démarche hostile de la gauche dominer la situation, et souverainement dangereux de laisser s'écouler douze heures, quand la gauche avait déjà lancé le mot de la Révolution : *La Déchéance !* »

La Déchéance ! Tel est le cri qui accueillit quelques députés à leur sortie du Palais. A ce cri se mêlaient parfois ceux de : *A bas la droite ! Vive la République !* Belleville et La Villette avaient envoyé leurs émissaires. Les soldats de l'émeute manifestaient leur présence…

Quelques heures plus tard, non moins par la violence que par des manœuvres déloyales, l'Empire était renversé et faisait place à un gouvernement, que nos réformateurs avaient annoncé comme devant être le gouvernement de la *Défense nationale*, le gouvernement *à bon marché* et qui a donné les fruits que l'on sait Les impôts énormes qui écrasent le pays, sont, dira-t-on, les funestes conséquences de la guerre. Oui, de la guerre, mais de la *guerre à outrance*, c'est-à-dire de celle qui fut l'œuvre des hommes du 4 septembre.

Si la paix eût été faite comme elle pouvait l'être le lendemain de Sedan, — lisons-nous dans le *Salut*, — la France en était quitte pour le sacrifice d'un milliard et peut-être pour le démantèlement d'une ou deux forteresses (*)

Nos soldats vaincus; ceux de l'armée de Metz, qui ne l'étaient pas, et ceux des armées qui se formaient à l'intérieur restaient en France ; nous gardions nos immenses ressources et nous pouvions nous préparer tranquillement à une revanche éclatante.

A partir du 4 septembre, toutes les défaites, toutes les ruines, toutes les pertes qui nous ont accablés, nous les devons aux auteurs et aux complices de cette révolution fatale !

D'ailleurs, en 1848, nous n'avions ni la guerre, ni les Prussiens, et cependant, il fallut décréter l'impôt des 45 centimes !.. C'est que ce régime, ne donnant ni sécurité, ni stabilité, paralyse les affaires et tarit les sources du revenu public. Quoi qu'il en soit, aucun gouvernement n'a déchaîné sur un peuple autant de calamités que le gouvernement du 4 septembre. Voyons maintenant par quels procédés ce gouvernement s'est établi.

II

Le 4 septembre, dès le matin, une certaine agitation régnait dans Paris, notamment à Belleville, à Montmartre et aux Batignolles, où les mots : *Déchéance*, *République*, circulaient de bouche en bouche. Ces symptômes étaient le présage d'un « soulèvement populaire qui fut, de l'aveu de M. de Kératry et de quelques-uns de ses amis, préparé dans la nuit, » d'après ce que rapporte une lettre adressée par M. Dréolle à la *Gironde*, le 17 février 1871.

(*) Il paraît certain que la Russie, en échange de sa neutralité, avait posé à la Prusse, — qui les avait acceptées, — les conditions suivantes : 1° maintien de l'intégrité territoriale de la France ; 2° indemnité de 800 millions ; 3° démantèlement de Strasbourg. Ceci, du reste, fera l'objet d'un chapitre spécial. On y verra que les exigences de la Prusse se sont accrues au fur et à mesure que la lutte se prolongeait.

Le *Siècle*, qui venait de paraître, contenait un entrefilet très-significatif. On y lisait que « rendez-vous était pris par des milliers de gardes nationaux pour se rendre, *sans armes*, à deux heures, devant le Corps législatif. » On sait ce que sont les manifestations de cette nature ; la Révolution montrait le bout de l'oreille.

Vers 11 heures, des rassemblements de 20 à 30 personnes à peine se formaient sur la place de la Concorde, tandis que cinq ou six cents curieux, très-calmes d'ailleurs, stationnaient sur le pont. Autour du Palais législatif, il y avait un grand déploiement de forces : troupes de ligne et garde nationale.

En arrivant dans l'intérieur de la Chambre, dit M. Dréolle, je retrouvai sur les physionomies de la Gauche tous les signes non équivoques d'une réelle satisfaction... Ces attitudes ne pouvaient faire qu'on se méprît un seul instant sur les sentiments intimes des organisateurs secrets de l'insurrection projetée. Les dernières heures de la nuit et de la matinée avaient été bien employées. Il ne s'agissait plus que de ne pas laisser avorter une manifestation destinée à désorganiser le Pouvoir et à aggraver ainsi la douloureuse situation dans laquelle nous avaient plongés nos premiers revers.

CORPS LÉGISLATIF

Séance du dimanche 4 septembre.

PRÉSIDENCE DE M. SCHNEIDER.

La séance s'ouvrit à une heure un quart.

M. de Kératry, au nom de « la dignité de la Chambre, » demanda que celle-ci fût gardée non par les gardes de Paris et par des sergents de ville, mais par la garde nationale.

M. le ministre de la guerre répondit :

Ce n'est pas moi qui dispose de la garde nationale... Maintenant de quoi vous plaignez-vous ?... Je mets autour du Corps législatif un nombre de troupes suffisant pour assurer parfaitement la liberté de la discussion, et vous vous en plaignez ! Si je n'en mettais pas, vous vous plaindriez que je livre le Corps législatif à des pressions extérieures.

« Je pensai aussitôt, —dit M. Dréolle, —à la convocation des gardes nationaux *sans armes*, que le *Siècle* avait annoncée, et je vis bien que la ceinture de troupes placée par les ordres du ministre de la guerre, était considérée par la Gauche comme devant gêner beaucoup la manifestation projetée »

Après la déclaration rapportée plus haut, M. le ministre de la guerre présenta le projet de loi suivant :

PROJET DU GOUVERNEMENT.

Art. 1er. — Un Conseil du Gouvernement et de Défense nationale est institué.

Ce Conseil est composé de cinq membres ; chaque membre de ce Conseil est nommé à la majorité absolue par le Corps législatif.

Art. 2. — Les ministres sont nommés sous le contre-seing des membres de ce Conseil.

Art. 3. — Le général comte de Palikao est nommé lieutenant-général du Gouvernement.

M. Thiers soumit à la Chambre une autre proposition.

M. Thiers. — Mes préférences personnelles étaient pour le projet présenté par mes honorables collègues de la gauche, parce que, à mon avis, il posait nettement la question dans un moment où le pays a besoin d'une très-grande clarté dans la situation...

A gauche : C'est vrai ! Très-bien ! Très-bien !

M. Thiers. — Mais comme je mets au-dessus de mes opinions personnelles le grand intérêt de l'union qui, au milieu du grand péril où nous sommes placés, peut seul améliorer notre situation... (Très-bien ! très-bien !) peut seul nous donner devant l'ennemi qui s'approche, l'attitude qu'il convient d'avoir devant lui... (Très-bien !) j'ai fait abstraction de mes préférences, et quoique je n'aie jamais fait de propositions, j'ai présenté une rédaction à plusieurs membres pris dans toutes les nuances de cette Chambre. La lecture des noms vous le prouvera. La rédaction que j'ai préparée... la voici :

PROPOSITION DE M. THIERS.

Vu les circonstances, la Chambre nomme une Commission de Gouvernement et de Défense nationale.

Une Constituante sera convoquée dès que les circonstances le permettront.

M. le ministre de la guerre prit la parole et s'exprima ainsi :

Je n'ai qu'un mot à dire, c'est que LE GOUVERNEMENT ADMET PARFAITEMENT QUE LE PAYS SERA CONSULTÉ LORSQUE NOUS SERONS SORTIS DES EMBARRAS POUR LESQUELS NOUS DEVONS RÉUNIR TOUS NOS EFFORTS.

Cette déclaration était de nature à satisfaire les plus exigeants, puisque le pays devait être appelé à statuer plus tard sur les responsabilités encourues. D'ailleurs, à défaut de patriotisme, le simple bon sens disait que, pour obtenir la paix ou continuer la guerre, il fallait, non pas désorganiser, mais se grouper autour du Gouvernement de Défense qui, tiré du sein du Corps législatif, émanation du pays, avait un caractère national et légal... Que de malheurs nous eussent été épargnés, si ce parti avait été adopté !!!

Sur les instances de M. Gambetta, l'Assemblée décida que la proposition du Gouvernement et celles de MM. Jules Favre et Thiers seraient discutées en bloc.

Il est deux heures moins un quart. La Chambre se retire dans ses bureaux.

Cependant l'émeute approchait !

Sur le quai, — lisons-nous dans *la Journée du 4 septembre*, — sur le quai, devant la grille du Palais et sur le pont, des groupes nombreux, très animés, et mis en correspondance avec certains personnages de l'intérieur de la Chambre, se faisaient remarquer...

Dans un coin de la salle des Pas-Perdus, une dizaine de membres de la Gauche s'entretenaient avec une certaine émotion : Jules Simon, Ernest Picard, Pelletan, Glais-Bizoin, Steenackers, Kératry, étaient entourés. En prêtant l'oreille, on pouvait constater que toutes les conversations roulaient sur le même sujet : la déchéance. Les gardes nationaux qui étaient de faction se mêlaient aux groupes, et plusieurs d'entre eux se faisaient remarquer par une très grande exaltation.

Je me rendis au 1er bureau... M. Jules Favre fit une diatribe contre l'Empire et contre la personne même de l'Empereur. Il terminait, quand MM. Pelletan et Esquiros entrèrent tout émus. Je les regardai, je les vis échanger un coup d'œil avec M. Jules Favre, et celui-ci sortit...

Le malheur voulut qu'à certaines portes on apposa la garde nationale au lieu de la troupe de ligne, et soit que les gardes nationaux firent défection, soit qu'ils ne purent résister à la pression d'une foule qui les acclamait et qui se composait d'ailleurs de beaucoup de leurs collègues venus *sans armes*, la défense du Palais fut mal opérée...

Un de mes amis m'a dit, depuis, qu'à toutes les portes, les gardes nationaux, substitués aux soldats de la ligne, avaient laissé passer le flot des envahisseurs; que les agents de police, cédant au nombre, et la troupe émue de la présence de tous ces gardes nationaux *sans armes* qui se glissaient dans ses rangs, n'avaient pu faire de résistance. Beaucoup, parmi les gardes criaient qu'ils venaient là sur l'invitation du général Trochu, auprès de qui ils s'étaient rendus à l'ancien hôtel du ministère d'Etat; d'autres, d'ailleurs, n'avaient pas eu besoin pour triompher des sentinelles placées à l'intérieur, de prononcer le nom du général...; ils avaient eu avec eux des députés qui leur ouvraient le passage...

L'invasion de la Chambre s'opérait...

REPRISE DE LA SÉANCE

Le compte-rendu publié par le *Journal officiel* contient les renseignements que voici :

Dans l'intervalle de la suspension, la foule, stationnant sur le pont de la Concorde et devant la façade du Palais-Bourbon, envahit la cour, les couloirs et les escaliers de la Chambre, et se précipite dans les tribunes publiques en poussant le cri : *La déchéance !* mêlé aux cris : *Vive la France ! Vive la République !*

Douze ou quinze députés seulement sont dans la salle.

M. le comte de Palikao, ministre de la guerre, est au banc du Gouvernement.

M. le président Schneider monte au fauteuil et s'y tient longtemps debout en attendant que le calme et le silence s'établissent dans les tribunes.

MM. Crémieux, Gambetta, Schneider et Girault cherchent en vain à rétablir l'ordre. Ils adjurent les envahisseurs de laisser se poursuivre en pleine liberté la délibération qui va avoir lieu. Le tumulte s'accroît. La salle est envahie, et M. Schneider, insulté, frappé, malgré les efforts d'un commandant du 36ᵉ de ligne et de MM. Magnin et Boduin, députés, M. Schneider, disons-nous, quitte le fauteuil et se retire.

La salle était pleine de monde, dit M. Dréolle. On écrivait sur les murs, on marchait sur les pupitres, on brisait les encriers et les banquettes. Des gamins jouaient dans les tribunes publiques et formaient des grappes humaines qui, des secondes galeries descendaient jusque dans la salle...

Ce spectacle était écœurant. On parle des « grandes leçons données par le peuple. » Ces grandes leçons sont des cohues de faubourgs. Ce n'est ni digne, ni propre. Le vrai peuple, celui qui travaille et qui est honnête, n'est jamais là. On ne se heurte dans ces douloureuses aventures qui deviennent des révolutions, qu'à des meneurs soldés, ou à des désœuvrés de tous les jours, qui abondent malheureusement à Paris. Cette plèbe est sale et brutale. On la déchaîne pour déblayer le passage qui conduit les ambitieux au ministère en passant par l'Hôtel-de-Ville, et quand on l'a nourrie pendant cinq ou six jours, comme pour payer ses courses, on la chasse ou on la fusille...

On la fusille!.. C'est la triste nécessité à laquelle on est fatalement conduit. Est-ce que la Commune et Juin 1848 ne sont point là pour l'attester ?

Le général de Palikao, dans son livre : *Un ministère de la guerre,* raconte ce qui suit :

Au moment où j'occupais la tribune, M. Gambetta se leva de son banc et fit un signe de la main aux individus qui occupaient les tribunes publiques. Etait-ce un appel à l'envahissement ? était-ce au contraire, un signal d'apaisement ? Je ne puis me prononcer d'une manière certaine à ce sujet.

Ce que je puis affirmer sans crainte de me tromper, c'est que pendant la délibération dans les bureaux, plusieurs députés de la gauche, entre autres M. Picard et M. Pelletan, excitaient les envahisseurs à proclamer la République, dans la salle des Pas-perdus.

M. Picard était monté sur un tabouret près de la porte d'entrée, et, en ce moment, je dus repousser énergiquement les attaques de M. Pelletan, qui, par les agressions les plus violentes, cherchait à ameuter contre moi cette foule inconsciente des malheurs qu'elle préparait à la France.

Mon aide de camp, M. le lieutenant-colonel Barry, M. le capitaine de Brémont, mon officier d'ordonnance, et un ancien colonel d'état-major, M. de Sercey, m'arrachèrent des mains de ces hommes égarés, et je quittai, le dernier de tous, le Corps législatif avec mon collègue, M. Brame, ministre de l'instruction publique. Les autres ministres s'étaient rendus auprès de la Régente.

Il était environ trois heures. Je me rendis de suite aux Tuileries, pour savoir si l'Impératrice-Régente aurait des ordres à donner ; mais Sa Majesté était partie, et déjà la foule envahissait la cour des Tuileries, la garde du château quittait ses postes, par quel ordre ? je l'ignore encore.

Après le départ de M. Schneider, M. Gambetta était monté à la tribune et y avait fait une nouvelle motion de déchéance. Voici, en effet, ce que nous lisons dans le compte-rendu qui a été publié par le *Siècle :*

M. GAMBETTA. — Citoyens... (chut! chut! — Ecoutez!)
Attendu que la patrie est en danger ;
Attendu que tout le temps nécessaire a été donné à la représentation nationale pour prononcer la déchéance ;
Attendu que nous sommes et que nous constituons le pouvoir régulier issu du suffrage universel ;
Nous déclarons que Louis-Napoléon Bonaparte et sa dynastie ont à jamais cessé de régner sur la France. (Explosions de bravos et salve géminée d'applaudissements. — Bruyante et longue acclamation.)
Un citoyen agitant le bras. — Et la République ?
Un autre citoyen, debout sur un banc de la salle, à droite. — Nous voulons deux choses, la déchéance d'abord, la République ensuite. . . . . . .
. . . .
M. Jules Favre, entré par la porte de côté de la salle des Conférences, parvient dans l'enceinte. M. Gambetta va au-devant de lui, et tous deux fendant la foule des gardes nationaux et du peuple, qui s'efface pour les laisser passer, montent à la tribune au milieu des cris : Vive Jules Favre ! Vive Gambetta !
Un garde national. — Tambours, battez aux champs.
Le tambour bat.
M. JULES FAVRE. — Il faut que nous constituions immédiatement un gouvernement provisoire.
Quelques voix. — A l'Hôtel-de-Ville alors.
M. JULES FAVRE. — Ce *gouvernement* prendra en main les destinées de la France : il combattra résolument l'étranger, il sera avec vous, et d'avance CHACUN DE SES MEMBRES JURE DE SE FAIRE TUER JUSQU'AU DERNIER.
Cris nombreux. — Nous aussi ! nous aussi ! — Nous le jurons tous ! — Vive la République !
Un citoyen. — Oui, vive la République! mais vive la France d'abord !
M. JULES FAVRE. — Je vous en conjure, pas de journée sanglante. (Non! non) Ne forcez pas de braves soldats français qui pourraient être égarés par leurs chefs, à tourner les armes contre vous. Ils ne sont armés que contre l'étranger. Soyons tous unis dans une même pensée, dans une même pensée de patriotisme et de démocratie (Vive la République!) La République, ce n'est pas ici que nous devons la proclamer.
— Si ! si ! vive la République !
M. GAMBETTA. — Oui, vive la République! Citoyens, allons la proclamer à l'Hôtel-de-Ville !
MM. JULES FAVRE ET GAMBETTA descendent de la tribune en répétant : A l'Hôtel-de-Ville ! à l'Hôtel-de-Ville ! (Un certain nombre de personnes les suivent, et une partie de la multitude s'écoule par le couloir de gauche.)

Les envahisseurs venaient de partir pour l'Hôtel-de-Ville. Le Corps législatif était purgé de leur présence. Les députés décidèrent qu'ils devaient rentrer en séance, et deux cents environs se réunirent dans le vaste salon, réservé aux dîners de gala, sous la présidence de M. Alfred Le Roux, l'un des vice-présidents, par suite de l'empêchement de M. Schneider qui, malade et alité, n'avait pu se rendre à son poste. Une autre séance eut encore lieu dans la soirée, sous la présidence de M. Thiers, et, le lendemain même, 150 députés environ se rassemblèrent dans une des salles de l'hôtel de M. Johnston, pour y rédiger, en guise de protestation, un récit sommaire des événements qui s'étaient accomplis.

Pendant ce temps, un gouvernement provisoire s'était établi à l'Hôtel-de-Ville, et la République y avait été proclamée.

Il était écrit, — dit le général de Palikao, — que les mêmes hommes qui chaque jour récriminaient avec violence contre le coup d'Etat de 1852 donneraient le signal d'un attentat bien autrement coupable envers la représentation nationale, puisqu'en présence de l'étranger vainqueur et presque aux portes de la capitale, ils feraient une révolution qui diviserait les forces de la défense nationale.

Il nous reste à parler des deux séances qui furent tenues par le Corps législatif après l'évacuation du Palais, et à faire connaître la manœuvre frauduleuse, par laquelle la proclamation de la République fut attribuée au Corps législatif lui-même ; ce qui fit dire à un député :

« *Le 24 février 1848 fut plus honnête. C'était une véritable révolution. Aujourd'hui, c'est une escroquerie !* »

On vient de voir que les envahisseurs avaient quitté le Palais législatif. Les uns s'étaient rendus aux Tuileries, les autres à l'Hôtel-de-Ville. Sur la proposition de quelques-uns de leurs collègues, les députés, au nombre de 220, se réunirent dans une des salles de la Présidence, pour y reprendre leurs délibérations, interrompues par l'émeute. Empruntons, au compte-rendu de cette séance, les renseignements que voici :

CORPS LÉGISLATIF

Deuxième séance du dimanche 4 septembre.

PRÉSIDENCE DE M. ALFRED LEROUX, VICE-PRÉSIDENT.

4 heures et demie du soir.

M. Garnier-Pagès demande la parole. Il se plaît tout d'abord à récriminer contre l'Empire, contre la majorité et même contre le plan de campagne dressé par le général de Palikao. Puis il invite les députés à reconnaître les faits accomplis.

M. Pinard. — C'est la Révolution ! Nous ne reconnaissons pas la révolution ! Nous ne pouvons garder le silence devant la violence faite à la Chambre ; il faut le constater.

M. Dollfus. — Le fait accompli, c'est l'émeute, c'est l'invasion de la Chambre ; nous protestons !

M. Garnier-Pagès. — Voulez-vous faire quelque chose d'utile, de pratique ? Prenons les choses comme elles sont ! Vous ne nierez pas que nous en soyons réduits à tenir une réunion en dehors de notre salle des séances.... J'apprends que plusieurs de mes collègues de la gauche se sont dévoués et se sont rendus à l'Hôtel-de-Ville ; ils y sont à l'heure qu'il est ; ils s'efforcent au milieu des acclamations de la foule, de rétablir l'ordre. *Je ne crois pas qu'ils veuillent s'emparer du pouvoir* ; ils ont été là uniquement pour exercer leur influence en faveur de l'ordre public, pour éviter des rixes et des conflits. La population les accueille, mais *ils n'exercent sur eux qu'un pouvoir passager* ; ils rendront possible nos délibérations prochaines. Ce soir, sans doute, nous pourrons délibérer avec eux. Mais, croyez-moi, secondez leurs efforts ; ne résistez pas ! N'ajoutez pas aux fautes du passé de nouvelles fautes ; reconnaissez les événements et les nécessités qu'ils imposent.

Ecoutez un vieillard qui vous parle avec conviction, qui n'a aucune pensée d'ambition personnelle. Je ne veux rien être, je vous le répète ; je n'irai pas à l'Hôtel-de-Ville ; j'ai prévenu mes collègues, je ne songe qu'à finir ma carrière dans le repos ; mais je crois ici servir encore mon pays et la cause de l'honneur national, si profondément compromise, par un gouvernement qui a trop longtemps dominé le pays !...

Une vive agitation succède aux paroles de M. Garnier-Pagès. De toutes parts éclatent des protestations. Enfin, le silence se rétablit et la parole est donnée à M. Buffet.

M. Buffet (*d'une voix émue*). — Messieurs, il m'est impossible de ne pas répondre aux paroles que vous venez d'entendre et de ne pas repousser de toute mon énergie la proposition qui vient de vous être faite par l'honorable M. Garnier-Pagès. (*Très bien ! Très bien !*) Je ne suis pas suspect de dévouement aveugle à l'état de choses qui est aujourd'hui si profondément atteint. J'ai maintes fois prouvé que je n'approuvais pas tout ce qui s'est fait, et, plusieurs fois, récemment encore, j'ai combattu des tendances et des mesures qui sont entrées peut-être pour quelque chose dans les malheurs qui nous frappent. Mais ce que j'ai servi surtout, ce que j'ai toujours défendu, c'est la liberté ; c'est le droit de discussion ; or, aujourd'hui, ce qui a été méconnu, violé, c'est cette liberté à laquelle j'ai voué ma vie politique ; c'est ce droit, qu'une poignée d'égarés sont venus détruire, en franchissant notre enceinte et en pénétrant, au mépris de tous les principes, jusque dans notre salle, et en nous obligeant par la force brutale et par l'insulte à suspendre nos délibérations. (*Bravos dans toute la salle.*) Je ne reconnais à personne le pouvoir de me faire incliner devant ces faits ! je les subis, je ne les accepte pas ! (*Bravos.*) Je me sens atteint dans tout ce que j'ai de plus cher au monde, mon droit de citoyen, ma liberté, mes franchises comme député, et quelle que soit la valeur des considérations développées par l'orateur que vous venez d'entendre, je m'inscris hautement avec fierté, contre les événements accomplis et contre les prétendues nécessités qu'ils imposent.

(*Applaudissements prolongés.*) Je sais les devoirs que nous commandent, dans les circonstances actuelles, l'amour de notre pays et le soin de sa défense; dans quelques jours, l'ennemi sera aux portes de Paris ; mais vous me permettrez en présence des paroles de M. Garnier-Pagès de prendre souci de ma dignité, de mon honneur, et de vous dire que je n'accepte aucune proposition pouvant renfermer une adhésion même indirecte aux événements dont nous venons d'être témoins. (*Approbation.*) Non, messieurs je n'accepte pas ces violences exercées sur les représentants du pays ! Je ne subis pas cette honteuse pression d'une foule armée faisant irruption dans la salle de nos séances. Je déclare qu'on a menti au peuple de Paris et qu'on mentira à la nation si on lui représente comme l'œuvre de l'Assemblée une résolution relative, soit au gouvernement, soit à la direction nouvelle des affaires. Comme homme d'honneur, comme citoyen dévoué à mon pays, chargé d'un mandat librement donné, je m'indigne contre les violences dont nous avons été victimes, et dussé-je engager ma vie et ma liberté, je ne consentirai jamais, non jamais! au nom même de la liberté et pour l'honneur de mon pays, à reconnaître le gouvernement qui s'élève sur les ruines de la liberté et du droit!

Je repousse donc la proposition de M. Garnier-Pagès ! (*Explosion de bravos.*)

Plusieurs membres demandent que, sans plus tarder, on prenne une décision. Ces mots: « Les événements marchent. Hâtons-nous ! » circulent de bouche en bouche.

M. Ernest Dréolle propose qu'un certain nombre de députés, nommés séance tenante, se rendent à l'Hôtel-de-Ville pour y remplir une mission qu'il expose en ces termes :

M. DRÉOLLE. — ... Il y a, si j'ai bien retenu les premières paroles de notre honorable collègue, M. Garnier-Pagès, plusieurs députés qui, par patriotisme, par dévouement à la chose publique, se sont dévoués... (*Rumeurs.*) —Permettez ! je cite M. Garnier-Pagès... — des députés qui ne sont encore que des députés, et en qui nous ne pouvons voir que des collègues... Etablissons l'entente entre nos collègues qui se dévouent, nous dit-on, et nous qui demeurons fidèles à notre mandat. Qu'un certain nombre d'entre nous soient nommés séance tenante et qu'ils se rendent immédiatement à l'Hôtel-de-Ville pour s'entretenir avec nos collègues, et qu'ils reviennent nous rendre compte de la situation.

M. GARNIER-PAGÈS. — Bien que je me sois promis de ne pas mettre les pieds à l'Hôtel-de-Ville, je consens à accompagner la commission.

La Chambre, consultée, décide qu'elle doit d'abord se prononcer sur les conclusions de la Commission, qui a été chargée de faire un rapport sur les trois propositions dont elle a été saisie. M. Martel, rapporteur, prend la parole et s'exprime en ces termes :

Messieurs, votre commission a examiné les trois propositions qui vous ont été soumises. Après délibération, ces trois propositions ont été successivement mises aux voix, c'est celle de M. Thiers qui a obtenu le plus grand nombre de suffrages.

Toutefois, votre commission a ajouté à cette proposition deux paragraphes : l'un de ces paragraphes fixe le nombre des membres qui devront composer la commission de gouvernement et de défense nationale ; l'autre déclare que cette commission nommera des ministres. En conséquence, voici le texte qui vous est proposé :

« Vu la vacance du pouvoir, la Chambre nomme une commission de gouver-
« nement de défense nationale. Cette commission est composée de cinq mem-
« bres choisis par le Corps législatif. Elle nommera les ministres.

« Dès que les circonstances le permettront, la nation sera appelée par une
« Assemblée constituante à se prononcer sur la forme de son gouvernement. »

Des explications sont données ; il en résulte que cette rédaction a été adoptée à l'unanimité.

Une voix. — La proposition de déchéance a donc été repoussée ?
M. GAUDIN. — Oui.
La même voix. — Même par M. Jules Simon ?
Plusieurs membres. — Oui ! Oui !
M. ALFRED LE ROUX. — Je mets aux voix les conclusions du rapport.
Plusieurs voix. — Attendez, Monsieur le Président : il y a matière à discussion.
M. ABBATUCCI. — Je combats la rédaction nouvelle : « Vu la vacance du Pouvoir. »
Plusieurs membres. — Nous aussi ! Signataires de la motion Thiers, avec la rédaction : « Vu les circonstances, » nous retirons notre adhésion devant la nouvelle rédaction.
M. GAVINI. — C'est une autre manière de prononcer la déchéance, et nous n'en avons ni le désir ni le droit !
M. PINARD. — Je demande la parole. La proposition de M. Thiers ne diffère de la proposition du gouvernement que par les termes du *Considérant* ; j'accepte la proposition, alors même qu'elle ne précise pas le maintien des pouvoirs au comte de Palikao, mais je repousse le *Considérant*. (Très bien ! Très bien ! Non ! Non ! Agitation !)
M. ERNEST DRÉOLLE. — Messieurs, je crois que nul ici ne peut se dire plus impérialiste que moi. Il y a deux heures, j'aurais combattu avec énergie la proposition qui prononçait la vacance des pouvoirs. C'était la déchéance de l'Empire ! Mais, à l'heure présente, ce n'est plus une question de conscience qui nous est posée, c'est malheureusement une question de fait. (*C'est cela ! Très bien !*) Y a-t-il en réalité, vacance des pouvoirs ? Oui. Tous ceux que j'aimais ne sont plus.... (*Mouvement.*) L'Empereur est prisonnier à Sedan, dans quelles conditions, nous le saurons plus tard ; le Prince Impérial s'est réfugié à l'étranger, et notre honorable collègue, M. Estancelin, est venu nous apprendre tout à l'heure, dernière douleur pour moi, que S. M. l'Impératrice avait dû quitter les Tuileries...
M. ESTANCELIN. — Oui, les Tuileries sont occupées par le peuple.
M. ERNEST DRÉOLLE. — Eh bien, Messieurs, le Chef de l'Etat et la Régente n'étant plus représentés, il y a vacance des pouvoirs, et c'est au Corps législatif le second pouvoir issu du suffrage universel, qu'il appartient de s'emparer de la direction des affaires. Il y a urgence qu'il le fasse, car, encore quelques heures, et il aura contre lui un pouvoir issu de l'émeute, de l'insurrection ! Après avoir vu violer son enceinte, il peut voir violer son autorité. (*Très bien !*) Je le dis donc, messieurs, à tous mes amis, à tous ceux qui, comme moi,

eussent repoussé une proposition de déchéance, il y a un fait qui nous domine, qui paralyse toutes nos convictions et tous nos dévouements, c'est la vacance des pouvoirs. Je les conjure de voter, de voter vite, et moi, je le déclare bien haut, comme impérialiste et sous la réserve de l'avenir, que nous pouvons sauver par une prompte décision, je vote pour la proposition de M. Thiers. (*Très bien ! Très bien ! — Sensation.*).

La proposition est mise aux voix et adoptée à l'unanimité, moins cinq ou six membres qui se lèvent à la contre-épreuve.

On passe à la proposition de M. Dréolle ayant pour objet de procéder à la nomination d'une commission qui sera chargée de se rendre à l'Hôtel-de-Ville. Sont désignés, pour faire partie de cette commission, MM. Garnier-Pagès, Lefebvre-Pontalis, Martel, Grévy, de Guiraud, Johnston, Cochery et Barthélemy Saint-Hilaire.

M. GRÉVY. — Je demande la parole. Je vous remercie, messieurs, de m'avoir désigné, mais je dois vous dire que votre proposition me gêne beaucoup. Je m'étais promis, moi aussi, de ne pas paraître à l'Hôtel-de-Ville ; c'est une promesse que je voulais tenir. Je ne voulais pas qu'on me vit là !.... J'hésite donc beaucoup. (*Non ! Non ! Acceptez !*) J'accepte, puisque vous me pressez ainsi.... Je vous dirai alors une chose qu'il importe que vous sachiez : c'est que j'augure beaucoup de la démarche que vous allez tenter. Je connais mes collègues ; je sais leurs dispositions, et chaque fois que nous avons ensemble essayé de prévoir les évènements, chaque fois que nous avons considéré les éventualités de l'avenir, dans nos conversations particulières comme dans nos réunions, *nous avons toujours pensé que nous ne pourrions rien faire sans le concours de la Chambre.* (*Vif mouvement.*) Ainsi donc, je suis sûr que vous allez au-devant des désirs de ceux de mes amis qui ont dû aviser au plus pressé et constituer une autorité à l'Hôtel-de-Ville, en demandant à vous entendre avec eux. Je déplore autant que qui que ce soit, ici, comme député et républicain, la violation de l'Assemblée nationale. C'est un acte de violence qui est un mauvais début pour une ère de liberté et d'union ; mais j'ai la conviction que cette faute dont personne de nous n'est coupable (*interruption*), peut être réparée, et c'est avec cette conviction que j'accepte la mission que vous m'offrez, malgré ma répugnance à paraître en ce moment-ci dans le quartier de l'Hôtel-de-Ville. (*Applaudissements prolongés....*)

Quelques observations peu importantes sont échangées. Il est six heures moins un quart. La séance est levée, mais on décide qu'elle sera reprise le soir même, pour entendre la commission à son retour de l'Hôtel-de-Ville.

A huit heures, les députés se réunissent de nouveau sous la présidence de M. Thiers, en l'absence du président et des vice-présidents. Le compte-rendu en a été publié par le *Journal des Débats*. Nous y trouvons les renseignements que voici :

CORPS LÉGISLATIF

Troisième séance du dimanche 4 septembre.

PRÉSIDENCE DE M. THIERS.

8 heures du soir.

MM. Jules Favre et Jules Simon sont introduits.

M. JULES FAVRE. — Nous venons vous remercier de la démarche que vos délégués ont faite auprès de nous. Nous en avons été vivement touchés... En ce moment il y a des faits accomplis... Nous ne pouvons rien changer à ce qui vient d'être fait. Si vous voulez bien y donner votre ratification, nous vous en serons reconnaissants. Si, au contraire, vous la refusez, nous respecterons les décisions de votre conscience, mais nous garderons la liberté entière de la nôtre.

Voilà ce que je suis chargé de vous dire par le gouvernement provisoire de la République, dont la présidence a été offerte au général Trochu, qui l'a acceptée.

Vous connaissez sans doute les autres noms. Notre illustre collègue qui vous préside n'en fait pas partie, parce qu'il n'a pas cru pouvoir accepter cette offre. Quant à nous, hommes d'ordre et de liberté, nous avons cru, en acceptant, accomplir une mission patriotique.

M. THIERS. — Le passé ne peut être équitablement apprécié par chacun de nous à l'heure qu'il est. C'est l'histoire seule qui pourra le faire.

Quant au présent, je ne peux vous en parler que pour moi. Mes collègues ici présents ne m'ont pas donné la mission de vous dire s'ils accordent ou s'ils refusent leur ratification aux évènements de la journée.

Vous vous êtes chargés d'une immense responsabilité.

Notre devoir à tous est de faire des vœux ardents pour que vos efforts réussissent dans la défense de Paris, des vœux ardents pour que nous n'ayons pas longtemps sous les yeux le spectacle navrant de la présence de l'ennemi.

Une voix. — Quels sont les noms des personnes qui composent le nouveau gouvernement ?

M. JULES FAVRE. — Le Gouvernement provisoire se compose de MM. Arago, Crémieux, Jules Favre, Ferry, Gambetta, Garnier-Pagès, Glais-Bizoin, Pelletan, Rochefort. Ce dernier ne sera pas le moins sage : en tout cas, nous avons préféré l'avoir dedans que dehors.

M. LE COMTE LE HON — Quelle est la situation du Corps législatif vis-à-vis du gouvernement provisoire ?

M. JULES FAVRE. — Nous n'en avons pas délibéré.

M. THIERS. — Je n'ai pas adressé de question à nos collègues sur le Corps législatif, parce que si nous avons quelque chose à nous communiquer sur cette situation, il me paraît que nous devons attendre que ces messieurs se soient retirés.

MM. Jules Favre et Jules Simon se retirent.

M. THIERS. — Messieurs, nous n'avons plus que quelques instants à passer ensemble. Mon motif pour ne pas adresser de question à MM. Jules Favre et Simon a été que si je le faisais, c'était reconnaître le gouvernement qui vient de naître des circonstances. Avant de le reconnaître, il faudrait résoudre des questions de faits et de principes qu'il ne convient pas de traiter actuellement

Le combattre aujourd'hui serait une œuvre antipatriotique. Ces hommes doivent avoir le concours de tous les citoyens contre l'ennemi.....

M. Roulleaux-Dugage. — Quel rôle devons-nous jouer dans nos départements

M. Thiers. — Dans nos départements, nous devons vivre en bons citoyens, dévoués à la patrie. Aussi longtemps qu'on ne nous demandera rien de contraire à notre conscience et aux vrais principes sociaux, notre conduite sera facile. *Nous ne nous dissolvons pas*; mais en présence de la grandeur de nos malheurs, nous rentrons dignement chez nous, car il ne nous convient ni de reconnaître ni de combattre ceux qui vont lutter ici contre l'ennemi.

M. Grévy. — Nous sommes arrivés trop tard à l'Hôtel-de-Ville. Il y avait déjà un gouvernement provisoire qui s'y était installé. Nous y avons lu l'épreuve, qu'on nous a montrée d'une proclamation qui nous a convaincus que notre mission était devenue sans objet.

M. le duc de Marmier. — Vous me permettrez à moi, dont le père a longtemps commandé la garde nationale de Paris, de vous exprimer une pensée consolante, c'est celle que nos envahisseurs n'appartenaient pas à cette garde nationale, mais à celle de la banlieue.

M. Buquet. — Je proteste contre les actes qui viennent de s'accomplir, particulièrement contre toute idée de séparation. Je suis d'accord complètement avec les protestations que M. Buffet a fait entendre tout à l'heure dans notre séance de quatre heures contre la violence dont la représentation nationale a été l'objet. *(Mouvement et agitation.)*

MM. Buquet, Pinard, de St-Germain et quelques autres déclarent qu'ils protestent. (*)

M. Thiers. — De grâce, ne rentrons pas dans la voie des récriminations Cela nous mènerait trop loin...

J'espérais que nous nous séparerions profondément affligés, mais unis. Je vous en supplie, ne nous laissons pas aller à des paroles irritantes ! Suivez mon exemple. Je réprouve l'acte qui s'est accompli aujourd'hui; je ne peux approuver aucune violence... En présence de l'ennemi qui sera bientôt sous Paris, je crois que nous n'avons qu'une chose à faire: nous retirer avec dignité. (*L'émotion profonde de M. Thiers se communique à toute l'Assemblée.*)

La séance est levée à dix heures.

Consummatum est ! Une vingtaine d'hommes, ambitieux et hardis, aidés de collaborateurs pris dans la plèbe, avaient déchiré en

---

(*) Nous trouvons dans une brochure intitulée : *Un point d'histoire contemporaine*, les renseignements suivants, qu'il n'est pas hors de propos de reproduire ici :

« MM. Buffet et Pinard proposèrent de rédiger une protestation formelle.

« M. Thiers, qui présidait, combattit et repoussa le projet de rédiger et de signer séance tenante, cette protestation, tout en s'associant aux sentiments qui animaient ses collègues.

« Cependant, ces réserves énergiques, faites au nom du droit des électeurs, ne furent pas abandonnées. Une réunion avait été concertée le 5 septembre entre les députés de la majorité et devait avoir lieu chez M. Pinard, à trois heures. Néanmoins, une autre réunion plus mûrement préparée par le soin de commissaires spéciaux, ayant été indiquée chez M. Johnston, avenue d'Alma, pour 8 heures du soir, le même jour, c'est là que la plupart des représentants qui avaient assisté la veille aux deux séances tenues dans le Palais de la Présidence, se rencontrèrent. »

C'est là que fut signée par plus de 200 députés la protestation contre l'envahissement de la Chambre, que certains journaux (le *Français* notamment) reproduisirent.

quelques heures tous les plébiscites de la nation !.. Ces hommes, qui avaient voulu que le Corps législatif fût tout, qui avaient proclamé et son omnipotence et la nécessité de son maintien, ces hommes portaient atteinte à ses droits, et en dispersant leurs collègues, anéantisssaient la représentation légale du pays !..

Compliquer d'une révolution, en face de l'ennemi qui s'approchait, l'état politique intérieur et extérieur de la France, c'était un crime ; c'était une faute que la France allait chèrement expier !

MM. Jules Favre, Pelletan et leurs amis, dit un écrivain, après avoir beaucoup et longtemps tonné contre les coups d'Etat, dont ils ne profitaient pas, voulurent en faire un dont ils profiteraient seuls.

M. Thiers, comme on l'a vu plus haut, refusa de faire partie du gouvernement provisoire. Il répudiait l'acte ; il ne s'y associa point. Cette conduite si digne lui facilita la mission qu'il accepta auprès des puissances étrangères, et lui permit de rendre à la France de grands services.

IV

Que s'était-il passé aux Tuileries ? Qu'était devenue l'Impératrice ? Le récit suivant, publié dans le *Figaro* et attribué à un chapelain de la cour, va nous l'apprendre :

Pendant la nuit du 3 au 4, — y est-il dit, — l'Impératrice reçut les grands dignitaires de l'Empire, et présida un conseil des ministres. Le général Trochu ne manqua pas de se rendre au château. Il n'était ni des moins empressés, ni des moins encourageants. L'Impératrice eut lieu de croire qu'elle pouvait toujours compter sur le concours dévoué du gouverneur de Paris.

Elle prit à peine, cette nuit-là, quelques instants de repos.

Le 4, l'Impératrice était sur pied à 6 heures du matin. Elle visitait l'ambulance établie par ses soins aux Tuileries, et arrêtait, avec les sœurs de charité, les mesures à prendre pour donner un plus grand développement à cette œuvre secourable.

Ce jour-là était, on s'en souvient, un dimanche. Outre le service de la grande chapelle, un service spécial était établi dans un oratoire ménagé au milieu des appartements privés. Un chapelain venait y célébrer la messe quatre fois par semaine, et, depuis la déclaration de guerre, cet acte religieux s'y répétait chaque jour......

De l'oratoire, l'Impératrice passa dans la salle du conseil.

Lorsque les membres du conseil privé et M. Rouher, qui était présent, demandèrent quelles précautions avaient été prises en vue des mouvements populaires, Sa Majesté répondit : « qu'il ne fallait penser qu'à sauver la France. « Prenons des mesures sages et vigoureuses, ajouta-t-elle, et on verra qu'il n'y « a pas d'intérêt à rien bouleverser à l'approche des Prussiens. Ne pensons à « sauvegarder la dynastie qu'après avoir pensé au salut de la France. » L'envahissement subit du Corps législatif ne permit pas la réalisation de cette pensée.

L'Impératrice sortit du conseil vers onze heures et demie du matin, et présida au déjeuner avec une aisance pleine de naturel.

Mais bientôt des indices venus du dehors, présages d'une prochaine tempête, apportèrent un léger trouble dans les habitudes. L'Impératrice recevait de minute en minute les dépêches de la préfecture de police, du ministère de l'intérieur, de l'administration de la guerre. Le flot de la révolution était déjà gros. De toutes parts on informait l'Impératrice qu'on se disposait à organiser la résistance et la répression : que l'entreprise était malaisée, car Paris ne renfermait que quelques tronçons de régiments, mais qu'avec de l'activité et de l'habileté on pourrait sauver la situation, etc.

L'Impératrice n'hésita pas une seconde. « Toutes les calamités, excepté la « guerre civile : » ce fut son unique réponse aux dépêches qui lui demandaient des ordres...

Vers midi et demi, il fut impossible de méconnaître que la crise se déclarait à l'état aigu. Les députés du tiers-parti, sous la conduite de M. Daru, firent leur apparition aux Tuileries.

En accueillant les députés du centre gauche, l'Impératrice souriait tristement. L'entrevue se prolongea. Il était facile d'en deviner le sujet. L'abdication ! tel était le mot que M. Daru et ses amis s'étaient chargés de faire entendre à la Régente. Il fut répondu très catégoriquement que les ministres étaient au gouvernement pour proposer les mesures utiles à la France ; que s'ils jugeaient l'abdication nécessaire, l'abdication serait signée.

Puis vinrent quelques membres du corps diplomatique. Le prince de Metternich ne dissimulait pas son émotion. Le chevalier Nigra semblait tout à l'aise.

— Eh bien ! chevalier, lui dit une dame d'honneur, avez-vous traversé la foule ?

— Oui, répondit-il fort placidement, il y a quelque peu de monde.

On n'en put tirer autre chose.

Ce fut une scène attendrissante que l'arrivée de la princesse Clotilde. La pieuse cousine de l'Impératrice n'avait rien perdu de sa douce sérénité : sa visite de la dernière heure fut d'une simplicité touchante, et l'Impératrice l'accueillit avec beaucoup de tendresse.

Vers deux heures, l'Impératrice s'entretenait avec les ambassadeurs d'Autriche et d'Italie, lorsque coup sur coup arrivèrent, du Corps législatif, des députés, des ministres, annonçant que la Chambre venait d'être envahie. Le comte de Palikao avait compté sur la fidélité des troupes, et il avait eu raison : aucune n'avait trahi. Mais elles étaient en nombre trop restreint pour pouvoir résister sans faire usage de leurs armes, et les ordres de l'Impératrice étaient formels : il ne fallait pas qu'une seule goutte de sang coulât dans Paris.

On commença à se demander si quelqu'un avait pensé à tenir une voiture à la disposition de l'Impératrice. Naturellement tout le monde y avait pensé, mais personne n'avait réalisé la pensée, car chacun avait le sacramentel : « Cela ne me regarde pas. » Maintenant, il était trop tard, et il fallait, comme toujours, laisser à la Providence le soin de protéger et de sauver l'Impératrice.

L'Impératrice fit appeler le général Mellinet, qui commandait les troupes chargées de la défense des Tuileries.

— Général, pouvez-vous défendre le château sans faire usage des armes?

— Madame, je ne crois pas.

— Dès lors, dit l'Impératrice, tout est fini. Il ne faut pas ajouter à nos désastres, l'horreur de la guerre civile.

Et elle donna rapidement ses derniers ordres.

L'Impératrice alla serrer la main sans mot dire aux personnes qui n'avaient pas encore reçu son adieu. Puis, se tournant vers les dames: elle leur dit:

— Ne restez plus ici : le temps presse.

Ce fut le signal des larmes. Les dames se pressaient autour d'elle et couvraient ses mains de baisers.

— Mais partez, partez donc! je vous en supplie! répétait l'Impératrice, qui contenait avec peine son émotion.

Elle parvint à se dégager doucement de ces étreintes affectueuses, et, s'étant reculée jusqu'au fond du salon, toute pâle et frémissante, elle nous fit son plus grand salut, celui des grandes circonstances, et disparut dans ses appartements intimes, accompagnée du prince de Metternich, du chevalier Nigra et de Mme Lebreton.

M. de Cossé-Brissac, chambellan de l'Impératrice, rentra dans le salon de service et nous dit à haute voix : « Sa Majesté vous remercie et vous invite à vous retirer. » Il y eut un moment d'indécision. Les officiers de service s'approchèrent de M. de Cossé-Brissac : « Notre devoir est de rester ici tant que l'Impératrice y sera. Nous donnez-vous l'assurance que notre présence n'a plus d'objet? — Messieurs, répondit-il, vous avez congé de Sa Majesté, et je puis vous dire que tout va pour le mieux. »

Les mains se serrèrent en silence : on se souhaita le revoir en des temps meilleurs, et on quitta les lieux où il n'y avait plus rien à faire.

Une minute après, nous quittions les Tuileries par le guichet de l'Echelle. Au moment où le concierge nous ouvrait la porte, nous vîmes défiler devant nous une épaisse et bruyante colonne de citoyens, ayant à sa tête un bourgeois barbu, mal coiffé d'un képi de garde national, portant un fusil sur l'épaule d'une façon peu martiale et emboîtant le pas d'une manière fort gauche. C'était, paraît-il, M. Jules Favre allant faire sacrer à l'Hôtel-de-Ville le gouvernement de la Défense nationale.

A ce moment, je tirai ma montre : il était trois heures moins cinq minutes.

J'appris que l'Impératrice, après nous avoir quittés, s'était tranquillement revêtue d'habits de deuil. Mme Lebreton l'aidait dans ses préparatifs de départ. La souveraine n'avait voulu appeler aucun de ses officiers au danger de l'accompagner, et elle s'était confiée à MM. de Metternich et Nigra, que leur caractère diplomatique mettait à l'abri des insultes.

Avant de quitter sa demeure, l'Impératrice alla jeter un dernier regard sur les portraits de l'Empereur et du Prince Impérial; puis elle s'agenouilla dans son oratoire, fit, au pied de l'autel, une courte prière et se dirigea sans aucun trouble ni précipitation vers la galerie du bord de l'eau. Les portes qui mettent en communication les Tuileries et le Louvre étaient fermées. Il fallut quelque temps pour trouver les clés. Le passage fut enfin libre, et l'Impératrice et son petit cortège arrivèrent sans encombre sur la place Saint-Germain-l'Auxerrois, par l'un des deux escaliers de la colonnade du Louvre.

M. de Metternich alla à la recherche de deux fiacres. M. Nigra était resté avec

Sa Majesté et Mme Lebreton. Ses vêtements de veuve ne déguisaient pas assez bien l'Impératrice pour qu'un gamin ne pût la reconnaître et crier à tue-tête :

— Voilà l'Impératrice !

La place était couverte d'une partie des envahisseurs du Corps législatif qui se rendait à l'Hôtel-de-Ville, après avoir traversé les Tuileries et le Louvre. Le diplomate italien ne perdit pas sa présence d'esprit en une situation aussi critique. Il envoya un vigoureuse taloche au jeune indiscret : il le prit ensuite par l'oreille en ayant soin d'appuyer fortement, afin de ne laisser au petit bonhomme que la faculté de se débattre et de se plaindre :

— Ah! polisson, disait de son côté l'impitoyable chevalier, tu cries : « Vive la Prusse ! » Je t'apprendrai à être meilleur patriote !

Et il l'entraînait, sans désemparer, du côté opposé à l'endroit où se trouvait la voiture dans laquelle l'Impératrice venait de prendre place avec Mme Lebreton. M. Nigra ne lâcha l'enfant et ne cessa ses imprécations que lorsque le cocher eut enlevé ses chevaux. L'Italien avait si bien ménagé son jeu, que M. de Metternich et lui étaient déjà loin lorsque les spectateurs se rendirent compte de ce qu'ils venaient de voir.

L'Impératrice a pris le chemin de l'exil, et, sur la terre étrangère comme aux Tuileries, ce qui sera l'objet des préoccupations de cette auguste femme, si grande par le cœur, par le courage et par le dévoûment, ce ne sera ni elle ni la dynastie, ce sera le sort de la France ; et le jour où elle entreverra de nouveaux dangers, elle n'hésitera pas à les signaler au gouvernement de la Défense nationale. Tant d'abnégation et tant de patriotisme ne seront point perdus pour l'histoire.

V

Les citoyens qui s'étaient installés à l'Hôtel-de-Ville, où ils avaient proclamé la République et où ils s'étaient institués membres d'un gouvernement provisoire, se partagèrent entre eux les emplois et les dignités qu'ils se répartirent comme suit :

Présidence du gouvernement,	Général TROCHU.
Vice-présidence et affaires étrangères,	Jules FAVRE.
Intérieur,	GAMBETTA.
Guerre,	Général LE FLÔ.
Marine,	Amiral FOURRICHON.
Justice,	CRÉMIEUX.
Finances,	Ernest PICARD.
Instruction publique et cultes,	Jules SIMON.
Travaux publics,	DORIAN.

Agriculture et commerce,	MAGNIN.
Direction des télégraphes,	STEENACKERS.
Préfecture de police,	de KÉRATRY.

M. Etienne ARAGO fut nommé maire de Paris avec MM. FLOQUET et BRISSON pour adjoints.

Quant à M. Jules FERRY, il fut délégué à l'administration du département de la Seine.

Les voilà donc au pouvoir, ces hommes qui se présentaient à nous comme ayant dans les mains des trésors de savoir politique et militaire, des remèdes pour tous les maux, et qui devaient nous donner, avec la liberté, la joie, le bonheur et la prospérité!...

Que sont-ils devenus?.. On le sait.

Qu'ont-ils fait?.. Est-il besoin de le demander? Est-ce que nos plaies ne sont pas encore saignantes? Est-ce que la trace de nos malheurs a disparu? Et cependant ces malheurs pouvaient être atténués, conjurés même le lendemain de Sedan!

Ce fut, dit M. Domenech, une faute immense de la part de ceux qui, dans leur précipitation maladroite et coupable, craignirent de voir s'échapper l'occasion d'introniser le régime de leur choix, et jetèrent sur une cause noble et grande le discrédit de l'illégalité..... Deux jours de plus, et la convention par laquelle la Russie s'était engagée à rester neutre, moyennant que la Prusse n'exigerait pas de nous une cession de territoire et une indemnité de guerre dépassant 800 millions, n'aurait point été lettre-morte !

L'avènement des hommes du 4 septembre a tout compromis, et dès à présent on peut dire qu'il a coûté à la France une dizaine de milliards, la ruine de trente départements et la perte de deux provinces ?

Que se passait-il à Paris, dans cette après-midi du 4 septembre, « jour célèbre dans les annales révolutionnaires et à jamais néfaste dans l'histoire de la France, » a dit le général de Palikao? Ce qu'il se passait? Voici à peu près textuellement ce que rapporte M. Dréolle:

Je parcourais les faubourgs de la Madeleine à la rue Montmartre. La foule y était nombreuse et bruyante. Des bandes d'hommes avinés saluaient de leurs vivats la République naissante. Beaucoup de magasins fermés; seuls, les cafés avaient leur physionomie habituelle. Peu de voitures sur la chaussée. La ville appartenait tout entière à cette tourbe d'agitateurs qui, par leurs chants grossiers et leurs cris sauvages, permettent aux historiens des révolutions d'enregistrer ce qu'ils appellent « l'enthousiasme populaire » ... D'un côté, la population insolente et menaçante; de l'autre, les honnêtes gens insouciants et ne prévoyant pas, dans leur aveuglement stupide, qu'ils se préparaient la misère et la honte.

Ailleurs, M. Dréolle dit encore :

> Je remarquai que les gardes nationaux, ces impétueux défenseurs de l'ordre et de la loi, avaient pour leur part fait le sacrifice de l'Empire. Comment? En arrachant avec une comique indignation la plaque, ornée d'un aigle, que portait leur shako.
> C'est dans ce trait qu'on retrouve tout entier le Parisien, et particulièrement le bourgeois de Paris. Il faut qu'il détruise quelque chose de ses propres mains, et il s'en prend ordinairement aux festons qui parent les insignes de sa puissance. En 1848, il avait de son inoffensive baïonnette guillotiné le coq gaulois du fameux bonnet à poil ; il devait, avec la même fureur courageuse, briser l'aigle de l'Empire... L'ouvrier, lui, s'en prend aux devantures de boutiques, aux glaces armoriées des fournisseurs du souverain, puis aux statues et aux monuments.
> Ces actes de vandalisme sont la première et la plus éclatante manifestation des convictions politiques de Paris. On casse, on brise, on insulte... ; cela s'appelle proclamer la République.

Plus loin, le même écrivain parle de menaces contre la liberté individuelle et contre la propriété privée.

O République, comme on t'outrage ! O Liberté, que de crimes on commet en ton nom !

Bref, la République était proclamée. Et, mensonge odieux ! elle fut annoncée à la capitale comme ayant été votée par le Corps législatif... Voici ce que raconte, à ce sujet, M. Dréolle :

> ... Je sus bientôt que sur les boulevards et dans les faubourgs la proclamation de la République était attribuée au Corps législatif lui-même. On racontait les incidents d'une séance, *très animée*, à l'issue de laquelle un scrutin avait eu lieu, lequel avait donné à la République 180 voix sur 213 votants. Cela était déjà imprimé. Des petits papiers portant ces chiffres circulaient de mains en mains, et, à quatre heures, des industriels, comme on n'en trouve qu'à Paris, vendaient dans les rues de petits drapeaux en toile, sur lesquels étaient peints les chiffres 180 — 213.
> J'ai vu depuis plusieurs personnes qui, en me rapportant le fait, m'ont même affirmé que la proclamation du gouvernement républicain avait eu lieu sur les marches du grand escalier de la Chambre.

C'est en apprenant ce fait que, le lendemain, dans une réunion tenue en l'hôtel de M. Johnston, un député s'écria

« *Le 24 février 1848 fut plus honnête. C'était une véritable révolution. Aujourd'hui c'est une escroquerie.* »

Dans l'enquête parlementaire sur l'insurrection du 18 mars, M. Thiers a en quelque sorte renouvelé la déclaration qu'il avait faite au Corps législatif. Parlant de la révolution du 4 septembre, il a dit :

> On voulut me mettre à la tête de cette révolution, je m'y refusai obstinément. Je fus près d'un quart d'heure président du Corps législatif, et j'en ai vu, pour ma part, l'envahissement avec beaucoup de chagrin et de regret.

Je rentrai chez moi, et je résolus de n'en plus sortir.

Bien décidé à rester dans Paris pendant le siège, je songeais à me procurer des moyens d'étude, lorsque le gouvernement de la défense nationale vint me prier instamment, après un vote unanime, de vouloir bien me rendre en Angleterre et auprès des diverses cours d'Europe, pour rétablir les relations de la France avec les divers cabinets.

Je me défendis beaucoup contre cette proposition, mais, en définitive, je vis que j'avais là un grand service à rendre à mon pays, je considérai que la forme du gouvernement n'était qu'une question secondaire, et que l'important, c'était de ménager à la France de bonnes relations avec l'Europe, dans un moment aussi grave et aussi terrible.

Cette considération me décida.

Et la province! comment fut-elle informée de l'avènement de la République? Voici la dépêche qui fut expédiée, publiée et affichée dans les départements :

Paris, 4 septembre, 6 heures du soir.

RÉPUBLIQUE FRANÇAISE.

Ministère de l'Intérieur.

La *déchéance a été prononcée au Corps législatif*. La République a été proclamée à l'Hôtel-de-Ville. Un gouvernement de défense nationale, composé de 11 membres, tous députés de Paris, a été constitué et ratifié par l'acclamation populaire. Les noms sont : Arago Emmanuel; Crémieux; Favre Jules; Ferry; Gambetta; Garnier-Pagès; Glais-Bizoin; Pelletan; Picard; Rochefort; Jules Simon.

Le général Trochu est à la fois maintenu dans ses pouvoirs de gouverneur de Paris et nommé ministre de la guerre en remplacement du général Palikao.

Pour le Gouvernement de la défense nationale,

Le Ministre de l'Intérieur.

Léon Gambetta.

Cette dépêche ne tendait rien moins qu'à associer le Corps législatif aux actes qui venaient de s'accomplir. C'était une duperie. Aussi, a-t-on pu dire avec raison : « C'est sur le mensonge que ces hommes ont édifié leur puissance; c'est par le mensonge qu'ils ont consommé notre perte? »

La France, qui travaille et qui met les intérêts du pays au-dessus des spéculations de parti, la France conçut de vives alarmes. Deux maux fondaient sur elle : l'invasion et la révolution. Elle se résigna, puis elle s'arma de courage, car, de même que M. Thiers, elle pensa que l'important, dans un moment aussi grave et aussi terrible, c'était de repousser l'étranger et de sauver l'honneur national. Hélas! elle devait se consumer en vains efforts; car, elle venait de tomber entre les mains d'hommes qui, prêts à tout sacrifier à leur fétiche politique, ne sauraient faire avec intelligence ni la paix ni la guerre.

Le tour de main accompli, M. Gambetta alla s'installer au ministère de l'intérieur, qui se métamorphosa « en bureau de bienfaisance pour les mendiants de l'émeute, » suivant les expressions de M. Ernest Dréolle, lequel ajoute :

> Gambetta s'était présenté à l'hôtel de la place Beauveau, deux ou trois heures environ, après l'invasion de la Chambre. Il était accompagné de plusieurs de ses amis, avides d'une position officielle, et parmi ses amis on m'a désigné MM. Ranc et Ferry, ce dernier frère du député.
>
> Il n'y avait personne au cabinet du ministre. L'huissier introduisit les nouveaux venus, avec cette docilité proverbiale des garçons de bureau qui assistent impassibles aux changements de gouvernement. M. Gambetta prit place aussitôt dans le fauteuil encore chaud de M. Chevreau...
>
> En moins d'une heure, il avait distribué des grades de quoi doubler le budget du Personnel. Cette façon d'agir toute dictatoriale ne déplut pas, comme on le pense bien, aux employés secondaires...
>
> Après la curée des postes secondaires, commença celle des préfectures. A minuit, il y avait déjà quarante-sept préfectures distribuées par M. Gambetta à soixante solliciteurs ; certaines préfectures furent données plusieurs fois, et chaque nomination entraînait l'ouverture d'un crédit pour chacun des candidats.

Pauvre France, on s'abattait sur toi comme sur une proie dont chacun voulait avoir sa part !

Le lendemain 5, ainsi que nous l'avons dit plus haut, 150 députés environ se réunirent, sous la présidence de M. le comte Daru, dans une des salles de l'hôtel de M. Johnston. La *Journée du 4 septembre* rend compte de cette réunion. Nous y lisons :

> M. Buffet déclara qu'il ne s'abusait pas sur l'impuissance relative où l'on était de réagir immédiatement et vigoureusement contre les faits accomplis ; mais il mettait son honneur à user de l'hospitalité d'un collègue pour collaborer à une protestation contre les violences faites la veille à la représentation du pays, au seul pouvoir légitime.
>
> Plusieurs membres racontèrent divers incidents qui s'étaient passés dans la matinée au palais Bourbon. Ils déclarèrent qu'ils s'étaient rendus individuellement au Corps législatif, et qu'ayant voulu pénétrer dans les corridors, ils s'étaient vus arrêtés par des sentinelles de la garde nationale qui avaient croisé la baïonnette sur eux.
>
> D'autres députés rappelèrent quelques souvenirs de la journée de la veille. Ils exprimèrent particulièrement la conviction où l'on était toujours à Paris, et où l'on ne tarderait pas d'être dans les départements, que la Chambre avait réellement tenu une séance dans laquelle elle avait proclamé la déchéance de l'Empire et l'avénement de la République.
>
> A ce souvenir, presque tous les membres firent entendre d'énergiques exclamations, et déclarèrent que les violences commises, la complicité d'un grand

nombre de gardes nationaux ou d'individus revêtus de l'uniforme, le secours prêté aux visiteurs par certains émeutiers, et, enfin, la publication d'un faux, — le vote de l'Assemblée, — ne tarderaient pas à être connus partout et donneraient son véritable caractère au mouvement insurrectionnel du 4 septembre.

M. Josseau annonça qu'il avait préparé une protestation sous forme de lettre à M. de Kératry, pour relever le passage de la proclamation publiée le matin par cet auxilliaire du gouvernement de l'Hôtel-de-ville, délégué à la préfecture de police.

Il était dit dans la proclamation Kératry : « Les députés de la Gauche, *après la disparition de leurs collègues de la majorité*, proclamèrent la déchéance. » Il y avait là une erreur mensongère, que M. Josseau avait tenu, pour son compte, à rectifier par des faits.

Plusieurs membres émirent aussitôt l'avis qu'il n'y avait point à adresser de lettre à M. de Kératry, et, sous cette réserve, on entendit la lecture de la lettre de M. Josseau.

M. Dréolle prit la parole pour dire que, de toutes les protestations, la meilleure serait un récit sommaire des événements de la journée, avec un compte-rendu de la séance de quatre heures.

Cette proposition fut accueillie à l'unanimité.

Il insista pour qu'on recueillît avec le plus grand soin les déclarations de M. Grévy relativement aux dispositions que ses collègues de la gauche avaient toujours, d'après lui, manifestées en faveur des droits du Corps législatif.

Ces observations furent approuvées.

Tous les hommes présents donnèrent leurs noms, et la réunion fut dissoute. Il était 4 heures 1/2.

Le Sénat, réuni en séance à midi, protesta contre la déchéance de l'Empereur et l'annulation de son gouvernement. Il accompagna cette protestation des cris de : « Vive l'Empereur ! Vive l'Impératrice ! Vive le Prince Impérial ! Vive la dynastie. »

Un des premiers actes du nouveau gouvernement fut de décréter la dissolution du Corps législatif et l'abolition du Sénat.

Nous entrions dans une ère de désorganisation, de dictature sans frein, de *guerre à outrance*, guerre funeste et sans issue, tant que la France ne pourrait se donner une représentation légale. Et cette représentation, elle ne l'aura que lorsqu'elle aura été pillée, saccagée, ruinée et mutilée !..

PAIX OU GUERRE

I

La *guerre à outrance* était une folie. Est-ce à dire que la France devait mettre bas les armes et se livrer au vainqueur? Non. L'armée, il est vrai, était prisonnière; la moitié avait été prise à Sedan, et l'autre moitié était bloquée à Metz... Néanmoins, on pouvait espérer que, faisant un effort suprême, le pays parviendrait à se dégager des étreintes de l'ennemi. C'était une illusion, mais une patriotique illusion à laquelle il était permis de s'abandonner.

Nous ne blâmerons donc pas la continuation de la guerre. Ce que nous blâmerons, c'est d'avoir créé une situation sans issue en prononçant la déchéance de l'Empire et la dissolution du Corps législatif, c'est-à-dire, en faisant disparaître un pouvoir régulier, sans lui substituer un autre pouvoir légalement constitué.

En effet, qu'arrivera-t-il?

Quand on s'adressera aux puissances neutres, elles réclameront d'abord l'établissement d'un pouvoir régulier!

Et la Prusse elle-même ne voudra traiter qu'avec un gouvernement régulier!

De telle sorte que l'ambition des hommes du 4 septembre, qui, pour escalader le pouvoir, ont dissous le Corps législatif, et, pour le conserver, refusaient de convoquer les électeurs, aura livré la France à toutes les horreurs de l'invasion étrangère.

Que l'on voulût continuer la guerre ou que l'on désirât conclure la paix, la déchéance était absurde, et la dissolution, une faute.

La première condition pour obtenir ou la paix la moins désastreuse, ou la guerre la plus profitable, — a dit un publiciste, — c'était bien évidemment de se grouper autour du gouvernement, d'user de toutes les forces de l'administration, des finances, de l'organisation régulière du pays, en un mot d'ajourner tous les dissentiments politiques, sauf à faire plus tard, après la paix et le rétablissement de l'ordre, la juste part des responsabilités encourues par chacun.

D'un autre côté, nous lisons dans *Sedan, ses causes et ses suites* :

La révolution du 4 septembre a tout compromis, en désorganisant le pays, en ôtant à la France ses alliés, et, pardessus tout, en créant une situation à la fois intolérable et sans issue.

La Prusse, en 1807, l'Autriche en 1809, furent réduites à un état bien pire que le nôtre ; mais au plus fort de leurs désastres, la Prusse et l'Autriche conservèrent leur gouvernement régulier ; avec leur gouvernement, l'ordre intérieur, et avec l'ordre intérieur, ces deux Etats réparèrent leurs pertes et reprirent leur rang légitime en Europe.

C'est dans le même sens que s'exprimait récemment le *Gaulois*, quand il disait :

Est-ce que l'empereur de Russie n'avait pas été battu, lui, en 1855 ? Voyez cependant combien, grâce au dévouement et au patriotisme de ses sujets, sa puissance s'est vite refaite ; s'il est plus grand que jamais à quoi cela tient-il, sinon à ce que le peuple russe, au lieu de le renverser pour le punir de sa défaite, l'a aidé à relever les ruines et lui a permis de rétablir à la faveur de la paix intérieure ses finances et son armée ?

Est-ce que l'empereur d'Autriche n'a pas été battu, lui aussi, et battu deux fois, qui plus est ? Est-ce qu'il n'a pas perdu deux terribles batailles : Solférino et Sadowa ? Est-ce qu'il n'a perdu plus de provinces que nous ? Et cependant l'empire d'Autriche, reconstitué, grâce au patriotisme des populations, joue dans le monde un grand rôle ; en fin de compte son souverain sera l'une des trois volontés qui décideront de cette question d'Orient que tant de siècles ont essayé de résoudre sans pouvoir y parvenir.

Où la Russie et l'Autriche, après de si cruelles défaites, ont-elles donc puisé cette force qui oblige la Prusse, toute puissante qu'elle est, à compter avec elles ? Elles l'ont trouvée seulement dans le respect, le dévouement et la sagesse des peuples : et c'est grâce à tant de raison et à tant de prudence qu'elles sont aujourd'hui les seules barrières qui se dressent devant l'ambition prussienne.

La proclamation de la République nous aliéna tout d'abord les sympathies de l'Europe monarchique, à qui cette forme gouvernementale n'inspire aucune confiance.

La France, dit un écrivain, a des voisins dont les intérêts sont étroitement liés aux siens et dont elle doit se préoccuper.

Ces voisins sont tous, un seul excepté, des Etats monarchiques. Or, on sait que, dans ces Etats, le principal intérêt, celui qui passe avant tous les autres, est la conservation de leur monarchie. Mais on sait aussi que de toutes les nations, celle dont l'exemple exerce sur les autres la plus puissante influence, c'est la France ; que, par conséquent, si la République parvenait à s'y établir, toutes les monarchies européennes courraient risque d'être renversées.

De là, l'antipathie des puissances étrangères ; de là, notre isolement.

Il est vrai que la République naissante comptait sur l'appui effectif de celle des Etats-Unis. L'une n'était-elle pas la fille de l'autre ? Cet appui lui fit défaut. Voici ce que nous lisons à ce sujet dans *La Guerre de sept mois* :

> La reconnaissance de la République française, par la République des Etats-Unis, fut accueillie comme un excellent symptôme. La lettre adressée par M. Washburn au ministre des affaires étrangères était pleine de sympathie. On se figura que la nouvelle République trouverait dans sa sœur d'outre-mer une puissante alliée, au besoin, une protectrice. Cette illusion dura peu; car, on reconnut bientôt que la doctrine Monroë s'opposait à ce que l'Union nous prêtât aucun secours, et nous donnât autre chose qu'une stérile pitié ; puis on s'aperçut bientôt que les véritables sympathies de la puissante République s'étaient toutes portées sur nos vainqueurs, représentés dans les Etats de l'Union par un nombre imposant d'émigrés. Plus désintéressée et plus loyale, la Confédération helvétique nous montra, en reconnaissant notre nouvelle forme démocratique, des sentiments bienveillants qui devaient se traduire de la manière la plus active et la plus réelle au jour de notre accablement.

L'avènement de la République, en isolant la France, la privait d'une intervention qui n'aurait point fait défaut à l'Empire. En veut-on la preuve ? Nous la trouvons d'abord dans l'ouvrage de M. Valfrey (*Histoire de la diplomatie du Gouvernement de la Défense nationale.*) Le *Figaro* en a résumé comme suit la partie relative aux engagements pris par la Russie :

> Dans les derniers jours de l'Empire, M. le prince de la Tour-d'Auvergne avait engagé avec les grandes puissances une négociation ayant pour but de sauvegarder l'intégrité territoriale de la France et le maintien de la dynastie impériale.
>
> En exécution des instructions qu'il avait reçues en ce sens, M. le général Fleury, ambassadeur à St-Pétersbourg, avait eu le 29 août une importante conversation avec l'empereur Alexandre.
>
> Le czar paraissait très porté à s'interposer afin de terminer une lutte qui, dans sa pensée, ne devait pas continuer d'être avantageuse à l'Allemagne, mais encore tourner prochainement au profit de la Révolution en France. Le général Fleury fit ressortir qu'en présence de la situation douloureuse où se trouvait placée la France, un grand rôle revenait au neveu de l'empereur Alexandre 1er, qui, dans des circonstances analogues, n'avait pas hésité à prêter son appui au peuple français.
>
> Le czar déclara qu'il avait déjà écrit à ce sujet au roi Guillaume. Il lui avait dit qu'une paix basée sur l'humiliation de la France n'aboutirait qu'à une trêve dangereuse. Le roi de Prusse avait répondu d'une manière favorable, mais il n'avait pas dissimulé qu'il aurait bien de la peine, vis-à-vis du sentiment de l'Allemagne entière, à abandonner ses conquêtes. L'entretien, sur les vives instances du général Fleury, aboutit à la déclaration suivante de l'empereur Alexandre :
>
> « Je saurai, le moment venu, parler haut, si cela est nécessaire,

« pour faire respecter l'intégrité du territoire et le maintien de la
« dynastie. »

Ces paroles étaient consignées dans une dépêche du général Fleury qui porte la date du 29 août 1870, et que M. de la Tour-d'Auvergne, en quittant le ministère des affaires étrangères, communiqua à M. Jules Favre.

Quand M. Jules Favre, croyant pouvoir compter sur les dispositions amicales de la Russie, essaya de les faire valoir à Saint-Pétersbourg, la cour de Russie répondit que les circonstances étaient changées. En effet, les engagements de l'empereur Alexandre s'appliquaient indivisiblement à l'intégrité territoriale de la France et au maintien de la dynastie. Or, la dynastie avait été renversée, et, à sa place, on avait installé la République. Le czar se regarda comme délié de ses engagements et abandonna la République à elle-même.

Devant la commission d'enquête du 4 septembre, M. Chevreau, ancien ministre de l'intérieur, a fait une déclaration fort importante, de laquelle il résulte que la violation du Corps législatif et la proclamation de la République ont empêché l'Europe d'intervenir en notre faveur. Un journal la résume ainsi :

M. Chevreau a raconté qu'il avait eu une entrevue avec le prince de la Tour-d'Auvergne le 3 septembre, et que son collègue des affaires étrangères lui avait confié que, frappé de la gravité des évènements, il avait engagé des entretiens avec les représentants des puissances étrangères, et qu'il avait l'espérance qu'à un moment donné, si c'était indispensable, la France pourrait compter sur un appui sérieux.

L'ancien ministre de l'intérieur a corroboré son dire en exposant que, si après le 4 septembre, des négociations en faveur de la France avaient été entamées par un gouvernement régulier, elles eussent eu les plus grandes chances d'aboutir.

Cette assertion paraissant éveiller la plus vive attention de la Commission, M. Chevreau a satisfait amplement cette curiosité en révélant ceci :

« Le ministre des affaires étrangères de la Porte-Ottomane, Aali-Pacha, avait reçu, après le 4 septembre, la visite de M. le vicomte de la Guéronnière, notre ambassadeur à Constantinople. Celui-ci lui avait rappelé qu'à une époque antérieure, la France avait joint ses armes à celles de la Turquie pour la défendre, et il lui avait demandé si, à son tour, la Turquie reconnaissante n'était pas disposée à intervenir. »

Aali-Pacha, avec le plus grand empressement, avait acquiescé à ce désir ; mais, quelques jours après, il pouvait se convaincre que ses efforts seraient inutiles, l'Europe refusant d'intervenir en faveur d'un pays qui n'avait plus de gouvernement !

Avec la Régence, la France pouvait rester intacte ou presque intacte. Un des effets de la proclamation de la République a donc été son isolement, et, par suite, son affaiblissement.

II

La continuation de la guerre pouvait être honorable ; mais la paix était préférable. La paix était humaine et politique ; ajoutons qu'elle était possible.

Le *Figaro* publiait le 6 août 1872 une lettre autographe, écrite le lendemain de Sedan par le comte de Bismark à sa femme. Cette lettre intime, qui est devenue un document historique, contenait cette déclaration :

« C'EST UNE VICTOIRE QUI DÉCIDE DE LA GUERRE... »

La guerre est finie ; la paix est probable ; voilà donc ce qui se présente à l'esprit du chancelier comme la conséquence immédiate et naturelle de la capitulation de Sedan.

La Prusse, d'ailleurs, crut évidemment qu'elle allait faire la paix. Ce qui le prouve, c'est le rapport que, le 2 septembre, M. de Bismark adressa au roi pour lui rendre compte de son entrevue avec l'Empereur. Il y est dit :

« *Je demandai à l'Empereur s'il était en mesure de traiter*
« *des conditions de paix.* L'Empereur déclara que, étant prisonnier,
« il ne pouvait le faire.
« Je lui demandai alors qui représentait en ce moment la France.
« Il s'en référa au gouvernement actuellement à Paris (la Régence). »

L'Empereur écrivit sur le champ à l'Impératrice que l'heure était venue pour le gouvernement et pour le Corps législatif d'ouvrir des négociations en vue d'un armistice et de la paix. La dépêche fut remise au général Castelnau. Quand elle parvint à Paris, le Corps législatif avait été dissous et l'Empire renversé. A leur place, s'était formé un prétendu gouvernement de la Défense nationale, dont le premier acte avait été de proclamer la *guerre à outrance.* « A l'instant même, — dit le journal que nous venons de citer, — les intentions modérées de la Prusse furent changées du tout au tout, et l'Europe, stupéfaite de tant de folie, nous abandonna à notre malheureux sort. » Cependant, ainsi que cela résulte d'une communication officielle publiée par l'*Indépendant rémois*, M. de Bismark , à la date du 11 septembre, se déclarait encore prêt à traiter, mais seulement avec un *pouvoir régulier*.

Le 19 septembre, Paris était complètement investi, et, le lendemain 20, M. Jules Favre avait à Ferrières une entrevue avec M. le comte de Bismark. Le même jour, le gouvernement faisait publier la proclamation suivante :

On a répandu le bruit que le gouvernement de la défense nationale songeait à abandonner la politique pour laquelle il a été placé au poste de l'honneur et du péril. Cette politique est celle qui se formule en ces termes : NI UN POUCE DE NOTRE TERRITOIRE NI UNE PIERRE DE NOS FORTERESSES. Le gouvernement le maintiendra jusqu'à la fin.

Ni un pouce de notre territoire, ni une pierre de nos forteresses ! C'était une parole imprudente ; c'était presque un défi. Singulière façon de préparer un accommodement, en ayant l'air d'imposer un *ultimatum* au vainqueur ! Quel mal irréparable ces gens-là ont fait à la patrie !

Ici doit se placer un incident qui s'est produit, le 16 juin 1871, à l'Assemblée nationale. Ce jour là, M. de Vallon déclara que, en sa présence, M. Jules Favre avait avoué, dans un bureau de l'Assemblée, à Bordeaux, que M. de Bismark lui avait parlé à Ferrières, de paix possible sans autre cession territoriale que *Strasbourg et la banlieue*, avec menaces de conditions beaucoup plus onéreuses, si l'on n'acceptait pas la paix immédiatement. A la séance du lendemain, M. Jules Favre reconnaissait implicitement l'exactitude de ce récit par l'aveu suivant :

M. le comte de Bismark, dit-il, me parlant politique, m'adressa, en effet, certaines suggestions que je repoussai, sur lesquelles je n'ai pas à m'expliquer ici, et me dit *qu'effectivement il serait possible de traiter dans les conditions qui ont été rapportées à la séance d'hier.*

Je ne pouvais songer *à traiter de la paix*, je n'avais pas qualité pour le faire : et ma première parole le fit comprendre à M. de Bismark.

Il ne pouvait être question que le gouvernement lui-même traitât.

Je m'étais présenté à M. de Bismark, sans caractère officiel, comme le *représentant d'un gouvernement de fait*, et je ne lui avais pas dissimulé la faiblesse d'une situation que les fautes, les crimes d'autrui nous avaient imposée.

M. Jules Favre dit encore :

Dès les premiers mots, M. de Bismark m'écarta de ce terrain en me disant *Vous avez publié une circulaire qui rend toute conversation entre nous inutile en déclarant qu'il ne serait cédé aucune parcelle du territoire.*

Ainsi, M. de Bismark ne voulait pas entrer en négociation ni débattre des préliminaires de paix, parce que M. Jules Favre publiait des circulaires qui engageaient la guerre à outrance, et parce qu'il n'était que le représentant d'un gouvernement de fait, *sans sanction*. Peut-on formuler accusation plus accablante contre un homme, contre un gouvernement ?

A son retour de l'entrevue de Ferrières, M. Jules Favre publia un rapport dans lequel il exposait ainsi les conditions que M. de Bismark mettait à l'armistice :

M. de Bismark, — y est il dit, — demandait pour gage l'occupation de Strasbourg, et, comme sur sa demande j'avais dit la veille que l'Assemblée — on sait que les électeurs venaient d'être convoqués — que l'Assemblée devait être réunie à Paris, il voulait, dans ce cas, avoir un fort dominant la ville... celui du Mont-Valérien, par exemple.

Je l'ai interrompu pour lui dire : « Il est bien plus simple de nous demander Paris. Comment voulez-vous admettre qu'une assemblée française délibère sous votre canon ?... »

« Cherchons une autre combinaison, m'a-t-il répondu. »

Je lui ai parlé de la réunion de l'Assemblée à Tours, en ne prenant aucun gage du côté de Paris.

Il m'a proposé d'en parler au roi... Il est rentré au bout d'un quart d'heure. Le roi acceptait la combinaison de Tours, mais insistait pour que la garnison de Strasbourg fût faite prisonnière.

M. Jules Favre avait repoussé ces conditions. La guerre reprenait son cours ; les élections étaient ajournées, et, le 24 septembre, la Délégation de Tours adressait aux départements la proclamation suivante :

A LA FRANCE

Avant l'investissement de Paris, M. Jules Favre a voulu avoir une entrevue avec M. de Bismark pour connaître les dispositions dont l'ennemi était animé.

Voici la déclaration par laquelle l'ennemi a répondu à cette ouverture :

La Prusse veut continuer la guerre et réduire la France à l'état de puissance de second ordre.

La Prusse veut la cession par la France de l'Alsace et de la Lorraine jusqu'à Metz par droit de conquête.

La Prusse, pour consentir à un armistice, ose demander la reddition préalable des forteresses de Strasbourg, de Toul et du Mont-Valérien.

Paris, exaspéré de pareilles exigences, s'ensevelirait sous ses ruines plutôt que de s'y soumettre.

A d'aussi insolentes prétentions on ne répond que par une *lutte à outrance*. La France accepte cette lutte et compte, pour la soutenir, sur le patriotisme de tous ses enfants.

Crémieux, Glais-Bizoin, Fourrichon.

M. de Bismark protesta contre les termes du rapport de M. Jules Favre, et, dans la circulaire qu'il publia, il s'attacha à démontrer que le programme rapporté à Paris par M. Favre ne contenait rien au sujet des termes d'une *paix* future, mais seulement au sujet de l'accord d'un *armistice* de quinze jours ou de trois semaines pour préparer les voies à l'élection d'une assemblée nationale dans les conditions suivantes :

1° La continuation du *statu quo* dans ou devant Paris ;
2° La continuation des hostilités à Metz et autour de Metz dans un certain rayon, dont l'étendue devait être déterminée ;
3° La reddition de Strasbourg, dont la garnison deviendrait prisonnière de guerre et celles de Toul et de Bitche, dont on permettrait aux garnisons de sortir avec les honneurs de la guerre.

M. de Bismark terminait en disant :

Si le gouvernement français s'est décidé à ne pas profiter de l'occasion présentée de procéder à l'élection d'une Assemblée nationale, même dans les parties de la France occupées par nous, cela démontre sa résolution de ne pas se débarrasser des difficultés qui empêchent la conclusion d'une paix conforme au droit international et à ne pas écouter l'opinion publique du peuple français. Des élections libres et générales tendraient à des résultats favorables à la paix ; telle est la conviction qui s'impose à nous et qui n'a pu échapper à l'attention de ceux qui exercent le pouvoir à Paris.

Cependant, M. Thiers accomplissait auprès des cabinets de Londres, St-Pétersbourg et Florence une mission qu'il avait acceptée, malgré son âge, malgré les fatigues du voyage et les dangers qui pouvaient en résulter pour sa santé. Cette mission avait pour but d'intéresser ces cabinets au sort de la France, et nul mieux que M. Thiers n'était apte à la remplir. M. Thiers, en effet, avait répudié la situation anormale créée par le 4 septembre ; il professait des principes d'ordre qui devaient le rendre sympathique aux gouvernements ; il jouissait d'une considération qui commandait les plus grands égards. Il fut accueilli fort courtoisement, mais ne rapporta que les bons conseils de l'Europe. Ces conseils se réduisaient à ceci : convoquer une assemblée nationale, créer un gouvernement régulier et traiter directement avec la Prusse. Voici du reste ce que nous lisons dans sa déposition devant l'enquête :

J'arrivai en Angleterre ; j'y trouvai de l'intérêt pour la France, mais aussi la plus grande circonspection, et je vis par une certaine inquiétude que causait dans la sphère gouvernementale mon projet de voyage en Russie, que si je parvenais à exciter à St-Pétersbourg un intérêt un peu plus actif, je parviendrais peut-être à faire sortir l'Angleterre de son impassibilité.

Je partis donc pour St-Pétersbourg. Je trouvai chez l'empereur une très grande bienveillance envers la France. Mais évidemment il avait des liens avec la Prusse. On a dit beaucoup de choses à ce propos. Y avait-il ou non un traité entre les deux gouvernements ? Je ne le sais pas, mais certainement il y avait des liens entre l'oncle et le neveu, entre l'empereur de Russie et le roi de Prusse, néanmoins la société russe était très animée en faveur de la France et témoignait de ses vives sympathies pour nous par les manifestations les plus frappantes. L'empereur était beaucoup plus contenu, il me disait : « Je ne ferai pas la guere pour vous, mais soyez convaincu que je vous aiderai de toute mon influence. »

Je restai quelque temps à St-Pétersbourg. Malgré les manifestations de la société russe, j'apercevais cependant une extrême réserve chez les membres du gouvernement. Tout-à-coup, je vis les visages changer; on me dit : Il y a moyen de faire la paix, allez à Versailles ; les affaires peuvent s'arranger. — J'avais connu M. de Bismark à une époque antérieure; j'avais l'honneur de connaître le roi de Prusse ; je pouvais donc espérer de trouver auprès du souverain et du ministre certaines facilités de relations...

A Florence, le roi se montra désireux de faire quelque chose.

Il exigea que les ministres se réunissent ; il convoqua ses généraux pour que je leur exposasse mes idées. L'armée d'Italie était bonne, elle est bonne encore. Elle formait un effectif de deux cent cinquante mille hommes, dont on pouvait tirer cent mille bons soldats pour leur faire passer les Alpes. Je dis aux généraux : « Portez-vous sur Lyon par le Mont-Cenis ; vous serez appuyés là sur une place très forte, vous pourrez ensuite remonter la Saône, si vous voulez être vraiment utiles. Ce sera là une diversion qui ne présentera pas de grands dangers pour votre armée, et qui permettra à l'armée de Metz de se dégager. » Le roi était de cet avis, les généraux trouvaient qu'il n'y avait pas, en effet, grand danger à tenter cette opération ; mais le gouvernement ne voulut pas en entendre parler. J'eus des discussions extrêmement vives ; tout fut inutile. Les ministres manifestaient un intérêt réel pour la France, mais une crainte extrême de se compromettre vis-à-vis de la Prusse....

Ainsi, c'est la Russie qui a donné le signal des démarches en notre faveur ; l'Angleterre ne voulut pas se laisser dépasser : et c'est alors que se forma cette espèce d'alliance des neutres pour tâcher de rétablir la paix.

Le roi de Prusse et M. de Bismark répondirent qu'ils étaient prêts à me recevoir.

Les négociations seraient trop longues à vous raconter. Ce qui est certain, c'est que le gouvernement prussien était alors assez enclin à traiter, et je suis convaincu qu'on aurait pu obtenir des conditions moins malheureuses que celles qu'il nous a imposées plus tard...

Le 28 octobre, de retour de sa mission, M. Thiers partit pour Paris afin d'entamer de nouvelles négociations. Après avoir conféré avec le gouvernement, il se rendit à Versailles. C'était le 31 octobre. A cette date, un nouveau mouvement insurrectionnel éclata à Paris. Ce mouvement indisposa le roi Guillaume. Voici en quels termes M. Thiers s'exprime à ce sujet :

Je demandai au comte de Bismark ce qu'il pensait. — « Ce que je pense, me dit-il, c'est que le roi inclinait à l'armistice malgré les militaires, espérant que ce serait là un moyen de calmer les passions; mais maintenant ses dispositions sont complètement changées. Il me dit : Vous voyez, j'allais faire un sacrifice très grand, j'allais concéder trente jours de vivres, qui auraient peut-être valu deux mois de subsistance aux assiégés; et ce sacrifice eût été inutile, la paix n'eût pas été plus facilement conclue dans deux mois qu'aujourd'hui. »— Quand M. de Bismark me parlait de l'opinion des militaires, je savais bien de qui il voulait parler; au fond, il s'agissait d'un seul homme, à qui de grands services ont valu une influence considérable et méritée.

Alors, nous aboutîmes à cette idée que la paix serait plus facile à conclure qu'un armistice. Nous en débattîmes très longuement les conditions possibles... Je résolus de rentrer dans Paris. Je convins avec certains membres du gouvernement de nous réunir dans un petit poste ruiné au milieu du bois de Boulogne ; je m'y rendis. Là il devint évident pour moi que la paix était impossible, et que la journée du 31 octobre avait singulièrement aggravé la situation, parce qu'elle avait surexcité, au-delà de toute expression, cette classe d'exaltés que le siège avait fait naître dans Paris. Ils avaient par le fait pris le dessus ; l'idée de la résistance irréfléchie, à outrance, à partir de ce moment-là, s'était emparée d'une grande partie de la population, et il devint certain qu'on ne pourrait conclure la paix que très tard, et à des conditions terriblement onéreuses.

L'entrevue de M. Thiers avec M. de Bismark avait eu lieu le 4 novembre. Le rendez-vous, pris avec certains membres du gouvernement, avait été fixé au lendemain 5. Dans un article publié le 31 octobre 1871, le *Constitutionnel* s'exprime ainsi à ce sujet :

On a souvent raconté ce qui s'était passé au sujet de l'armistice ; mais ce qui n'a pas été dit, c'est que M. de Bismark voyant échouer les projets d'armistice, offrit la paix aux deux conditions suivantes : *Deux milliards et l'Alsace.*

Nous gardions Metz et la partie de la Lorraine qui depuis nous a été enlevée.

M. Thiers prit rendez-vous avec MM. Jules Favre et le général Ducrot, dans la maison Collas, près le pont de Sèvres, à Billancourt. Il leur exposa les propositions de M. de Bismark et insista pour qu'elles fussent acceptées.

Le général Ducrot les repoussa disant que cette acceptation était impossible : il mit même dans l'expression de son opinion une telle vivacité que M. Thiers dut lui en témoigner son étonnement et lui faire remarquer que la question était bien plus entre lui et M. Jules Favre, qu'entre lui et le général Ducrot, auquel M. Thiers fut amené à dire : « *Mais me garantissez-vous que nous ne serons pas obligés de faire la paix à des conditions plus dures ?* »

Le résultat de l'entretien fut le refus de la paix succédant au refus de l'armistice. Cette offre de M. de Bismark ne fut pas communiquée au public. Le gouvernement de la défense nationale ne parla que de l'armistice, et prit sur lui de laisser ignorer à la France à quelles conditions on lui avait offert la paix. M. Thiers lui-même, dans son compte-rendu aux puissances neutres, dut laisser dans l'ombre une conversation qui n'avait pas eu de résultats, et dont la divulgation immédiate n'aurait pu produire que des regrets tardifs et un mécontentement inutile.

Mais aujourd'hui que tout est fini, que nous avons accepté une paix bien plus cruelle, et que les hommes du 4 septembre n'ont plus qu'à rendre leurs comptes, on est en droit de se demander pourquoi ils ont rejeté des conditions sans doute bien douloureuses, mais pourtant moins dures que celles où l'on devait finir par se résigner.

Le 4 novembre 1870, la France pouvait traiter *en ne cédant que l'Alsace et en ne payant que deux milliards.* Elle aurait économisé trois milliards, tout ce qu'on a dépensé de sang et d'argent du 1er novembre au 1er février, et conservé toute la partie de la Lorraine que nous avons perdue, avec l'importante place de Metz, ce boulevard de l'Est.

D'un autre côté, l'*Echo sparnacien* a rapporté que, au moment où les négociations avaient été rompues, M. de Bismark avait tenu à M. Thiers à peu près ce langage :

Quoique je n'aie pas traité avec vous de la paix, je puis vous dire à quelles conditions elle était possible : *Elle vous aurait coûté l'Alsace et deux milliards.* Ces messieurs ne veulent pas, soit ! Nous allons rester devant Paris. Paris peut tenir jusqu'au 15, au maximum jusqu'au 30 janvier. Il se rendra alors, et la paix se fera ; mais *elle vous coûtera l'Alsace et la Lorraine et cinq milliards d'indemnité.*

L'*Echo sparnacien* ajoutait :

M. Thiers, quittant Versailles, s'arrêta chez l'évêque d'Orléans, et, le lendemain à déjeûner, rendit compte de sa mission dans les termes qu'on vient de lire. Il y avait là deux personnes de la ville, et c'est de l'une d'elles, la plus autorisée qui soit au monde, que nous tenons ces détails.

Enfin, d'après un récit authentique, M. Thiers a ainsi énuméré, telles qu'elles lui ont été indiquées par M. de Bismark, les conditions possibles d'une paix définitive :

« *Nous ne vous réclamerions*, dit M. de Bismark, *que deux
« milliards. Nous vous laisserions Metz, vous nous donneriez
« derrière cette ville la Lorraine allemande ; vous garderiez la
« partie supérieure du Haut-Rhin ; vous céderiez Strasbourg et
« le reste de l'Alsace.* »

Comme pour tenter jusqu'au bout la criminelle ineptie des gens du 4 septembre, la fortune leur réservait encore une dernière occasion. En effet, nous lisons dans un journal :

Après la bataille de Champigny, glorieuse pour nos armes, mais qui nous enlevait notre dernière chance de percer les lignes d'investissement, le général de Moltke envoya un parlementaire à Paris pour annoncer au général Trochu la défaite de l'armée de la Loire et lui offrir d'envoyer un officier d'état-major français à Orléans pour vérifier l'état des choses.

M. Jules Favre, — il faut rendre justice même à M. Jules Favre, — soutint qu'il fallait accepter l'offre de M. de Moltke et en profiter pour rouvrir les négociations. M. le général Ducrot appuya cette opinion.

Mais M. le général Trochu combattit toute idée de paix avec la dernière énergie et se prononça pour la *guerre à outrance.* Il entraîna la majorité. C'était le 5 décembre.

Six semaines plus tard, le gouverneur de Paris n'échappait que par un subterfuge à la nécessité de signer une capitulation qui nous coûte deux provinces et cinq milliards.

Aussi, du haut de la tribune, M. Thiers a pu faire entendre ces paroles, qui ont eu un douloureux retentissement :

. . . .

La faute de la guerre poursuivie à outrance a commencé, non pas à Paris, mais sur la Loire, lorsqu'il n'y avait plus d'espérance raisonnable de former au-delà de ce fleuve des armées capables de débloquer Paris ; c'est là qu'a commencé la faute.

J'ai la conviction que si *nous avions fait la paix à ce moment, nous aurions moins perdu du territoire et moins donné en indemnité de guerre*, AU LIEU DE CINQ MILLIARDS, NOUS AURIONS PU OBTENIR LA RANÇON DE LA DÉFAITE POUR DEUX MILLIARDS ET DEMI.

On a voulu pousser la défense plus loin ; c'est alors que pour ma part j'ai cru, en honnête homme et en bon citoyen, au risque de me faire calomnier, devoir répéter ce que j'avais dit aux hommes dans les mains desquels se trouvait le gouvernement. Et je ne suis pas assez exact en disant « aux hommes. » En réalité, le gouvernement se trouvait dans la main d'un seul homme. (*Mouvements divers.*) Eh bien ! à mon avis, on a poussé LA GUERRE A DES EXTRÉMITÉS DÉSASTREUSES, et *c'est alors qu'on a dépensé encore 1 milliard 500 millions de plus environ, et peut-être même plus de 1 milliard 500 millions.*

Je pourrais montrer par des comptes rigoureux qu'on est arrivé à 1 milliard 700 millions de dépenses en vue des premières. Quant à l'indemnité de guerre, *elle s'est montée à 5 milliards au lieu de 2 milliards et demi.*

. . . .

Quant à la part des fautes, la voici : ceux qui ont fait la guerre nous ont condamnés à la dépense de 4 milliards ; ceux qui l'ont prolongée trop *ont* DOUBLÉ *le désastre et la dépense. Je le dis pour être complètement juste.*

Pourquoi les hommes du 4 septembre rejetèrent-ils la paix au mois de novembre, et l'occasion de traiter qui s'offrit à eux au mois de décembre ?

« Parce que, dit un écrivain, ils n'étaient maîtres ni d'eux-mêmes, ni de Paris. Ils s'étaient trop engagés et ils nous avaient trop trompés sur l'état de nos forces.

« M. Jules Favre s'était engagé dans son compte-rendu de l'entrevue de Ferrières ; il s'engageait de nouveau en disant aux maires assemblés à l'Hôtel-de-Ville le 30 octobre, la veille de la sédition :

Nous ferons notre devoir sans arrière-pensée. Et quand on dit qu'il serait plus commode d'abandonner deux provinces, quand on dit que, grâce aux alliances qu'un plus sage gouvernement nous donnerait dans un espace très-court, nous les arracherions à l'ennemi, repoussons un pacte semblable. (*Applaudissements*). C'est un sentiment plus élevé que notre intérêt qui nous dirige. Nous comprenons qu'il nous est impossible de transiger avec le devoir, qui nous ordonne de défendre ceux qui se sont sacrifiés pour nous. (*Applaudissements unanimes*).

. . . .

Et nous devons tous mourir avant de les abandonner à l'étranger. (*Applaudissements unanimes.*)

« Le gouvernement disait dans l'*Officiel*, en parlant de l'armistice :

> Le gouvernement de la défense nationale n'a absolument rien à changer à la politique qu'il a proclamée à la face du monde ; il est convaincu d'avoir exprimé la résolution du pays tout entier ; il ne doute pas que les élus de la France, réunis à Paris, ne ratifient solennellement son programme ; et il a plus que jamais le ferme espoir que la justice de notre cause sera finalement reconnue par toute l'Europe.

« Enfin, quand on proclamait aux flambeaux, toujours à l'Hôtel-de-Ville, le résultat du plébiscite de confiance accordé le 3 novembre par la population parisienne au gouvernement de la Défense, M. Jules Favre prenait encore la parole. Voici ce que dit à ce sujet l'*Officiel* :

> M. Jules Favre, à son tour, prononce une courte allocution où il déclare que le gouvernement de la défense, qui a juré de ne pas céder un pouce de terrain de notre territoire, restera, quoi qu'il arrive, fidèle à son serment.

« Ainsi, pour légitimer son usurpation, le gouvernement du 4 septembre avait exalté les espérances de la population. Il avait tout fait pour se rendre populaire, et les moyens par lesquels il avait conquis la popularité, l'obligeaient à continuer sans espoir une guerre désastreuse et à repousser la paix pour l'accepter un jour plus lourde et plus humiliante.

« L'opinion publique, surexcitée par des paroles creuses et des nouvelles fausses, pesait du poids de son erreur sur le gouvernement qui l'avait trompée... »

Après la capitulation de Paris, au moment de la signature des préliminaires de paix, M. Gladstone, premier ministre d'Angleterre, a fait entendre, au sein du Parlement britannique, ces paroles, tristement célèbres :

> On a reconnu que la guerre était finie de fait après Sedan et qu'on aurait dû faire la paix alors. Mais avant que le mot de paix eût été proféré, le nouveau gouvernement de Paris, par la bouche de ses représentants les plus autorisés, MM. Jules Favre et Gambetta, avait prévenu toutes conditions, en déclarant qu'on ne céderait « *ni un pouce de terrain, ni une pierre de forteresse.* » Et M. Gambetta allant plus loin encore, ajoutait « qu'on *ne prêterait l'oreille* A AU-« CUNE PROPOSITION *tant que la présence d'un soldat allemand souillerait le sol* « *de la France.* » Je ne voudrais pas dire une parole au détriment d'une grande nation malheureuse. Je sympathise avec la France que je plains de toute mon

âme, mais *que je plains surtout d'être tombée dans les mains de deux hommes* QUI PORTENT LA RESPONSABILITÉ DU SANG RÉPANDU. (*Mouvement.*)

Si la France a été humiliée, dévastée, épuisée, la faute en est à ces hommes qui, par des proclamations vaines, exaspérées, trompeuses, sans conviction, l'ont entraînée dans l'erreur. (Applaudissements.)

Est-il besoin de conclure ?.. Hommes du 4 septembre, vous avez perdu la France. A votre nom, s'attache comme un stigmate ineffaçable, le souvenir de nos malheurs.

LE LENDEMAIN DU 4 SEPTEMBRE

L'ennemi est chez nous, il nous foule, il nous ruine, il nous décime. Comment arrêter le flot envahissant ?... Le courage ne fera pas défaut. Mais le courage ne suffit pas ; il faut encore des soldats, et au temps où nous sommes, le soldat ne s'improvise pas en un jour. On aura des bandes armées, mais non des troupes organisées et solides. La paix immédiate pourrait seule conjurer les fléaux qui vont s'abattre sur nous. La paix ! l'attentat du 4 septembre l'a rendue impossible...

Le lendemain de ce jour, dit M. Francis Wey, « l'ennemi s'épandait comme le feu sur une prairie américaine. » D'un autre côté, nous lisons dans la *Guerre de sept mois*.

Les armées envahissantes, tout en poursuivant leur marche vers Paris, où les précédait une nombreuse cavalerie, s'étendent librement dans les départements du Nord-Est, assiégent les villes fortes, pillent les villes ouvertes et les bombardent lorsqu'elles résistent. Bientôt elles ont investi la capitale même, se répandent dans l'Ouest et le Centre, et portent la désolation sur une vaste proportion de notre territoire.

Immédiatement après les combats sous Sedan, les armées du prince de Saxe et de Frédéric-Charles s'étaient repliées sous Metz, afin d'obliger Bazaine à capituler. Les autres troupes, présentant un effectif considérable, prenaient la direction de Paris.

Arrivés à Reims,—dit l'ouvrage que nous venons de citer,—les allemands s'avancent lentement en deux armées : l'une par la rive droite de l'Aisne, vers Villers-Cotterets, Nanteuil et Saint-Denis; l'autre, par la Marne, se dirigeant par Epernay, Château-Thierry, Meaux, Neuilly et Pantin. Mais, en approchant de Paris, ils s'étendent dans le rayon de la grande banlieue: le 11, ils sont signalés en force à Sézanne et à Lagny; le 13, à Meaux et à Melun; le 14, à Provins; le 15, à Nangis. Sur tous ces points ils ont été précédés à un long intervalle par leurs éclaireurs.

Plusieurs engagements ont signalé cette marche; le 14, ils ont été repoussés de Dourdan sur Arpajon. Ils subissent encore de légers échecs à La Chapelle-la-Reine (Seine-et-Marne), et entre Pontoise et l'Isle-Adam; mais ces résistances partielles ne peuvent arrêter le flot envahissant de l'ennemi. Il a été plus d'une fois retardé et singulièrement déçu par la ruine des ponts et viaducs que nous avons fait sauter... Enfin, le 18, une première rencontre a lieu sous Paris entre les avant-gardes prussiennes et nos troupes aux environs de Créteil ; le 19, l'investissement est complet. Le roi Guillaume a son quartier général à Meaux ; le prince royal de Prusse entre à Versailles.

Dans sa *Chronique du siége de Paris*, M. F. Wey rapporte le fait suivant :

Le jour où le siége commençait, on arrêta, dit-il, un officier prussien déguisé en femme, un officier prussien travesti en ouvrier, et l'on reconnut que le maire de Paris comptait parmi ses secrétaires un troisième officier prussien que M. Rochefort avait étourdiment présenté.

Dans le même espace de temps, commençait le bombardement de Montmédy, dont l'ennemi tenait à s'emparer pour s'assurer le chemin de fer de Thionville à Mézières. La citadelle de Laon était assiégée et obligée de se rendre. Saint-Dizier, Colmar et Mulhouse étaient successivement occupés. Le 23, Toul capitulait après une héroïque résistance. Strasbourg subissait le même sort le 28?... Les effets de cette dernière capitulation furent de rendre disponible l'armée du général de Werder, qui, s'avançant dans l'Est, vint s'établir à Dijon le 30 octobre suivant.

Cependant, les forces allemandes, qui entouraient la capitale, ayant été jugées suffisantes, de fortes colonnes, suivies bientôt d'un corps d'armée commandé par le prince Albert, se mirent en marche dans la direction d'Orléans, et, le 1er octobre, le général de Polhès qui était à Etampes, n'ayant avec lui qu'une brigade, fut obligé de se retirer sur la Loire.

Sur ces entrefaites, l'armée de la Loire se formait et des corps francs s'organisaient de toutes parts.

Les armées d'investissement, sous Paris, détachaient dans toutes les directions des colonnes mobiles, qui allaient réquisitionner les villes voisines et qui pénétrèrent même en Normandie, où des corps d'armée ne tardèrent pas à faire invasion. Ainsi, le 6 octobre, les Allemands frappèrent la ville de Vernon de réquisitions s'élevant à 15,000 francs. Plus heureux, Gisors parvint à les repousser le lendemain.

Dans le Haut-Rhin, Neubrisach est investi. Le bombardement a commencé ; la place répond vigoureusement.

Dans les Vosges, le général Dupré, attaqué entre Raon et Bruyères, est parvenu à garder ses positions, mais il sera bientôt forcé de les abandonner.

Enfin, le 4 octobre, une armée ennemie, dont on évaluait l'effectif à 80,000 hommes, passait le Rhin au pont de Chalampé. Une dépêche annonçait que cette armée se dirigeait sur Mulhouse, où elle devait faire sa jonction avec les troupes disponibles de l'armée de Strasbourg. La dépêche ajoutait : « Cette armée, forte de 120,000 hommes, laissera un corps pour bloquer Schlestadt, pendant que le gros marchera sur Belfort et Besançon. »

En quelques mots, nous venons de décrire la marche de l'invasion étrangère, du 5 septembre au 7 octobre.

Que se passait-il à Paris ?... Nous lisons dans la *Chronique du siége* :

Le gouvernement nouveau fut bloqué avant la ville, par l'hostilité des clubs, par les exigences des partis avancés...

Ainsi, ces hommes acclamés avec enthousiasme par le peuple ne gardèrent que quatre jours une popularité sans mélange.

Tandis que les Prussiens nous enveloppaient avec la rapidité de l'orage, l'éloge des massacres de septembre 1792 et de Danton, l'apologie de Marat retentissaient dans les assemblées populaires qui réclamaient la constitution de la Commune terroriste. Elles tonnaient contre une réaction clérico-bonapartiste qui n'exista jamais, et signalaient à la haine de leurs adhérents nos ambulances internationales comme livrées aux jésuites de la Société de Saint-Vincent-de-Paul. Les maisons opulentes, veuves de leurs maîtres, étaient tellement désignées au pillage et à l'occupation par la violence, que les propriétaires retiraient l'écriteau des appartements à louer. Nombre de feuilles publiques transmettaient des projets impératifs et, comme autant de gouvernements, lançaient leurs ordonnances.....

Le comité central républicain porta une adresse au gouvernement pour réclamer la Commune révolutionnaire; des garnements armés et pris de vins braillaient dans les rues; les clubs prescrivaient à leurs soldats et faisaient opérer des arrestations arbitraires; deux mobiles de la province furent assassinés en plein jour, publiquement, aux Batignolles, et deux autres au boulevard Saint-Michel...

Parmi trop d'indices décourageants arrivèrent à Paris les mobiles de nos provinces lointaines, résolus, graves, exempts de forfanterie; leur jeunesse, leur conduite chez l'habitant, où d'abord ils furent hébergés, furent une première leçon pour les révoltés du camp de Châlons-sur-Marne. La tenue de quelques cantons normands et de la milice bretonne fut une protestation contre les mœurs déréglées de leurs camarades parisiens... Quand on les vit à l'œuvre, on admira en eux une supériorité perdue : ils savaient obéir.

La situation, à l'ouverture du blocus, peut donc se résumer ainsi : la République assiégée par le parti communeux et par la Prusse; la bourgeoisie commerçante financière ou compromise dans les gouvernements précédents (c'est-à-dire ce qui n'avait aucun rôle politique, majorité considérable) exposée aux feux croisés du socialisme et de l'invasion prussienne. Je ne pense pas que jamais la société se soit trouvée dans une position semblable.

En province s'était abattue une nuée de proconsuls, qui désorganisaient les services publics et semblaient plus préoccupés d'installer la République que de préparer la défense nationale. On change les maires, on dissout les conseils municipaux, et, sans consulter le pays, on installe des commissions municipales.

Pendant dix-huit ans, — dit un journal, — l'opposition s'est plainte qu'il n'y eût à Paris qu'une commission municipale non élue; depuis dix-huit jours que les préfets sont à leurs postes, la plupart des communes de la République sont dans la situation où Paris s'est trouvé pendant l'Empire.

Et le même journal disait encore :

Qu'a fait la République depuis qu'elle a pris le pouvoir ? Elle a décrété le changement de quelques rues, la publication de certaines pièces secrètes, elle a donné des places à ceux qui en demandaient, tout en faisant sonner bien fort leur désintéressement; et après ?... des circulaires.

Nous n'avons jamais mis en doute le patriotisme ni les lumières des membres du barreau de France, mais nous disons, avec une foule de nos concitoyens, que le nombre des avocats occupés en ce moment à sauver la patrie est peut-être trop considérable. En général, chacun le sait, les hommes habitués à parler beaucoup ne sont guère hommes d'action, et nous craignons fort qu'on ait tort, au milieu de nos embarras actuels, de dire d'une manière absolue : *Cedant arma togœ*.

Si cela dure nous allons nous trouver dans une véritable anarchie.

Des gouvernements s'étaient installés dans plusieurs villes et notamment à Lyon, où, à l'ombre du drapeau rouge, s'épanouissait la Commune ! Là, on ne se souciait ni de droit, ni de légalité. Un odieux arbitraire régnait en maître. On arrêtait les magistrats, on violait les propriétés privées, on décrétait des impositions extraordinaires, on mettait sous le sequestre les biens des corporations religieuses. La seconde ville de France était à la merci d'un comité révolutionnaire qui s'intitulait : « Comité de salut public ! » Un pareil état de choses devait durer non pas des jours, mais des semaines entières, et, dans le cours de cette étude, nous aurons sans doute l'occasion d'y revenir.

A peine au pouvoir le nouveau gouvernement s'était vu forcé d'envoyer en province une Délégation pour expédier les affaires et le représenter. C'est en cette qualité que, le 8 septembre, M. Crémieux vint s'installer à Tours en compagnie de M. Glais-Bizoin. Le 20 septembre, ces deux citoyens s'adjoignirent l'amiral Fourrichon, qui s'attribua les fonctions de ministre de la guerre.

Quand l'ennemi frappait aux portes de la capitale, — dit M. Domenech, — Paris ne trouva rien de mieux à nous envoyer en province, pour sauver la France, que deux ruines portant cette étiquette : Crémieux, Glais-Bizoin !... Ces deux bonshommes perdirent plus d'un mois à faire et à défaire des juges et des maires, à baptiser et débaptiser les rues, à s'occuper de timbres-poste, en un mot, de tout ce qui n'était pas la défense nationale. Cette perte de temps a permis aux Prussiens de se répandre dans le centre de la France...

En ce temps, nous nous trouvâmes tout à coup transportés au pays des légendes. La délégation de Tours transmettait le 2 octobre une dépêche dans laquelle on lisait :

Tours, le 2 octobre 1870, 12 h. 20 m.

... Le sous-préfet de Neufchâteau certifie que, il y a trois jours, cercueil en plomb, couvert de drap d'or, venant du côté de Paris, est arrivé à Toul et reçu par 3,000 Mecklembourgeois qui forment garnison. Prussiens semblent consternés. Deux autres cercueils pareils venus depuis.

Le bruit se répandit que le cadavre, renfermé dans le cercueil, était celui de Moltke.

Un autre jour, nous avons tué d'un seul coup cent mille Prussiens ; une autre fois le roi de Prusse est fait prisonnier. Enfin, le premier dimanche d'octobre, circulait dans plusieurs villes et notamment dans la Côte-d'Or et dans Saône-et-Loire, la dépêche suivante qui, disait-on, avait été apportée par des voyageurs, venant de Tonnerre, où ils l'avaient lue et où ils en avaient pris copie :

TROCHU SUR VERSAILLES.

Première sortie. — 10,000 Prussiens tués ; 8,000 hors de combat ; 30,000 prisonniers bavarois, Frédéric-Charles prisonnier ; Nasseau tué par les francs-tireurs ; Bismark blessé !
Deuxième sortie. — 30,000 Prussiens morts ou blessés ; 20,000 prisonniers ; 12,000 Bavarois entrés dans Paris la crosse en l'air.

Signé : Jules Favre.

« Ce qu'il y avait de plus triste, — fait observer un narrateur, — c'est que ces monstrueuses hyperboles n'étaient jamais que la préface de malheurs, dont l'effet était d'autant plus désastreux que les esprits avaient été exaltés par une fausse joie.

« Pendant quatre mois, nous avons passé notre vie dans ces soubresauts continuels, dans ces brusques variations capables de briser l'âme la mieux trempée. Tous les deux jours, la France était tour à tour sauvée ou perdue, de sorte que les gens sérieux n'apprenaient plus les bonnes nouvelles, sonnées comme des fanfares, sans un certain serrement de cœur, non-seulement parce que ces grandes victoires se fondaient et s'évanouissaient à vue d'œil, quand on les examinait de près, mais parce qu'ils attendaient avec angoisse la réalité lamentable qu'elles pronostiquaient à coup sûr, et qui éclatait toujours au milieu de la joie publique. »

Le 6 octobre, une mesure des plus regrettables amena la démission de l'amiral Fourrichon. M. Crémieux ayant investi des pouvoirs civils et militaires M. Challemel-Lacour, préfet de Lyon, celui-ci en profita pour faire arrêter le général Mazure, qui, ne voulant pas se prêter à ses fantaisies, fut par lui qualifié de « chef rebelle à la République. » En présence d'un tel acte, l'amiral refusa de conserver plus longtemps l'administration de la guerre. Du reste, il n'entendait pas donner son assentiment au projet de subordonner l'autorité militaire à l'autorité civile, projet que, dans les circonstances actuelles, il regardait comme funeste aux intérêts du pays, et que la délégation de Tours se disposait à mettre à exécution. Déjà à Paris, le général Ambert avait été brusquement destitué, et, quelques jours avant, à Grenoble, le général de Monnet avait été obligé de résigner ses pouvoirs. Ce qui faisait dire à un journal :

Les avocats et les professeurs de littérature qui tiennent dans leurs mains les destinées de la France ont donc une bien grande confiance en eux-mêmes qu'ils croient commander aux généraux; ils achèvent de détruire par l'indiscipline ce que l'ennemi a déjà si fortement endommagé. Ils ne veulent donc plus d'armée ? Ils ne veulent donc plus de généraux ? A Paris, c'est le général Ambert, à Grenoble le général Monnet, à Lyon le général Mazure que l'on met en prison; au moment où nous écrivons ces lignes, le général Kersalunc vient d'être arrêté à Auxerre. Holà, citoyens, où nous menez-vous ? — Quant à l'amiral Fourrichon, il ne pouvait faire autrement que de renoncer au pouvoir illusoire de son ministère : il était là pour faire respecter l'épaulette et non pour la laisser outrager par un préfet de la République.

Et ailleurs :

Ce n'est pas assez que la moitié de nos généraux soient prisonniers de l'ennemi, il faut livrer ceux qui nous restent aux défiances de la révolution et aux haines de la démagogie ! Quand l'union est plus nécessaire que jamais devant l'ennemi, c'est le gouvernement lui-même qui donne le funeste exemple des divisions et de l'anarchie...

Par suite de la démission de l'amiral Fourrichon, M. Crémieux prenait le portefeuille de la guerre. Et les affaires allaient de mal en pis. Aussi, George Sand écrivait à la date du 8 octobre :

L'invasion se répand, rien ne semble préparé pour la recevoir. Nous tombons dans l'inconnu, nous entrons dans la phase des jours sans lendemain : nous nous faisons l'effet de condamnés à mort qui attendent du hasard le jour de l'exécution, et qui sont pressés d'en finir...

Le même jour, on apprenait et l'arrivée de Garibaldi à Marseille, et celle de Gambetta, qui, parti de Paris en ballon, s'était arrêté aux environs de Montdidier (Somme) pour se diriger ensuite vers Tours par Amiens, Rouen et le Mans.

Allions-nous être sauvés ?... On espéra du moins que les choses prendraient une meilleure tournure. Dans cet espoir, il faut le dire, l'apparition de Gambetta ne laissa pas que d'être accueillie avec satisfaction. Mais hélas ! nous allions courir de nouvelles aventures et subir de nouveaux désastres.

DICTATURE DE GAMBETTA

Gambetta est ministre de la guerre ; bien plus, le voilà Dictateur ! L'avocat a ceint l'épée par-dessus la toge ; il a, dans les mains, non-seulement le glaive, mais encore les destinées de la France.

Où avait-il étudié la politique ? dans les clubs.

Où avait-il appris à traiter les affaires de l'Etat ? dans les caboulots du quartier Latin.

N'importe, il tranche, décide, ordonne, destitue, envoie à la boucherie des régiments de sa création, sans habits, sans souliers, sans armes, sans cartouches.

Il nomme des officiers supérieurs tout surpris de se voir un sabre pendu au flanc.

Mais, en revanche, il force de vieux généraux à renoncer à leur tactique pour suivre la sienne ; il change leurs combinaisons, bouleverse leurs plans, et veut les rendre responsables des échecs qu'il a provoqués.

Cet avocat brouillon, vaniteux, règle la stratégie, commande les manœuvres, fixe l'heure des batailles, entasse défaites sur défaites, attire jusqu'au centre du pays l'envahisseur victorieux, couvre nos cités de ruines, nos champs de cadavres, achève d'épuiser la France de sang et d'or, nous oblige à la paix la plus honteuse qu'enregistrera jamais l'histoire dans les fastes de l'opprobre, nous fait perdre deux provinces, nous fait voler cinq milliards, et se retire en Espagne où il se livre aux douceurs de la villégiature, pendant que l'ogre allemand dévore sa proie.

Il avait du patriotisme !!!

Dites plutôt que cet homme était poussé par une ambition frénétique, par un orgueil rageur, par un aveuglement immense.

Au moins lui accorderez-vous de l'activité ?

Oui, l'activité de la folie dans l'impuissance : l'activité de la mouche bourdonnant et voletant du haut en bas de la vitre qui lui fait obstacle.

Tel est, presque textuellement, le portrait que trace un de ses biographes. Ce portrait n'est pas flatteur, mais qui pourrait en contester la ressemblance ?

M. Thiers a caractérisé le pouvoir funeste de Gambetta par ces mots: une politique de *fou furieux*. Un républicain l'a appelé: la *dictature de l'incapacité*.

Au mois de novembre dernier, Mgr Dupanloup écrivait à M. Gambetta, à l'occasion du discours que ce dernier avait prononcé à St-Quentin, une lettre dans laquelle on lisait:

Après les effroyables catastrophes dans lesquelles s'abîma l'Empire, savez-vous, Monsieur, quel fut le grand malheur de la France? Ce fut qu'alors dans une crise aussi terrible, le maître absolu de la France, c'était vous. Je ne parle pas des deux vieillards qui se trouvaient avec vous. C'était de vous, de l'avocat, que nos généraux recevaient des ordres ; c'était vous qui dictiez des plans de campagne ; vous qui éparpilliez nos forces, et lanciez à l'aveugle, à droite et à gauche, nos armées, multipliant vos bulletins menteurs en même temps que nos revers... Mais je détourne ma pensée de ces désastres ainsi que de ces pauvres soldats, sans vêtements, sans souliers, sans vivres, sans munitions ! Quel organisateur vous avez été, Monsieur ! Et que vous avez eu la main heureuse avec vos fournisseurs ! ..

Vraiment vous comptez trop sur la légèreté, la sottise ou la crédulité du public. Vous lui prêchez en paroles une débonnaire République; mais il n'a pas oublié la République à la fois grotesque, ruineuse et sanglante qui pendant six mois, a été infligée à la France...

Que nous parlez-vous de suffrage universel? Vous l'avez compté pour rien. Par un premier décret, vous avez cassé les conseil généraux sans les remplacer. Par un second décret vous avez ajourné les élections. Par un troisième décret vous avez mutilé les droits d'éligibilité. Seul maître, partout obéi, d'un peuple qui vous a prodigué son argent, ses enfants, son sang, qu'en avez-vous fait?

Un écrivain républicain, dont les amis de M. Gambetta ne peuvent récuser le témoignage, George Sand dit, dans son *Journal d'un voyageur*, page 244, sous la date du 18 janvier 1871 :

... Un homme sans lassitude et sans scrupule dispose de la France. C'est un honnête homme et un homme convaincu, nous le croyons ; mais il est jeune, sans expérience, sans aucune science politique ou militaire : l'activité ne supplée pas à la science de l'organisation. On ne peut mieux le définir qu'en disant que c'est un tempérament révolutionnaire. Ce n'est pas assez ; toutes les mesures prises par lui sont la preuve d'un manque de jugement qui fait avorter ses efforts et ses intentions.

Et page 292, 7 février :

Je donnerais beaucoup pour être sûre que le dictateur a donné sa démission. Je commençais à le haïr *pour avoir fait tant souffrir et mourir inutilement*. Ses adorateurs m'irritaient en me disant qu'il nous a sauvé l'honneur. Notre honneur se serait fort bien sauvé sans lui. La France n'est pas si lâche qu'il lui faille avoir un professeur de courage et dévouement devant l'ennemi. Tous les partis ont eu des héros dans cette guerre, tous les contingents ont fourni des martyrs. Nous avons bien le droit de maudire celui qui s'est présenté comme capable de nous mener à la victoire et qui ne nous a menés qu'au désespoir. Nous avions le droit de lui demander un peu de génie, il n'a même pas eu de bon sens. Que Dieu lui pardonne ! Je vais me dépêcher de l'oublier...

Dans son discours de St-Quentin, M. Gambetta a dit :

> Il faut bien nous l'avouer à nous-mêmes, au lendemain de Sedan, après la honteuse capitulation de Metz, nous n'étions pas dans l'état de moralité et de virilité qui permet à un peuple de faire des efforts d'héroïsme suffisants pour se délivrer de l'étranger qui foule son sol.

Confitentem reum habemus ! Gambetta reconnaît que nous n'étions pas à même de continuer la lutte. Si notre défaite vous apparaissait inévitable, pourquoi, avocat fanfaron, décrétiez-vous la guerre à outrance? Pourquoi nous poussiez-vous sur les champs de bataille et jetiez-vous en pure perte, par la fenêtre de la délégation, ce qui restait à la France d'or et de vie?... N'est-ce pas avec raison que Mgr Dupanloup a pu vous apostropher en ces termes :

> Vous avez plutôt cherché à imposer la République, votre République, qu'à sauver la France.

M. Gambetta a dit encore :

> Ce qui a manqué à la France, c'est ce qui manque à tous les peuples qui se sont abandonnés : une foi constante dans le succès et une haine suffisante de l'étranger.
>
> Tout cela a été engendré par un passé politique dont on n'a pu mesurer la corruption qu'à la suite de sa chute honteuse.

Ces paroles inspirent à un publiciste les réflexions que voici :

« D'un commun accord, les hommes du 4 septembre rejetèrent nos désastres sur la négligence et l'incurie de l'Empire, comme si nous ne les avions pas vus, dit-huit années durant, par leur opposition systématique et leurs fatales intrigues, tout énerver et tout démolir, en même temps que, par leurs doctrines dissolvantes, ils gâtaient et pervertissaient les esprits.

« Qui donc mettait obstacle à l'organisation des troupes?

« Qui rognait, chaque année, le budget de la guerre avec un acharnement toujours nouveau, sous prétexte qu'il ne fallait plus de guerre et que tous les peuples allaient s'unir dans une démocratique et fraternelle étreinte?

« Qui a prêché l'indiscipline à nos soldats, en infestant les casernes de journaux provocateurs et d'écrits révolutionnaires? »

Qui? la réponse est sur toutes les lèvres. Inutile de l'articuler ici?

Voici, maintenant, comment était composée la Délégation :

Gambetta, Intérieur et Guerre ;

Crémieux, Justice ;

Fourrichon, Marine ;

Glais-Bizoin, Conseil.

Les hommes, qui devaient en outre aider M. Gambetta à sauver la France, sont :

Me Laurier, à qui est réservée la partie délicate des finances et des fournitures de l'armée ;

M. Spuller, dont il a fait son chef de cabinet ;

M. Cavalier, dit *Pipe en bois*, condamné plus tard à la déportation, et qui devient son secrétaire ;

M. Ranc, exilé à la suite du complot de l'Opéra-Comique, en 1854, et plus tard membre de la Commune, lequel est nommé *Directeur de la sûreté générale* ;

M. de Freycinet, ingénieur, chargé de l'organisation des armées et des opérations de la guerre ;

M. Loverdo, représentant également le pouvoir militaire, et qui, accusé d'être bonapartiste, fut remplacé par le général Haca ;

Enfin, une quantité de secrétaires, « presque tous jeunes gens, trouvant fort agréable, dit un écrivain, de passer le temps de cette meurtrière campagne auprès d'un bon feu et autour d'une bonne table. »

M. Crémieux, — ajoute cet écrivain, — profitait du temps qu'il avait à posséder sa place, pour mettre dans les plus beaux emplois, ses coreligionnaires, et croyait que l'on ne s'apercevait pas qu'il transformait la France en une nouvelle Jérusalem.

M. l'amiral Fourrichon n'était pas très satisfait de sa position, à cause de la compagnie, mais il se cramponnait au portefeuille de la marine dans la crainte qu'un autre de la bande ne s'en saisît et ne désorganisât pour longtemps la marine française, comme on avait désorganisé les cadres de l'armée de terre.

M. Glais-Bizoin se prélassait dans sa sinécure, et opinait du bonnet à toutes les mesures décidées sans lui.

Quant à M. Gambetta, il va à l'armée, il passe des revues ; il pérore et décrète ; en un mot, il joue au général et au dictateur.

Bientôt, hélas ! on verra comment nos armées se consumeront en vains efforts et comment nos millions s'écouleront « en farines avariées, en alcools frelatés, en vareuses de toile d'araignée et en souliers de carton. »

La dictature de Gambetta fut une extravagance ; en quelques mois, elle engloutit les ressources de la France et dissipa ses armées.

Dans une brochure qui a pour titre : *Le Salut*, nous lisons :

Sous le prétexte de réparer les fautes de l'Empire, MM. Jules Favre et Gambetta ont quadruplé nos malheurs.

Un journal a dit : « La France a été perdue non par Sedan mais après Sedan. »

C'est là une vérité incontestable, que l'histoire proclamera, en se montrant justement sévère envers les hommes qui, profitant des malheurs de la patrie, se sont arrogé le pouvoir et ont précipité la France dans un abîme de désastres.

GARIBALDI

I

Nous éprouvons un grand embarras, non pas à retracer le rôle de Garibaldi dans la guerre, mais à dépeindre ce caractère qui est un mélange disparate de qualités et de défauts. L'homme privé est, dit-on, la bonté même; le guerrier est plein d'audace, d'énergie et de courage; le politique est un rêveur qui s'abandonne à tous les écarts d'une imagination déréglée, et qui met au service de son *idée*, une ardeur et un dévouement dignes d'une meilleure cause. Deux passions le dominent: l'avènement de la République universelle et l'anéantissement du Catholicisme. La République universelle peut être une généreuse utopie; l'anéantissement du Catholicisme est une conception insensée et monstrueuse.

Dans un livre intitulé: *Garibaldi et ses opérations à l'armée des Vosges*, M. Robert Middleton apprécie fort judicieusement les théories du célèbre guérillero. Nous y lisons :

Le programme politique de l'homme de Caprera nous semble se résumer ainsi :

1° Emanciper l'humanité, la ravir à l'influence tyrannique des classes privilégiées ;

2° Lui faire secouer le joug pesant du fanatisme dont se sert la caste sacerdotale pour l'opprimer.

Ce programme est un pur sophisme, dont les conséquences sont tout-à-fait contraires aux idées républicaines.

La Providence a soumis l'homme à des lois immuables ; elle l'a créé pour commander, obéir et lui rendre hommage ; elle l'a condamné dès le berceau à un travail pénible, elle lui a donné les moyens de s'élever par lui-même en le faisant naître, comme dit le philosophe, *nu sur la terre nue*; voulant par là, que la richesse, la prospérité, la puissance fussent le fruit de ses laborieux efforts ; elle lui a donné la mémoire afin qu'il pût recueillir l'héritage de la science de ses ancêtres, la confiance pour qu'il s'unît à ses semblables et que par l'association il devînt fort, l'esprit de soumission et de commandement pour que l'ordre régnât dans la société, et, pour mettre le comble à son bonheur, Dieu a déposé dans le cœur de l'homme le sentiment religieux par lequel il se révèle à lui : il n'a donné à personne le droit de compromettre les résultats obtenus par l'industrie, le travail et la prière......

En voulant émanciper l'homme, Garibaldi lui a préparé le désespoir, car il s'est toujours efforcé d'arracher des cœurs cette espérance lointaine d'une vie meilleure. qui soutient l'âme ; il a nui au bien-être des classes pauvres en développant dans l'esprit des travailleurs l'esprit d'insubordination. Par là, il a porté atteinte au travail et a préparé une vie de misère à ceux qu'il voulait rendre heureux.

Ses maximes démocratiques ont allumé la guerre contre l'épargne et le capital, car elles ont pour effet de présenter aux déshérités de ce monde la bourgeoisie et la classe riche comme leurs plus cruelles ennemies, tandis que cette même bourgeoisie est le passé et l'avenir du travailleur.

En effet, cette bourgeoisie, que Garibaldi et les siens ont toujours combattue, ne puise-t-elle pas ses éléments dans le peuple, et ses rangs ne sont-ils pas toujours ouverts à la persévérance honnête ?

Garibaldi, qui a colporté partout, même au-delà de l'Océan, ses belles maximes républicaines, me semble ne pas avoir des idées bien arrêtées sur la liberté. Je vois avec peine qu'il comprend la liberté à la façon des républicains vulgaires, lui que tant de gens proclament le grand apôtre de la chose publique.

Il me semble à moi, simple profane, que la liberté doit être comme un beau soleil dorant de ses rayons aussi bien le faste du riche que les haillons du pauvre : mais lui, le grand homme, accorde ses rayons aux uns et les refuse aux autres. Les hommes, toujours selon lui, ne doivent point vivre à leur guise. S'il plaît à un affligé de demander le repos à l'asile d'un cloître, cet homme est à ses yeux maudit, et ses vaillants soldats à camisole écarlate violent l'asile béni.

Les rois, qu'il nomme tyrans, font des concessions, permettent à la presse libérale de publier ses propres maximes : mais lui et ses disciples font violence à quiconque ose leur dire la vérité.

Ainsi ce *contre-sens* vivant combat la liberté de conscience et celle de la presse.

Garibaldi débarqua à Marseille vers le 10 octobre, accompagné de l'ex-apothicaire Bordone, qui était allé l'attendre à Ajaccio, et dont il fit son chef d'Etat-major. Bordone devint même le véritable chef des milices garibaldiennes ; c'était le *Deus ex machinâ*. Quant au vieux général, il restait étranger aux questions d'administration. S'occupait-il de la guerre ? Assurément. Mais, s'il est un excellent chef de guérillas, il n'est point général, car il est inhabile à exercer un grand commandement militaire. Cette opinion est celle des hommes les plus compétents. Quoiqu'il en soit, on peut dire que sa venue n'a point répondu à l'attente de ceux qui l'acclamaient comme un libérateur.

Garibaldi, du reste, venait-il en France, mû par l'unique désir d'en chasser le Prussien ? Sans doute, la République naissante devait avoir ses sympathies. Mais, ne serait-il pas plus juste de dire qu'il pensait se servir de la France comme d'un levier, pour soulever la vieille Europe et préparer ainsi l'avènement de la République universelle ? Qu'on nous permette à ce sujet de rappeler un souvenir personnel. Un de nos amis, causant avec un garibaldien et remarquant qu'il portait une balafre au visage, lui demanda d'où elle provenait.

— De Mentana.

— Et vous venez aujourd'hui vous battre pour la France !

— Nous ne nous battons pas pour la France, répondit le garibaldien ; nous nous battons pour la *Répoublique ounivarsale*.

Aussi, l'Europe monarchique vit-elle de mauvais œil le concours que nous apportait Garibaldi. C'est l'avis qu'exprimait le *Constitutionnel*, quand il disait :

<blockquote>
Avant de se laisser enfermer avec son portefeuille dans Paris assiégé, alors que le corps diplomatique s'installait à Tours, M. Jules Favre eut encore le temps de commettre deux insignes maladresses : l'envoi de M. Senart comme ambassadeur à Florence, et la demande adressée au gouvernement italien, de nous envoyer Garibaldi ! L'un compromettait les intérêts et l'honneur de la France, en félicitant, de son propre chef, Victor-Emmanuel d'avoir déchiré les conventions portant la signature de la France ; l'autre nous aliénait complètement les sympathies de l'Europe monarchique et nous préparait l'état-major de la Commune.
</blockquote>

II

Dès son arrivée, Garibaldi vit accourir sous sa bannière tout ce que le monde renfermait d'aventuriers, italiens, espagnols, grecs, américains et français. Dans les rangs de cette milice se trouvaient cependant quelques braves officiers et quelques braves soldats, que des sentiments généreux avaient entraînés dans cette armée hétérogène, pour qui la France allait devenir comme une nouvelle Californie. Personne, en effet, n'ignore l'existence que les garibaldiens se créèrent parmi nous. Ils firent peu de mal aux envahisseurs, mais en revanche, dans les villes qu'ils occupèrent successivement, ils se livrèrent à des actes regrettables et menèrent assez joyeuse vie.

D'après M. Robert Middleton, voici la devise qu'avaient adoptée les Italiens, venus à la suite de Garibaldi :

> Mangiamo bene,
> Beviamo bene,
> La Francia paga bene,
> E tutto andra bene.

Ce qui veut dire :

> Nous mangeons bien,
> Nous buvons bien,
> Là France paie bien,
> Et tout va bien.

Le fait est que la solde des garibaldiens était beaucoup plus élevée que celle de nos troupes. Nos pauvres soldats touchaient un maigre franc par jour, tandis que ces messieurs recevaient 3 francs ! Et puis, quel contraste ! Nos mobiles étaient dans le dénuement. Les garibaldiens, au contraire, étaient admirablement équipés, armés et chaudement vêtus. Aux premiers, le service et les corvées ! Aux seconds, le bien-être et les honneurs ! Cependant, il est une justice à rendre aux soldats de Garibaldi, c'est que dans les derniers combats, qui furent livrés sous Dijon, ils se battirent vaillamment.

Il y avait, dans cette armée, un nombre prodigieux d'officiers, et l'on ne saura jamais les dépenses énormes qu'entraînaient les émoluments qui leur étaient alloués, les avancements et les entrées en campagne, qui se produisaient journellement.

Un de leurs amis, un de leurs auxiliaires, l'ex-général Cremer, a déposé comme suit dans l'enquête du 18 mars :

> Sur 12.000 garibaldiens, 2,000 étaient des soldats ; le reste était un ramassis de misérables qui disparaissaient au premier coup de feu. Il y avait des compagnies qui étaient formées de 100 hommes: elles avaient 40 officiers et 10 trompettes ; 12,000 garibaldiens coûtaient autant que 100,000 Français. Je me suis aperçu du trafic qui se faisait des entrées en campagne. Il est de règle que, quand un officier entre en campagne, il touche 4 ou 500 fr., selon le corps auquel il appartient. L'armée des corps francs garibaldiens se composait de petits corps, ayant des noms plus ou moins baroques ; or, les officiers changeaient de temps en temps de corps, et ils touchaient autant de fois l'entrée en campagne ; au bout de quelque temps, un sous-lieutenant avait touché les appointements d'un général de division. Ils touchaient, en outre, deux fois la solde de voyage.

C'était, du reste, un éblouissant état-major. Comme il était galonné, empanaché, emplumé !

D'un autre côté, la commission d'enquête, par l'organe d'un de ses membres, M. Blavoyer, député, a relevé les faits suivants :

> Que trouve-t-on dans le département du Rhône ? Un commandant Geneste qui disparait après avoir conclu des marchés de fournitures : un sieur Malicki, commandant les Vengeurs, qui, après avoir reçu directement de l'Etat une somme considérable pour l'équipement de son corps, a été condamné à vingt ans de travaux forcés ; un autre chef, Moulinier, commandant des chasseurs volontaires, qui est actuellement au bagne ; des officiers garibaldiens qui se sont fait livrer de riches vêtements sans les payer ; un lieutenant Ferrand qui paraît

s'entendre avec un fournisseur pour faire accepter des objets dont l'armée n'a nullement besoin...

Si nous comparons l'équipement des garibaldiens à celui qui a été donné à notre armée, nous ne pouvons que condamner énergiquement la conduite de ceux qui se sont montrés si prodigues pour les étrangers, si parcimonieux pour nos soldats.

Les chemises rouges coûtent 20 fr. : les pantalons, 30 fr. ; les vestons 58, 65, 70, 80 et 90 francs ; d'autres, de 100 à 190 fr., etc.

Bordone, le chef d'état-major, avait, paraît-il, la manie des trains spéciaux des chemins de fer. C'est une fantaisie qu'il se passait volontiers et qui, dit-on, coûtait, chaque fois, 1,500 fr. !

Ce grand citoyen fut promu au grade de général le 14 janvier 1871, bien que quelques jours plus tard la dépêche suivante témoignât de son inaction :

Bordeaux, 19 janvier 1871.

Guerre à général Bordone, Dijon.

Je ne comprends pas... les difficultés qui surgissent toujours au moment, où, dites-vous, vous allez faire quelque chose... Vous êtes le seul qui invoquiez sans cesse des difficultés et des conflits pour *justifier sans doute votre inaction.*

Je ne vous cache pas que le *Gouvernement est fort peu satisfait de ce qui vient de se passer*. Vous n'avez donné à l'armée de Bourbaki aucun appui, et votre présence à Dijon a été absolument sans résultat pour la marche de l'ennemi de l'Ouest à l'Est. En résumé, moins d'explications et plus d'actes, voilà ce qu'on vous demande.

FREYCINET.

La promotion de l'ex-apothicaire au généralat provoqua de nombreuses protestations, et l'une d'elles fut portée à l'Assemblée nationale dans la séance du 22 avril. Nous extrayons du compte-rendu de cette séance les passages suivants :

CORPS LÉGISLATIF

Séance du 22 avril.

. . . .
L'ordre du jour appelle les rapports des pétitions.
La parole est à M. Adnet.

M. Adnet, premier rapporteur. — Le sieur Bonadoux, à Avignon, proteste contre la nomination et le maintien du général Bordone, en raison de ses antécédents judiciaires.

Vous savez, Messieurs, qu'un décret du 14 janvier dernier, publié par le *Moniteur* du 15, a élevé M. Bordone au grade de général de brigade dans l'armée auxiliaire. Les trois condamnations signalées par le pétitionnaire contre M Bordone sont exactes. Il résulte de renseignements recueillis par votre commission que *M. Bordone a été condamné correctionnellement trois fois* : le 13 mars 1857, par le tribunal de la Châtre, à 10 fr. d'amende pour *coups et blessures*; le 2 juillet 1858, par le même tribunal, à 50 fr. d'amende pour *détournement d'objets saisis*, (Exclamations); et le 24 juillet 1860, à deux mois de prison et 50 fr. d'amende, par la Cour d'appel de Paris, pour *escroquerie*.

M. Bordone a été rendu à la vie civile par l'arrêté du 7 mars. Votre commission a pensé qu'elle ne pouvait pas mieux faire que de renvoyer la pétition à M. le ministre de la guerre, en s'en remettant à lui du soin de maintenir en dehors de notre armée, demeurée si pure dans son malheur, un officier qui a les antécédents judiciaires qui nous sont signalés dans la pétition. (*Très-bien!* — *Appuyé!*)

Après une discussion, qu'il est inutile de rappeler ici, les conclusions de la commission furent adoptées.

Il faut avouer que Garibaldi aurait pu faire un choix plus heureux, bien que dans la séance plus haut rapportée, un député, M. de la Rochetulon, ait prétendu qu'il « l'avait trié dans son entourage. »

Mais revenons aux faits et gestes des garibaldiens.

De Marseille, ceux-ci furent dirigés sur Lyon, puis sur Dole, sur Autun et sur Dijon. A Lyon, ils assassinèrent plusieurs de nos compatriotes. A Dole, ils ne trouvèrent rien de mieux à faire que de chasser les jésuites de leur maison. Plus tard, ils pillèrent le presbytère de Ruages. Mais c'est Autun qui devait être surtout le théâtre de leurs tristes exploits. Le grand séminaire, le couvent des Oblats et l'Evêché eurent à subir leur brutalité et leurs déprédations.

Mgr de Marguerye, se réservant un modeste appartement pour lui et les personnes de sa maison, avait abandonné la plus grande partie de l'Evêché pour y loger quatre à cinq cents garibaldiens. Le 12 novembre, vers minuit, une bande de ces gens pénétra de vive force dans la chambre du prélat. Voici comment le fait est rapporté par M. Robert Middleton :

« UN OFFICIER, frappant la porte du pommeau de son épée. — Au nom *della*
« *patrie envahie, aprite* (ouvrez).
« UNE VOIX DE L'INTÉRIEUR. — Qui frappe à cette heure ?
« L'OFFICIER. — Ouvrez, *per Dio !*
« LA VOIX. — Que veut-on ?
« L'OFFICIER. — *Sacramento !* Si on tarde à ouvrir, nous *sprofondons* (enfon-
« çons) la porte au nom de la loi, du peuple souverain, *della* patrie envahie,
« *aprite, per Baccho !* »

La porte s'entr'ouvre, la bande envahit la demeure épiscopale, et, sans autre forme de procès, pénètre dans la demeure où l'évêque dormait, et se met à faire une perquisition minutieuse.

« L'ÉVÊQUE indigné. — Si vous n'avez pas de respect pour mon caractère,
« respectez au moins le citoyen. Qui vous donne le droit de violer mon
« domicile ?
« L'OFFICIER. — Vous êtes accusé de *nascondere* (cacher) des armes, des
« Prussiens même: la *Republica* en danger veut s'en *assicurer* (assurer). »

Sur ce, officier et soldats explorent minutieusement l'appartement de l'évêque,

D'un autre côté, dans le rapport qu'il adressa à l'autorité militaire, Mgr de Marguerye signalait les faits suivants :

> Une douzaine d'hommes, dont plusieurs tenaient à la main leur sabre dégainé, ont pénétré dans ma chambre, ne me donnant pas même le temps de sortir de mon lit, ont cherché partout, jusque dans mes rideaux... le prétexte était de chercher un Prussien qui s'était, dit-on, introduit dans l'évêché et dont on voulait faire bonne justice... Toutes les pièces, absolument toutes sans exception, ont été, sous le même prétexte, fouillées minutieusement de la cave au grenier... Arrivés à la cave, plusieurs n'ont plus parlé de Prussien, mais d'armes qui étaient cachées à l'évêché...
> On n'a pas trouvé de Prussien; on n'a pas trouvé d'armes; mais dans ma chambre on a trouvé ma montre en or et on me l'a prise; dans ma chapelle, on a trouvé une croix d'or et on l'a prise, ainsi que d'autres objets, dont la disparition se constate peu à peu, et qui ont été enlevés, comme depuis plusieurs jours on enlevait le bois de mon bûcher. Un homme est allé jusqu'à menacer mon jardinier, s'il ne déclarait pas où il y avait de l'argent caché... L'idée d'armes était par eux abandonnée...
> Ce qu'il y a de piquant, c'est qu'on a employé pour cette perquisition une partie des hommes auxquels je donne l'hospitalité depuis trois jours... Je dois déclarer que le capitaine a exprimé la peine qu'il éprouvait de remplir semblable mission.

Le lendemain, le prélat dut acheter du vin pour dire la messe, car sa cave avait été mise à sec.

Dans les premiers jours de janvier on écrivait d'Autun à M. Garcin, de la *France* :

> Votre numéro du 4 janvier contenait un article sur le luxe hors de saison des officiers de l'armée garibaldienne; on ne peut pas se faire une idée de la manière dont les choses se passent; c'est un désordre complet ; il faut voir cela de *visu*, et un jour on sera étonné des sommes énormes dépensées ici.
> Ces Messieurs agissent en maîtres vis-à-vis de la population et ne se gênent nullement. L'autorité civile même ne peut pas protéger les habitants. Cette autorité est méconnue et froissée à chaque instant par l'autorité militaire de l'entourage — de Garibaldi. — Sauf les pays envahis par les Prussiens, il n'y a pas en France de ville qui supporte autant de contrariétés et soit dans une pareille position.

Vers la même époque, un journal de Lyon publiait les renseignements suivants, empruntés à une lettre particulière écrite d'Autun :

> Dès son arrivée à Autun Garibaldi a coûté à la Recette et à l'Intendance *cinq millions*, sans compter tous les dons en espèces et en armes qu'il a reçus de tous les côtés. Et il a environ 15 à 18 mille hommes avec lui, pas plus! Mais tous les italiens qui l'accompagnent sont officiers supérieurs, et ses volontaires touchent 3 fr. par jour.

On a vu plus haut que Bordone, l'homme dont on connaît les an-

.técédents judiciaires, avait été promu à la dignité de général. A ce sujet, M. Middleton rapporte le fait suivant qui mérite d'être reproduit :

Le général Bordone, dit-il, arrosa ses galons d'une façon princière; le dessert seul de ce dîner coûta mille francs (ainsi que sont prêts à l'affirmer les habitants d'Autun), tandis qu'il n'y avait pas de fonds pour donner un drap de lit aux soldats mourant à l'hôpital.

Du reste, comme le moment était bien choisi pour faire bombance !

Le séjour des garibaldiens à Autun fut, en outre, marqué par l'arrestation de M. Pinard, ancien ministre. M. Pinard était revenu dans sa ville natale. Là, il s'était enrôlé dans la garde nationale pour concourir à la défense du pays, et menait une vie modeste et effacée, qui aurait dû le mettre à l'abri de la calomnie et de la persécution. Mais, arrêter un ancien ministre de l'Empire ! C'était pour Bordone un nouveau titre de gloire, qu'il tint à se donner, et voici en quels termes il annonça cette belle prouesse :

Autun, 5 janvier 1871, 1 h. 15 m. s.

Je viens de faire arrêter l'ex-ministre Pinard qui faisait ici le jeu des Prussiens et des bonapartistes, en distribuant les numéros du *Drapeau* de Cassagnac. Sa maison était entourée. Il suivait, mêlé au cortège d'un enterrement, et, bizarre coïncidence, l'homme de l'expédition du cimetière Montmartre a été arrêté à l'entrée du cimetière d'Autun.

Je le fais conduire à Lyon sous bonne escorte. Tout va bien.

BORDONE.

M. Pinard n'avait jamais reçu ni fait distribuer le journal *Le Drapeau*. L'accusation portée contre lui était donc une infamie, une basse vengeance. Une perquisition, faite en son domicile et même en son absence, n'amena la découverte d'aucun document compromettant, ni même celle du journal si fortement incriminé. L'arrestation néanmoins fut maintenue.

C'est au cimetière d'Autun, au moment où il assistait aux obsèques de Mme d'Aligny, que M. Pinard fut arrêté.

On venait de descendre le cercueil dans la tombe, — dit M. Middleton, — quand M. Pinard sentit une main pesante tomber sur son épaule, il se retourna vivement et vit derrière lui le lieutenant de gendarmerie, plus loin une brigade entière de gendarmerie.

M. PINARD. — Que me veut-on ?

LE LIEUTENANT. — Au nom de la France envahie et par ordre de Garibaldi, je vous arrête.

M. PINARD. — Vous m'arrêtez, moi ! et au milieu de cette douloureuse cérémonie !...

LE LIEUTENANT. — Allons, allons, pas tant de discours : en route.

M. Pinard fut emmené à la prison d'Autun, d'où on le tira le lendemain pour le conduire à Lyon entre deux gendarmes. Mis au secret le plus rigoureux et ne pouvant communiquer avec personne, il subit onze jours de détention à la prison St-Joseph, lorsque, le 16 janvier, au moment où il introduisait une instance judiciaire à fin d'élargissement, il fut rendu à la liberté par ordre du préfet du Rhône, de la bouche duquel il reçut cet aveu significatif : « Si on s'est trompé à Bordeaux, c'est qu'on a calomnié à Autun. » On lui fit connaître en même temps que les renseignements, recueillis en dehors de lui et en son absence, justifiaient ses explications.

Le lendemain, M. Pinard adressa au *Courrier de Lyon* une lettre dans laquelle il exposait les faits dont il avait été victime. Cette lettre se terminait ainsi :

En temps ordinaire je pourrais demander : Qui m'a fait arrêter ? qui m'a fait élargir ? devant quel juge devais-je répondre ? Comment, depuis onze jours, n'ai-je obtenu qu'un interrogatoire verbal, officieux, devant M. le préfet du Rhône ? Sont-ce là les garanties de la liberté ?

Les hommes auxquels je poserais ces questions gouvernent en ce moment mon pays qui se bat ; ils sont au feu avec lui. Je ne sollicite pas de réponse. Je ne leur fais qu'un reproche : Avoir trop écouté ceux qu'ils ne pouvaient satisfaire, leur avoir sacrifié le droit d'un citoyen qui ne se tait aujourd'hui que par patriotisme.

Mais ce que je dois proclamer très haut dès maintenant, c'est que le triste honneur d'avoir fait prévaloir pendant onze jours une calomnie, revient aux énergumènes de ce parti sans nom qui veut moins défendre la patrie que révolutionner le monde.

Chez eux la politique a tué l'amour du pays ; elle a tué la justice.

Les garibaldiens, par leurs procédés ou par leurs rapines, ont été une véritable plaie d'Egypte pour les villes où ils se sont abattus.

Loin de nous la pensée de faire retomber la responsabilité de leurs actes odieux et criminels sur Garibaldi et sur ses deux fils, Menotti et Ricciotti, l'un et l'autre aussi braves que courtois. Le vieux général imposait la discipline la plus sévère aux hommes placés sous ses ordres ; mais il ignorait les excès auxquels se livrait cette soldatesque effrénée ; il paraît même qu'on les lui cachait. Ce qui semble le prouver, c'est qu'un habitant d'Autun fut un jour le trouver pour se plaindre des vexations auxquelles il était exposé. Le général le reçut avec bonté, et après l'avoir entendu, il lui dit : « Mais j'ignore tout cela. On ne m'en a pas parlé. Pourquoi, mon ami, n'êtes-vous pas venu plus tôt ? Satisfaction vous aurait été donnée. »

Le jugement porté sur Garibaldi par l'opinion publique fut celui-ci :
« Garibaldi est un honnête homme, mais un honnête homme mal

entouré. » Tout homme qui s'entoure de pareilles gens peut-il être complètement excusable? Poser la question, c'est la résoudre.

Nous aurons à parler plus tard des opérations militaires de Garibaldi. Disons de suite qu'elles peuvent se résumer en quelques mots.

La veille du jour où les Prussiens se présentèrent devant Dole, Garibaldi abandonna cette ville pour se replier sur Autun. Plus tard, par une attaque inconsidérée sur Dijon, il attira l'ennemi sur la cité autunoise, s'y laissa surprendre, et l'exposa à un bombardement qui causa peu de dégâts matériels mais fit beaucoup de victimes parmi les mobiles de la Rochelle. Enfin, dans les derniers jours de janvier, alors qu'il occupait Dijon, où il s'était installé après le départ de Werder, qui avait dû rétrograder dans l'Est par suite du mouvement opéré par Bourbaki, il laissa couper les communications de ce dernier, prenant pour une attaque sérieuse une feinte à laquelle eut recours le général Manteuffel pour dérober le passage des troupes qu'il envoyait au secours des assiégeants de Belfort. On rapporte même que le général prussien aurait dit :

Je l'ai joliment joué, le général Garibaldi, en lui envoyant une petite division à Dijon pour l'amuser, pendant que je faisais passer le gros de mon armée dans le Nord de la Côte-d'Or.

Tout récemment, le *Courrier du Jura* racontait l'anecdote que voici : A l'époque où l'armée de Bourbaki était jetée en Suisse, le général Manteuffel se trouvait à Frasnes (Jura). Le général, logé à la cure, venait de donner à ses officiers un grand dîner. Après le repas, il se rendit auprès du curé et s'excusa d'avoir choisi sa demeure pour donner une fête dans un pareil moment. Puis, le général ajouta :

Mais si je suis ici, si vos soldats ne peuvent échapper à une catastrophe, *faites-en remonter hardiment la responsabilité à Garibaldi*. Je lui ai envoyé quelques bataillons pour l'amuser devant Dijon : il a cru se battre sérieusement pendant quarante-huit heures contre des masses ennemies. J'ai mis à profit sa distraction, et, lui laissant Dijon dont je n'ai que faire, je me suis jeté dans le Jura et le Doubs et j'ai *consommé ainsi la destruction de votre dernière armée*.

Celui, que l'on appelait « le vieux renard, » était tombé dans le piége. Sa bévue nous coûta cher ! L'armée de Bourbaki, dont la marche avait été une série non interrompue de succès, se trouvant isolée et privée de ses moyens de ravitaillement, dut se réfugier en Suisse, à l'exception de quelques détachements et de la division du général Rebilliard, que ce chef, par une manœuvre hardie, sut ramener intacte sous Besançon, sans perdre ni un canon ni un fourgon.

Cependant, — dit M. Middleton, — Garibaldi était informé tous les jours, depuis le 9 janvier, des détachements prussiens qui passaient à sa portée; il eût été facile de les détruire ou tout au moins de retarder leur marche de huit ou dix jours, et le brave Bourbaki était sauvé !

Aux élections du 8 février, Garibaldi fut élu député. Il parut à l'Assemblée, mais au moment où son admission allait être contestée, il donna sa démission, résigna son commandement militaire et retourna dans son île.

Peu de temps après eut lieu le licenciement des garibaldiens. Ceux-ci apprirent, non sans témoigner un certain mécontentement, la mesure qui les atteignait. La guerre était pour beaucoup d'entre eux une position sociale assez lucrative, et, disons-le, fort peu gênante. Plusieurs avaient un passé compromettant; quelques-uns même avaient eu ou pouvaient avoir maille à partir avec la justice. Un garibaldien, vouant à l'exécration la France qui allait se passer de leurs services, et témoignant quelque inquiétude sur son propre sort, répondit en notre présence, à une personne qui lui faisait comprendre qu'il devait retourner dans son pays, où il lui serait facile de se créer des ressources :

— Retourner dans mon pays !.. Cinq ans de fer m'y attendent et je ne veux pas y retourner !

Cependant, comme nous l'avons dit plus haut, il y avait sous la chemise rouge des cœurs honnêtes et généreux. Mais ces derniers n'étaient pas en majorité.

Bref, le licenciement s'opéra sans donner lieu aux désordres que l'on pouvait redouter. Quelques jours plus tard, on trouva des garibaldiens dans les évènements qui ensanglantèrent Marseille. On sait aussi quels contingents ils fournirent à la Commune. Garibaldi, auquel cette dernière offrit le commandement en chef de ses bandes, repoussa une telle proposition. Ce refus, qui honore le général, lui sera compté dans l'estime des honnêtes gens.

Nous avons esquissé l'odyssée garibaldienne. La France, certes, n'a pas eu à se louer de l'intervention du héros de Caprera. Toutefois, rendons justice à son désintéressement personnel et à sa bravoure. Garibaldi est un paladin chevauchant par monts et par vaux, ou plutôt, c'est le « Don Quichotte de la Révolution, » pour nous servir des termes employés dans l'enquête parlementaire du 18 mars. Non-seulement, au point de vue militaire, il ne nous a rendu aucun service, mais, ses légions, qui nous ont dépensé des millions, ont pesé comme un fléau sur nos contrées, où elles ont apporté un nouvel élément de discorde et de désordre.

On raconte que lorsque les miliciens de Garibaldi quittèrent l'Italie pour venir en France, un député de Florence s'écria : *Que n'abolit-on la gendarmerie, maintenant qu'ils s'en vont !*

Ces paroles expriment les sentiments que de pareils soldats inspiraient de l'autre côté des Alpes. Ces sentiments, la France ne doit-elle pas les éprouver aujourd'hui ?

LES PROCONSULS DU 4 SEPTEMBRE

La scène politique fut envahie, au lendemain du 4 septembre, par la fine fleur de ce parti, qui, sous l'Empire, criait sans cesse à l'arbitraire, tonnait contre le prétendu gaspillage des finances, fulminait contre les gros traitements et promettait d'énormes économies pour le jour où il arriverait au pouvoir.

Ce jour était venu.

Allait-il inaugurer le régime de la vraie liberté et réaliser le *gouvernement à bon marché*, prédit par les prophètes de la démocratie?

Quelques gens crédules et naïfs purent le supposer. Leur erreur, sans doute, n'aura pas été de longue durée.

Les circonstances, dira-t-on, n'étaient pas favorables. Soit. Mais, tout en faisant la part des évènements, il est permis de se demander si l'on entra dans les voies d'une administration sage et libérale.

Et d'abord, les gouvernants du 4 septembre, se disant républicains, furent-ils des hommes d'un patriotisme à toute épreuve et d'un désintéressement sans bornes ?

Qui oserait le soutenir ?

Leur patriotisme ne s'étendit guère au-delà de leurs intérêts privés. Quant à leur désintéressement, il consista non-seulement à toucher les appointements des préfets, qu'ils trouvaient si scandaleux sous l'Empire, mais quelques-uns d'entre eux s'adjugèrent même des émoluments supplémentaires.

La liberté ! nous dirons plus loin comment ils la comprirent.

D'un côté, incapacité et incurie ; de l'autre, désarroi, gaspillage et despotisme ; voilà, à quelques exceptions près, ce que fut l'administration des spartiates du 4 septembre.

Un écrivain a dit : « L'ignorance la plus colossale le disputait à la vanité la plus grotesque. » Un autre : « les préfets nouveaux jouaient les tyrans. » Dans une brochure intitulée: *La dictature de M. Gambetta*, M. H. R. Blandeau s'exprime en ces termes :

> La France offrit bientôt le spectacle du plus triste gâchis administratif qui ait jamais déshonoré une nation civilisée. Les délégués du dictateur, envoyés dans les départements avec des titres divers, mais avec des pouvoirs qui les mettaient au-dessus des lois, en prirent à leur aise et se livrèrent aux plus violents excès d'arbitraire et de despotisme. Ces hommes étrangers à toute notion administrative, divisèrent le pays dans un moment où l'union eût été la plus naturelle des vertus, comme elle était le plus impérieux des besoins : ils gaspillèrent nos écus, gâchèrent notre vaillance, paralysèrent nos forces militaires....

L'avenir nous réserve peut-être des révélations étra(?) sur les faits qui se sont passés à cette époque; mais, dès à présent, nous pouvons relever certaines particularités qui peignent la situation.

M. Esquiros, nommé administrateur supérieur des Bouches-du-Rhône, mit son premier soin à retirer CENT SOIXANTE-DIX-NEUF MILLE francs (179,000 fr.) de la Recette générale pour établir, à la préfecture, une trésorerie spéciale. Que fit-il de cette somme ? Il l'appliqua à ses BESOINS PERSONNELS : blanchissage, chemises, cigares, étoffes, comestibles. Ces derniers figurent pour une somme de 17,128 fr. Quel appétit, Dieux immortels ! Il n'y a pas jusqu'aux bâtons de cosmétique de la femme de chambre du citoyen Esquiros qui ne figurent sur les pièces justificatives des dépenses !.. Une pétition tendant à la restitution de ladite somme de 179,000 fr. a été adressée à l'Assemblée nationale.

M. Gent, successeur de M. Esquiros, se fit marchand de canons. Un rapport adressé au ministre de l'intérieur par M. Henry Duraugel contient à ce sujet de curieux détails.

Par suite du décret de la Délégation de Tours, qui prescrivait la création d'une artillerie départementale, M. Gent reçut l'ordre de faire fabriquer 5 batteries ; il en fit fabriquer 10, puis 20, puis 30.

Un journal a publié à ce sujet un article dans lequel il est dit :

> ... Le triumvirat tourangeau lésine sur les crédits : M. Gent s'en moque. Le triumvirat refuse de l'argent ; le bel embarras pour M. Gent ! Et les virements donc !... Marseille avait des dettes à servir ou à amortir, M. Gent mit gaillardement la main sur les fonds destinés à cet emploi.
> Du train forcé dont allaient les choses, M. Gent eut bientôt des canons à revendre, il en revendit. Oui, le préfet se mit marchand de canons, et il adressa des circulaires commerciales à ses collègues circonvoisins afin d'ouvrir des débouchés à l'artillerie qu'il s'était mise sur les bras.
> Neuf d'entre eux se laissèrent séduire à ces offres alléchantes ; ils eussent

trouvé ailleurs des batteries à 65,000 francs : ils eurent l'honneur d'en recevoir de M. Gent, au prix de 100,000 francs. Soit, un écart de 35,000 francs bien comptés.

Le rapport de M. Durangel constate (page 43) qu'il résulte de cette monomanie d'artillerie et des procédés fantaisistes mis en usage dans cette affaire, une dépense injustifiée de 1,974,224 francs 33 c. c'est à dire de près de *deux millions* !

Ces deux millions, c'est vous et moi, contribuables mes amis, qui aurons à les payer ; il nous restera la consolation de nous amuser avec ce problème : comment des batteries taxées à 65,000 francs ont-elles bien pu être vendues 100,000 francs à des préfets de la République par un préfet de la République !

Bast ! la France est assez riche pour payer la gloire que ces préfets et leur grand-chef lui ont procurée.

Dernièrement, le *Gaulois* narrait ce qui suit :

Dans les derniers jours du mois de décembre 1870, un conflit éclata dans la ville de Marseille entre le citoyen Alphonse Esquiros, investi du titre et des fonctions d'administrateur supérieur, et M. Gent, non moins citoyen et non moins Alphonse, nommé préfet des Bouches-du-Rhône. M. Esquiros n'entendait pas céder la place. A toutes les instances, il répondait, comme ce personnage de l'Opéra-Comique :

   Cette auberge est à mon gré,
   J'y suis bien, j'y resterai !

Mais, enfin, comme la corde fortement tendue menaçait de casser, le citoyen Esquiros, cet austère philosophe qui ose écrire aujourd'hui : « Nous avons « abandonné à nos adversaires ce qu'ils recherchaient avec le plus d'ardeur, les « places, les dignités, les fonctions publiques », fit connaître à M. Alphonse Gent à quelles conditions il se déciderait à quitter la place. Ces conditions, il ne m'en coûte pas de l'avouer, étaient modestes, le citoyen Esquiros fit son prix à quatre mille francs. C'était donné. M. Gambetta, consulté, accorda l'aumône réclamée, mais, avec plus de malice que n'en comporte d'ordinaire son tempérament un peu grossier, il autorisa M. Alphonse Gent à prélever la somme sur le budget spécial que la ville de Marseille consacre à la surveillance « des mœurs ». On sait ce que cela veut dire

Que pensez-vous de ce petit échantillon « des mœurs » républicaines ?

Ceci prouve, d'ailleurs, que si l'austère citoyen Esquiros abandonne à ses adversaires les places, les dignités et les fonctions publiques, ce n'est pas sans compensation.

Dans son *Histoire de la campagne de* 1870-1871, M. Domenech mentionne le fait suivant :

Lorsque je me trouvai à Montauban, au mois de décembre, M. Flamens, préfet de cette ville, fit remplir la glacière de la préfecture pour boire frais en été. Sous l'Empire, l'ancien préfet n'avait point osé se donner ce luxe, parce que cela coûtait 800 francs à la caisse municipale. Flamens fit, en outre, changer tous les tapis de l'Hôtel de la préfecture, ne trouvant pas assez bons ceux dont ses prédécesseurs s'étaient contentés. Par compensation, il refusa le chauffage au lycée, de sorte que les pauvres lycéens durent passer par l'alternative ou de geler en classe ou de rester chez eux.

M. Domenech dit encore quelques pages plus loin :

> Les hommes qui, pendant des années, avaient fait tonner les foudres de leur vertueuse indignation contre le gaspillage des finances, sont devenus une fois au pouvoir, les pires sangsues du trésor.

Qui pourrait le nier ?

D'autre part, combien de jeunes gens, invoquant une origine ou des sentiments républicains, trouvèrent auprès de ces préfets aide et protection pour échapper au service militaire !

> Nos gouvernants et nos préfets, — dit encore l'écrivain que nous avons cité plus haut, — favorisaient les réfractaires républicains qui laissaient prudemment aux « réactionnaires et aux cléricaux » le soin de défendre la patrie et de mourir pour elle. A Lyon, Marseille, Bordeaux, Toulouse, Montauban, et dans une multitude d'autres préfectures, on aurait pu former des légions entières avec les mobilisés réfractaires et ceux que les préfets admettaient dans les administrations publiques pour les soustraire aux décrets de mobilisation.

Parlerons-nous maintenant des marchés scandaleux et des dilapidations inqualifiables qui eurent lieu à cette époque ? C'était le beau temps des fournisseurs éhontés et du gaspillage des deniers publics. Des sommes énormes furent dépensées pour habiller, équiper et armer les mobilisés ; mais ceux-ci ne reçurent, en échange, que des armes, des vêtements et des chaussures de rebut. Aussi, en face de l'ennemi, se trouvèrent-ils presque sans défense, et parmi ceux que ne frappèrent point les balles prussiennes, combien furent atteints de maladies, qui devinrent mortelles !

Dans le courant du mois de juillet 1872, se déroulait devant le tribunal correctionnel de Lille un procès intenté à de misérables spéculateurs. M. le procureur de la République, stigmatisant leur conduite, retraça cette histoire bien simple et bien touchante :

> Au nombre des mobilisés que vous avez entendus, il est, disait-il, un malheureux qui s'est traîné à votre barre avec le secours de deux béquilles.
> C'est un enfant du peuple, sans fortune, sans ressources, sans famille. Il était à Metz, son pays natal — notre pays natal — quand la ville a été rendue. Il a vu les Prussiens franchir notre enceinte, remplir nos édifices, s'entasser sur nos places publiques. Il s'est enfui, rempli de colère et de rage. Il est accouru à cette armée du Nord qui combattait encore. Il s'est présenté à la préfecture, on lui a donné un fusil, des souliers, une vareuse. Il est parti.
> Hélas ! à la première marche ses souliers se sont entr'ouverts. Sur le champ de bataille de Bapaume, il a eu les pieds gelés. Une opération cruelle en a fait un infirme : il est amputé. Lui, l'ouvrier vivant de son labeur journalier, qui n'a d'autre fortune que ses membres dispos pour le travail, il vit de la charité publique...
> Ah ! pauvre soldat, marche au devant des balles. Le drapeau de la France

flotte au-dessus de ta tête. La victoire ne le suit pas comme autrefois, mais tu feras payer cher à l'ennemi ta défaite.

Non, tu ne te battras pas. En vain ton cœur est chaud, en vain ton sacrifice est fait. Ce n'est pas dans la mêlée que tu dois périr. Tu resteras parmi les traînards et les lâches, ramassé si l'on prend garde à toi, gibier d'une ambulance où tes membres gelés tomberont sous le fer du chirurgien.

Pendant ce temps, dans les salons bien chauffés d'une préfecture, des patriotes favorisés griffonneront des marchés, tripoteront des fournitures entonnant l'hymne de la guerre à outrance et demandant la levée du dernier homme à qui ils pourront faire chausser leurs souliers doublés de carton.

Spéculer, dans un intérêt privé, sur la santé, sur la vie et le sang de nos soldats, sur l'honneur et le salut de la patrie, c'était plus qu'un vol; c'était un crime, une quasi-trahison. Un cri d'indignation s'éleva de toutes parts. Malheureusement le mal était fait. Les journaux flétrirent ces actes odieux, et, dans un article que publia le *Progrès de Lyon*, il était dit :

Les vols, ils sont manifestes, ils sont connus de tout le monde ! Tout le monde sait que les vêtements de nos légions sont partis en lambeaux au bout de quelques jours. Les cartouchières de plusieurs compagnies étaient en si mauvais cuir, qu'elles se sont déchirées dès qu'on a voulu y mettre la main ; des souliers, après quelques kilomètres n'avaient plus de semelle, et des gens en qui nous avons pleine confiance, nous ont affirmé que la manière dont ils étaient faits était si peu résistante, qu'avec l'ongle on pouvait enlever un morceau du talon....

Nous avons vu de nos propres yeux, un billet de 1,000 francs renvoyé par un fournisseur honnête auquel il avait été donné par un officier chargé de faire des achats, afin de le décider à enfler sa facture.

D'un autre côté, dans un article intitulé : *Vols et révélations*, le *Salut Public* s'exprimait en ces termes :

Nous demandons ce que sont devenus les quarante ou cinquante mille francs d'escompte qui ont dû être réalisés sur chacune de nos légions par suite des achats faits au comptant avec les deniers de l'Etat. Ces sommes ont-elles été portées en compte ou ont-elles disparu ? Or, nous avons quelques raisons de croire qu'elles n'ont jamais fait retour au Trésor. Où sont-elles? et quelles enquêtes a-t-on faites pour savoir où elles ont passé ?

C'étaient, du reste, par toute la France, les mêmes pratiques, les mêmes manœuvres, provoquées par l'incapacité et l'incurie de l'administration, exploitées par la cupidité d'agents d'affaires, dont le cynisme était au-delà de toute expression.

A Lille, le commissaire extraordinaire de la République gaspilla une somme de QUINZE MILLIONS destinée à subvenir aux nécessités de la défense dans le département du Nord. M. Blandeau reproduit, comme suit, le bilan de cette gestion remarquable :

Marchés concédés pour des prix énormes à des amis, sans la garantie de l'adjudication, comme sans le moindre respect pour les règles de la spécialité : à un filateur, la fourniture des souliers ; à un marchand de fils, la fourniture des canons ; à un marchand de linge de table, la fourniture de la sellerie ; à un marchand de cachemires de l'Inde, la fourniture des couvertures et des fusils : à un directeur de théâtre, la remonte, etc.

Achat — POUR HUIT CENT MILLE FRANCS ! — de cartouches sans poudre, dont neuf sur dix rataient ;

Achat de tentes en si grande quantité, qu'on en eût pu couvrir tout l'arrondissement ;

Achat de lots considérables de havresacs à 14 fr. pièce, estimés depuis 3 fr. tant ils étaient défectueux.

C'est ainsi que se sont écoulées des centaines de millions. En attendant que la justice prononce, l'honnêteté publique proteste contre des dilapidations aussi effrontées.

Les préfets du 4 septembre se montrèrent généralement incapables et peu soucieux des deniers publics ; la plupart furent même de petits despotes. La Liberté, qui la veille était leur idole, fut le lendemain par eux foulée aux pieds. Ils ne respectèrent ni la liberté de la presse, ni la liberté individuelle, ni la liberté d'enseignement.

M. Duportal, préfet de Toulouse, supprima les allocations accordées aux frères des Ecoles chrétiennes, et, révoquant le colonel d'artillerie, qui commandait l'arsenal, il remplaça ce dernier par son fils, auquel il procura de cette façon un poste, dont le traitement annuel était de 8,000 fr.

M. Blandeau nous apprend que M. Montanier, préfet du Gers, avait pour spécialité de violer le domicile des citoyens, et que M. Audoy, préfet de Lot-et-Garonne, interdisait à *ses* maires de *lire* certains journaux.

Au moment où la question électorale fut agitée, M. Montanier, dit-il, envoya des brigades de gendarmerie chez tous les candidats conservateurs. La réquisition donnée aux gendarmes portait l'ordre de fouiller les papiers des candidats et, au besoin, de s'assurer de leurs personnes.

M. Allain-Targé, préfet de Maine-et-Loire, n'entendait guère mieux la liberté électorale. Il résulte, en effet, de renseignements émanés de M. Villedieu, sous-préfet de Cholet, que, à l'approche des élections, fixées au 16 octobre, il enjoignit à celui-ci de *faire assez vigoureusement de la pression électorale*.

Devenu plus tard préfet de la Gironde, M. Allain-Targé fut remplacé à Angers par le citoyen Engelhard. Ce dernier ordonna la suppression de l'*Union de l'Ouest* et de l'*Ami du peuple*. Cet acté arbitraire fut sévèrement jugé par *les Etats-Unis d'Europe*, journal républicain de Bordeaux, qui s'exprima ainsi :

> Le citoyen Engelhard n'est qu'un républicain inintelligent et incapable... Nous voulons la République, nous combattons pour elle et nous saurons la défendre, même contre ceux qui sont payés par elle ; ce que nous ne voulons pas, c'est l'arbitraire de mauvais aloi ; ce que nous ne voulons pas, c'est le despotisme des sans-culottes.

Est-il besoin de rappeler ce qui s'est passé à Lyon sous le proconsulat du citoyen Challemel-Lacour ? Nous avons dit plus haut ce que fut ce régime, abrité sous le drapeau rouge, régime de terreur, de spoliations et d'arrestations arbitraires ! Inutile donc d'exhumer ces faits et d'en rappeler tant d'autres qui ne justifient que trop cette appréciation d'un historiographe, qui écrivait à cette époque :

> La France ne s'appartient plus. D'un côté l'invasion, de l'autre, le despotisme brutal... Partout des tripotages, des gaspillages, des impositions, des réimpositions, des emprunts, des réemprunts et des réquisitions.

Aussi, la *Patrie* pouvait-elle s'écrier le 13 février 1871 :

> Il est acquis que la République, sous la direction de la secte républicaine, est un danger permanent pour les intérêts légitimes et la sécurité des foyers ; il est démontré que c'est le plus incapable, le plus tyranique et le moins scrupuleux des gouvernements.

Pour la seconde fois depuis 25 ans, on a vu à l'œuvre ces grands prôneurs de liberté, de patriotisme, de désintéressement. Hommes et choses, on sait maintenant ce que tout cela vaut. Le pays en a fait, à ses dépens, une rude expérience. Puisse cette nouvelle leçon lui être profitable !

LA DÉFENSE NATIONALE

I

Actes du Dictateur. — Distribution des grades militaires.

Gambetta est dictateur ; Garibaldi a le commandement d'une armée ; les proconsuls agitent nos départements ; on excite au combat ; on pousse à la guerre à outrance. Mieux eût valu conclure la paix. George Sand écrivait :

> On eût pu arrêter l'ennemi aux portes de Paris en lui faisant des propositions au nom de la France constituée. Il eût consenti à ce qu'elles fussent ratifiées par le vote des provinces envahies. On n'avait pas le temps, dit-on, il fallait préparer la défense... Qui sait si nous ne serons pas forcés plus tard de voter à plus court délai ?... Nous voici donc livrés aux éventualités d'une dictature jusqu'ici indécise dans ses moyens d'action, mais qui peut devenir tyrannique et insupportable au gré des évènements.

Quoi qu'il en soit, la guerre à outrance a été proclamée ; la guerre à outrance va se développer sous la direction et l'inspiration de M. Gambetta.

Un des premiers actes du dictateur fut un décret disposant que des grades militaires pouvaient être conférés à des personnes n'appartenant pas à l'armée. En vertu de ce décret il s'introduisit dans l'armée, sous forme auxiliaire, les éléments les plus dissolvants et les plus disparates.

> Jamais, dit M. Domenech, aucun des Césars anciens et nouveaux n'avait agi avec tant d'arbitraire. Les photographes sans emploi, les pianistes en disponibilité, les épiciers sans clientèle furent faits capitaines d'emblée ; l'apothicaire Bordone reçut même un matin le grade de général de brigade.

D'un autre côté, nous lisions naguère dans une feuille parisienne :

Pour arriver alors, il fallait *payer une tournée* de quelque chose à quelqu'un des confidents de M. Gambetta, à ce pauvre Cavalier dit *Pipe-en-Bois*, par exemple, ainsi qu'on peut voir dans la déposition du capitaine Garcin devant la commission d'enquête (page 240).

Enfin, dans le dernier mois de l'année 1850, un journal de Genève publiait une lettre venue de France, et dans laquelle il était dit :

Ce qu'on reprochait, entre autres griefs, aux monarchies, aux gouvernements d'ancien régime ou de tradition, c'était le mystère, si favorable au bon plaisir et à l'arbitraire; le secret de leur acte, le manque absolu de lumière et de grand jour, un soin particulier de laisser ignorer par ceux qu'ils *opprimaient* le *pourquoi* et le *comment* de leur oppression et de leur despotisme.
Eh bien ! ces ténèbres monarchiques étaient lumineuses comme une matinée d'Orient, en comparaison des fouillis républicains où nous avons à chercher nos sujets d'espérance et de crainte, notre règle de conduite, l'emploi de notre argent, l'explication des énigmes qui nous intriguent ou nous effraient, la politique qui nous dirige, les abus dont nous devons nous plaindre, la limite des pouvoirs qui disposent de nous sans nous consulter — que dis-je ? la légalité même des décrets qui pleuvent sur nous, et la question de savoir s'il ne serait pas plus légal de résister que d'obéir...

Et plus loin :

La brusque élévation et la chute subite du beau soldat Fritz sont des prodiges de régularité hiérarchique, si l'on en rapproche cet incroyable *tohu-bohu* de caporaux dont on fait des colonels, de pharmaciens qu'on investit d'un commandement, et de journalistes que l'on transforme en généraux de division. En revanche, les vrais généraux paralysés, dégoûtés ou entravés par des conflits de pouvoirs, des redoublements de désordre ou des marques d'indiscipline, durent, en moyenne, trois jours, et ceux qui les remplacent ne sont à leur tour que les rayons d'une roue qui tourne continuellement ; c'est du reste leur seule manière de rayonner. La fameuse *Lanterne* du citoyen Rochefort est devenue une lanterne magique. La République a déclaré la guerre aux rois et aux ordres religieux ; il y a pourtant un roi qu'elle copie et des capucins qu'elle contrefait: le roi Pétaud et les capucins de cartes.

C'était « l'anarchie morale à côté de l'anarchie matérielle. »

Mal équipées, mal armées, mal commandées, que feront nos jeunes troupes ? Elles se battront vaillamment ; elles se feront tuer. Vaincront-elles ? On voudrait l'espérer ; on ne peut y croire ; les conditions sont trop dissemblables...

Revenons maintenant aux opérations militaires, et, les reprenant au point où nous les avons laissées, essayons de les retracer dans une esquisse rapide et fidèle.

M. Gambetta inaugura son pouvoir dictatorial par une proclamation dont voici les traits saillants :

> Ce n'est pas une illusion, ce n'est pas une vaine formule : Paris est inexpugnable, il ne peut être ni pris ni surpris... prêt aux dernières privations, le peuple de Paris se rationne volontairement tous les jours, et il a devant lui, grâce à une accumulation de vivres, de quoi défier l'ennemi pendant de longs mois encore. Citoyens, cette situation vous impose de grands devoirs. Le premier de tous, c'est de ne vous laisser diviser par aucune préoccupation qui ne soit pas la *guerre*, le combat à *outrance*... La République fait appel au concours de tous ; son gouvernement se fera un devoir d'utiliser tous les courages, d'employer toutes les capacités : c'est sa tradition à elle, de faire les jeunes chefs. Nous en ferons. Le ciel lui-même cessera d'être clément pour nos adversaires ; les pluies d'automne viendront, et, contenus, retenus par la capitale, les Prussiens, si éloignés de chez eux, inquiétés, troublés, pourchassés par nos populations réveillées, seront décimés pièce à pièce par nos armées, par la faim, par la nature.

Il y a, dans cette proclamation, des conjectures et des exagérations. Les conjectures sont excusables ; on ne se sent pas la force de blâmer M. Gambetta d'avoir été plus patriote que perspicace. Les exagérations sont un mauvais moyen. Loin d'exalter les esprits, elles les abattent, lorsqu'elles sont suivies de déceptions. Elles deviennent coupables, quand elles vont jusqu'à dénaturer les faits, ainsi que cela s'est vu sous le gouvernement de Tours et de Bordeaux.

II

Invasion allemande *(du 9 octobre au 6 novembre 1870)* : Occupation de St-Quentin, Soissons, Orléans, Châteaudun, Chartres, Dreux, Epinal, Vesoul, Gray, Dijon, Nogent sur-Seine. — Emprunt Morgan. — Mouvements insurrectionnels.

Nous sommes au 9 octobre 1870. Les Prussiens se répandent ; ils brûlent ; ils dévastent.

Au Nord, ils attaquent St-Quentin. Cette ville se défend vaillamment. L'ennemi se retire ; mais il revient le 22 octobre, y pénètre et lui impose une réquisition de 2 millions. Le 13, il ouvre le feu contre Soissons, et le 17 il l'oblige à capituler.

A l'Ouest, il s'empare, le 10, d'Arthenay, rejette nos troupes sur

Orléans, les force à se retirer sur la rive gauche de la Loire et occupe la ville après avoir incendié la gare et occasionné çà et là des dégâts. Les nôtres firent bonne contenance, mais écrasés par le nombre, ils durent céder. Depuis onze heures du matin jusqu'à sept heures du soir, 5,000 hommes disputèrent pied à pied le terrain à 25,000 Bavarois. C'est dans cette journée que se distinguèrent, entre tous, les zouaves pontificaux revenus de Rome. A la suite de cet échec, le général de Lamotte-Rouge fut privé de son commandement et remplacé par le général d'Aurelles de Paladine. Les jours suivants, l'ennemi obtient de nouveaux avantages à Ecouis et à Beaugency. Le 18, il emporte de vive force Chateaudun, et, pour se venger de la résistance qu'il y a rencontrée, il commet des actes d'une odieuse cruauté, attisant les incendies et achevant les blessés qu'il trouve derrière les barricades. Le 21, il entre dans Chartres qui, en échange de certaines immunités, renonce à se défendre. Le 25, il s'empare de Dreux, où il avait ; mais en vain, cherché à pénétrer le 21, et dans lequel il parvient à s'installer après une lutte opiniâtre, que les gardes mobiles lui livrent en dehors de la ville. Sur la route de Rouen, il a successivement occupé Gisors et Magny.

A l'Est, l'armée de Werder pénètre dans les Vosges, puis dans la Haute-Saône et la Côte-d'Or. Epinal est occupé le 10 ; Vesoul le 17 ; Gray le 22 ; Dijon le 30. Un combat d'avant-postes s'engage le 11 à Bruyères (Vosges). L'avantage nous reste, mais pour ne pas s'exposer à être cerné dans les montagnes, le général Cambriels se met en retraite sur Besançon. Près de cette ville, des engagements ont lieu, le 22 entre Voray et Cussey, et le 23 à Châtillon-le-Duc. L'ennemi est repoussé, mais en même temps qu'il s'éloigne de Besançon, il se dirige sur la Bourgogne, et malgré les obstacles que l'on essaie d'opposer à sa marche, il est le 27 à Talmay, et le 30 à Dijon, où il s'établira et restera en quelque sorte confiné. Une dépêche officielle annonce en ces termes la prise de cette ville :

Tours, 31 octobre 1870.

Hier, dix à douze mille ennemis ont attaqué Dijon et ont rencontré une résistance de la part des troupes, de la mobile et de la garde nationale sédentaire. Le combat en avant de la ville et dans les faubourgs, a duré de huit heures du matin à quatre heures et demie du soir. Le bombardement a entraîné la retraite de la garnison.

Ce même jour, 30 octobre, le général Cambriels est remplacé dans son commandement par le général Michel.

D'un autre côté, Nogent-sur-Seine était occupé le 25 octobre, et le 5 novembre suivant, l'ennemi se montrait à Neufchateau menaçant Chaumont.

Enfin, on apprend la capitulation de Metz !

Nous aurons à revenir sur cet événement. Disons de suite qu'il eut les résultats les plus funestes, car il rendit disponibles des forces imposantes, que l'envahisseur dirigea sur la Loire et sur Paris.

La situation, si sombre déjà, apparut plus sombre encore. La tristesse et l'inquiétude gagnent tous les cœurs. Les difficultés s'amoncèlent, les dangers grandissent; on se demande si la France ne sera pas broyée dans cette lutte inégale !...

Signalons maintenant quelques incidents ou quelques faits importants, qui se produisirent dans ce laps de temps.

Le 16 octobre, le général Bourbaki arrivait à Tours, où le lendemain, arrivait également M. de Kératry, parti en ballon de Paris. Ce dernier, chargé d'une mission du gouvernement, se rendit en Espagne, et le 22, à son retour, il reçut le commandement de l'armée de Bretagne. Quant à la présence du général Bourbaki, M. de Saint-Germain, dans son livre : *La guerre de sept mois*, en donne l'explication suivante, que nous reproduisons sous toutes réserves :

> Une opinion très répandue, dit-il, est que Bazaine, gêné dans ses projets par la présence de cet énergique soldat, l'engagea à se charger d'une prétendue mission auprès de l'ex-impératrice, à Chislehurst. Muni d'un ordre de départ et d'un sauf-conduit, il partit le 25 septembre, après avoir obtenu la promesse qu'un permis lui serait délivré pour effectuer son retour. Arrivé en Angleterre, le général apprit de l'ex-impératrice qu'elle ne l'avait pas fait demander, et qu'il n'y avait en ce moment aucune négociation entamée. Le permis promis lui fut refusé au retour, et le général vint mettre son épée au service du gouvernement de la défense nationale.

Le commandement de l'armée du Nord fut donné au général, qui procéda sans délai à son organisation et mit Lille en état de défense.

Presque en même temps, M. Laurier concluait à Londres, avec la maison Morgan, un emprunt de 250 millions au taux onéreux de 8 p. 100, prime comprise !

> L'emprunt, contracté en Angleterre par la délégation de Tours, nous coûte, — a dit un écrivain, — plus de *huit pour cent*. Il n'était heureusement que de 250 millions ; mais sur cette somme, il n'est guère entré au Trésor que 202 millions. *48 millions* sont restés dans les mains des prêteurs et des négociateurs.

Voilà comment étaient gérées les affaires de la France ? Le *Siècle* a déclaré qu'une autre maison de Londres offrait des conditions plus avantageuses. Pourquoi ne les a-t-on pas acceptées ?

D'un autre côté, M. Crémieux, décrétant une nouvelle organisation de l'Algérie, déclara citoyens français les israélites habitant la colonie. Cette mesure excita le mécontentement de la population arabe et fut la cause déterminante d'une vaste et prochaine insurrection.

Chose plus triste, c'est qu'en ce moment où toutes les forces devaient se réunir pour chasser l'étranger, les sectes révolutionnaires semaient la division et provoquaient des mouvements insurrectionnels dans plusieurs villes et notamment à Lyon, Toulouse et Marseille. Dans les deux premières villes une tentative séditieuse échoua devant l'attitude de la garde nationale. A Marseille et ailleurs voici, d'après la *Guerre de sept mois*, ce qui se passa :

A Marseille, y lisons-nous, le *club de la Révolution* décide qu'un *Comité de salut public* sera formé par le citoyen Esquiros.

Une manifestation se rend à la préfecture pour lui présenter le drapeau noir, emblème de vengeance. M. Esquiros harangue la foule et lui fait jurer de s'ensevelir sous les ruines de la patrie.

Cette manifestation ayant été suivie de graves désordres, M. Alphonse Gent, délégué du gouvernement de Tours, à peine arrivé à Marseille, se rend à l'hôtel-de-ville, escorté par la garde nationale. Mais là, la garde civique s'oppose à son entrée. On parlemente, on veut que M. Gent s'associe à Esquiros. Sur son refus, on veut qu'il donne sa démission. Il ne cède pas ; un coup de pistolet tiré sur lui, le blesse dans la région du ventre.

Quelques désordres ont lieu : à Grenoble où la foule, au sortir d'un club, envahit l'hôtel du général Barral et le fait prisonnier ; à Toulouse, où le préfet Duportal fait à ses administrés la déclaration suivante : « Si la guerre civile devient nécessaire, je serai votre capitaine pour la guerre civile ; mais l'heure des vengeances n'est pas encore venue ; alors je saurai frapper et frapper partout, croyez-le. »

Nîmes éprouve aussi quelques troubles ; mais c'est à Perpignan que se passent les scènes les plus sanglantes. Plusieurs officiers et fonctionnaires, assaillis par les factieux, sont gravement blessés ou laissés pour morts.

A Paris, dans la journée du 31 octobre, éclata une émeute qui faillit renverser le gouvernement. Mais, si l'émeute ne triompha point, en divisant les forces, elle vint encore affaiblir et en quelque sorte paralyser la défense. Car, le gouvernement avait tout à la fois à lutter, au dehors, contre l'ennemi, et, à se protéger, au dedans, contre les conspirateurs qui se faisaient ainsi les complices et les auxiliaires des Prussiens.

O démagogues, trouviez-vous donc que l'œuvre dévastatrice de l'ennemi ne marchait pas assez vite, que vous travailliez vous-mêmes à précipiter notre ruine !

« Malheureux agitateurs ! s'écrie George Sand, que le désastre, la honte et le désespoir du pays vous étouffent, si vous avez une conscience !... Fallait-il laisser dire à nos ennemis :

— Ce peuple insensé se livre lui-même ! Les haines qui le divisent ont fait plus que nos boulets ! »

III

Capitulation de Metz. — Proclamation de Gambetta. — Les généraux mis en suspicion.

On se souvient que, dans la nuit du 31 août, Bazaine avait essayé de franchir la ligne de circonvallation qui l'enfermait dans Metz. L'opération échoua. Ce fut un grand malheur. Si cet effort eût été couronné de succès, les deux armées auraient pu opérer leur jonction, et, par suite, les choses auraient changé de face, et le désastre de Sedan aurait été certainement conjuré !.. Quoi qu'il en soit, à partir de ce jour, 31 août, Bazaine, bloqué dans Metz, parut se résigner à l'immobilité. Quelques reconnaissances ou coups de main eurent lieu à diverses reprises ; quelques avantages furent remportés, mais on n'obtint jamais un résultat sérieux. Sous la date du 27 septembre, M. de St-Germain s'exprime en ces termes :

Depuis plusieurs semaines déjà on ne mangeait plus guère que de la viande de cheval. Pour augmenter les ressources de la place, on tenta des expéditions dans le but d'enlever aux Prussiens leurs approvisionnements.

Une attaque du général Lapasset sur le village de Peltres, attaque secondée par l'artillerie du fort Queuleu, donna d'assez heureux résultats.

En même temps sur un autre point, le château de Mercy où s'étaient fortifiés les Prussiens, fut vaillamment enlevé et brûlé par deux de nos régiments. D'autres engagements, livrés sur plusieurs points, mettaient en notre pouvoir d'assez grandes quantités de fourrages et autres denrées. Nous abandonnâmes chaque fois les villages occupés.

Le 2 octobre, une expédition sur le château de Ladonchamps fut plus heureuse ; il fut enlevé et conservé par nous malgré les efforts de l'artillerie prussienne. La ferme de Sainte-Agathe, enlevée en même temps par un bataillon du 70e de ligne, nous livra encore des réserves de fourrages. Cette utile provision ne manqua plus à la ville et à l'armée, par la triste raison que le nombre des chevaux diminuait rapidement.

Une nouvelle tentative, *qui devait être la dernière*, eut lieu le 7 octobre. Nous nous portâmes en avant de Ladonchamps, dans la direction de Thionville. L'élan irrésistible de notre infanterie nous donna d'abord l'avantage sur toute la ligne; mais de toutes les hauteurs de formidables batteries de position ouvraient contre elle un feu écrasant. Nous n'avions, à part l'artillerie des forts, que quelques pièces à leur opposer. Malgré tout, nous avions réussi, sur la droite de l'immense ligne occupée par les positions attaquées, à faire replier l'ennemi sur Sainte-Barbe. Au centre, la garde enlevait une batterie prussienne sans pouvoir ramener les pièces. Des renforts successifs arrivant à l'ennemi, on dut, vers cinq heures, sonner la retraite. Cette journée, si honorable pour notre armée, ne devait avoir pour nous aucun résultat.

D'après M. de St-Germain, « il n'entrait pas dans les plans du maréchal de faire une trouée. »

La tentative du 7 octobre fut donc la dernière.

La France, cependant, avait les yeux sur Metz, et, de temps à autre, des dépêches malencontreuses ravivaient ses espérances et l'entretenaient dans ses patriotiques illusions. Qu'il nous suffise de rappeler les dépêches suivantes :

Pont-l'Evêque, (Oise) 12 octobre.

Sous réserve

Des informations de Metz annoncent que Bazaine fait de fréquentes sorties. Dans l'une de ces sorties il a délogé l'ennemi qui a perdu quatre régiments de cavalerie et vingt-six bataillons. Treize régiments prussiens ont été abîmés par le feu du fort Belcroix.

Bazaine paraît libre de ses mouvements sur Thionville.

Le 26 septembre, 73 voitures de vivres ont été enlevées par les francs tireurs et sont entrées à Thionville.

Canrobert a repoussé l'ennemi sur la rive gauche de la Moselle.

Neufchâteau, 21 octobre, soir.

Officiel.

Dans la nuit du 14 octobre, le maréchal Bazaine faisant une sortie avec 80,000 hommes, a écrasé 26 bataillons et deux régiments de cavalerie ; il a pris en outre 198 wagons de vivres et de munitions.

L'armée du blocus a été renouvelée plusieurs fois, les soldats étant exténués de fatigue, par suite de fausse sorties faites par le maréchal Bazaine, qui souvent faisant sonner la charge et gronder le canon, oblige les Prussiens à veiller, tandis que les Français reposent.

Les Prussiens avouent qu'ils ont trois grands ennemis : Bazaine, l'insomnie et le typhus.

Quand le 30 octobre on apprit la capitulation de Metz, la déception fut grande et l'irritation très-vive.

Dès le 10 octobre, paraît-il, la pénurie et la misère avaient pris dans cette ville des proportions effrayantes.

Le rapport du maréchal Bazaine contient des renseignements qui seront lus avec intérêt. Il y est dit : 1° que, quelques jours après la bataille de Saint-Privat, le 26 août, les commandants des corps d'armée et les chefs des armes spéciales « émirent l'avis que l'armée devait rester sous Metz, parce que sa présence maintenait devant elle 200,000 ennemis, donnait le temps : à la France d'organiser la résistance, aux armées en formation de se constituer, et qu'en cas de retraite de l'ennemi, elle le harcèlerait, si elle ne pouvait lui infliger une défaite décisive » ; 2° qu'il fut, en outre, convenu, dans cette réunion, que « pour soutenir le moral des troupes, on ferait des coups de main pour harceler l'ennemi et augmenter nos ressources. »

Après avoir parlé des efforts vainement tentés le 31 août et le 1er septembre, le maréchal ajoute :

Les nouvelles des évènements du 4 septembre nous parvinrent par un prisonnier qui avait dû s'échapper d'Ars.

J'en donnai connaissance à l'armée dès que la confirmation m'en eût été donnée par le quartier général allemand...

J'ai tenté à diverses reprises (15 et 25 septembre) de me mettre en relations avec le gouvernement de la Défense nationale. Je lui ai adressé en trois expéditions la dépêche qui suit :

« Il est urgent pour l'armée de savoir ce qui se passe à Paris et en France.
« Nous n'avons aucune communication avec l'intérieur, et les bruits les plus
« étranges sont répandus par les prisonniers que nous a rendus l'ennemi, qui
« en propage également de nature alarmante. Il est important pour nous de
« recevoir des instructions et des nouvelles.
« Nous sommes entourés par des forces considérables que nous avons vaine-
« ment essayé de percer le 31 août et le 1er septembre. »

Mes missives restèrent toujours sans réponse, et aucun de mes émissaires, qui n'étaient autres que des soldats de bonne volonté, ne revint...

Pendant le mois de septembre et les premiers jours d'octobre, les opérations militaires principales furent celles de Lauvallier, Vany, Chieulles, Mercy et Peltres, Lessy, Ladonchamps, Bellevue et Saint-Remy.

Indépendamment de ces opérations, les compagnies de partisans ne cessèrent de harceler l'ennemi, de lui faire des prisonniers, et je renouvelai les ordres déjà donnés de tenir constamment l'ennemi sur le qui-vive par des attaques incessantes sur ses avant-postes afin de le forcer à maintenir un gros effectif devant Metz, espérant retarder l'investissement de la capitale et gagner du temps pour l'organisation de la défense nationale.

Depuis le 14 août, l'armée avait livré trois grandes batailles, tenté deux grandes sorties, effectué de très fréquentes attaques sur les positions de l'ennemi.

Pendant cette période, les pertes éprouvées par l'armée du Rhin, en tués, blessés et disparus, furent de 25 officiers généraux, 2,499 officiers de tous grades et 40,339 sous-officiers et soldats.

Les malades étaient nombreux et l'on pouvait craindre une épidémie. Notre situation devenait de plus en plus critique par l'épuisement des approvisionnements ; la ration du pain, qui depuis longtemps était à 500 grammes, puis à 300 grammes, fut réduite à 250 grammes sans blutage (limite extrême d'après l'opinion du médecin en chef de l'armée).

Les chevaux qui servaient à nourrir l'armée et la ville (celle-ci recevait cinquante chevaux par jour) ne mangeaient que des feuilles et des écorces d'arbres, et succombaient rapidement sous l'influence d'une pareille alimentation et d'une intempérie persistante.

Le 10 octobre, un conseil de guerre eut lieu au grand quartier général, dans lequel il fut décidé, *à l'unanimité*, que le général Boyer serait envoyé au grand quartier général royal à Versailles, pour tâcher de connaître la situation réelle de la France, les intentions des autorités prussiennes au sujet d'une convention militaire, et les concessions qu'on pourrait en attendre dans l'intérêt de l'armée de Metz comme dans celui de la paix...

L'autorisation demandée par M. le général Boyer, qui avait été refusée le 11 octobre, fut accordée le 12 sur une dépêche télégraphique du roi de Prusse.

Cet officier général se mit immédiatement en route pour Versailles, accompagné de deux officiers de l'état-major du prince Frédéric-Charles.

A son arrivée à Versailles, le 14, où on ne le laissa pas communiquer librement, il fut reçu par M. le comte de Bismark, qui lui donna une seconde audience le lendemain à l'issue du conseil.

M. le général Boyer revint à Metz le 17, et une nouvelle conférence eut lieu le 18, à laquelle voulut bien assister M. le général Changarnier, pour entendre le récit de la mission dont le général Boyer avait été chargé.

Il rendit compte des conditions qui étaient exigées pour que l'armée sous Metz pût sortir avec armes et matériel. Ces conditions subordonnaient à *une question politique* les avantages qui seraient accordés à l'armée du Rhin.

Il exposa la situation intérieure de la France telle qu'elle lui avait été dépeinte : l'impossibilité de traiter avec le gouvernement de la défense nationale sans la convocation préalable d'une Assemblée constituante qui seule pouvait garantir le traité à intervenir, convocation ajournée par ce gouvernement de fait que la Prusse n'avait pas reconnu, le pouvoir émanant de la constitution de 1870, votée en mai par le peuple Français, représentant encore le gouvernement de droit.

Il fut décidé, à la majorité de 7 voix contre 4, que le général Boyer retournerait à Versailles, et de là se rendrait en Angleterre, dans l'espoir que l'intervention de l'Impératrice-régente auprès du roi de Prusse obtiendrait des conditions plus favorables pour l'armée de Metz.

Il fut résolu à l'unanimité : que le maréchal commandant en chef ne « saurait accepter aucune délégation » pour signer les bases d'un traité impliquant des questions étrangères à l'armée, « celle-ci devant rester en dehors de toute négociation politique. »

La mission du général Boyer n'avait donc d'autre but que de tâcher de faire sortir l'armée du Rhin de la situation pénible où elle se trouvait, et de la conserver à la France.

Je ne reçus plus aucune nouvelle directe de la mission du général Boyer : mais j'appris plus tard que ses loyales tentatives n'avaient pas pu aboutir, les garanties demandées par l'autorité militaire allemande ayant paru excessives, et leur acceptation ne dépendant en aucune manière des chefs de l'armée.

Le 24 octobre seulement, je reçus, par l'intermédiaire du prince Frédéric-Charles, l'avis que l'on n'entrevoyait plus au grand quartier général royal, aucune chance d'arriver à un résultat par des négociations politiques.

Le 25 au matin, une nouvelle réunion eut lieu pour donner connaissance de la communication ci-dessus.

Le conseil, désirant être complètement et définitivement édifié sur les intentions du quartier général de l'armée allemande à notre égard, pria M. le général Changarnier, le glorieux vétéran de nos guerres d'Afrique, qui pendant toute cette campagne, a été pour l'armée du Rhin un bel exemple d'abnégation et de bravoure dans les combats, un guide sage et loyal dans les conseils, de se rendre auprès du prince Frédéric-Charles pour tâcher d'obtenir, non une capitulation, mais un armistice avec ravitaillement, ou que l'armée pût se retirer en Afrique.

L'illustre général accepta, par dévouement, cette délicate mission, qui n'eut pas un meilleur résultat que les précédentes.

Il fallut se résigner, parce qu'une tentative de vive force, qui déjà précédemment n'avait été considérée que comme un dernier acte de désespoir, aurait été dans les circonstances actuelles un vrai suicide, en offrant à l'ennemi une victoire facile sur une armée épuisée, qui cependant n'avait jamais été vaincue, et c'eût été un crime de sacrifier inutilement des milliers d'existences confiées par la patrie à la responsabilité de chefs éprouvés.

Et, le 28, Metz capitula !!!...

Un concert de récriminations et de reproches s'éleva contre le maréchal. On l'accusa de trahison, d'incapacité ou d'ambition !!..

M. de St-Germain résume fort bien les griefs articulés contre le maréchal, dans les lignes suivantes, que nous reproduisons presque textuellement :

Suivant les uns, l'incapacité s'était traduite par l'insuffisance et le plan défectueux des batailles livrées et des sorties tentées ; par la négligence du commandant qui n'avait su, en aucun cas, profiter des avantages acquis ; enfin, par la facilité avec laquelle il avait accueilli les déclarations et les promesses de l'ennemi.

Suivant d'autres, la trahison était patente. Bazaine n'avait pas voulu secourir Mac-Mahon pour se rendre l'homme nécessaire. Il ne croyait pas que Paris pût tenir ; il se voyait avec son armée, la seule que possédât la France à ce moment, le maître de la situation. Il ne croyait pas non plus à la vitalité du gouvernement du 4 septembre, et s'était imaginé qu'en traitant avec les Prussiens, d'une part, avec l'Impératrice, de l'autre, il pouvait se faire l'agent d'une restauration et conserver la dictature sous la régence, jusqu'à la majorité du prince.

Le 29 mai 1871, à l'Assemblée nationale, le général Changarnier, appréciant la conduite du maréchal Bazaine, y a reconnu des fautes militaires, mais n'a voulu y voir aucune trace de trahison.

Le maréchal a été traduit devant un conseil de guerre, et le procès, d'où la vérité doit jaillir, s'instruit en ce moment. Le jour de la justice est proche. Attendons.

Dans une proclamation qu'elle adressa à la Nation, la Délégation de Tours déclara le maréchal traître à la patrie. C'était aller un peu vite. Le maréchal protesta contre cette imputation par une lettre qu'il adressa de Cassel au journal *Le Nord*. D'ailleurs, cette proclamation excita la méfiance dans l'armée et le découragement parmi les chefs. C'est assez dire qu'elle fut non-seulement une faute politique mais une faute militaire.

A ce propos, dans un ouvrage qu'il a publié, M. le général d'Aurelles de Paladines s'exprime en ces termes:

> Ces proclamations, où l'on signalait aux soldats la trahison de leurs chefs, produisirent dans l'armée un effet déplorable et faillirent avoir les plus funestes conséquences. La discipline fut vivement ébranlée par une telle dénonciation faite à l'opinion publique, et, dans certains corps, des sous-officiers et des soldats mirent en délibération s'ils ne s'affranchiraient pas de l'obéissance envers des chefs qui les trahissaient.

En effet, comment une armée peut-elle obéir aux généraux et avoir en eux la confiance qui donne la victoire, quand elle les voit frappés tour à tour comme coupables d'impéritie ou suspects de trahison !... Semer ainsi la défiance, c'était paralyser l'élan et provoquer l'indiscipline..., l'indiscipline qui est le plus grand fléau dont puisse être frappée une armée. Etait-il donc écrit que l'avocat, chargé de la direction de la guerre, se complairait à tout brouiller et à tout désorganiser ?

Le maréchal Bazaine disait dans sa lettre :

> Le délégué du gouvernement de la défense nationale ne semble pas avoir conscience de ses expressions ni de la situation de l'armée de Metz, en stigmatisant la conduite du chef de cette armée qui, pendant près de trois mois, a lutté contre des forces presque doubles, dont les effectifs étaient toujours tenus au complet, tandis qu'elle ne recevait même pas une communication de ce gouvernement, malgré les tentatives faites pour se mettre en relation. Pendant cette campagne de trois mois, l'armée de Metz a eu un maréchal et 24 généraux, 2,140 officiers et 42,350 soldats atteints par le feu de l'ennemi.
>
> Se faisant respecter dans tous les combats qu'elle a livrés, une pareille armée ne pouvait être composée de traîtres ni de lâches. La famine, les intempéries ont fait seules tomber les armes des mains des 65,000 combattants réels qui restent (l'artillerie n'ayant plus d'attelages et la cavalerie étant démontée,) et cela après avoir mangé la plus grande partie des chevaux et fouillé la terre dans toutes les directions pour y trouver rarement un faible allégement à ses privations.
>
> Sans son énergie et son patriotisme, elle aurait dû succomber dans la première quinzaine d'octobre, époque à laquelle les hommes étaient réduits par jour à 300 grammes, puis à 250 grammes de mauvais pain. Ajoutez à ce sombre tableau plus de 20,000 malades ou blessés sur le point de manquer de médicaments et une pluie torrentielle depuis près de quinze jours inondant les champs et ne permettant pas aux hommes de se reposer; car ils n'avaient d'autre abri que leurs petites tentes.
>
> La France a toujours été trompée sur notre situation qui a été constamment critique. Pourquoi ? Je l'ignore, et la vérité finira par se faire jour.

Quant à nous, nous avons la conscience d'avoir fait notre devoir en soldats et en patriotes.

« Avec la reddition de Metz, — écrivait George Sand, — nous voilà sans armée ; avec un dictateur sans génie, nous voilà sans gouvernement. » Et chacun se demandait avec anxiété :
— *Où allons-nous ?*

IV

Siége de Paris *(du 19 septembre au 31 octobre.)* — Châtillon, l'Hay-Chevilly, Bagneux. — Incendie du château de St-Cloud. — Dépêches de la Délégation de Tours. — La Malmaison, le Bourget. — Clubs, excitations démagogiques. — Tentatives communardes. — Faiblesse du gouvernement. — Insurrection du 31 octobre.

On sait que, dès le 19 septembre, Paris se trouva complètement investi.

En prévision des évènements qui pouvaient se produire, le gouvernement impérial n'était point resté inactif. Dès le début des hostilités, il avait ordonné l'armement de la capitale et pris des mesures pour la mettre à même de subir les épreuves d'un long siège. Des gardes mobiles avaient été appelées à Paris, et, tandis que le Comité de défense s'occupait de l'armement de la place, M. Clément Duvernois, ministre de l'agriculture et du commerce, pourvoyait à l'approvisionnement dans les conditions les plus larges. Indépendamment d'une énorme quantité de houille, voici, d'après des renseignements statistiques, les provisions qu'il y avait accumulées :

Au bois de Boulogne, au Luxembourg et dans d'autres parcs, disent ces renseignements, on mit 22,000 moutons, 40,000 bœufs et 12,000 porcs. Paris possédait en outre, environ 500,000 quintaux de farine, 40,000 quintaux de viande salée, 100,000 quintaux de riz et de fortes quantités d'autres provisions. Or, comme la consommation quotidienne de Paris est à peu près de mille moutons par jour, de 700 bœufs et de huit mille quintaux de farine, on aurait pu avoir des provisions pour longtemps si on avait su les ménager.

L'industrie privée seconda de son mieux le gouvernement. Bien qu'on ne crût pas encore positivement au siège, ni surtout au blocus, il se trouva néanmoins nombre de spéculateurs, qui firent venir, en grande hâte et par trains directs, d'énormes quantités de denrées de toutes sortes.

Rappelant naguère ce souvenir, Mᵉ Lachaud disait à ce sujet dans un procès, tristement célèbre, qui s'est déroulé devant la cour d'assises de la Seine :

> Tout ce qui a servi à vivre a été amené, demandé par M. Clément Duvernois. Du 4 septembre au jour de l'investissement, ils (les hommes du 4 septembre), n'ont pu faire arriver ni un grain de blé ni un animal qu'on pût livrer à la consommation publique.

Il ne suffisait pas d'approvisionner Paris, il fallait le fortifier. Le gouvernement ne faillit point à cette dernière tâche. Voici, du reste, en quels termes M. le général Chabaud-Latour s'est exprimé à ce propos dans le procès que nous venons de rappeler :

> Nous avons organisé le possible, fortifié les remparts, construit des redoutes à Châtillon et aux Hautes-Bruyères. Le général Trochu s'occupait beaucoup de ces travaux. Je dois dire, du reste, que l'Impératrice demandait qu'ils fussent poussés énergiquement. C'était dans la nuit fatale du 7 au 8 août ; on venait d'apprendre Forbach et Reischoffen. Je fus appelé chez l'Impératrice avec les ministres ; elle tint le langage le plus noble et le plus digne. Voici ses paroles : « Il ne s'agit pas de sauver l'Empire, il s'agit de sauver la France. » Je suis heureux de rapporter ces paroles et de lui rendre ici un public hommage. C'est alors que j'obtins de commencer les travaux, et ils furent continués jusqu'au 4 septembre. *Le 4 septembre le service fut désorganisé.* Le 3, il y avait cent mille hommes occupés ; le 4, ils étaient dispersés et je dus mettre huit jours à les retrouver.

D'un autre côté, nous lisons dans un des livres qui ont été écrits sur le siège de Paris :

> La proclamation de la République, qui aurait dû hâter les travaux, les arrêta net. Il fut impossible, à ce qu'il paraît, durant huit jours, d'obtenir aucun travail des ouvriers. Ils fêtaient, à leur manière, le retour de la grande exilée, et s'imaginaient que le nom de la République ferait bien plus pour les défendre que des terres remuées et des canons allongeant leurs gueules ouvertes hors des embrasures. La tête leur avait tourné.

Ainsi, l'avènement de la République amena la suspension des travaux de défense. Ceux-ci, il est vrai, furent repris plus tard et poussés avec une grande activité, mais on avait perdu un temps précieux, et Paris allait bientôt s'en apercevoir.

Quant aux forces militaires, dont la capitale disposait au lendemain de Sedan, elles se composaient des 22,000 hommes du corps du général Vinoy, des 15,000 mobiles de la Seine, des gendarmes mobilisés et des marins de la flotte formés en bataillons de marche et qui devaient se distinguer si hautement dans la défense des forts. Dans les jours qui précédèrent l'investissement, 75,000 gardes mobiles, bretons, berrichons, francs-comtois, champenois, bourguignons et autres, furent appelés de la province pour concourir à la défense de Paris. D'un autre côté, des corps francs se formèrent, et l'on organisa des bataillons de garde nationale. Bref, au 1er octobre, on eut sous les armes : 280,000 gardes nationaux ; 90,000 gardes mobiles ; 20,000 francs-tireurs ; 150,000 hommes de troupes de ligne, soit un effectif de 540,000 hommes. Malheureusement, comme le fait observer un écrivain, la garde nationale « formait une masse armée plutôt mal que bien, et généralement très disposée à faire le coup de feu, mais pas assez disciplinée, manquant de cadres et d'instruction pour lutter en rase campagne, avec avantage, contre une armée régulière. »

Ces forces étaient placées sous le commandement en chef du général Trochu, et sous les ordres des généraux Vinoy et Ducrot.

Beaucoup de gens, encore imbus des vieux principes de routine militaire, refusaient de croire à la possibilité du siége de Paris ! « Pour envelopper une ville pareille, disaient-ils, il faudrait au moins une armée de trois millions d'hommes. »

M. de Moltke leur prouva qu'il en fallait à peine trois cent mille !!!

Nous avons retracé précédemment la marche rapide de l'armée allemande sur Paris, dont elle compléta l'investissement à la suite du succès qu'elle obtint le 19 septembre à Châtillon.

Les hauteurs de Châtillon dominent plusieurs des forts du Sud. C'était une position importante. Aussi, dès le commencement d'août, on avait entrepris d'y élever une redoute. Malheureusement, les travaux étaient loin d'être achevés quand survint l'ennemi qui, jugeant de l'importance de ce point, y dirigea ses premiers efforts. Le général Ducrot, poussant une reconnaissance dans cette direction, fut attaqué par des masses considérables devant lesquelles il dut se replier. En cette circonstance, un régiment de zouaves et un autre de ligne, composés, en majeure partie, de recrues, cédèrent à une sorte de panique et donnèrent le signal de la débandade. Les autres troupes firent bonne contenance, surtout les mobiles bretons qui ne se retirèrent qu'en dernier lieu et sur les ordres réitérés du général. Mais Châtillon tombait au pouvoir des Prussiens, et Paris était enveloppé.

Qu'on n'attende pas de nous le récit des petites attaques qui eurent lieu fréquemment sur la ligne d'investissement. Les limites que nous nous sommes tracées, ne nous le permettent point. Tour à tour des positions furent prises ou perdues. Mais il n'y eut d'actions véritables que : le 30 septembre à l'Hay-Chevilly ; le 13 octobre, à Bagneux ; le 21 octobre, à la Malmaison ; le 28 octobre, au Bourget ; le 30 novembre, à Champigny ; et, le 19 janvier, à Buzenval. C'est de celles-ci que nous avons à nous occuper.

Le 30 septembre, les troupes du général Vinoy, massées en avant des forts d'Ivry, de Bicêtre et de Montrouge, sortirent de leurs lignes et chassèrent l'ennemi de Chevilly et de l'Hay ; mais, après de vifs engagements, elles durent abandonner ces villages et rentrer dans leurs positions. Néanmoins, cette affaire, dans laquelle se distingua un bataillon de mobiles de la Côte-d'Or, et qui, malheureusement, coûta la vie au général Guilhem et entraîna des pertes considérables, nous assura la possession définitive du plateau de Villejuif. Là, vont s'élever les redoutes des Hautes-Bruyères et du Moulin-Saquet, qui seront reliées entre elles par le réseau des *tranchées Tripier*, de manière à former un système de défense formidable. A l'Ouest, nous avions été repoussés à Bougival et à Bondy.

Malgré de fréquentes reconnaissances, malgré le feu répété de l'artillerie de nos forts, l'ennemi, peu désireux d'accepter la lutte, ne parut vouloir s'occuper qu'à exécuter d'immenses travaux sur tout le périmètre de l'investissement.

Le 13 octobre, nos troupes firent un mouvement offensif et s'emparèrent de Bagneux et de Châtillon, moins la redoute, mais elles ne purent s'y maintenir, et, après cinq heures de combat, elles durent se mettre en retraite. Dans ce combat, qui fut brillamment engagé et vaillamment soutenu, M. de Dampierre, jeune commandant des mobiles de l'Aube, perdit la vie, et vingt-deux officiers des mobiles de la Côte-d'Or furent tués ou blessés. Le même jour, le château de St-Cloud fut entièrement consumé par un incendie, que détermina un obus lancé du Mont-Valérien.

A cette époque, la Délégation de Tours expédiait des dépêches dans lesquelles on lisait :

Tours, 14 octobre 1870.

Des nouvelles sont arrivées de Paris par un ballon parti le 12... Impatiente derrière ses remparts, la garde nationale a voulu marcher à l'ennemi. Les Prussiens ont été délogés des positions qu'ils occupaient depuis trois semaines. Au nord, dans la direction de Saint-Denis, on les a refoulés au delà de Stains, de Pierrefitte, de Dugny ; à l'ouest, on leur a repris Bobigny, Joinville-le-Pont, Créteil, le plateau d'Avron ; au sud-ouest, on leur a enlevé le Bas-Meudon et Saint-Cloud, les refoulant sur Versailles. Ils savent à présent ce que vaut un peuple résolu qui veut sauver son honneur et ses institutions...

Tours, 15 octobre 1870

« Excellentes nouvelles de Paris... Garde nationale, sur sa demande, a fait des sorties, délogé l'ennemi de toutes positions occupées depuis trois semaines. Tout le périmètre se trouve ainsi dégagé dans la direction de Rouen... »

Ces lignes contiennent presque autant d'erreurs que de mots. A en juger, du reste, par les nouvelles qui furent publiées durant la guerre, on pourrait croire qu'il entrait dans les vues du gouvernement de tromper la Province sur la situation de Paris, et Paris sur la situation de la Province. C'était un jeu dangereux.

La vérité est que, le lendemain du 13 octobre, les Prussiens s'établirent définitivement à 1,400 mètres des glacis du fort de Montrouge, et que, d'un autre côté, ils se répandirent dans la Normandie et dans la Beauce.

Le 21 octobre, une sortie fut opérée vers la Malmaison, Rueil et Bougival, par le général Ducrot et par le général Vinoy. Après une lutte acharnée, les Allemands se replièrent, mais, à la nuit, nos troupes battirent en retraite sans avoir obtenu d'autres résultats que des pertes sérieuses infligées à l'ennemi.

On sut depuis, — rapporte M. de Saint-Germain, — que les Allemands, prévenus à l'avance, avaient envoyé ce jour-là contre nous toutes les troupes qu'ils avaient à leur disposition dans cette partie de leurs lignes d'investissement, qu'il ne restait pas à ce moment plus de cinq régiments à Versailles, qu'une panique s'était emparée de l'état-major prussien, et que le roi s'était mis en devoir de se transporter à Saint-Germain. On reprocha donc vivement au général Ducrot de n'avoir pas poussé sur Versailles. Nous pensons que, lors même qu'il eût été possible d'arriver jusque-là, il eût été fort imprudent de s'engager dans cette ville entourée de hauteurs boisées où les allemands avaient pratiqué des abattis et des retranchements considérables et où ils pouvaient amener rapidement, suivant leur habitude, des forces hors de proportion avec celles que nous pouvions engager sur ce point.

Dans la nuit du 28 octobre, les francs-tireurs de la Presse surprirent le Bourget, en délogèrent l'ennemi et s'y maintinrent contre la garde royale, grâce aux renforts qui leur furent envoyés à la nouvelle d'un résultat aussi inespéré. Le succès, malheureusement, ne fut pas de longue durée. Le surlendemain, attaqués par des forces imposantes en même temps que tournés par d'autres colonnes, les nôtres furent obligés d'abandonner cette position si importante au point de vue stratégique. C'est dans cette affaire que le commandant Baroche (12e bataillon des mobiles de la Seine), fils de l'ancien ministre de l'Empire, désespéré de se voir surpris et laissé sans secours, après avoir lutté pendant une demi-heure et fait le coup de feu comme un soldat, trouva une mort glorieuse en se jetant avec quelques-uns de ses hommes au milieu des ennemis.

La nouvelle de cet échec causa dans Paris une mauvaise impression. L'écrivain que nous venons de citer, dit à ce propos : « On reprochait à l'autorité militaire la légéreté avec laquelle elle avait laissé entreprendre, en dehors des plans arrêtés, cette opération qu'on disait inutile, et la négligence qu'elle avait mise à envoyer des renforts une fois la conservation du Bourget admise. »

Déjà, on commençait à s'apercevoir que l'ineptie présidait aux opérations militaires. Mais, disait-on, Trochu a son *plan*!... Ce plan ne devait-il consister qu'à faire des sorties partielles et complètement inefficaces, ou pour mieux dire, à rester en place jusqu'à ce que Paris affamé soit obligé de capituler?... C'est malheureusement ce qui devait arriver.

Cependant, le cercle de l'investissement se resserrait de plus en plus, et Paris devait avoir d'autres tribulations ! La guerre civile allait éclater !!

Le 4 septembre avait fait tomber le pouvoir aux mains du parti républicain. Celui-ci, ayant honneurs et places, était tout naturellement satisfait.

Un autre parti, — le parti communard, — qui, dans l'œuvre de démolition de l'Empire, avait été son auxiliaire, se trouvant exclu des emplois et de la direction des affaires, conçut un très-vif mécontentement et déclara au nouvel ordre de choses une guerre non moins acharnée qu'au gouvernement déchu. Les alliés de la veille étaient devenus les ennemis du lendemain.

Les révolutionnaires, unis pour la lutte, se séparent, le lendemain du triomphe, en deux camps bien distincts : le camp de ceux qui ont des places et le camp de ceux qui n'en ont pas. De là cet antagonisme que l'on voit surgir et qui est la conséquence de cette maxime : *Ote-toi de là que je m'y mette*, maxime que les uns et les autres savent si bien pratiquer et qui est en quelque sorte le fond de toute leur doctrine.

Les uns s'étaient jetés sur les emplois ; les autres voulurent se jeter et sur les emplois et sur la société, double proie qu'ils convoitaient depuis longtemps.

Des clubs s'ouvrirent à Paris et l'on vit les fruits secs de la nouvelle combinaison gouvernementale s'y livrer à des excitations haineuses et subversives. A côté du gouvernement s'était même constitué, dans les vingt arrondissements, un *Comité* de la défense nationale.

Le 21 septembre, M. Jules Vallès déclare au nom de ce Comité qu'il a été un des premiers à proclamer *l'incapacité*, *la sottise* du gouvernement provisoire et qu'une plus grande *indulgence* serait un crime. Puis il ajoute :

... Aujourd'hui, il y a eu séance au Comité de défense nommé par les vingt arrondissements de Paris... J'ai encore demandé *de lui pardonner* (au gouvernement); mais plusieurs voulaient marcher contre lui... Nous lui avons encore fait grâce *pour aujourd'hui*; mais la patience a ses limites... elle les aura bientôt... Nos moyens ne nous permettent pas de faire crédit plus de trois semaines au gouvernement de la République de 1870 : qu'il ne l'oublie pas ! Nous serons exacts à l'échéance : tous nous nous en souviendrons.

Au club de *la Patrie en danger* on applaudissait cette déclaration :

Le gouvernement ne tient ses pouvoirs d'aucun suffrage; si nous tolérons sa dictature, c'est à la condition qu'elle nous satisfaira ; sinon, nous n'avons qu'à nous en débarrasser.

Au club de la salle *Bataclan*, le citoyen Delescluze, décidé à « serrer la cravate au gouvernement » demande que le peuple élise les membres d'une commune révolutionnaire qui se composera de 150 à 200 membres. Ailleurs, il dit encore :

Si la Commune de Paris peut être le salut, elle peut devenir le plus terrible des dangers si les factions contre-révolutionnaires (les républicains du 4 septembre) *pouvaient y obtenir la majorité*, ou même une minorité importante, et *le jour des catastrophes ne se ferait pas attendre.*

Enfin, le fait suivant nous révèle la pensée qui faisait agir ces hommes. Le 31 octobre, au moment où l'Hôtel-de-Ville venait d'être envahi, le citoyen Maurice Jolly, se trouvant en face de M. Jules Ferry, l'interpella par ces mots : « Vous êtes des incapables ! » puis, il lui fit comprendre qu'il venait avec ses amis remplacer un gouvernement qui avait perdu la confiance du peuple. M. Ferry répliqua :

Je vous connais fort bien, M. Jolly, et vous ne m'effrayez pas ! Vous ne représentez ici que votre personne et vous ne tarderez pas à en faire l'épreuve. Vous nous trouvez incapables parce que nous avons ici même refusé à vos obsessions les emplois que vous êtes venu successivement solliciter du gouvernement provisoire.

Un journal, ayant raconté le lendemain cette scène, reçut du citoyen Maurice Jolly une lettre qui, tout en justifiant l'exactitude du fait, contient de précieuses lumières sur le désintéressement et la modestie de ce grand patriote. Celui-ci s'y exprimait en ces termes :

... Est-ce aussi M. Ferry qui aurait transmis à votre journal une note où il est dit qu'en arrivant à la salle du Trône, M. Ferry m'aurait reproché d'avoir, quinze jours auparavant, demandé un emploi au *gouvernement provisoire ?* On ne demande d'emplois, Monsieur, qu'à un gouvernement monarchique. Au lendemain du 4 septembre, *j'ai mis* le gouvernement provisoire *en demeure* de m'envoyer comme commissaire du gouvernement dans les départements menacés de l'invasion ; et c'est pour avoir refusé de le faire à mon égard, comme à l'égard de tant d'autres républicains, qu'aujourd'hui la France est à la veille d'expirer.

Ce langage donne la mesure des sentiments qui animaient ces grands citoyens. Des places ! C'est l'alpha et l'oméga de leurs aspirations ; c'est le dernier mot de leur désintéressement. L'ennemi assiège la ville ! périsse la ville !... périsse la France ! pourvu que nos haines et nos ambitions soient assouvies. Zouaves de Charette, volontaires de Cathelineau, mobiles de Baroche et de Saillard, soldats de Vendée et de Bretagne, vous ne demandiez pas qui gouvernait la France ! La patrie était en danger ! Vous n'aviez pas d'autre souci, et, pour la délivrer, vous marchiez résolument au feu et mouriez glorieusement pour elle. Pendant ce temps, que faisaient ceux qui prétendaient être les seuls vrais patriotes ?... On le sait déjà et on ne tardera pas à le voir.

Ainsi, Paris se laissait glisser sur une pente fatale. Les honnêtes gens étaient en butte à de continuelles vexations ; les appels à la révolte se succédaient, et, disons-le, la faiblesse du gouvernement ne faisait qu'accroître l'audace des acharnés que la révolution n'avait pas satisfaits. Les membres du gouvernement, il est vrai, se trouvaient en face de leurs complices du mois précédent. On comprend leur embarras. Il y a des liens qu'on ne peut briser.

Avant d'aller plus loin, faisons connaître qu'une *commission des barricades* avait été formée sous la présidence de Rochefort et que M. Éd. Adam avait été nommé préfet de police en remplacement de M. de Kératry, démissionnaire.

Reprenons notre récit.

Le 3 octobre, les bataillons de Belleville, guidés par Flourens, se rendent à l'Hôtel-de-Ville et réclament des chassepots ainsi que la formation d'une *Commune*. On leur répond qu'il est impossible de faire droit à leurs réclamations. Plusieurs bataillons protestent contre les prétentions des Bellevillois. Bref, la manifestation se retire, et Flourens offre sa démission ; mais le gouvernement, — c'est à n'y pas croire, — le supplie de la retirer, afin de ne pas mécontenter Rochefort, qui, dit un écrivain « avait un pied dans chacun des partis, servant aux gouvernants à témoigner leur amour du peuple, et révélant aux Bellevillois les secrets du gouvernement »

Le 8 octobre, nouvelle manifestation. C'est Blanqui qui vient réclamer des élections à bref délai pour la nomination d'une *Commune*. Le gouvernement répond par un ajournement indéfini de toute espèce d'élections, et la fermeté dont il fait preuve, cette fois, déconcerte les audacieux qui rentrent dans leur coquille.

Le 10, le maire de Belleville fait prévenir M. Jules Ferry que Flourens réunit de nouveau ses bataillons pour se rendre à l'Hôtel-de-Ville. Des mesures sont prises; les Bellevillois, sans doute, en sont informés, car ils s'abstiennent de toute démonstration, attendant une autre occasion. Cette occasion, le désastre de Metz, la reprise du Bourget et la proposition d'armistice devaient la leur fournir quelques jours plus tard.

Enhardies par la pusillanimité du gouvernement, les excitations à la révolte, au pillage et à la haine continuaient de se produire dans les clubs et les feuilles anarchiques, quand, le 28 octobre, un article du *Combat* vint mettre le feu aux poudres. Ce journal annonçait que des négociations avait été entamées par Bazaine pour la reddition de Metz. Cette nouvelle fut démentie par le *Journal officiel*. Comment était-elle parvenue au *Combat* ?... Voici, d'après M. F. Wey, ce qui s'était passé :

> Le 26 octobre, M. de Rochefort avait quitté ses collègues triste, consterné : il avait rejoint Flourens et avait eu la faiblesse de lui avouer la cause de son découragement : la prochaine reddition de Metz. L'imprudent comptait sur la discrétion de son cher Flourens : mais celui-ci en avait fait part à Felix Pyat qui l'annonçait le lendemain dans le *Combat*.

L'évènement fut confirmé le 30 et l'on apprit en même temps et l'arrivée de M. Thiers, chargé de négocier un armistice, et la reprise du Bourget par l'ennemi.

Cette triple révélation avait surexcité les esprits; l'occasion était favorable pour tenter un coup de main.

> « Dès le 30, dit un témoin oculaire, les excitations des clubs, les démarches menaçantes de Flourens et de ses amis, annonçaient de la manière la plus claire qu'il se préparait un mouvement, et cependant le gouvernement ne prenait aucune mesure !
>
> « Dans la matinée du 31 j'avais constaté avec stupéfaction que l'Hôtel-de-Ville, ce point de ralliement de toutes les insurrections démagogiques, où nos gouvernants s'obstinaient imprudemment à siéger, était dégarni de troupes et

sans nulle protection. Tandis que le peuple exaspéré entrait en fermentation, ces messieurs venaient un à un se prendre dans cette souricière. »

Dès 11 heures du matin, des groupes nombreux stationnaient aux abords de l'Hôtel-de-Ville, qui ne tarda pas à être envahi par de nombreux détachements de la garde nationale et une tourbe d'émeutiers aux cris de : *Vive la Commune*! M. Rochefort essaya d'arrêter le mouvement; mais ses paroles furent étouffées par les vociférations de la foule. Plus heureux, le général Trochu parvint, non sans peine, à faire entendre ces quelques mots :

Citoyens, voulez-vous entendre un soldat? (*Oui! Oui*) c'est en vain que vous suspectez mon patriotisme : je mourrai pour la défense de la République ! J'ai trouvé Paris sans défense ; il pouvait être pris en quarante-huit heures ; j'ai consacré tous mes efforts à le rendre imprenable; il l'est aujourd'hui ! (*La Commune! la Commune!*).

Aucun ennemi ne peut y entrer ! (*Pas d'armistice! la Commune!*)

Ne voyez-vous pas que, pour nous défendre, il nous faut les moyens de vaincre? Nos armées manquaient d'artillerie. Nous avons réuni des forces capables de triompher... (*La Commune! A bas Thiers! A bas Trochu!*)

Vers 2 heures, cinq nouveaux bataillons viennent renforcer les émeutiers; un seul est en armes, c'est le 118ᵉ. Il porte un drapeau avec l'inscription : *Pas d'armistice! Résistance à mort !*

En ce moment, des coups de fusil, partis au hasard dans la foule immense qui encombrait la place, provoquent une véritable panique et déterminent un *sauve-qui-peut* général. Mais une heure après, la place est de nouveau remplie par une masse de gardes nationaux qui poussent les cris de : *Vive Blanqui ! Vive Pyat ! A bas le gouvernement !*

Pendant ce temps, l'anarchie la plus complète régnait à l'intérieur. Les membres du gouvernement étaient gardés à vue, et la Commune s'installait au milieu des cris et des vociférations les plus grossières.

Une neige de petits papiers lancés par les fenêtres apprenait au peuple parisien les noms des nouveaux gouvernants.

MM. Félix Pyat, Ledru-Rollin, Millière, Mottu, Schœlcher, Joigneaux, Louis Blanc, Martin Bernard, Victor Hugo, Flourens, Greppo, Delescluze figuraient sur ces listes.

L'insurrection s'était installée dans les salles des commissions et dans le salon jaune. Elle avait là ses coudées franches sous la protection des bataillons de l'émeute répandus dans les cours intérieures, les caves et les cuisines.

La confusion était à son comble ; pendant que les listes se succédaient, la discorde la plus grande régnait entre les nouveaux dépositaires du pouvoir. Greppo était arrêté par ses nouveaux collègues comme *bonapartiste*, et Arthur de Fonvielle comme *jésuite*.

L'arrivée de Blanqui imprima une direction nouvelle aux idées des insurgés. Millière fut nommé ministre des finances, et un bon de 15 millions fut immédiatement signé sur la caisse centrale des finances. Un témoin oculaire affirme que ce bon a été libellé par Blanqui lui-même. Ce qu'il y a de plus curieux, c'est que le bon a failli être payé. C'est à l'absence seulement du caissier général que fut dû le salut des 15 millions, le préposé à la caisse n'ayant pas voulu prendre sur lui de payer une telle somme sans en avoir référé à ses chefs. Ce répit donna le temps d'apprendre les évènements et les 15 millions furent sauvés.

Vers 4 heures du soir, Flourens proclamait à l'une des fenêtres les noms des nouveaux élus.

Citoyens, s'écriait-il, j'arrive de la grande cour où cinq mille citoyens réunis viennent de nommer un comité de Salut public, qui veillera sur les élections de la Commune qu'on fera dans un court délai, vingt-quatre heures au plus.

Cependant, les émeutiers se répandent dans l'Hôtel-de-Ville.

A mesure qu'ils entrent, dit M. F. Wey, ils entourent la table, réclament, qui la démission du gouvernement de la défense, et qui, l'arrestation de ses membres. Les plus hardis montent sur la table et pérorent ; M. Jules Favre est accablé d'invectives, on lui met le poing sous le nez ; on lui intime d'avoir à signer sa démission ; on s'écrie qu'il faut l'y contraindre et sur la passive résistance de ces messieurs : « Tant que nous ne les arrêterons pas, dit un garde national, nous ne tiendrons rien ! »

— Nous ne céderons pas, répond Jules Favre ; vous n'êtes que la violence ; vous détruisez l'œuvre du 4 septembre !

Soudain, sur l'ordre de Flourens qui a posté des factionnaires et des postes armés aux issues, la salle est évacuée ; il n'y reste que des chefs et des soldats en armes. Flourens défend de laisser sortir personne... M. Trochu, ayant rabattu son képi sur ses yeux, attendait ; M. Jules Favre, une plume à la main, dessinait des ronds sur son papier.

Dès le début de l'attaque, un coup de fusil avait été tiré au hasard et la balle avait sifflé entre MM. Jules Favre et Jules Simon. Comprenant l'imminence du péril, M. Edmond Adam, qui était debout, se renversa comme évanoui en demandant : « De l'air, de l'air... » Quatre gardes nationaux l'enlevèrent sur leurs bras et, guidé par un d'eux qui avait échangé avec le malade un signe d'intelligence, ils réussirent à le mener hors de la pièce, jusqu'à un escalier où les trois autres furent assez surpris de voir leur moribond se dresser sur ses pieds et enjamber les degrés en se faisant jour dans la foule avec la vigueur d'un lion. Reconnu dans la cour, où il eut la chance de tomber au milieu d'un bataillon ami (le 4e), il donna les premiers ordres ; il remplaça plusieurs factionnaires, il transmit des instructions à la caserne des mobiles, courut à la Préfecture de police pour la mettre en état de résister, à l'état-major, à l'Imprimerie nationale, et revint achever son œuvre à l'Hôtel-de-Ville.

Pendant ce temps, les bataillons de l'émeute pénétraient dans les cuisines et dans les caves, où ils se livraient à de copieuses libations.

Enfin, la nouvelle de la captivité du gouvernement était parvenue à l'état-major de la place Vendôme. Aussitôt le 106° bataillon de la garde nationale se rend à l'Hôtel-de-Ville avec son commandant, M. Ibos.

Le général Trochu est enlevé par ce brave bataillon qui force la foule des émeutiers à lui livrer passage.

Le *Moniteur* raconte en ces termes la délivrance du gouverneur de Paris :

> Le 106° arrive... Sans s'arrêter un instant, il monte le grand escalier tambour battant et clairons en tête sonnant la charge...
>
> Parmi les tirailleurs tibaldiens et ceux de Flourens, on ne parlait de rien moins que de fusiller le général Trochu, qu'on craignait de voir s'évader.
>
> En apprenant ce qui se passait, le capitaine d'une compagnie du 106° s'écria :
>
> — Enlevez le général Trochu ! Sauvons-le !
>
> Aussitôt un homme du bataillon, un véritable athlète, arrache à son fauteuil, derrière lequel il se trouvait, le général, qui ne pouvait à ce moment que se laisser faire, car l'hercule ne l'aurait lâché à aucun prix. Il le tenait dans ses bras, personne n'eût pu le lui arracher. Il est poussé par la foule et ses camarades.
>
> Au cri : « ils ne l'auront pas ! » Le 106° répond : « Nous l'avons, nous le garderons ! » Et la masse d'hommes bousculée roulait plutôt qu'elle ne descendait à travers l'escalier ; les gardes nationaux étaient parvenus à mettre également au milieu d'eux deux autres membres du gouvernement provisoire. On criait : « Fermez les portes, ne laissez pas passer ! » Mais rien ne pouvait s'opposer à cette masse compacte.
>
> Les tirailleurs avaient cependant aperçu le képi brodé en or du général et ils montaient sur la table, le mettant en joue ; mais le képi avait disparu, et avec lui le général était devenu introuvable. Craignant de tirer sur les gardes nationaux inutilement, on n'avait pas fait feu.
>
> Voici ce qui s'était passé : Le garde du 106° qui ne voulait pas lâcher le général Trochu lui avait enlevé son képi, qui pouvait le signaler, et lui avait posé le sien propre sur la tête. En quelques secondes on était arrivé au bas de l'escalier...
>
> Un homme se détacha du groupe qui accompagnait le gouverneur de Paris et alla chercher un fiacre ; le général y monta avec plusieurs gardes nationaux et rentra au Louvre.

Il y reparut sans décorations, sans épaulettes, et ses vêtements en lambeaux.

A la faveur de ce tumulte, MM. Emmanuel Arago, Ferry et Pelletan purent s'échapper.

M. Blanqui fut assez maltraité par des gardes du 17° bataillon.

Mais les autres membres du gouvernement étaient toujours gardés à vue par les chefs du comité insurrectionnel qui avaient fait fermer les portes, pendant qu'ils délibéraient dans une salle voisine.

La délibération était loin d'être calme, et l'accord le moins parfait régnait entre les chefs. Cependant, la générale battue dans tous les quartiers amenait sept bataillons fidèles à l'ordre sur la place de l'Hôtel-de-Ville. D'un autre côté, les mobiles de l'Indre et du Finistère faisaient irruption dans les cours, à l'aide du souterrain qui conduit de la caserne Napoléon à l'Hôtel-de-Ville.

L'émeute était vaincue.

Flourens, comprenant que la partie est perdue, essaie de parlementer. Félix Pyat et Ledru-Rollin n'avaient pas attendu ce moment pour s'échapper; depuis quelques instants, ils avaient disparu.

A 4 heures du matin, après douze heures de détention, MM. Favre, Simon et les autres membres du Gouvernement étaient enfin délivrés.

Le plus curieux, ce fut de voir Flourens, avec ses lieutenants Ranvier et Millière, remonter tranquillement à Belleville à la tête de son bataillon et sans qu'on songeât le moins du monde à les inquiéter.

Le 1er novembre, au lever du jour, il ne restait plus à l'Hôtel-de-Ville que des mobiles et de nombreux ivrognes, qu'on déterrait dans tous les coins souillés par les traces d'une hideuse orgie.

Tel est l'historique de cette malheureuse journée, qui ne devait être que le prélude des évènements plus sanglants du 22 janvier et du 18 mars.

Le 22 janvier, comme le 31 octobre, le gouvernement triomphera de l'émeute grâce à l'appui de la garde mobile et de l'armée. Mais, le 18 mars, armée et garde mobile auront disparu par suite de la convention intervenue entre M. Jules Favre et la Prusse. M. de Bismarck avait proposé le désarmement de la garde nationale ou celui de l'armée. M. Jules Favre opta pour ce dernier, préférant retirer les armes des mains des soldats pour les conserver à une population surexcitée, armes désormais inutiles contre l'étranger et qui devaient être dangereuses pour le repos public. L'explosion de la Commune ne l'a que trop prouvé. Aussi, plusieurs écrivains n'hésitent pas à rendre M. Jules Favre responsable de cette guerre civile, la plus terrible que nous ayons eue, et dont la dernière semaine fut une série non interrompue de massacres, de vols, de pillages et d'incendies.

M. Jules Favre, disent-ils, a fait la Commune en laissant des armes au pouvoir de l'émeute, c'est-à-dire aux mains de bataillons formés à la fin de septembre, et recrutés dans les quartiers excentriques de Paris.

N'est-il pas à craindre, pour M. Jules Favre, que la postérité ne ratifie ce jugement?

On rapporte que, au moment où ce membre du gouvernement témoignait de sa préférence pour la garde nationale, M. de Bismark n'aurait pu s'empêcher de lui dire : « Mais vous ne voyez donc pas que vous vous préparez une insurrection telle qu'il n'y en aura jamais eu de semblable? »

Quoi qu'il en soit, à la suite de la journée du 31 octobre, M. Rochefort donna sa démission de membre du gouvernement, et M. Cresson fut nommé préfet de police en remplacement de M. Édmond Adam, qui crut devoir résigner ses fonctions.

D'un autre côté, le gouvernement appela le peuple à voter sur la question suivante :

La population de Paris maintient-elle, oui ou non, *les pouvoirs du gouvernement de la défense nationale?*

Le scrutin donna 558,996 *oui* et seulement 62,638 *non*.

Fort de cet appui, le gouvernement ordonna des poursuites contre les chefs du mouvement insurrectionnel. Mais ces poursuites, entravées par des amis de la veille, n'aboutirent pas. La déposition de M. Cresson, devant la Commission d'enquête sur l'insurrection du 18 mars, contient à ce sujet de curieux détails. Cette déposition établit non-seulement la faiblesse mais en quelque sorte la connivence des hommes du 4 septembre avec le parti révolutionnaire. Tous ces gens-là se tenaient comme les doigts de la même main.

Quand nous avions livré à la justice les principaux coupables, dit l'ex-préfet de police, on les relâchait, et nous sentions très bien que *le parquet entravait notre action* plutôt qu'il ne la secondait. Tous les hommes du 31 octobre furent mis en liberté ou jouirent de permis de communiquer, qui rendaient les recherches illusoires; *ils étaient couverts par leurs relations antérieures avec certains membres du gouvernement de la défense.*

M. Félix Pyat avait été arrêté. Quelques jours après, M. Emmanuel Arago, chargé du ministère de la justice, en l'absence de M. Crémieux, recevait de la prison de Mazas un mot de son prisonnier. « Si je n'étais ton prisonnier, lui écrivait familièrement M. Félix Pyat, je t'aurais pris pour mon avocat. » M. Cresson déclare que M. Arago vint à la préfecture pour lui recommander M. Félix Pyat, « un vieillard, » lui disait-il « un patriarche de la démocratie. » Un patriarche! Voilà ce que M. Félix Pyat était aux yeux de M. Emmanuel Arago.

Quant à M. Delescluze, M. Cresson demanda *quatre fois* son

arrestation. Il finit par l'obtenir le 22 janvier. Mais Delescluze était à peine incarcéré depuis quatre jours qu'une ordonnance de non-lieu le rendit à la liberté.

Les mairies avaient été constituées de telle façon que chacune d'elles était un gouvernement. « Il y avait, dit M. Cresson, telle mairie qui faisait arrêter les agents du préfet de police. »

Faut-il s'étonner maintenant qu'un pareil état de choses ait fatalement conduit à la capitulation et à la guerre civile ? Y eut-il jamais plus d'incapacité unie à plus de faiblesse ?

V

La province (du 6 au 30 novembre 1870.) **Bataille de Coulmiers ; réoccupation d'Orléans par le général d'Aurelles de Paladines ; profit que l'on aurait pu tirer de ce succès. — Opérations militaires sur la Loire, en Normandie, au Nord et à l'Est :** *Montargis, Pithiviers, Evreux, Etrepagny, Mézières. Villers-Bretonneux, Boves, Dury, Amiens, Dole, Saint-Jean-de-Losne, Auxonne, Nuits, Vougeot, Chatillon sur-Seine.* **— Investissement de Belfort. — Capitulation de La Fère, Neufbrisach, Verdun, Thionville. — Remplacement du général Bourbaki par le général Faidherbe à l'armée du Nord. — M. de Kératry résigne le commandement de l'armée de Bretagne ;** *ses démêlés avec le gouvernement.* **— Décret de mobilisation** *de tous les hommes valides de 21 à 40 ans et* **formation de quatre camps. — Les otages — La Russie déchire le traité de 1856 ; inerties des puissances.**

La capitulation de Metz avait rendu la liberté d'action aux troupes du prince Frédéric-Charles. Celles-ci furent dirigées sur Paris et vers Orléans, mais tandis qu'elles exécutaient cette marche, une action importante devait amener la délivrance de cette dernière ville.

Derrière la Loire, un chef habile, sévère en matière de discipline, un *homme de fer*, comme on disait alors, le général d'Aurelles de Paladines reconstituait une armée solide avec les éléments disparates mis à sa disposition.

Cette armée allait faire parler d'elle. Le 10 novembre, elle remportait un succès éclatant, qui ravivait nos espérances et pouvait changer la face des choses. Nous avons nommé la bataille de Coulmiers.

Dès le 5, le général d'Aurelles prenait ses dispositions. Le 8, les chefs de corps occupaient les emplacements qui leur avaient été assignés; et le 9, au matin, l'action s'engageait. Dans la soirée, l'ennemi battait en retraite, évacuait les villages de Champ et d'Ormeteau, puis ses positions en arrière de la Mauve, dans les environs d'Orléans, et se retirait sur Artenay en pleine déroute. Une dépêche officielle annonçait en ces termes le gain de cette journée, dont l'honneur revenait en partie au général Chanzy :

Tours, le 11 novembre 1872, 11 h. 30 matin.

L'armée de la Loire, sous les ordres du général d'Aurelles de Paladines, s'est emparée hier, 10 novembre, d'Orléans après une lutte de deux jours.

Nos pertes, tant en blessés qu'en tués, n'atteignent pas 2,000 hommes. Celles de l'ennemi sont plus considérables. Nous avons fait plus d'un millier de prisonniers, et le nombre augmente par la poursuite. Nous nous sommes emparés de deux canons, modèle prussien, de vingt caissons chargés de munitions, tout attelés, et d'une grande quantité de fourrages et de voitures d'approvisionnements. La principale action s'est concentrée autour de Coulmiers, dans la journée du 9.

L'élan des troupes a été remarquable, malgré le mauvais temps. Il y a lieu d'espérer que cette première opération militaire ouvre une ère nouvelle pour la France. Nos ressources en hommes sont immenses ; le patriotisme est partout réveillé ; le pays doit se montrer prêt aux plus grands sacrifices.

Nous avons été trop éprouvés par la fortune, pour nous laisser égarer par des illusions nouvelles. Nous avons repris l'offensive, c'est un grand point. Cette offensive signifie qu'au lieu de déplacer notre base d'opérations, pour la mettre en arrière, nous la reporterons en avant.

Avec de la résolution, de la prudence, de l'énergie, surtout en restant unis sur le terrain de la *lutte à outrance* contre l'envahisseur, la République sauvera la France.

La bataille de Coulmiers avait donc été un brillant fait d'armes ; elle pouvait devenir un événement considérable, si l'on avait su en profiter pour se porter au secours de Paris.

Après notre victoire de Coulmiers qui avait délivré Orléans et laissé le chemin de Paris à peu près libre, toute la France, — dit un écrivain, — s'attendait à une marche en avant de l'armée de la Loire. Le temps pressait ; il n'y avait pas un instant à perdre, car l'armée de Frédéric-Charles n'était plus qu'à huit jours de marche. Si ce projet eût été exécuté, Paris pouvait être sauvé. Quelle fut la cause de notre inaction?... On sait ce qui arriva: les armées de Frédéric-Charles et de Meklembourg firent leur jonction avec les débris de celle de Thann, et, après plusieurs combats meurtriers, livrés les 2 et 3 décembre, elles refoulèrent nos troupes devant Orléans que le général d'Aurelles dut abandonner, à son tour, pour sauver son armée avec son artillerie et ses parcs.

Dans son livre sur *La guerre en province* M. de Freycinet fait retomber sur le général d'Aurelles la responsabilité de cette inaction, qui nous fut si fatale. Le général repousse cette accusation, et, après avoir produit divers témoignages, entre autres, celui du préfet d'Orléans, il résume ainsi ses explications :

> M. de Freycinet, dans un livre qui n'est qu'un long mensonge, où l'omission cache la vérité et où l'hypocrisie la déguise, a parlé avec vivacité de l'excessive prudence que le général d'Aurelles aurait montrée après Coulmiers. Qu'il nous dise maintenant pourquoi, trois jours après la victoire, ni lui ni M. Gambetta n'ont donné le conseil de marcher sur Paris ou mis ce projet en discussion ! Qu'il nous dise pourquoi, loin d'exciter le général d'Aurelles à cette entreprise, M. Gambetta et lui ont accédé au parti d'organiser la défense à Orléans ! Qu'il nous dise pourquoi, jugeant irréalisable, le 12 novembre, l'opération qu'il trouve aujourd'hui si facile dans son livre, il ose accuser le général d'Aurelles de n'avoir pas fait ce que ni lui ni M. Gambetta n'ont alors pensé possible ! Qu'il le dise, et c'est seulement quand il aura convaincu de fausseté les témoignages de M. Pereira et de M. Gustave Baguenault, que nous nous inclinerons devant ses explications : jusque-là nous lui reprocherons d'avoir trahi la vérité en amassant sur la tête du général d'Aurelles des imputations aussi perfides que mensongères.

D'après M. Blandeau, « sous prétexte qu'*il fallait couvrir la Délégation de Tours*, l'avocat, qui dirigeait les opérations militaires, et des stratégistes de club et de cabaret s'opposèrent à l'éloignement de l'armée. »

Quoi qu'il en soit, ce fut une faute immense, irréparable et qui devait avoir les conséquences les plus funestes.

Quelques-uns prétendent que le moment était favorable pour entamer de nouvelles négociations. La Prusse s'y serait prêtée volontiers et peut-être les puissances nous auraient-elles accordé un appui moral. Mais, le dictateur voulait la *lutte à outrance*. La lutte à outrance ! c'était pour lui la continuation du pouvoir, et n'avons-nous pas vu qu'il sacrifiait tout à sa vanité, à son ambition et à ses petits calculs politiques. ?

Dès le 14 au soir, le succès de Coulmiers fut annoncé à la population parisienne dans les termes que voici :

AUX HABITANTS ET AUX DÉFENSEURS DE PARIS.

Mes chers concitoyens,

C'est avec une joie indicible que je porte à votre connaissance la bonne nouvelle que vous allez lire. Grâce à la valeur de nos soldats, la fortune nous revient ; notre courage la fixera ; bientôt nous allons donner la main à nos frères des départements et avec eux délivrer le sol de la patrie.

Vive la République ! Vive la France !

Jules FAVRE.

14 novembre 1870.

En effet, il y eut, dans Paris, les 28, 29 et 30 novembre, une série d'opérations militaires, qui furent assez heureuses, mais dont le gain fut perdu par l'abandon des positions conquises. Nous en parlerons plus loin.

Nos troupes déployèrent à Coulmiers un sang-froid et une intrépidité tels que le général en chef s'écria en les contemplant : « C'est beau comme une manœuvre ! » Que d'éloges dans cette simple exclamation ? Quant à l'armée ennemie, ainsi qu'on l'a vu, elle était commandée par le général Von der Thann.

Le 21 novembre, les Prussiens occupaient Montargis sans coup férir, et le 23, entre cette ville et Pithiviers, des engagements assez vifs avaient lieu sur le front de l'armée de la Loire. L'ennemi était repoussé sur toute la ligne et se retirait, laissant entre nos mains un canon et de nombreux prisonniers.

En Normandie, des francs-tireurs ayant surpris le 13, à Nemours, quelques uhlans qui y logeaient, la ville fut cernée le lendemain par une colonne allemande, et le quartier, où les faits s'étaient accomplis, livré impitoyablement aux flammes. « On affirme que, pendant cette exécution, dit M. de Saint Germain, les Prussiens faisaient de la musique auprès du foyer de l'incendie, et qu'ils obligèrent les membres du comité de défense de la ville à y assister. » Le 19, l'ennemi entrait dans Evreux après avoir tiré quelques coups de canon. Le 30, le général Briand le chassait d'Etrepagny, après lui avoir causé de grandes pertes, mais, après le départ des troupes françaises, il revenait et brûlait le village.

Au nord, Tergnier était occupé, le 14, et délivré le 18 par une sortie de la garnison de La Fère, qui, elle-même, après trente heures de bombardement, était obligée de capituler le 27. Le 16, Mézières est dégagé. Le 24, un engagement a lieu, aux environs d'Amiens, entre l'armée du Nord et le corps de Manteuffel. On se bat sur trois points à la fois : à Villers-Bretonneux, à Boves et à Dary. L'action ne nous est favorable que sur ce dernier point. Le 28, nos troupes évacuent Amiens, dont la défense n'est pas jugée possible, et les Prussiens y entrent le 29.

A l'Est, Belfort est investi le 2 novembre. Le même jour commence le bombardement de Neufbrisach, qui capitule le 10. Deux jours avant, Verdun avait subi le même sort; et le 20, après une effroyable canonnade, Thionville capitulait également. Dans le Doubs, dans la Haute-Saône et dans la Côte-d'Or rayonnaient des colonnes ennemies, pillant et dévastant la contrée. Le 13, un détachement se présente devant Dole, il est repoussé par une poignée de gardes nationaux et de mobilisés. Le lendemain il occupait Saint-Jean-de-Losne, qu'il évacuait le 16 pour se porter sur Auxonne. Mais, après avoir cherché à investir cette ville, il l'abandonnait à son tour, et, le 21 novembre, faisait apparition à Seurre, réoccupait Saint-Jean-de-Losne et en repartait peu de temps après pour se diriger vers Dijon. La veille de ce jour, après un combat qui avait duré de 10 heures du matin à 3 heures de l'après-midi et auquel avaient pris part les francs-tireurs du commandant Bourras, 1,200 Prussiens étaient entrés dans Nuits, et, après une occupation de quelques heures, avaient repris le chemin de Dijon. Le 22, les francs-tireurs les attaquaient de nouveau à Vougeot et les forçaient à décamper. A Châtillon-sur-Seine, dans la nuit du 19, Ricciotti Garibaldi surprenait un détachement ennemi de 7 à 800 hommes, qui occupait cette ville, et le mettait en fuite après lui avoir tué 120 hommes, fait 167 prisonniers et enlevé 70 chevaux et quantité d'armes. Ce coup de main opéré, les francs-tireurs garibaldiens s'étaient retirés, mais, les jours suivants, les Prussiens, revenant en force, exerçaient de terribles représailles.

Bourbaki, qui venait d'organiser l'armée du Nord, d'une façon si heureuse et si rapide que, le 20 novembre, il pouvait écrire au général Trochu : « Nos troupes sont prêtes à marcher », Bourbaki était, le 23, remplacé dans son commandement par le général Faidherbe. Ce déplacement parut inexplicable ; on crut y voir une disgrâce. Cette appréciation était-elle fondée ? Rien ne l'a publiquement établi. Néanmoins, il était étrange que le général Bourbaki soit changé au moment où il se disposait à entrer en campagne.

Quelques jours plus tard, on apprenait que M. de Kératry, à qui, disait-on, le gouvernement avait accordé un crédit de dix millions, venait de résigner le commandement de l'armée de Bretagne, réunie au camp de Conlie. Quel pouvait être le motif de sa démission ?... M. de Kératry écrivit au ministre de la guerre une lettre qui se terminait ainsi :

Rentré dans la vie privée, j'ai retrouvé ma liberté politique que j'avais aliénée complètement sous l'uniforme. En appelant mes concitoyens à la défense de la patrie, j'avais contracté charge d'âmes ; aussi, j'ai l'honneur de vous annoncer que, dès que les événements vont me le permettre, je ferai traduire en conseil de guerre les hautes administrations de la guerre et de la marine ; du même coup, elles et moi nous comparaîtrons à la barre du pays, et *aucun des documents que j'ai sous la main ne sera écarté*.....

P.-S. — J'ai entre les mains les décrets et les arrêtés que vous avez signés comme ministre ; vous avez commis l'insigne faiblesse de les laisser tous protester, et cela par une administration dont M. Loverdo est le véritable chef, et qui, pour tous les yeux clairvoyants, personnifie la trahison vis-à-vis de la France non impérialiste. Il n'y a que vous qui ne vous en soyez pas aperçu, malgré mes avertissements réitérés et télégraphiés.

D'après les bruits qui se répandirent alors et que M. Domenech rapporte, le mécontentement de M. de Kératry « provenait du refus du ministre de la guerre d'approuver l'ordre donné par lui à tous les préfets soumis à sa juridiction, d'empêcher les enrôlements des hommes mobilisés pour les corps francs de MM. Charette et Cathelineau. Appelé à se prononcer sur cette injonction, M. de Loverdo, directeur de l'administration de la guerre, aurait exprimé son étonnement qu'on élevât la prétention de rappeler des hommes enrôlés avec l'autorisation du ministre, et qu'on menaçât même de traiter comme réfractaires « de courageux jeunes gens engagés dans un corps d'élite, afin d'être les premiers au feu, et qui, depuis plusieurs jours, occupaient les postes les plus avancés de l'armée de la Loire. » Mis en demeure de décider si les enrôlements pouvaient être librement continués, comme par le passé, M. Gambetta aurait répondu à MM. de Charette et Cathelineau qu'ils étaient pleinement dans leur droit et qu'ils n'avaient rien à craindre. De là, colère de M. de Kératry, et sa bruyante démission. De là, l'odieuse accusation de trahison qu'il n'a pas craint de lancer contre M. de Loverdo, dont personne n'a jamais mis en doute le caractère éminemment honorable et la loyauté éprouvée. »

Et M. Domenech ajoute avec raison :

« Si tel est le motif de la retraite tapageuse de M. de Kératry, il faut convenir qu'au tort qu'il avait dans la forme, il ajoutait le tort grave encore qu'il avait dans le fond, car il se montrait un homme de parti sacrifiant à ses haines individuelles, à ses passions l'intérêt du pays et ne sachant pas, en face de l'ennemi, tendre noblement la main à des adversaires politiques, quand ces adversaires venaient loyalement offrir leur concours sans réserve pour la défense commune. »

Un décret du 4 novembre avait mobilisé tous les hommes valides de 21 à 40 ans, mariés ou veufs avec enfants. En outre, chaque département était tenu de faire les frais d'une batterie d'artillerie par cent mille habitants.

Un autre décret, en date du 25, divisait la France en onze camps et organisait la réquisition directe sur les personnes et les choses pour les besoins de ces camps.

Quatre camps devaient contenir 250,000 hommes chacun, soit un million d'hommes ; puis sept camps contenir 60,000 soldats, soit 420,000. Ce qui devait produire, y compris les régiments de dépôt et les corps en campagne, un chiffre d'environ trois millions de soldats, et, avec les gardes nationaux, un total de sept à huit millions d'hommes.

Au point de vue militaire, cette mesure était absurde ; au point de vue matérielle, c'était la ruine générale.

Ce qui manquait à la France pour la délivrer des Prussiens, dit M. Blandeau, ce n'était pas le nombre d'hommes non mariés, en état de défendre leur pays envahi, c'était une bonne organisation.

De son côté George Sand écrivait :

On parle d'organiser une Vendée dans toute la France... M. Gambetta a pu jeter les yeux sur la carte du Bocage et sur la page historique dont il a été le théâtre ; mais recommencer en grand ces choses et les opposer à la tactique prussienne, c'est un véritable enfantillage...

On peut improviser des soldats dans une localité menacée et les mobiliser jusqu'à un certain point ; mais leur faire jouer le rôle de la troupe exercée au métier et endurcie à la fatigue, c'est un rêve, l'expérience le prouve déjà...

On invoque les souvenirs de 92 ; on les invoque trop, et c'est à tort et à travers qu'on s'y reporte. La situation est aujourd'hui l'opposé de ce qu'elle était alors...

Le plus clair, c'est qu'une armée sans armes, sans pain, sans chaussures, sans vêtements et sans abri, ne peut pas résister à une armée pourvue de tout et bien commandée.

Décréter la levée en masse, c'était donc commettre une extravagance. Le gouvernement aurait mieux été inspiré si, depuis trois mois, — comme il pouvait le faire, — il s'était attaché à armer, à équiper, à aguerrir les 500,000 mobiles qu'il avait sous la main et les deux derniers contingents de 1869 et 1870, représentant au moins 350,000 hommes, ce qui nous eût permis de mettre en ligne trois armées de 200,000 hommes, avec une réserve de 250,000. Ces forces, attaquant l'ennemi par l'est, par l'ouest et par le sud de Paris, auraient mis les Prussiens dans une position plus que critique. Qui douterait que tout autre aurait été le sort de nos armes si nous avions eu cet effectif ? Mais l'avocat-ministre de la guerre n'était point apte à former une pareille armée, et son incapacité ne pouvait être que préjudiciable à la défense nationale.

A-t-on calculé maintenant les dépenses qu'aurait entraînées l'exécution de cette mesure ?... C'était, comme nous l'avons dit, une extravagance. Inutile d'ajouter qu'elle ne put recevoir son accomplissement. Par dépêche du 4 décembre, le gouvernement ordonnait de surseoir aux opérations des conseils de révision pour les hommes mariés ou veufs sans enfants. Ordre, contre-ordre et désordre : tels étaient les traits caractéristiques de cette époque néfaste.

Il nous reste à parler de deux faits qui ne sauraient passer inaperçus : l'envoi d'otages français en Allemagne et la rupture du traité de 1856.

Conformément aux usages de la guerre, le gouvernement français ayant retenu prisonniers les équipages des navires allemands capturés par notre flotte, M. de Bismark, pour se venger, décida que quarante otages français seraient pris et conduits en Allemagne. Dijon dut en fournir 20 ; Gray et Vesoul, chacun 10. Ces otages, choisis par les autorités allemandes, furent emmenés à Brême dans les premiers jours de décembre. M. le baron Thénard fut un des notables désignés. L'officier, chargé de l'arrêter en son château de Talmay, lui offrit la liberté en échange de l'engagement pris par lui de faire rendre les officiers de marine allemands capturés près de Hambourg. M. le baron Thénard, indigné d'une semblable proposition, répondit :

« Si vous voulez la peau d'un baron, la voilà ; si vous voulez celle
« d'un membre de l'Institut, elle est à vous. Si vous voulez ma
« fortune, vous ne l'aurez pas, à moins que vous ne la voliez ; je n'ai
« rien autre chose à vous dire. »

Avons-nous besoin de dire qu'il fut conduit en Allemagne ?

Enfin, le 12 novembre, la Russie, profitant des embarras de la France et, par suite, dit-on, d'un accord tacite avec la Prusse, dénonçait le traité de 1856, issu de la guerre de Crimée, guerre glorieuse dont les résultats se trouvaient anéantis. On crut un instant que cette façon d'agir serait le signal d'une guerre européenne, d'où sortirait peut-être le salut de la France. Vain espoir ! les puissances signataires, l'Angleterre, la Turquie, l'Autriche et l'Italie se tinrent coi. L'Europe ressentait ainsi les premiers effets de la faute qu'elle avait commise, en laissant accabler la France, qui, seule, pouvait opposer une barrière à l'ambition moscovite. Le coup dut être particulièrement sensible à l'Angleterre, dont les intérêts étaient plus directement menacés. Pour cette puissance commençait à se réaliser la prophétie de sir Henry Bulwer, qui, le 3 octobre précédent, avait dit en parlant de l'attitude de la Grande-Bretagne : « Cette politique, faite
« pour exciter le dégoût par son égoïsme et le mépris par sa lâcheté,
« sera fatale aussi bien aux intérêts du peuple anglais qu'à sa
« renommée passée. »

VI

Paris *(du 1er novembre au 4 décembre 1871)* — **Menées démagogiques.** — **Bataille de Champigny;** *contre-temps; combats héroïques mais sans résultats; conséquences qu'ils auraient pu avoir.* — **Irrésolution et inaction du général Trochu.** — **Insubordination et lâcheté des outranciers.**

Le 14 novembre, après avoir annoncé à la population parisienne les premiers succès de l'armée de la Loire, M. Jules Favre avait ajouté : « Bientôt nous allons donner la main à nos frères des « départements et avec eux délivrer le sol de la patrie. » Le moment était venu de tenter cet effort, et, le 28 novembre, trois proclamations, une du gouverneur de Paris à la garde nationale et à l'armée, une autre du général Ducrot aux soldats de la deuxième armée, la dernière, enfin, du gouvernement de la défense nationale aux habitants, disaient :

La première :

... Nos frères nous appellent au dehors pour la lutte suprême... Le sang va couler de nouveau... Mettant notre confiance en Dieu, marchons en avant pour la patrie...
Gal Trochu.

La deuxième :

Le moment est venu de rompre le cercle de fer qui nous enserre depuis trop longtemps et menace de nous étouffer dans une lente et douloureuse agonie ! A vous est dévolu de tenter cette grande entreprise ; vous vous en montrerez dignes, j'en ai la certitude...
Pour moi, j'y suis bien résolu, j'en fais le serment devant vous, devant la nation tout entière : je ne rentrerai dans Paris que mort ou victorieux. vous pourrez me voir tomber, mais vous ne me verrez pas reculer. Alors ne vous arrêtez-pas, mais vengez-moi.
En avant donc! en avant, et que Dieu nous protège !   A. Ducrot.

La troisième :

L'effort que réclamaient l'honneur et le salut de la France est engagé...
Vos chefs militaires combattent ; nos cœurs sont avec eux. Tous, nous sommes prêts à les suivre, et, comme eux, à verser notre sang pour la délivrance de la patrie...

Quiconque fomenterait le trouble dans la cité trahirait la cause de ses défenseurs et servirait celle de la Prusse...

Nous comptons sur le succès, nous ne nous laisserons abattre par aucun revers.

Cherchons surtout notre force dans l'inébranlable résolution d'étouffer, comme un germe de mort honteuse, tout ferment de discorde civile... Jules FAVRE, etc., etc.

Ce langage, tenu par le gouvernement, témoignait des craintes qu'inspiraient les menées de la démagogie. Celle-ci, en effet, moins préoccupée de la défense de la ville que du désir de s'emparer du pouvoir, prêchait ouvertement dans ses clubs la désertion devant l'ennemi. On lit dans le livre de M. F. Wey :

Le citoyen Blanqui, qui n'a cessé de réclamer des sorties en masse, se hâte, dès qu'elles sont annoncées, de se plaindre qu'après nous avoir débités en détail à la boucherie, « on veuille nous mener en bloc à l'abattoir. »

Au club de Belleville on entendait des paroles telles que celles-ci :

Les soldats qui obéissent ne sont que des *mouchards* : Moltke et Trochu, que des *jésuites*, comme ceux qui ont organisé le massacre des Albigeois...

Que les Prussiens bombardent Paris si bon leur semble ; c'est peut-être le moyen de nous sauver ! Nous sortirons alors tous ensemble, et nous nous délivrerons nous-mêmes sans attendre les Charette, les Cathelineau et autres amis de Trochu. Qu'avons-nous à craindre des bombes ? On dit qu'elles incendieront les monuments des arts, les musées et les églises... Les artistes ont été corrompus par le despotisme : *qu'on brûle le Louvre avec les tableaux de Rubens et de Michel-Ange, pourvu que la République triomphe !* Que les tours de Notre-Dame s'effondrent, ce n'est pas moi qui donnerai de l'argent pour les rebâtir ! Les bombes qui nous *débarrasseraient* des monuments de la superstition que le moyen-âge nous a légués seraient les bienvenues ; *elles épargneraient de la besogne aux socialistes*. Mais on ne nous bombardera pas ; car Trochu et les avocats veulent conclure un autre armistice pour arriver à une paix honteuse !

Ces excitations sauvages devaient porter leurs fruits. On verra plus loin ce qui s'est passé sous la Commune. Pour le moment, bornons-nous à faire remarquer que les milices des faubourgs, plus ou moins infectées de ces doctrines, manquèrent de discipline et de courage au jour du combat, et parurent moins belliqueuses devant l'ennemi qu'elles ne le furent plus tard devant leurs concitoyens. « Avec l'appât du gain, du pillage et des voluptés horribles, comme le fait observer M. F. Wey, elles retrouvèrent de l'énergie contre ceux qui possèdent. Pour ces natures gangrenées par les paradoxes de la démagogie, la patrie, l'honneur sont de vieux mots ; l'ennemi, c'est celui qu'il faut mettre à sac, et non le prussien, qui est un camarade de proie. »

Le 28 novembre avait donc été le jour choisi pour faire une trouée et opérer une jonction avec l'armée de la Loire, dont on annonçait l'approche.

Afin de retenir les Prussiens à leurs postes et les empêcher de se concentrer, des diversions eurent lieu sur plusieurs points opposés.

Au nord-ouest, les positions de l'ennemi entre Argenteuil et Bezons furent canonnées dans la soirée.

Pendant la nuit, on occupa, à l'est, le plateau d'Avron.

Le lendemain matin, à l'ouest, le général de Beaufort dirigea une reconnaissance sur Bougival et les hauteurs de la Malmaison, tandis que, au sud, le général Vinoy opérait une sortie, et, après 6 heures de combats meurtriers, s'emparait de Choisy, de l'Hay et de Chevilly.

Ces opérations avaient pour but de faciliter le mouvement que le général Ducrot allait exécuter à l'est. C'est là, vers la Marne, que doit s'engager l'action principale, celle qui portera le nom de bataille de Champigny.

Le général Trochu s'était porté de sa personne en avant du fort de Rosny.

Une faute grave fit perdre 26 heures et empêcha l'attaque de coïncider avec les engagements qui devaient en assurer le succès.

Pour entrer en campagne, il fallait, à l'aide de ponts jetés sur la Marne, entre Joinville et Nogent, traverser rapidement la rivière et agir sans retard. Quand l'armée fut prête, les ponts du génie se trouvaient trop courts. On avait mal pris les mesures, et, pour effectuer le passage, on dut attendre jusqu'au lendemain.

Cet essai infructueux livra le secret de notre plan à l'ennemi qui, en toute hâte, massa sur ce point des forces considérables.

« En apprenant que l'établissement des ponts était manqué, le général Ducrot, — dit un chroniqueur, — voulut modifier l'objectif, et, par un changement de front, porter l'attaque sur un autre point. Le général Trochu se montra d'abord très irrésolu et finit par se ranger à l'avis de son aide de camp, qui insista pour que rien ne fût changé dans les plans conçus. »

Ce fut une nouvelle faute.

Au lieu de persévérer dans des conditions devenues mauvaises, si le général, réduisant à une fausse attaque l'entreprise sur la Marne, avait précipité le gros de son armée vers le nord et surpris de ce côté ou de tout autre un adversaire qui l'attendait ailleurs, il est plus que certain que le gain de la bataille aurait été assuré.

On a raconté, à cette époque, qu'une crue subite de la Marne avait déjoué les calculs du génie. Ce bruit a été démenti. Il a été démontré, au contraire, que, du 25 au 30 novembre, le niveau de la rivière était au plus beau et qu'il n'avait varié que de quelques centimètres.

Quoi qu'il en soit, c'est le 30 au matin, seulement, qu'on put franchir la Marne. Mais on avait perdu un temps précieux, irréparable.

Le passage de la rivière s'effectua entre Joinville et Nogent. Pendant ce temps, le général Susbielle occupait l'ennemi, à l'extrême droite, par une vive attaque sur Montmesly. Il s'en empara, mais n'ayant pu s'y maintenir, il se retira sur Créteil.

Cependant, l'action était engagée ; de Saint-Denis à Choisy-le-Roy on se battait avec acharnement. Nos troupes faisaient des prodiges de valeur ; Ducrot et Trochu payaient noblement de leur personne, et, par leur courage, électrisaient l'armée.

Mesly et le plateau de Villiers sont enlevés. En arrière de ce dernier village, s'élèvent des ouvrages importants. C'est là qu'aura lieu le principal effort de la lutte. Nos troupes, décimées par l'artillerie ennemie, viennent de lâcher pied, mais, à l'exemple de leurs chefs, elles s'enflamment d'une nouvelle ardeur, et, suivant l'expression d'un historien, « elles ressuscitent en ce jour la France de la grande armée. »

Vers trois heures, l'espace triangulaire compris entre Brie, Champigny et Villiers, était une véritable fournaise. A la nuit close, l'ennemi, refoulé, s'était replié pentelant dans les profondeurs du plateau, et nos troupes couchaient sur le champ de bataille.

Au sud, Vinoy avait tenté une nouvelle sortie sur Thiais. Au nord, une reconnaissance avait été faite sur Drancy et Groslay; Epinay avait été emporté par l'amiral La Roncière, qui, le soir, avait dû abandonner cette position trop exposée au feu des batteries prussiennes. Enfin, la hâche à la main, les marins s'étaient emparés du château de la Biche et en avaient chassé l'ennemi.

De tels avantages ne s'obtiennent pas sans de pénibles sacrifices. Nos pertes furent grandes ; celles des Allemands furent considérables. Les généraux Renault et de La Charrière reçurent, dans cette journée, des blessures auxquelles ils ne survécurent pas longtemps. C'étaient de braves et intrépides soldats ; leur mort glorieuse priva la France de deux vaillantes épées et causa d'unanimes regrets.

Le 1er décembre fut un jour de trêve tacite. Chacun garda ses positions ; on enleva les morts et les blessés.

Le 2, l'ennemi, qui avait eu le temps de réunir des forces énormes et de faire venir des réserves considérables de Versailles et de Lagny, fit un retour offensif. Avant l'aube, il ouvrait le feu sur toute la ligne ; à neuf heures, il avait forcé nos positions et repris les hauteurs que nous avions conquises l'avant-veille. Mais des renforts, accourus par les ponts de Joinville et de Nogent, vinrent changer la face des choses, et, à midi, nous réoccupions le terrain perdu, chassant devant nous les Prussiens, qui cherchaient un refuge dans les forêts. Malheureusement le fruit de ces deux batailles devait être perdu. En présence des obstacles, qui devaient s'opposer à notre marche, le général Ducrot repassa la Marne le lendemain, et adressa, le 4, à l'armée l'ordre du jour suivant :

Vincennes, 4 décembre 1870.
Soldats,

Après deux journées de glorieux combats, je vous ai fait repasser la Marne, parce que j'étais convaincu que de nouveaux efforts, dans une direction où l'ennemi avait eu le temps de concentrer toutes ses forces et de préparer tous ses moyens d'action, seraient stériles.

En nous obstinant dans cette voie, je sacrifiais inutilement des milliers de braves, et loin de servir l'œuvre de la délivrance, je la compromettais sérieusement ; je pouvais même vous conduire à des désastres irréparables.

Mais, vous l'avez compris, la lutte n'est suspendue que pour un instant ; nous allons la reprendre avec résolution ; soyez donc prêts, complétez en toute hâte vos munitions, vos vivres, et surtout élevez vos cœurs à la hauteur des sacrifices qu'exige la sainte cause pour laquelle nous ne devons pas hésiter à donner notre vie.

Le général en chef de la 2e armée,

A. DUCROT.

Les pertes de l'ennemi étaient si grandes qu'il nous laissa repasser la Marne sans essayer de s'y opposer.

Les pertes de l'ennemi, — disait le rapport officiel, — ont été tellement considérables que, pour la première fois de la campagne, il a laissé passer une rivière en sa présence, en plein jour, à une armée qu'il avait attaquée la veille avec violence.

Deux victoires avaient été remportées, mais ces victoires restaient stériles. Le but n'était pas atteint.

Le correspondant, que le *Times* avait au camp prussien, émet à ce sujet l'opinion que voici :

Si, dit-il, la tentative avait réussi, le succès aurait été d'un grand secours pour Paris, et aurait peut-être fait lever le siège. Mais la main de fer des Allemands était trop forte.

L'histoire du siège de Paris est la répétition du siège de Metz. Les Allemands avaient tracé leurs lignes autour de Paris en choisissant leur terrain ; ils s'étaient affermis dans leurs positions et les tenaient avec une ténacité calme et inflexible. Les Français assiégés ayant laissé passer les quelques occasions qu'avaient pu offrir les premiers jours, alors que les Allemands n'étaient pas bien fortifiés dans leurs positions, se brisaient contre la barrière qui les entourait, incapables, malgré leur ardente bravoure, de rompre cette ligne de fer.

Il est évident que, dans les deux premiers mois de siége, alors que les Prussiens n'avaient point établi une triple ligne de circonvallation hérissée de batteries, M. Trochu aurait pu opérer une sortie générale et rejoindre l'armée du Nord ou celle de la Loire. C'est donc avec raison que le sentiment public s'élève aujourd'hui contre son inaction. Un de ses biographes l'interpelle en ces termes :

... Quel était, Monsieur, le chiffre de l'armée d'investissement? Mettons quatre cent mille hommes, mettons le double, on ne marchande pas pour si peu.

Or, ces huit cent mille hommes, obligés de régulariser partout le blocus, étaient forcément disséminés sur une circonférence de plus de vingt-cinq lieues, dont vous aviez le rayon disponible sur tous les points.

Et vous oserez me dire que, durant une longue nuit d'hiver, de six heures du soir à huit heures du matin, vous n'avez jamais pu suivre le rayon, tomber à l'improviste, avec quatre-vingt mille volontaires bien décidés, sur un des points de la circonférence, écraser un ennemi nécessairement inférieur en nombre et franchir ses lignes ?

Je vous défends de trouver un mot à répondre.

Il n'y a ni réponse, ni excuse, ni justification possible.

Vous avez affamé Paris sottement; vous lui avez imposé des angoisses atroces, des tortures sans nom, des souffrances inouïes, et tout cela pour augmenter le désastre et la honte.

Ah! c'est triste à dire, mais l'évidence est là.

Nous perdîmes, dans ces deux journées, tant tués que blessés, 414 officiers, 6,000 soldats. Les pertes de l'ennemi furent deux fois plus considérables; on les évalue à 12,000 hommes. Il laissa, en outre, dans nos mains, quatre canons et 800 prisonniers.

Les troupes, dont disposait Trochu, formaient, dit-on, un effectif de 400,000 hommes. A ce sujet nous lisons dans la *Chronique du siége de Paris* :

Le fonds efficace de l'armée qui combattait sous Paris était composé de troupes régulières de cavalerie, d'infanterie, d'artillerie et de marins. Il faut y joindre les nombreux bataillons de mobiles et de tirailleurs envoyés par les départements, la gendarmerie et diverses compagnies spéciales, formées comme elle de sujets appartenant à tous les pays de France ; puis les compagnies étrangères des amis de la France ; enfin, les bataillons de guerre de la garde nationale, et la garde nationale sédentaire...

Notre première épreuve de la guerre sérieusement offensive révéla ce fait inquiétant que devant l'ennemi, on ne pouvait compter que sur une certaine quantité de bataillons, tandis que plusieurs lâchaient pied ou se perdaient par l'indiscipline. En effet, dès qu'il fallut tenir la campagne, c'est-à-dire depuis la fin de novembre, la population militaire se partagea en deux catégories distinctes répondant à des partis politiques opposés.

Il résulte des renseignements fournis par la *Chronique* que ceux qui demandaient la *résistance à outrance* donnèrent les exemples les plus ignominieux d'insubordination et de lâcheté, tandis que les habitants plus conservateurs des régions centrales de la ville, se montraient intrépides au combat.

Citons quelques exemples :

Le fameux bataillon, dit des *tirailleurs de Belleville*, avait été envoyé, le 25 novembre, en avant de Créteil. Dès le 28, à une simple alerte, les tirailleurs prennent la fuite, et ce n'est qu'à grand'peine qu'on parvient à les arrêter.

Le lendemain, — ajoute l'ordre du jour, — les tirailleurs de Belleville ont été ramenés en arrière des avant-postes et cantonnés sous le fort de Charenton.

Ordre leur ayant été donné plus tard de *reprendre leur poste* à la tranchée, *ils s'y sont refusés*, et ne se sont décidés à s'y rendre postérieurement que sur de nouvelles injonctions.

Dans un rapport du 4 décembre, le commandant Lampérani, après avoir exposé que, étant parti avec un effectif de 457 hommes, et que ceux-ci, pour la plupart, s'étant *refusés à prendre le service de la défense*, demande que ce bataillon soit rappelé à Paris et dissous ; puis, il termine en disant :

De plus, j'ai l'honneur de vous adresser ma démission de chef de bataillon, ne pouvant, honnête homme, ancien sous-officier de l'armée, *rester plus longtemps à la tête d'une troupe pareille*. Je reprendrai mon fusil et rentrerai dans les rangs de la garde nationale *pour me purifier du trop long séjour* que j'ai fait dans le bataillon des tirailleurs de Belleville.

Nous pourrions multiplier les exemples. Ces témoignages suffiront pour montrer ce que valait cette honteuse démagogie qui, après avoir vociféré la guerre à outrance, refusait de marcher à l'ennemi, et, qui, plus tard, devait commettre les horreurs dont la Commune a laissé derrière elle la trace ineffaçable.

La bataille de Champigny fut l'évènement le plus important du siége. Son insuccès enleva tout espoir de rompre le cercle de fer qui entourait Paris, et qui, désormais, ne pouvait être brisé que par les armées opérant en province : Mais, loin de vaincre les obstacles, qui s'opposaient à leurs efforts, celles-ci allaient, elles-mêmes, subir de graves échecs.

VII

La Province *(du 1er au 14 décembre 1870).* — **Gambetta** *donne des proportions exagérées aux combats livrés sous Paris.* — **Espoir et déception.** — **Mouvement en avant du général d'Aurelles de Paladines.** — **Bataille de Patay.** — **Orléans est de nouveau au pouvoir de l'ennemi.** — *Accusations lancées contre le général d'Aurelles; sa démission.* — *Retraite de l'armée française, scindée en deux corps sous les ordres des généraux* **Chanzy et Bourbaki.** — **Tentative infructueuse de Garibaldi sur Dijon.** — **Les Allemands devant Autun ;** *leur retour à Dijon; affaire de* **Chateauneuf.** — **Combat de Nuits.** — **Effervescence** *à Lyon; assassinat du commandant Arnaud.* — **Capitulation de Phalsbourg et Montmédy.** — **Occupation de Rouen, Dieppe et Blois.** — **Le gouvernement de Tours se sauve à Bordeaux.**

Pendant les trois semaines qui avaient suivi la bataille de Coulmiers, des détachements de l'armée de la Loire avaient eu plusieurs combats d'avant-postes, dont l'issue leur avait été favorable et qui semblaient être le gage de nouveaux succès. Le 29 novembre, de 8 heures et demie du matin à 7 heures du soir, des engagements successifs avaient eu lieu entre Pithiviers et Montargis. Sur tous les points l'ennemi avait été repoussé. Le dernier de ces engagements fut le combat de Beaune-la-Rolande, combat assez vif mais qui demeura indécis.

Le 1er décembre arrivait à Tours la nouvelle des opérations militaires accomplies sous les murs de Paris, les 28, 29 et 30 novembre. Ces opérations avaient été heureuses ; Gambetta leur donna une importance exagérée, et, se méprenant sur la situation d'Epinay, qui était resté au pouvoir de l'amiral La Roncière, il plaçait ce village au-delà de Lonjumeau, sur la route de Paris à Etampes. Cette méprise fit croire un instant que la jonction des deux armées de Paris et de la Loire était à la veille de s'opérer, tandis que les positions, emportées par l'amiral, étaient celles d'Epinay-les-saint-Denis, village à 4 kilomètres de St-Denis en face de la presqu'île de Gennevilliers, ce qui était bien différent. Immédiatement, le dictateur prescrivit au général d'Aurelles de Paladines, dont la ligne de bataille était trop étendue pour qu'il pût agir efficacement, lui prescrivit, disons-nous, de marcher contre les Prussiens, et, en même temps, dans un langage ampoulé et théâtral où il comparait Trochu à Turenne, il lança une proclamation dont il importe de reproduire les passages suivants :

Paris vient de jeter hors de ses murs, pour rompre le cercle de fer qui l'étreint, une nombreuse et vaillante armée, préparée avec prudence par des chefs consommés, que rien n'a pu ni ébranler, ni émouvoir dans cette laborieuse organisation de la victoire. Cette armée a su attendre l'heure propice, et l'heure est venue.

Après avoir énuméré les premiers résultats obtenus, M. Gambetta ajoutait :

Le génie de la France, un moment voilé, reparaît.

Grâce aux efforts du pays tout entier, la victoire nous revient, et, comme pour nous faire oublier la longue série de nos infortunes, elle nous favorise presque sur tous les points. En effet, notre armée de la Loire a déconcerté, depuis trois semaines, tous les plans des Prussiens et repoussé toutes leurs attaques. Leur tactique a été impuissante sur la solidité de nos troupes, à l'aile droite, comme à l'aile gauche.

Etrépagny a été enlevé aux Prussiens et Amiens évacué à la suite de la bataille de Paris.

Nos troupes d'Orléans sont vigoureusement lancées en avant. Nos deux grandes armées marchent à la rencontre l'une de l'autre ; dans leurs rangs, chaque officier, chaque soldat sait qu'il tient dans ses mains le sort même de la patrie ; cela seul les rend invincibles. Qui donc, désormais, douterait de l'issue finale de cette lutte gigantesque?

Les Prussiens peuvent mesurer aujourd'hui la différence qui existe entre un despote qui se bat pour satisfaire ses caprices et un peuple armé qui ne veut pas périr. Ce sera l'éternel honneur de la République d'avoir rendu à la France le sentiment d'elle-même...

L'envahisseur est maintenant sur la route où l'attend le feu de nos populations soulevées.

Voilà, citoyens, ce que peut une grande nation qui veut garder intacte la gloire de son passé, qui ne verse son sang et celui de l'ennemi que pour le triomphe du droit et de la justice dans le monde.

Cette proclamation lyrique fit naître des espérances qui, bientôt, se changèrent en amères déceptions.

Le général d'Aurelles a obéi. L'armée de la Loire a commencé son mouvement, mais, à peine s'est-elle mise en marche, que le 16e corps, sous les ordres du contre-amiral Jauréguiberry en vient aux mains avec le centre de l'armée prussienne, établi entre Guillonville et Terminiers, avec 20,000 hommes et 40 pièces de canon. La position fut enlevée et l'ennemi délogé à la baïonnette de

Neuneville, Villepion et Ruan, à l'ouest de la route d'Orléans à Paris.

Le lendemain, 2 décembre, nous fûmes moins heureux.

Ce jour-là, les bavarois de Von der Thann, renforcés par l'armée du duc de Mecklembourg, prirent l'offensive, et la bataille fut bientôt engagée depuis Toury jusqu'aux environs de Chateaudun. Nos soldats soutenaient bravement le choc d'un ennemi très supérieur en nombre ; le 15e corps, fortement éprouvé, fut appuyé par le 16e, puis par le 17e qui n'arriva sur le champ de bataille qu'à midi. Le plus fort de l'action avait lieu entre Sougy et Patay. Partout les Allemands furent contenus. « Ce n'était pas une défaite, — dit un historiographe, — mais c'était un insuccès qui eut pour résultat d'empêcher notre droite de poursuivre sa marche en avant. » Un instant, les zouaves pontificaux soutinrent tout l'effort de l'ennemi ; leur conduite fut héroïque ; plus de la moitié restèrent sur le champ de bataille. Le duc de Luynes était parmi les morts. Le général de Sonis et M. de Charette furent grièvement blessés ; le premier dut être amputé de la jambe.

Cependant les troupes du prince Frédéric-Charles s'avançaient en masse compacte sur le flanc de notre armée, et, le 3 décembre au matin, il se jetait sur Chevilly, village situé à 14 kilomètres environ d'Orléans, près d'Arthenay, puis sur Chilleurs-sur-Bois. L'armée de la Loire disputa pied à pied le terrain, s'opposa longtemps à la marche en avant des Prussiens, mais, finalement, dut se replier sur Orléans, dont le général d'Aurelles ordonna le soir même l'évacuation, afin d'échapper au danger d'être enveloppé et réduit à mettre bas les armes. Dans la nuit, cette ville fut, pour la seconde fois, occupée par les Prussiens.

Ce mouvement stratégique, qui, suivant les expressions d'un journal anglais, empêcha qu'Orléans « ne renouvelât l'histoire de Sedan et de Metz, » fut incriminé par Gambetta qui, dans une circulaire, fit planer sur le général d'Aurelles de Paladines les accusations graves de trahison ou d'incapacité.

Ces stupides accusations de trahison, lancées à dessein pour cacher les fautes du gouvernement gambettiste, démoralisaient l'esprit public et enlevaient à nos chefs militaires l'autorité morale qui leur était nécessaire pour l'exercice de leur commandement.

Il fallait alors, dit M. Domenech, avoir une rude énergie, un patriotisme à toute épreuve pour accepter le commandement d'un corps d'armée, et pour obéir à ces avocats, nos gouvernants, qui rendaient responsables nos officiers supérieurs des fautes qu'ils leur faisaient faire et les mettaient, au moindre échec, en suspicion d'une façon révoltante.

George Sand écrivait le 7 décembre :

Orléans est de nouveau aux Prussiens. Notre camp est abandonné ; nous perdons un matériel immense, nos canons de marine, des munitions considérables ; notre armée est en fuite. Selon le général, le ministre a manqué de savoir et de jugement...

Le *public appréciera* ! c'est ainsi que ce jeune avocat parle à la France...

Il y aura donc un public seul compétent pour juger entre sa science militaire et celle d'un général qu'hier encore il nous donnait comme une trouvaille de son génie ! Ou vous vous êtes cruellement trompé hier, ou vous nous trompez cruellement aujourd'hui. C'est un aveu d'ignorance ou d'étourderie que votre emphase ne vous empêche pas de faire ingénument. Je ne sais ce qu'en pensera le public, mais je sais que les familles en deuil ne vous jugeront pas avec indulgence. Général, vous seriez mis à la retraite par le chef du gouvernement : chef du gouvernement, vous vous conservez au pouvoir : voilà des inconséquences qui coûtent cher à la France !

Le résultat, c'est que deux cent mille hommes de notre armée sont en fuite, — on appelle cela maintenant se replier, — et que nous faisons une perte immense en matériel de guerre.

Le général d'Aurelles donna sa démission et demanda à passer devant un conseil de guerre. Un décret déféra sa conduite à une commission militaire composée du général de Barral, de l'intendant-général Robert et du préfet Ricard. Mais, revenu à d'autres sentiments, M. Gambetta offrit un nouveau commandement au général qui le refusa par une lettre ainsi conçue :

Belley, 11 janvier.

J'ai eu l'honneur de recevoir votre lettre par exprès. Je place mon pays avant tout, et malgré les déboires et les dégoûts dont j'ai été abreuvé, je suis prêt à reprendre le commandement d'un corps d'armée. Mais je ne veux tenir ce commandement que d'un gouvernement régulier, dont le premier acte aura été de faire passer en jugement les ambitieux et les incapables qui ont perdu la France !

Recevez, monsieur le ministre, l'assurance de ma haute considération.

D'AURELLES DE PALADINES.

Cette réponse, — dit M. Francis Wey, — vengeait les honnêtes gens de la dictature de l'outrecuidante incapacité.

Après l'évacuation d'Orléans, l'armée de la Loire fut scindée en deux parties. La plus forte passa sous le commandement du général Chanzy ; la plus faible, sous celui du général Bourbaki. Cette dernière fut dirigée vers Bourges, où elle se reforma.

Chanzy se mit en retraite vers le Mans, et, pendant vingt-un jours, aidé de l'amiral Jauréguiberry, marin d'une vigueur inouïe et d'une bravoure antique, il dut combattre contre les armées réunies du prince Frédéric-Charles, du duc de Mecklembourg et du général

Von der Thann. Cette retraite restera comme un des épisodes les plus remarquables de la campagne.

Poursuivi par l'ennemi, il fut attaqué, le 7 décembre, sur la ligne de Meung à Saint-Laurent-des-Bois, par le prince Frédéric-Charles, qu'il repoussa, après lui avoir infligé des pertes considérables et fait de nombreux prisonniers. Le 8, à Marchenoir, il livrait un combat également heureux. Le 9, il était aux prises avec les forces du duc de Mecklembourg et, menaçant de les tourner, il les obligeait à reculer. Le 10, à Origny, faisant un retour offensif, il mettait l'ennemi dans un tel désarroi qu'il put suspendre son mouvement de retraite et cantonner ses troupes. Le 15, il soutint, en avant de Vendôme, une vigoureuse attaque, ne se laissa pas entamer, mais, jugeant utile d'abandonner la ville, il fit sauter les ponts du Loir, et poursuivit sa retraite vers le Mans, où il arriva le 24 décembre.

A l'Est, dans les derniers jours de novembre, Garibaldi avait fait une tentative sur Dijon pour en déloger les Prussiens. Dès le 9, le vieux général avait transporté son quartier général de Dole à Autun.

Werder occupait Dijon. Croyant que ce général voulait, par diverses routes, se porter sur le Morvan et gagner Nevers, en évitant Chagny, où était établi un camp retranché, la délégation de Tours avait chargé Garibaldi de garder les défilés du Morvan et la vallée de l'Ouche.

<small>Garibaldi, — lisons-nous dans les *Souvenirs de la guerre de 1870* par M. Henri Legay, — Garibaldi a pour mission de garder les défilés du Morvan ; cela ne l'empêche pas de songer à reprendre Dijon. Il y songe d'autant plus que des espions, envoyés par les Allemands, lui montrent les Dijonnais comme très mécontents de l'occupation de leur ville, prêts à tomber sur l'ennemi, et que des renforts viennent d'arriver dans la vallée de la Saône. Le général Crévisier est à Mâcon ; le général Cremer à Chagny, où il rassemble les troupes mises sous ses ordres pour les porter à Beaune. Garibaldi s'est mis en communication avec les deux nouveaux chefs, et ils lui ont promis de lui prêter main forte, s'il veut tenter l'expédition.</small>

Le 21 novembre, Garibaldi quittait Autun ; le 24, il concentrait ses forces à Pont-de-Pany, et, le 25, il se mettait en marche. Le 26, l'ennemi fit mine de vouloir l'attaquer à Lantenay, par le village de Pasques, mais, aux premiers coups de feu, il lâcha pied, abandonna successivement Pasques, Prénois, Darois, et se retira vers Dijon, en simulant une débandade. C'était un piège pour attirer Garibaldi. Le vieux général s'y laissa prendre, et, croyant au succès, il s'écria qu'il *fallait aller souper à Dijon*.

Pendant trois kilomètres la petite armée s'avance en chantant :

> Aux Armes ! Aux Armes !
> L'étranger veut nous envahir.
> Aux Armes ! Aux Armes !
> Nous saurons le punir.

Il était nuit quand on arriva aux portes de Dijon. A sept ou huit cents mètres de la ville, les colonnes garibaldiennes, assaillies par une grêle de balles et de projectiles, que vomissaient des mitrailleuses bien postées, se retirèrent en désordre et se mirent en retraite sur Autun. Le lendemain, 27, la brigade badoise Keller se lançait à leur poursuite, et, le 1er décembre, elle arrivait devant Autun.

Un historiographe rappporte que l'attaque sur Dijon devait avoir lieu le 28, de concert avec le général Cremer, qui, le 27, poussa dans ce but une reconnaissance à Morey et à Gevrey. Et il ajoute : « Cette attaque devait s'exécuter simultanément de divers côtés et avait toutes les chances de succès. Garibaldi dans une aveugle fanfaronnade veut la gloire de s'être seul emparé de Dijon et attaque le 26, dans la soirée. »

Le 1er décembre, comme nous venons de le dire, les colonnes allemandes atteignaient Autun, et d'assiégeant qu'il était, Garibaldi devenait assiégé. Quelques coups de canon, tirés vers une heure et demie, révélèrent la présence de l'ennemi. Autun, quoique renfermant une armée d'environ 15,000 hommes, était surpris en plein jour. Bien plus, la ville aurait été enlevée sans coup férir et Garibaldi, fait prisonnier avec son état-major si le canon prussien n'était venu donner l'éveil ! Bref, après un combat d'artillerie, qui eut surtout pour objectif le petit Séminaire et ne causa pas de grands dommages, l'ennemi se retira dans la soirée et rétrograda le lendemain sur Dijon. La crainte de se trouver pris entre deux feux, d'un côté, par Garibaldi, et, de l'autre, par le général Cremer, qui, se trouvant à Nuits, prenait ses dispositions pour le cerner, ne fut pas étrangère à cette détermination.

Un témoin oculaire de la lutte, M. Auguste Marais, alors sous-préfet d'Autun, raconte dans un feuilleton publié en juillet 1871 par le *Progrès* de Lyon, sous ce titre : *Garibaldi et l'armée des Vosges en Saône-et-Loire*, raconte, disons-nous, qu'un de ces hasards, si fréquents en guerre, décida du succès de la résistance ! D'après son récit, au moment où les Allemands tenaient presque la victoire, ils virent apparaître tout à coup une masse de guerriers français gravissant la route du Creusot. Ils lâchèrent pied, sans s'apercevoir que ces guerriers n'avaient qu'une pensée : fuir au plus vite ; et, pour la première fois depuis que le monde existe, la bataille fut définitivement gagnée par des fuyards.

Nous donnons cette appréciation pour ce qu'elle peut valoir, mais nous persistons à croire que la détermination du général Keller fut dictée par la considération que nous avons exposée.

Informé de qui se passait, le général Cremer se mit en mesure d'inquiéter l'ennemi dans sa retraite vers Dijon. Le 4 décembre, il tomba sur son arrière-garde à Châteauneuf et lui tua une centaine d'hommes.

Quelques jours après, un combat sanglant se livait à Nuits. Le 18 décembre, cette ville était attaquée par Werder, qui, on s'en souvient, avait établi son quartier général à Dijon, et dont les troupes, disposées sur trois colonnes, s'avancèrent par trois routes différentes. Les forces ennemies présentaient un effectif de 20,000 hommes appuyés par 50 canons. Nous ne pûmes leur opposer que 8,000 hommes et 16 canons. L'action fut chaude, et parmi les troupes, qui, de notre côté, y prirent une part active, on se plut à citer la 1re légion du Rhône, le 37e de ligne et quelques compagnies des mobiles de la Gironde. La 1re légion du Rhône fut surtout cruellement éprouvée ; son colonel, M. Geller, fut grièvement blessé et succomba peu de jours après. De midi à 4 heures du soir, le canon ne cessa de tonner. Les colonnes prussiennes furent plusieurs fois repoussées ; notre artillerie, placée dans de bonnes conditions, faisait de longs vides dans leurs rangs. Enfin, il fallut céder au nombre. Les nôtres, se repliant sur Beaune, évacuèrent Nuits, où l'ennemi pénétra, tandis qu'une partie de ses forces regagnait Dijon dans un tel état de consternation et de désordre que les habitants crurent qu'ils battaient en retraite. C'était, en effet, une retraite. La terreur était peinte sur le visage des Allemands. Ceux-ci étaient taciturnes et constataient avec effroi et tristesse le nombre des leurs restés sur le champ de bataille. Ils avaient en effet perdu 5,000 hommes environ. 40 officiers avaient été tués, parmi lesquels 3 princes allemands. Au nombre des blessés étaient le prince Guillaume de Bade et le général Gluemer. De notre côté, nous avions eu 1,200 hommes, tant tués que blessés ou disparus.

Les Allemands ont dit que le combat de Nuits avait été pour eux un second Reischoffen ; ce qu'il y a de certain, c'est qu'il restera pour les armes françaises, comme une des affaires les plus brillantes de la campagne. Nos troupes étaient placées sous le commandement du général Cremer ; mais on s'accorde généralement à attribuer les honneurs de la journée au colonel Celler, qui tout à la fois fit preuve de courage et de savoir militaire.

Le 19, Werder reprit le chemin de Dijon, et, le 23, Cremer réoccupait Nuits.

Sur ces entrefaites, la nouvelle s'était répandue à Lyon que les légions du Rhône avaient été exterminées dans le combat qui venait d'être livré. Une grande effervescence se produisit. Les fauteurs de troubles en profitèrent pour crier à la trahison, et dans une réunion tenue à la Croix-Rousse, réunion à laquelle des femmes apportèrent les plus vives excitations, il fut décidé qu'on chasserait le préfet de l'Hôtel-de-Ville, pour y installer la Commune révolutionnaire. Le commandant Arnaud, chef d'un des bataillons de la garde nationale, fut sommé de faire battre la générale. Il s'y refusa. Aussitôt, une population furieuse se précipita sur lui. Un tribunal, formé au hasard dans la foule, le condamna à mort, et, sans désemparer, il fut fusillé... C'était un patriote sincère et un républicain éprouvé. M. Gambetta assista à ses funérailles, et ceux des coupables que l'on put découvrir, furent livrés à la justice.

Phalsbourg capitulait le 11 décembre. Le même jour, commençait le bombardement de Montmédy, qui, réduit à l'état de ruines, se rendait le 14.

Plus heureux, Belfort tenait l'ennemi à distance, et, de temps à autre, prenant l'offensive, lui infligeait de nouvelles pertes.

Au nord-ouest, les Prussiens occupaient Rouen le 5 et Dieppe le 9. Privé de moyens de défense, Rouen ne put opposer aucune résistance. A partir de ce moment, l'armée de Manteuffel se divisa en deux corps, dont l'un se dirigea vers le Hâvre, et l'autre vers la basse Normandie.

Le 9, les Allemands avaient été surpris à Ham et chassés de la ville.

Blois avait été occupé dès le 13.

A l'approche des Prussiens, la délégation de Tours s'était jetée dans un train spécial, et, sans faire étape, s'était précipitée vers Bordeaux, où elle s'installait le 11 décembre. Loin des lieux où le canon tonnait, où la mitrailleuse décimait nos bataillons, elle pouvait, dans cette ville, commander, pérorer et décréter la *guerre à outrance*. La dépêche, qui annonçait à la France cette nouvelle, disait que ce changement de résidence avait été opéré dans le but de ne point gêner les opérations militaires. Puis elle ajoutait :

« *Quant au ministre de la guerre, il se rend aux armées, où est sa place dans les circonstances actuelles, pour assister aux efforts des soldats de la France vers Paris.* »

C'était un leurre. La place de Gambetta était en effet là où le pays luttait, là où le sang coulait. Il préféra retourner à Bordeaux, et nulle part, comme le lui a rappelé le général Du Temple, à l'Assemblée nationale, dans la séance du 29 mai 1872, nulle part, il n'a jugé à propos de payer de sa personne.

On ne se méprit point sur la valeur de ce langage et le lendemain George Sand écrivait :

Le ministre de la guerre, va, dit-on, à l'armée de la Loire pour la commander en personne. J'espère que c'est une plaisanterie de ses ennemis ; ce qu'il y a de certain, c'est que le gouvernement de Tours se sauve à Bordeaux : c'est le cinquième acte qui commence. Le public va bientôt apprécier.

George Sand ne se trompait point.

VIII

La Province et Paris *(décembre et janvier).* — **Dénuement et souffrances** *des mobiles ;* **existence somptueuse** *de Gambetta et sa suite.* — **Répartition inégale** *des charges de la défense.* — **Ligue du Midi.** — **Paris :** *attaque infructueuse sur le Bourget ; bombardement ; ses effets.* — **Occupation** *d'Auxerre.* — **Belfort :** *affaires de la Haute-Perche et de Danjoutin* — **Opérations militaires** *dans le Nord, en Normandie et du côté de la Loire.* — **Capitulation** *de Maizières, Péronne et Rocroy.* — **Dissolution** *des conseils généraux ;* **protestations.** — **Outrage** *au pavillon anglais ; explications et indemnité pécuniaire.* — **Assassinat** *du général Prim.* — **De grands mouvements stratégiques se préparent.**

Nous sommes au mois de décembre. Le froid est rigoureux, et nos pauvres mobiles, sans vêtements et quelquefois sans pain, ont rudement à souffrir de cette température, qui varie de 10 à 20 degrés au-dessous de zéro. Lisez plutôt. Voici ce que George Sand écrivait le 6 décembre :

> 20 degré dans la nuit, et nos soldats couchent dans la neige ! Nos mobilisés sont atrocement logés à Chateauroux dans une usine infecte, ouverte à tous les vents... Chaque nuit il y en a une vingtaine qui ont les pieds gelés ou qui ne s'éveillent pas. Morts de froid littéralement ! C'est infâme, et c'est comme cela partout ! Avant de les mener à la mort, on leur fait subir les tortures de l'agonie.

M. Blandeau s'exprime en ces termes :

> Malgré les sommes fabuleuses dépensées par Gambetta, au bout de deux mois de campagne beaucoup de mobiles n'avaient pas encore leur équipement complet. Un grand nombre campaient sans habits d'hiver, couchant sur la neige par un froid de 10 degrés au-dessous de zéro. Pendant qu'ils donnaient avec le plus louable dévouement leur sang à la patrie, la patrie par son représentant ne leur donnait pas les éléments indispensables à l'entretien de leurs santé et des forces nécessaires pour aborder vigoureusement l'ennemi... Partout la charité publique était obligée de suppléer à cette incurie et d'envoyer des bas, des gilets, des ceintures, aux mobiles et aux mobilisés qui combattaient les envahisseurs. Dans toutes les villes on ouvrait des souscriptions, on organisait des ateliers de charité... Combien de ces pauvres jeunes gens sont revenus avec les pieds gelés, ou atteints de maladies trop souvent incurables !
> Rien surtout n'était déplorable comme le service de l'intendance. Aucune mesure n'était prise pour l'approvisionnement des troupes. Nous pourrions nommer un de ces pitoyables copistes de 92, à qui l'on représentait que les mobiles manquaient de pain, et qui eut la cruauté de répondre : « Du pain? Pour « se battre on n'a pas besoin de pain ; on n'a besoin que de cartouches ! » Quelle intelligence des choses de la guerre !

Le même écrivain nous initie, en outre, aux privations et aux souffrances que les mobilisés bretons eurent à subir au camp de Conlie.

> Sait-on, — dit-il, — que couchés ou plutôt ensevelis dans la boue ou la neige, sans autre vêtement qu'une blouse de serge brûlée, sans une chemise de rechange, les mobilisés bretons ne recevaient que deux petites bottes de paille pour huit hommes, et cette paille, promptement réduite en fumier, servait, sans être renouvelée, pendant plusieurs semaines ?
> Sait-on que ces tortures se sont prolongées plus d'un mois dans ce camp, et que le quart des compagnies nombreuses, qui les avaient subies, a péri plus tard ; si bien que les épidémies terribles qui ont décimé longtemps la Bretagne n'avaient pas d'autre origine ?
> Sait-on que lorsqu'un bataillon changeait de campement, il restait quelquefois vingt-quatre heures et plus sans manger ?
> Sait-on que les armes, même mauvaises, manquaient, et que dans ce camp d'instruction il n'avait été brûlé de poudre que celle qui avait salué, impérialement, sur le théâtre même de leurs exploits, Gambetta et Glais-Bizoin, organisateurs d'une si belle œuvre ?

Etaient-ce des soldats que l'on préparait pour la guerre?
N'étaient-ce pas plutôt des victimes vouées d'avance à la mort?

En regard du dénuement de nos mobiles, est-il besoin de placer la douce existence que Gambetta menait à Bordeaux? Loin du bruit importun du canon et des mitrailleuses, le dictateur, bien vêtu, bien nourri, bien tranquille au coin de son feu, gourmandait les armées, donnait des ordres aux généraux et faisait retomber sur de bons soldats les conséquences de son ineptie vaniteuse. Quant à son entourage, comme le maître, il prêchait sans danger la guerre à outrance, et menait joyeuse vie, s'il faut en croire l'écrivain que nous venons de citer et qui raconte ce qui suit :

> Pendant que les braves enfants de nos provinces mouraient pour la patrie, tandis que leurs familles attendaient dans les angoisses et dans les larmes l'issue des combats qui décidaient de nos existences et de nos destinées, à Bordeaux, l'entourage du jeune Gambetta remplissait les bals publics ; le GRAND-THÉATRE donnait la *Muette* ou *Robert-le-Diable*, et le THÉATRE FRANÇAIS jouait une pièce bouffonne et désopilante : *Une Alsacienne dans le pétrin!*

M. le comte de Montferrier, dans son ouvrage : *Le gouvernement de Bordeaux*, rapporte que, après la capitulation de Metz, étant venu à Bordeaux, il trouva cette ville envahie par une nuée de courtisans, accourus des quatre points cardinaux de la France pour prendre part à la curée des places. Nous y lisons :

> Gambetta avait un nombreux entourage d'amis dont les plus célèbres étaient Laurier, Spuller et Cavalier, dit *Pipe en bois*, plus une quantité de secrétaires, presque tous jeunes gens, trouvant fort agréable de passer le temps de cette meurtrière campagne auprès d'un bon feu et autour d'une bonne table...
> Le pavé, en outre, était encombré de colonels sans régiments, de capitaines sans compagnies, et d'une nuée d'officiers d'état-major sans destination. On eût composé un bataillon avec ces désœuvrés qui promenaient leurs galons tout frappant neufs de cafés en cafés, buvant des appointements qu'ils ne gagnaient pas et qu'ils ne cherchaient point à gagner, préférant l'oisiveté aux fatigues des camps.
> C'étaient généralement des protégés de M. Crémieux, qui, n'ayant pas trouvé de préfectures ou de sous-préfectures vacantes, se rejetaient, faute de mieux, sur des emplois militaires, à la condition de ne pas marcher; l'intendance était surtout recherchée de ces messieurs.
> A côté de ces heureux du jour, passaient hâves et défaits, d'infortunés émigrés des pays envahis, qui n'ayant pas de travail et pas d'argent, mouraient presque de froid et de faim...

M. Domenech relevant les accusations de trahison, lancées contre des généraux afin de « cacher les fautes du gouvernement gambettiste », ajoute :

> Nous avons été trahis, en effet, d'abord par les poltrons qui se faisaient

exempter du service, en invoquant auprès des autorités leur prétendu titre de républicains : ensuite par les autorités républicaines qui fournissaient ou faisaient fournir à nos soldats des armes, des vêtements et des chaussures de rebut ; enfin, par ceux qui gaspillaient nos finances pour s'enrichir ou faire de la politique, au lieu de les consacrer à la défense nationale !...

Autre chose révoltante ! Les lourdes charges de la défense n'étaient pas réparties d'une manière équitable. Ainsi, tandis que la Bretagne, la Bourgogne, l'Anjou, la Vendée, le Maine et d'autres provinces s'étaient vu enlever toute leur population valide, la plupart des départements du midi restaient dans l'inaction. Un journal de Lyon, dévoilant ce fait étrange, constatait, à cette époque, que la Haute-Garonne n'avait pas encore envoyé au feu un seul de ses mobilisés du premier ban, tandis que les Marseillais ne songeaient qu'à s'enfermer dans leur ville !

Le Midi, il est vrai, avait d'autres préoccupations. Il était tout entier à ce que l'on a appelé la *Ligue du Midi*, ligue séparatiste, qui menaçait de briser l'unité nationale ou tout au moins de créer un Etat dans l'Etat.

Le jour où, l'armistice conclu, Gambetta se souleva contre le gouvernement de Paris, il s'en fallut peu, à ce que l'on assure, que cette Ligue ne déchaînât de nouveaux malheurs sur le pays. C'est, du moins, ce qui résulte des renseignements publiés par M. Blandeau :

La France, dit-il, échappa alors à une effroyable commotion. On se souvient que les démagogues s'étaient abstenus d'aller présenter leurs poitrines aux Prussiens, se réservant pour la guerre civile. Le moment leur parut arrivé de tenter un mouvement révolutionnaire auquel la France démembrée et meurtrie semblait ne pouvoir résister. Cette prise d'armes organisée de longue main par les amis de Gambetta, devait s'appuyer sur les ligues séparatistes du Midi, du Sud-Ouest et du Comité central de Paris... Mais ce mouvement démagogique se fit attendre, s'ajourna même, et Gambetta toujours prudent pour lui-même, s'empressa d'aller faire peau neuve en Espagne.

Cette digression nous entraîne loin de notre sujet. Revenons aux faits militaires.

A Paris, aucun évènement sérieux ne s'était accompli depuis les combats de Champigny et de Villiers, lorsque, le 21 et le 22 décembre, des attaques infructueuses furent dirigées sur le Bourget. Le 27, commençait le bombardement des forts du sud, et, le 29, les canons Krupp nous forçaient à abandonner le plateau d'Avron. Le 5 janvier, les forts du sud étaient assaillis par une grêle de projectiles. Ce fut dans cette nuit que les premiers obus tombèrent dans Paris. Malgré différentes reconnaissances sur la ligne de l'est, à Drancy, au Moulin-de-Pierre, à Bagneux, le cercle d'investissement se resserrait chaque jour. Des engagements sans importance eurent lieu sur plusieurs points et diverses tentatives de l'ennemi furent repoussées. Dans la nuit du 8 au 9 janvier, Grenelle, Montrouge, Plaisance, les quartiers de l'Odéon et du Panthéon furent rudement éprouvés par le feu des assiégeants. Ne respectant pas même les hôpitaux, ceux-ci semblaient prendre le Val-de-Grâce comme but de leur tir. Plusieurs personnes furent mortellement atteintes. L'un des plus tristes épisodes de cette affreuse nuit fut l'explosion d'un obus dans le dortoir de l'établissement de Saint-Nicolas, rue de Vaugirard. Les Frères faisaient descendre les enfants dans les caves pour les mettre à l'abri, lorsqu'un projectile vint à pénétrer dans la salle et y éclata en tuant cinq enfants et en en blessant six autres très grièvement. Le 13, le fort d'Issy n'était plus qu'un monceau de ruines. Vanves et Montrouge étaient presque dans un état aussi pitoyable, mais tiraient encore. Le 16, les serres du Jardin des plantes étaient détruites, et la collection paléontologique, gravement endommagée. Le bombardement continuait, et les choses en étaient là quand, le 19 janvier, le gouvernement crut devoir tenter un sanglant et dernier effort dans la direction de Versailles. Ce fut l'affaire de Montretout ou plutôt de Buzenval, affaire qui eut une issue fatale et dont nous parlerons plus loin.

En province, les opérations militaires ne s'étaient point ralenties. Quelques résultats ont été obtenus, mais les espérances qu'ils font naître, ne tarderont pas à se dissiper.

Le 20 décembre, les Prussiens entraient à Auxerre, après deux heures de bombardement. Moins heureux devant Belfort, ils avaient essayé le même jour, de s'emparer des positions de la Haute-Perche et avaient été repoussés, non sans avoir éprouvé de grandes pertes. Mais, le 8 janvier, ils emportaient d'assaut le village de Danjoutin. Les nôtres opposèrent une vive résistance ; sept cents d'entr'eux tombèrent au pouvoir de l'ennemi et furent faits prisonniers.

Au nord, Manteuffel attaquait, le 23, l'armée de Faidherbe, dans les environs d'Amiens. Ses troupes étaient repoussées à la baïonnette. Cette affaire est connue sous le nom de combat de Pont-Noyelles. C'était un heureux début. Prenant à son tour l'offensive, le général Faidherbe se mettait en marche le 2 janvier, et, ce même jour, enlevait successivement Achiet-le-Grand et Béhucourt. Le lendemain, de 8 h. du matin à 6 h. du soir, il livrait, sous Bapaume, une bataille, qu'il gagnait.

A six heures du soir, écrivait-il, nous avions chassé les Prussiens de tout le champ de bataille couvert de leurs morts : de très nombreux blessés prussiens restaient entre nos mains dans les villages où l'on avait combattu, ainsi qu'un grand nombre de prisonniers.

Quelques pelotons, emportés par leur ardeur, s'engagèrent sans ordre dans les faubourgs de la ville de Bapaume, où les Prussiens s'étaient retranchés dans quelques maisons. Comme il n'entrait pas dans nos vues de prendre cette ville au risque de la résistance, ces pelotons furent rappelés à la nuit.

Les pertes des Prussiens pendant ces deux jours sont très considérables ; les nôtres sont très sérieuses.

Cependant, Ham avait été réoccupé le 24 décembre par l'ennemi. Mézières capitulait le 2 janvier et Rocroy le 6. Enfin, après cinq jours de bombardement, Péronne se rendait le 10.

En Normandie, les Allemands avaient occupé Evreux et successivement évacué Elbeuf, Verneuil, Dreux et Dieppe. Le 24, ils avaient été repoussés près de Bolbec, et, en se retirant, avaient livré le village aux flammes. Le même jour, non loin d'Yvetot, ils avaient subi un second échec et s'étaient repliés sur cette ville qui, depuis quelque temps, était en leur possession. Le 30, le général Roy leur enlevait les positions de la Bouille, Orival et le Château de Robert-le-Diable, mais, revenant le 4 janvier, ils nous forçaient à abandonner cette dernière position, et, avec elle, le château de Bourgtheroulde. Enfin, le 6 janvier, près du Hâvre, une reconnaissance ennemie paraissait à Gainneville, lançait quelques obus sur ce village et se retirait, repoussée par les mobilisés de la Seine-Inférieure.

Du côté de la Loire, Tours se rendait le 21 décembre, après un combat assez vif. L'ennemi, sans y pénétrer, se replia vers Château-Renaud : il n'y entra que le 22 janvier après la bataille du Mans. Le 27, une colonne mobile, détachée de l'armée de Chanzy, rencontrait près de Montoiré, sept bataillons prussiens et les mettait en déroute. De son côté, le général Jouffroy s'emparait, le 1er janvier, de fortes positions en face de Vendôme. Le 6, les Allemands attaquaient sans succès, en avant de St-Amand, deux divisions françaises, qui les forçaient à battre en retraite. Le 8, l'armée du centre, attaquée sur toute la ligne qu'elle occupait, sut maintenir toutes ses positions, sauf le village d'Authon qu'elle ne put conserver.

De graves évènements se préparent. Le dénouement approche. Avant d'en parler, il nous reste à signaler des actes ou des faits, qui, quoique d'une tout autre nature, ne peuvent-être passés sous silence.

Un décret du 24 décembre prononçait la dissolution des conseils généraux et remettait au gouvernement le soin de nommer des commissions départementales, sur la présentation des préfets.

Cette mesure faisait disparaître la seule autorité qui tint encore son mandat du vote populaire. Voilà comment ils entendaient le *gouvernement du pays par le pays*, ces hommes qui l'avaient si vivement prôné et réclamé!... Ce gouvernement, ils le confisquaient à leur profit. La suppression des conseils généraux portait non-seulement atteinte à la souveraineté nationale, mais encore au droit inaliénable qu'a le pays de ne payer l'impôt que lorsqu'il a été voté par ses mandataires légitimes.

D'ailleurs, ces assemblées n'avaient point marchandé leur concours aux besoins de la défense nationale. Ils avaient ouvert de larges crédits, et les hommes de toute opinion, qui les composaient, avaient confondu leurs sentiments en un seul : le salut de la Patrie. L'abus de pouvoir qui les frappait, était donc tout à la fois inexcusable et inexplicable. Les conseils généraux, il est vrai, étaient chargés de vérifier les dépenses. M. Gambetta préférait-il confier ce travail à des hommes à sa dévotion plutôt qu'à des hommes indépendants ? Beaucoup le pensèrent. Voici ce que nous lisons à ce propos dans le livre de M. Blandeau :

> L'énormité de cet acte césarien était d'autant plus manifeste que les conseils généraux, appelés à contrôler les actes des préfets, doivent être placés dans une condition d'indépendance absolue à leur égard, et ne relever en aucune manière de leur autorité. Or, d'après le décret dictatorial, non-seulement les préfets devaient nommer les conseillers généraux, mais encore ils avaient le droit de les révoquer. Le moindre acte d'opposition pouvait y donner prétexte.
>
> Quel était donc le mot de cette situation où, sans nécessité, sans motif, sans droit, et au contraire, contre toute utilité, toute convenance, toute justice, on mettait une main violente sur toutes nos institutions électives, pour leur substituer des combinaisons arbitraires telles que le plus effréné despotisme n'eût jamais osé les essayer?
>
> C'est qu'on voulait se débarrasser de tout contrôle gênant.
>
> C'est qu'on voulait, pour l'avenir, pour les impôts qu'il plairait de frapper, pour les emprunts qu'on voudrait contracter, agir à sa guise, avoir ses coudées franches, puiser dans nos poches à volonté et ne rendre de comptes à personne.
>
> Pour arriver à ce but, il fallait, au mépris de la loi et du suffrage universel, nommer *in petto* des conseillers d'office...
>
> On avait conservé pendant quelques mois les conseillers élus, pour leur faire voter les millions destinés à la défense nationale. Puis, la chose faite, on les congédiait, pour éviter qu'ils demandassent des comptes aux intègres amis du jeune dictateur.

Quoi qu'il en soit, les départements ne pouvaient être livrés à des commissions administratives, sans mandat et sans autorité, nommés par des préfets, à qui elles devaient demander compte de l'emploi des deniers publics !... Aussi, des protestations s'élevèrent de toutes parts, George Sand s'exprimait ainsi :

> Ces mesures révolutionnaires sont bien intempestives et dans l'espèce parfaitement injustes. La délégation est malade.

M. de Kératry protesta également par une lettre rendue publique et dont voici les principaux passages :

Nantes, 27 décembre 1870.

A MM. *Crémieux*, *Gambetta*, *Fourrichon*, *Glais-Bizoin*, *membres de la délégation du gouvernement de la défense nationale.*

Je crois l'heure venue d'oublier un instant nos anciennes relations d'amitié pour essayer de vous faire entendre le langage de la vérité.

Ce langage, c'est un droit et un devoir pour moi de vous le tenir aujourd'hui.

Mon droit est celui qui appartient à tout citoyen douloureusement préoccupé de l'existence même de son pays.

Mon devoir découle de la part que j'ai prise, tant à la tribune qu'à l'Hôtel-de-Ville, à la création du gouvernement de la défense nationale...

La délégation de Tours s'est malheureusement écartée de la voie sage que lui traçait la nécessité.

Depuis trois mois, vous avez soumis la défense nationale aux exigences ou aux faiblesses de votre politique. Au lieu de vous appuyer sur le pays, vous l'avez divisé en différents groupes. Certains de vos préfets étaient des agents de dissolution.

Cette dissolution, vous venez de la hâter par le décret relatif à la suppression des conseils généraux, rendu par vous le 25 décembre.

Où sont donc ces solides doctrines que nous avons si vigoureusement défendues au nom de nos électeurs ? Depuis le 4 septembre, rien n'est de droit, tout est de fait, je le reconnais. Je ne reviendrai pas sur les nombreux actes d'arbitraire que vous avez commis et que le pays a tolérés en raison de vos bonnes intentions et au nom du salut commun.

Mais, au nom de ce même salut, la France entière va repousser votre décret du 25 décembre...

DE KÉRATRY.

La France entière, en effet, se souleva contre ces décrets. Quelques préfets adressèrent à Gambetta des observations sur ses abus des pouvoirs, et même deux d'entre eux furent relevés de leurs fonctions ou destitués pour avoir professé un trop grand respect du suffrage universel et de la légalité. Leurs noms doivent être mentionnés. Ce furent MM. Cyprien Girard, préfet de la Nièvre, et Marcel Lucet, préfet de Constantine.

A cette époque, se produisit un fait, contraire au droit des gens, et qui allait peut-être amener un *casus belli* entre la Prusse et l'Angleterre. Cette éventualité devait profiter à la France ; elle ne se réalisa point. Voilà ce qui s'était passé : Le 25 décembre, le général Von Gœben fit couler six navires anglais à Duclair, près Rouen, pour barrer la Seine. L'Angleterre jeta feu et flammes. On crut qu'elle allait demander réparation non-seulement du dommage mais de l'outrage fait à ses nationaux. Point du tout. Elle se contenta des explications et de l'indemnité pécuniaire que lui offrit Bismark, lequel expédia à M. Bernsdorff, à Londres, la dépêche suivante :

Versailles, 8 janvier.

Le rapport du commandant allemand sur l'affaire des goëlettes anglaises coulées dans la Seine ne nous est pas encore parvenu, mais les faits principaux sont connus. Dîtes à lord Granville que nous regrettons sincèrement que nos troupes, pour détourner un danger imminent, aient été obligées de saisir des navires britanniques. Nous admettons les réclamations d'indemnité, et nous payerons la valeur des navires sans attendre la décision qui doit fixer ultérieurement le chiffre de l'indemnité. Si des excès injustifiables ont été commis nous le regrettons encore davantage, et nous punirons les coupables.

BISMARK.

Et la fière Albion se déclara satisfaite !

Enfin, un des ennemis implacables de la France, l'homme qui avait été, sinon le promoteur de la canditature Hohenzollern, du moins le complice de la Prusse dans cet incident diplomatique, qui fut le prétexte et la cause de la guerre, le général Prim, pour le nommer, avait été assassiné le 28 décembre, en sortant de la séance des cortès. La France maudira la mémoire de cet homme qui, déjà au Mexique, avait tenu, à son égard, une conduite déloyale.

Cependant, comme nous l'avons dit plus haut, l'heure du dénouement approche. Au nord, à l'ouest et à l'est, de grands mouvements militaires se préparent. Hélas ! ce suprême effort devait être vain ; nous allions encore succomber dans la lutte !

IX

Diversion *dans l'Est* ; **Bourbaki.** — **Werder** *évacue Dijon qui est occupé par* **Garibaldi.** — **Etapes victorieuses** *de Bourbaki.* — **Bataille du Mans** ; *échec de Chanzy.* — **Succès** *remportés par* **Faidherbe**, *qui, accablé par le nombre, est obligé de se replier.* — **Inaction de Trochu** ; *Gambetta invite, mais en vain, le gouvernement de Paris à effectuer une sortie.* — **Guillaume** *se fait proclamer* **empereur d'Allemagne** *dans le palais de Versailles.*

Tandis que Trochu, sous Paris, Faidherbe au nord et Chanzy à l'ouest tiendront l'ennemi en échec, Bourbaki va tenter, à l'est, une grande diversion ayant pour objet de dégager Belfort, de s'emparer des voies de l'est, et, par ce moyen, couper les communications de l'armée prussienne avec l'Allemagne, de manière à l'isoler et à la rendre impuissante. Cette entreprise pouvait changer la face des choses ; mais pour en assurer le succès, deux conditions étaient indispensables : 1° le secret et la rapidité des marches ; 2° le concours effectif de l'armée de Garibaldi, qui, posté à Dijon, devait protéger les derrières de Bourbaki et contrecarrer le mouvement des corps prussiens, envoyés au secours de Werder. Ni l'une ni l'autre de ces conditions ne furent remplies. Le plan fut éventé par l'ennemi ; l'encombrement des chemins de fer, le froid, la neige, le mauvais état des routes entravèrent le transport des troupes ; enfin, Garibaldi se laissa jouer par Manteuffel, et, privé de ses voies de ravitaillement, notre armée de l'Est dut chercher un refuge en Suisse. Entrons dans l'exposé des faits.

Ce fut, dit-on, le 20 décembre, que le quartier général allemand fut informé de la marche de Bourbaki. Le 22, Werder opérait un mouvement de retraite sur Gray et sur Vesoul. Le 27, il avait évacué Dijon. Cremer y entrait le 31. Le général Pelissier y arrivait le 3 janvier. Le 4, Cremer se rendait sur les rives de la Saône pour protéger les flancs de l'armée de l'Est. Enfin, Garibaldi, abandonnant Autun, faisait, le 7, son entrée solennelle dans l'ancienne capitale de la Bourgogne, et y prenait le commandement en chef d'une armée évaluée de 40 à 45 mille hommes. De son côté, M. de Moltke organisait sous les ordres du général Manteuffel, une forte armée, dont le passage devait s'effectuer entre Dijon et Langres, c'est-à-dire à portée de Garibaldi qui, tout naturellement, devait s'y opposer. Mais, ce dernier resta dans l'inaction, faute énorme qui compromit le succès de l'expédition.

Cependant, Bourbaki avançait. Le 9, il rencontrait les avant-postes prussiens au bois d'Esprels, sur la route de Montbozon à Villersexel, enlevait à la baïonnette les positions ennemies, marchait sur Villersexel, qui, le lendemain, tombait en son pouvoir après un combat acharné. Durant ce combat le château fut tour-à-tour pris et repris ; en définitive, les Prussiens l'abandonnèrent, après y avoir mis le feu et sans même en enlever leurs blessés. Le 11, Bourbaki continuait sa marche vers Héricourt. Le 13, il attaquait Werder à Arcey, s'emparait de ce village et repoussait le général badois, qui transportait son quartier général à Brévilliers, au nord-est d'Héricourt. Voici la dépêche qu'il adressait au gouvernement :

Ornans, 13 janvier 1871, 3 h. soir.
GÉNÉRAL BOURBAKI A GUERRE.

Les villages d'Arcey et de Sainte-Marie viennent d'être enlevés avec beaucoup d'entrain et sans que nous ayons éprouvé des pertes trop considérables, eu égard aux résultats obtenus. Je gagne encore du terrain. Je suis très content de mes commandants de corps d'armée et de nos troupes.

En manœuvrant, j'ai fait évacuer Dijon, Gray et Vesoul, dont il a été pris possession dès hier par un éclaireur, enfin Lure.

Les journées de Villersexel et d'Arcey font grandement honneur à la première armée, qui n'a cessé d'opérer depuis six semaines par un temps des plus rudes, en marchant constamment malgré le froid, la neige et le verglas.

Ces débuts étaient d'un bon augure. La France se sentit renaître et son cœur s'ouvrit à l'espérance. Hélas ! quelques jours encore, et ses dernières illusions se seront évanouies !

A l'ouest, Chanzy succombait sous le nombre. En effet, son armée, affaiblie par la formation de l'armée de l'est, décimée par le froid, la faim et les maladies, ne pouvait tenir tête aux troupes réunies de Frédéric-Charles, de Mecklembourg et de Thann. Le 10 janvier, il fut assailli dans ses positions du Mans par des forces considérables, et, le soir même, rendant compte de l'action, il s'exprimait en ces termes :

Le Mans, 10 janvier, soir.
GÉNÉRAL CHANZY A GUERRE.

Les armées du Prince-Charles et du grand duc de Mecklembourg ont redoublé d'efforts aujourd'hui dans leurs attaques sur l'Huisnes et au sud-est du Mans. Pressées de tous côtés, nos colonnes ont dû se retirer sur les positions définitives qui leur avaient été assignées à l'avance. L'action a été des plus vives à Montfort, à Champagnes, à Parigné-l'Évêque, à Jupilles, à Changé. Sur ce dernier point, la brigade Ribel, après une vive résistance de plus de six heures, a dû abandonner le village à l'ennemi. Nous avons fait des pertes sérieuses, mais l'ennemi a plus souffert que nous, de l'aveu des prisonniers faits sur plusieurs points.

Le lendemain, l'attaque recommença. Nous restâmes maîtres du terrain, mais à quel prix ! Voici la dépêche que le général adressa au ministre de la guerre :

Le Mans, 11 janvier, 1871, 11 h. 30 soir.
GÉNÉRAL CHANZY A GUERRE.

Nous avons eu aujourd'hui la bataille du Mans. L'ennemi nous a attaqués sur toute la ligne. Le général Jauréguiberry s'est solidement maintenu sur la rive droite de l'Huisnes ; le général de Colomb s'est battu pendant six heures avec acharnement sur le plateau d'Anvours ; le général Gougeard, qui a eu son cheval percé de six balles, a montré la plus grande vigueur, et les troupes de Bretagne ont puissamment contribué à conserver cette position importante. J'ai annoncé au général Gougeard qu'il était commandeur.

Au-dessous de Changé et sur la route de Parigné-l'Evêque, nous nous sommes maintenus malgré les efforts de l'ennemi. Nous couchons sur toutes nos positions, moins la Tuilerie, abandonnée devant un retour offensif tenté à la tombée de la nuit par l'ennemi.

Nous avons fait des prisonniers dont j'ignore le nombre. Ils évaluent les forces prussiennes engagées ou en réserve à 130,000 hommes. Le combat n'a cessé qu'après la nuit venue.

Le retour offensif tenté par l'ennemi eut les suites les plus funestes.

Pendant cette journée du 11, dit M. Domenech, la gauche de l'armée qui occupait les positions en avant d'Yvée, descendit la montagne, vers trois heures et demie, dans le désordre le plus complet : la ligne et l'artillerie, pêle-mêle, se mirent à fuir dans la plaine et vers le pont de la route du Mans. Le plus grand désastre qu'on ait vu depuis Sedan était inévitable, car les Prussiens, maîtres de cette position, commandaient la route du Mans, seule voie de retraite pour le 16e et le 17e corps. En voyant ce danger, le général Gougeard appela le colonel Bel et lui commanda de reprendre le plateau, puis il ajouta : « Vous savez, colonel, que vous n'en reviendrez pas ? »

— « J'y vais, répondit ce brave officier. »

A la tête de sa colonne, M. Bel gravit les hauteurs du plateau d'Auvours, fut gravement blessé et fait prisonnier par l'ennemi. Se mettant alors à la tête des zouaves pontificaux, le général Gougeard s'écria : « Zouaves ! le salut de l'armée dépend de vous. »

Aussitôt le bataillon s'élance aux cris de : « Vive Dieu ! vive la France ! » Le plateau fut escaladé au pas gymnastique sous une grêle de balles et d'obus ; les zouaves, sans tirer un coup de fusil, arrivèrent sur le plateau et s'en rendirent maîtres. Une heure après notre artillerie s'installa sur ces hauteurs ; le colonel Bel était délivré des mains des Prussiens et les positions réoccupées par nos troupes.

Pour la troisième fois, en trois mois, les zouaves pontificaux durent revenir à Poitiers pour se recruter et se réorganiser. Deux de leurs capitaines sur six échappèrent à la mort : cinq lieutenants, dont deux blessés, et trois sergents, voilà ce qui restait de leurs cadres ; la veille ils avaient perdu leur aumônier et un docteur faits prisonniers ; quant au bataillon, les neuf dixièmes restèrent sur le terrain.

Ce fait d'armes sauva l'armée, mais ne sauva pas le Mans. Le général Chanzy dut se replier et annonça cette triste nouvelle dans les termes suivants :

Le Mans, 12 janvier, 9 h. 40 matin.

GÉNÉRAL CHANZY A GUERRE.

Nos positions étaient bonnes hier au soir sauf à la Tuilerie, où des mobilisés de la Bretagne ont, en se débandant, entraîné l'abandon des positions occupées sur la rive gauche de l'Huisnes. Le vice-amiral Jauréguiberry et les autres généraux croient que la retraite est commandée par les circonstances, je m'y résigne mais le cœur me saigne.

En effet, la retraite se fit dans la journée du 12, et ce même jour les Prussiens entrèrent au Mans. Quant à Chanzy, il se replia sur Laval. A cause des mauvais temps et de l'état des routes, sa marche s'effectua difficilement. A proprement parler, elle ne fut point inquiétée par l'ennemi. Tout se borna à quelques escarmouches ou combats d'avant-postes.

Au nord, la petite armée du général Faidherbe faisait des prodiges de valeur ; mais, d'une force numérique trop restreinte, elle ne pouvait jouer un rôle décisif. Du reste, accablée par le nombre, elle sera, elle aussi, bientôt forcée de battre en retraite.

Le 10 janvier, Péronne capitulait tandis que, à six lieues de là, le général Faidherbe s'avançait pour la dégager. Le 15, un corps prussien de 4,000 hommes environ était mis en déroute au Catelet par une colonne française. Le 16, les Allemands, surpris par une partie du détachement, qui les avait battus la veille, évacuaient St-Quentin. Le 17, à la suite d'un engagement heureux, notre armée du Nord se massait au sud de cette ville. Le 18, elle était attaquée par le général Von Gœben, auquel l'armée d'investissement de Paris avait envoyé des renforts importants, et, Faidherbe, obligé de se replier devant des forces considérables, se mettait en retraite sur Cambrai et Lille. Au moment de rentrer dans ses cantonnements, le général publiait la proclamation suivante :

> Soldats !
>
> C'est un devoir impérieux de votre général de vous rendre justice devant vos concitoyens ; vous pouvez être fiers de vous-mêmes, car vous avez bien mérité de la patrie !
>
> Ce que vous avez souffert, ceux qui ne l'ont pas vu ne pourront jamais l'imaginer, et il n'y a personne à accuser de ces souffrances : les circonstances seules les ont causées. En moins d'un mois, vous avez livré trois batailles à un ennemi dont l'*Europe entière a peur*. Vous lui avez tenu tête, vous l'avez vu reculer maintes fois devant vous ; vous avez prouvé qu'il n'est pas invincible.
>
> Les Prussiens ont trouvé dans les jeunes soldats à peine habillés et dans les gardes nationaux des adversaires capables de les vaincre.
>
> Qu'ils ramassent nos traînards et qu'ils s'en vantent dans leurs bulletins, peu importe ! Ces fameux preneurs de canons n'ont pas touché à une de nos batteries. Honneur à vous !
>
> Quelques jours de repos, et ceux qui ont juré la ruine de la France vous retrouveront debout devant eux.
>
> FAIDHERBE.

Pendant ce temps que faisait Trochu ? Il semblait attendre avec résignation l'heure fatale de la capitulation.... Deux dépêches, publiées, en février 1872, par la *République française*, ont révélé au pays que Gambetta, après l'avoir informé des réductions qu'avait subies l'armée assiégeante, le pressait vivement d'agir. Donnons ici quelques extraits de ces dépêches.

Bordeaux, le 13 janvier 1871.

GAMBETTA A JULES FAVRE ET TROCHU.

. . . .
. . . .

... Profitant du bombardement et de l'effet bruyant qu'ils font sur votre ville, les Prussiens vous ont laissé devant un rideau d'artillerie et ont amené : 1° près de 200,000 hommes sur Chanzy, empruntés au segment qui va de Mantes à Orléans ; 2° 130,000 hommes qu'ils font marcher à grandes journées à travers l'Auxerrois et la Bourgogne sur Bourbaki.

Vous n'avez jamais été investis par des forces moindres. Quant à croire, comme me l'ont dit l'émissaire Brousseau et la lettre du général Trochu que j'ai reçue ce matin, que vous êtes entourés par un triple cercle de fortifications, c'est là une illusion qui peut être fatale à la cause de la France et de la République.

Cette illusion rappelle les effrayantes erreurs des assiégés de Metz. Vous n'avez devant vous, en fait d'ouvrages fortifiés, que ceux que vous apercevez et où sont installées les batteries qui vous couvrent de feux : au-delà il n'y a rien. Nous avons fait parcourir et visiter minutieusement par un officier du métier, qui nous en a rapporté un graphique, les lignes prussiennes, et c'est en toute certitude que nous affirmons qu'il n'existe rien de pareil. En conséquence, agissez, agissez au plus vite ; vous ne retrouverez peut-être jamais cette occasion libératrice ! Nos armées feront les plus héroïques efforts pour retenir les troupes prussiennes détachées du siége pour venir les écraser ; ne donnez pas à ces troupes, si la fortune nous est contraire, le temps de remonter vers Paris. Nous continuerons à faire presser au Nord, à l'Est, à l'Ouest, les forces prussiennes. Il vous appartient de choisir les défauts de la cuirasse, car il en est certainement plus d'un. Vous avez le choix du lieu, mais songez que bientôt vous n'aurez plus le choix de l'heure.

Salut fraternel.

LÉON GAMBETTA.

(Suit un état des forces prussiennes duquel il résulte que le total des troupes d'investissement devant Paris n'atteint pas 180,000 hommes.)

Le 14 janvier, 1871.

GAMBETTA A JULES FAVRE.

Je ne peux pas me lasser de vous le redire, et chaque fois avec plus d'insistance : il faut sortir, sortir tout de suite, sortir à tout prix, sortir aussi nombreux que possible, sortir sans esprit de retour. Près de 300,000 hommes vous ont abandonnés depuis cinq jours, pour courir les uns sur Chanzy, les autres sur Bourbaki. Nous les retiendrons le plus possible, mais n'attendez pas qu'ils reviennent pour sortir, ne les laissez pas remonter vers Paris...

Votre dépêche du 10 janvier, reçue et déchiffrée aujourd'hui, m'a causé autant de colère que de douleur. Comment se peut-il que, voyant et jugeant aussi clairement les choses, vous puissiez subir un joug sous lequel Paris, la France et la République vont succomber ? Il n'est ni convenances, ni relations, ni intérêts particuliers qui puissent vous faire fléchir ni hésiter. Votre dépêche, c'est un arrêt rendu contre vous également. Que diront la France et l'histoire, quand elles connaîtront la vérité ? Quand je pense que le 8, suivant ce que vous me dites, tout était préparé, ordonné, et que, sans motifs, rien ne s'est exécuté, je me demande si vous mesurez bien et l'étendue de telles fautes et l'étendue de nos responsabilités, car je ne me séparerai jamais de vous...

Je termine comme j'ai commencé, en vous criant : Sortez, sortez, si vous ne voulez pas laisser périr la France ; car, je ne saurais me lasser de le redire, vous n'avez autour de vous qu'un simple cercle de feu, derrière lequel nos audacieux ennemis dérobent tous leurs mouvements. La province fait d'ailleurs écho au cri unanime de Paris et se demande à son tour pourquoi cette persistante inaction. Chanzy s'est remis de son échec d'hier, et nos affaires dans l'Est ont bonne tournure.

Salut fraternel.
Léon Gambetta.

Le *Courrier de France* a dit à ce propos :

M. Pigeonneau a publié, dans la *Revue des Deux-Mondes*, une étude fort intéressante sous le nom de : *Versailles pendant le siége*. L'auteur, professeur au lycée de Versailles, a suivi d'un œil attentif, et avec autant d'intelligence que de patriotisme, les mouvements des Prussiens. Or, les renseignements qu'il donne sur le nombre des assiégeants concordent, à très peu de chose près, avec les chiffres envoyés par M. Gambetta au général Trochu et à M. Jules Favre.

Et le même journal ajoutait :

Nous avons cru longtemps à la loyauté et à la capacité du général Trochu. Nous ne croyons plus qu'à sa loyauté... Si l'homme honnête demeure intact, le capitaine est définitivement condamné, et l'impéritie poussée à de telles limites, quoique moins coupable que la trahison, est presque aussi funeste.

Le 19 janvier, Trochu, — il est vrai, — fera une nouvelle tentative ; il livrera la bataille de Buzenval mais dans des conditions telles qu'il semblera mû uniquement par le besoin de satisfaire l'opinion publique et de ménager la capitulation.

Sur la demande de Chanzy, Gambetta partit le 17 janvier pour le quartier général de l'armée de l'Ouest, puis il se rendit à Lille où, par une énergique allocution, il excita les habitants à la résistance à outrance, déclarant que la guerre, poursuivie même avec des revers, serait funeste à l'ennemi.

En ce même temps, Guillaume se faisait proclamer empereur d'Allemagne à Versailles et recevait en grande pompe la couronne impériale dans le palais de Louis XIV. Ses désirs se réalisaient au-delà de ce qu'il avait pu rêver. Non-seulement il reprenait le sceptre de l'Allemagne, mais, c'est au sein de cette France, qui seule pouvait mettre obstacle à ses projets ambitieux, et dont, aujourd'hui, il foulait le sol en vainqueur, que rois et princes teutons devenaient ses vassaux. Europe, un jour, peut-être, tu regretteras la neutralité égoïste dans laquelle tu t'es enfermée !

X

La Province et Paris *(janvier 1871).* — **Diversion dans l'Est** *(suite)* : *Montbéliard, Héricourt, Chénebier.* — **Combats sous Dijon** : *Garibaldi se laisse jouer par Manteuffel.* — Occupation *de Dôle, Gray et d'une partie du Jura ;* interruption *des communications et des moyens de ravitaillement de l'armée française.* — **Désespoir de Bourbaki.** — Retraite *de l'armée de l'Est s'effectuant sous le commandement du général* **Clinchant.** — **Armistice,** *ses exceptions; oubli commis par M. Jules Favre; ses conséquences.* — **Occupation d'Avallon.** — **Expulsion** *des Allemands à La Flèche.* — **Sortie de la garnison de Bitche.** — **Capitulation de Longwy.** — **CAPITULATION DE PARIS !!!** — **Atteinte à l'inamovibilité de la magistrature.**

Le 15 janvier, Bourbaki attaquait simultanément : à droite, Montbéliard ; au centre, Héricourt, tandis que, à gauche, pour faciliter cette double opération, il faisait exécuter un mouvement tournant.

A 12 ou 15 kilomètres de Belfort coule dans la direction du sud-est, la petite rivière de Lizaine. C'est sur les rives mêmes de ce cours d'eau que nos troupes devaient livrer de nouveaux combats et se heurter aux fortifications que de Werder s'était empressé d'élever, à la première nouvelle du mouvement de Bourbaki.

Montbéliard, moins le château, — qui était le point important, — fut occupé le 15. Le lendemain, l'attaque fut renouvelée. Nos soldats parvinrent, en petit nombre, à traverser la Lizaine à Béthoncourt et même à s'installer dans les premières maisons d'Héricourt, sans pouvoir, toutefois, conserver cet avantage. Le 17, l'aile droite échoua dans ses efforts contre le château de Montbéliard. Le centre tenta vainement de repasser la Lizaine ; enfin, l'aile gauche ne fut pas plus heureuse.

L'élan de nos soldats fut admirable, dit un historiographe, mais les batteries prussiennes, masquées par l'épaisseur des bois, foudroyaient nos colones et les empêchaient d'aborder les lignes ennemies.

Trois fois, nos jeunes mobiles, à peine vêtus contre le froid, mal chaussés, n'ayant mangé depuis vingt-quatre heures que quelques bribes de biscuit, descendirent à découvert, sur des pentes neigeuses, jusqu'à la Lizaine et s'élancèrent à l'escalade des retranchements prussiens ; ils furent décimés par l'artillerie ennemie et trouvèrent un obstacle invincible.

Accablé par cette résistance trop motivée, le brave commandant de l'armée de l'Est dut renoncer à tout espoir de succès et ordonner la retraite.

Voici, du reste, les différentes dépêches qui furent successivement portées à la connaissance du pays :

GÉNÉRAL BOURBAKI A GUERRE.

Le 15 janvier 1871.

L'armée s'est battue toute la journée. Ce soir, nous occupons Montbéliard et différentes positions. Demain nous recommencerons au point du jour, et bien que nous ayons devant nous beaucoup plus de forces qu'on ne s'y attendait en hommes et surtout en puissante artillerie, j'espère demain pouvoir gagner encore du chemin et avancer.

16 janvier 1871, 10 h. soir.

L'armée a combattu encore toute la journée. Nous nous sommes maintenus dans nos positions. Nous ne nous sommes avancés que d'un côté par l'occupation de Chénebier. Nous avons une brigade dans Montbéliard, mais le château tient encore. Un instant nous avons été maîtres de quelques maisons d'Héricourt ; il n'a pas été possible de les conserver. Les forces de l'ennemi sont considérables et son artillerie formidable. Le terrain par sa configuration et les obstacles de toute nature qu'il présente, facilite beaucoup la résistance qu'il nous oppose.

17 janvier 1871.

J'ai fait exécuter une attaque générale de l'armée ennemie, depuis Montbéliard jusqu'au pont Vaudois, en cherchant à faire franchir la Lizaine à Béthoncourt, Basserel, Héricourt, et à m'emparer de Saint-Valbert. J'ai essayé de faire opérer par mon aile gauche un mouvement tournant destiné à faciliter l'opération.

Les troupes qui en étaient chargées ont été elles-mêmes menacées et attaquées sur leur flanc.

Elles n'ont pu se maintenir sur leurs positions.

Nous avons eu devant nous un ennemi nombreux, pourvu d'une formidable artillerie. Des renforts lui ont été envoyés de tous côtés. Il a pu, grâce à ces conditions favorables, comme à la valeur de la position qu'il occupait, aux obstacles existant à notre arrivée ou créés par lui depuis, résisté à tous nos efforts, mais il a subi des pertes sérieuses.

N'étant pas parvenu à réussir le 15 janvier, j'ai fait recommencer le 16 et le 17, c'est à dire pendant trois jours. Malheureusement, le renouvellement de nos tentatives n'a pas produit d'autres résultats, malgré la vigueur avec laquelle elles ont été conduites. L'ennemi, toutefois, a jugé prudent de se tenir sur une défensive constante. Le temps est aussi mauvais que possible ; nos convois nous suivent difficilement. En dehors des pertes causées par le feu de l'ennemi, le froid, la neige et le bivouac, dans ces conditions exception es, ont causé de grandes souffrances.

Je reviendrai dans les positions que nous occupions avant la bataille, pour me ravitailler le plus facilement en vivres et en munitions.

Mais, au lieu de se porter seulement à quelques lieues en arrière, Bourbaki comprit qu'il devait se replier sur Besançon, et, le 18 au matin, il ordonna la retraite pour ne pas être pris entre les troupes de Werder qui lui barraient le passage, et celles de Manteuffel, dont on lui signalait l'arrivée. En effet, Manteuffel s'avançait, à marches forcées, avec des renforts considérables, tirés de l'armée de Paris, et de celle du prince Frédéric-Charles. Dès le 9 janvier, on signalait le passage de ces renforts à travers la Côte-d'Or. Ils étaient échelonnés par petites fractions de 1500, 3000 ou 5000 hommes au plus. Une partie suivait la grande route de Troyes, Châtillon-sur-Seine, Recey, Grancey, Is-sur-Tille, Fontaine-Française, Gray et Vesoul, point de ralliement. L'autre partie passait par Tonnerre, Montbard, Darcey, Saint-Seine, Lamargelle, Moloy, Mirebeau, et de là se dirigeait sur Gray et Dôle. Garibaldi était informé de ces mouvements, et, loin d'y mettre obstacle, il restait inactif, ce qui devait amener le désastre de l'armée de Bourbaki !

Le danger évident de la diversion dans l'Est, — a dit un officier supérieur de l'armée de Bourbaki, — était l'arrivée de renforts prussiens qui nous prendraient en flanc et en queue pendant que nous serions occupés, autour de Belfort, à batailler contre Werder. C'est, sans doute, pour parer à ce danger qu'on avait posté à Dijon Garibaldi et son corps d'armée.

Garibaldi, ou plutôt son état major, affirme que sa mission se bornait à défendre Dijon, et que cette mission avait été remplie. Il est bien difficile de savoir quels ordres avait reçus Garibaldi. Toutefois, il semblerait étrange que sa mission dût se borner à défendre Dijon, et qu'il ne lui eût pas été assigné, comme but principal, de surveiller les détachements ennemis qui devaient passer à sa portée pour gagner Gray et Pontarlier, et de prendre en flanc ces détachements pour les empêcher de franchir la Saône.

Quoi qu'il en soit, les détachements de Frédéric-Charles passèrent tout près de Dijon sans être inquiétés. L'ennemi, du reste, avait masqué ce mouvement avec beaucoup d'habileté, en attaquant Dijon avec une faible partie de ses forces, tandis que le gros de son armée filait par Is-sur-Tille sur Gray et Pontarlier.

Garibaldi, occupé uniquement de défendre les abords de Dijon, n'apporta aucun obstacle à la marche de flanc de l'ennemi, qui passa la Saône et put s'avancer jusqu'à Poligny, Lons-le-Saunier et Pontarlier sans tirer un coup de fusil.

Dans le livre de M. Middleton, mentionné précédemment, nous lisons :

Prévenu dès le 9 janvier, comme cela est péremptoirement prouvé, de la marche des corps prussiens, Garibaldi pouvait, avec un corps de 20,000 hommes (pris parmi les 35,000 qu'il avoue lui-même avoir à cette époque sous son commandement dans la Côte-d'Or,) écraser successivement, tous, ou une grande partie des détachements prussiens ; en tous cas, il est *certain* qu'il pouvait arrêter au moins huit à dix jours la marche de Manteuffel, et cet arrêt, c'était le salut de l'armée de Bourbaki ou tout au moins, une retraite honorable vers Lyon, par la vallée du Jura, au lieu de l'épouvantable désastre qui fut la conséquence des fautes de Garibaldi.

Après avoir traversé avec ses forces la grande route de Dijon à Langres, Manteuffel détacha la brigade Kettler vers la capitale de la Bourgogne.

La mission de Kettler, — dit M. H. Legay, (*Campagne dans l'Est*,) — la mission de Kettler n'était pas de s'emparer de Dijon. Il devait garantir les troupes de Manteuffel contre l'armée des Vosges.

Garibaldi ne se douta pas plus du motif pour lequel il était assailli que du nombre de ses adversaires.

La première des trois démonstrations de Kettler contre le chef-lieu de la Côte-d'Or, — dit encore M. H. Legay, — eut lieu le 21 janvier, à onze heures du matin. Elle dura jusqu'à la nuit et fut marquée par la mort du général Bossak-Hauké.

Ce jour-là, le 2ᵉ corps allemand profita de la diversion pour passer à Is-sur-Tille et se diriger vers Mirebeau.

La deuxième démonstration, le 22 janvier, fut moins active que la première. Elle permit au même 2ᵉ corps de continuer tranquillement sa marche de Mirebeau à Pesmes et de Pesmes sur Dole.

La troisième démonstration, le 23 janvier, assura la prise de possession de Dôle par le 2ᵉ corps.

Telle fut la simple manœuvre à l'aide de laquelle Manteuffel mit Garibaldi dans l'impuissance de voir son mouvement de conversion pour couper la retraite à l'armée de Bourbaki.

Garibaldi avait été joué. Ce qui ne l'empêcha pas d'ériger en un triomphe magnifique la bévue grossière qu'il venait de commettre et qui coûtait à la France une de ses armées. Qu'on en juge par les passages suivants de la proclamation qu'il lança :

Eh bien ! vous les avez revus les talons des terribles soldats de Guillaume, jeunes fils de la liberté ! Vous avez écrit une page glorieuse pour les annales de la République. Vous avez vaincu les troupes les plus aguerries du monde...

Si ces trois journées furent sans profit, il faut reconnaître qu'elles ne furent pas sans gloire. Nos mobilisés combattirent vaillamment ; les garibaldiens eux-mêmes déployèrent une certaine bravoure ; quant à Garibaldi, il fit preuve d'un grand courage et d'un rare sang-froid ; en un mot, il y déploya les qualités d'un soldat et non celles d'un général. Avec un chef intelligent et habile, nos troupes auraient certainement fait échouer la manœuvre de Manteuffel. On rapporte que, en apprenant l'incurie et la bévue de Garibaldi, M. Friant, intendant de l'armée de l'Est, s'écria, en s'arrachant les cheveux : « Comment peut-on confier de ces missions à un général aussi nul ! »

En entrant à Gray et à Dôle, les Prussiens s'emparèrent de deux cent-trente wagons chargés de vivres et de munitions, la vie de toute une armée !!.

Notre armée était tournée. Plus de communications ! Plus de retraite possible ! Il fallait capituler ou se jeter en Suisse. C'est ce dernier parti qui devait être pris.

Dès le 18, — comme on l'a vu plus haut, — Bourbaki avait commencé à se replier vers Besançon, et le 21, après avoir été constamment harcelée par l'ennemi qui lui laissait à peine le temps de respirer, son armée était à peu près concentrée autour de cette ville dans un rayon de 15 kilomètres. Le 25, il prit la résolution de sortir de l'impasse dans laquelle l'enfermait Manteuffel qui, déjà, était à Salins, prêt à lui barrer le passage. Le soir de cette journée, après avoir assisté au défilé de son armée dont le dénûment contrista son cœur, il se tira un coup de pistolet à la tempe gauche. On raconte que, quelques instants avant, il s'était écrié : « Bourbaki ne peut pas reculer ! Bourbaki ne peut pas assister à un pareil spectacle ! » La balle heureusement le frappa au front et lui fit une blessure horrible mais non mortelle. Remercions Dieu d'avoir conservé à l'armée ce chef intrépide, dont la carrière militaire est si brillante, et qui, sans aucun doute, est encore appelé à rendre de grands services à la France !

Le général Clinchant remplaça Bourbaki dans le commandement en chef de l'armée de l'Est. Trois jours après, l'armistice était conclu. Belfort, la Côte-d'Or, le Doubs et le Jura en furent exclus, mais, par un oubli de M. Jules Favre, — oubli inexcusable et inexplicable, — les commandants militaires, qui opéraient dans ces départements, n'en furent point informés, de telle sorte qu'ils se trouvèrent pour ainsi dire exposés sans défense aux coups de l'ennemi. Nous dirons plus loin quelles furent les conséquences de ce funeste oubli.

Le général Clinchant se mit en marche sur Pontarlier. Pour le moment, au lieu de le suivre dans sa retraite sur les cols du Jura ou dans les déserts glacés des vallées des Rousses et de Dappes, notre attention doit se porter ailleurs. Nous assistons aux derniers efforts de la résistance aussi bien en province que dans la capitale.

Le 16 janvier, après avoir subi un bombardement effroyable, Avallon était occupé par l'ennemi, qui livrait cette ville au pillage, puis l'abandonnait, emportant tout ce qui était à sa convenance. Au nord, dans la nuit du 19 au 20, la garnison de Bitche, rompant la sorte de trêve tacite qui existait depuis de longs mois entre la place imprenable et les assiégeants, faisait une sortie énergique dans laquelle elle enclouait plusieurs canons et infligeait aux Bavarois des pertes réelles. Le 24, l'ennemi était chassé de la Flèche par un escadron de chasseurs d'Afrique. Le même jour, il tentait, sans succès, une attaque sur Landrecies (Nord), et était contraint de se retirer sur St-Quentin et Amiens. Mais, Longwy, investi depuis le 11, bombardé depuis le 19, Longwy, épuisé par une résistance énergique, était obligé de capituler.

A Paris, de graves évènements s'étaient accomplis. Cette ville, proclamée inexpugnable, avait capitulé !!. Depuis quelques jours, ce triste dénouement était prévu. Nous dirons plus loin dans quelles circonstances il se produisit. Mentionnons ici une mesure qui, suivant George Sand, causa « une douloureuse stupéfaction. » Cette mesure était une atteinte à l'inamovibilité de la magistrature.

Le 19 janvier, la Délégation de Bordeaux, violant un principe consacré par vingt constitutions, et se mettant au-dessus des lois pour assouvir de vieilles rancunes, déclarait déchus de leurs sièges et exclus de la magistrature quatre premiers présidents et une dizaine de conseillers, sous prétexte qu'ils avaient fait partie de commissions mixtes en 1851.

Et cependant les commissions mixtes étaient d'institution républicaine ! Rappelons les faits :

Le 26 juin 1848, le citoyen Senard proposait à l'Assembée nationale d'autoriser le gouvernement républicain à déporter, *sans jugement aucun*, toutes les personnes qui étaient ou qui seraient reconnues avoir participé à l'insurrection.

Le citoyen Caussidière, tout en approuvant la proposition, demandait qu'il fût procédé à un examen sommaire de culpabilité par des *commissions* dans lesquelles, à titre de garantie, devaient entrer les *procureurs généraux*.

Le citoyen Vivien, ministre de la justice, promettait que le gouvernement formerait des commissions qui statueraient dans les *formes administratives.*

Le citoyen Crémieux était alors représentant. On n'a jamais su qu'il ait protesté ni par son vote ni autrement contre le décret du 27 juin, qui autorisait, aux conditions expliquées plus haut, la transportation des insurgés dans les colonies françaises d'*outre-mer, autres que celles de la Méditerranée.*

Six mois auparavant, M. Crémieux, député, se faisait un titre d'honneur, devant le Corps législatif, de n'avoir pas en 1848, *disait-il*, porté aucune atteinte à l'inamovibilité de la magistrature.

Aujourd'hui, M. Crémieux, ministre, oubliait le langage de M. Crémieux, député. D'ailleurs, ce qui distingue les hommes du 4 septembre, c'est que leurs actes ont toujours été en désaccord avec les principes qu'il professait avant leur arrivée au pouvoir.

L'inamovibilité de la magistrature est la garantie de l'exercice de la justice. Renverser ce principe, c'est commettre un acte de démence. Mais la Délégation de Bordeaux touchait au terme de sa carrière. Avant de disparaître elle voulait faire des siennes. *Quos vult perdere Jupiter, priùs dementat*. Inutile d'ajouter que la mesure fut rapportée par le gouvernement qui sortit du scrutin du 8 février.

XI

Paris *(janvier 1871).* — **Mécontentement** *causé par l'inertie du général Trochu.* **Affaire de Montretout et de Buzenval.** — **Remplacement du général Trochu par le général Vinoy ;** *impression favorable causée par cette mesure.* — **Nouvelle équipée révolutionnaire.** — **Le bombardement continue.** — **Armistice.** — **Paris capitule.** — **Incendie de St-Cloud.**

L'inaction du général Trochu causait dans Paris un mécontentement qui devenait inquiétant. Voici ce que M. F. Wey rapporte dans sa *Chronique du siége* :

Le bombardement, les rationnements, les menaces de la famine augmentaient le désir d'une solution, et comme chacun voulait qu'elle fût glorieuse, le gouvernement était sommé plus que jamais de prendre l'offensive. La plupart des journaux déploraient son attitude expectante et le poussaient à effectuer cette *trouée* sur laquelle comptait pour la délivrance une multitude irréfléchie. Les classes dites éclairées prodiguaient les démonstrations stratégiques ; mais les gens sans illusions commençaient à appréhender que le gouverneur, indécis, impressionnable, ne se laissât entraîner à sacrifier trop tard quelques milliers d'hommes pour sauver sa popularité.

La plupart de ses collègues luttaient contre ces tendances en s'efforçant de tourner l'espoir de la population du côté des armées de province...

De ce côté nous continuions à ne rien savoir... Ce gâchis laissait prise aux criailleries des partis extrêmes ; aussi les clubs ne se lassaient-ils pas de signaler les traîtres, de réclamer l'anarchie, seul moyen de sauvetage ; de demander la mise en accusation du gouvernement et de comparer M. Trochu à l'assassin Dumolard.

A l'Elysée Montmartre, un vote par acclamation déclare que tout citoyen qui nous délivrera de Jules Favre, de Trochu et de leurs complices ne sera point criminel et aura bien mérité de la patrie. Ces orateurs-là persuadaient au peuple que M. Trochu, d'accord avec Bismark, faisait bombarder le faubourg Saint-Germain pour exciter les propriétaires à exiger la capitulation. Un cuisinier de Belleville, trouvant pour nos gouvernants l'échafaud trop doux, proposa qu'on leur ouvrît le ventre ; mais l'adhésion de l'auditoire ne fut pas unanime. Il eut plus de succès en demandant la perquisition des aliments chez tous les particuliers, et la mise à mort de quiconque serait approvisionné pour plus de trois jours. Ce maître-queux a nom *Lacord*. Il a figuré depuis dans deux listes pour la députation, et a fleuri dans la Commune.

Placé dans de vives perplexités, ébranlé par son administration défectueuse et par sa prudence même, le gouvernement se crut contraint à risquer une dernière partie.

Le 18, donc, il annonçait une sortie par une proclamation qui se terminait par ces mots : « SOUFFRIR ET MOURIR, S'IL LE FAUT, MAIS VAINCRE. » Dans l'après-midi, des troupes étaient dirigées à l'ouest, et, le lendemain matin, Montretout et Buzenval devenaient le principal théâtre de l'action qui s'engageait.

« Cent mille hommes et plus étaient sortis, dit M. F. Wey ; mais, menés à la file sans pouvoir être développés, et destinés à une seule attaque sur trois colonnes de front, ils n'engagèrent que les troupes des premiers rangs, contraintes à soutenir la lutte tout le jour, tandis que le reste, faute d'espace pour avancer et se mouvoir, se déployait inerte par derrière en une interminable queue, jusqu'aux fortifications. » La concentration des troupes avait été difficile, laborieuse ; la colonne de droite avait subi un retard de deux heures ; bref, sur plus de 100,000 hommes appelés, 20,000 seulement auraient pris part à l'affaire. Le 23, une dépêche de la Délégation de Bordeaux rendait ainsi compte de la bataille :

A dix heures, matin, général Vinoy occupait Montretout ; général Bellemare, Buzenval, et général Ducrot soutenait vif combat vers la Jonchère.

Vers trois heures, l'ennemi ayant fait converger masse énorme d'artillerie, soutenue par réserve, a fait plier notre gauche. Le général en chef s'y est porté, et, vers le soir, un retour offensif a pu se prononcer ; mais dans la nuit, le feu ennemi continuait avec violence extrême, nos troupes ont dû se retirer des hauteurs gravies dans la matinée.

Le meilleur esprit n'a cessé d'animer garde nationale et troupes, qui ont fait preuve de courage énergique dans cette lutte longue et acharnée.

Paris apprit, dans la soirée, par un message du général en chef, que, comme à l'ordinaire, les positions gagnées le matin avaient été perdues, et que, décimées par l'artillerie prussienne, les troupes avaient été ramenées dans leurs cantonnements. Le lendemain 20, le général Trochu expédia, du Mont-Valérien, au général Schmitz, une sombre dépêche, dans laquelle on lisait :

... Il faut parlementer d'urgence à Sèvres pour un armistice de *deux jours* qui permettera l'enlèvement des blessés et l'enterrement des morts. Il faudra pour cela du temps, des efforts, des voitures *très solidement attelées*, et *beaucoup de brancardiers*. Ne perdez pas de temps pour agir dans ce sens.

Paris tout entier fut, à la lecture de cette dépêche, frappé d'une profonde et indicible terreur. Pendant ce temps, on apportait douze cents blessés et trois cents cadavres!!. D'un autre côté, le bataillon des mobiles de la Loire-Inférieure, commandant Lareinty, qui, dès le matin, avait occupé la maison Zimmerman, à Montretout, se trouva cerné dans cette position. Abandonné au moment de la retraite, il dut, faute de munitions et de vivres, se rendre avec 350 hommes.

La sortie, tentée dans les directions de Montretout et de Buzenval, devait, en cas de succès, nous ouvrir la route de Versailles. Mais, le succès entrait-il dans les prévisions et les espérances du général en chef? Beaucoup de gens se refusent à le croire... Le soir, nos héroïques colonnes, mutilées, sanglantes, rentraient à Paris, sous la protection du Mont-Valérien. La garde nationale avait excité l'étonnement et l'admiration par son audace et son sang-froid. Aussi avait-elle été rudement éprouvée, et parmi ses nombreuses victimes, figuraient hélas! Gustave Lambert, le futur explorateur du pôle Nord ; Regnault, jeune peintre d'un grand talent; le colonel de Rochebrune et tant d'autres appartenant à l'élite de la société. Devant la cour d'assises de la Seine, lors du procès qu'il avait intenté au *Figaro*, le général Trochu a dit : « Nous n'avons pas eu plus de trois mille hommes hors de combat... Nos pertes ont été considérables par la *qualité* moindres par la *quantité*. » A quoi Mᵉ Lachaud répliqua : « Trois mille blessés ou tués, n'est-ce pas énorme? Le général Trochu ajoute, il est vrai, que les morts étaient de qualité. De qualité! Étrange catégorie, comme si tous ceux qui meurent pour la patrie ne se valaient pas ! »

On a prétendu, — et c'est une opinion généralement accréditée,

— on a prétendu que l'affaire du 19 janvier n'avait eu lieu que dans le but d'amener Paris à capituler. *Paris Journal* s'est même exprimé en ces termes :

> Le général Trochu et les autres savaient que Paris allait capituler ; ils savaient qu'il n'y avait plus de vivres en magasin, et que les armées de secours étaient trop loin pour que désormais il nous fût possible de les attendre.
> Mais on ne pouvait décemment capituler qu'au lendemain d'une bataille, c'est-à-dire d'une défaite — les deux mots sont devenus synonymes pour nos généraux de Paris.

D'un autre côté, nous lisons dans l'ouvrage de M. Sarcey, le *Siége de Paris* :

> On assurait qu'un des vieux généraux parlant de cette expédition, avait dit en propres termes : « Ces blagueurs de gardes nationaux veulent absolument « qu'on leur fasse casser la gueule : on va les y mener. » Ce propos soldatesque avait été traduit par les journaux dans un style moins pittoresque, mais plus académique : « La garde nationale veut une saignée ; nous allons la lui faire faire. »

Mais voici un document officiel, un document qui a une valeur incontestable et fait en quelque sorte autorité ; c'est le rapport de M. de la Rochetulon, rapporteur de la commission parlementaire. On y lit :

> Ce combat, décidé seulement le 16 janvier, fut livré sans grand espoir de succès par les chefs militaires. Mais le gouvernement voulait apaiser l'opinion publique, et en quelque sorte lui prouver qu'il y avait des Prussiens autour de Paris.

M. Domenech s'exprime ainsi :

> ... Le général Trochu n'espérant plus de secours de la province et n'ayant plus de vivres, dut mettre bas les armes. Avant de se rendre, il fit du côté de Montretout et de Buzenval une démonstration n'ayant probablement d'autre but que de satisfaire l'armée de Paris qui murmurait contre l'inaction de ses chefs.

La dépêche même expédiée, par le général Trochu au général Schmitz, a été jugée comme conçue en des termes exagérés dans le but de préparer et de justifier la capitulation.

M. F. Wey se borne à dire :

> Cette sortie malheureuse, qui ne pouvait plus nous sauver, a été cruellement reprochée au conseil qui l'avait décidée, mais on s'en excusa sur les dispositions martiales de la garde nationale, auxquelles il avait fallu céder.

Quoi qu'il en soit, les esprits étaient tellement surexcités que l'on pouvait craindre d'un moment à l'autre l'explosion d'un mouvement insurrectionnel. Un coup d'État vint fort à propos le déjouer. En effet, le 22, au matin, le *Journal officiel* annonça que le poste de gouverneur de Paris était supprimé et que le général Vinoy succédait, comme général en chef, au général Trochu, désormais simple membre du conseil de la Défense nationale, avec le titre de président.

Le général Trochu avait été destitué.

C'est lui-même qui le raconte.

Après la bataille de Buzenval, dit-il, les maires me proposèrent de livrer une bataille torrentielle avec la population tout entière et le gouvernement de la défense au milieu d'elle. Sur mon refus, à l'instant même, je fus regardé comme un *flémard*, et on me le dit en demandant ma démission.

— Ma démission, ai-je répondu, vous croyez que je vais donner ma démission dans la situation où est mon pays ? Ce serait commettre une lâcheté.

C'est alors que les maires sont allés chez M. Jules Simon, où l'on a réuni quelques officiers, et que j'ai été destitué et remplacé par le général Vinoy.

La nouvelle donnée par le *Journal Officiel* avait causé une impression favorable. Mais, déjà, mettant à profit les dispositions hostiles qui s'étaient manifestées au sein de la population et même parmi les bataillons les plus dévoués à l'ordre et les plus braves devant l'ennemi, les émeutiers tentaient un audacieux coup de main. Dans la nuit du 21, cinq ou six cents individus se réunirent en armes sur la place de l'Hôtel-de-Ville, et se rendirent, tambours et clairons en tête, devant la prison de Mazas, où étaient détenus les chefs principaux de la dernière émeute : Flourens, Demay, Pillot, Humbert, Dupas, Léo Meillet et Bauër. Grâce à la faiblesse du nouveau directeur, qui, intimidé, leur ouvrit lui-même les portes de la prison, ils délivrèrent les captifs, et, au bruit de la générale, gagnèrent la mairie de Belleville où Flourens pensait établir son quartier, mais que, sous prétexte qu'on n'était pas en nombre, il abandonna bientôt pour ne reparaître qu'au terme du blocus.

Instruit de cet évènement nocturne et prévenu que l'insurrection s'était donné rendez-vous, pour la journée, à l'Hôtel-de-Ville, le général Vinoy prit ses dispositions.

Dans la matinée, des groupes se formèrent sur la place. Vers 2 heures, deux à trois cents gardes nationaux du 101e de marche, venant du côté de la Bastille, débouchèrent le fusil sur l'épaule par la rue de Rivoli, précédés d'un tambour battant la générale. Parvenus à la hauteur de la place, le premier rang met le genou en terre et ils font feu. Les mobiles du Finistère que l'on avait fait venir de la caserne Napoléon, ripostent. La foule se disperse en tous sens ; un grand nombre de personnes se jettent à terre pour éviter les balles, ce qui donne lieu au bruit, répandu dans la ville par les fuyards, que la place est couverte de morts. Les émeutiers se retirent dans deux maisons faisant face à l'Hôtel-de-Ville, et de là, continuent le feu. La fusillade durait depuis vingt-cinq minutes, quand les mobiles de la Vendée et les gardes républicains, arrivant par l'avenue Victoria, déterminèrent un sauve-qui-peut général.

L'insurrection était vaincue !

Les arrestations commencèrent, et, le soir même, par des arrêtés très-fermes, le général Vinoy institua deux nouveaux conseils de guerre, supprima deux journaux : *le Réveil* et *le Combat*, coupables d'excitation permanente à la guerre civile, et, pour le même motif, ferma tous les clubs.

L'émeute avait été terrassée, mais non abattue. Quelques semaines après, elle relevait la tête et trouvait devant elle le gouvernement impuissant et désarmé. Le prologue était joué, mais le drame allait commencer au 18 mars.

Cependant, le bombardement continuait. Le 21, St-Denis et les ouvrages du Nord devenaient l'objectif de l'artillerie ennemie.

Le 24, Paris apprenait officiellement les désastres de nos armées de province.

Le 25, une suspension d'armes était conclue.

Le 27, l'armistice était arrêté, et, deux jours plus tard, avait lieu la reddition des forts. L'avis suivant avait été, dès la veille, porté à la connaissance de la population parisienne :

Tant que le gouvernement a pu compter sur l'arrivée d'une armée de secours, il était de son devoir de ne rien négliger pour prolonger la défense de Paris.

En ce moment, quoique nos armées soient encore debout, les chances de la guerre les ont refoulées, l'une sous les murs de Lille, l'autre au-delà de Laval; la troisième opère sur les frontières de l'Est. Nous avons dès lors perdu tout espoir qu'elles puissent se rapprocher de nous, et l'état de nos subsistances ne nous permet plus d'attendre.

Dans cette situation, le gouvernement avait le devoir absolu de négocier... Le principe de la souveraineté nationale sera sauvegardé par la réunion immédiate d'une assemblée : l'armistice a pour but la convocation de cette assemblée; pendant l'armistice, l'armée allemande occupera les forts, mais n'entrera pas dans l'enceinte de Paris; nous conserverons notre garde nationale intacte et une division de l'armée ; aucun de nos soldats ne sera emmené hors du territoire.

Après quatre mois et demi d'une lutte héroïque et de souffrances inouïes, Paris capitulait ! ! !

Détail horrible! Pendant que les négociations se poursuivaient, les troupes allemandes, par une barbarie inutile, s'étaient acharnées contre la malheureuse ville de St Cloud, et, sans motifs connus, s'étaient mises à incendier successivement les maisons. Cette exécution se poursuivit du 25 au 28. L'hôpital lui-même fut brûlé.

XII

Armistice ; exclusion de la région de l'Est non notifiée aux chefs militaires, et, par suite, surprise et déroute de l'armée, qui passe en Suisse ; hospitalité helvétique. — **Belfort** *obtient les honneurs de la guerre.* — **Jules Favre accepte tout!**

La conclusion de l'armistice fut portée à la connaissance de la Délégation de Bordeaux par un télégramme ainsi conçu :

MINISTRE DES AFFAIRES ÉTRANGÈRES A LA DÉLÉGATION DE BORDEAUX.

Versailles, 28 janvier, 11 h. 15 m.

Nous signons aujourd'hui un traité avec le comte de Bismark.
Un armistice de vingt et un jours est convenu.
Une Assemblée est convoquée à Bordeaux pour le 15 février.
Faites connaître cette nouvelle à toute la France.
Faites exécuter l'armistice et convoquer les électeurs pour le 8 février.
Un membre du gouvernement va partir pour Bordeaux.

Jules FAVRE.

Le jour même de la réception de cette dépêche, c'est-à-dire le 29 janvier, M. Gambetta télégraphiait à tous les chefs de corps :

GUERRE A... CHEF DE CORPS A... EXTRÊME URGENCE.

Bordeaux, le 29 janvier, 2 h. du soir.

Un armistice de 21 jours vient d'être conclu par le gouvernement de Paris. Veuillez en conséquence suspendre immédiatement les hostilités en vous concertant avec le chef des forces ennemies, en présence desquelles vous pouvez vous trouver.
Vous vous conformerez aux règles pratiques suivies en pareil cas. Les lignes des avant-postes respectifs des forces en présence seront déterminées sur-le champ et avec précision par l'indication des localités, accidents de terrain et autres points de repère..... etc.

La dépêche de M. Jules Favre ne mentionnait point une des clauses principales de l'armistice : celle qui instituait une exception pour la région de l'Est (Belfort, Côte-d'Or, Doubs et Jura), où les hostilités devaient continuer jusqu'à entente ultérieure.

Cette omission entraîna notre armée de l'Est dans un épouvantable désastre.

Le 29 janvier, cette armée, qui, la veille, s'était concentrée autour de Pontarlier, fut attaquée par Manteuffel. Pendant l'action arriva la nouvelle de l'armistice. Aussitôt, l'armée française cessa de combattre, ce qui permit au général prussien de rapprocher sa ligne des Planches et de lui couper complètement la route du côté de Lons-le-Saunier. Le lendemain, le général Clinchant fut informé par Manteuffel que l'armée de l'Est n'était pas comprise dans l'armistice. Des pourparlers eurent lieu pour une suspension d'armes. Le 31, Manteuffel fit connaître qu'il ne fallait pas y songer, et, Clinchant, forcé de se frayer un passage à travers l'armée allemande ou de se jeter en Suisse, adressa la proclamation suivante à ses soldats :

Soldats de l'armée de l'Est,

Il y a peu d'heures encore, j'avais l'espoir, j'avais même la certitude de vous conserver à la défense nationale. Notre passage jusqu'à Lyon était assuré à travers les montagnes du Jura.

Une fatale erreur nous a fait une situation dont je ne veux pas vous laisser ignorer la gravité.

Tandis que notre croyance en l'armistice qui nous avait été notifié et confirmé à plusieurs reprises par notre gouvernement nous condamnait à l'immobilité, les colonnes ennemies continuaient leur marche, s'emparaient de défilés déjà entre nos mains et coupaient ainsi nos lignes de retraite.

Il est trop tard aujourd'hui pour accomplir l'œuvre interrompue ; nous sommes entourés par des forces supérieures ; mais je ne veux livrer à la Prusse ni un homme ni un canon.

Nous irons demander à la neutralité suisse l'abri de son pavillon ; mais je compte dans cette retraite vers la frontière sur un effort suprême de votre part. Défendons pied à pied les derniers échelons de nos montagnes ; protégeons le défilé de notre artillerie et ne nous retirons sur un sol hospitalier qu'après avoir sauvé notre matériel, nos munitions et nos canons.

Soldats, je compte sur votre énergie et votre fermeté ; il faut que la patrie sache bien que nous avons tous fait notre devoir jusqu'au bout, et que nous ne déposons les armes que devant la fatalité.

Le général en chef de la 1re armée.
CLINCHANT.

Pontarlier, 31 janvier 1871.

On sait comment s'opéra, dans les neiges du Jura et de la Suisse, cette retraite pénible et meurtrière, qui nous causa des pertes que l'on évalue à 5,000 hommes ! ! !

Une publication récente, due à M. H. Legay et qui a paru sous ce titre : *La campagne dans l'Est*, contient à ce sujet les renseignements que voici :

De Pontarlier, trois passages conduisent sur le territoire de la Confédération.
1° Celui de Verrières à travers l'étroite vallée par laquelle passe le chemin de fer de Pontarlier à Neufchâtel ;
2° Celui qui mène à Yverdon par les Fourgs et Sainte-Croix ;
3° Celui qui conduit à Orbe par la vallée de Jougne.
Clinchant divisa son armée en autant de colonnes qu'il y avait de passages.
Le général Billot fut chargé de couvrir la retraite avec le 18e corps. La tâche qui lui était confiée était difficile à remplir. Il s'en acquitta cependant en luttant le 1er, le 2, le 3 et même le 4 février contre Manteuffel, qui le serrait de près à Pontarlier, à Oye, à Saint-Point ; contre Debschitz, qui avait descendu les passages non gardés du Larmont, vers Verrières, et qui fusillait, canonnait tout à son aise la colonne française dans la vallée. La poursuite des Prussiens se continua jusqu'à la frontière suisse. Ils avaient fait plus de 3,000 prisonniers.
Des milliers de soldats français restèrent en route par le plomb, le fer, le manque de forces. Un mois après la retraite, à la fin de février, les trois passages, surtout ceux de Verrières et de Fourgs étaient encore jonchés de cadavres, de squelettes de chevaux, de fusils brisés, de cartouches, de képis, d'effets d'équipement de tout genre. Des compagnies entières avaient péri de faim, de froid, de fatigue dans les neiges du Mont-d'Or, dans la forêt du Rison.

La Suisse reçut 85,000 hommes, 11,000 chevaux et 202 bouches à feu. La division Rebilliard, habilement conduite par son chef, put regagner Besançon. Quelques bataillons incomplets de la division Pallu de la Barrière et deux régiments de la division Cremer parvinrent également à échapper à l'ennemi sans sortir du territoire français.

La France n'oubliera point la réception sympathique et fraternelle que la Suisse fit à nos malheureux soldats. Notre armée à demi gelée, exténuée, mourante, y fut l'objet d'une sollicitude mêlée de tendresse. Nos malades y reçurent les soins les plus affectueux et les plus assidus.

La générosité du gouvernement helvétique, a dit un écrivain, la charité, la sollicitude, on peut dire la tendresse, des habitants de ce pays aux mœurs antiques, ont été sans bornes. Cet Etat n'est pas très riche ; pour nourrir cette nuée de malades, il a tout donné. Le bonheur y prend sa source dans la religion de la famille ; tout soldat a retrouvé là une mère, des sœurs, et après les soins de la médecine, la paternelle direction de l'âme. Les bienfaits de l'enseignement, la reprise disciplinée des travaux militaires ont retrempé, ont préservé de l'oisiveté et de la nostalgie les divisions internées du vaillant et malheureux Bourbaki.

L'histoire dira que cet effroyable désastre doit être attribué à l'inconcevable oubli de M. Jules Favre, dont le télégramme ne mentionnait point l'exception de l'armée de l'Est dans la convention de l'armistice. Cette responsabilité, s'ajoutant à toutes celles qui lui incombent, pèsera sur lui d'un poids éternel.

D'où provenait l'oubli? Etait-ce émotion de la part de M. Jules Favre? Etait-ce calcul? N'a-t-il pas eu la force d'âme nécessaire pour se présenter devant la France avec tout son désastre? A-t-il été réduit, sans avoir conscience de la gravité de cette omission, à dissimuler à ses collègues de Bordeaux une cause qui eût fait paraître le prétendu traité du 28 janvier ce qu'il était : *une soumission à merci?*.. Ces questions ont été posées devant l'opinion publique. Le lecteur appréciera. Un fait de cette nature ne saurait passer inaperçu. Il faut qu'une enquête vienne établir la vérité et que, au besoin, la justice absolve ou condamne !

Dès le 31 janvier, la Délégation de Bordeaux rejetait la faute sur qui de droit. Voici ce que nous lisons dans les dépêches qui furent successivement expédiées :

Bordeaux, 30 janvier 1871, 1 h. 36 m.

Ministre de l'intérieur et de la guerre a fait passer ce matin à M. Jules Favre, à Versailles, une dépêche pour lui demander de sortir du silence gardé par le gouvernement de Paris...

Bordeaux, 31 janvier 1871, 12 h. 35 m.

Depuis la dépêche qui nous a été envoyée dans l'après-midi, et par laquelle on demandait à Versailles des renseignements prompts et précis sur la nature, l'étendue et la portée des arrangements conclus, aucune dépêche officielle n'a été reçue. On ne sait rien de plus que ce matin...

Bordeaux, 31 janvier 1871.

Aucune réponse n'a encore été faite à la dépêche qui a été envoyée hier à Versailles à M. Jules Favre et dont communication vous a été faite.

La seule réponse reçue par la délégation est de M. de Bismark.

Il en résulte que l'armistice conclu le 28, durera jusqu'au 19 février.

La ligne de démarcation séparant les deux armées part de Pont-l'Evêque, traverse le département de l'Orne, laisse à l'occupation allemande la Sarthe, l'Indre-et-Loire, le Loir-et-Cher, le Loiret, l'Yonne; traverse la Côte-d'Or, le Doubs et le Jura. Le Nord, le Pas-de-Calais et le Havre restent intacts. Les opérations dans la Côte-d'Or, le Doubs et le Jura et le siège de Belfort continuent jusqu'à une entente ultérieure...

Entre l'armistice pur et simple annoncé par la dépêche de Versailles, et signée Jules Favre, et la convention communiquée par le prince Frédéric-Charles et analysée par M. de Bismark, il existe une divergence grave en ce qui touche les opérations dans l'Est.

Comme la dépêche signée Jules Favre annonçait l'armistice sans indiquer de délai et sans dire s'il était général ou partiel, et enjoignait de le faire exécuter immédiatement, les ministres de la guerre et de la marine ont envoyé aussitôt des instructions et des ordres aux généraux en chef, chefs de corps, commandants de stations navales, pour faire respecter l'armistice, et l'exécution de ces ordres a commencé depuis quarante-huit heures.

Cependant les armées prussiennes, sans doute mieux instruites des termes de la convention, ont continué leurs mouvements et pris des positions malgré la résistance et les protestations de nos chefs de corps.

La délégation qui n'a, on le voit, reçu sur la convention de Versailles d'autre document officiel français que le télégramme signé Jules Favre, a le droit et le devoir de porter ces faits à la connaissance du pays, afin de faire porter sur qui de droit la responsabilité qui incombe à ceux qui n'ont pas fait connaître la convention dans toute sa teneur et ont entraîné des erreurs d'interprétation dont les conséquences, au point de vue de notre héroïque armée de l'Est, peuvent être irréparables pour la France.

Il importe de faire observer que les dépêches de la Délégation de Bordeaux passaient par les mains de M. de Bismark, ainsi que l'atteste le télégramme suivant :

Versailles, 30 janvier 1871, 12 h. 15 m.

A MONSIEUR LÉON GAMBETTA, BORDEAUX.

Votre télégramme à l'adresse de M. Jules Favre, qui vient de quitter Versailles, lui sera remis demain matin à Paris, sous titre de renseignement.

(Suit l'indication des clauses et conditions de l'armistice.)

BISMARK.

L'immixtion de M. de Bismark dans la transmission des dépêches peut expliquer le silence dont se plaint la Délégation, mais ce fait ne se rapporte nullement à l'oubli commis par M. Jules Favre, oubli qui a coûté la vie à cinq mille de nos soldats.

Garibaldi qui se fiait également sur l'armistice, fut obligé d'évacuer Dijon devant un retour offensif des Allemands. Quant à Chanzy et à Faidherbe, que l'on représentait comme disposés à reprendre la lutte, ils durent se cantonner dans leurs positions. Cependant, le général Pourcet tentait de reprendre Blois, et, après un combat assez vif, parvenait à réoccuper la rive gauche. Partout les hostilités étaient suspendues ; Belfort, seul, résistait encore. Les forts détachés des Hautes et des Basses-Perches furent pris le 8 février, et, le 15, la place cessa le feu sur un ordre venu du gouvernement et par suite d'une convention additionnelle, qui étendait l'armistice aux départements du Jura, du Doubs et de la Côte-d'Or laissés jusques-là en dehors. L'art. 1er portait :

ART. 1er. La forteresse de Belfort sera rendue au commandant de l'armée de siége avec le matériel de guerre, faisant partie de l'armement de la place.

La garnison de Belfort sortira de la place avec les honneurs de la guerre en conservant ses armes, ses équipages et le matériel de guerre appartenant à la troupe, ainsi que les archives militaires.

Plus heureux que leurs frères, dont la fortune avait trahi le courage, les défenseurs de Belfort n'eurent à subir ni désarmement ni défilé.

Le commandant de cette place était le colonel Denfert-Rochereau, dont la conduite a été l'objet d'éloges qu'il faudrait regarder comme singulièrement exagérés, si l'on en croit des témoignages émanés de soldats placés sous les ordres du colonel. M. Jules Richard écrivait le 2 juin 1872 :

« Deux lettres me sont adressées par des personnes qui ont pris part à la dernière guerre.

« La première, signée *Un défenseur de Belfort*, est accompagnée d'un volume intitulée : *Belfort et les bataillons mobiles de la Haute-Saône*, examen critique des opérations du siége, par M. J. A. Hild, volontaire au 4e bataillon, professeur au lycée de Vesoul.

« Voici ce que dit la lettre :

« Le colonel n'a tenu dans Belfort qu'en raison de la position de cette place, imprenable par un coup de force, qu'en raison du chiffre de la garnison, *très supérieur* à celui de la population civile ; et, enfin, parce qu'il suffisait de s'abriter *dans les casemates*, en répondant au feu de l'artillerie prussienne par celui de l'artillerie française, pour résister jusqu'à extinction complète des vivres, des gargousses, des canons, dont Belfort AVAIT ÉTÉ BONDÉ PAR L'ADMINISTRATION QUI A PRÉCÉDÉ LE 4 SEPTEMBRE.

« Ce que tous les défenseurs *sans exception* sont prêts à ajouter avec moi, c'est que *pas un seul d'entre nous* n'a jamais vu le commandant au feu ; que, dans la première période du siége, les braves bataillons de la garde mobile de la Haute-Saône et du Rhône ont été abandonnés et décimés aux avant-postes, sans secours et sans ordres précis ; que pas une sortie sérieuse, pas une manœuvre offensive n'a été tentées.... »

D'un autre côté, nous lisons dans une lettre écrite par un mobile du Rhône et que plusieurs journaux ont reproduite :

Monsieur le colonel,

. . . .

. . . .

Le général Changarnier vous a dit : « Je n'ai pas passé trois mois dans une casemate de Belfort ! » Et c'est sur ces paroles que vous vous êtes écrié : « Nous nous appelons Belfort, et vous vous appelez Metz ! »

En vérité, monsieur le colonel, vous voudrez bien avouer qu'à partir du bombardement votre présence a été rare, *très rare même* dans la ville de Belfort.

Si je ne me trompe, vous êtes sorti *une fois*, vers le milieu de la période du bombardement, et vous avez laissé échapper cette observation, cruelle au moins : « Je croyais qu'il y avait plus de dégâts ! »

Oserai-je, en terminant, faire appel à vos souvenirs ?

N'est-ce pas vous, monsieur le colonel, que vos soldats, braves mais moqueurs, avaient surnommé le *marquis de la casemate*? N'est-ce pas à propos de vous qu'on citait le vers fameux de Victor Hugo :

Et s'il n'en reste qu'un, je serai celui-là !

Enfin, pouvez-vous dire que pendant le bombardement, vous êtes venu *une seule fois* encourager vos troupes par votre présence.

Non, n'est-ce pas ?...

Antonio AZUR,
Ex sergent à la 4e compagnie du 1er bataillon du 16e de marche (Rhône).

Nous devons dire que le service des places interdit au commandant d'une place assiégée de prendre le commandement d'une sortie. Sa vie, de laquelle dépend l'avenir de la défense, ne lui appartient pas. Quoi qu'il en soit, le colonel n'aurait pas dû laisser ses troupes dans un abandon qui paraît avoir été presque complet et qu'on semble lui reprocher à juste titre. Il n'a donc pas été le soldat actif et bouillant, qu'on aimait à se représenter.

On a dit que le traité du 28 janvier avait été une *soumission à merci* !

Cette appréciation ne paraît que trop justifiée.

D'après des renseignements que nous tenons de bonne source, M. de Bismark aurait informé l'Impératrice-régente que l'empereur d'Allemagne était disposé à traiter de la paix avec elle aux meilleures conditions et même à des conditions telles qu'il n'en ferait à personne autre d'aussi favorables.

Il s'agissait de venir en aide à la France ! L'Impératrice entra en pourparlers, mais le lendemain, elle reçut une dépêche de M. de Bismark, lui disant : « MADAME, VOUS DÉLIBÉREZ ENCORE, ET DÉJA JULES FAVRE A TOUT ACCEPTÉ. »

Le sacrifice était consommé!

Le ministre prussien avait sans doute informé M. Jules Favre des ouvertures faites à la Régence, et, celui-ci, redoutant une intervention, qui allait faire passer le pouvoir entre d'autres mains, s'était empressé de *tout accepter* !!!

Misérables calculs de l'ambition ou de la haine, n'est-ce pas vous qui avez perdu la France ?

ANARCHIE GOUVERNEMENTALE. — ÉLECTIONS. — PAIX.

L'armistice avait pour objet la nomination d'une Assemblée chargée de décider de la paix ou de la guerre.

La France rentrait donc en possession d'elle-même. Un ordre de choses régulier allait enfin remplacer l'ère de désordre, de pillage et d'ineptie, qui avait commencé au lendemain du 4 septembre.

Mais l'armistice portait un coup décisif au pouvoir de Gambetta. Celui ci le dénonça à l'indignation du pays et fit de nouveau appel à la guerre à outrance.

Dans une dépêche, datée du 1er février et qui se terminait par le cri : *Aux armes*!!! *Aux armes*!!!, le dictateur s'exprimait ainsi :

On a signé à notre insu, sans nous avertir, sans nous consulter, un armistice dont nous n'avons connu que tardivement la *coupable légèreté*, qui livre aux troupes prussiennes des départements occupés par nos soldats, et qui nous impose l'obligation de rester trois semaines au repos, pour réunir, dans les tristes circonstances où se trouve le pays, une assemblée nationale.

Dans une autre dépêche, il disait :

La convention qui est intervenue porte exclusivement sur l'armistice, qui semble avoir surtout pour objet, la formation et la convocation d'une assemblée.

La politique soutenue et pratiquée par le ministre de l'intérieur et de la guerre est toujours la même, guerre à outrance jusqu'à complet épuisement...

Enfin, il n'est pas jusqu'aux élections qui ne puissent et doivent être mises à profit ; ce qu'il faut à la France, c'est une assemblée qui veuille la guerre et soit décidée à tout pour la faire.

Ce langage inspirait à George Sand, un écrivain républicain! les lignes suivantes que nous croyons devoir placer sous les yeux du lecteur :

Alea jacta est ! La dictature de Bordeaux rompt avec celle de Paris. Il ne lui manquait plus, après avoir livré par ses fautes la France aux Prussiens, que d'y provoquer la guerre civile, par une révolte contre le gouvernement dont il est le délégué !...

« *Guerre à outrance, résistance jusqu'à complet épuisement !* Entends-tu et comprends-tu, pauvre peuple ? Le *complet épuisement* est prévu, inévitable, et le voilà décrété ! »

« Employez toute votre énergie, dit la dépêche en s'adressant à ses préfets, à maintenir le *moral* des populations ! »

Le moyen est sublime ! promettez-leur le complet épuisement ! Voilà tout ce que vous avez à leur offrir. Eh bien ! c'est déjà fait. Vous avez tout pris, et cela ne vous a servi à rien. Il faut arriver au moyen de vider deux fois chaque bourse vide et de tuer une seconde fois chaque homme mort !

Viennent ensuite des ordres relatifs à la discipline.

« Les troupes devront être exercées tous les jours pendant de longues heures pour s'aguerrir. »

Il est temps d'y songer, à présent que celles qui savaient se battre sont prisonnières ou cernées, et que celles qui ne savent rien sont démoralisées par l'inaction et décimées par les maladies ! Ferez-vous repousser les pieds gelés que la gangrène a fait tomber dans vos campements infects ? Ressusciterez-vous les infirmes, les phthisiques, les mourants que vous avez fait partir et qui sont morts au bout de vingt-quatre heures ? Rétablirez-vous la discipline dont vous vous êtes occupé tout récemment et que vous avez laissé périr comme une chose dont *l'élément civil* n'avait aucun besoin ?

Mais voici le couronnement du mépris pour les droits de la nation : Après avoir décrété la guerre à outrance, le ministre de l'intérieur et de la guerre, l'homme qui n'a pas reculé devant cette double tâche, ajoute :

— *Enfin, il n'est pas jusqu'aux élections qui ne puissent et ne doivent être mises à profit.*

Et puis, tout de suite, vient l'ordre d'imposer la volonté gouvernementale, j'allais dire *impériale* aux électeurs de la France...

— Donc, patience ! fermeté ! courage ! union et discipline !

Voilà comme M. Gambetta entend ces choses ! Quand il a apposé beaucoup de points d'exclamations au bas de ses dépêches et circulaires, il croit avoir sauvé la patrie...

Ce déplorable énivrement d'orgueil qui conduit un homme, fort peu guerrier, à la férocité froide et raisonnée, est une note à prendre et à retenir.

Néanmoins, la Délégation de Bordeaux fit promulguer un décret portant :

Art. 1er. — Les assemblées électorales sont convoquées pour nommer les représentants du peuple à l'Assemblée nationale.

Art. 2. — Elles se réuniront mercredi 8 février prochain pour procéder aux élections dans les termes de la loi.

Mais, en même temps, pour faire nommer une Assemblée de son

choix, M. Gambetta prit divers autres décrets, marqués au coin du despotisme et de l'arbitraire. Le plus monstrueux fut celui qui déclarait inéligibles les anciens ministres, sénateurs, conseillers d'Etat et préfets de l'Empire, ainsi que tout candidat ou membre des Assemblées de 1851 à 1870, ayant été patronés ou appuyés par le gouvernement. Par contre, supprimant la loi des incompatibilités, il admettait les préfets à l'éligibilité dans leurs propres départements.

Le mal augmente, écrivait encore George Sand. La menace se dessine. Le ministre de Bordeaux décrète de son chef des incompatibilités que la République ne doit pas connaître. Il exclut non-seulement de l'éligibilité les membres de toutes les familles déchues du trône, mais encore les anciens candidats officiels, les anciens préfets de l'Empire, auxquels, par une logique d'un nouveau genre, il substitue les siens. On ne pourra pas élire les préfets d'il y a six mois : en revanche, on pourra élire les préfets actuellement en fonctions ! C'est le COUP D'ETAT DE LA FOLIE !

L'effet de ces actes de tyrannie ne se fit point attendre : M. de Bismark menaça de dénoncer l'armistice et arrêta le ravitaillement de Paris. En même temps, il envoya « *à M. Léon Gambetta à Bordeaux* » le télégramme suivant :

Versailles, 6 h. 40 m. soir.

A M. LÉON GAMBETTA, BORDEAUX.

Au nom de la liberté des élections stipulée par la convention d'armistice, je proteste contre les dispositions émanées en votre nom, pour priver du droit d'être élus à l'Assemblée des catégories nombreuses de citoyens français.

Des élections faites sous un régime d'oppression arbitraire ne pourront conférer les droits que la convention d'armistice reconnait aux députés librement élus.

BISMARK.

Il nous manquait cette dernière honte d'être rappelés par la Prusse au respect du droit et de la liberté, et d'être protégés par elle contre la tyrannie démagogique. Constatons, néanmoins, que, en cette occasion, le gouvernement de Paris, pour la première fois, fit preuve d'énergie et de résolution. M. Jules Simon, surtout, envoyé à à Bordeaux, investi de pleins pouvoirs, déploya une vigueur inaccoutumée et une résistance dépassant les limites ordinaires de son caractère. Par la voie des journaux, il lança immédiatement une proclamation qui débutait ainsi :

Bordeaux, 4 février 1871.

On m'a remis ce matin, à 8 heures trois quarts, la dépêche de M. de Bismark. Je comprends l'irritation causée par cette dépêche et je la partage.

La proclamation se terminait par le décret suivant :

Vu l'urgence,
En vertu des pouvoirs qui me sont conférés par le gouvernement de la Défense nationale, et qui sont ainsi conçus :

« Dans le cas imprévu où la délégation résisterait aux décrets et « aux ordres du gouvernement de la défense nationale, M. Jules « Simon est investi par ces présentes des pleins pouvoirs les plus « absolus pour les faire exécuter.

« Fait à Paris, le 30 janvier 1872.
« Général TROCHU, Jules FAVRE, Ernest PICARD, Em. ARAGO,
« GARNIER-PAGÈS, Eugène PELLETAN. »

Je porte à la connaissance du public le décret suivant :
Article 1er. — Les élections auront lieu dans tous les départements, le 8 février, conformément au décret publié à Bordeaux par les délégués du Gouvernement, sauf la modification :
Le choix des électeurs pourra se porter sur tout citoyen français non frappé d'incapacité légale et ayant l'âge requis pour l'éligibilité ; toutes les incapacités édictées par les lois et NOTAMMENT PAR LE DÉCRET PUBLIÉ A BORDEAUX SONT ABOLIES.
Art. 2. — L'Assemblée se réunira à Bordeaux le 12 février. Le Gouvernement de la Défense nationale remettra aussitôt ses pouvoirs entre ses mains.

Le membre du Gouvernement délégué,
Jules SIMON.

Les journaux, qui avaient reçu communication du décret de M. Jules Simon et qui l'avaient publié, furent saisis en vertu d'un ordre administratif, conçu dans ces termes :

Le préfet de la Gironde donne ordre à M..... commissaire de police, de saisir immédiatement tous les exemplaires du journal le..... après s'être assuré que le numéro contient un *prétendu décret* relatif aux élections, signé Jules Simon ou André Lavertujon, et de mettre les exemplaires saisis entre les mains de M. le procureur de la République.

Le préfet,
ALLAIN-TARGÉ.

Approuvé :
Le Directeur de la sûreté générale,
RANC.

En même temps que cet attentat à la liberté de la presse, était commis par ces hommes qui, sous l'Empire, voulaient cette liberté sans entraves et sans limites, la dictature agonisante faisait publier la note suivante :

M. Jules Simon, membre du Gouvernement de Paris, a apporté à Bordeaux l'annonce d'un décret électoral qui serait en désaccord sur un point avec le décret rendu par le Gouvernement siégeant à Bordeaux.

Le Gouvernement de Paris est investi depuis quatre mois, coupé de toutes communications avec l'esprit public ; de plus, il est à l'état de prisonnier de guerre. Rien ne dit, que, mieux informé, il ne fût pas tombé d'accord avec le Gouvernement de Bordeaux ; rien ne dit non plus qu'en dehors de la mission de faire procéder aux élections donnée en termes généraux à M. Jules Simon, il ait entendu régler d'une façon absolue et définitive le cas particulier des incompatibilités.

Dans ces circonstances, le Gouvernement de Bordeaux croit devoir maintenir son décret ; il le maintient malgré les remontrances et l'ingérence de M. de Bismark dans les affaires intérieures du pays ; il le maintient au nom de l'honneur et des intérêts de la France.

Un membre du Gouvernement de Bordeaux part aujourd'hui même pour porter à la connaissance du Gouvernement de Paris, le véritable état de choses.

Fait à Bordeaux, le 4 février 1871.

Ad. CRÉMIEUX, LÉON GAMBETTA, GLAIS-BIZOIN,
L. FOURICHON.

M. Simon riposta en ces termes :

Le décret adopté à l'unanimité par le gouvernement de la Défense nationale est daté du 28 janvier 1871.

Il a été inséré au *Journal officiel* le 29 janvier, placardé le même jour à Paris. L'ordre a été donné, dès le 28, de l'expédier dans tous les départements...

Ce décret contient la clause expresse que tous les citoyens français jouissant de leurs droits civils sont éligibles.

J'ai été chargé, non seulement de le faire exécuter, mais de veiller spécialement à ce que le suffrage universel ne fût entravé par aucune exception.

J'ai été autorisé au besoin à me conformer, sur les autres points, aux vues de la délégation. Mais j'avais le mandat impératif de faire en sorte que tous les citoyens jouissant de leurs droits civils fussent éligibles.

Le décret que j'ai rendu est parfaitement régulier : mes pouvoirs ont été communiqués à la délégation. J'en maintiens le texte de la façon la plus formelle.

Les journaux qui l'ont publié ont agi conformément au droit et à la loi. La saisie dont ils sont l'objet est illégale. Ceux qui l'ont ordonnée, et, par suite de l'abolition de l'article 75, ceux qui l'ont exécutée, sont responsables des obstacles apportés par eux à la liberté de la presse.

Bordeaux, le 5 février 1871.

Le membre du Gouvernement délégué,

Jules SIMON.

L'anarchie était à son comble. La délégation se révoltait contre le Gouvernement dont elle était une émanation. Bordeaux et Paris étaient en lutte ; Gambetta, guidé par son ambition, se cramponnait au pouvoir et ne voulait point l'abandonner.

La France, — dit M. Blandeau, — échappa alors à une effroyable commotion.

On se souvient que les démagogues s'étaient abstenus d'aller présenter leurs poitrines aux Prussiens, se réservant pour la guerre civile. Le moment leur parut arrivé de tenter un mouvement révolutionnaire auquel la France démembrée et meurtrie semblait ne pouvoir résister. Cette prise d'armes, organisée de longue main par les amis de Gambetta, devait s'appuyer sur les ligues séparatistes du Midi, du Sud-Ouest et sur le comité central de Paris. Ce double mouvement démagogique se fit attendre, s'ajourna même, et Gambetta, toujours prudent pour lui-même, s'empressa d'aller faire peau neuve en Espagne où, nouvelle menace pour l'avenir, il attendit, dans une retraite fort douce, l'explosion de la Commune de Paris.

Dès les premiers jours, les prétoriens du dictateur, tenant à conserver un état de choses, duquel ils vivaient, provoquèrent des manifestations.

Le chef de ce mouvement, dit M. Domenech, était un anglais, M. Milton, attaché à l'état-major de Garibaldi. Ce cher Monsieur se rendit à la tête de deux cents clubistes cosmopolites en face de la préfecture, monta sur un balcon et déclara que la France ne voulait pas des élections.

D'autre part, des réunions publiques eurent lieu au Grand-Théâtre. M. le comte de Montferrier en rend ainsi compte :

Le soir, au Grand-Théâtre, la réunion publique fut orageuse; on demanda la guerre à outrance, la levée en masse, et des hommes énergiques à la place de ceux qui avaient failli.
Un orateur proposa de remplacer immédiatement la délégation par un comité de salut public, et de prendre en main les rênes du pouvoir pour faire cette fois de la vraie défense à outrance : sa motion fut adoptée et la discussion renvoyée à la séance suivante...
Le lendemain, dès sept heures, la salle était comble, la scène était garnie d'estrades montant jusqu'aux frises, on estimait à quatre mille le nombre des auditeurs.
Un orateur commença par essayer de détourner l'assemblée de donner suite à la proposition faite la veille dans un moment de surexcitation. Il dut se taire sous les huées et l'on cria : Le comité de salut public ou la mort! Un ouvrier, qui monta à la tribune et perdant la tête s'écria : Il faut nommer une Assemblée nationale ! au lieu de dire un comité de salut public, faillit être écharpé.
Il n'y avait pas à revenir sur la décision populaire.

Est-ce l'audace ou les moyens qui firent défaut ? Quoi qu'il en soit, ces menées avortèrent.

Informé de la situation, dans laquelle se trouvait M. Jules Simon, le Gouvernement dépêcha à Bordeaux MM. Emmanuel Arago, Garnier-Pagès et Eugène Pelletan, qui arrivèrent, porteurs du décret suivant, qu'ils avaient mission de faire appliquer :

Le gouvernement de la Défense nationale,
Vu un décret en date du 31 janvier 1871, émané de la délégation du gouver-

nement, à Bordeaux, par lequel sont frappés d'inéligibilité, diverses catégories de citoyens éligibles aux termes des décrets du gouvernement du 29 janvier 1871.

Considérant que les restrictions imposées au choix des électeurs par le susdit décret sont incompatibles avec le principe de la liberté du suffrage universel,

Décrète :

Le décret sus-visé rendu par la délégation du Gouvernement à Bordeaux, est annulé.

Les décrets du 29 janvier 1871 sont maintenus dans leur intégrité.

Fait à Paris, le 4 février 1871.

GARNIER-PAGÈS, Jules FAVRE, TROCHU, Ernest PICARD
Jules FERRY, Em. ARAGO, Eugène PELLETAN.

Fait à Bordeaux, le 6 février 1871.

Le membre du Gouvernement,
Jules SIMON.

Le secrétaire du Gouvernement,
André LAVERTUJON.

M. Gambetta donna sa démission et fut remplacé par M. Emmanuel Arago, dans ses doubles fonctions de ministre de l'intérieur et de ministre de la guerre.

Ainsi finit la dictature de ce dominateur insolent qui, dit un écrivain, « sacrifia le pays à ses caprices et dont le nom restera ineffaçablement attaché aux ruines de la patrie. »

L'*Electeur libre*, journal de M. Ernest Picard, traduisit ainsi la joie que lui causait le départ de M. Gambetta :

Nous voilà définitivement débarrassés d'un homme auquel les destinées de la France n'auraient jamais dû être confiées un seul instant. Qu'il soit relégué au sommet de la Montagne, pour faire des discours tant qu'il trouvera des électeurs pour être dupes de sa forfanterie gasconne !

En même temps, on écrivait de Bordeaux, à la date du 16 février :

M. Gambetta n'est plus ; mais sachez ce qu'il nous réservait comme complément de sa dictature. Il a eu le dessein de faire arrêter pendant les deux nuits dernières, tous les journalistes signataires des protestations ainsi qu'un nombre d'hommes politiques, en tête desquels figurait M. Thiers.

Des mandats auraient même été signés par le préfet de la Gironde et le directeur de la police, avec ordre de conduire les personnes arrêtées à la citadelle de Blaye : mais il paraît qu'au dernier moment le courage a manqué aux conspirateurs.

Indépendamment de M. Thiers, devaient être aussi arrêtés : MM. Simon, Lavertujon, Delcussot, Barlkausen, Johnson, Descazes, Luce-Saluces, Martin des Paillières, Guyot-Montpayroux et d'autres dont les noms ne sont pas encore connus. Ce dernier seul a été victime de ce coup d'Etat manqué.

Quant aux complices de M. Gambetta, MM. Allain-Targé, préfet de la Gironde, et Ranc, directeur de la sûreté générale, tous deux rédacteurs des journaux d'opposition avant le 4 septembre, ils viennent de donner leurs démissions pour éviter une révocation bien méritée.

Ces renseignements étaient-ils exacts ?... Ce qu'il y a de certain, c'est que M. Guyot-Montpayroux avait été arrêté.

Il est hors de doute, — dit M. Domenech, — que certaines personnes de l'entourage de M. Gambetta insistaient énergiquement pour l'exécution d'un coup d'Etat ; mais l'audace a manqué et les moyens ont fait défaut. Grands et gros mots, petits hommes.

Enfin, les élections eurent lieu le 8 février. L'Assemblée, qu'il s'agissait de nommer, devait, comme nous l'avons dit, décider de la paix ou de la guerre.

Paix ou guerre : telle était donc l'alternative qui s'offrait.

Ce fut la paix qui l'emporta.

Cependant, pour faire prévaloir leur opinion, les partisans de la guerre à outrance déployèrent la plus grande activité, et même, ils eurent recours à des moyens que M. Domenech signale et stigmatise en ces termes :

Toutes les précautions avaient été prises pour assurer le triomphe des ultra-radicaux, communards et autres coteries républicaines. Les préfets avaient amoncelé les difficultés du vote sur le chemin électoral : les conseils généraux, les conseils municipaux avaient été dissous ; des maires nouveaux avaient été choisis parmi les hommes dévoués aux idées nouvelles de la délégation gouvernementale ; l'urne avait été d'une façon révoltante éloignée des électeurs dont les idées conservatrices et libérales n'étaient pas en rapport avec les aspirations démagogiques du pouvoir personnel et dictatorial de Bordeaux ; les bureaux, composés d'hommes nommés arbitrairement, n'offraient aucune garantie. Dans le Var, les Pyrénées-Orientales, Vaucluse et nombre d'autres départements, les électeurs conservateurs furent éloignés du scrutin, maltraités par des forces armées et ne purent voter. La fameuse *soupière* et le *veau* de M. Rognat étaient des enfantillages en comparaison des manœuvres violentes que se permirent nos bons républicains de 1871.

Le pays manifesta néanmoins de la manière la plus éclatante, sa ferme volonté de mettre un terme aux orgies révolutionnaires.

Ceux qui, par eux-mêmes ou par leurs enfants, avaient contribué à la défense du territoire, regardaient aux ressources dont nous disposions et surtout à la manière dont la guerre était conduite. Ils consentaient bien à donner leur sang, à se plonger dans le deuil, à se laisser ruiner, mais ils voulaient que ces sacrifices profitassent à la patrie ; les tristes expériences des cinq mois derniers leur ayant prouvé qu'ils se dévouaient en pure perte, ils nommèrent des représentants incapables de les lancer dans les aventures sans que l'honneur du pays y fût sérieusement engagé.

Garibaldi fut porté dans plusieurs départements et notamment dans la Côte-d'Or et dans Saône-et-Loire. Or, les légions du héros de Caprera étant cantonnées dans ces deux départements, les miliciens dont elles se composaient, grecs, espagnols, égyptiens, italiens, américains et autres prirent part au vote. C'était une violation de la loi. Une protestation fut rédigée, mais, le général ayant donné sa démission, elle devint inutile et resta nulle.

Bref, les six-huitièmes des représentants élus furent des hommes d'ordre voulant la fin de la guerre.

Paris offrit un étrange contraste. La liste radicale y passa presque entièrement. Furent nommés, dans l'ordre suivant : Louis Blanc, Victor Hugo, Garibaldi, Edg. Quinet, Gambetta, amiral Saisset, Delescluze, Joigneaux, Rochefort, Schœlcher, Félix Pyat, H. Martin, amiral Pothuau, Lockroy, Gambon, Dorian, Ranc, Malon, H. Brisson, Thiers, Sauvage, Martin Bernard, Marc Dufraisse, Greppo, Langlois, amiral Frébault, Clémenceau, Vacherot, Brunet, Floquet, Cournet, Xolin, Littré, J. Favre, Arnaud, Ledru-Rollin, L. Say, Tirard, Razoua, Ed. Adam, Millière, Peyrat, Farcy, lieutenant de vaisseau.

Cette liste, dressée contre la Prusse, contre le gouvernement qui n'avait rien accompli d'audacieux pour la repousser, et favorisée dans son succès par un amas d'abstentions où le dégoût des hommes et des choses eut une part dominante, cette liste, — dit M. F. Wey, — produisit à l'étranger un déplorable effet ; à Londres surtout où elle représenta Paris comme le repaire incorrigible des utopies anarchiques. En parquant plus nettement notre Bedlam politique, les élections de province remirent le pays en estime aux dépens de la capitale, plus difficile à relever d'une faute si grave, que de la disgrâce inévitable de la capitulation.

M. Thiers fut élu dans 27 départements ; le général Trochu, dans neuf ; M. Dufaure, dans quatre ; le général Changarnier, dans trois, MM. Gambetta, Jules Favre et Grévy furent également nommés plusieurs fois. Le duc d'Aumale et le prince de Joinville furent élus dans deux départements. Seules, la Corse et la Charente-Inférieure nommèrent des partisans déclarés de l'Empire. En présence des décrets d'ostracisme lancés par Gambetta et retirés à la dernière heure, il n'est pas étonnant que les partisans du régime impérial n'aient pas été nommés en plus grand nombre, et aujourd'hui encore n'est-on pas en droit de se demander si une mesure aussi arbitraire et aussi despotique n'a pas altéré la liberté des candidats et des électeurs ?..

Comme nous l'avons dit, la grande majorité de l'Assemblée était composée d'hommes animés du désir de mettre un terme à la guerre et au gâchis politique qui avait été inauguré le 4 septembre. Cette Assemblée ne pouvait-être du goût des radicaux ; aussi, lorsqu'elle se réunit à Bordeaux, plusieurs de ses membres furent insultés sur la voie publique. Il était de bon ton, parmi les clubistes, de la qualifier de *majorité rurale*! Cette apostrophe a été dignement relevée par un journaliste parisien, M. Emile Blanet, qui définit ainsi le *rural*:

Le *rural*, dit-il, c'est le soldat qui donne son sang pour protéger l'ordre, le travail, la propriété contre ceux qui élèvent le désordre, la paresse et le vol à la hauteur d'une institution.

Le *rural*, c'est le négociant intègre qui, lentement, échafaude sa fortune et veut léguer à ses enfants un patrimoine honorable fait de sueurs et de probité.

Le *rural*, c'est l'employé devenu commerçant, l'ouvrier devenu patron ; ce sont tous ceux qui ne demandent à la société que ce qu'elle peut raisonnablement donner, la sécurité du travail, l'amélioration incessante et progressive de toutes choses, le respect de la propriété légitimement acquise et la protection de la propriété naissante.

Depuis l'humble paysan qui, dès l'aube, courbé sur sa charrue, creuse son pénible sillon, jusqu'au chef du pouvoir dont toutes les heures sont dévouées à la chose publique, nous tous qui travaillons, dans la mesure de nos forces, au développement de cet ensemble d'intérêts qu'on appelle la société, nous sommes des *ruraux*!

Dans le Dictionnaire de l'avenir, le mot *rural* sera l'antithèse directe du mot *insurgé*. L'un a servi de mot d'ordre aux vauriens dont le programme était l'anéantissement de tout ce qu'on respecte ici-bas ; l'autre représente l'honneur et le travail, ces deux mamelles du progrès humain, sans lesquelles la vie n'est qu'une chose vile, faite d'ardeurs inassouvies, de convoitises envahissantes, qui se froissent, se heurtent et se bousculent, jusqu'à ce qu'elles aient englouti tout ce qu'il y a de grand, de noble et de beau dans l'humanité.

L'Assemblée se réunit le 12 février à Bordeaux. Le lendemain, elle reçut les pouvoirs du gouvernement du 4 septembre, et, le 17, elle nomma M. Thiers, chef du pouvoir exécutif.

A l'ouverture de la séance du 13, M. Benoist-d'Azy, président d'âge, fit part à l'Assemblée d'une lettre par laquelle Garibaldi donnait sa démission. Le gouvernement, en l'acceptant, remercia le général au nom du pays. Mais à la fin de la séance celui-ci ayant voulu prendre la parole, le président la lui refusa par ce motif qu'il était démissionnaire. Il en résulta un certain tumulte, et, par suite, l'ordre de faire évacuer les tribunes. Ce qui eut lieu. Au dehors, une ovation attendait Garibaldi. On rapporte que Bordone, qui l'accompagnait, fit un geste paraissant dire qu'il fallait balayer l'Assemblée. Le lendemain, Garibaldi s'embarquait à Marseille et faisait voile pour Caprera.

Le 26, les préliminaires de la paix étaient signés à Versailles ; le 28, ils étaient présentés à la Chambre.

Le 27, MM. Thiers, Jules Favre et Picard avaient annoncé à la population parisienne que M. de Bismark avait mis pour condition a la prolongation de l'armistice, devenue nécessaire : ou la possession de Belfort, ou l'entrée des troupes allemandes à Paris, mais seulement dans l'espace compris entre la Seine, la place de la Concorde et le faubourg St-Honoré, et que cette dernière clause avait été acceptée. A cette nouvelle, les gardes nationaux, sous prétexte de soustraire aux Prussiens les canons et les mitrailleuses déposés au parc de Wagram, s'en emparèrent et les conduisirent jusqu'à la Bastille. Les évènements, survenus depuis, ont fait déplorer que l'autorité militaire n'eût pas, en temps utile, mis elle-même ces pièces en sûreté.

Le 1er mars venait la discussion du projet de loi relatif aux préliminaires de paix. Dans cette séance, tristement mémorable, la Chambre crut pouvoir prononcer la déchéance de Napoléon III et de sa dynastie.

En avait-elle le droit ?...

L'Empereur, tenant ses pouvoirs non d'une Chambre mais du peuple, peut-il être déposé par tout autre que par le peuple ?

Le peuple seul n'a-t-il pas le droit de détruire ce qu'il a édifié ?

L'Assemblée était-elle constituante ?

Qu'il nous suffise de poser ces questions !...

Quant aux préliminaires de paix, ils donnèrent lieu à une discussion très-animée. Le projet fut adopté par 546 voix sur 653 votants. Les députés de l'Alsace et de la Lorraine protestèrent, par leur démission, contre la cession de leurs provinces à l'Allemagne.

Le 10 mai, le traité fut signé à Francfort.

La paix était conclue.

Quelle paix ! Cinq milliards d'indemnité, abandon de l'Alsace et de la Lorraine, de Strasbourg et Metz !!!

RÉCAPITULATION

Nous avons démontré dans la première partie de cet ouvrage que la Prusse, guidée par des visées ambitieuses non moins que par un sentiment de vieille haine, avait été le véritable auteur de la guerre, dans laquelle l'Empereur avait été forcément entraîné.

L'Empereur avait subi la lutte ; le gouvernement du 4 septembre l'a acceptée et continuée sans mandat, rendant la paix impossible, puis onéreuse et humiliante, et se rendant lui-même responsable de toutes les défaites, de toutes les ruines et de toutes les hontes qui ont accablé le pays à partir du jour néfaste de son avènement.

Le 4 septembre fut, en effet, le point de départ d'une série de catastrophes.

En proclamant la République, il nous fit perdre les sympathies de l'Europe monarchique.

En prononçant la dissolution du Corps législatif, il abolit le dernier pouvoir légal et ferma tout accès à un arrangement pacifique ; car, la Prusse ne voulait et ne pouvait traiter qu'avec des hommes investis d'un mandat régulier, et non avec des gouvernants, qui, à ses yeux, n'étaient que des aventuriers. Restait une planche de salut : les élections. Ceux qui s'étaient arrogé le pouvoir, craignant que le scrutin ne leur fît défaut, n'y recoururent que lorsqu'ils eurent épuisé la France !

On a vu, du reste, que les exigences du vainqueur se sont accrues en raison de la prolongation de la lutte.

Du gouvernement de la Régence, d'après le traité par lequel la Russie s'était engagée à rester neutre, la Prusse victorieuse ne pouvait exiger que le *démantèlement de Strasbourg* et une indemnité de guerre n'excédant pas *800 millions*.

L'Empire renversé, la Russie regarda comme nul un traité qui se liait essentiellement à l'existence de l'Empire, et la Prusse, débarrassée de toutes entraves, éleva successivement ses prétentions. C'est ainsi qu'elle aurait traité : le 20 septembre, sans autre cession territoriale que *Strasbourg et sa banlieue*; le 5 novembre, moyennant *deux milliards et l'Alsace*, tandis que le 1er mars, elle exigea l'*Alsace*, la *Lorraine et cinq milliards* !!

Est-il besoin de mentionner la déclaration suivante qui a été faite par M. Thiers :

> ... J'ai la conviction que si nous avions fait la paix à ce moment (lorsqu'il n'y avait plus d'espérance raisonnables de former au-delà de la Loire des armées capables de débloquer Paris) nous aurions moins perdu de territoire et moins donné en indemnité de guerre... A mon avis, on a poussé la guerre A DES EXTRÉMITÉS DÉSASTREUSES... Quant à l'indemnité de guerre, elle s'est montée à CINQ MILLIARDS au lieu de DEUX MILLIARDS ET DEMI.

Sedan était un grand désastre militaire, comme en subissent parfois les peuples les plus braves, mais la France n'était point perdue, et, sous les auspices d'un gouvernement régulier, national, ayant en Europe des relations et des sympathies, elle aurait pu faire une paix honorable et guérir vite cette plaie plus cruelle à notre orgueil que sensible à nos forces ; car, nos places fortes étaient encore debout et peu de nos départements envahis.

Le 4 septembre a précipité et consommé notre ruine.

Sait-on ce qu'il nous a coûté ?

Un écrivain en a dressé le bilan.

C'est effrayant !

PERTES MATÉRIELLES

Indemnité de guerre (défalcation faite du milliard que la Prusse aurait exigé du gouvernement de la Régente) . .	4,000,000,000
Valeur de l'Alsace et de la Lorraine, ...	10,000,000,000
Contributions de Paris, ...	200,000,000
Indemnité aux Allemands expulsés, ...	200,000,000
Frais d'occupation, ...	100,000,000
Rançonnement et dévastation des départements envahis, au bas mot, ...	1,000,000,000
Monuments brûlés à Paris: Palais des Tuileries, Hôtel-de-Ville, Légion-d'Honneur, Finances, Cour des comptes, Palais de Justice, Préfecture de police, Grenier d'abondance, Colonne Vendôme, bâtiments particuliers incendiés, pour mémoire,	2,100,000,000
Frais de la guerre à outrance, équipement, achat d'armes et de munitions; — et l'on sait quel équipement, quelles armes et quelles munitions ! .	700,000,000
Total,	18,300,000,000

DIX-HUIT MILLIARDS!!!

PERTES MORALES ET EN HOMMES

Reddition de Strasbourg, de Metz, de Thionville, de Toul, de Verdun et de vingt autres forteresses ;

Capitulation de Paris, désarmement de son armée, entrée des Prussiens dans son enceinte ;

Occupation par l'ennemi de quarante départements ;

Conditions dures et humiliantes de la paix de Francfort ;

300,000 officiers et soldats français prisonniers en Allemagne ;

80,000 forcés de se réfugier en Suisse ;

100,000 morts par le feu, le froid, la maladie ou des suites de leurs blessures ;

7,000 soldats de l'armée régulière, tués ou blessés dans la lutte contre la Commune ;

15,000 fédérés tués, blessés ou fusillés ;

Plus de 40,000 en fuite, prisonniers ou déportés ;

Le massacre de l'archevêque de Paris, des autres otages et d'une foule de victimes innocentes.

A ces pertes MATÉRIELLES et MORALES, il faut ajouter : la diminution de nos ressources, l'augmentation de nos charges, et le chômage qui, cinq mois durant, fut imposé au travail national.

Et dire qu'un attentat, dont les conséquences ont été si désastreuses, fut l'œuvre d'un parti, qui ose se dire patriote !

Car, ce n'est pas le peuple de Paris qui a fait le 4 septembre, c'est une minorité factieuse appelant Belleville à son aide !

Un républicain, M. Caro, membre de l'Institut, l'atteste en ces termes dans son livre : *Les Jours d'épreuve* :

> Nous avons entendu souvent, écrit M. Caro, dans les mauvais jours qui suivirent de près, quand ils pliaient déjà sous le poids des plus terribles circonstances, les triomphateurs du 4 septembre se plaindre amèrement de leur fardeau ; mais qui donc si ce n'est eux-mêmes, les en avait chargés ? Le peuple, disent-ils. Oui, le peuple spécial amené pour la circonstance, c'est-à-dire encore eux-mêmes et leurs amis. Les hommes d'ordre se soumirent ; il n'y avait pas lieu de discuter devant le péril suprême de la nation, et c'est l'honneur du parti conservateur de n'avoir pas protesté, de peur de diviser les dernières forces de la patrie... J'ai vu cette invasion de la Chambre et l'ovation à l'Hôtel-de-Ville, et la prise d'assaut des ministères sans combat ; c'était la *descente de Belleville sur Paris*.

Ce coup de main, d'ailleurs, ne fut pas spontané. Tout indique, au contraire, qu'il avait été préparé.

La guerre ayant éclaté et la marche des évènements ayant pris un cours désastreux, il semblait, dit M. Saint-Germain, que le patriotisme aurait dû imposer silence à l'opposition la plus perverse. Il n'en fut rien ; des conciliabules dirigés par les chefs du parti républicain, furent tenus presque ouvertement et il s'y prit des résolutions qui eurent pour effet de créer au gouvernement d'autant plus d'embarras à l'intérieur qu'il subissait à la frontière plus de revers... Les troubles dans Paris immobilisaient des forces qui eussent pu rendre de grands services à l'armée.

Qu'on se rappelle, en effet, les menées et les tentatives insurrectionnelles qui se produisirent dès le 9 août, c'est-à-dire au lendemain de nos premiers revers.

Dans sa déposition devant la commission d'enquête, M. Piétri, ex-préfet de police, a constaté le fait suivant :

Aux premières nouvelles d'insuccès, — a-t-il dit, — un double sentiment se manifeste dans la population : chez les uns, c'est du patriotisme ému et prêt à tous les sacrifices ; chez les autres, ce sont des sentiments révolutionnaires qui ne cherchent dans nos revers qu'une seule occasion, celle d'en profiter pour renverser le gouvernement.

Et naguère M. Saint-Genest écrivait :

On peut dire que les progrès de l'ennemi se mesuraient à l'audace des révolutionnaires. A Wissembourg, ceux-ci ont commencé à lever la tête ; à Frœschwiller, ils ont demandé des armes ; aux défaites de Metz, ils sont devenus menaçants, et enfin, à Sedan, ils ont jeté des cris de triomphe dont l'écho retentissait jusqu'à Berlin !

Ainsi, il s'est trouvé un parti qui n'avait d'espoir, au moment de la terrible lutte, que de voir nos troupes battues et le gouvernement renversé, et cela, pour arriver au pouvoir ! Ce parti a collaboré avec l'ennemi ; il a vaincu avec lui, par lui et pour lui.

Avant, que n'a-t-il pas fait ?

N'a-t-il pas poussé l'Empire à cette guerre d'Italie qui a préparé Sadowa ?

N'a-t-il pas prôné, soutenu, encouragé les agressions du roi Guillaume contre l'Autriche, en 1866 ?

N'a-t-il pas fait échouer le projet présenté par le gouvernement impérial en 1867 pour la transformation de l'armée, la constitution et l'armement de la garde mobile ?

Si ce projet avait reçu son exécution, jamais les Allemands n'auraient franchi le Rhin.

Malheureusement, comme l'a fait observer un écrivain, « le chauvinisme maladroit de la droite, qui ne pouvait admettre que nous ne fussions pas, quand même, la première nation militaire du monde, vint en aide à l'opposition, et il n'est pas jusqu'à M. Thiers lui-même, qui, depuis, a donné de nombreuses preuves de patriotisme, qui ne prononçât les célèbres discours que l'on connaît et qui n'enlevât, par sa douloureuse influence, des votes dont le résultat devait nous être si néfaste. »

Et les mêmes hommes, qui appelaient l'armée un *chancre*, qui, par leurs hurlements, empêchaient l'Empereur de se préparer à la guerre, conséquence inévitable de Sadowa, ces mêmes hommes ont osé reprocher à l'Empereur de ne pas s'être trouvé prêt!!... Quelle impudence et quelle mauvaise foi!

Puis, ils ont profité de la présence de l'étranger pour se ruer au pouvoir. De telle sorte que l'on a pu dire avec raison : « C'est dans les plis du drapeau de l'envahisseur que le gouvernement du 4 septembre a fait son entrée en France. » Le prussien triomphait à Sedan, et l'émeute à Paris. L'un et l'autre s'étaient prêté un mutuel appui ; l'un et l'autre vainquaient le même jour. C'était naturel.

Renverser l'Empire qui, quelques mois avant, avait été consolidé par plus de 8 millions de suffrages, c'était porter atteinte aux droits de la nation ; le renverser, sans conserver ou mettre à sa place un gouvernement régulier, c'était commettre une faute grave, car il devenait impossible de conclure la paix ou de faire la guerre utilement.

Dans une lettre, qui a eu un certain retentissement, M. le marquis d'Andelarre, député de la Haute-Saône, adressait à M. Picard les reproches que voici :

Si, au lieu de vous mettre, vous et vos amis, à la tête de l'insurrection triomphante, vous aviez défendu avec nous, avec M. Thiers, avec M. Grévy, l'Assemblée, seul pouvoir resté debout après le désastre de la veille ; — *Si, au lieu d'usurper sur le droit qui n'appartient qu'à la nation*, en proclamant la République, vous aviez, comme nous le proposions, déclaré le pouvoir vacant et nommé une commission de cinq membres pris sur les bancs de la Chambre ; — *si au lieu de fermer indéfiniment l'urne du scrutin*, vous aviez, comme nous le voulions, *appelé la nation* à ses comices dans un délai de trois semaines, — la force de résistance de la nation aurait été centuplée ; et vous, cher collègue, vous n'auriez pas à demander au plus humble de vos collègues la déclaration que vous n'avez pas préparé *le plus grand des crimes, le viol d'une chambre à laquelle vous apparteniez.*

Dans le procès qu'il a intenté au *Figaro*, le général Trochu, pour se disculper du reproche d'avoir manqué au serment de fidélité par lui prêté à l'Empire, avait dit: « L'Empire n'était plus possible. »

Mᵉ Lachaud, sans examiner si cette allégation était fondée ou non, s'est borné à répondre :

> L'Empire n'était plus possible, dites-vous ; mais, si l'Empire meurt, la nation vit toujours. Où était la nation ? Est-ce qu'elle était à l'Hôtel-de-Ville dans le triomphe de la démagogie ? Elle se trouvait là où étaient ses représentants, c'est-à-dire là où était le Corps législatif tout entier ! Vous pouviez choisir entre l'insurrection et ce qui restait encore de légalité ; vous êtes allé à l'émeute !

On se souvient que, dans une des séances tenues le 4 septembre par le Corps législatif, M. Grévy et M. Thiers protestèrent en ces termes contre la violation de la Chambre :

> M. GRÉVY. — Je déplore autant que qui que ce soit, ici, comme député et républicain, la violation de l'Assemblée nationale. C'est un acte de violence qui est un mauvais début pour une ère de liberté...
>
> M. THIERS. — Je réprouve l'acte qui s'est accompli aujourd'hui ; je ne peux approuver aucune violence...

M. Jules Favre, qui n'avait cessé de dire dans les bureaux : « Il faut que la Chambre prenne le pouvoir ; c'est la seule chose légitime ; » M. Jules Favre, une fois la Chambre envahie, courut à l'Hôtel-de-Ville proclamer le gouvernement.

Au Corps législatif, M. Garnier-Pagès, se portant en quelque sorte garant des bonnes dispositions de ceux de ses collègues qui s'étaient rendus à l'Hôtel-de-Ville, tenait ce langage :

> M. GARNIER-PAGÈS. — *Je ne crois pas que nos collègues veulent s'emparer du pouvoir* ; ils ont été à l'Hôtel-de-Ville uniquement pour exercer leur influence en faveur de l'ordre public, pour éviter des rixes et des conflits. La population les accueille, mais *ils n'exercent sur elle qu'un pouvoir passager* ; ils rendront possibles nos délibérations prochaines. Ce soir, sans doute, nous pourrons délibérer avec eux.

M. Garnier-Pagès était sincère. Soit. Mais que penser de M. Jules Favre et de ses complices ?

M. H. de Pène a dit :

> Il y eut crime le 4 septembre ! Ce crime, c'est l'égorgement du pouvoir légal, du pouvoir électif, en un mot de la Chambre par une fraction, — minorité turbulente, — qui préfère aller ramasser le pouvoir dans la rue et le garder plutôt que de le restituer entre les mains des élus de la nation.
>
> L'ignominie se continua, quand ce gouvernement profita de la crainte des conservateurs et de leur patriotisme pour empêcher qu'une chambre quelconque vînt régler leur appétit de gouvernement.
>
> Issus du suffrage universel, ces hommes se sont mis au-dessus de lui.

La vérité est si forte, si éclatante, qu'un des bénéficiaires du 4 septembre, M. de Kératry lui-même, est forcé d'en convenir.

La véritable faute des hommes du 4 septembre, dit-il, et ils l'expient cruellement aujourd'hui, c'est de ne point avoir appelé sans retard les électeurs aux urnes du suffrage universel.

Après avoir violé la représentation nationale, ces hommes ne font point appel au suffrage universel, et nous voilà avec un gouvernement sans mandat en face de l'ennemi et à la merci de la révolution.

On sait où ce gouvernement nous a conduits.

Paris est livré à tous les désordres, réduit à la famine et obligé de capituler !

La France est envahie, pillée, rançonnée, démembrée, à moitié anéantie dans sa force, dans ses richesses, dans son activité !

L'incapacité, l'improbité et la tyrannie s'étalent impudemment !

Et, pour couronnement, nous avons la défaite, la honte et la guerre civile la plus atroce !

Telle est la vérité, la triste vérité !!!

Ce gouvernement s'était appelé : Gouvernement de la *défense* nationale ; il reçut plus tard le surnom de Gouvernement de la *démence* ou de la *dépense* nationale.

Dans un discours qu'il a prononcé récemment au tir de Moulinaux, petite commune de la Seine-Inférieure, M. Raoul Duval, député, a esquissé en ces termes les faits et gestes de ce gouvernement :

Les élections ajournées, plus de représentation nationale, plus de pouvoir légal. Un avocat, sans cause jusqu'alors, devient le maître des destinées de la France, il s'improvise stratégiste, il mène de front les affaires de l'intérieur et de la guerre, et nous savons comment il les a menées et où il nous a menés.

Cette France affamée d'espérance, il l'a traitée comme si elle était affamée de mensonge.

Nos cœurs ont tressailli au récit des sorties de Paris fantastiques, des triomphes de pure imagination nous rendaient plus cruelle encore la froide réalité apprise par le vainqueur. Quand on avait crié victoire et qu'il fallait expliquer la défaite, on jetait à pleines mains la suspicion et la défiance.

Ces dangereux ferments germent bien facilement, on le savait, dans les cœurs rendus soupçonneux par l'infortune. C'est ainsi que nous avons vu transformer en traître le brave d'Aurelles, c'est ainsi que nous avons vu Bourbaki, ce type de l'honneur militaire, tenter de trouver dans le suicide un refuge contre le désespoir où l'avait jeté cette désastreuse expédition de l'Est, oubliée lors de l'armistice, et célébrée comme un trait de génie par les journaux dévoués à la dictature.

A ce système, nous avons dû de subir, sept longs mois durant, l'occupation étrangère s'étendant comme une lèpre sur le pays...

A l'intérieur qu'avons-nous vu ? La curée des emplois, l'arbitraire prenant la place de la loi, le gaspillage des deniers publics et la France menacée de déchirement.

Nous avons vu le drapeau rouge flotter sur les édifices de la seconde ville de France et abriter sous ses plis sanglants l'homme qui prétendait personnifier en lui la lutte contre l'étranger.

Pendant ce temps, la faiblesse du gouvernement de Paris, au 31 octobre, au 21 janvier, préparait la future insurrection de la Commune ! Les chefs saisis alors, étaient relâchés, grâce à la sollicitude de tels ou tels membres du gouvernement.

A force de mensonges et d'illusions, tout cela a duré jusqu'à la fin de janvier. Paris a dévoré son dernier morceau de pain, il n'y a plus de ressources ; 15 à 1,800 millions ont été engloutis, des milliers de français ont succombé, sans qu'un seul des membres de ce gouvernement, qui avait juré de se faire tuer jusqu'au dernier, ait péri. Tout est fini ! Il faut subir la dure loi du vainqueur. Le dictateur se drape alors dans un faux semblant de patriotisme : la besogne douloureuse qu'il a faite inévitable, il laisse à d'autres le soin de l'accomplir.

Pendant que, sous l'œil de l'étranger, ses amis politiques déchirent le sein de la France, alors qu'ils humilient notre orgueil national, en jetant sur un lit de fumier la colonne populaire qui semblait au milieu de nos désastres comme la protestation de nos gloires passées, lui va se refaire en Espagne. Il attend l'issue de la lutte. Il a un pied dans chaque camp. De quelque façon que tourne la bataille il y aura place pour lui, car s'il n'a point ostensiblement pris parti pour l'insurrection qui pillait, incendiait, assassinait, il ne l'a point désavouée, il n'en a point détourné les siens.

Voilà l'homme qui osait, il y a quelques mois, dans notre département, dans cette contrée qui lui doit tant de misères si dignement supportées, venir essayer d'agiter l'opinion et braver vos souvenirs !

De son côté, le *Journal de Paris* a ainsi caractérisé la dictature de Tours et de Bordeaux :

Cette administration, dit-il, a laissé de trop humiliants souvenirs pour qu'il soit nécessaire d'insister sur ses œuvres et sur ses agents : d'autres que nous l'ont peinte en deux mots : bohême et chaos. Quant à sa politique, elle se résumait dans la confiscation oppressive et violente du pouvoir. Pour garder le pouvoir, la dictature refusa de convoquer une Assemblée nationale ; pour l'exercer sans contrôle, elle cassa tous les pouvoirs élus, et la France désormais sans secours et sans lois, se trouva placée dans l'alternative d'en appeler à la guerre civile ou d'associer sa fortune à cette *folie furieuse*.

Dans cette campagne inexpiable, la responsabilité de la dictature est d'autant mieux établie qu'elle ne partageait avec personne ni le conseil ni l'action. Le désordre, le gaspillage, la frénésie, le mensonge, l'incapacité furieuse et les insanités militaires : voilà ses moyens. Les défaites autour d'Orléans, la perte de l'armée de l'Est, la paix désastreuse qui s'en est suivie... Voilà son œuvre !

Ceci est l'histoire vraie, malheureusement trop vraie !

Cette politique, dans la séance du 8 juin 1871, aux applaudisse-

ments de presque toute l'Assemblée, M. Thiers l'a ainsi définie :
« POLITIQUE DE FOUS FURIEUX QUI MENAIENT LA FRANCE A L'ABIME. »
Juste appréciation qui porte avec elle un éternel stigmate !

Rien de plus instructif qu'un rapprochement entre les paroles et les actes des gouvernants du 4 septembre ! Qu'on en juge.

LES PAROLES	LES ACTES
1° Je me ferai tuer sur les marches du Corps législatif pour défendre la représentation, et sur les marches du palais des Tuileries pour défendre l'Impératrice. (TROCHU).	1° Le 4 septembre, le général Trochu abandonne l'Impératrice et ne défend point le Corps législatif, mais il accepte à l'Hôtel-de-Ville la présidence du gouvernement de la Défense nationale.
2° Ecoutez un vieillard qui vous parle avec conviction, qui n'a aucune ambition personnelle. *Je ne veux rien être ; je n'irai pas à l'Hôtel-de-Ville.* (GARNIER-PAGÈS. — *Corps législatif ; séance du 4 septembre.*)	2° Quelques heures après, M. Garnier-Pagès faisait partie des membres du gouvernement qui s'était installé à l'Hôtel-de-Ville.
3° Ce gouvernement prendra en main les destinées de la France ; il combattra résolument l'étranger, il sera avec vous, et *d'avance chacun de ses membres jure de se faire tuer jusqu'au dernier.* (JULES FAVRE).	3° Quel est celui des membres du gouvernement qui s'est fait tuer ? Quel est même celui d'entre eux qui s'est exposé au danger ? Tous se portent à merveille, tous jusqu'au dernier.
4° Levons-nous donc en masse et *mourons* plutôt que de subir la honte du démembrement. Faisons un pacte avec la *victoire* ou avec la *mort* ! (GAMBETTA).	4° On sait si M. Gambetta et ses amis sont morts, et cependant nous avons subi la honte du démembrement. Au lieu de faire un pacte avec la victoire ou avec la mort, ils semblent n'en avoir fait qu'avec leurs places.
5° Pas un pouce de notre territoire, pas une pierre de nos forteresses. (JULES FAVRE).	5° Et M. Jules Favre a signé ou ratifié toutes les capitulations, cédé l'Alsace et la Lorraine, livré nos places : Strasbourg, Metz, Bitche, Phalsbourg, Mézières, etc., etc.

LES PAROLES	LES ACTES
6° Le gouvernement de Paris ne capitulera pas. (TROCHU).	6° Deux jours après, Trochu capitule sous la signature de Jules Favre !
7° Ne confondez pas la République avec les hommes de son gouvernement que le hasard des évènements a portés passagèrement au pouvoir ; ces hommes, lorsqu'ils auront rempli leur tâche, qui est d'expulser l'étranger, ils descendront du pouvoir et ils se soumettront au jugement de leurs concitoyens. (GAMBETTA).	7° Ont-ils expulsé l'étranger ? Sont-ils descendus du pouvoir ? Ou plutôt ne se sont-ils pas cramponnés au pouvoir ? Où sont les comptes de M. Gambetta pour qu'on le juge ? Daignera-t-il les rendre ?

Parlerons-nous du patriotisme des hommes du 4 septembre ? Leur patriotisme, hélas ! ne semble pas s'être étendu au-delà des calculs étroits de leur ambition ou de leur haine. Est-ce que M. Vitet n'a pas écrit dans la *Revue des Deux Mondes* :

> Malgré les désastres sans nom que nous a valus l'année 1870, cette année n'a pas été tout à fait STÉRILE, PUISQU'ELLE A RENVERSÉ L'EMPIRE. — Nos malédictions doivent se mêler de quelque GRATITUDE, et enfin, tout compte fait, NOUS LA BÉNIRONS.

Et M. E. Picard dans l'*Electeur libre* :

> La chute de l'Empire N'EST PAS ACHETÉE TROP CHER PAR LA PERTE DE DEUX PROVINCES.

La chute de l'Empire, c'est-à-dire leur avènement au pouvoir. Voilà le gros évènement, l'affaire principale. Que sont à côté de cela la honte et le démembrement de la France ? Qu'importent les malheurs de la patrie. Eux, ils sont arrivés. Donc tout est pour le mieux !

Que dire de leur désintéressement !... Ces hommes se jettent sur les honneurs, sur les emplois, et s'accommodent fort bien des traitements qu'ils trouvaient scandaleux sous l'Empire.

> Montrez-nous, — disait récemment un journal, — montrez-nous un seul préfet du 4 septembre, qui ait trouvé trop forts les gros traitements faits par l'Empire. Montrez-nous un seul gros employé de la République qui ait fait preuve d'abnégation devant les gros mandats. Montrez-nous un seul employé de moins, ou moins payé que sous l'Empire. Oh ! celui-là nous le bénirons... Mais nous n'en connaissons pas un seul.

Et ces hommes se disent républicains ! Cependant, pour être républicain, il faut être patriote et désintéressé ?

Que furent donc les hommes du 4 septembre ?

A la faveur des triomphes de l'invasion, ils renversèrent un pouvoir légalement établi, puis, de leur propre autorité, ils poursuivirent la guerre, rejetèrent en octobre un armistice, déclinèrent en décembre des ouvertures de paix, pour aboutir à la déroute et à la mutilation de la France. Comme on l'a fait observer, « il n'y a pas d'exemple dans notre histoire qu'un groupe de particuliers, sans mandat, aient usurpé sur leur pays une autorité aussi illimitée pour le précipiter dans une ruine aussi profonde. » D'autre part, on ne peut oublier ni leur avidité, ni leur incapacité, ni leurs audaces dictatoriales, ni les concessions qu'ils firent à la démagogie, concessions qui préparèrent la voie à la Commune, ce grand forfait des temps modernes !... Ces hommes répondront devant la postérité des malheurs qu'ils on déchaînés sur leur pays. Par eux, la France a été abaissée ; par eux, elle a été mutilée !

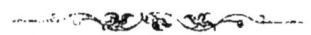

LES ALLEMANDS EN FRANCE

> Le triomphe des Prussiens a été préparé par la déloyauté du guet-apens, escorté par la violation des lois de l'humanité, souillé par des lâchetés féroces... Cette ruine préméditée, cette exécution d'un peuple par des moyens mécaniques livrera la rapacité de ces hommes au dégoût des nations.
>
> Francis Wey.

La guerre est finie. Teutons, vous avez vaincu, mais ne vous énorgueillissez pas de votre triomphe. Où sont vos hauts faits militaires ? Quelle place avez-vous emportée d'assaut ? Dans quel combat la victoire a-t-elle été pour vous le prix du courage ? Vous nous avez surpris, enveloppés, écrasés par le nombre ou réduits par la famine. Vous vous êtes battus 3 ou 6 contre 1 !.. Rendez hommage à vos canons dont la portée défiait nos pièces d'artillerie ; ce sont eux qui furent les vainqueurs.

Un historiographe a dit :

> A Paris, comme ailleurs, les Allemands ne nous ont pas pris un seul fort, et n'ont pas osé prendre une forteresse d'assaut une seule fois. Quant aux batailles, ils n'en ont gagné que quand ils étaient de trois à six contre un... Ils ont emporté en Allemagne beaucoup de pendules et peu de lauriers.

Dans cette guerre, l'Allemagne s'est affirmée comme force brutale, et non comme nation guerrière. Elle s'est aussi affirmée comme barbarie, et c'est par là qu'elle a flétri ses victoires !

Abusant de l'hospitalité que nous leur accordions, les Prussiens avaient organisé chez nous un odieux espionnage, levé les plans de nos villes, de nos forteresses, en un mot, des contrées sur lesquelles ils comptaient se jeter ; peut-être même y ont-ils préparé et soudoyé l'émeute !... Puis, quand, la guerre déclarée, ils eurent envahi notre territoire, ils s'y livrèrent à tous les excès, à toutes les exactions, ce qui a fait dire à George Sand :

> Admirables espions, pillards émérites, levez la tête et menacez l'avenir ! Vous voilà ivres de nos malheurs et de notre vin, gras de nos vivres, riches de nos dépouilles ! Quelles ovations vous attendent chez vous quand vous y rentrerez tachés de sang, souillés de rapts ! Quelle belle campagne vous aurez faite contre un peuple que vous saviez hors d'état de se défendre !

Et ailleurs :

> O noble Allemagne, quelle tache pour toi que cette gloire ! L'Allemand... égorge la France, il la détruit, et, ce qu'il y a de plus honteux, il la vole ! Chaque officier de cette belle armée, orgueil de ce nouvel empire prussien, est un industriel de grande route qui *emballe* des pianos et des pendules à l'adresse de sa famille attendrie !

Les Allemands ne furent pas seulement dévastateurs et pillards ; ils furent encore sauvages et barbares. Qu'on en juge par les faits que M. Domenech rapporte dans son *Histoire de la Campagne de* 1870-1871 :

> Soldats, officiers, généraux et princes ont, dit-il, constamment pillé la propriété privée ; M. de Bismark lui-même, à Saint-Avold, a volé un magnifique fusil et deux chiens de chasse d'une grande valeur ; à Versailles, il voulait absolument emporter la pendule du salon de la maison qu'il habitait ; sans les instances de Mme *** maîtresse de la maison, cette pendule aurait été emballée pour ainsi dire sous ses yeux.
>
> Le prince Albert, logé au château du marquis *** avec soixante hommes d'escorte, récompensa l'hospitalité de son hôte en lui volant un cheval estimé 20,000 francs, et qui avait gagné plusieurs prix aux courses. A Versailles, un jeune prince dont je ne me rappelle plus le nom, avait dans son antichambre à *l'Hôtel des Réservoirs*, quatre énormes paniers remplis de pendules, de bronzes, de porcelaines et d'autres objets qu'il avait volés dans les châteaux et les maisons dans lesquels il avait logé. Le général qui était à Mantes, lorsque je m'y trouvais, avait pris au château de Rosny tout ce qui lui plaisait. Je ne cite que les faits qui me sont personnellement connus, mais il est de notoriété publique que les Allemands volaient partout de la soie, de la flanelle, des pendules, des chandeliers, des châles, du linge, des vêtements, des bijoux, des mobiliers entiers et jusqu'à des batteries de cuisine qu'ils expédiaient en Allemagne ou vendaient aux juifs qui suivaient leur armée.
>
> Sous le premier empire Napoléon Ier se faisait donner comme indemnité de guerre des œuvres d'art appartenant à l'Etat, mais depuis cette époque la civilisation ayant fait des progrès en Allemagne, les princes allemands et leurs soudards ont pillé la propriété privée pour orner leurs salons et monter leur ménage !.....

C'est avec le sabre, le pistolet au poing ou le fusil chargé que ces messieurs détroussaient les habitants les plus inoffensifs et dans des termes insultants...

Entre Arthenay et Toury, j'ai rencontré un jour plus de cent chariots allemands transportant des pendules, des bronzes, des rideaux, des mobiliers, volés par des officiers supérieurs ; les chariots étaient escortés par les ordonnances de ces officiers ; tous avaient leurs armes en main ; j'ai remarqué parmi ces ordonnances des cuirassiers blancs, des hussards, des uhlans et des fantassins de plusieurs nationalités allemandes...

A part le prince royal de Prusse et le prince royal de Saxe qui sont toujours restés dignes, les autres chefs ont montré que la tempérance et la délicatesse n'étaient point leur fort ; le roi Guillaume lui-même, à Reims, dans les salons de l'Archevêché, a laissé des traces ordurières de... son caractère soldatesque; ses officiers l'ont imité dans beaucoup de châteaux et de maisons que je pourrais nommer, si j'en suis prié.

Les ordures ont joué un grand rôle dans les gracieusetés de nos modernes vandales ; depuis le roi jusqu'au simple soldat, les Allemands en déposaient symétriquement dans les salons et les chambres les plus élégantes des châteaux, des maisons particulières et des hôtels qu'ils quittaient. Un jour un prussien voulut même en déposer sur un autel dans l'église de ***; en montant sur l'autel, son revolver tomba, fit feu et le blessa grièvement. Ce misérable, par méchanceté, déclara qu'il avait été blessé par un franc-tireur, et, sans une ruse du médecin français qui le soignait et lui fit avouer la vérité devant des témoins, cette petite population eût été ruinée par une écrasante réquisition en argent que lui avaient imposée les autorités prussiennes.

M. Francis Wey reproduit, dans sa *Chronique du siége de Paris*, une lettre écrite par un Allemand et saisie à un bureau de poste de la Normandie. Cette lettre nous montre les Prussiens accusés et jugés par eux-mêmes. Elle est ainsi conçue :

Chère petite mère,

La seule chose qui nous sera préjudiciable, si Dieu veut que nous rentrions chez nous, c'est qu'il n'y aura plus de différence entre le mien et le tien. Nous serons tous de fieffés coquins ! Il nous est même ordonné de prendre tout ce que nous trouvons et pouvons utiliser. Cela ne s'étend pas seulement à la nourriture pour les hommes et les chevaux, mais à tout ce qui n'est pas cloué et rivé. Par l'abandon de presque tous les châteaux, ici et dans les environs, toutes les portes nous sont ouvertes, et tout ce qu'on veut prendre, c'est pris. En particulier, nous visitons les caves, et nous avons bu dans cette Normandie plus de champagne que nous n'en avons vu en Champagne même. Au second rang viennent les chevaux; tous ceux que nous pouvons utiliser, nous les emmenons.

Toutes les affaires de toilette, tableaux, glaces, brosses, souliers, bas, pièces de toile particulièrement, les bonnets de nuits, les albums, en un mot, tout est pincé. Les officiers gardent aussi leur supériorité dans cette circonstance et volent de magnifiques harnais, des housses et de magnifiques peintures dans les châteaux. Notre *ober-adjudant*, le prince de Waldeck, me disait avant-hier : « Meyer, faites-moi le singulier plaisir de voler tout ce que vous pourrez ; « nous voulons montrer à ce peuple qu'il ne s'est pas engagé impunément dans

« cette guerre. » Je ne pouvais naturellement répondre autrement à cet ordre que par l'obéissance. Dieu sait où cela nous mène : quand il n'y aura plus rien à prendre, nous nous volerons les uns les autres.

Ci-joint 950 échantillons de mes larcins.

MEYER.

A Frau Meyer à Stolberg, près d'Aix-la-Chapelle.

Cela est odieux ; ce qui suit est atroce.

Le 31 août, les habitants de Bazeilles (Ardennes), voyant l'ennemi arriver, revêtirent leurs uniformes de gardes nationaux et vinrent appuyer l'armée. Celle-ci fut repoussée et le village fut occupé. Que se passa-t-il alors ? Un témoin digne de foi, M. le duc de Fitz-James va nous l'apprendre. Voici son récit :

Les Bavarois et les Prussiens, pour punir les habitants de s'être défendus, mirent le feu au village. La plupart des gardes nationaux étaient morts ; la population s'était réfugiée dans les caves : femmes, enfants, tous furent brûlés. Sur *deux mille* habitants, *trois cents* restent à peine, qui racontent qu'ils ont vu des Bavarois repousser des familles entières dans les flammes et fusiller des femmes qui avaient voulu s'enfuir. J'ai vu, de mes yeux vu, les ruines fumantes de ce malheureux village ; il n'en reste pas une maison debout. Une odeur de chair humaine brûlée vous prenait à la gorge. J'ai vu les corps des habitans calcinés sur leur porte.

La guerre a ses rigueurs, ajoute M. le duc de Fitz-James ; mais elle a ses règles aussi, basées sur les lois de l'honneur et de l'humanité. Ces lois, Bavarois et Prussiens qui étiez à Bazeilles, vous les avez violées. J'en appelle au monde, et à l'Histoire qui vous jugera. Vous vous êtes conduits comme des sauvages, et non comme des soldats.

Ecoutez encore M. Domenech :

Je ne parlerai pas, dit-il, du pillage d'Orléans, car il me faudrait parler de celui de toutes les autres villes envahies par l'ennemi et ce serait trop long ; je dirai seulement que les faits monstrueux qui se sont passés à Orléans ont été reconnus par le général de Thann qui remit à ce propos 60,000 francs sur la contribution qu'il avait imposée à la ville ; sur la remarque que pareille somme était insuffisante pour réparer les désastres commis par les troupes bavaroises, le général répondit : « La ville ayant été soumise à un *pillage régulier* de deux heures, je n'entends indemniser que les dommages commis en dehors de cette période. »

A Saint-Calais, le pillage eut un caractère tellement odieux que le général de Chanzy fit une protestation publique dont voici les principaux extraits :

Le Mans, 26 décembre.

Au commandant prussien à Vendôme.

J'apprends que des violences inqualifiables ont été exercées par des troupes sous vos ordres sur la population inoffensive de Saint-Calais, malgré ses bons traitements pour vos malades et vos blessés.

Vos officiers ont exigé de l'argent et ordonné le pillage : c'est un abus de la force qui pèsera sur vos consciences...

Nous lutterons à outrance sans trêve ni merci, parce qu'il s'agit aujourd'hui de combattre non plus des ennemis loyaux, mais des hordes de dévastateurs qui ne veulent que la ruine et la honte d'une nation qui prétend, elle, conserver son honneur, son indépendance et son rang.

A la générosité avec laquelle nous traitons vos prisonniers et blessés, vous répondez par l'insolence, l'incendie, le pillage ; je proteste avec indignation au nom de l'humanité et du droit des gens que vous foulez aux pieds, etc.

Le général en chef, CHANZY.

A Nogent-le-Roi, les Allemands ont incendié quatre-vingt-dix maisons, à peu près tout ce que contenait la basse ville. L'ennemi se répandit dans les rues, brisant, tuant, incendiant tout sur son passage. De tout côté on voyait des sacs éventrés, des meubles brisés, du linge et des vêtements brûlés, des chevaux et des bœufs tués, couchés sur le flanc, du sang partout. La fabrique de coutellerie de Mme Vitry n'était plus qu'une masse noire de scories et de pierres que le fer en fondant avait agglutinées. Mme Vitry fut liée au pied d'un arbre pendant que sa fabrique brûlait sous ses yeux. Des cadavres à moitié carbonisés furent sortis des maisons voisines également incendiées.

A Lailly, en incendiant le village, les Prussiens repoussèrent dans les flammes plusieurs habitants à demi brûlés qui tentaient de s'échapper. Ce crime monstrueux fit tant de bruit que M. Cathelineau, dans sa proclamation aux habitants de l'Ouest, en parlant des cruautés de l'ennemi, n'a pu s'empêcher de citer Lailly et Châteaudun comme monuments de la barbarie allemande.

Le roi Guillaume a nié que les Prussiens aient brûlé vif un franc-tireur; le roi a été trompé ; car le fait est exact. Pourquoi n'a-t-il pas nié le supplice du mobile Charles Fontaine et de deux francs-tireurs, enduits de pétrole, placés tous les trois sur une table, dans une maison non loin de Dijon, et brûlés vifs?

Je ne parlerai pas des francs-tireurs blessés et pendus par les pieds, avant d'être morts, ni de ceux qui furent couchés en joue et relevés jusqu'à cinq fois pour prolonger leur agonie, car le seul chapitre des cruautés commises par les Allemands pendant cette campagne formerait à lui seul un gros volume auquel on ne croirait pas, malgré le témoignage des témoins oculaires. Le dix-neuvième siècle, peu habitué à ces horreurs, écoute avec une oreille incrédule ces récits qui ne sont plus de notre époque et que l'imagination la plus dévergondée ne saurait pourtant inventer.

Passons donc sous silence les scènes de meurtre et de viol dont les habitants de Baule, Saint-George-sur-Eure, Marsilly, Nonancourt et cent autres villages ont été victimes. Après avoir brûlé la moitié d'Armentières, parce qu'un homme de cette commune avait, sur la grande route, tiré sur un officier, les Prussiens fusillèrent un crétin qui les avait trompés, sans le savoir, en leur disant qu'il y avait des armes cachées dans un endroit où il ne s'en trouvait plus. Le malheureux fut attaché à un chêne, au-dessous d'une madone en plâtre placée contre le tronc de l'arbre, et fusillé. En tête du détachement chargé de ce bel exploit, on voyait la musique du régiment qui jouait un air de la *Belle-Hélène* !

A Tros, près Montloir, comme aux environs de St-Quentin et dans d'autres localités, les Allemands ont pris des paysans inoffensifs et les ont mis devant le feu des Français pour protéger leur retraite. Quelques-uns de ces captifs ont été tués, les autres se sont échappés ou sont restés prisonniers.

A toutes ces orgies du crime, il ne manquait, pour combler la mesure, que l'assassinat des médecins ; les Allemands avaient déjà pris et maltraité le personnel de nos ambulances volantes, tiré sur nos hôpitaux, mais ils n'avaient point encore égorgé nos hospitaliers ; dans la nuit du 21 au 22 janvier ils comblèrent cette lacune au village d'Hauteville (Côte-d'Or). Vers minuit, les Prussiens entrèrent dans la maison où notre ambulance avait été établie, c'est-à-dire à peu près au milieu de la commune. Nos médecins et nos infirmiers, brassards au bras et portant les insignes de la Convention de Genève, furent massacrés en pansant les blessés. Le chirurgien-major, M. Morin, — de Lyon — reçut deux coups de crosse de fusil sur la tête, un officier lui tira un coup de revolver et les soldats finirent de le tuer à coups de baïonnette. Le docteur Maillard fut également assassiné à peu près de la même manière ; quant aux infirmiers d'Héret, de Champigny, Fleury, Legros et Morin qui prêtaient leur concours aux docteurs, après avoir été plus ou moins grièvement blessés à coups de crosse de revolver, ils ne durent la vie qu'en faisant les morts. Quelques-uns, entre autres M. Fleury, furent placés dans la cour et servirent de cible. Une fois leur œuvre achevée, les Prussiens ont dépouillé le docteur Morin et ont jeté son cadavre devant la porte, puis ils se sont emparés du matériel de l'ambulance qui consistait en quatre chevaux de bât, cantines de pansement, caisses de chirurgie, etc.

Ces hommes qui respectaient si peu les insignes de la Convention de Genève en ont pourtant abusé tout le temps de la campagne. A l'*Hôtel des Réservoirs* et dans Versailles, tout le monde a vu le prince de Wurtemberg chercher l'immunité, en portant un énorme brassard, depuis qu'un franc-tireur lui avait, d'une balle, effleuré le crâne. Dans l'armée allemande les brassards pullulent, on en voit partout. A Versailles et dans une multitude de localités, les Allemands ont transporté constamment des munitions de guerre dans des fourgons portant la croix rouge. Des Prussiens de fait ou par circonstance ont été fréquemment envoyés de Versailles et d'ailleurs, avec la croix rouge au bras ou sur leurs voitures, dans les departements voisins chercher des approvisionnements pour l'armée. Etait-ce parce que les Allemands violaient à toute heure, partout et sous toutes les formes, la Convention de Genève, qu'ils maltraitaient, assassinaient le personnel de nos ambulances, pensant que nous agissions comme eux ?

De pareilles atrocités, comme l'a dit Emile de Girardin, « pouvaient, aux siècles derniers, s'appeler la guerre ; mais, dans cette seconde moitié du XIXe siècle, ils n'ont plus qu'un nom : la barbarie. »

Dieu ne peut permettre que de tels crimes restent impunis. Tôt ou tard les Allemands en subiront le châtiment.

TROISIÈME PARTIE

TROISIÈME PARTIE

LA COMMUNE

> L'histoire prouvera que le 18 mars 1871 est l'enfant naturel du 4 septembre, et que si les gens du 4 septembre n'ont su faire ni la paix ni la guerre, ils ont su préparer l'émeute, l'assassinat, le pillage et l'incendie.
> JULES RICHARD.

I

Quand, dans les mois qui précédèrent le plébiscite, la presse conservatrice signalait le débordement des passions démagogiques que soulevaient les réunions publiques, les orateurs et les journaux de l'opposition, et quand, à ce propos, elle montrait l'ordre social exposé aux plus grands dangers, certaines feuilles et certaines gens criaient à la fantasmagorie, au SPECTRE ROUGE. Un an s'était à peine écoulé que le spectre rouge apparaissait et l'on put voir que ces prévisions n'étaient pas un rêve mais une triste réalité !

Le 4 septembre ayant brisé toutes entraves, le génie du mal prit son essor. Le 31 octobre et le 22 janvier révélèrent sa présence ; le 18 mars, il s'abattit sur Paris, et, quelques jours après, sur quelques-unes de nos grandes villes.

C'était la Commune !!!

Pendant deux mois, Paris subit le joug de malandrins, s'imposant

par la terreur, rétablissant la loi des suspects, supprimant les journaux, pillant les caisses publiques, prenant et fusillant des otages, profanant les églises, méconnaissant tous les droits et foulant aux pieds toutes les libertés, promenant le meurtre et l'incendie, couvrant Paris de ruines, et déshonorant la France par des cruautés dignes de sauvages ! Jamais on n'aurait pu croire à tant de perversité. Il semblait que nous touchions au moment prédit par Victor Hugo, qui s'écriait en 1848 : « Deux républiques sont possibles. L'une abattra
« le drapeau tricolore sous le drapeau rouge.., jettera bas la statue
« de Napoléon.., fera banqueroute, ruinera les riches sans enrichir
« les pauvres, anéantira le crédit qui est la fortune de tous, et le
« travail qui est le pain de chacun, abolira la propriété et la famille..,
« remplira les prisons par le soupçon et les videra par le massacre..,
« égorgera la liberté, étouffera les arts, décapitera la pensée, reniera
« Dieu !.. »

D'où venait la Commune ?
Du 4 septembre.

« Après avoir créé le désordre à son profit, le gouvernement du 4 septembre, a dit le *Moniteur*, ne pouvait échapper à la fatalité d'en être un jour la victime, lui et le pays tout entier. »

D'un autre côté, on lit dans l'*Ordre* :

Plus on connaîtra les événements de 1870-1871, plus sera évidente la solidarité qui existe entre le 4 septembre et le 18 mars. Sans doute, tous les hommes du 4 septembre n'ont pas voulu le 18 mars, mais le châtiment des révolutionnaires modérés est justement de ne pouvoir arrêter le torrent qu'ils ont déchaîné, de ne pouvoir satisfaire les appétits qu'ils ont surexcités, de ne pouvoir dominer la crise qu'ils ont créée et finalement d'être obligés de se battre avec ceux qui les ont portés au pouvoir. La révolution est une pente : on ne s'arrête pas à moitié chemin.

Les hommes du 4 septembre avaient lâché le lion populaire. En d'autres termes, ils avaient semé l'orage ; la France récoltait la tempête !

Et d'ailleurs, qu'avaient été les gens de la Commune sinon les auxiliaires de ceux du 4 septembre ? Les uns et autres ne se prêtaient-ils point sous l'Empire un mutuel appui et ne marchaient-ils pas ensemble à l'assaut du pouvoir ?

Lorsque, sous l'Empire, ils poursuivaient leur opposition irréconciliable, les hommes du 4 septembre, — dit M. Léonce Dupont, — flattaient toutes les mauvaises passions et tous les mauvais drôles dont le 18 mars a marqué l'avènement : ils allaient dans les réunions de Belleville demander, eux aussi, l'abolition du juge et l'abolition du prêtre. Ils nous ont laissés protester seuls contre « la liquidation sociale » ; ni du haut de la tribune, ni dans les journaux qu'ils avaient fondés pour leur usage, les maîtres futurs de la France ne nous ont secondés dans l'effort que nous faisions pour combattre ces doctrines perverses. Citez-moi un discours, citez-moi une ligne de M. Jules Favre, de M. Picard, de M. Ferry, de M. Crémieux, membres du Corps législatif, contre la propagande socialiste. Qu'ont-ils fait contre l'*Internationale* ? Ils l'ont ménagée ou ils s'y sont affiliés. Dans les élections, ils ont accepté son patronage. Le jour où ils ont voulu le pouvoir, ils ont réclamé son alliance, et c'est elle qui les a portés à l'Hôtel-de-Ville.

L'émeute triomphe. Que font les hommes qui se sont emparés du pouvoir ? Ils amnistient ceux qui, dans les prisons ou hors du territoire, expient des crimes ou des attentats commis sous l'Empire. En effet, sauf trois ou quatre exceptions, tous les hommes qui ont joué un rôle et marqué dans les troubles de la Commune étaient hors du territoire ou bien sous les verroux lorsque l'Empire est tombé : Eudes, l'assassin des pompiers de la Villette, Mégy, assassin d'un sergent de ville, Rochefort, Vermorel, Paschal Grousset, Dombrowski, Gromier, Malon, Pindy, Murat, Johannard, Avrial, Langevin, Millière, Passedouet, Héligon, Theisz, Casse, Franckel étaient en prison ; Ranc, Delescluze et Maroteau étaient en Belgique ; Félix Pyat, en Angleterre ; Cluseret, en Amérique. L'insurrection du 4 Septembre a délivré les uns et rappelé les autres. L'insurrection du 4 Septembre est donc moralement et matériellement responsable de leurs crimes.

Détail à noter, c'est Pelletan qui, le 4 septembre au soir, alla chercher Eudes et le fit sortir de prison. On dit même que ce fut dans une voiture de l'ex-cour qu'il s'acquitta de cette mission.

Les voilà rendus à la liberté ces hommes qui faisaient en quelque sorte métier de conspiration. Mais, n'ayant gagné, aux évènements, ni préfectures, ni ambassades, ni portefeuilles, ni emplois lucratifs, ils ne se trouvèrent pas satisfaits, et, entrant dans la voie qui leur avait été tracée, ils voulurent, eux aussi, saisir le pouvoir, et, avec lui, accaparer les emplois et les honneurs. Leurs projets se manifestaient hautement ; plusieurs tentatives eurent lieu successivement, la plus importante fut celle du 31 octobre. On sait comment elle échoua ; on sait aussi quelle fut, dans la répression, la mollesse du gouvernement. Les chefs du mouvement, « couverts par leurs relations antérieures avec certains membres du gouvernement de la Défense » furent relâchés. Cette impunité ne fit qu'accroître l'audace des factieux, et, comme l'a dit M. Raoul Duval, « elle prépara la future insurrection de la Commune. »

Où il fallait de l'énergie, le gouvernement du 4 septembre ne montrait que faiblesse et indulgence. Des « relations antérieures » le condamnaient, il est vrai, à l'inaction et peut-être à l'impuissance. C'était le premier châtiment de ses fautes.

La Commune, qui était en germe dans le 4 septembre, se développa le 31 octobre et le 22 janvier ; elle s'épanouit le 18 mars.

L'impunité, que rencontrèrent les auteurs des tentatives insurrectionnelles, favorisa son développement. Elle dut son épanouissement à la faute grave que commit M. Jules Favre lorsque, au jour de l'armistice, il préféra le désarmement de l'armée à celui de la garde nationale, de telle sorte que, au 18 mars, le gouvernement ne se trouva plus en force pour comprimer la révolte. Aussi M. Jules Richard a-t-il pu dire avec raison : « *Si les hommes du 4 septembre n'ont su faire ni la paix ni la guerre, ils ont su préparer l'émeute, l'assassinat, le pillage et l'incendie.* »

Avant de parler des actes de la Commune, disons ce qu'il faut entendre par ce mot.

※

En 1793, la Commune était un pouvoir central, une dictature nommée par *les sections* dans les divers quartiers, c'est-à-dire par les clubs, tenant le pouvoir en échec et gouvernant, par la terreur, Paris, la France, les personnes et les propriétés.

Etait-ce cette Commune que voulaient ressusciter les hommes du 18 mars ?

Commune signifie aussi *communisme* ou mise en commun des biens, de l'argent. Etait-ce le régime qui devait sortir de l'émeute triomphante ? Ce qu'il y a de certain, c'est que les convoitises et les appétits surexcités se donnèrent libre carrière. D'ailleurs, peut-on nier que la doctrine, qui consiste à passer le niveau sur les situations et sur les fortunes, ne se soit infiltrée dans certaines couches sociales et n'y ait causé des ravages en corrompant les esprits et en pervertissant les cœurs ? Dans un écrit, qui a été saisi, il était dit : « .. La Commune ne reconnaît que deux classes : le riche et le « pauvre. Le coffre-fort est la place qu'il faut enlever avant tout. » Est-ce clair ? Est-ce net ?

Le mot Commune a un troisième sens, celui-ci: *autonomie* ou pleine indépendance de la Commune, c'est-à-dire transformation de nos 36,000 communes en 36,000 petits Etats indépendants, ayant, chacun, non-seulement le droit de s'administrer à sa guise, mais encore de se donner des lois. Un tel régime serait la destruction de l'unité française, œuvre des siècles qui a fait la force et la grandeur du pays. Comme le dit M. Henri Martin, cette passion de la liberté municipale, ou plutôt, cette indépendance « briserait l'unité de législation, l'unité politique et civile, sans laquelle il n'y aurait plus de France. » Citons encore les paroles suivantes que, dans les premiers jours du mois de mai 1871, M. Carnot adressait au Comité républicain du Hâvre :

Les hommes qui se disent les interprètes de Paris invitent chaque commune, non pas seulement à réclamer le droit légitime d'administrer ses intérêts, mais à former une individualité politique distincte, ayant sa constitution et ses lois particulières. Si un tel système venait à prévaloir, notre France deviendrait une marqueterie territoriale, sans unité, sans cohésion, sans accord, incapable d'aucune grande œuvre nationale.

Nous repoussons avec toute l'énergie du patriotisme une entreprise qui nous ramènerait au temps de la barbarie et de la féodalité...

La Commune ou autonomie communale serait donc l'anéantissement de la France.

La Commune, dont nous avons eu un échantillon en 1871 et que certaines individualités voudraient faire revivre, n'a pas de nom en politique ; c'est du banditisme. Peut-on appeler autrement un régime qui procède par le pillage, l'assassinat et l'incendie ?

III

Des meneurs éhontés, exploitant l'irritation causée par l'armistice et la conclusion de la paix qu'ils représentaient comme une trahison, excitaient le mécontentement et entretenaient l'agitation au sein de la population parisienne, qui, aigrie par les misères d'un long siège, n'était que trop portée à prêter l'oreille aux paroles insidieuses des fauteurs de désordres. Ces meneurs, cependant, étaient ces mêmes hommes qui prêchaient la guerre à outrance, mais s'abstenaient de paraître sur les champs de bataille, se répétant sans doute ce que Blanqui avait dit dans la *Patrie en danger* : « Que les réactionnai-« res se battent ; quant à nous, nous restons dans Paris pour garder

« la République. » Les réactionnaires se battirent et les communeux se conservèrent pour piller et assassiner !

Les journaux radicaux, célébrant, le 29 janvier dernier, l'anniversaire de la capitulation de Paris, osèrent prétendre que les choses auraient suivi un autre cours si la Commune eût été proclamée. Le *Moniteur* leur fit cette réponse, si énergique et si vraie :

L'opinion publique, dit-il, sait ce qu'il faut penser de ses puériles jactances. Les faux patriotes qui ont vociféré pendant cinq mois la guerre à outrance, sur quels champs de bataille ont-ils paru ? Ils ont laissé l'honneur de se faire tuer à ceux qu'ils assourdissaient de leurs cris ou qu'ils effrayaient par leurs menaces, et pendant qu'à Champigny, au Bourget et à Buzenval les armées de la défense luttaient héroïquement, eux, dans les clubs, par la voie de leurs journaux, organisaient l'insurrection. Lorsque la capitulation de Paris leur eut livré la capitale, réduite à n'avoir plus que douze mille hommes de troupes régulières, lorsqu'ils eurent appris que par les préliminaires de paix une occupation partielle de Paris avait dû être consentie, alors ces foudres de guerre imaginèrent de vouloir enlever aux Prussiens des canons qu'ils ne réclamaient pas, et de surexciter la population par des appels à une résistance désespérée pour ne pas laisser souiller la grande cité par la présence de l'étranger. Mais quand l'étranger vint s'installer aux Champs-Elysées, tout ce beau zèle avait disparu, et les farouches fédérés organisaient une résistance... à Charonne ou à Belleville.

Certes, le gouvernement de septembre a une bien lourde responsabilité dans ces tristes évènements... Mais l'histoire dira que dans cette honteuse démagogie qui s'est agitée en armes pendant cinq mois, il n'y avait pas une seule idée de justice, de morale, de patriotisme. Sectaires, complices ou dupes de l'étranger, ils ont fait son jeu, en rendant vaine la résistance de Paris, en lui donnant pour couronnement une abominable insurrection qui a achevé la ruine de la France.

On a vu plus haut quels avaient été les exploits des outranciers de la province. En quelques mots, le *Moniteur* vient de faire l'histoire des outranciers de Paris. Que l'on juge maintenant !

Un grand nombre de bataillons de la garde nationale, composés de la façon la plus hétéroclite, devaient être, d'ailleurs, les auxiliaires sinon les promoteurs d'un mouvement insurrectionnel. Ces gens-là, pour la plupart sans autres ressources que leur solde, s'étaient habitués à une existence facile et ennemie de tout travail. Du jour où on les licencierait, il était évident qu'ils lèveraient l'étendard de la révolte, et que, par suite du désarmement de l'armée, œuvre de Jules Favre, ils ne rencontreraient pas de sérieux obstacles au sein d'une population égarée et surexcitée.

Les nuages s'amoncelaient à l'horizon et l'orage ne pouvait tarder d'éclater.

Le 24 février, à l'occasion de l'anniversaire de la révolution de

1848, des manifestations avaient lieu à la Bastille. Ces manifestations se continuèrent les jours suivants, et le 26, un malheureux, qu'on accusa d'être un sergent de ville, fut saisi par une bande de forcenés, attaché sur une planche et jeté à la Seine, où il périt sous les yeux de dix mille indifférents. Par un raffinement de barbarie, chaque fois que le corps reparaissait sur l'eau, on lui lançait des pierres. La mort vint mettre fin à son supplice.

Cet assassinat, que l'on prit alors pour un acte isolé, n'était, dit un historiographe, que le commencement d'une série de faits qui devaient aboutir à la guerre civile. Tous ceux qu'on accusait d'appartenir à la police étaient immédiatement arrêtés, battus et menacés de mort.

Dès le 4 mars, on vit affluer à Paris des êtres à mine patibulaire, venant de la province et de l'étranger.

On se souvient que, le jour de l'entrée des Prussiens, des individus transportèrent sur les hauteurs de Montmartre les canons et les mitrailleuses déposés au parc de la place de Wagram, sous prétexte de les soustraire à l'ennemi qui, du reste, ne pouvait les réclamer, la Convention portant que la garde nationale garderait ses armes : fusils et canons. Ce sentiment patriotique parut exagéré, mais on ne supposa point qu'il cachait un arrière-projet. Ces individus étaient les instruments d'un comité occulte, dont on ignorait l'existence et qui s'intitulait : Comité central de la garde nationale. Ce comité, qui était composé des meneurs de clubs et de membres de l'*Internationale*, révéla son existence dès qu'il se sentit une force sérieuse entre les mains, c'est-à-dire dès qu'il eut en sa possession cette formidable artillerie. Voici quelle en était la composition :

COMITÉ CENTRAL

A. Arnaud	Billoray	Gaudier	Maljournal
G. Arnold	Blanchet	Gouhier	Moreau
Assi	Castioni	Geresme	Mortier
Audignoux	Chouteau	Grollard	Prud'homme
Boust	C. Dupont	Josselin	Rousseau
J. Bergeret	Ferrat	Jourde	Ranvier
Babick	H. Fortuné	Lisbonne	Viard
Boursier	Fabre	Lavalette	
Baron	Fougeret	Lullier	

Montmartre était devenu le quartier général de l'émeute, un camp retranché où s'étaient fortifiés Belleville et la Villette et d'où le canon était tiré deux fois par nuit. On espéra d'abord que cette comédie se terminerait par la lassitude des acteurs, mais, en présence de leur ténacité, le gouvernement résolut de mettre fin à ces démonstrations, qui étaient un danger et une menace pour le repos public, un obstacle au retour de la confiance et à la reprise des affaires.

Dans la nuit du 17 au 18, des troupes furent envoyées pour surprendre les insurgés et leur enlever leurs canons. L'opération échoua. Dans son *Histoire de la Commune*, M. Lepage raconte ainsi les faits :

Le 18, à six heures du matin, la troupe était maîtresse des canons. Des piquets des 45°, 46° et 137° de ligne gardaient les boulevards extérieurs et les voies qui conduisent aux buttes. On descendit les pièces, mais il paraît que les chevaux destinés à les emmener arrivèrent près de deux heures en retard. Le Comité en profita pour mettre en campagne ses affidés, qui se répandirent dans les groupes, s'approchèrent des soldats, les firent boire, et en un mot les mirent dans l'impossibilité de recevoir des ordres de leurs officiers.

Devant cette foule en partie hostile et agissante, en partie indifférente et inerte, les troupes ne savaient trop quelle contenance garder. On criait : Vive la ligne ! ne tirez pas sur vos frères ! Les femmes surtout se montraient les plus animées, et dans tout le cours de ce récit on les verra toujours au premier rang pour commettre les crimes les plus odieux. Les canons furent repris et remontés sur les buttes.

A neuf heures, un mouvement se fait dans la foule ; on a tiré sur la troupe, des officiers et des gendarmes sont tués ou blessés. Le général Lecomte ordonne de marcher, mais il est trop tard. Les régiments de lignes éparpillés ne purent se réunir, les hommes étaient gris, la plupart levaient la crosse en l'air ; ils appartenaient aux 46° et 88°. La cavalerie, l'artillerie et les gendarmes ne se sentant plus en force, durent se replier. Le Comité était le maître.

M. Thiers et les ministres avaient fait afficher le matin une proclamation. Ils demandaient le concours de la garde nationale *de l'ordre*. Ce concours leur manqua, c'était tout naturel. La garde nationale n'a jamais réprimé aucune insurrection. Toujours mal commandée, elle est impuissante à rétablir l'ordre, et en revanche elle laisse s'accomplir les choses les plus monstrueuses par des minorités infimes.

Du côté de Montrouge, de Belleville, de Ménilmontant, la troupe fraternisait avec les émeutiers, c'est-à-dire qu'elle acceptait à boire et laissait prendre ses armes.

Au milieu de cette cohue, le général Lecomte avait été enlevé de son cheval et conduit au Château-Rouge, où siégeait le Comité. Le général Clément Thomas, qui se trouvait dans la foule, fut reconnu, arrêté et emmené avec son collègue. Un jugement des plus sommaires les condamna à mort, et ils furent exécutés rue des Rosiers, 6, à Montmartre, à quatre heures et demie du soir.

M. Lecomte fut fusillé par des soldats du 88°, qui voulaient, disait-ils, le punir d'avoir voulu les faire tirer sur le peuple. Des gardes nationaux se chargèrent de Clément Thomas.

Le Comité, confiant à des militaires déserteurs et ivres l'assassinat du général Lecomte, voulait rejeter d'avance sur l'armée la responsabilité de ce crime odieux ; mais il n'est rien moins que prouvé que les bandits aient tous appartenu au 88°. Quant à Clément Thomas, il avait pendant le siège soulevé bien des rancunes à cause de la sévérité de quelques ordres du jour adressés à des bataillons de Belleville et de Montmartre (*). Ces hommes, blâmés pour leur lâcheté et leur inconduite, se vengeaient honteusement en tirant sur leur ancien chef.

La relation, que publia le *Journal officiel*, contenait, en outre, le renseignement suivant :

> Les deux aides de camp du général Lecomte allaient subir le même sort que leur général, quand ils ont été sauvés par l'intervention d'un jeune homme de dix-sept ans, qui s'est écrié que ce qui se passait était horrible ; qu'après tout on ne connaissait pas ceux qui prononçaient ces condamnations à mort. Il a réussi à faire épargner les deux jeunes officiers menacés d'une mort affreuse.

La nuit suivante, l'Hôtel-de-Ville et les ministères étaient occupés par Lullier, et, le lendemain, le gouvernement, désespérant de trouver un appui dans la garde nationale qui n'avait point répondu à son appel, se retirait à Versailles, suivi par l'armée, et de cette ville adressait la dépêche suivante aux autorités civiles, militaires et judiciaires :

« Versailles, 19 mars 1871, 8 h. 25 du matin.

« Le gouvernement tout entier est réuni à Versailles. L'Assemblée « s'y réunit également. L'armée, au nombre de 40,000 hommes, « s'y est concentrée en bon ordre, sous le commandement du « général Vinoy.

« Toutes les autorités, tous les chefs de l'armée y sont arrivés. Les « autorités civiles et militaires n'exécuteront d'autres ordres que « ceux du gouvernement régulier résidant à Versailles, sous peine « d'être considérées comme en état de forfaiture.

« Les membres de l'Assemblée nationale sont invités à accélérer « leur retour pour être tous présents à la séance du 20 mars.

« Thiers. »

En même temps, le *Journal officiel* publiait une note dans laquelle on lisait :

> Le gouvernement n'a pas voulu engager une action sanglante alors qu'il y était provoqué par la résistance inattendue du comité central de la garde nationale. Cette résistance, habilement organisée, dirigée par des conspirateurs audacieux autant que perfides, s'est traduite par l'invasion d'un flot de gardes nationaux sans armes et de population se jetant sur les soldats, rompant leurs rangs et leur arrachant leurs armes. Entraînés par ces coupables excitations, beaucoup de militaires ont oublié leur devoir. Vainement aussi la garde nationale avait-elle été convoquée ; pendant toute la journée elle n'a paru sur le terrain qu'en nombre insignifiant.

(*) Clément Thomas avait flétri par un ordre du jour les tirailleurs de Flourens qui s'étaient sauvés des avant-postes. Un acte de justice et de fermeté, tel était son crime.

C'est dans ces conjonctures graves que ne voulant pas livrer une bataille sanglante dans les rues de Paris, alors surtout qu'il semblait n'être pas assez fortement soutenu par la garde nationale, le gouvernement a pris le parti de se retirer à Versailles près l'Assemblée nationale, la seule représentation légale du pays.

On a beaucoup blâmé M. Thiers d'avoir précipitamment abandonné Paris. Il faut reconnaître, cependant, que l'inaction des honnêtes gens n'était pas de nature à lui inspirer de la confiance.

On a également blâmé les députés d'avoir, à Bordeaux, dans un sentiment de méfiance vis-à-vis d'une partie de la population parisienne, fait choix de Versailles pour y installer la représentation nationale. Les faits qui se sont accomplis ont prouvé qu'ils avaient sagement agi. Car, il est évident que les organisateurs de l'émeute auraient envahi l'enceinte législative, expulsé ou incarcéré les mandataires du pays.

Pendant que le gouvernement, réfugié à Versailles, informait la province des graves évènements qui étaient survenus, le comité central faisait appel aux départements, et, dans un article publié par le *Journal officiel* de Paris, il était dit :

> Les départements, éclairés et désabusés,... comprendront que l'union de toute la nation est indispensable au salut commun.
>
> Les grandes villes ont prouvé, lors des élections de 1869 et du plébiscite, qu'elles étaient animées du même esprit républicain que Paris : les nouvelles autorités républicaines espèrent donc qu'elles lui apporteront leur concours sérieux et énergique dans les circonstances présentes et qu'elles les aideront à mener à bien l'œuvre de régénération et de salut qu'elles ont entreprise au milieu des plus grands périls.
>
> Les campagnes seront jalouses d'imiter les villes ; la France tout entière, après les désastres qu'elle vient d'éprouver, n'aura qu'un but : assurer le salut commun.
>
> C'est là une grande tâche, digne du peuple tout entier, et il n'y faillira pas.
>
> La province, en s'unissant à la capitale, prouvera à l'Europe et au monde que la France tout entière veut éviter toute division intestine.....
>
> Que la province se hâte donc d'imiter l'exemple de la capitale en s'organisant d'une façon républicaine, et qu'elle se mette au plus tôt en rapport avec elle au moyen de délégués.

Une manifestation en faveur de l'ordre eut lieu le 22 mars. Le *Siècle* en rend ainsi compte :

> Vers une heure de l'après-midi, un grand nombre de citoyens s'étaient réunis sur la place du nouvel Opéra pour une manifestation pacifique. Ils étaient environ deux mille sans armes.
>
> Les groupes étaient composés des éléments les plus divers : gardes nationaux, mobiles, soldats de la ligne, ouvriers, bourgeois, négociants, hommes de lettres.

L'élément civil s'y trouvait en grande majorité. Il y avait là aussi beaucoup de promeneurs, de curieux indifférents, quelques femmes et même des enfants.

Vers une heure et demie, une pancarte portant ces mots : *Appel aux hommes d'ordre !* fut promenée dans ces groupes. On se rassemble aux cris de : *Vive la République ! Vive la France ! Vive l'Assemblée !*

Plusieurs officiers sans armes, de même que tous les citoyens indistinctement qui se trouvaient là, sont accueillis par des démonstrations sympathiques de la foule qui grossit d'instant en instant.

On dit dans les groupes que la situation actuelle de Paris ne peut pas se prolonger, que tous les citoyens qui veulent associer la République à la légalité, à l'ordre doivent prendre part à cette manifestation pacifique.

Enfin, le drapeau tricolore est déployé, et trois à quatre mille citoyens se mettent en marche.

Ils s'avancent dans la rue de la Paix vers la place Vendôme.

Arrivés à la hauteur de la rue Neuve-des-Petits-Champs, ils rencontrent les sentinelles d'un bataillon aux ordres du comité central. Derrière les sentinelles, les compagnies de ce bataillon viennent se former en ligne.

Les citoyens placés en tête de la manifestation demandent aux sentinelles de leur livrer passage ; ils essuient un refus. Une partie de la foule reprend quelques instants la direction des boulevards avec le porteur du drapeau tricolore.

D'autres citoyens continuent à parlementer avec les sentinelles. Bientôt ceux qui sont groupés autour du drapeau reviennent sur leurs pas vers la place Vendôme.

Quelqu'un s'écrie : « Ce sont des citoyens comme nous, et ils ne tireront pas sur des hommes désarmés. »

Tout à coup des roulements de tambour se font entendre dans la partie qui est comprise entre la rue Neuve-des-Petits-Champs et la place Vendôme.....

Les fusils s'abaissent et un feu de mousqueterie est dirigé sur la foule...

D'après le *Journal officiel* de Versailles, trois décharges successives atteignirent une quinzaine de personnes. Six cadavres gisaient sur le sol ! M. H. de Pène fut blessé très-grièvement au bas-ventre, M. Gaston Jollivet eut le bras cassé par une balle.

Le gouvernement fit une dernière tentative. Il nomma l'amiral Saisset au commandement de la garde nationale. Celui-ci essaya vainement de grouper les hommes d'ordre ; vainement il fit des concessions. Ses efforts restèrent vains, et, se voyant peu soutenu, il se retira.

Dès ce moment, le désarroi fut complet, et l'anarchie partout.

Paris était au pouvoir d'ambitieux et d'utopistes qui allaient le mettre à de rudes épreuves. De toutes parts accoururent les déclassés, les naufragés, ce que la France et l'Europe avaient de plus taré, en un mot

Un tas d'hommes perdus de dettes et de crimes.

Dans beaucoup de villes on constata la disparition des repris de justice. Tous se précipitèrent, comme une bande de vautours, sur cette riche proie qui s'appelle Paris, et, pour réduire ces forcenés, il fallut recourir à un second siége, plus sanglant et plus terrible que le premier?

IV

Après la victoire, le comité central, déclarant sa mission terminée bien qu'il continuât à exercer son pouvoir occulte, convoqua les électeurs à l'effet de nommer une municipalité ou Commune. Les journaux protestèrent contre cet acte, tout-à-fait inconstitutionnel ; peu d'électeurs même répondirent à l'appel. Néanmoins, les élections eurent lieu le 26 mars et le résultat en fut solennellement proclamé le 28. Enfin, après divers scrutins, auxquels il fallut recourir par suite de démissions ou non-acceptations, la Commune se trouva ainsi composée :

MEMBRES DE LA COMMUNE

Allix	Cluseret	Johannard	F. Pyat
Amouroux	Courbet	Jourde	Ranvier
Andrieu	Cournet	Langevin	Rastoul
Arnaud	Delescluze	Ledroit	Régère
Arnold	Demay	Lefrançais	Rigault
A. Arnould	Dereure	Lonclas	Serrallier
Assi	Descamps	Longuet	Sicard
Avrial	A. Dupont	Malon	Thiesz
Babick	C. Dupont	Martelet	Tridon
Bergeret	Durand	Melliet	Trinquet
Beslay	Duval	Miot	Urbain
Billioray	Eudes	Mortier	Vaillant
Blanchet	Ferré	Ostyn	Vallès
Brunel	Flourens	Oudet	Varlin
Chalain	Fortuné	Parisel	Verdure
Champy	Frankel	Philippe	Vermorel
Chardon	Gambon	Pillot	Vésinier
Clémence	Ch. Gérardin	Pindy	Viard.
E. Clément	E. Gérardin	Pottier	
J.-B. Clément	H. Gérosme	Protot	
V. Clément	Grousset	Puget	

N'avaient pas accepté le mandat ou avaient donné leur démission après l'avoir accepté, savoir :

NON ACCEPTANTS : A. Adam ; Barré ; de Bouteillier ; Brelay ; Briosne ; Chéron ; Desmarest ; Ferry ; Garibaldi ; A Leroy ; Loiseau-Pinson ; D' Marmottan ; Méline ; Murat ; Nast ; D' Robinet ; Rochard ; Rogeard ; Tirard.

DÉMISSIONNAIRES : Fruneau ; D' Goupil ; E. Lefèvre ; Ullysse Parent ; Ranc.
ABSENT : Blanqui.

La plupart des membres de la Commune étaient affiliés à l'*Internationale* ; plusieurs d'entre eux étaient célèbres par la guerre acharnée qu'ils avaient faite à l'Empire. Delescluze, Cournet et Ferré y représentaient le parti jacobin, qui voulait ressusciter la Convention ; Tridon et Rigault, le parti des hébertistes ou enragés ; Longuet et Vermorel, le parti socialiste. Singulier amalgame que retenait un lien commun : la haine contre la société ! Quelques administrations eurent à leur tête des filous ; des maîtres de maisons de tolérance siégèrent à l'Hôtel-de-Ville.

Dans le courant d'avril, Vincent, directeur de la Bibliothèque nationale, fut destitué pour vol ; l'intendant May, accusé de concussion, fut arrêté ; on apprit en même temps que Blanchet, membre de la Commune, portait un faux nom, qu'il s'appelait Panille et avait été poursuivi pour escroquerie (*). Enfin, Jules Allix fut enfermé comme fou.

COMMISSIONS EXÉCUTIVES.

Le 7 avril, la Commune, qui avait succédé au Comité central, cédait elle-même la place à une commission exécutive de six membres qui absorbait le pouvoir et se composait comme suit :

Cournet   Tridon
Delescluze   E. Vaillant
Félix Pyat   A. Vermorel.

Le 20 avril, sur la proposition de Delescluze, le pouvoir exécutif était confié à une nouvelle commission composée de neuf membres aux délégations suivantes :

Guerre,   Cluseret
Finances,   Jourde
Subsistances,   Viard

(*) Dans la séance du 5 mai, Raoul Rigault rendit compte à la Commune d'un interrogatoire qu'il avait fait subir au citoyen Blanchet. Il y est dit :
« Blanchet a déclaré qu'il ne s'appelait pas Blanchet, mais bien Panille (Stanislas) ; qu'il était entré, à Brest, dans un couvent de capucins en qualité de novice vers 1860, qu'il y était resté huit ou neuf mois ; qu'il était ensuite parti pour la Savoie, et était entré dans un second couvent de capucins à Laroche ; que, revenu à Lyon, où il avait été précédemment condamné à six jours de prison pour banqueroute, il avait été traducteur-interprète, puis, en 1865, nommé secrétaire de commissaire de police ; que, n'ayant pas obtenu l'avancement qu'il avait sollicité, il avait donné sa démission et était venu à Paris ; enfin, qu'il avait changé de nom parce qu'il y avait une loi disant qu'on ne pouvait signer son nom dans un journal lorsqu'on a été mis en faillite. »
A la suite de l'enquête, qui le contraignit à faire ces aveux, Blanchet donna sa démission.

Relations extérieures,	Paschal Grousset
Travail et échange,	Franckel
Justice,	Protot
Services publics,	Andrieu
Enseignement,	Vaillant
Sûreté générale,	R. Rigault.

Enfin, le 1ᵉʳ mai, la Commune, exhumant un des plus tristes souvenirs de 93, décrétait la formation d'un comité de salut public, pris dans son sein et ne relevant que d'elle. Cette mesure était décrétée « vu la gravité des circonstances et la nécessité de prendre les mesures les plus radicales, les plus énergiques. » Furent d'abord nommés membres de ce comité :

COMITÉ DE SALUT PUBLIC.

A. Arnaud   Ranvier
Léo Meillet   Félix Pyat
    Ch. Gérardin.

Et le 7 mai :

A. Arnaud   Eudes
Billioray   F. Gambon
    Ranvier.

CHEFS MILITAIRES.

Au lendemain de la prise de possession de l'Hôtel-de-Ville et des ministères, **Lullier** fut nommé commandant en chef de la garde nationale. Peu de jours après, Lullier, que l'on regardait comme trop conciliant et auquel on reprocha d'avoir laissé le Mont-Valérien aux mains des Versaillais, fut arrêté et remplacé par **Bergeret**. Celui-ci fut à son tour remplacé par **Eudes**, **Brunel** et **Duval**, créés généraux pour servir sous les ordres de **Garibaldi**, acclamé général en chef et qui eut le bon esprit de ne point accepter ce poste.

Le 1ᵉʳ avril, la Commune supprimait le titre et les fonctions de général en chef, mettait en disponibilité le général Brunel, nommait **Eudes**, délégué à la guerre, **Bergeret**, chef de l'état-major de la garde nationale, et **Duval**, commandant militaire de l'ex-préfecture de police. Ceux-ci se trouvant bientôt retenus loin de Paris par les opérations militaires, **Cluseret** resta seul ministre de la défense et seul à la tête des affaires militaires. Eudes, qui avait été nommé commandant des forts du sud, fut écarté de ce poste par Cluseret, qui le relégua au rang d'inspecteur, et qui, d'un autre côté, donna à Bergeret, comme successeur dans le commandement de la place, le général **Dombrowski**. Bergeret n'accepta pas sans protester son remplacement ; il menaça de soulever la garde nationale contre

Cluseret et contre le successeur qu'on venait de lui donner. Pour ce fait, il fut arrêté et détenu jusqu'au 22 avril. Le pianiste **Wroblcski** fut investi du commandement des forts du sud.

> Paris, — disait à cette époque le *Journal officiel* de Versailles, — Paris veut gouverner la France ; qui gouverne Paris ? L'américain Cluseret, le prussien Franckel, le russe Dombrowski, le lithunien Brunschowitck, l'italien Romanelli, Okolowicz, que l'on suppose polonais, la plupart reniés ou désavoués par leurs nationaux.

Cluseret, qui s'était fait naturaliser américain, était un ancien officier de l'armée d'Afrique, chassé de son régiment sous l'accusation prouvée de vol; Dombrowski avait été compromis dans la fabrication de faux billets de la banque de Russie ; Okolowicz était un souteneur de filles, devenu général.

Cluseret fut arrêté le 30 avril, à la suite de l'abandon du fort d'Issy et remplacé par **Rossel**, qui, le 9 mai, résigna ses fonctions et eut pour successeur **Delescluze**, le dernier chef militaire de la Commune, tué à une des barricades du Château-d'Eau, le jour de l'entrée des troupes de Versailles à Paris.

Les communards ou fédérés avaient en leur pouvoir plus de 300,000 fusils et 2,000 canons et mitrailleuses. Dans un rapport qu'il adressa aux membres de la commission exécutive, Cluseret disait : « Quand les compagnies de guerre seront formées et dégagées de l'élément sédentaire, on aura une troupe d'élite dont l'effectif dépassera 100,000 hommes. »

Il importe d'ajouter que les fédérés n'éprouvaient aucun scrupule à se faire inscrire sur les contrôles de plusieurs bataillons. De cette manière ils touchaient double ou triple solde. Le procédé n'était pas honnête. Mais fallait-il attendre autre chose des miliciens de la Commune ?

Un décret rendu dès les premiers jours de l'installation communale accordait la remise absolue des termes de loyer ; un autre abolissait la conscription. Les charges d'huissiers furent supprimées, et les titulaires remplacés par d'autres avec appointements fixes. Les scellés furent apposés dans les études de notaire. Le 4 avril, le *Journal officiel* de Versailles résumait ainsi la situation :

> Plus de 150,000 personnes ont quitté Paris depuis le 22 mars. Fabrication d'assignats ; pillage de la caisse de l'Ecole Turbot et de celle du collège Chaptal; main-mise sur la caisse des dépôts et consignations, sur celle de la gare des marchandises, sur celle de plusieurs maisons de banque et d'assurances ; nombreuses réquisitions à domicile ; arrestations et vexations de tout genre, tels sont, pour la ville de Paris, les premiers bienfaits de la Commune.

V

Les évènements, dont Paris était le théâtre, eurent leur contre-coup en province où des émissaires furent envoyés pour provoquer un soulèvement. Dans quelques centres populeux, notamment à Lyon, St-Etienne, Marseille et Toulouse, la Commune essaya de s'implanter, mais son règne y fut de courte durée.

Rappelons les faits.

Le 22 mars une poignée d'anarchistes proclamait la Commune à Lyon, instituait un comité de salut public qui décrétait la mise en liberté de tous les détenus politiques y compris les condamnés de l'affaire Arnaud, retenait le préfet prisonnier à l'Hôtel-de-Ville et envoyait même requérir à la Banque une avance de deux millions. Grâce à l'attitude de la garde nationale et aux mesures prises par l'autorité militaire, la tentative échoua et tout rentra dans l'ordre. Le 30 avril, un nouveau mouvement éclata, mais il fut promptement étouffé. L'émeute avait pris naissance à la Guillotière ; elle y fut concentrée. Les troupes, envoyées pour rétablir l'ordre, ayant été attaquées, ripostèrent vigoureusement, et, de part et d'autre, le sang coula. Au bout de quelques heures, force restait à la loi.

Le 24 mars, à Saint-Etienne, l'Hôtel-de-Ville était envahi dans la nuit, puis évacué le lendemain matin. Mais, dans la soirée de ce même jour, la préfecture tombait au pouvoir des insurgés, et ceux-ci, à coups de revolver, assassinaient, dans le coin d'une des salles, le préfet, M. de l'Espée, jeune homme de 36 ans, ingénieur de l'Ecole polytechnique. Ce crime était commis parce que M. de l'Espée, fidèle à son devoir, se refusait à signer la proclamation de la Commune. Deux autres personnes furent tuées à ses côtés. Le triomphe des émeutiers fut éphémère. Affaiblis par les défections, ils se dissipèrent le 28 mars devant la force armée.

Ce même jour 28 mars, au Creusot, le drapeau rouge fut arboré et la Commune proclamée. Peu d'instants après, le signe de la révolte était enlevé et l'ordre assuré par l'intervention de M. Gerhardt, lieutenant-colonel au 9ᵉ cuirassiers, qui commandait les troupes de la garnison. L'énergie et la vigueur de cet officier supérieur ont préservé la grande cité industrielle des dangers qui la menaçaient.

A Marseille, des factieux, aidés du concours de garibaldiens arrivés dans cette ville, y installaient la Commune dans la journée du 24 mars. Les autorités étaient séquestrées, et au nombre de ces dernières, était l'amiral Crosnier. Le 4 avril, le général Espivent entrait dans Marseille, abattait le drapeau rouge, enlevait de vive force la préfecture où s'était retranchée l'émeute, délivrait les prisonniers et mettait fin au règne des parodistes de la Commune de Paris. Voici en quels termes une dépêche annonçait cette nouvelle :

Marseille, 4 avril 1871.

Le général Espivent est entré ce matin à Marseille en occupant de vive force la gare du chemin de fer et divers points de la ville. Restait la préfecture, bâtiment carré qui formait une sorte de citadelle où se tenaient, défendus par des canons et des mitrailleuses, garibaldiens, gardes civiques et délégués de la Commune. Les insurgés ayant refusé de se rendre, le feu a commencé. Le combat a duré toute la journée. De midi à 7 heures, la préfecture a été bombardée. Il y a eu de nombreuses victimes. Le soir, les marins ont enlevé la position à la baïonnette. L'amiral Crosnier et les autres autorités ont été délivrés. 500 insurgés ont été faits prisonniers.

Le 25 mars, en l'absence de M. de Kératry, préfet, des meneurs proclamaient la Commune à Toulouse. Le surlendemain, à son retour, M. de Kératry, à la tête de 500 hommes, expulsait les factieux.

Le 5 avril, à Limoges, des individus tentèrent d'abord de s'opposer au départ d'un régiment envoyé à Versailles, puis, le soir, proclamèrent la Commune du haut du perron de l'Hôtel-de-Ville. Grâce à l'énergie du préfet et au concours de l'armée, la ville ne tarda pas à rentrer dans le calme. Ce qu'il y eut de plus triste, c'est que, dans cette soirée, le colonel Billet, du 4e cuirassiers, fut assassiné au coin d'une rue. Le *Journal officiel*, parlant de ce crime, ajoutait :

Le colonel Billet avait cinquante ans. A Reischoffen il avait chargé contre les Prussiens à la tête de ces vaillants cuirassiers qui firent l'admiration de l'ennemi dans cette funeste journée, et dont l'histoire gardera le souvenir. A celui qui avait si bien mérité la mort glorieuse du soldat sur le champ de bataille, il était réservé de mourir tué par des assassins comme ces nobles victimes qui s'appellent Lecomte, Clément Thomas et de l'Espée.

Des manifestations insurrectionnelles eurent lieu dans quelques autres villes, mais sans caractère sérieux et surtout sans conséquences fâcheuses.

Le plan d'insurger les grandes villes avait donc complètement échoué, et la Commune de Paris, dans son isolement, restait aux prises avec l'armée de Versailles qui, quelques semaines plus tard, triomphait de sa résistance et mettait fin à ses crimes.

VI

A peine entrée en fonctions, la Commune avait résolu de prendre l'offensive contre l'armée de Versailles. Ce projet était arrêté le 1er avril. Ce même jour, pour exciter l'ardeur des fédérés, *La Sociale* entonnait un chant de guerre, dont voici quelques passages :

> A Versailles !
> L'heure du combat a sonné.
> La conciliation n'est plus possible.
> . . . .
> Le parti de l'ordre n'a pas encore rassemblé toutes ses ressources.
> C'est le moment de marcher et de l'écraser.
> A Versailles... A Versailles...
> Investissez cette Assemblée de Versailles, -- bloquez cette ville infâme qui n'a pas encore eu le patriotisme de jeter à la porte cette poignée de coquins, — cernez et affamez cette armée de mouchards et de cagots, et vengez tout-à-la-fois la nation compromise, la patrie démembrée et trahie, et votre honneur avec le nôtre.
> A Versailles... A Versailles...

Le 2 avril, les bataillons de la Commune sortirent de Paris et attaquèrent les avant-postes de l'armée. Courbevoie fut le théâtre de l'action. Les fédérés, mis en déroute, prirent la fuite dans toutes les directions.

Le lendemain, les hostilités recommencèrent et eurent lieu principalement à Rueil et Nanterre. Atteints par les feux du Mont Valérien en même temps que décimés par une vive fusillade, les insurgés furent débusqués de toutes leurs positions, et, sauf Asnières, ils évacuèrent toute la presqu'île de Gennevilliers. Un grand nombre d'entre eux furent faits prisonniers, et, parmi ceux-ci, on reconnut plusieurs repris de justice et condamnés militaires. C'est dans cette affaire que fut tué Flourens, un des chefs de l'insurrection. Dans son *Histoire de la Commune* M. Lepage raconte ainsi la fin de ce triste personnage :

> Flourens voyant la partie perdue, entra dans une petite maison près de la Seine, en face de Chatou, et, quittant son brillant uniforme, il commença d'endosser un costume d'ouvrier qu'il avait apporté. Son officier d'ordonnance, Pisani, était avec lui. Les deux fuyards furent poursuivis, et un gendarme, entrant dans la maison derrière Flourens, eut la poitrine traversée par la balle

d'un revolver. Le capitaine de gendarmerie Desmarest passa sur le corps du malheureux soldat, et trouva Flourens encore le pistolet à la main. D'un formidable coup de sabre sur le crâne, il lui fendit presque entièrement la tête. La cervelle jaillit, la mort fut instantanée. Pisani s'était caché dans de la paille ; des gendarmes y plongèrent leurs sabres, et ils entendirent des cris sortir du fourrage. L'ami de Flourens, blessé à la cuisse, se montra. On lui fit un premier pansement. Le malheureux, fou de terreur, croyant qu'on allait le fusiller, demandait qu'on lui laissât la vie sauve. On le conduisit à l'hôpital militaire de Versailles, en compagnie du cadavre de son chef qui fut réclamé par sa famille.

On lit encore dans le même ouvrage :

Le 4 avril un groupe de 1,244 hommes fut pris dans la batterie du Moulin-de-Pierre, les généraux Henri et Duval se trouvaient parmi ces hommes. Conduits sur le plateau du Petit-Bicêtre, ces deux chefs furent interrogés par le général Vinoy, qui venait d'arriver sur le lieu de l'action. Henry nia énergiquement être celui qu'on supposait. Duval voulait agir de même, mais soit imbécillité, lâcheté ou imprudence, quelques officiers fédérés soutinrent qu'il était bien le général Duval. Il fut immédiatement passé par les armes... Henry et les autres prisonniers partirent pour Versailles.

Signalons ici un acte monstrueux que mentionnait, le 2 avril, le *Journal officiel* de Versailles. Il y était dit :

Les misérables que la France est réduite à combattre ont commis un nouveau crime. Le chirurgien en chef de l'armée, M. Pasquier, s'étant avancé seul et sans armes trop près des positions ennemies, a été indignement assassiné.

Les échecs, que venait de subir la Commune, excitèrent ses fureurs, et celle-ci poussa le cynisme et le mensonge jusqu'à accuser Versailles d'avoir *commencé* la guerre civile. Le *Siècle* lui-même crut devoir protester contre cette accusation dans un article publié le 5 avril.

De quel droit, disait-il, accuser Versailles d'avoir prémédité une *attaque*, une *agression*, quand les nouveaux journaux de Paris, tous dirigés par des membres de la Commune, n'avaient cessé depuis trois jours de pousser le cri : A Versailles ! A Versailles !

Vous l'avez poussé ce cri de guerre...

Il vous est permis de vous repentir ; il ne vous est pas permis de récriminer ni d'accuser les autres...

Mais, ne fallait-il pas que les forcenés, qui siégeaient à l'Hôtel-de-Ville, essayassent de justifier les mesures odieuses qu'ils allaient prendre ?

De son côté, le *Mot d'ordre* faisait retomber sur le comité la responsabilité de l'insuccès. On y lisait :

Nous devons le dire et nous le disons : tous ces désastres ont leur origine dans l'incroyable légèreté qui a présidé aux opérations militaires. La garde nationale, bien fortifiée dans Paris, attendait l'arme au pied une attaque qui ne venait pas; où était la nécessité de la faire marcher sur Versailles ? D'où sort ce plan bizarre qui consiste à faire passer trente mille hommes sous le feu plongeant du Mont Valérien ? Qu'espéraient les stratèges auteurs de ces sanglants enfantillages ? Croyaient-ils que ces gendarmes allaient fraterniser et que les artilleurs allaient tirer à blanc ? Au moins était-il élémentaire de s'assurer des dispositions des marins et des sergents de ville avant de céder à l'enthousiasme de ceux qui voulaient marcher en avant.

Ajoutons que si, par aventure, nos amis avaient pris Versailles, l'Assemblée se serait repliée sur Fontainebleau, puis sur Orléans, et au besoin sur Pondichéry, ce qui changeait en une simple chasse à courre la lutte actuellement pendante entre les deux pouvoirs. Avec des opérations de cette force, on arriverait vite à réhabiliter Trochu.

Maintenant que le mal est fait, et que les cadavres de nos concitoyens rentrent dans Paris par charretées, une grave question se pose : celle de la responsabilité. Cette tactique, non pas seulement funeste, mais folle, qui l'a ordonnée ? de quel cerveau en délire s'est-elle échappée toute fumante ? voilà ce qu'ont le droit de demander les mères, les sœurs et les femmes qui s'entassent aux barrières de Paris pour voir revenir mutilés leurs fils, leurs maris et leurs frères. Il existe un Carnot quelconque qui a ordonné cette fatale sortie de trois jours, pourquoi ne le nomme-t-on pas ? pourquoi ne s'est-il pas déjà expliqué devant la nation ?

L'irritation de la Commune se traduisit par des actes inqualifiables. Dès le 3 avril, elle rendait le décret suivant :

La Commune de Paris,

Considérant que les hommes du gouvernement de Versailles ont ordonné et commencé la guerre civile, attaqué Paris, tué et blessé des gardes nationaux, des soldats de la ligne, des femmes et des enfants,

Considérant que ce crime a été commis avec préméditation et guet-apens contre tout droit et sans provocation,

Décrète :

ART. 1ᵉʳ. MM. Thiers, Favre, Picard, Dufaure, Simon et Pothuau sont mis en accusation.

Leurs biens seront saisis et mis sous séquestre, jusqu'à ce qu'ils aient comparu devant la justice du peuple.

Les délégués de la justice et de la sûreté générale sont chargés de l'exécution du présent décret.

La Commune de Paris.

Le lendemain, elle prononçait la confiscation des biens, meubles et immeubles, appartenant aux congrégations religieuses, et, le 4 avril, elle rendait un décret portant : « Toute exécution d'un prison-
« nier de guerre ou d'un partisan du gouvernement régulier de la
« Commune de Paris sera sur-le-champ suivie de l'exécution d'un
« nombre triple des otages pris et retenus. »

Ce décret était à peine connu du public que Mgr Darboy, archevêque de Paris, M. l'abbé Deguerry, curé de la Madeleine, et plusieurs autres prêtres étaient arrêtés, ainsi que M. le président Bonjean et une foule d'autres citoyens appartenant aux différentes classes de la société.

Mgr Darboy fut conduit le 4 avril, jour de son arrestation, à la préfecture de police, où le farouche Rigault lui fit subir l'interrogatoire suivant :

— Votre nom ?
— Mgr Darboy.
— Votre profession ?
— Archevêque de Paris.
— Qu'est-ce que c'est que ça, être archevêque de Paris ?
— C'est être le serviteur de Dieu.
— Bien : greffier, écrivez Darboy, domestique, au service du *nommé Dieu*. Et où demeure-t-il, votre maître ?
— Partout !
— Très bien, écrivez... Au service du nommé Dieu, qui, de l'aveu même de l'accusé, est en état de vagabondage !

Et comme l'archevêque-martyr se retournait pour donner sa bénédiction, que lui demandaient trois prêtres arrêtés comme lui, Raoul Rigault s'écria :

— Ah ça, citoyen, finis tes farces, je te prie ! voilà dix-huit cents ans que toi et tes pareils vous nous la faites... nous en avons assez !

D'après M. Rastoul, auteur de *l'Eglise de Paris sous la Commune*, le féroce procureur adressa les questions suivantes à M. l'abbé Deguerry :

— Quel métier faites-vous ?
— Ce n'est pas un métier, c'est une vocation, un ministère moral que nous remplissons pour améliorer les âmes.
— Ah ! des blagues, tout cela ! Enfin quel tas d'histoires faites-vous au peuple ?
— Nous lui enseignons la religion de Notre Seigneur Jésus-Christ.
— Il n'y a plus de Seigneur, nous ne connaissons pas de Seigneur.

Un tel langage soulève le cœur de dégoût et d'indignation.

« Dans la nuit qui suivit l'arrestation de l'archevêque, — dit M. Lepage — des hommes appartenant aux 84ᵉ et 212ᵉ bataillons s'offrirent dans le palais archiépiscopal, un souper de quatre-vingts couverts. L'office et la cave furent mis à contribution, et quand les envoyés de Rigault rentrèrent à la place Dauphine, où ils étaient de garde, ils ne purent reprendre leur service à cause de l'état d'ébriété où ils se trouvaient. Cependant, quelques-uns avaient conservé leur sang-froid, mais dans un but tout-à-fait intéressé.

Un fédéré du 84ᵉ força un tiroir et y prit 10,000 francs. Ses autres collègues rangèrent dans leurs poches une partie de l'argenterie. »

Dès ce moment, la spoliation, le pillage, l'arbitraire et le despotisme le plus féroce et le plus ombrageux règnent sans conteste. Les églises, souillées et profanées, sont transformées en clubs. L'*Histoire de la Commune* fournit à ce sujet des renseignements qui pourront paraître invraisemblables, tant ils accusent de dépravation. Nous y lisons :

> On fermait les églises et on y établissait des clubs. A Saint-Nicolas des-Champs, à Saint-Roch, à Saint-Sulpice, à Saint-Eustache, se réunissaient le soir les démagogues du quartier. Les questions politiques, les idées sociales, l'existence de Dieu, étaient traitées par des individus sachant à peine lire et écrire. Des citoyennes prenaient quelquefois la parole.
>
> L'orateur montait en chaire. Le bureau occupait le banc d'œuvre et l'auditoire était assis, fumant, causant, jurant, écoutant fort peu les vérités qu'on prétendait lui débiter. Ce public étrange venait plutôt pour se voir, se connaître, se compter, que pour entendre ce qui se disait.
>
> Le costume de la garde nationale dominait ; beaucoup de femmes étaient en cantinières, enchantées de faire admirer leurs formes si elles étaient solidement taillées, leurs figures si la nature les avait douées d'un minois chiffonné ; puis les broderies rouges du jupon, les plumes du chapeau crânement posé sur l'oreille...
>
> Ces coquettes fédérées avaient une cour. Les citoyens les plus austères les regardaient du coin de l'œil, d'autres les suivaient et entamaient avec elles des conversations où la politique était absolument étrangère.
>
> Les cantinières vieilles ou laides s'habillaient en hommes et portaient l'uniforme de la garde nationale. Jamais on n'a vu de pareilles monstres : les tricoteuses de 93 ont dû en tressaillir de jalousie dans la terre où elles pourrissent. On eût fait le pari de réunir une aussi grande quantité de spécimens de laideur, qu'il aurait été impossible de mieux réussir.
>
> Des pères de famille conduisaient leurs enfants à ces réunions, et ces pauvres êtres inconscients applaudissaient et riaient.
>
> Les lustres éclairaient ces scènes étranges, la lumière se reflétait sur tous ces visages avinés. Les nefs latérales en plein dans l'ombre étaient le lieu de rendez-vous des amoureux et l'endroit favori des péripatéticiens communeux. Un voile immense couvrait le maître-autel, le tabernacle était vide. Mais les libres penseurs fédérés ne se contentaient pas toujours de parler, ils agissaient. C'était pour eux un plaisir de costumer les statues de saints en gardes nationaux et la vierge en cantinière.

Autres turpitudes !

> Dans le 2ᵉ arrondissement, — dit encore M. Lepage, — les délégués supprimèrent et firent sortir des maisons toutes les femmes qui y étaient renfermées. Ces malheureuses créatures erraient dans les rues, ne sachant où se réfugier. Jamais la prostitution ne s'exerça aussi cyniquement que pendant les derniers jours de la Commune. Le palais des Tuileries était le théâtre des orgies les plus crapuleuses. Les officiers fédérés y faisaient entrer

toutes les filles publiques de la butte des Moulins et leur faisaient cadeau des dentelles, des robes, des rideaux de lits et de croisées ; en un mot de tout ce qui pouvait se transporter facilement. Des perquisitions opérées chez beaucoup de ces femmes aboutirent à des découvertes importantes. Des armoires étaient pleines d'étoffes volées aux Tuileries.

Ainsi, le désordre, l'impudicité et le vol s'étalaient effrontément. La Commune, d'ailleurs, avait une singulière façon de comprendre la moralité de la famille. Qu'on en juge par la nouvelle suivante que le *Vengeur* publiait dans son numéro du 14 avril :

> La Commune exécutive a donné ordre aux délégués aux mairies de ne faire aucune distinction entre les femmes légitimes et les femmes dites illégitimes vivant maritalement, quant à l'indemnité allouée à la garde nationale.

La spoliation et le pillage, avons-nous dit, étaient à l'ordre du jour. Nous ne parlerons pas ici des réquisitions de toutes sortes faites par la garde nationale chez les particuliers. Les prétendus régénérateurs de la société poussèrent, jusqu'à ses dernières limites, le vol à main armée et le mépris des droits de la propriété. Qu'il nous suffise de mentionner les faits suivants.

Le 14 avril, le *Journal officiel* de Versailles contenait l'entrefilet que voici :

> Les perquisitions dans les sacristies accompagnent les arrestations des membres du clergé. Les femmes des gardes nationaux insurgés ne se contentent pas d'y assister ; elles font main-basse sur le linge et les ornements de l'église.

Dans le procès-verbal de la séance de la Commune du 13 avril, publié par le *Journal officiel* de l'insurrection, on lit :

> Le citoyen Lefrançais expose que, dans la plupart des maisons de secours tenues par les sœurs, la commission de sûreté générale fait saisir les sommes destinées aux orphelines.

M. Lepage, dans son *Histoire de la Commune*, relate ce qui suit :

> On se rappelle que l'Impératrice avait assuré son fils. Le 15 avril, des gardes nationaux se rendirent vers neuf heures du soir à la compagnie d'assurances le *Monde*. Mais les directeurs avaient été prévenus : l'argent et les livres étaient partis dans la matinée pour Versailles. Quelques jours après on apposa les scellés à l'*Union*. Il y avait en caisse une centaine de mille francs nécessaires au paiement des employés. Une trouvaille faite à la Monnaie remplit de joie la Commune ; deux cent mille francs en pièces de vingt centimes furent découverts.
>
> Une saisie fut pratiquée sur les caisses des compagnies d'assurances la *Nationale*, l'*Urbaine*, le *Phénix*, la *Générale* et l'*Union* Une

somme de deux millions, imputable à l'arriéré de leurs impôts, fut exigée des compagnies de chemins de fer d'après la répartition suivante :

La Compagnie du Nord.	303,000 fr.
La Compagnie de l'Ouest	275.000
La Compagnie de l'Est	354,000
La Compagnie de Lyon.	692,000
La Compagnie d'Orléans.	376,000
Total	2,000,000 fr.

Le 15 avril, les agents de la Commune se présentaient à l'hôtel de M. Thiers, pénétraient dans les appartements, forçaient les meubles et s'emparaient des papiers et de tous les objets de valeur qui s'y trouvaient.

Ailleurs, chez un négociant de la rue de Maubeuge, M. Lasnier, des gardes fédérés faisaient main basse sur une somme de 30,000 fr. qui était sa propriété et celle de ses associés.

Dans les écoles religieuses, les crucifix, madones et autres symboles, étaient enlevés, et les objets de cet ordre en métal précieux, inventoriés et envoyés à la Monnaie. On a vu plus haut que, déjà, les biens des corporations religieuses avaient été confisqués.

Si la propriété était dilapidée, la liberté était méconnue et foulée aux pieds.

Les hommes qui gouvernaient le pseudo-gouvernement de l'hôtel-de-ville, — dit M. Lepage, — avaient toujours réclamé la liberté individuelle, le droit de réunion et la liberté de la presse. A peine maîtres du pouvoir, ils emprisonnaient les citoyens, les empêchaient de se réunir et supprimaient les journaux. M. Pyat fut un des plus acharnés ennemis de toute liberté. M. Louis Ulbach fut décrété d'accusation ; M. F. Polo, ancien directeur du journal l'*Eclipse*, fut mis sous les verrous. M. Chaudey, rédacteur du *Siècle*, un républicain honnête et sincère, dénoncé par le *Père Duchêne* qui lui reprochait d'avoir fait tirer sur le peuple, le 21 janvier, fut arrêté...

Quant à la liberté individuelle, on s'emparait de tous les jeunes gens qu'on incorporait dans les bataillons fédérés... Ce qui restait d'hommes valides dans Paris fut traqué et incorporé de vive force.

Bref, les arrestations allaient bon train, tout le monde s'en mêlait. Chacun cherchait à satisfaire ses rancunes personnelles. On rencontrait à chaque instant des patrouilles qui allaient procéder aux arrestations.

Que faisaient les honnêtes gens ?... Dans le principe, ils étaient restés inactifs ; aujourd'hui, ils se trouvaient impuissants. La terreur régnait dans Paris !

Les boutiques, — dit encore M. Lepage, — celles des bijoutiers surtout, étaient restées fermées. On ne voyait presque personne dans les rues et que de rares promeneurs sur les boulevards. Sept cent mille individus environ avaient quitté Paris...

Pour s'enfuir, les hommes au-dessous de quarante ans eurent recours à la ruse et à l'audace. Il serait trop long d'énumérer les moyens qu'ils employèrent. Disons que, grâce à maints stratagèmes, beaucoup échappèrent soit à la persécution, soit à un enrôlement forcé dans les rangs des fédérés.

Des citoyens, délégués par certaines villes de province, essayèrent d'intervenir entre Versailles et Paris, comme si un compromis était possible entre l'ordre et le désordre. Ils échouèrent dans leur mission, et les choses suivirent leur cours naturel.

Revenons maintenant aux opérations militaires.

VII

La Commune essaya de dissimuler la gravité des premiers échecs, qu'elle avait essuyés, en lançant des proclamations et en publiant dans ses journaux des récits où le mensonge le disputait à l'odieux. Du reste, jusqu'au dernier moment, elle poursuivra ce système d'effronterie cynique, et même, pour entretenir la population parisienne dans de funestes illusions, elle annoncera de prétendus triomphes remportés en province par ses partisans, dont, suivant elle, le nombre et les succès allaient croissant de jour en jour. Tandis qu'elle trompait ainsi le public, de graves dissentiments éclataient dans son sein, où l'on se rendait un compte exact des revers et des mécomptes éprouvés. Les dictateurs de l'Hôtel-de-Ville se soupçonnaient, s'accusaient, se destituaient et même se faisaient réciproquement arrêter. On a vu plus haut avec quelle rapidité se succédaient les chefs militaires. La disgrâce ou la prison venait bien vite briser le pouvoir que l'insurrection leur avait donné et que l'insurrection leur retirait. Lullier, arrêté ; Bergeret, arrêté ; Assy, gouverneur de l'Hôtel-de-Ville, arrêté ; Cluseret, arrêté ; Rossel, arrêté, et tant d'autres que nous pourrions encore citer ! Ces gens-là s'entre-déchiraient. L'anarchie était partout, dans la rue et dans le gouvernement. Aussi, parlant de ce gâchis, le journal *La Commune* ne pouvait s'empêcher de s'écrier : « C'est à compromettre le principe pour plus d'un siècle. »

Dans les jours, qui suivirent les premiers engagements, l'action se continua du côté de Neuilly. L'armée de Versailles avançait, mais sa marche était lente, parce qu'il fallait non-seulement lui donner le temps de compléter son organisation, mais encore ménager le sang des soldats et fatiguer les insurgés.

Vers le 17 avril, les fédérés chassés successivement de leurs diverses positions, s'étaient repliés dans les forts d'Issy, de Vanves et de Montrouge.

Les affaires de la Commune allaient de mal en pis. De nouvelles mesures furent prises. Par suite, Rossel fut, le 30 avril, investi du commandement militaire supérieur, et le cordonnier Gaillard, père, chargé de la construction d'une double enceinte de barricades.

Rossel, jeune capitaine du génie, était-il un vulgaire ambitieux ou un patriote exalté qui croyait pouvoir chasser l'étranger en provoquant un soulèvement général? L'une et l'autre opinions ont été soutenues. Ce qu'il y a de certain, c'est que cet officier avait déserté le drapeau et failli à ses devoirs militaires, crime, prévu et réprimé par nos lois et que, plus tard, il devait expier par la mort.

Rossel imprima aux opérations militaires une direction qui révélait un chef habile; mais, ne pouvant établir la discipline et l'obéissance ponctuelle à ses ordres, il donna sa démission par la lettre suivante que publia le *Mot d'ordre* :

Paris, le 9 mai 1871.

Citoyens membres de la Commune,

Chargé par vous à titre provisoire de la délégation de la guerre, je me sens incapable de porter plus longtemps la responsabilité d'un commandement où tout le monde délibère et où personne n'obéit...

Hier, pendant que chacun devait être au travail ou au feu, les chefs de légion délibéraient pour substituer un nouveau système d'organisation à celui que j'avais adopté, afin de suppléer à l'imprévoyance de leur autorité toujours mobile et mal obéie. Il résulta de leur conciliabule un projet au moment où il fallait des hommes, et une déclaration de principes au moment où il fallait des actes.

Mon indignation les ramena à d'autres pensées, et ils ne me promirent, pour aujourd'hui, comme le dernier terme de leurs efforts, qu'une force organisée de douze mille hommes, avec lesquels je m'engage à marcher à l'ennemi. Ces hommes devaient être réunis à onze heures et-demie : il est une heure, et ils ne sont pas prêts ; au lieu d'être douze mille, ils sont environ sept mille. Ce n'est pas du tout la même chose.

Ainsi la nullité du comité d'artillerie empêche l'organisation de l'artillerie ; les incertitudes du comité central de la fédération arrête l'administration ; les préoccupations mesquines des chefs de légion paralysent la mobilisation des troupes.

Je ne suis pas homme à reculer devant la répression, et hier, pendant que les chefs de légion discutaient, le peloton d'exécution les attendait dans la cour. Mais je ne veux pas prendre seul l'initiative d'une mesure énergique, endosser seul l'odieux des exécutions qu'il faudrait faire pour tirer de ce chaos l'organisation, l'obéissance et la victoire. Encore si j'étais protégé par la publicité de mes actes et de mon impuissance, je pourrais conserver mon mandat. Mais la Commune n'a pas eu le courage d'affronter la publicité. Deux fois déjà je vous ai donné des éclaircissements nécessaires, et deux fois, malgré moi, vous avez voulu avoir le comité secret.

Mon prédécesseur a eu le tort de se débattre au milieu de cette situation absurde.

Eclairé par son exemple, sachant que la force d'un révolutionnaire ne consiste que dans la netteté de la situation, j'ai deux lignes à choisir : briser l'obstacle qui entrave mon action ou me retirer.

Je ne briserai pas l'obstacle, car l'obstacle c'est vous et votre faiblesse : je ne veux pas attenter à la souveraineté publique.

Je me retire, et j'ai l'honneur de vous demander une cellule à Mazas.

Signé : Rossel.

La Commune fit droit à la requête de Rossel. Elle lui octroya une cellule à Mazas et lui donna même pour gardien un de ses membres, le citoyen Ch. Gérardin. Mais, au bout de quelques heures, tous deux prirent la fuite, au grand désappointement du Comité qui lança contre eux un mandat d'arrêt dont la mise à exécution ne put avoir lieu. Ce ne fut qu'après la chute de la Commune que Rossel fut arrêté.

Le 17 avril, les fédérés étaient expulsés d'Asnières et du château de Bécon, position importante et solidement fortifiée. Le fort d'Issy était pris le 9 mai, et celui de Vanves, le 14.

L'esprit de fureur et de vertige, qui s'était emparé des hommes de la Commune, augmentait au fur et à mesure que leur pouvoir déclinait.

Le 27 avril, le gouvernement de l'Hôtel-de-Ville décrétait la démolition de l'église Bréa, amnistiait le citoyen Nourri, un des assassins du général de Bréa, détenu depuis 22 ans à Cayenne, et décidait qu'une pension serait accordée à sa mère.

Deux décrets portant : l'un, destruction de la chapelle expiatoire ; et l'autre, démolition de la maison Thiers, parurent, le premier, le 6 mai, et le second, le 11 mai. En voici la teneur :

I

Le comité de salut public,

Considérant que l'immeuble connu sous le nom de chapelle expiatoire de Louis XVI est une insulte permanente à la première révolution et une protestation perpétuelle de la réaction contre la justice du peuple,

ARRÊTE :

Art. 1er. La chapelle dite expiatoire de Louis XVI sera détruite.

Art. 2. Les matériaux en seront vendus aux enchères publiques, au profit de l'administration des domaines.

Art. 3. Le directeur des domaines fera procéder, dans les huit jours, à l'exécution du présent arrêté.

Paris, 16 floréal an 79.

Le comité de Salut public,
ANT. ARNAUD, CH. GÉRARDIN, LÉO MEILLET,
FÉLIX PYAT, RANVIER.

II

Le comité de salut public,

Vu l'affiche du sieur Thiers, se disant chef du pouvoir de la république française ;

Considérant que cette affiche, imprimée à Versailles, a été apposée sur les murs de Paris par les ordres dudit sieur Thiers ;

Que, dans ce document, il déclare que son armée ne bombarde pas Paris, tandis que chaque jour des femmes et des enfants sont victimes des projectiles fratricides de Versailles ;

Qu'il y est fait un appel à la trahison pour pénétrer dans la place, sentant l'impossibilité absolue de vaincre par les armes l'héroïque population de Paris ;

ARRÊTE :

Art. 1er. Les biens meubles des propriétés de Thiers seront saisis par les soins de l'administration des domaines.

Art. 2. La maison de Thiers, située place Georges, sera rasée.

Art. 3. Les citoyens Fontaine, délégué aux domaines, et J. Andrieu, délégué aux services publics, sont chargés, chacun en ce qui le concerne, de l'exécution immédiate du présent arrêté.

Paris, 21 floréal an 79.

Les membres du comité de salut public,
ANT. ARNAUD, EUDES, F. GAMBON, G. RANVIER.

Ce dernier décret reçut dès le lendemain son exécution.

Précédemment, le 12 avril, la Commune avait pris le décret suivant :

La Commune de Paris,

Considérant que la colonne impériale de la place Vendôme est un monument de barbarie, un symbole de force brute et de fausse gloire, une affirmation du militarisme, une négation du droit international, une insulte permanente des vainqueurs aux vaincus, un attentat perpétuel à l'un des trois grands principes de la république française, la fraternité.

DÉCRÈTE :

Article unique. La colone de la place Vendôme sera démolie,

Paris, le 12 avril 1871.

On prit ce décret pour une hâblerie. En effet, qui aurait pu supposer que, sous les yeux de l'ennemi, des hommes, se disant français, auraient osé porter une main sacrilége sur la colonne Vendôme,

bronze d'Iéna, monument élevé à la gloire des armées françaises !..
C'était le bien de la France. Y toucher, c'était commettre un crime de lèse-nation. Ce crime, les bandits de la Commune l'ont commis !

Voici en quels termes s'exhalait l'indignation de M. F. Sarcey :

> Ils vont démolir la colonne de la place Vendôme !.....
>
> La colonne renversée par des mains françaises ! Deux fois les soldats de l'Europe victorieuse étaient entrés à Paris, ivres de colère et brûlant de venger les outrages qu'ils avaient reçus de nous. La colonne se dressait alors, dans sa nouveauté superbe, comme le témoin le plus offensant de leurs défaites ; cette colonne sortie du bronze de leurs canons, et qui devait porter sur son indestructible airain aux siècles futurs tous les grands noms de l'épopée impériale : Austerlitz, Iéna, Wagram. Et cependant ils s'étaient arrêtés devant elle, saisis de je ne sais quel respect....
>
> La bande d'assassins qui a mis la main sur Paris n'a pas de ces préjugés ni de ces scrupules !

Ce décret parut un instant oublié, mais le citoyen Courbet en réclama l'exécution, et la mise en adjudication du monument fut annoncée par une affiche ainsi conçue :

> Les matériaux qui composent la colonne Vendôme sont mis en vente.
> Ils sont divisés en 4 lots ;
> 2 lots, matériaux de construction ;
> 2 lots, métaux.
> Ils seront adjugés par lots séparés, par voie de soumissions cachetées adressées à la direction du génie, 84, rue Saint-Dominique-Saint-Germain.

Enfin, le 16 mai, la colonne tomba !!! On écrivait de Versailles :

> 17 mai, soir.
>
> La colonne Vendôme a été abattue hier à 5 h. et demie du soir. Tout auprès applaudissait une foule grossière ; au loin ricanait le prussien (1). Le général Bergeret et un sergent ont prononcé des discours. Plusieurs membres de la Commune assistaient du balcon du ministère de la justice, à la destruction du monument national. M. Glais-Bizoin était présent, agitant joyeusement son chapeau.

Dans l'ordre du jour suivant, qu'il adressa à ses troupes, le maréchal de Mac-Mahon se fit l'interprête des sentiments de l'armée :

> Soldats !
>
> La colonne Vendôme vient de tomber.
>
> L'étranger l'avait respectée. La Commune de Paris l'a renversée. Des hommes qui se disent Français ont osé détruire, sous les yeux des Allemands qui nous observent, ce témoin de la gloire de vos pères contre l'Europe coalisée.
>
> Espéraient-ils, les auteurs indignes de cet attentat à la gloire nationale,

---

(1) Les Prussiens, avertis par les journaux, considéraient ce spectacle, des hauteurs qu'ils occupaient autour de Paris.

effacer la mémoire des vertus militaires dont ce monument était le glorieux symbole ?

Soldats ! si les souvenirs que la colonne nous rappelait ne sont plus gravés sur l'airain, ils resteront du moins vivants dans nos cœurs, et, nous inspirant d'eux, nous saurons donner à la France un nouveau gage de bravoure, de dévouement et de patriotisme.

Maréchal de MAC-MAHON,
Duc de Magenta.

Un poëte inspiré, M. Sauvinet-Delabroue, a flétri cet acte de vandalisme dans les vers que voici :

Aux démolisseurs de la colonne Vendôme.

Ainsi donc la fureur, la folie et la rage
Nous laissent tous les jours un nouveau témoignage
    De vos sottes iniquités ;
Politiques bandits, eunuques en délire,
Ne pouvant rien créer, vous voulez tout détruire :
    Nos monuments, nos libertés.

La Colonne écrasait de sa taille superbe
Vos médiocrités ; nains qui rampez sous l'herbe,
    Tant de grandeur vous éblouit !
Vous qui violez nos droits, rasez nos domiciles,
Vils faiseurs de complots et de guerres civiles,
    Le crime seul vous réjouit.

Il sut du moins, Celui dont vous souillez l'histoire,
Donner à son pays une immortelle gloire !
    Et vous, avec tous vos décrets,
Qu'avez-vous fait de grand ? Quelles sont vos conquêtes ?
Vos bulletins trompeurs nous cachent vos dépêches,
    Vos victoires sont des échecs.

Les vétérans bronzés de notre vieille armée
Avaient porté, vainqueurs, dans l'Europe alarmée
    Nos tricolores étendards,
Et vous, qu'avez-vous fait avec le drapeau rouge ?
Jusqu'où le traînez-vous ? de Pantin à Montrouge.
    Votre cause expire aux remparts.

Quand vous parlez de droits, franchises communales,
Libertés de Paris, chartes municipales,
    Vous mentez avec de grands mots.
Vous pillez nos trésors, vous remplissez vos poches :
Et malheur à celui qui rit de vos débauches :
    Vos sbires ont des chassepots.

Ce que les Prussiens n'ont jamais osé faire :
Brûler, livrer Paris au poignard du sicaire,
    Nos grands patriotes l'ont fait.
Une chose pesait à l'Empereur Guillaume :

> Nos canons d'Iéna, la colone Vendôme ;
> Que l'empereur soit satisfait !
>
> De combien de deniers jetés dans vos sébilles
> Bismarck a-t-il payé nos discordes civiles ?
> Dites, Delescluze et Pyat !...
> O bandits ! si c'est là votre socialisme
> La France vous doit bien un billet de civisme
> Portant la marque du forçat.
>
> Le vol n'emplit donc pas assez votre escarcelle ?
> Il vous faut vendre au poids la Colonne immortelle !
> Qu'en pensez-vous, peintre Courbet,
> Croyez-vous qu'en brisant un monument de gloire,
> Vous puissiez supprimer vingt ans de notre histoire ?
> Vous pensez comme Loriquet.
>
> Allez, démolisseurs ! faites votre besogne ;
> Apportez vos marteaux ; que tout citoyen cogne !
> Bismarck ne sera plus jaloux.
> Renversez le géant ; nains, jetez-le par terre,
> Sur un lit de fumier, faites-lui sa litière.
> Le fumier abonde chez vous.
>
> Allez, mais hâtez-vous ! L'heure de la justice
> Aux remparts a sonné. Citoyens, du supplice
> Entendez-vous tinter le glas ?
> Pour le géant vaincu le ciel fit Sainte-Hélène ;
> Pour vous il inventa le bagne de Cayenne
> Et la mort des vils scélérats !

La démence de ces scélérats ne devait plus connaître de bornes. Le *Vengeur* de Félix Pyat demanda qu'on jetât au vent les cendres de Napoléon 1er !!!...

Tandis que Paris était sous l'impression de la chute de la colonne, la cartoucherie Rapp fit explosion, causant de graves dégâts dans le voisinage. Plusieurs maisons furent ébranlées : quelques-unes même s'effondrèrent. Bref, on évaluait à plus de cent le nombre des victimes. Cet accident eut lieu le 17 mai ; il vint fournir un nouvel aliment au système de calomnies poursuivi contre l'Assemblée nationale et contre l'armée. Le comité de salut public déclara qu'il était l'œuvre des agents du gouvernement de Versailles. Est-il besoin de dire qu'il ne put être attribué qu'à l'imprudence d'un ouvrier ?

A l'Hôtel-de-Ville régnait le plus grand désarroi. Pour en avoir une idée, il suffira de lire la correspondance suivante que reçurent plusieurs journaux :

Paris, 16 mai.

La Commune ne se réunit plus parce qu'elle ne se réunirait que pour s'arrêter,

Rossel, Delescluze et Pyat jouent à cache-cache. Delescluze veut reprendre Rossel, Pyat voudrait le prendre. Pyat a le comité pour lui ; Delescluze a la Commune; Rossel a une bonne cachette dont il ne sortira pas, redoutant plus ceux qui veulent le faire dictateur que ceux qui veulent le faire fusiller. Il est temps que cela finisse. De fait, il y a aujourd'hui cinq ou six gouvernements et une petite armée qui n'a pas de gouvernement. Chacun de ces comités se combat et pour un peu s'arrêterait.

Le gâchis était à son comble ; la fin approchait, mais avant de chercher leur salut dans la fuite ou de subir le châtiment qu'ils avaient mérité, les sinistres fantoches de ce hideux gouvernement devaient laisser des traces sanglantes et terribles de leur passage au pouvoir.

VIII

L'assassinat et l'incendie, tel a été le dernier mot de ces bandits.

Le 16 mai, on lisait dans le *Cri du peuple* :

On nous avait donné, depuis quelques jours, des renseignements de la plus haute gravité, dont nous sommes aujourd'hui complètement sûrs.

On a pris toutes les mesures pour qu'il n'entre dans Paris aucun soldat ennemi.

Les forts peuvent être pris l'un après l'autre. Les remparts peuvent tomber. Aucun soldat n'entrera dans Paris.

Si M. Thiers est chimiste, il nous comprendra.

Que l'armée de Versailles sache bien que Paris est décidé à tout plutôt que de se rendre !

Le même jour, un arrêté du membre de la Commune, délégué aux services publics, ordonnait à tous dépositaires de pétrole d'en faire la déclaration dans les quarante-huit heures.

La Commune aux abois organisait dans l'ombre la destruction de Paris.

Cependant, les troupes de l'Assemblée s'étaient emparées de toutes les positions des insurgés. Le 16 mai, elles n'étaient plus qu'à quelques centaines de mètres des remparts ; le 21, elles pénétraient dans la ville. Mais laissons ici la parole à M. Lepage :

La destruction du fort de Montrouge, l'occupation de ceux de Vanves, d'Issy et des villages de mêmes noms, avaient eu pour résultat d'amener l'armée régulière jusqu'au glacis des fortifications. Les fédérés tenaient bien encore de ce côté le hameau connu sous le nom de Petit-Vanves ou Malakoff, mais, craignant d'être tournés, ils l'évacuèrent le 21 mai, à neuf heures du matin....

Ainsi le 21 mai, les fédérés n'avaient plus un pouce de terrain au-delà des fortifications depuis Montrouge jusqu'à la porte Maillot. Les bastions du Point-du-Jour à Neuilly ne pouvaient plus tirer ; la batterie de Montretout les prenant en enfilade, tuait les artilleurs, démontait les pièces, et ses projectiles énormes détruisaient le rempart.

Les fédérés se massaient dans Passy et Auteuil, s'attendant à un assaut devenu imminent. Leurs généraux continuaient d'envoyer des bulletins de victoire...

Le soir du 21, vers cinq heures, les habitants de la rue Saint-Charles à Grenelle furent surpris de voir des soldats appartenant à l'armée régulière s'avancer du côté du viaduc du chemin de fer de ceinture. Aussitôt les gardes nationaux se sauvèrent, changèrent de vêtements pour ne pas être reconnus. Les femmes sortirent des caves où elles se tenaient cachées et reçurent les soldats comme des sauveurs. En effet, ne venaient-ils point les délivrer des fédérés qui attiraient depuis si longtemps les obus sur leurs maisons !

Les officiers de l'armée régulière ne croyaient point entrer sitôt dans Paris. Ce fut M. Ducatel, piqueur des ponts-et-chaussées, qui monta sur les fortifications au milieu d'une grêle de balles et avertit les chefs versaillais que les fédérés s'étaient repliés derrière les barricades. Aussitôt les marins franchirent le fossé, les soldats les suivirent. Des ponts improvisés dont les piles étaient des soldats debout, et le tablier une planche ou un madrier, joignaient le glacis à la crête du mur. Un à un, marins et lignards franchirent comme de véritables équilibristes ces passerelles branlantes. La présence d'esprit de M. Ducatel (*) sauvait Paris d'une destruction absolue.

En apprenant que l'armée avait franchi le rempart et s'avançait vers le faubourg Saint-Germain, Delescluze quitta le ministère de la guerre ; ses collègues installés aux hôtels ministériels de la rive gauche, suivirent son exemple.

Sur la rive droite les troupes ne restaient pas inactives. Elles occupaient presque sans lutte le Point-du-Jour, Auteuil, Passy, les Ternes, une partie des Batignoles, l'Arc de Triomphe et le parc Montceaux.

L'*Officiel* du lundi matin ne parla point de l'entrée de l'armée dans Paris.

Le mardi, à 4 heures, les buttes Montmartre étaient prises ; le mercredi, les troupes occupaient le faubourg Saint-Germain.

Les jeudi et vendredi, les fédérés, toujours refoulés, abandonnaient les 14e, 13e et 12e arrondissements. Delescluze, tué sur la barricade du Château-d'Eau, fut remplacé à la délégation de la guerre par Du Bisson, à qui succéda Parent, lequel eut pour successeur Varlin le relieur. Celui-ci fut le dernier ministre de la Commune.

Le samedi, les troupes avaient franchi le canal à la Villette et pris les Buttes-Chaumont. Parent, Du Bisson, J.-B. Clément, Varlin et une trentaine de leurs complices franchirent la porte de Romainville et gagnèrent les avant-postes allemands, où ils furent reçus comme des amis.

(*) Ce courageux citoyen fut décoré, et le *Figaro* organisa en sa faveur une souscription qui produisit une somme importante.

Beaucoup de gardes fédérés avaient voulu suivre leurs chefs, mais les Prussiens les refoulèrent aux Lilas, où ils furent pris.

Enfin le dimanche 28, à deux heures, les derniers défenseurs de la Commune étaient pris dans la rue d'Angoulême-du-Temple.

Mais le long du canal, aux buttes-Chaumont, sur les hauteurs de Belleville, au Père-Lachaise, la lutte avait été terrible, il avait fallu la valeur des troupes pour surmonter tous ces obstacles.

Avant de disparaître, les tristes héros de la Commune tinrent à se signaler par des actes de cruauté et de vandalisme dont l'histoire n'offre pas d'exemple.

Un des rédacteurs du *Siècle*, Chaudey, fut la première victime de ces monstres sanguinaires. Le 23 mai, il était fusillé à Ste-Pélagie.

Le lendemain 24, c'était le tour de Mgr Darboy et de ses compagnons de captivité; le 25, celui des Dominicains d'Arcueil; le 26, enfin, on procédait, rue Haxo, au meurtre de 47 prêtres et gendarmes !

Nous allons examiner successivement les trois actes de ce drame lugubre.

Commençons d'abord par le massacre qui eut lieu dans l'intérieur de la prison de la Roquette. Ce qui suit est extrait du récit, qui a été publié par M. Evrard, un des otages échappé aux balles de la Commune et qui fut témoin oculaire de ces crimes :

> Le mercredi 24 mai, à sept heures et demie du soir, le directeur de la Roquette, un certain Lefrançais, homonyme du membre de la Commune et ayant séjourné six années au bagne, monta dans la prison à la tête de cinquante fédérés, et occupa la galerie dans laquelle étaient renfermés les prisonniers principaux. Ces fédérés se rangèrent dans la galerie, et un brigadier alla ouvrir la cellule de l'archevêque et l'appela. Le prélat répondit : *Présent!* Puis il passa à la cellule de M. le président Bonjean ; ensuite ce fut le tour de M. l'abbé Allard, membre de la société internationale de secours aux blessés, du Père Ducoudray, supérieur de l'école Sainte Geneviève, et du Père Clerc, de la Compagnie de Jésus. Enfin, le dernier appelé fut M. l'abbé Deguerry, curé de la Madeleine. A peine leur nom était-il prononcé, que chacun des prisonniers était amené dans la galerie et descendait l'escalier conduisant au chemin de ronde ; sur les deux côtés se tenaient les gardes fédérés insultant les prisonniers et leur lançant des épithètes que je ne puis reproduire. — Mes infortunés compagnons furent ainsi suivis par les huées de ces misérables jusqu'à la cour qui précède l'infirmerie : là, il y avait un peloton d'exécution. Mgr Darboy s'avança et, s'adressant à ses assassins, il leur dit quelques paroles de pardon.
>
> L'abbé Allard fut placé contre le mur et le premier frappé. Mgr Darboy tomba à son tour, mais seulement à la troisième décharge.

Les corps des malheureuses victimes furent placés tout habillés dans une voiture et conduits au Père-Lachaise, où on les déposa dans la dernière tranchée de la fosse commune, à côté les uns des autres, sans même qu'on les eût recouvert de terre. Préalablement, on avait eu soin de fouiller leurs vêtements en déchirant les étoffes et en arrachant les boutons.

L'assassinat des Dominicains d'Arcueil s'est accompli à Montrouge.

Le vendredi 19 mai, des fédérés appartenant aux 101e et 120e bataillons vinrent à Arcueil, sous la conduite du commandant Quesnot et du citoyen Millière.

Ils emmenèrent comme otages les six Pères qui se trouvaient au collège, plusieurs professeurs et domestiques et les conduisirent au fort de Bicêtre.

Le Père Captier, prieur, et ses compagnons de captivité restèrent deux jours sans nourriture, exposés aux insultes des fédérés. On finit par leur faire subir un semblant d'interrogatoire, après lequel il leur fut dit qu'ils étaient reconnus innocents, mais qu'ils seraient néanmoins gardés comme otages.

Le jeudi 25 mai, les fédérés évacuèrent Bicêtre : ils emmenèrent leurs prisonniers, en leur affirmant qu'une fois arrivés à la barrière Fontainebleau, ils seraient libres.

Ils les firent entrer dans une impasse située près de la route d'Italie, et, après les y avoir retenus quelques instants, ils leur dirent qu'ils étaient libres.

A peine le premier dominicain a-t-il franchi la porte que les cris :« Sortez un à un ! sauvez-vous ! » sont poussés. En même temps l'escorte tire sur les prisonniers au fur et à mesure qu'ils débouchent dans l'avenue ; d'autres groupes d'assassins tirent sur eux et poursuivent les fuyards d'une grêle de balles.

Chassées comme des bêtes fauves, huit des victimes étaient parvenues à s'échapper, fuyant par toutes les rues avoisinantes, demandant asile à toutes les portes. Parmi elles, un jeune homme de Tours, Germain Petit, employé à l'économat, avait été recueilli dans la maison d'une dame. Des voisins lui mirent des effets de garde national sous prétexte de favoriser sa fuite ; mais à peine avait-il l'uniforme, qu'un groupe de ces misérables assassins, prévenus de sa présence, vinrent l'arracher à son refuge et l'entraînèrent avec eux à la barricade fermant l'entrée de la rue Baudricourt, au coin de l'avenue d'Ivry.

Pascal, lieutenant du 177e fédéré, mit aux voix la condamnation de ce malheureux jeune homme, la mort fut unanimement votée ; on prenait des dispositions pour le fusiller, lorsque la troupe de ligne, venant de la place d'Italie, ne leur en laissa pas le temps. Mais le lendemain le cadavre du jeune Petit fut retrouvé et reconnu dans la direction du rempart. Les fédérés avaient entraîné leur prisonnier avec eux.

Passons maintenant au drame de la rue Haxo. Le vendredi 26 mai, 47 otages, prêtres, sergents de ville et gendarmes, furent massacrés dans cette rue. « Les exécuteurs, dit M. Lepage, étaient en partie des femmes ivres qui déchargeaient leurs fusils sur les victimes, leur brisant la tête à coups de crosse, les piétinant lorsqu'elles étaient tombées. »

Dans le rapport, qui a été présenté au conseil de guerre chargé de juger les assassins, on lit avec horreur les détails que voici :

Les premiers otages se trouvèrent acculés dans un terrain vague dont le fond est fermé par une maison sans ouverture de ce côté. On fit feu sur eux presque à bout portant. Ils tombèrent.

On fit successivement entrer les autres, et on les frappa de même, de telle sorte que les derniers eurent la douleur d'assister aux convulsions et à l'agonie de leurs devanciers dans la mort. Quelques-uns étaient couverts du sang de leurs compagnons avant d'entrer dans le terrain. Cette hideuse tuerie dura plus d'un quart d'heure.

Un seul fait de révolte, mais de révolte sublime, a été révélé par l'instruction. Des témoins ont rapporté qu'au moment où un jeune homme, dans toute la force de l'âge, le maréchal-des-logis Guety, de la garde de Paris, présentait sa poitrine au fusil d'un marin fédéré qui le visait, un vieux prêtre ne put contenir son indignation ; il repoussa l'assassin et se plaça devant la victime. Cet admirable mouvement ne produisit qu'un redoublement de mutilation plus acharnée sur le corps bientôt abattu du pauvre bon vieux prêtre.

Quand le dernier otage fut tombé, la foule fit encore pleuvoir une grêle de balles sur les 47 cadavres. Et ce ne fut pas tout.

Après les feux d'ensemble, on vit trois officiers et deux fédérés, plus une femme, marcher en trépignant sur ces corps palpitants d'où le sang jaillissait encore. Ils voulaient voir si tous avaient bien définitivement expiré leur dernier soupir, et quand ils croyaient apercevoir un reste de souffle ou un symptôme de convulsions, ils frappaient encore à coups de revolver ou à coups de sabre.

Le lendemain du massacre, des hommes armés de couteaux de boucher ont ouvert en les lacérant, les vêtements des victimes pour les dépouiller de ce qu'elles pouvaient avoir gardé sur elles, après quoi ces hommes ont jeté tous les cadavres dans un souterrain régnant au-dessous du lieu même du massacre. C'est de là que ces cadavres ont été retirés le 29 et qu'on en a compté quarante-sept. L'un d'eux portait les traces de soixante-neuf coups de feu à lui seul.

Les circonstances, qui ont accompagné ce crime, nous montrent, dans toute sa férocité, l'esprit qui animait les séïdes de la Commune.

La journée du 27 fut marquée par un nouveau forfait, le plus horrible, si l'on songe que les assassins étaient presque tous des enfants de 16 à 17 ans, jeunes détenus de la Petite-Roquette. Ce jour-là, vers 3 h. de l'après-midi, le citoyen Ferré, membre de la Commune et délégué à la sûreté générale, avait mis ces détenus en liberté. On leur donna des armes et des munitions. Cette mesure ayant occasionné un certain désordre, plusieurs prisonniers en profitèrent pour s'évader. De ce nombre étaient Mgr Surat, grand-vicaire de l'archevêché; l'abbé Bécourt, curé de Bonne-Nouvelle; le P. Houillon, des Missions étrangères ; M. Chaulieu, employé à la Préfecture de police, lesquels se dirigèrent vers le boulevard Voltaire, et purent, sans être inquiétés, franchir une première barricade; mais à la seconde, la tenue décente de M. Chaulieu donna l'éveil et ils furent arrêtés. Le rapport officiel rend ainsi compte de leur exécution :

Dès qu'il fut prouvé que les fugitifs étaient des prêtres, un individu, désigné sous le surnom de Clairon, les rassembla et voulut les mettre sur un rang pour les fusiller sur-le-champ devant la barricade.

Quelques dames le supplièrent d'aller ailleurs ; il y consentit, et, s'adjoignant quatre ou cinq fédérés, il emmena les quatre otages à la Roquette. Une ambulancière marchait en tête, un drapeau rouge à la main, un revolver et un long poignard à la ceinture, puis un brassard au bras.

Arrivé au quinconce qui sépare les deux prisons, le groupe s'augmenta de trois ou quatre fédérés, puis de cinq ou six jeunes détenus que le directeur venait de mettre en liberté pour les armer et les faire travailler à la barricade de la rue Saint-Maur.

Le Clairon trouvait le lieu propice, et un nombre suffisant de complices rangea les quatre otages au pied du mur de la Petite-Roquette, sur le quinconce, et tout à côté du coin de la rue Servan.

Les fédérés et les jeunes détenus firent feu à bout portant contre les victimes.

Trois d'entre eux tombèrent. On les acheva à terre.

Le quatrième, M. Chaulieu, épargné dans cette première décharge, put se sauver. Un fédéré s'en aperçut, fit feu sur lui, le manqua et se mit à sa poursuite, ainsi que quelques-uns des jeunes détenus. Une lutte s'engagea. M. Chaulieu, étant parvenu à se débarrasser, se réfugia dans un chantier, où sa présence fut indiquée aux fédérés.

M. Chaulieu était à bout de forces, il fut facile à saisir ; on le ramena près des trois cadavres de ses compagnons, et, pendant le trajet du retour, un jeune détenu de 15 ans, le frappait à coups de sabre.

Le patient s'adressa à l'ambulancière, et lui demanda grâce : « Je suis père de famille, dit-il, et je n'ai rien fait pour mériter la mort. » — « Attends, répondit cette furie, tu demandes du gras, je vais te donner du maigre » et de son revolver elle essaya de faire feu sur lui. L'arme ayant été déchargée sur les premières victimes, le coup ne partit pas. Alors elle saisit son poignard et se précipita vers lui pour l'en frapper.

Une bousculade l'en empêcha.

M. Chaulieu, voyant que tout espoir était perdu, se résigna. On l'entendit dire d'un ton ferme : « Où faut-il que je me place ? » Puis il regarda en face et d'un air de défi le groupe des assassins.

Le Clairon fit feu sur lui et l'atteignit à la poitrine. Il tomba à genoux, la tête renversée en arrière ; c'est dans cette position qu'il fut achevé.

Avant de se retirer, l'un des enfants fit remarquer aux fédérés que l'une des trois premières victimes respirait encore. Un fédéré lui fracassa la tête d'un coup de crosse de fusil et l'on se dispersa. Les hommes du boulevard Voltaire retournèrent à leur barricade ; l'ambulancière tenait le Clairon par la main et applaudissait au crime.

Les autres creusèrent un trou au lieu même de l'exécution et firent enterrer les cadavres par les jeunes détenus. L'un des fédérés fouilla dans les poches, prit un porte-monnaie contenant 21 fr., un portefeuille, un mouchoir et deux paires de souliers ; puis on alla boire et manger au cabaret voisin.

Rien de plus affreux, de plus stupéfiant que l'assassinat du commandant Ségoyer. Le 27 mai, le commandant Ségoyer, du 26ᵉ bataillon de chasseurs à pied, s'étant trop avancé, fut pris près de la Bastille, enduit de pétrole et brûlé vivant.

Un jeune soldat, que son pantalon rouge avait désigné à la fureur des barbares, fut fusillé près de la Roquette. M. Lamazou, dans un ouvrage intitulé : *la Place Vendôme et la Roquette*, expose ce crime dans les termes que voici :

> ... On amena un militaire de la ligne : c'était un jeune homme qui avait vingt et quelques années tout au plus. Il avait les bras liés derrière le dos. Il eut à subir les plus indignes traitements : c'était à qui emporterait des fragments de ses vêtements ; on le laissa presque nu. Un misérable fédéré lui dit : « Allons mets-toi à genoux ! » puis : « Allons lève-toi ! » Et, pendant ce temps, le peloton d'exécution s'apprêtait à décharger ses armes. Ce misérable plaça ensuite un bandeau sur les yeux de la victime ; il le lui retira, puis le lui remit. C'était une succession de supplices qu'on se plaisait à lui faire endurer. Enfin on le fusilla, et on jeta son corps dans une charrette de marchande des quatre-saisons, au lieu de le transporter au cimetière du Père-Lachaise qui était à deux pas de là.

Mais ce qui passe toutes les bornes du possible, ce sont les circonstances atroces qui accompagnèrent le meurtre du comte de Beaufort. On le prend, on l'attache, et son agonie dure quatre heures ! On le traîne de murs en murs, en le perçant, par jeu, de coups de baïonnette ! Et quand ce supplice affreux a fini, quand la mort l'a délivré, la mort qu'il préfère à ces tortures, des mégères viennent s'asseoir sur lui et couvrent d'ordures ce cadavre encore chaud !!.

Depuis les premiers jours d'avril jusqu'à la fin de mai, il ne se passa guère de nuits sans qu'il y eût une ou plusieurs exécutions sommaires de soldats, de gendarmes, de sergents de ville ou de jeunes gens, dont le seul crime avait été de refuser de servir la Commune.

Dans son livre : *Les Martyrs de Paris*, M. Beluze narre l'épisode suivant, que nous croyons devoir reproduire. La scène se passe à la Roquette. Le citoyen Ferré venait de faire mettre en liberté les jeunes détenus, auxquels, nous l'avons dit, des armes avaient été remises pour commencer un nouveau massacre.

> Une horrible bataille, dit M. Beluze, se livrait à l'intérieur de la prison. Les otages, au nombre de cent cinquante, la plupart gendarmes ou soldats de la ligne, avaient organisé contre l'attaque des forçats et des fédérés la plus vigoureuse résistance, barricadant leur quartier au moyen de tous les objets qui leur tombaient sous la main.
> Vers le milieu de la nuit, la fusillade de l'armée de Versailles s'entendit distinctement au loin d'abord, puis plus près... Et bientôt ce cri : *Les Versaillais !* retentit aux oreilles des prisonniers..... Mais le bon Père Bazin et l'abbé Amodru qui, avec un héroïque courage et une prudence consommée,

commandaient la défense, s'écrient : « Tenez bon, mes amis, c'est une trahison ! » C'était en effet une dernière et ignoble lâcheté des massacreurs.

Enfin, au point du jour, les portes de la Roquette sont enfoncées par l'armée libératrice. Mais les prisonniers auxquels on annonce cette bonne nouvelle, refusent d'y croire et veulent continuer la lutte. Alors le P. Bazin demande, par une ouverture, le nom de l'officier supérieur. « De Turenne, » répond-on. Les soldats exigent des armes comme garantie ; on leur en donne. Le comte de Turenne fait de plus passer son anneau armorié. A ce signe on se reconnaît, on ouvre les portes et les soldats se trouvent providentiellement en face d'une division de leur propre régiment.

Quelque incomplète qu'elle soit, nous croyons devoir donner la liste suivante des otages, qui ont été massacrés sous la Commune, hommes inoffensifs, soldats restés fidèles au devoir, prêtres qui, pour la plupart avaient rendu des services dans les ambulances. Parmi ceux-ci il convient de citer surtout les dominicains d'Arcueil. Ces religieux allaient, sous les balles, relever, sur le champ de bataille de Montrouge, les fédérés qui tombaient et que leurs camarades abandonnaient lâchement sans leur porter secours. Voici les noms de quelques-uns de ces martyrs :

Mgr Darboy
M. Bonjean
L'abbé Duguerry

Les R. P.

Clerc
Allard
Ducoudray
Captier
Cotrault
Baudard
Olivaint
Caubert
de Bengy
Radigue
Tuffier
Rouchouze
Tardieu
Planchat

Sabbatier
Seigneret

Mgr Surat
M. Bécourt, curé de Bonne-Nouvelle
M. Houillon, missionnaire apostolique

MM. Jecker
Darest
Larguillière
Moreau
Chaudey
Chaulieu

Les gendarmes

Belamy
Blanchesdini
Bermond
Biollard
Barlottei
Bodin
Breton
Chapuis
Cousin

Jourès
Keller
Marchetti
Mangenot
Margueritte
Mannoni
Mouillie
Marty
Millotte

Coudeville	Pauly
Colomboni	Paul
Ducros	Pons
Dupré	Poirot
Doublet	Pourtau
Fischer	Salder
Gauthier	Vallette
Garodet	Weiss
Geanty	Walter

Et dire que, sans l'arrivée des troupes, les trois cents malheureux que la Commune retenait comme otages, auraient tous été fusillés ou égorgés !...

Se faisant l'interprète des sentiments qu'éprouvaient tous les honnêtes gens, un publiciste de talent, M. Schneegans, écrivait peu de jours après :

Un cri de malédiction suprême répondra d'un bout de l'Europe à l'autre à ces fusillades sauvages, plus affreuses même que les massacres de septembre en 1792.

Alors, la fureur barbare qui précipita des égorgeurs dans les prisons de Paris avait sa source dans une sorte de rage nationale ; on croyait, erreur monstrueuse ! sauver ou venger la France de l'invasion étrangère en massacrant ceux que l'on croyait de connivence avec l'ennemi. Mais aujourd'hui, où trouver seulement l'ombre d'une passion généreuse, où trouver seulement l'ombre, non pas d'un motif ou d'un prétexte, mais l'apparence même du plus lointain essai de justification.

Ils ont assassiné, pour assassiner ! égorgé, pour égorger ! fusillé, pour fusiller !

Que leur avait fait Mgr l'archevêque de Paris ? N'avait-il pas été une Providence pour les malheureux ?...

Que leur avait fait le président Bonjean, de tous les sénateurs le plus libéral ?... Il était venu reprendre son poste à la tête de la justice. Ils l'ont tué, les stupides bandits.

M. Chaudey ? Sanglante et funèbre ironie du sort ! S'il est un homme devant lequel cette prétendue Commune aurait dû relever ses fusils, n'était-ce point cet écrivain convaincu, honnête, étrangement égaré, qui combattit toute sa vie, par sa plume, mais par sa plume seulement, pour l'idée de la Commune de Paris ? cet homme sincère et courageux, dans les écrits duquel ce prétendu gouvernement puisa son semblant de principe politique ? Jamais mort ne fut plus triste ! Ils avaient commencé par s'envelopper, mascarade odieuse, dans le drapeau communal de ce penseur ; puis ce drapeau, ils le traînèrent dans une boue sanglante, et enfin, ce penseur, ils le fusillèrent au fond d'une prison.

L'histoire n'aura pas assez d'anathèmes pour cette épouvantable bande de Troppmanns, qui s'est ruée sur Paris. La justice n'aura pas assez de sévérités pour ces monstres qui déshonoraient la France et l'humanité.

En même temps qu'elle faisait procéder au massacre des otages, la Commune mettait le feu dans tous les coins de la capitale. Du 23 au 28 le pétrole et la poudre firent œuvre de destruction. De tous les points occupés par les insurgés s'élevaient de longues colonnes de fumée. Les vaincus n'abandonnèrent leur proie qu'après l'avoir pillée.

Le ministère des finances, une grande partie de la rue Royale, le palais des Tuileries, la bibliothèque du Louvre, le Palais-Royal, le palais de la Légion d'honneur, la cour des Comptes, tout un côté de la rue de Lille, la partie de la rue du Bac entre la rue de Lille et la rue de Verneuil, plusieurs maisons de la rue de Rivoli, trois maisons du boulevard Sébastopol, le magnifique Hôtel-de-Ville, le Théâtre Lyrique, la Préfecture de Police, le Palais de Justice, les Archives de la Ville et les bâtiments de l'Octroi, l'Assistance publique, le Palais d'Orsay, le Conseil d'Etat, le Grenier d'abondance, les Entrepôts de La Villette, la rue Vavin, plusieurs maisons de la place Château-d'Eau et de la place de la Bastille, la mairie du 4e arrondissement et un côté du carrefour de la Croix-Rouge, le théâtre de la Porte-Saint-Martin, furent enduits de pétrole et livrés aux flammes.

Des femmes, des enfants versaient à pleins seaux le terrible liquide dans les boutiques et dans les caves des maisons particulières.

C'était la rage de l'incendie poussée à ses limites extrêmes.

Monuments et maisons formaient des foyers gigantesques d'où les flammes s'élançaient en tourbillonnant et rougissant le ciel.

Le Louvre brûlait quand arriva le général Douay. Grâce à lui, la plus riche collection artistique du monde fut sauvée.

Notre-Dame allait, elle aussi, disparaître dans la fournaise. Heureusement, elle fut préservée du désastre par le dévouement des internes en pharmacie de l'Hôtel-Dieu, aidés des habitants du quartier.

Quant à la Sainte-Chapelle, c'est presque par miracle qu'elle a été conservée. « Au milieu des flammes qui l'entouraient, l'assiégeaient, la léchaient de toutes parts, dit un historiographe, la Sainte-Chapelle est restée intacte. Le feu s'est justement arrêté au pied de son escalier de bois, comme si le roi Saint-Louis avait voulu préserver de sa main puissante le splendide reliquaire élevé par sa piété aux instruments révérés de la passion de Notre-Seigneur. »

Enfin, les troupes de Versailles étaient entrées dans Paris. La capitale était délivrée des barbares !

Le 28 au soir, le maréchal de Mac-Mahon adressait à la population la proclamation suivante :

Habitants de Paris,
L'armée de la France est venue vous sauver.
Paris est délivré.
Nos soldats ont enlevé à 4 heures les positions occupées par les insurgés.

Aujourd'hui la lutte est terminée ; l'ordre, le travail et la sécurité vont renaître.

Le maréchal de France, commandant en chef,

DE MAC-MAHON, DUC DE MAGENTA.

Les fédérés étaient vaincus. 25,000 d'entre eux étaient faits prisonniers. Quant aux chefs, ils avaient presque tous disparu. C'est bien là l'éternelle histoire de nos révolutions. D'un côté, les habiles ; de l'autre, les dupes. Ceux-ci servent de marchepied à ceux-là. Les uns se tiennent à l'écart ou se cachent pendant l'action ; en cas de succès, ils ont le gain de la bataille ; en cas de revers, ils s'esquivent. Aux autres, les coups de feu, les pontons et les conseils de guerre. Pauvre peuple, jusques à quand seras-tu la proie des intrigants qui te trompent et t'exploitent !

La plupart des chefs de la Commune s'étaient donc enfuis, et plusieurs d'entre eux mènent aujourd'hui joyeuse vie à l'étranger. Naguère parmi ceux qui résident à Londres, il y en avait qui se déchiraient à belles dents. Ainsi, Vésinier accusait Viard d'avoir volé 240,000 fr. à la Commune agonisante et de vivre à Londres dans une opulence scandaleuse. Clavier, ancien commissaire central du 12e arrondissement, traitait de *canaille*, d'*idiot* et de *lâche* un sieur Lapic, qui l'avait traité de mouchard. — Dévorez-vous, messieurs les loups ; les honnêtes gens applaudiront. — Quelques-uns, cependant, ne réussirent pas à s'échapper ; quelques autres, pris les armes à la main, furent fusillés. Delescluze fut tué sur une barricade. On crut d'abord qu'il avait montré du caractère, mais il paraît que, lui aussi, avait essayé de s'enfuir, ainsi que l'atteste la pièce suivante, tirée du 3e volume de l'enquête sur le 18 mars, et signée de M. Dumaignaux de la Salle, capitaine rapporteur :

On a prétendu, y est-il dit, que Delescluze était le seul homme de la Commune qui ait réellement montré un certain courage lors de l'attaque de Paris par les troupes régulières. Nous sommes en mesure de pouvoir établir que, s'il a été tué dans Paris, c'est uniquement parce qu'on l'a empêché de se sauver.

Nous extrayons, en effet, de la déposition du témoin Reculet, marchand traiteur, demeurant à Paris-Bercy, rue de Soulage, 31, le passage suivant :

« En sortant de chez moi le jeudi 25 mai, je me dirigeai du côté de la porte de Vincennes, où j'ai vu Delescluze, à trois reprises différentes, tenter des efforts infructueux pour se sauver. La dernière fois, un garde national, s'adressant à lui, lui tint ce langage : « A tort ou à raison, vous nous avez mis « dedans, citoyen Delescluze ; ce n'est pas la peine que vous essayiez de vous « sauver par ici, vous boirez le bouillon comme nous tous, et si vous persistez, « j'ai une balle dans le fusil, je vous la loge dans la cervelle. »

Plusieurs fédérés furent passés par les armes, — car il y eut de terribles représailles ; — le plus grand nombre est allé, sur les pontons ou dans la Nouvelle-Calédonie, subir le châtiment que lui réservaient nos lois pénales.

IX

On a porté contre l'Empire une accusation ridicule et tellement absurde que nous pourrions nous dispenser de la relever, car elle se réfute d'elle-même. Si nous nous y arrêtons, c'est afin de montrer à quel degré de perversité, de mauvaise foi ou de démence, peuvent conduire les passions politiques. Qui le croirait? on a accusé l'Empire d'avoir fait incendier les édifices publics pour détruire : avec les Tuileries, les originaux de la correspondance impériale ; — avec la Cour des comptes et avec le Ministère des finances, le bilan de son règne ; — avec la Préfecture de police, les archives de l'espionnage et de la délation ; — avec l'Hôtel-de-Ville, les comptes de la gestion Haussmann !!

Quelle infamie !

Du 4 septembre au 18 mars et même jusqu'à la chute de la Commune, on a eu largement le temps de tout fouiller et de tout compulser. Et l'on sait avec quelle délicatesse on a procédé à ce travail ! Qu'a-t-on trouvé qui pût compromettre le gouvernement impérial ? Rien.

Que n'accuse-t-on également l'Empire d'avoir abattu la colonne Vendôme, monument de ses gloires ; d'avoir fait assassiner Mgr Darboy, grand aumônier de l'Empire ; M. l'abbé Deguerry, catéchiste du Prince Impérial ; M. le président Bonjean, sénateur ?..

Tout cela serait grotesque si ce n'était odieux.

Comment, c'est l'Empire qui a incendié Paris ? Paris qu'il avait agrandi, assaini, enrichi, embelli !

C'est l'Empire qui a brûlé les Tuileries, témoin de sa grandeur, où tant de princes sont venus de tous les coins du monde, apporter au souverain de la France, les uns, l'hommage de leurs respects, les autres, celui de leur fraternelle amitié !

Et la Préfecture de police ?

C'est nous, — s'écrie avec indignation un des rédacteurs du *Gaulois*, M. Louis Villebon, — c'est *nous* qui avons détruit les dossiers ; c'est *nous* qui avions passé des années au bagne, à la prison centrale ; c'est *nous* qui faisions les ignobles métiers dont les cabarets ou les bals de barrière ont le secret et le monopole; c'est *nous* qui avions assassiné les sergents de ville ou les pompiers; c'est *nous* qui, perdus de débauche et d'infamie, rebuts de toutes les cours d'assises, repris de toutes les justices, convalescents malsains de tous les hôpitaux du nord ou du *midi*; c'est *nous*, moralement et matériellement gangrenés, c'est *nous*! nous qui avons fait mettre le feu à cette Préfecture de police où pas un seul des vôtres n'avait un dossier, n'est-ce pas ?

Et quels étaient donc les hommes qui se faisaient les exécuteurs de l'Empire ? Ceux-là même qui se posaient en martyrs de l'Empire, ceux que l'Empire, en effet, tenait sous les verroux et que le 4 septembre avait mis en liberté !

Ce simple rapprochement ne suffit-il pas pour faire briller à tous les regards ce qu'il y a d'invraisemblable et d'inique dans les insinuations auxquelles on s'est livré vis-à-vis de l'Empire ?

Les auteurs des incendies et des massacres de Paris, ce sont les auxiliaires du 4 septembre, les tristes héros du 18 mars.

En faut-il la preuve ?

Le 20 mai, Delescluze, aux acclamations de la Commune, déclarait en style théâtral que, s'il fallait mourir, *on ferait à la liberté des funérailles dignes d'elle*. Au jour de la défaite, l'intraitable jacobin expédiait cet ordre : *Incendiez le quartier de la Bourse, ne craignez rien*, tandis que Théophile Ferré écrivait : *Faites flamber les finances* !

Dans l'enquête du 18 mars, M. Macé, commissaire de police, a fait la déclaration suivante :

J'ai *saisi* sur Cypriani, un des aides de camp de Flourens, qui a été blessé, *le plan des hôtels à brûler* ; tout y était indiqué, jusqu'à la niche du chien.

On a saisi en outre chez Pindy, un des affiliés à l'*Internationale*, des formules de poudres et d'engins destructifs avec ces mentions : *A jeter par les fenêtres. — A jeter dans les égoûts* !

Et les menaces des feuilles communardes !

Et le pétrole recensé par ordre du comité de salut public!

Et l'extrait suivant d'une lettre que, sous la date du 17 février 1870, Cluseret adressait de New-York à Varlin, lettre qui a été publiée lors du procès de Blois, et dans laquelle on lit :

Ce jour-là (le jour de la révolution) nous devons être prêts physiquement et moralement. Ce jour-là, nous ou le néant! Jusque là, je resterai tranquille probablement ; mais ce jour-là, je vous l'affirme, et je ne dis jamais oui pour non, *Paris sera à nous ou Paris n'existera plus*. Ce sera le moment décisif pour l'avènement du peuple.

L'avocat impérial, faisant la lecture de cette lettre au tribunal, ajoutait : « Lorsqu'on connaît l'homme dont émanent ces lignes, on ne peut pas les considérer tout à fait comme une vaine forfanterie. »

Certes, — faisait observer un journal, — certes, on n'accusera pas l'Empire, qui expulsa Cluseret du territoire français, comme étranger se mêlant à des débats politiques, on n'accusera pas l'Empire d'indulgence pour ceux qui devaient être les héros de la Commune. Il les poursuivit à outrance, saisit les fils de leurs complots et tant qu'il fut debout, il les réduisit à l'impuissance. Pendant qu'il y travaillait, les futurs dictateurs de la Défense Nationale déclaraient que tous ces complots étaient des inventions et M. de Kératry, devenu préfet de police de par l'émeute, écrivit dans un rapport resté à l'*Officiel* que tous les complots de l'Empire n'avaient jamais existé que dans l'imagination de M. Piétri.

Tous les complots existaient et se sont épanouis sous la République. La République a vu l'usage qu'on voulait faire des drapeaux rouges, des bombes Orsini, du pétrole et des engins scientifiques.

Nous n'avions pas besoin de réhabiliter l'Empire, — qui ne peut être mis en cause, — mais il fallait montrer une fois de plus l'audace et l'impudence de certains hommes dont l'arme habituelle est le mensonge et la calomnie.

N'a-t-on pas aussi accusé le parti de l'ordre d'avoir aidé les Prussiens pendant la guerre ?

Ainsi, dit *Paris-Journal*, c'est le parti de l'ordre qui a fait le 4 septembre, divisant et désorganisant la France en face des Prussiens.

C'est le parti de l'ordre qui a fait le 31 octobre, dans une ville assiégée.

C'est le parti de l'ordre qui a fait le 22 janvier dans la même ville assiégée.

C'est le parti de l'ordre qui, enrôlé dans les tirailleurs de Flourens, se sauvait des avant-postes quand on l'y avait traîné par force, et méritait un ordre du jour flétrissant du pauvre Clément Thomas, à qui des assassins firent payer de sa vie ce soufflet public donné à des lâches.

C'est le parti de l'ordre qui a fait le 18 mars, en face des Prussiens.

C'est le parti de l'ordre qui, sous le nom de la Commune, voulait à toutes forces s'entendre avec les Prussiens (1).

---

(1) Le général Cluseret a publié récemment une relation de ses rapports avec les Prussiens. Il résulte de ce document que la Commune tenait à vivre en bons termes avec l'ennemi, et que dès son avènement elle s'était empressée de le rassurer en lui déclarant que son but était exclusivement municipal. Par une couardise qui contrastait singulièrement avec les précédentes rodomontades de

Donc, c'est le parti de l'ordre qui avant la guerre, en prêchant le désarmement; pendant la guerre, en prêchant l'émeute de paroles et d'exemples, et en discréditant les généraux auprès des soldats; c'est le parti de l'ordre, qui a fait cause commune avec les ennemis de la patrie!

Impudence ou folie, nous ne connaissons pas d'autres termes qui puissent caractériser une telle façon de penser et dire.

X

Dernièrement, M. Saint-Genest rapportait l'anecdote suivante dans le *Figaro* :

Il y a quelques jours, dans un de nos camps, au milieu d'officiers de toutes armes, j'ai entendu, disait-il, de si tristes paroles que, depuis ce temps, elles me poursuivent et m'épouvantent.

Il s'agissait de la Commune.

Une fois sur ce terrain, chacun a commencé une suite de récits plus extraordinaires les uns que les autres : intervention près des conseils de guerre de ministres compromis par les insurgés... renvoi d'officiers qui s'étaient montrés trop sévères... mission mystérieuse à propos de M. Courbet... J'écoutais d'un air qui prouvait mon incrédulité, quand un chef de bataillon prenant la parole : Tenez, monsieur, me dit-il, il s'est passé quelque chose de plus lamentable encore, et dont je puis vous certifier l'exactitude :

Un jour, en plein conseil de guerre, *nous tous présents*, le capitaine rapporteur C... dit à un fédéré que l'on allait condamner à la déportation :

— Mais, enfin, vos antécédents étaient bons! Qu'est-ce qui a pu vous entraîner là?

— Ce sont les clubs, dit le misérable en courbant la tête.

— Et qui donc avez-vous entendu dans ces clubs? quels sont les orateurs qui ont eu une telle action sur votre esprit?

ses chefs, elle ajoutait qu'elle reconnaissait le traité de paix et était disposée à en remplir toutes les conditions. Elle alla même jusqu'à offrir aux Prussiens de leur payer les 500 millions que, à son dire, M. Thiers ne pouvait payer.

Outre les 500 millions, Cluseret offrait à M. de Bismarck un avantage inappréciable. Il disait à son envoyé :

«... Parlons des intérêts communs à votre gouvernement et à la Commune de Paris. Si le gouvernement de Versailles triomphe, ce sera un effort désespéré de la monarchie pour revenir sur l'eau. *Il n'y a pas de monarchie en France qui puisse, je ne dis pas se maintenir (aucune ne se maintiendra,) mais tenter de se maintenir sans promettre la revanche... Vous souriez... Elle ne pourra tenir cette promesse, je le sais mieux que personne et je compte là-dessus comme sur un moyen et une occasion de révolution.* »

Voilà les révélations de Cluseret. Par de commentaires. Ils seraient superflus.

— Ce sont MM. Garnier-Pagès et Jules Simon.

Là-dessus, un grand silence, suivi d'une émotion indescriptible.

— Vous le voyez, messieurs, s'écrie le capitaine rapporteur, voilà donc ces hommes de désordre et de révolution que nous retrouvons partout depuis nos malheurs !

A eux, ces paroles ont valu la fortune, l'éclat, la puissance. Et à ces misérables, elles ont valu l'infamie et la mort.

Certes, nous devons flétrir les insensés qui se sont laissé entraîner jusqu'au crime, et notre devoir est de les séparer à jamais de la société. Mais que dirons-nous des hommes dont la carrière s'est faite par l'émeute, et qui ne se sont élevés au pouvoir que sur les cadavres de leurs victimes ?

Quelle leçon et quel enseignement !

N'est-ce pas le cas de reproduire ici ce que nous lisions naguère dans une brochure intitulée : *L'Empire et les avocats* :

> Le voici, ce peuple en possession de sa République. C'est le bonheur commun, lui a-t-on dit. Pendant dix-huit ans, les avocats lui ont répété qu'une fois la révolution faite, il n'aurait plus à souffrir ; des rêveurs ont fait miroiter devant ses yeux les splendeurs promises d'Eldorados fantastiques ; des pamphlétaires lui ont appris la haine des bourgeois, des riches, du capital ; lui, peuple, a retenu de toutes ces déclarations deux mots d'ordre : supprimer le capital, établir la République. Le capital, il ne sait ce que c'est, mais on lui a tant répété que c'était une chose infâme, qu'il accepte de bonne foi et affirme avec fureur la condamnation. La République, il y voit ce qu'y voyaient ses ancêtres, ceux qui en prairial envahissaient la Convention et massacraient Féraud pour réclamer la constitution de 93.

Honte aux hommes qui ont organisé l'émeute et préparé la guerre civile ? Ne sont-ils pas cent fois plus coupables que les malheureux qu'ils ont égarés et qui ont payé pour eux ?

« Un malheureux, — a dit avec raison M. Loustalot, — un malheureux a massacré à tort et à travers, parce qu'il était ivre. Il s'est vautré dans l'horrible comme une bête féroce. On le prend sur le fait et on lui fait expier ses crimes. Rien de plus juste. Mais ceux qui lui avaient versé l'ivresse, qu'en pensez-vous ? Sont-ils innocents ? Ont-ils le droit de se laver les mains du sang répandu ? La loi ne peut les atteindre. Eh bien, selon le jugement des consciences droites, ce sont eux les plus coupables. »

Ce jugement sera celui de l'histoire ; car, l'histoire vouera à l'exécration des siècles les spéculateurs en révolution, qui, pour la satisfaction de rancunes, d'ambitions ou d'appétits désordonnés, déchaînent sur leurs pays des désastres irréparables et des maux incalculables.

QUATRIÈME PARTIE

CONCLUSION

République. — Empire. — Royauté.

APPEL AU PEUPLE

> Il faut à la France un pouvoir prépondérant pour la retenir sur la pente où la place la nature des choses.
>
> P. A. Dufau.
> *(Lettres à un ancien député.)*

Nous venons d'écrire une des pages les plus douloureuses de notre histoire, et, maintenant, nous sommes amené à nous demander ce que devient la France à travers les vicissitudes qui l'ont si rudement éprouvée.

La France, meurtrie, mutilée, épuisée par la guerre à outrance, déshonorée par la guerre civile, panse ses blessures, paie sa rançon et libère son territoire sous un gouvernement, *légal* mais *non définitif*, qui s'appelle : République. Car, le régime sous lequel nous vivons est celui institué par un décret de l'Assemblée, en date du 17 février 1871, et connu sous le nom de pacte de Bordeaux. En voici la teneur :

« L'Assemblée nationale, dépositaire de l'autorité souveraine,
« considérant qu'il importe, en attendant qu'il soit statué sur les
« institutions de la France, de pourvoir immédiatement aux
« nécessités du gouvernement et à la conduite des négociations,
 « Décrète :
« M. Thiers est nommé chef du pouvoir exécutif de la République
« française ; il exercera ses fonctions sous l'autorité de l'Assemblée
« nationale avec le concours des ministres qu'il aura choisis et qu'il
« présidera. »

Le 19 février, M. Thiers faisait la déclaration suivante :

« Quand nous aurons pacifié, réorganisé, relevé le crédit, ranimé
« le travail ; quand nous aurons relevé du sol, où il gît, le noble
« blessé qu'on appelle la France ; quand nous aurons fermé ses
« plaies, ranimé ses forces, NOUS LE RENDRONS A LUI-MÊME, et
« rétabli alors, ayant recouvré ses esprits, IL VERRA COMMENT IL VEUT
« VIVRE.

« Quand cette œuvre de réparation sera terminée, et elle ne
« saurait être bien longue, le temps de discuter, de peser les théories
« de gouvernement sera venu ; et ce ne sera plus un temps dérobé au
« salut du pays. Déjà un peu éloigné des souffrances d'une révolu-
« tion, nous aurons retrouvé notre sang-froid ; ayant opéré notre
« reconstitution sous le gouvernement de la République, NOUS
« POURRONS PRONONCER EN CONNAISSANCE DE CAUSE SUR NOS DESTINÉES,
« ET CE JUGEMENT SERA PRONONCÉ, NON PAR UNE MINORITÉ, MAIS PAR
« LA MAJORITÉ DES CITOYENS, C'EST-A-DIRE PAR LA VOLONTÉ NATIONALE
« ELLE-MÊME. »

Le 10 mars, M. Thiers s'exprimait de nouveau en ces termes :

« ... Nous ne nous occuperons que de la réorganisation du pays...
« Nous ne travaillerons qu'à cette œuvre déjà assez difficile...
« Lorsque le pays sera réorganisé, nous viendrons ici, si nous avons
« pu le réorganiser nous-mêmes, si nos forces y ont suffi, si dans la
« route votre confiance ne s'est pas détournée, nous viendrons le
« plus tôt que nous pourrons, bien heureux, bien fiers d'avoir pu
« contribuer à cette noble tâche, vous dire : Le pays, vous nous
« l'avez confié sanglant, couvert de blessures, vivant à peine ; nous
« vous le rendons un peu ranimé. C'est le moment de lui donner sa
« forme définitive... »

La constitution Vitet, votée le 31 août, concéda à M. Thiers le
titre de *Président de la République*, mais le préambule, qui fut
l'objet d'un scrutin spécial, maintint les droits de l'Assemblée, et
affirma le caractère provisoire du gouvernement. Cette situation a
été, tout récemment encore, définie par M. Dufaure, garde des
sceaux, qui, dans la séance mémorable du 14 décembre 1872, a prononcé ces mots : « la République *provisoire* que nous avons. »

La forme républicaine actuelle est donc provisoire. Et ce provisoire,
qui satisfait à peine le présent et qui, certainement, ne saurait
suffire à l'avenir, doit durer jusqu'au jour où la France, délivrée de
la présence de l'étranger et rentrée en pleine possession d'elle-même,
pourra se donner un gouvernement définitif. Car, la France est
maîtresse de ses destinées et nul ne pourrait lui imposer un choix

contraire à ses volontés. Que sera ce gouvernement ? République, Empire ou Royauté ? C'est le secret de l'avenir et celui du scrutin.

Et d'abord, que sommes-nous ?

Républicains par tempérament, monarchistes par les mœurs, nous sommes une démocratie par nos lois et par nos institutions.

Au droit ancien a succédé un droit nouveau : le droit populaire, qui se manifeste et s'affirme par le suffrage universel, puissance souveraine que rien ne saurait abattre.

« Le suffrage universel, — a dit George Sand, — est une création impérissable. » Qui, en effet, oserait, ou plutôt pourrait le supprimer ?

D'ailleurs, il est tout aussi impossible de faire rebrousser la société vers le passé que de faire remonter les eaux d'un fleuve vers sa source.

Qu'est-ce que la France à la suite de cette immense révolution de 1789 et de tant d'autres crises qu'elle a subies ? A cette question, dit un écrivain, il n'y a qu'une réponse à faire : La France est politiquement une vaste et puissante démocratie... De l'ancienne organisation féodale, il ne reste plus que des titres sans valeur politique. Rien, absolument rien ne porte atteinte à cette égalité dont le suffrage universel, en accordant les droits politiques à tous indistinctement, est l'expression naturelle et la consécration légale. Sans doute, cette égalité comporte une classification qu'amène nécessairement la marche de la société. Les lumières, le capital, la profession constituent deux portions distinctes du corps social, la bourgeoisie et le peuple ; mais ces deux portions se mêlent et se confondent sans cesse au gré des caprices de la fortune. Entre elles, point de barrière infranchissable, on va sans entraves de l'une à l'autre ; et la grande unité démocratique n'en subsiste pas moins pleine et entière.

La France est donc une démocratie.

II

Démocratie veut dire gouvernement du peuple. Là où le pouvoir souverain émane du peuple, pouvoir législatif et pouvoir exécutif, là est une Démocratie. N'est-ce point la situation actuelle de la France ?

Le peuple n'exerce pas directement la souveraineté. Un tel système aurait les plus graves inconvénients. Que deviendraient le commerce, l'industrie et l'agriculture si la Nation était presque constamment réunie dans ses comices pour administrer et légiférer ? Les forces vives de la production, fréquemment entravées, languiraient, dépériraient, et le pays lui-même ne tarderait pas à tomber dans le marasme. Et puis, que serait un pareil gouvernement ? Une pétaudière d'où sortirait l'anarchie.

Si le peuple n'exerce pas directement la souveraineté, il la délègue à des mandataires élus. Le pouvoir législatif est conféré à une Assemblée : le pouvoir exécutif à un magistrat suprême. Si les fonctions de ce dernier sont temporaires, c'est un président de République ; si elles sont héréditaires, c'est un roi ou un empereur.

La République, dit un écrivain, est un Etat où le pouvoir exécutif n'est donné que pour un temps. Ce trait est le seul caractéristique de l'état républicain.

République, Empire ou Royauté ! A qui donnerons-nous la préférence ?

Le meilleur gouvernement est celui qui, en assurant l'ordre et en favorisant le développement de la liberté, procure au pays la plus grande somme de bien-être.

Un écrivain a dit : « C'est avec l'expérience du passé bien plus qu'avec des théories qu'on fait une bonne politique. »

Que nous apprend le passé ?

Que nous enseigne le présent ?

Interrogeons l'un et l'autre et voyons ce que valent les théories ?

III

Théoriquement, la République est le gouvernement par excellence, le gouvernement type ou plutôt idéal.

Quoi de plus beau, en effet, que l'image qu'elle nous offre, quand elle nous représente la patrie formant une grande famille, dont tous les membres, unis par les sentiments d'une étroite solidarité, travaillent au bonheur commun, pratiquant la fameuse devise : *Tous pour un et un pour tous*. Plus d'ambition ! Plus d'égoïsme ! Dévouement au pays, immolation de l'intérêt particulier à l'intérêt général, soumission aux lois, respect aux croyances religieuses, liberté sans licence, fraternité sincère, égalité basée sur une juste répartition des droits et des intérêts : voilà, au point de vue spéculatif, ce que doit être la République.

Mais qu'il y a loin du mot à la chose !

Car, chez nous, comme l'a dit un écrivain, la République se transforme bien vite en un « carnaval sanglant où viennent se ruer, dans une ronde infernale, toutes les plaies sociales, toutes les revendications justes et injustes, tous les mécontentements et toutes les colères, toutes les ambitions et toutes les ignorances. »

Qu'on se demande si ce ne sont pas là les terribles enseignements de l'histoire, la triste vérité que proclament : et la sanglante anarchie de 93, et les journées de juin 1848, et la Commune de 1871 !..

Que les théories républicaines trouvent de chauds partisans, cela se comprend, car elles reposent sur des idées généreuses qui entraînent et séduisent. Mais qu'on en poursuive l'application en France après tant d'essais funestes, cela nous étonne.

Burke a dit : « Celui qui n'est pas républicain à 20 ans fait douter de la générosité de son âme, mais celui qui, après 30 ans, persévère, fait douter de la rectitude de son esprit. »

Ne vous semble-t-il pas que Burke ait raison ?

On dira peut-être que les temps ont changé, que le progrès a fait de nouvelles évolutions et que ce qui était inopportun hier est praticable aujourd'hui.

Examinons.

Quelles sont les prétentions de la République ? Que deviennent ses actes ? Où nous conduisent ses tendances ?

Des fanatiques vont jusqu'à dire que la République est antérieure et supérieure au suffrage universel. La République est une forme de gouvernement, et, comme telle, d'après notre droit public, elle est subordonnée à l'acceptation du pays.

Il n'y a d'antérieur et supérieur au suffrage universel que les vérités de l'ordre moral : l'honnêteté, la probité, la vertu, en d'autres termes, le droit absolu.

> Le droit absolu, — dit un écrivain, ne varie point dans son fonds; il est l'œuvre de Dieu, immuable comme Dieu. Le droit politique et social, au contraire, est variable comme les sociétés ; il est d'origine humaine et il repose sur des conventions. Mais, quel qu'il soit, le droit politique et social est subordonné au droit absolu : car, il doit punir le vol, le meurtre, etc., etc., faire respecter l'autorité, la famille, la foi jurée, le bien d'autrui, etc., etc.

Cette vérité, Mirabeau l'a exprimée dans les termes que voici : « Le véritable souverain du monde, c'est la justice. »

La République étant une forme gouvernementale et pas autre chose, reste subordonnée, comme nous l'avons dit, à l'acceptation du pays, et, par conséquent, au suffrage universel. Loin d'être antérieure ou supérieure à ce dernier, elle doit, au contraire, en émaner.

On prétend que la forme républicaine est une garantie du respect des libertés, et que, par ce motif, elle s'impose aux peuples qui veulent être libres.

Erreur.

L'Angleterre et la Belgique ne sont pas des républiques et cependant la liberté s'y développe et y fleurit.

République ne signifie pas nécessairement liberté, pas plus que monarchie ne signifie esclavage. Il y a des républiques tyranniques et des monarchies libres. Etait-on libre en 93 ou en 48 ? Est-on libre aujourd'hui, alors que 26 départements sont placés sous l'état de siège ?

La liberté est affaire de tempérament et de mœurs ; elle est l'apanage des peuples qui savent respecter les lois et l'autorité. En France, la liberté n'a jamais donné que des fruits détestables.

En parcourant naguère une brochure qui a pour titre : *La ligue de l'Indépendance*, nous y avons lu ce qui suit :

> La liberté, comme le soleil, sert à réchauffer les hommes sages. Elle frappe les autres de folie et de mort.

N'est-ce pas, hélas ! ce que nous voyons journellement ?

Quoi qu'on dise et quoi qu'on fasse, les paroles que François Myron, prévôt des marchands de Paris, adressait, en 1608, au roi Henri IV, seront toujours vraies :

« ... Mon cher maistre, on ne gouverne pas les Français avec
« des pamoisons et des sensibleries ; il faut au souverain une main
« de fer dans un gant de velours. »

On a dit : « La République est ce qui nous divise le moins. »

Autre erreur.

Croit-on que, la République proclamée, toute division va cesser ? Ecoutez ce que dit le *Journal des Débats*, feuille néo-républicaine :

> ... Il est certain que cette forme de gouvernement établie, (la forme républicaine), nous nous diviserons hardiment sur beaucoup d'autres questions. La république, comme la monarchie, est le champ clos, le cadre dans lequel les partis ont le droit de se remuer et de se disputer le pouvoir afin de l'exercer à leur façon.

Ainsi, la République est un champ clos, une arène, tout comme une monarchie, avec cette différence que, sous une monarchie, les intrigues et les ambitions, limitées et circonscrites, ne peuvent prétendre au pouvoir suprême, clé de voûte de l'édifice social, tandis que, sous une république, la carrière, ou pour mieux dire, la succession est toujours ouverte.

De même que les lois de morale n'empêchent pas la débauche, a dit un écrivain, de même les gouvernements monarchiques n'empêchent pas les ambitieux de vivre. Seulement, sous les gouvernements monarchiques, les ambitieux ne rêvent que ministère ; sous la république, ils veulent la Présidence. Aussi, sous les gouvernements monarchiques, il n'y a pas deux fois par mois des journées parlementaires qui viennent mettre en question l'échéance du lendemain, le crédit de la veille et le pain quotidien.

Non, la République n'est pas ce qui nous divise le moins. On peut dire au contraire qu'elle contient en germe tous les éléments de désordre et de désunion. République, en effet, n'a pas, pour tout le monde, une seule et même signification. Il y a république et république : la république conservatrice, la république rouge, la république socialiste et la république communarde, toutes républiques qui se déclarent la guerre, même en ce temps de trêve imposé par la présence du prussien. Qu'elles reprennent leur liberté d'action, et vous verrez la lutte renaître, lutte funeste aux intérêts de la France et qui mettra en danger son repos, sa sécurité, son avenir.

La République n'est donc pas la paix, l'union, l'harmonie ; elle est le règne des convoitises et des antagonismes ; elle est la discorde que de continuelles rivalités entretiennent et fomentent.

Les partisans de ce régime nous jettent sans cesse à la face l'exemple des Etats-Unis et de la Suisse.

Qu'ils étudient et comparent et ils verront qu'il n'y a entre ces pays et la France aucune analogie de mœurs et de situation.

Nous trouvons, dit M. Xavier Aubryet, la forme républicaine aussi artificielle à Paris qu'elle est naturelle à Zurich ou à New-York.

C'est une question de race et de lieu ; ni la géographie ni l'histoire ne combattent en Suisse et aux Etats-Unis l'idée de la République ; le système fédératif qui serait la mort de notre patrie, est, au contraire, la condition propre de leur existence ; leurs précédents ne les engagent point dans une autre direction ; l'une, république solennellement reconnue par les rois, avait lutté de tout temps pour la constitution qui la régit encore ; les autres, nés d'hier et ne datant que d'eux-mêmes, pouvaient confier à un sol vierge, et en lui imprimant la flexion qui leur convenait, le plant de leur jeune liberté.

Toutes les traditions servaient les Suisses, aucuns souvenirs ne gênaient les Américains ; ce petit peuple et ce grand peuple, l'un continuateur, l'autre créateur, se mouvaient dans la sincérité de leur rôle ; mais ce qui pour eux est une vérité physique et morale, devient par cela même pour nous le plus vulgaire des contre-sens.

Un autre écrivain s'exprime en ces termes :

L'argument tiré de la Suisse et des Etats Unis en faveur de la forme républicaine, ne prouve rien ou plutôt prouve contre elle.
On oublie trop, d'un côté, qu'il n'y a aucune similitude entre la vieille Europe et la jeune Amérique, où les institutions politiques ont pour ainsi dire procédé par voie d'immigration. La forme républicaine, se développant avec la population, a pu s'y acclimater tout naturellement. Aujourd'hui la monarchie y rencontrerait les mêmes obstacles que la république sur notre continent, où chaque peuple a ses traditions. Ne pas le reconnaître ou n'en pas tenir compte, c'est faire preuve d'une ignorance complète du genre humain, c'est se tromper sur l'origine et la valeur des différents régimes politiques sous lesquels chaque nation se plaît à vivre.

D'ailleurs, la République américaine et la République helvétique sont des républiques fédératives. Or, ce système ne peut s'implanter chez nous. Au point de vue des intérêts matériels, créant autant de zônes douanières qu'il y aurait de petits Etats, il apporterait de telles entraves au commerce, à l'industrie et même au travail, qu'il faudrait y renoncer bien vite, tandis que, au point de vue politique, il amènerait fatalement le démembrement de la France. Qu'on nous permette, à ce propos, de reproduire les passages suivants d'une brochure qui vient de paraître sous ce titre : *La République des honnêtes gens* :

La République fédérale, — y est-il dit, — n'est pas possible. La France se suiciderait si elle consentait à perdre son unité. La devise de 1792 : « Une et indivisible » n'est pas une vaine formule. C'est un instinct de conservation nationale qui l'a imposée à la Révolution... Il faut d'ailleurs que ce pays dont les divisions ont fait tant de fois la faiblesse tienne grand compte des partis. Ils ne sont pas morts... Et, si le fédéralisme prévalait, on aurait aussitôt deux ou trois Frances, sinon davantage. La Bretagne, même divisée en départements, est toujours la Bretagne. La Corse est toujours la Corse. Nice n'a pas encore cessé d'être italienne, il ne faut pas l'oublier.

Qu'on ne nous parle plus de la Suisse et des Etats-Unis. C'est un exemple qui ne peut être invoqué.

Passons aux faits.

Qu'est-ce que la République a produit et que produira-t-elle ?

Quand, de par l'émeute, la République se présente à nous, elle excite, au sein des masses, un enthousiasme facile à comprendre. On croit que l'âge d'or va renaître, mais bientôt on s'aperçoit que l'on est entré dans l'âge de fer. Le nouvel ordre de choses crée non-seulement l'instabilité, qui paralyse la confiance et tue le commerce, mais il engendre une situation telle que l'ordre, la liberté et même la propriété se trouvent constamment exposés à de sérieux dangers, et que, par suite, il y a inquiétude, atonie et malaise. Quel adorable régime que celui sous lequel on se demande chaque jour ce que l'on sera le lendemain !

Et que l'on ne confonde pas la République, telle que l'entendent ceux qui s'en disent les vrais partisans, et la République, telle que M. Thiers la pratique. Celle-ci, à vrai dire, n'est une république que de nom ; c'est une monarchie, moins l'hérédité, c'est-à-dire, moins la sécurité du lendemain. Où sont, en effet, la liberté de la presse, le droit de réunion et la liberté d'association, éléments constitutifs de tout gouvernement républicain ? Nous les cherchons et ne les trouvons pas. Aussi, les purs, quoique soutenant hypocritement M. Thiers, ne se tiennent point pour satisfaits, et, chaque jour, ils répètent aux leurs : « Patience, la colline gravie, nous saurons nous débarrasser du *cheval de renfort*, et alors, nous entrerons à pleines voiles dans le domaine des libertés. » Ce jour-là, on peut le dire, nous aurions la vraie République. Est-il besoin d'ajouter qu'elle ne survivrait pas longtemps à son propre avènement.

Il a fallu, — a dit un homme d'Etat, — pour que la République se maintînt, qu'un ancien ministre de la monarchie vînt lui apporter le concours de sa haute expérience, et de son incontestable mérite. Si le parti républicain avait voulu placer l'un des siens à la tête du gouvernement, la République n'eût pas survécu huit jours...

On a vu les républicains à l'œuvre. Croit-on que le peuple eût pu subir longtemps le régime qu'ils avaient inauguré. M. Léonce Dupont a écrit quelque part :

... Si on nous parle encore de revenir à la République *avec* les républicains, on semble se moquer de nous.

Sans remonter à 1793 et à 1848, du 4 Septembre 1870 au 6 février 1871, on nous a servi une République *avec* des républicains, la vraie République. Quiconque se disait républicain y tenait un emploi. On a pu remarquer que les républicains étant beaucoup plus nombreux que les emplois, ail a fallu augmenter le nombre de ceux-ci pour contenter ceux-là.

Les municipalités étaient peuplées de purs démocrates... Un républicain gouvernait les finances, un républicain gouvernait l'instruction publique et les cultes, un républicain gouvernait la diplomatie et s'en allait, au nom de la France, pleurer dans le sein de M. de Bismark.

On sait aussi que dans les départements il n'y avait pas si petite fonction de la République qui ne fût tenue par un républicain...

Si nous avons eu la République avec les républicains ! demandez aux populations effrayées et scandalisées ; demandez aux conseils généraux dissous, aux conseils municipaux violemment remplacés par des commissions municipales ; demandez au suffrage universel méconnu, outragé et dédaigné.

Oui, hélas ! l'expérience a été faite ; elle a été faite dans l'administration, elle a été faite dans la magistrature, elle a été faite dans l'armée. La République *avec* les républicains a désorganisé l'administration, profané la magistrature, démoralisé l'armée. Elle a consommé notre ruine. Elle avait toutes ses coudées franches, elle agissait sans contrôle, elle régnait sur un pays soumis et résigné à qui l'on pouvait demander tout son sang et tout son argent. Ce qui montre combien les républicains de ce temps-là étaient impuissants, c'est qu'ils ont eu le concours des légitimistes, des bonapartistes, de toute la réaction. On leur obéissait comme à de vrais maîtres, et de ce beau dévouement ils n'ont su rien faire sortir que des malheurs pour nous, et pour eux le plus beau renom d'incapacité dont la politique ait jamais enrichi l'histoire...

La République avec les Républicains a donné la démoralisation, la défaite et la Commune.

La République, telle qu'elle entend s'affirmer, nous paraît impossible en France : 1° parce que nous n'avons ni les mœurs, ni les vertus républicaines ; 2° parce que l'esprit républicain s'y confond avec l'esprit révolutionnaire.

Nous n'avons pas les mœurs républicaines ! Cela est si vrai, c'est que, la République à peine proclamée, on cherche un homme aux mains duquel on puisse remettre les destinées du pays. Un journal a dit à ce propos :

En 1848, la République a rétabli le suffrage universel. Après un moment de surprise, le premier acte du suffrage universel a été de nommer un prince-président ; le second a été d'élire une assemblée essentiellement monarchique. En moins de trois ans, la République après avoir eu à vaincre l'insurrection de juin, nous menait à une Jacquerie dont l'organisation était complète en 1851. En 1870, la République est revenue : après avoir évité pendant six mois de consulter le suffrage universel, elle l'a interrogé, et le pays a répondu par des élections qui, sans les divisions du parti conservateur, eussent amené la chute de la République.

Nous n'avons pas les vertus républicaines ! Ces vertus sont : le désintéressement, le respect des lois, de l'autorité et de la religion.

Le désintéressement ! Est-ce que l'ambition n'est pas le mal qui nous ronge ? On les a vus, au 4 septembre, ceux qui depuis 10 ans prônaient la vertu et le désintéressement. Ils se sont rués sur les honneurs, les places, les fournitures et les emprunts !

Les lois ! C'est à qui les éludera ou les foulera aux pieds ! Que fait-on le lendemain des révolutions ? On insulte les agents chargés de les faire exécuter.

L'autorité ! On se montre frondeur envers elle quand on ne se laisse pas aller jusqu'à la méconnaître...

Quant à la religion, c'est un préjugé qu'il faut déraciner. Est-ce que, de nos jours, pour être réputé bon républicain, il ne faut pas être athée ?.. Et cependant, un des hommes qui a le plus contribué à répandre les idées démocratiques, M. de Tocqueville, affirmant la nécessité de la religion, a dit: « Que faire d'un peuple, maître de « lui-même, s'il n'est pas soumis à Dieu ? » D'après Plutarque, « il « serait plus facile de bâtir une ville dans les airs que d'avoir une « société sans religion. » C'est que, en effet, la religion réfrène les passions humaines et qu'elle est, en même temps, la sauvegarde de la vraie liberté et de la dignité des peuples. « Je n'ai jamais été plus convaincu qu'aujourd'hui, dit encore M. de Tocqueville, qu'il n'y a que la liberté, — j'entends la modérée et la régulière, — et la religion qui, par un effort combiné, puissent soulever les hommes au-dessus du bourbier, où l'égalité démocratique les plonge naturellement, dés que ces deux appuis leur manquent. »

Et maintenant, avions-nous raison de dire que nous n'avions ni les mœurs ni les vertus républicaines?

Nous avons ajouté qu'un autre obstacle à l'installation définitive de la République, c'est que chez nous l'esprit républicain s'allie à l'esprit révolutionnaire.

M. Caro, dans un livre que déjà nous avons eu l'occasion de citer, formule à ce sujet une opinion qui peut se résumer ainsi :

Ce qui toujours en France a compromis la forme républicaine auprès de beaucoup de bons esprits, c'est qu'elle a paru se confondre elle-même avec la révolution dont elle devrait être par essence la négation. Elle devrait fermer l'ère des grandes crises sociales ; il semble au contraire qu'elle soit destinée à rouvrir cette ère violente, qui ne se ferme plus pendant tout le temps qu'elle règne. Par une véritable fatalité, son origine et ses procédés de gouvernement ont toujours offert un mélange d'arbitraire et de force, une alternative de faiblesse et de violence, qui ont discrédité ses pratiques malgré l'excellence théorique de l'institution.

Cette vérité n'a pas besoin d'être démontrée ; l'histoire de nos révolutions en est le témoignage irrécusable. Ceci, d'ailleurs, s'explique aisément. La République, étant un gouvernement qui procède de bas en haut, est soumise aux caprices de la foule, et, par suite, livrée à des emportements, qui l'entraînent bien vite hors des voies de la sagesse, de la modération et de la justice. La liberté est son mobile, mais elle la pousse à des limites telles que celle-ci met l'ordre social en péril et devient une affreuse tyrannie.

On lit dans La Bruyère : « Le peuple va souvent jusqu'à oublier ses intérêts les plus chers, le repos et la sûreté, par l'amour qu'il a pour le changement et par le goût de la nouveauté ou des choses extraordinaires. »

Ces fâcheuses dispositions sont excitées, de nos jours, par le fol espoir que font naître dans les esprits certaines théories décevantes qui promettent le bonheur et ne se traduisent que par le sang et la ruine. La foule, crédule et avide de jouissances, s'attache à ces théories et croit qu'elle en trouvera la réalisation au-delà de ce qui est, et, comme rien ne l'arrête sur cette pente fatale, elle se précipite dans les aventures et court aux bouleversements.

Un penseur a dit : « Il n'y a plus de politique aujourd'hui ; il n'y a que des appétits et des convoitises. »

Ce qui le prouve, c'est que, une fois en possession de la République, on se hâte de demander autre chose. La République ne satisfait point « les appétits et les convoitises. » Aussi, en 1848, on voudra lui substituer le Socialisme, et, en 1871, la Commune. On criera : Vive la République *Sociale*, ou Vive *la Commune* ! En d'autres termes, ce que l'on poursuit, c'est la liquidation sociale.

Dans une conversation, que nous eûmes avec un clubiste, celui-ci finit par nous dire : « Que nous importe que ce soit une république, une monarchie ou un empire, si notre sort ne change pas? Depuis 89, on ne naît plus colonel ; aujourd'hui on ne doit plus naître propriétaire ! »

Posséder, — mais posséder sans travailler pour acquérir, — n'est-ce pas là le rêve que bien des gens caressent?

Pour beaucoup, qu'est-ce que la République, sinon le droit à la paresse ? Pour d'autres, ne serait-ce pas le droit au pillage ?.. Il y en a, il est vrai, — et le nombre en est grand, — il y en a qui se figurent bonnement que le régime républicain, transformant, comme par enchantement, hommes et choses, va nous donner l'ordre, la paix, la liberté et le bonheur. Ames candides, vos illusions ne pourraient être de longue durée; car, bientôt vous auriez appris que la République est le règne des factions démagogiques, la porte ouverte aux ambitions malsaines, l'émeute en perspective ou le conflit parlementaire en permanence.

En ce moment, nous avons, avec M. Thiers, une république *conservatrice* que tout le monde accepterait volontiers. Mais, déjà, à cette république, on se dispose, quand le jour sera venu, à en substituer une autre qui s'appellera *radicale*. Que sera cette dernière ? Voyez plutôt quels en sont les prôneurs. Ne les avez-vous pas jugés à l'œuvre? Ne sont-ce pas ceux dont le passage aux affaires a été si funeste au pays et dont le retour déchaînerait de nouvelles calamités ?

Et la République conservatrice, qu'est-elle, elle-même? L'histoire à la main, on constate qu'elle n'a jamais pu prendre racine en France.

Pourquoi ? Parce que notre mobilité d'esprit, notre amour du changement, et je ne sais quel souffle irrésistible d'opinions contraires qui agit de l'extrémité à l'autre d'un peuple de 40 millions d'âmes, bouleversent et renversent tout ce qui repose sur un sol mouvant. Et quoi de plus mouvant qu'un gouvernement n'ayant qu'une existence temporaire, 4 ou 6 ans ? Exposé à changer périodiquement de chef, ce gouvernement peut devenir la proie des ambitieux ; il sera fatalement le jouet des passions démagogiques.

La révolution n'est pas une force inerte. On ne peut la comparer qu'au train lancé sur une pente. Dans sa course, elle ira jusqu'à l'anarchie.

Aussi, comme un journal le faisait observer : « La République modérée, en France, n'a jamais été que le grand chemin qui mène à la République violente... Les républicains modérés amènent toujours les républicains violents. L'histoire montre les Girondins amenant, malgré eux, les massacres de septembre et la permanence de la guillotine ; elle montre la République de 1848 amenant les insurrections du 24 juin et du 15 mai 1848, et l'insurrection du 13 juin 1849 ; elle montre enfin la République du 4 septembre amenant les insurrections du 31 octobre 1870, et du 18 mars 1871. Il n'est donc pas un Français instruit de l'histoire de son pays qui puisse conserver un doute sur les suites de l'établissement de la République. »

Qui, mieux que M. Thiers, a mis en relief le résultat auquel aboutit fatalement le régime républicain ? Ecoutez, voici ce qu'il disait à la tribune, en 1834 :

La République a été essayée d'une manière concluante, suivant nous. On nous objecte tous les jours : Ce n'est pas la République sanglante comme celle de ces temps que nous voulons, nous la voulons paisible et modérée. Eh bien ! on commet une erreur grave quand on dit que l'expérience n'a pas porté sur ces deux points. Il y a eu une république sanglante pendant un an ; mais pendant huit à neuf ans, c'était une république qui avait l'intention d'être modérée et qui a été essayée par des hommes honnêtes et capables.

Sous le Directoire, c'étaient des hommes comme la Réveillère-Lepaux, Barthélemy, Rewbel, Sieyès, Carnot, hommes modérés, honnêtes, capables, qui voulaient non pas la république de sang, mais la république paisible. La victoire n'a pas manqué à ces hommes ; ils ont eu les plus belles victoires : Rivoli, Castiglione et mille autres ! La paix ne leur a pas manqué non plus ; car Napoléon leur avait donné celle de Campo-Formio, la plus sûre et la plus honorable.

Cependant, en quelques années, le désordre était partout ; ces hommes d'Etat étaient honnêtes, et cependant le Trésor était livré au pillage ; personne n'obéissait ; les généraux les plus modestes, les plus probes, les généraux comme Championnet et Joubert refusaient d'obéir aux ordres du gouvernement : c'était un mépris, un chaos universel. Il a fallu que des généraux vinssent renverser ce gouvernement (passez-moi l'expression) à coups de pied, et le mettre à sa place.

Ainsi, dans ces dix ans, il s'est fait en France une expérience concluante sous les deux rapports. On a eu la république non-seulement sanglante, mais la république clémente, qui voulait être modérée et qui n'est arrivée qu'au mépris, quoiqu'en majorité, les hommes qui la dirigeaient fussent d'honnêtes gens.

Aussi la France en a horreur ; quand on lui parle République, elle recule épouvantée ; elle sait que ce gouvernement tourne au SANG ou à L'IMBÉCILLITÉ.

Cette page mérite d'être lue et méditée. Qui pourrait s'inscrire en faux contre le jugement qu'y porte M. Thiers ?

Le régime républicain crée l'instabilité. Ne met-il pas en question, périodiquement, le principe gouvernemental lui-même, et ne peut-il pas amener le triomphe des systèmes politiques ou sociaux les plus extravagants ? Car, ce régime est celui sous lequel naissent et se multiplient les factions démagogiques. On l'a dit : « La République ouvre l'arène aux ambitieux et avec elle commence l'ère des factions démagogiques. »

L'instabilité engendre l'incertitude.

Et l'incertitude, c'est la paralysie des affaires ; c'est le trouble et l'inquiétude qui frappe de stérilité les forces productives de la nation.

Pour qu'un grand Etat vive et prospère, deux conditions sont essentielles. Il faut qu'il trouve dans le gouvernement, qui le régit, d'un côté, l'ordre ; de l'autre, la stabilité.

L'ordre, c'est le jeu pacifique des institutions ; c'est la vie.

La stabilité, c'est la sécurité du lendemain ; c'est la prospérité.

Un pays ne peut, sans dépérir, s'agiter dans des convulsions quotidiennes. Il ne peut également vivre au jour le jour ; car l'industrie et le commerce, qui y entretiennent la vie, ont besoin, pour se développer, de garanties que ne peut donner un ordre de choses mobile et précaire.

L'ordre ! La République peut-elle l'assurer, en laissant libre carrière aux compétitions, qui se disputent le pouvoir et n'attendent, pour le saisir, qu'une occasion que, au besoin, elles sauront faire naître ?

La stabilité ? Un gouvernement, dont les jours sont comptés, qui, par sa nature, est condamné à subir de continuels assauts et qui, même légalement, peut-être remplacé par un autre régime qui serait le bouleversement des principes sociaux, ce gouvernement-là offre-t-il les gages de stabilité qu'exige l'intérêt du pays ?

On ne demanderait pas mieux que d'accorder sa confiance à la République, si la République pouvait donner l'ordre et la sécurité. Mais peut-on s'accommoder d'un régime, qui nous expose à de fréquentes commotions, et qui, en maintenant l'incertitude et l'inquiétude, tarit les sources de la production nationale.

Une république fédérative, — nous le savons, — n'aurait pas ces inconvénients ; car, chaque petit état ou province, ayant en quelque sorte son autonomie, ne ressentirait que faiblement le choc qu'éprouverait la machine gouvernementale. Dans une république, qui est une, rien, au contraire, n'amortit le coup, et, par conséquent, le corps tout entier en subit l'atteinte. De là, perturbation ou même désorganisation. Mais, nous l'avons démontré plus haut, le système fédératif serait la mort de notre patrie. Il ne faut pas y songer.

Enfin, la République nous isole au milieu de l'Europe. L'Europe est monarchique ; il est donc tout naturel qu'elle se tienne vis-à-vis de nous sur la réserve, en admettant même qu'elle ne nous observe pas d'un œil inquiet et méfiant. Car, ne craint-elle pas que de chez nous parte l'étincelle révolutionnaire qui pourrait y mettre le feu ? Aussi, le cas échéant, pourrions-nous y trouver un appui ? N'y trouverions-nous pas plutôt une indifférence malveillante, sinon des dispositions hostiles ? Qu'on y réfléchisse.

La République, -- dit M. Léonce Dupont, — a été essayée sous toutes ses faces. On a eu la République *avec* les républicains, elle a donné la démoralisation, la défaite et la Commune ; on a eu la République *sans* les républicains, elle a donné un ordre précaire, l'affaiblissement lent et progressif du parti conservateur, un trouble profond dans le corps électoral et un acheminement certain vers la révolution.

Et maintenant, dira-t-on que la République peut être le gouvernement de notre choix ?

IV

Ce n'est pas en se berçant d'utopies, mais en tenant un compte équitable des nécessités et des devoirs de la vie pratique que l'on peut édifier un gouvernement.

Nous avons dit que la France était une démocratie, et, après avoir exposé les inconvénients et les dangers inhérents à la forme républicaine, il nous reste à examiner quel est le gouvernement qui s'adapte le mieux au régime démocratique.

La démocratie est, par sa nature, sujette à des entraînements qui mettraient en péril l'ordre social.

Qui n'est frappé, — a dit un écrivain, — des périls que fait courir à la société l'abus des entraînements propres à la démocratie ? Il n'y a qu'un gouvernement fort et stable qui puisse la préserver contre ces entraînements.

Quel sera ce gouvernement?

Pour être fort, ne faut-il pas qu'il soit issu du suffrage universel, car, par son origine, il sera investi d'une puissance telle qu'il pourra contenir le torrent démocratique?

Pour être stable, ne faut-il pas qu'il soit monarchique héréditaire ?

Ce pouvoir sera-t-il l'Empire ou la Royauté !

Qu'est-ce que l'Empire ?

« L'Empire, — dit M. Jules Richard, — c'est l'ordre, c'est la tradition, c'est la démocratie hiérarchisée. »

« L'Empire, — dit encore un autre écrivain, — n'est autre chose que la République organisée, domptée et encadrée dans une hérédité tempérée par des plébiscites plus ou moins fréquents, qui maintiennent la bonne harmonie entre le peuple et le souverain.. »

L'Empire est « la démocratie hiérarchisée. »

Rien de plus exact que cette définition.

L'Empire, en effet, n'est pas un parti ; il est l'expression de la volonté nationale. Fondé par le suffrage populaire, auquel, à maintes reprises, il a demandé la rénovation ou la confirmation de ses pouvoirs, il est l'œuvre du peuple. C'est le peuple qui l'a créé. Peut-on dire qu'il l'a brisé ?

Deux fois, l'Empire a disparu de notre sol. Est-ce le peuple qui l'a renversé? Non. En 1814 et en 1815, l'Europe, avec un million de soldats, s'y prit à deux fois pour l'abattre ? En 1870, ne fallut-il pas, pour le jeter à bas, qu'une poignée de factieux usât de la collaboration de l'étranger ?

Le premier Empire succomba sous la coalition que les rois avaient formée contre le puissant génie, qui initia les peuples aux principes émancipateurs de 89. N'a-t-on pas dit avec raison que, avec Napoléon 1er, la liberté fit le tour de l'Europe dans les plis du drapeau tricolore? C'est l'hommage qu'Armand Carrel rend à celui qui, « malheureux avec nous et comme nous en 1814, « non par sa faute, ni par la fortune, mais condamné par la marche « des choses, » mourut à quatre mille lieues de son pays, « implacablement et lentement supplicié par les rois de l'Europe,

« en haine de notre Révolution, qui les avait tant de fois accablés
« par son bras. »

La chute du second Empire s'est produite pendant une guerre, qu'il n'avait point provoquée, qu'il avait prévue, qu'il aurait voulu éviter, mais à laquelle il a été fatalement entraîné.

Je sais, — dit M. Léonce Dupont, — que l'Empereur n'avait nulle envie de guerroyer ; ses ministres étaient pacifiques : M. Ollivier justifiait, par ses aspirations, les paisibles sentiments dont son nom est le symbole. M. de Gramont pensait plutôt au congrès qu'à une campagne. On connaissait l'affaire du prince de Hohenzollern, mais on pensait pouvoir l'étouffer en 1870, comme on l'avait fait en 1869. C'eût été d'autant plus facile que le secret en eût été mieux gardé. Malheureusement, M. Cochery se jeta en travers de ses desseins ; il interpella le gouvernement sur la candidature du prince de Hohenzollern au trône d'Espagne. Le duc de Gramont répondit ; les conflits éclatèrent.

On sait le reste. L'opinion publique s'exalta et le gouvernement fut débordé.

L'Empire étant une magistrature conférée par le vote populaire, il en résulte qu'il a pour base et pour principe la souveraineté nationale.

Mais, dira-t-on, l'hérédité est la négation même de ce principe. L'objection est plus spécieuse que fondée.

Et d'abord, qui est-ce qui empêcherait l'héritier de demander au suffrage universel la ratification de son mandat ?

N'est-ce pas ce qu'a fait Napoléon III et ce que feraient ses successeurs ?

D'ailleurs, que pèse l'hérédité du pouvoir exécutif là où celui qui en est investi reçoit l'impulsion du pays. Cette impulsion, ce sont les choix faits dans les élections législatives qui la lui donnent. En effet, le pouvoir législatif, représentation du pays dans sa plus haute expression, a des attributions telles qu'il peut rejeter les lois proposées par le gouvernement, et que, sans son aveu, celui-ci ne peut avoir ni un écu dans les caisses publiques ni un homme sous les drapeaux. Dans ces conditions, le gouvernement reste subordonné à la volonté nationale qui, toujours, peut obtenir les réformes qu'elle juge opportunes.

Si, maintenant, nous examinons les avantages, qui résultent de l'hérédité, nous n'hésiterons pas à l'admettre.

En effet, n'est-ce pas dans l'ordre monarchique héréditaire que résident la sécurité et la stabilité, indispensables au repos et à la prospérité du pays ?

La forme républicaine ne donne ni la sécurité ni la stabilité. — Nous l'avons démontré plus haut.—Avec elle, on vit dans un inconnu formidable. Avec un prince, au contraire, s'installe un pouvoir qui, tout en laissant à nos institutions la faculté de se modifier et de se perfectionner, place au-dessus des convoitises et des appétits révolutionnaires, ce quelque chose qui est la base de toute société politique et que l'on appelle l'autorité. En un mot, avec un prince on sait où l'on est et où l'on va ; c'est la sécurité dans le présent et dans l'avenir.

Il faut à la France un gouvernement qui procure la sécurité et la la stabilité; il lui faut des institutions qui soient de solides barrières contre les violences des partis.

Est-ce que l'Empire ne fut pas ce gouvernement ?

Emané de la souveraineté nationale, dans laquelle il se retrempe fréquemment, il a une origine qui le rend incontestable, et une force qui le met à l'abri des violences des partis.

Par sa forme héréditaire, il est une garantie de sécurité et de stabilité.

Aussi, tout en opérant des réformes et en marchant dans les voies du progrès et de la liberté, l'Empire a, pendant 20 ans, donné à la France l'ordre et la prospérité.

Qui, plus que lui, a fait pour les classes ouvrières ?

Chose singulière, tandis que les uns l'accusaient de favoriser la révolution, les autres le taxaient de gouvernement personnel et rétrograde.

Aux uns il peut dire : sous mon règne on n'a eu aucune émeute ; la paix publique n'a jamais été mise en péril ; j'ai su contenir la Révolution et la maîtriser jusqu'au dernier jour. Elle n'a relevé la tête que lorsque que j'ai été captif.

Aux autres : Vous avez foulé aux pieds toutes les libertés. Avec vous s'est réellement épanoui le gouvernement personnel. Et quel gouvernement ! Impuissants à maintenir l'ordre, vous n'avez pas su accomplir la moindre réforme démocratique. Que vous doit la France ? De gros impôts et la honte. Qu'a-t-elle gagné à la chute de l'Empire ? On ne le voit pas. Ce qu'elle y a perdu, on ne le découvre que trop facilement.

V

L'Empire procède du *droit populaire* ; la Royauté, du *droit divin*.

Expliquons-nous.

L'Empereur est le délégué du peuple ; le Roi se dit le délégué de Dieu lui-même.

On comprend toute la distance qui sépare ces deux principes. C'est la distance qui existe entre la France *nouvelle* et la France *ancienne*.

Loin de nous la pensée de méconnaître les services rendus par la vieille monarchie.

Si, comme tous les gouvernements, la vieille monarchie, — dit M. Clément Duvernois, — a commis de grandes fautes et subi de grands revers, on ne peut pas oublier qu'elle a fait la France et que pendant de longs siècles elle a tenu avec honneur le drapeau de notre pays. Mais aujourd'hui, la restauration de la monarchie serait-elle possible ?... Quelqu'un peut-il croire sérieusement que l'armée et la nation accepteraient le drapeau blanc et que l'héritier de nos rois ne serait pas dépaysé dans notre société démocratique ! Il a suffi qu'on rappelât aux populations les idées qui se rattachent à la légitimité pour amener les élections républicaines du 2 juillet 1871. Le drapeau rouge est hissé dès que paraît le drapeau blanc. Voilà le fait qu'on ne peut pas méconnaître.

A tort ou à raison, — il faut bien l'avouer, — il existe contre la légitimité des antipathies ou des préjugés contre lesquels viendraient se briser les dévouements les plus énergiques.

Reste la monarchie de juillet ou dynastie d'Orléans, issue de la Révolution de 1830. Ce fut le règne de la Bourgeoisie se substituant à la noblesse et au clergé.

Que représentent les princes d'Orléans ?

Les princes d'Orléans, dit encore M. Clément Duvernois, ne représentent pas un principe ; ils représentent un système qu'on peut appliquer sans eux et sans lequel ils ne peuvent régner. C'est le système parlementaire. Est-ce bien là ce que le pays désire et attend dans ce moment de crise ? Qu'il faille un sérieux contrôle du gouvernement, personne n'en doute ; qu'il faille des droits pour les minorités, personne ne le conteste ; mais est-ce bien de bascule parlementaire qu'il s'agit ? Bien peu de gens le pensent.

Le parlementarisme pur, qu'il ne faut pas confondre avec le gouvernement sagement pondéré, le gouvernement dans lequel le prince règne sans gouverner est le gouvernement des temps calmes. Mais à l'heure du péril social, ce qu'il faut avant tout c'est une main ferme et une décision prompte, c'est à dire la négation du système que représentent les princes d'Orléans.

Qui doit prononcer entre ces divers systèmes ? Le peuple. Et c'est pourquoi nous demanderons l'APPEL AU PEUPLE.

VI

L'appel au peuple est l'*ultima ratio*. C'est l'arbitrage souverain auquel il faut recourir dans les jours de crise et surtout quand il s'agit, comme en ce moment, de fonder un gouvernement. Car, l'arrêt du peuple est la loi suprême devant laquelle tous les partis sont obligés de s'incliner.

Comprendrait-on un gouvernement qui s'établirait sans avoir, pour assise, la volonté nationale exprimée par le suffrage universel ? Il serait sans force, sans prestige. Son origine serait un sujet de controverses et de contestations quotidiennes. On dirait que ce gouvernement n'a pas été choisi par le pays, mais adopté par cinq à six cents députés. Qu'on juge maintenant de ce qu'il perdrait en puissance et en considération !

Un républicain de vieille date, M. Edouard Laboulaye, dit à ce propos :

Demander la sanction populaire est une mesure conforme à la tradition républicaine...

Une assemblée ne peut pas remplacer entièrement la volonté nationale... On dit que le plébiscite est une comédie, une carte forcée. Je n'admets pas ce brevet d'incapacité délivré au peuple français par ses mandataires ; l'exemple des Etats-Unis, l'exemple tout récent de la Suisse prouvent qu'un peuple sait refuser la constitution qui ne lui convient pas.

Dans un pays de suffrage universel, il est impolitique et dangereux pour le législateur de s'ériger en maître ; c'est toujours la nation qui doit avoir le dernier mot. Le peuple s'attache plus qu'on ne croit aux institutions qu'il a volontairement acceptées ; l'empire en est la preuve. Si vous voulez que le peuple adopte la République, faites-en sa chose, et si vous voulez qu'il ait confiance en vous, ayez confiance en lui.

Craint-on que le peuple ne se trompe ?

Un écrivain fait justement observer que « l'histoire du suffrage universel n'offre pas d'exemple d'une faute par lui commise, toutes les fois qu'il a été placé dans les conditions naturelles d'action, c'est-à-dire en face d'une grande question sociale ou politique. »

Pauvre suffrage universel, on t'accuse d'être *inintelligent* ou *asservi*. Mérites-tu ce reproche ? Non, répond l'auteur d'une brochure intitulée : *La Ligue de l'Indépendance*, et voici en quels termes il te venge de ces injures :

On accuse le suffrage universel d'être *inintelligent*. — Je ne prétends pas que tous ses actes soient des miracles de sagesse, mais je soutiens qu'en prenant l'ensemble de ses manifestations, on n'est rien moins que fondé à lui infliger le reproche d'inintelligence.

On accuse le suffrage universel d'être *asservi*. — C'est encore là une de ces accusations banales dont les écrivains sérieux devraient s'abstenir…. La preuve qu'en somme le suffrage universel n'est asservi à aucun parti, c'est qu'il n'y a personne qui osât se déclarer complètement et constamment sûr de lui.

Pourquoi donc faire intervenir l'inertie, l'aveuglement, l'ignorance, l'asservissement, quand il est si aisé d'expliquer l'attitude générale du suffrage populaire par le sentiment très légitime de conservation et d'ordre qui n'a jamais cessé et ne cessera probablement jamais de primer, chez lui, l'idée de liberté ?… .

Ceux qui parlent à tout propos de l'ignorance des populations rurales feignent trop d'oublier que cette ignorance s'allie généralement à une certaine dose de finesse et de sens pratique, et qu'elle est accompagnée d'habitudes de travail et de principes d'honnêteté qu'on retrouve moins dans d'autres classes électorales.

Dans les campagnes, tout le monde est plus ou moins propriétaire. Tout le monde a un intérêt direct à l'ordre, à la prospérité du pays. Il y a plus de religion et de moralité.

Dans les villes, ces garanties sont moindres. Les esprits turbulents et inquiets, les *déclassés* y abondent. Les mœurs, surtout dans les classes nomades, y sont moins pures. La corruption y est plus facile.

Parmi les électeurs des villes, il y a, je le veux bien, plus d'instruction, mais il y manque ce qu'on appelle le jugement et le bon sens. C'est parmi eux que les idées les plus fausses et les plus dangereuses trouvent toutes des adeptes. Est-il bien déraisonnable de penser que le vote d'un paysan illettré présente plus de garanties que celui des lettrés, qui, au Pré-aux-Clercs, à la Redoute ou ailleurs, prêchaient naguère les unions libres et le communisme ?

Ces considérations sont fort justes. Celles qui suivent ne le sont pas moins.

Si le peuple est assez intelligent pour élire des représentants qui réunis font la loi au pays, pourquoi ne serait-il pas assez intelligent pour élire l'homme auquel il prétend confier ses destinées ? Le peuple est le maître, nul ne le conteste. Quel est le but ? connaître son opinion et le mettre à même de la formuler nettement. Or, d'une part on le place en face d'une multitude de noms, qui n'évoquent aucune idée dans son esprit, de programmes qui mentent, de phrases qui trompent ; d'autre part, on lui demanderait de prononcer sur le régime qui lui convient le mieux entre les quatre, qui s'offrent à son choix :

> République,
> Légitimité,
> Orléanisme,
> Empire.

Et on lui dirait : Qui veux-tu choisir ? Chacun de ces noms signifie quelque chose pour toi, Jacques Bonhomme, tu as vu chacun de ces gouvernements à l'œuvre. Qui prends-tu ? Et l'on oserait dire que le peuple ne saurait pas ce qu'il ferait !

D'ailleurs, qui prétendrait imposer sa volonté à la France ? Si elle veut la République, elle la trouvera au fond de l'appel au peuple ; si elle ne la veut pas, elle choisira à sa place le gouvernement qu'elle voudra.

Donner à la France un gouvernement sans lui faire l'honneur de la consulter, — a dit un publiciste éminent, — c'est vouloir lui donner un gouvernement autre que celui de son choix, et prétendre lui imposer une sorte de conseil judiciaire comme on le fait pour les incapables.

Que le peuple soit donc appelé à choisir le gouvernement sous lequel il entend vivre. C'est son droit. Le devoir de chacun de nous sera de se soumettre à sa décision.

Nous venons d'expérimenter, en moins d'un demi siècle, dit M. J. Amigues, les quatre formes de gouvernement en lesquelles se résume notre histoire, et qui correspondent au quatre partis entre lesquels se divise l'opinion. Tous les hommes qui ont une maturité d'âge et d'esprit sont en situation de juger, quel est, de ces quatre régimes, celui qui a le plus fait pour la grandeur du pays, pour le bien-être du peuple, pour le développement de notre société dans son sens démocratique, pour l'amélioration du sort des classes laborieuses en même temps que pour l'ordre public. Que chacun fasse cette comparaison, dans le recueillement sincère de sa conscience, et vote dans le sens que cet examen lui aura conseillé !

Républicains, légitimistes, orléanistes et bonapartistes, prenons le peuple pour arbitre, et, quel que soit son verdict, respectons-le en prêtant un concours actif et dévoué au gouvernement qui sortira de l'urne plébiscitaire. Plus de divisions ! Plus d'antagonisme ! mais un seul parti, le parti de la France, absorbé dans une seule pensée : la régénération du pays, sa grandeur et sa prospérité.

FIN.

POST-SCRIPTUM

MORT DE L'EMPEREUR

Cet ouvrage allait paraître quand a éclaté, comme la foudre, la nouvelle de la mort de l'Empereur. Nous avons dû en retarder la publication pour consacrer quelques lignes à ce grand et douloureux évènement.

C'est le 9 janvier 1873, à 10 h. 45 m. du matin, que l'Empereur s'est éteint à Chislehurst, dans sa 64ᵉ année.

Comme son oncle, Napoléon III souffrait de ce mal terrible qu'on appelle : la pierre.

Son état s'était tellement aggravé dans les derniers temps qu'il résolut de se faire opérer. Le célèbre docteur Thompson, assisté des docteurs Conneau et Corvisart, entreprit cette cure difficile. Les deux premières opérations donnèrent d'excellents résultats et firent naître l'espérance d'une guérison prompte et certaine. Mais, au moment de procéder à la troisième, un affaissement subit se déclara. Le Prince impérial, élève à l'école de Wolwich, fut aussitôt mandé. On fit également venir l'abbé Goddard, curé de Ste-Mary de Chislehurst. Ce digne ecclésiastique administra l'illustre malade. Celui-ci expira peu de temps après. Près de lui étaient l'Impératrice, cinq ou six amis fidèles et deux sœurs de charité. Le Prince Impérial arriva trop tard pour recueillir le dernier soupir de son père. Il se jeta sur son corps et couvrit sa face de larmes et de baisers.

Napoléon III était mort !

Il était mort l'Elu du Peuple, le souverain de la France, celui que M. Cousin avait surnommé « l'Empereur de l'Europe. »

Il était mort ! Et, à cette nouvelle, la consternation se répandit en France. Et l'Europe entière prit le deuil. C'est que l'Europe est pleine de ses actions, et que, pendant 18 ans, il en fut en quelque sorte l'arbitre.

Ce qui émeut l'Europe, maintenant qu'elle n'a plus devant elle qu'un règne fini et un prince expiré, — disait M. Weiss, — c'est la partie d'impérissable grandeur qui était dans l'homme et dans le règne, et qui fait que l'homme a pu rendre à Sedan son épée sans rendre, grâce au ciel, ni sa gloire ni la nôtre.

L'émotion générale que la mort de l'Empereur a produite en France s'explique non-seulement par un sentiment de sympathie et de reconnaissance, mais encore par un sentiment de conservation et d'ordre.

Napoléon III, — lisons-nous dans *Paris-Journal*, — était aux yeux des conservateurs, le pompier suprême en cas d'incendie. Il était une sorte de pilote en retraite auquel on gardait l'arrière-pensée de faire appel, si le naufrage devenait par trop menaçant... Cela se sentait plus encore que cela ne se disait.

La même feuille faisait encore cette réflexion si juste :

On peut dire que l'Empereur, outre la première place dans le cœur de ses partisans, avait la seconde chez presque tous les membres du parti de l'ordre. Combien de légitimistes, d'orléanistes et même de républicains modérés n'avons-nous pas rencontrés qui disaient, les uns tout haut, les autres bien bas et quand ils étaient sûrs qu'il n'y avait pas là d'indiscret aux écoutes : « C'est peut-être encore lui qui nous tirera de là ! »

De là, c'est à dire du gâchis, de la mort lente, de l'avachissement, de la résorption purulente : en attendant la reprise, toujours possible, toujours imminente des lugubres drames révolutionnaires.

Si l'Empereur était un sujet d'espérance pour les masses conservatrices, il était un grand sujet d'inquiétude pour les révolutionnaires. Aussi, avec quelle joie honteuse ceux-ci ont-ils accueilli le trépas de Chislehurst. Comme ils ont bavé sur ce cadavre.

Le mort est encore chaud, disait un journal, et déjà les radicaux l'accablent de leurs insultes.

Un mort, c'est quelque chose de sacré. Quel qu'il ait été vivant, on le salue lorsqu'il passe dans la rue, conduit au champ de repos. Les radicaux n'ont pas cette pudeur ; ils se réjouissent et ils insultent.

Sommes-nous en France ? Ces insulteurs féroces sont-ils des Français ? D'où peut venir un pareil débordement ? La cause, la voici :

Napoléon III ne voyait dans les radicaux, — ce qu'ils sont en réalité, — que les ennemis de l'ordre social ; et il les muselait et il les matait. Ce n'est point sous son règne que l'on voyait des comités interlopes faire la loi aux grandes villes et imposer des transactions aux chefs mêmes du pouvoir ; ce n'est point sous son règne que l'on voyait des échappés de bouge et d'estaminet se prélasser dans les grands emplois : cervelles creuses, mais avides, n'ayant d'égale à leur nullité que leur rapacité...

Les honnêtes gens, les citoyens laborieux vaquaient librement et sûrement à leurs affaires. Ils savaient qu'un œil vigilant planait sur eux et qu'en cas de trouble ils pouvaient compter sur une main ferme et résolue. C'est ainsi que la France prospérait, c'est ainsi qu'elle accumulait ces merveilleuses réserves qu'elle a été si heureuse et si fière de retrouver aux jours du malheur.

Eh bien ! voilà ce que les radicaux ne pardonnent pas à Napoléon III, et maintenant qu'il est mort, ils l'insultent. C'est logique. Tant qu'il était vivant, il était pour eux un cauchemar : ne pouvait-il pas revenir ! Voilà ce qu'ils redoutaient ; et à cette seule pensée ils sentaient la terre leur manquer sous les pieds.

Oui, telles étaient les terreurs des radicaux. Une simple hypothèse les faisait trembler. La mort de Napoléon III est venue les rassurer ; et naturellement chez des politiques de leur sorte, la joie d'être délivrés du péril se traduit par des injures contre celui qu'ils redoutaient.

II

M. René de Pont-Jest rapporte, dans le *Figaro* du 22 janvier 1873, que l'Empereur avait le pressentiment de sa fin prochaine.

Un jour, entre autres, dit-il, Napoléon III ne le cacha pas à M. le comte Davilliers, un des dévoués qui l'avaient suivi en exil. C'était un dimanche — il y a un mois à peine — l'Empereur, selon son habitude, avait accompagné l'Impératrice à la messe, et pendant que sa majesté terminait ses dévotions, il l'attendait, dans le petit cimetière de la chapelle Sainte-Mary.

Napoléon III se promenait à travers les tombes, tombes bien espacées et laissant grande place aux vivants : il y en a cinq ou six à peine. Il marchait pensif, les yeux fixés sur le sol.

— Que cherchez-vous, Sire ? lui demanda son aide de camp.

— Mon cher Davilliers, répondit l'exilé avec un triste sourire, je cherche l'endroit où vous me mettrez bientôt.

A n'en pas douter, Napoléon III a succombé aux fatigues de la dernière guerre, aux chagrins que lui ont causés des désastres immérités, des trahisons indignes et des calomnies infâmes.

L'Empereur, rapporte le *Pays*, est mort des suites de Sedan. Les médecins l'ont dit, ce sont les cinq heures passées à cheval, des plateaux de la Moselle aux ravins de Givonne, qui ont rendu les soins inutiles et l'opération fatale.

Le docteur Thompson a même déclaré que, dans l'état où il se trouvait, il était étonnant que l'Empereur eût pu rester cinq heures à cheval. Il avait ajouté que Napoléon III avait supporté là des douleurs sans nom.

Dans un article nécrologique, qu'il a publié, M. Léonce Dupont s'exprime ainsi:

L'Empereur n'était point sans savoir le mal qu'on disait de lui... L'écho de ces infamies est arrivé jusque dans sa prison de Wilhemshœhe.

Il n'y a point de tempérament assez fortement trempé pour résister à la fois à la perte d'une couronne, à la perte d'une armée, aux malheurs de la patrie, et aux injures des académiciens, des folliculaires et des gens de rien.

Napoléon III avait d'ailleurs emporté du champ de bataille de Sedan un germe de mort. Les balles l'avaient respecté; il est vrai qu'il n'eut point l'honneur, comme le maréchal de Mac-Mahon, d'être atteint par un obus; mais ce qu'il souffrit avec la maladie qu'il avait, exigeait un courage stoïque, supérieur peut-être à celui qui entraîne un chef militaire au milieu de la mitraille.

Ce jour-là, l'Empereur aggrava le mal dont il était atteint et le rendit incurable. Abreuvé d'ingratitude et de déboires, détrôné, captif, affligé dans ses affections et dans ses sentiments, atteint dans son organisme, il est mort, lui aussi de la journée de Sedan...

Tous les renseignements s'accordent à représenter Napoléon III, non-seulement comme supportant en silence les douleurs qu'il ressentait, mais encore comme n'ayant jamais eu un moment d'irritation contre les outrages et les calomnies dont il était accablé par ses ennemis.

Jamais, — dit M. Réné de Pont-Jest, — on n'a entendu l'Empereur se plaindre; il était en exil plus indulgent, plus doux encore qu'aux Tuileries. Rien de ce qui touchait à la politique ne lui arrachait un mouvement d'humeur. Lorsque, par hasard, car ceux qui l'entouraient lui cachaient autant que possible les infamies qui s'écrivaient contre lui, lorsque par hasard il lui tombait sous les yeux une injure, il laissait là le journal, tranquillement, sans brusquerie, et ne trahissait son émotion que par un soupir. Sa façon de s'exprimer sur les hommes qui ont joué un grand rôle à la fin de son règne était sans amertume. — *Les malheureux*, disait-il, *comme ils se sont trompés!*

Dans un livre plein d'intérêt, qu'il a publié peu de jours avant la mort de l'Empereur sous ce titre: *Bleus, Blancs, Rouges*, M. Giraudeau raconte que, dans une visite récente à Chislehurst, ayant prononcé devant S. M. les mots *d'ingratitude sans exemple* à propos de ce qui s'était passé après le 4 septembre, Napoléon III répondit:

« Non, cela n'est ni sans exemple, ni, je dois l'avouer, sans

« excuse. La France était si malheureuse ! Il lui fallait une victime
« expiatoire. Elle s'en prit à moi.

« Dans d'aussi terribles crises, on n'a pas le loisir d'être juste. La
« colère ne raisonne pas. C'est seulement quand le sang-froid est
« revenu qu'on peut examiner sérieusement les faits et rechercher la
« part qui revient à chacun.

« Ce travail est commencé. J'en attends le résultat avec confiance,
« parce que je sais que la grandeur de la France fut le but de tous
« mes actes, de toutes mes pensées.

« C'est le témoignage de ma conscience qui m'a soutenu à travers
« les cruelles épreuves que Dieu m'a imposées. »

Précédemment, Napoléon III avait dit au correspondant du *Times* :

« Sans illusion, comme sans découragement, j'attends tout de la
« justice du peuple français, et je me résigne à mon sort, quels que
« soient les décrets de la Providence...

« Je vois avec une certaine satisfaction, la République forcée de sévir
« contre ceux-là mêmes qui, pendant vingt-trois ans, ont attaqué mon
« gouvernement, et obligée de recourir à la plupart des mesures que
« j'avais crues indispensables pour maintenir l'ordre. Mais, comme
« je ne suis pas un homme de parti, ce sentiment fait place dans mon
« âme à un autre plus fort: c'est la douleur de voir les destinées de
« la France livrées au hasard des événements, à la fureur des
« factions, à la faiblesse des hommes au pouvoir... »

Quoi de plus patriotique et de plus noble que ces belles paroles !

III

Le jour des funérailles avait été fixé au mercredi 15 janvier. Avant
d'en rendre compte mentionnons les faits suivants :

Tandis que toutes les cours d'Europe prenaient le deuil ; que la
reine Victoria écrivait à l'Impératrice une lettre affectueuse et
touchante ; que le prince Humbert venait offrir les condoléances du
roi Victor-Emmanuel ; que le Parlement italien suspendait ses
séances ; que des souscriptions s'ouvraient à Milan et à Venise pour
élever une statue à l'illustre défunt ; que le Czar se faisait représenter
à Chislehurst par un envoyé spécial ; — à Paris, un grand nombre de

personnes prenaient spontanément le deuil, et, pour témoigner de leur douleur et de leur fidélité, allaient se faire inscrire à l'hôtel de M. Rouher, aux abords duquel la foule était telle que la circulation devenait presque impossible. Les signatures apposées sur des registres *ad hoc* atteignirent, dit-on, le chiffre de 100,000 ! Puis, un véritable pélerinage s'organisa pour Chislehurst, et l'on vit partir non-seulement d'anciens dignitaires, mais des députations de commerçants et d'ouvriers. Plus de 3,000 français s'embarquèrent ! Un tel concours fait l'éloge du souverain et dit combien sont vives et profondes les sympathies qu'il laisse derrière lui.

Après l'autopsie, le cadavre fut embaumé et placé dans une chapelle ardente où le public fut admis la veille des funérailles. Ce jour-là, il y eut à Chislehurst une affluence considérable, ainsi que l'attestent les télégrammes que voici :

Chislehurst, 14 janvier, matin.

La cérémonie solennelle de l'exposition du corps a lieu ce matin à onze heures.

Peu de temps après est arrivé le prince de Galles, accompagné du prince d'Edimbourg et du prince Christian.

Le prince a été voir le corps de l'Empereur, puis il a rendu visite à l'Impératrice et au Prince Impérial.

Le défilé a commencé ensuite. La foule était immense.

Des généraux, des chambellans en habit noir et en cravate blanche, avec leurs plaques et leurs cordons, se tenaient debout, graves et tristes, autour du lit de parade.

Les murs, tendus de velours noir, portaient le chiffre de l'Empereur et la couronne impériale en argent.

Le drapeau tricolore flottait en berne sur Cambden-House, résidence de l'Empereur.

Napoléon III avait le visage découvert. Il était en petite tenue de général de division. Outre les insignes de la Légion d'honneur et de la médaille militaire, il portait l'ordre de la Jarretière et l'ordre de l'épée de Suède, qui n'est accordé qu'aux souverains ayant remporté une victoire en personne.

Deux alliances étaient à la main gauche de Napoléon III. L'une d'elle était la sienne ; l'autre, celle de Napoléon Ier. De son vivant, il avait l'habitude d'en porter une troisième, celle de sa mère, la reine Hortense. L'Impératrice a gardé cette dernière bague à titre de souvenir.

Chislehurst, 14 janvier, soir.

Soixante-deux mille personnes (62,000) sont venues aujourd'hui à la chapelle ardente rendre leurs derniers devoirs à l'Empereur décédé.

Cette immense foule recueillie et pieuse, s'est écoulée durant toute cette journée avec le plus grand calme. Le défilé a commencé à 11 heures et a duré jusqu'à près de 6 heures du soir.

Cette triste journée fut marquée par un épisode des plus dramatiques. Nous voulons parler de la visite du maréchal Lebœuf au corps de son souverain, visite que M. René de Pont-Jest raconte en ces termes :

Le maréchal Lebœuf s'avança au bras du général de Béville, et dès qu'il fut en présence du cercueil, les forces lui manquèrent à ce point qu'il dut s'appuyer sur la chaîne de velours qui séparait la chapelle ardente de la galerie, renversa cette barrière fragile, et tomba à genoux contre le cercueil en murmurant :
— Mon pauvre Empereur ! mon pauvre Empereur !
Il ajouta encore quelques mots, mais je n'oserai affirmer qu'il ait dit : Pardon ! comme quelques-uns de mes confrères l'ont écrit (*), car il tenait sa tête dans ses deux mains, et sa voix était étouffée par les sanglots.
Le maréchal se releva ensuite, fit le tour du cercueil, et, au moment de s'éloigner par la gauche, il se rapprocha vivement, et se penchant sur le cadavre, embrassa longuement les mains du mort.
M. le général de Béville dut relever son frère d'armes, et, aidé de quelques amis, il parvint à l'entraîner, pâle et tremblant, jusque dans un salon voisin.

A six heures et demie, l'Empereur fut mis au tombeau, c'est-à-dire scellé dans une bière en plomb, recouverte de bois d'orme et enveloppé de velours violet orné de clous dorés.

Vers onze heures, l'Impératrice descendit dans la chapelle ardente où elle passa en prières une partie de la nuit.

Le lendemain 15 eut lieu la cérémonie des funérailles. Voici le récit qu'une correspondance en a donné :

Chislehurst, 15 janvier.

Les funérailles ont commencé à onze heures.
Depuis le matin, les trains venant de Londres ne cessaient d'amener de nombreux et sympathiques assistants.
A onze heures et demie, le cortège a quitté Camden-Place dans l'ordre suivant :
Une députation d'ouvriers français, ayant en tête un drapeau tricolore voilé d'un crêpe funèbre, et portant une couronne d'immortelles avec cette inscription : A Napoléon III.
Les délégués de l'armée italienne
Le clergé français.
Le char mortuaire, attelé de huit chevaux noirs caparaçonnés.
A droite et à gauche, les grands dignitaires, les ducs de Cambacérès et de

---

(*) Voici comment cet incident a été rapporté dans le *Pays* : « Un homme écarte soudain les draperies, entre, regarde le cadavre et se précipitant à genoux, l'embrasse en pleurant et en frappant le parquet avec son front. Dans les mots entrecoupés qui s'échappent de sa bouche avec un accent déchirant, on ne démêle que ceux-ci : Pardon ! Sire, pardon ! On accourt aussitôt et on est obligé de l'emporter à moitié évanoui. Cet homme était un vieux soldat que la mitraille a cent fois respecté, un maréchal de France, M. le maréchal Le Bœuf ! »

Bassano, généraux Fleury et Frossard, prince de la Moskowa, M. Conneau, comtes Davilliers et Clary, baron Corvisart, Franceschini, Piétri et Filon, qui habitaient Camden-Place avec l'Empereur.

Derrière le char, le **Prince Impérial** marchant seul, couvert d'un manteau de deuil et portant le grand cordon de la Légion-d'Honneur.

Venaient ensuite les princes Napoléon, Lucien et Achille Murat, le duc de Huescar, neveu de l'Impératrice, lord Sidney et lord Bridport, représentant S. M. la reine d'Angleterre; lord Suffield, représentant le prince de Galles; le colonel Honorable W. Colville, pour le duc d'Edimbourg; le lieutenant Fitz Gerald, pour le prince Arthur; Le colonel Gorden, pour le prince Christian et pour le duc de Cambridge.

Le Corps diplomatique.

Le lord maire de Londres.

Le général Simons, commandant l'Ecole de Woolwich, et ses élèves qui avaient sollicité l'honneur d'assister aux obsèques.

Les maréchaux Canrobert et Le Bœuf, l'amiral Rigault de Genouilly, les vices-amiraux Choppart, Jurien de la Gravière, La Roncière Le Noury, Exelmans, les généraux Castelnau, Vaubert de Genlis, de Béville, marquis d'Espeuilles, prince de la Moskowa, général Canu et général Frossard.

Les anciens ministres dont les noms suivent : Eugène Rouher, marquis de la Valette, Maurice Richard, duc de Gramont, de Chasseloup-Laubat, Schneider, de Forcade La Roquette, Duruy, Busson-Billault, Chevandier de Valdrôme, Pichon, Duvernois, Henri Chevreau, Béhic, Pinard, Ferdinand Barrot, Piétri, ancien préfet de police, Haussmann, ancien préfet de la Seine; Gressier, Jérôme David, Grandperret, Dupuy, de Royer.

Les membres de l'Assemblée nationale: Abbatucci, Lerat, Gavini, Galloni d'Istria, Vast-Vimeux, Haentjens, baron Eschassériaux, comte Murat (du Lot), de Vallon et Roy de Loulay.

Les anciens sénateurs: Hubert Delisle, duc de Tarente, vicomte de Mentque, marquis de Girardin, Butinval, de Saulcy, baron Geiger, Chaix d'Est-Ange.

Les anciens députés au Corps Législatif:

Comte de La Valette, Barthélemy, Mathieu (de la Corrèze), Desmaroux de Gaulmin, de Dalmas, Sens, comte d'Arjuson, vicomte d'Arjuson, Gaudin (de Nantes), comte Lehon, Huet, de Conegliano, de Pierres, Edouard André, de Guilloutet, Dréolle, Thoinnet de la Thurmelière, Lafond de Saint-Mûr, Boitel; Jules Labat, Calvet-Rogniat, Adolphe Fould, comte de Jaucourt.

Les membres du corps diplomatique français :

Le vicomte de la Guéronnière, le comte de Comminges-Guitaud, le comte Benedetti, le comte de Reiset, le comte de Mosbourg, le baron Malard.

Les conseillers d'Etat

Besson, Cottin, Jolibois, Paul de Maupas, Delanoue-Billault, Bataille, Dubois de l'Estang, Boinvilliers, Vernier.

Les diverses députations françaises.

Les députations étrangères.

Le cortége était terminé par tous les Français présents.

La chapelle de Chislehurst est à environ 2 kilomètres de Camden-Place. Sur tout le parcours une foule énorme encombrait les côtés du chemin : tous les fronts découverts étaient graves et recueillis.

Aucun homme n'avait été admis dans le cimetière, ni dans l'église avant l'arrivée du cortége.

La cérémonie a eu lieu. Le corps a été déposé au milieu de l'église sur un catafalque, des bouquets de violettes et de lilas, des couronnes d'immortelles et de camélias ont été déposés sur le cercueil ou autour du cercueil.

Une grand'messe a été chantée. Le curé de Chislehurst officiait. Après la messe, le clergé anglais et les représentants du clergé français ont chanté les prières des morts.

La cérémonie a duré une longue heure et demie.

Après l'office, le corps de l'Empereur a été descendu dans le caveau de la chapelle où il restera jusqu'au jour où les évènements permettront de le transporter à Napoléon-Saint-Leu.

Le Prince Impérial monta en voiture avec le prince Napoléon. Arrivé à Camden-Place, il se rendit chez l'Impératrice, reçut les dignitaires et les députations, puis sortit dans le parc où l'attendait une affluence énorme de Français rangés sur deux lignes.

Au moment où Son Altesse Impériale rentrait, la foule se précipitait en poussant des cris de : « Vive l'Empereur ! »

Le prince se retourna vivement et dit :

« NE CRIEZ PAS : VIVE L'EMPEREUR ! CRIONS TOUS : *Vive la France.* »

Les dames assistant à la cérémonie étaient : la princesse Clotilde, Mme la comtesse de La Valette, Mme Thuilier, Mme Barrachin, Mme Paul de Maupas, Mme du Saussois, la marquise de Gallifet, Mmes Merlin, Dubuisson, Delpierre, Lefranc, Paoli jeune, la comtesse de Caulaincourt, la vicomtesse Pernetty, la comtesse de Guitaut, la comtesse Davilliers, la marquise d'Espeuilles, la comtesse de Pourtalès, la duchesse de Malakoff, Mmes Léon Brey, Braen; la comtesse de Beaumont, la comtesse Pajol, Mme Ducos, la comtesse Repalda, la duchesse de Tarente, Mlle Regnault de St-Jean-d'Angély, Mme la comtesse Arthur Aguado, etc., etc.

Le recueillement de la foule a été admirable.

Quelques communards, parmi lesquels Lissagaray et Ranvier, ont assisté en curieux, mais sans faire aucune démonstration, au service funèbre.

Une plaque de plomb portant ces mots fixée au couvercle du cercueil :

NAPOLÉON III
EMPEREUR DES FRANÇAIS
NÉ A PARIS LE 20 AVRIL 1808
MORT A CAMDEN-PLACE A CHISLEHURST
LE 9 JANVIER 1873
R. I. P.

Plus de cent mille personnes assistaient à la cérémonie. Les Français y figuraient pour un chiffre que l'on évalue à 3000 environ. On comptait les voitures par milliers.

Le 16, il y eut une nouvelle scène pleine d'émotion.

L'Impératrice ayant manifesté le désir de remercier les Français qui avaient assisté aux obsèques, ceux-ci se rendirent à Camden-House. Laissons encore la parole à un témoin oculaire, M. René de Pont-Jest :

A une heure, deux mille personnes (*) étaient réunies dans la galerie, dont les tentures de deuil avaient disparu. Les maréchaux, les anciens ministres et les sénateurs occupaient le double salon de gauche ; les dames se tenaient dans la salle à manger.

Le Prince impérial commença par traverser la galerie et les salons en saluant, puis il revint sur ses pas, et tout-à-coup, il s'arrêta. Son attention, comme celle de tous ceux qui se trouvaient là, venait d'être éveillée par le bruit d'un sanglot.

C'était l'Impératrice qui sortait de la salle à manger et qui s'avançait à son tour dans la galerie.

Que se passa-t-il alors ? Je l'ignore, car j'étais plus loin. Qui donna l'exemple ? Cela serait difficile à dire. Mais ce qu'il y a de certain, c'est que, spontanément, les deux mille visiteurs de Camden-House se trouvèrent un genou en terre et que la scène devint déchirante.

Le visage couvert de son voile de veuve, murmurant un merci à travers ses sanglots, l'Impératrice tendait à chacun ses deux mains gantées de noir, et répondait par une pression convulsive aux respectueux baiser qu'on y déposait.

Lorsque, après avoir parcouru la galerie et le grand salon, l'Impératrice revint sur ses pas, il lui fallut passer devant la pièce qui avait été la chapelle ardente, et là, sans doute, l'épreuve fut trop cruelle pour ses forces épuisées, car Mme Lebreton n'eut que le temps de lui avancer un siège sur lequel Sa Majesté tomba les mains glacées et le visage livide.

Quelques heures après cette scène touchante, les portes de Camden-House étaient fermées : il n'y restait que les personnes de la maison...

Le lendemain, les pèlerins de Chislehurst regagnaient leurs foyers, quittant la terre, où repose Celui qui fut Napoléon III, Celui dont la main a dirigé, pendant vingt ans, la France glorieuse et prospère, et dont l'Europe a fait les funérailles.

Charles X et Louis-Philippe, eux aussi, — dit le *Pays*, — sont morts en exil, et leur mort fit saigner quelques cœurs sans émouvoir l'opinion publique.

Napoléon, lui, soulève une angoisse générale, et ce n'est qu'en voyant le vide causé par lui qu'on peut juger exactement la grandeur de la place qu'il occupait.

IV

Que va devenir l'Impérialisme ?
Est-il descendu au tombeau avec Napoléon III ?
Ce serait une grave erreur que de le supposer.

(*) On lit dans l'*Ordre* : « Il résulte de renseignements authentiqués fournis à la fois par les personnes chargées d'organiser le cortège et par les agents de la police anglaise devant lesquels il défila, que trois mille et quelques Français suivirent le char funèbre. »

La dynastie napoléonienne ne s'est pas éteinte avec le captif de Ste-Hélène ; elle survivra à l'exilé de Chislehurst.

« L'EMPEREUR est mort, — disait l'*Ordre*, — mais l'EMPIRE
« est vivant ; ce qui dure, ce ne sont pas les hommes, mais les
« principes et les institutions.

« L'EMPIRE est vivant, par le besoin qu'a la France d'institutions
« à la fois populaires et énergiques ; il est vivant par ce jeune héritier
« du nom et des œuvres de NAPOLÉON, qu'aucun blâme, aucune
« responsabilité dans les malheurs de la patrie ne sauraient
« atteindre ; qui, né sur le trône, a poursuivi son éducation dans le
« malheur et l'achève dans l'exil ; il est vivant par cette intelligente
« et noble Femme, qui a vécu assez longtemps dans les affaires
« heureuses, pour les comprendre, dans les affaires néfastes pour
« les braver.... »

Et l'*Ordre* ajoutait :

« Ce n'est point par ses aspirations, ou même par ses agissements,
« qu'un régime politique s'assure l'avenir ; c'est par sa nécessité.

« Or, l'EMPIRE est nécessaire à l'ordre public, aux intérêts ; la
« France en a besoin pour fonder un régime durable, placé sur les
« fortes assises populaires ; elle en a besoin pour être rassurée contre
« les périls plus imminents que jamais que lui font courir la démagogie
« et le socialisme. »

L'Empire est nécessaire ! Quel gouvernement offre plus de garantie, d'une part, au maintien de l'ordre et au développement de la prospérité ; de l'autre, aux aspirations démocratiques ? L'Empire n'est-il pas, en effet, le régime qui convient au tempérament de la France ? Ecoutez ce que disait récemment un journal de Cologne :

Paris a fait son 4 septembre : mais lorsque Napoléon III, calomnié par les Français, prit le chemin de Wilhelmshœhe, parmi ses compatriotes il ne fut personne qui pût le remplacer ; car M. Thiers, vrai Français, homme d'Etat habile, grand orateur, aura encore à prouver qu'il est capable, après le funeste intérim, de fonder un Etat définitif qui accorde au peuple le plus changeant de l'Europe une période de vingt années de calme et d'abondance. Nous autres Allemands, nous n'avons certes pas de raisons de nous faire les apologistes de Napoléon ; mais rendre hommage à la vérité, c'est la gloire de notre nation et la preuve de notre force.

Si, dans les derniers mois de sa durée, l'Empire périclita, ce fut parce que, cessant d'être lui-même, il dégénéra en parlementarisme.

La guerre, — a dit un publiciste, est sortie du mouvement des nationalités : mais, ce furent les intrigues des parlementaires qui l'amenèrent.

De 1852 à 1867, la France rayonna dans toute sa splendeur. Quand l'Empereur, croyant avoir assez fait pour désarmer les partis, opéra ce qu'on est convenu d'appeler une évolution libérale, les discussions des Chambres et les excitations des réunions publiques ramenèrent l'agitation dans les esprits, et, bientôt, l'Empire se trouva dans la situation où la monarchie était en 1790. L'Empereur fit un nouvel appel au peuple; le peuple ne lui fit pas défaut, mais la guerre que, par des interpellations intempestives, le parlementarisme déchaîna, après avoir empêché le souverain de mettre la France en état de la braver ou de la soutenir, la guerre vint entraver ses projets, et l'on sait ce qui arriva.

Laisons de côté le passé et portons nos regards vers l'avenir.

Le Prince est jeune, dit-on.

L'inconvénient d'être gouverné par un jeune homme de 18 ans, — fait observer M. Léonce Dupont, — ne durera pas plus d'un an. Après ce délai, l'Empereur aura dix-neuf ans, puis vingt, puis vingt-un...

Et qu'importe cet âge enviable ? Le souverain arrivera avec un système de gouvernement et avec un personnel tout formé. Il aura sa mère; il aura autour de lui, pour le soutenir dans sa tâche, les conseillers qu'avait son père, et de plus jeunes serviteurs ; il aura surtout, les leçons de l'expérience et du malheur.

Nous avons dit plus haut que la Nation devait être appelée à choisir elle-même le gouvernement qu'elle entend se donner. Qu'elle prononce donc et que chacun se soumette à son verdict.

TABLE DES MATIÈRES

Pages

Préface 5

PREMIÈRE PARTIE

Campagne de 1870

Introduction	. . . .	9
Des causes de la Guerre	I Le Plébiscite (La guerre est-elle née du Plébiscite ?)	11
»	II La candidature Hohenzollern . . .	19
Coup d'œil rétrospectif	I Sadowa	29
»	II Organisation militaire	33
»	III Armements	39
Négociations diplomatiques	Langage de la presse. — Mouvement de l'opinion publique.	45
Déclaration de Guerre	I Demande de subsides de guerre. — Débats législatifs.	51
»	II Vote des subsides. — Paris et la province acclament la guerre. — Départ de l'Empereur. — La régence est conférée à l'Impératrice	57
La Guerre	L'Empereur voulait-il la guerre et pouvait-il l'empêcher ?	63
Opérations Militaires	I Saarbruck. — Wissembourg. — Reischoffen. — Forbach	69
»	II Mesures de salut.	78
»	III Agissements révolutionnaires . . .	84
»	IV Borny. — Gravelotte. — St-Privat . .	89
»	V Plans de campagne. — Rôle effacé de l'Empereur.	93
»	VI Marches et contre-marches	101
»	VII Bataille de Sedan	105
»	VIII Capitulation de Sedan	111
RÉCAPITULATION	. . . .	129

L'Empire

		Pages
L'Empire (Accusations et griefs)	I Dilapidations.	137
»	II Le Favoritisme	142
»	III Le coup d'Etat	146
»	IV Expéditions et Campagnes	156
»	V Gouvernement intérieur	163
»	VI La Corruption	165
»	VII La Cupidité impériale	167
»	VIII Les hontes de l'Empire	172

DEUXIÈME PARTIE

Gouvernement du 4 Septembre

Le 4 Septembre	Renversement de l'Empire.—MM. Jules Favre et *tutti quanti* s'installent au pouvoir.	177
Paix ou Guerre	Que fallait-il faire? Ce que fut la *guerre à outrance*.	205
Le Lendemain du 4 Septembre	La France est envahie. — L'Allemand se répand dans nos provinces. — Règne de l'arbitraire.—Gouvernement de Tours	219
Dictature de Gambetta	Nos ressources s'épuisent; nos armées se dissolvent.	227
Garibaldi	Garibaldi et ses légions ; son but, son rôle et ses exploits.	233
Les Proconsuls du 4 Septembre	Patriotisme, désintéressement, libéralisme et procédés des proconsuls.	245
La Défense nationale	I Actes du dictateur. — Distribution des grades	253
»	II Invasion allemande. — Occupation de St-Quentin, Soissons, Orléans, Châteaudun, Chartres, Dreux, Épinal, Vesoul, Gray, Dijon, Nogent-sur-Seine. — Emprunt Morgan.—Mouvements insurrectionnels.	255
»	III Capitulation de Metz. — Proclamation de Gambetta.—Les généraux mis en suspicion	259
»	IV Siège de Paris (*du 19 septembre au 31 octobre*). — Clubs. — Excitations démagogiques. — Tentatives communardes. — Faiblesse du gouvernement.—Insurrection du 31 octobre.	263

		Pages
La Défense nationale	V Bataille de Coulmiers ; avantages que l'on aurait pu tirer de ce succès.— Opérations militaires sur la Loire, en Normandie, au Nord et à l'Est. — Investissement de Belfort. — Décret de mobilisation de tous les hommes valides de 21 à 40 ans. — Les otages de l'Allemagne. — La Russie déchire le traité de 1856 : inertie des puissances	279
»	VI Paris *(du 1er novembre au 4 décembre 1871)*. — Menées démagogiques. — Bataille de Champigny.—Irrésolution et inaction du général Trochu. — Insubordination et lâcheté des outranciers	287
»	VII Espoir et déception.—Bataille de Patay. —Démission du général d'Aurelles de Paladines. — Retraite de l'armée française scindée en 2 corps sous les ordres des généraux Chanzy et Bourbaki. — Le gouvernement de Tours se sauve à Bordeaux	294
»	VIII Dénuement et souffrances des mobiles ; existence somptueuse de Gambetta et sa suite. — Faits militaires. — Bombardement de Paris — Dissolution des conseils généraux. — De grands mouvements stratégiques se préparent	302
»	IX Diversion dans l'Est. — Etapes victorieuses de Bourbaki. — Bataille du Mans.—Inaction de Trochu. — Guillaume se fait proclamer empereur d'Allemagne	310
»	X Retraite de l'armée de l'Est.—Désespoir de Bourbaki.—Armistice. — Atteinte à l'inamovibilité de la magistrature.	317
»	XI Paris *(janvier 1871)*.—Mécontentement causé par l'inertie du général Trochu. — Affaire de Montretout et de Buzenval. — Remplacement du général Trochu par le général Vinoy: impression favorable causée par cette mesure. — Nouvelle équipée révolutionnaire. — Le bombardement continue. — Armistice. — PARIS CAPITULE. — Incendie de St-Cloud.	323
»	XII La région de l'Est est exclue de l'armistice. — Cette exclusion n'est pas notifiée aux chefs militaires : de là, surprise et déroute de l'armée qui passe en Suisse : hospitalité helvétique.—Belfort obtient les honneurs de la guerre.—J. Favre accepte tout!	329
Anarchie gouvernementale. — Elections. — Paix		337

		Pages
RÉCAPITULATION	Ce que nous a coûté la guerre à outrance !!! Paroles et actes des hommes du 4 septembre.	349

Les Allemands en France

Les Allemands en France	Exactions et cruautés. — Ils ont emporté en Allemagne beaucoup de pendules et peu de lauriers . . .	361

TROISIÈME PARTIE

La Commune

La Commune	La Commune est fille du 4 septembre ! — Personnel. — Massacres ; pillage: incendies ; etc. etc.	369

QUATRIÈME PARTIE

Conclusion

Conclusion	Situation. — Différentes formes de gouvernement. — Appel au peuple . .	419

Post-Scriptum

Mort de l'Empereur	Les hommes passent, les principes survivent.	441

Chalon-sur-Saône, typ. SORDET-MONTALAN.

www.ingramcontent.com/pod-product-compliance
Lightning Source LLC
Chambersburg PA
CBHW051820230426
43671CB00008B/778